统计应用与实战系列

Yingyong Tongji Fenxi yu
R Yuyan Shizhan

应用统计分析与R语言实战

吕书龙　梁飞豹　/主　编
刘文丽　薛美玉　/副主编

图书在版编目(CIP)数据

应用统计分析与 R 语言实战/吕书龙,梁飞豹主编. —北京: 北京大学出版社,2017.11
ISBN 978-7-301-28590-9

Ⅰ.①应…　Ⅱ.①吕…　②梁…　Ⅲ.①统计分析—统计程序—高等学校—教材
Ⅳ.①C819

中国版本图书馆 CIP 数据核字（2017）第 195757 号

书　　　　名：	应用统计分析与 R 语言实战
著作责任者：	吕书龙　梁飞豹　主编
责 任 编 辑：	潘丽娜
标 准 书 号：	ISBN 978-7-301-28590-9
出 版 发 行：	北京大学出版社
地　　　　址：	北京市海淀区成府路 205 号　100871
网　　　　址：	http://www.pup.cn　　新浪官方微博：@北京大学出版社
电 子 信 箱：	zpup@pup.cn
电　　　　话：	邮购部 62752015　发行部 62750672　编辑部 62752021
印 　刷 　者：	三河市北燕印装有限公司
经 　销 　者：	新华书店
	787 毫米×960 毫米　16 开本　31.25 印张　760 千字
	2017 年 11 月第 1 版　2019 年 5 月第 2 次印刷
定　　　　价：	69.00 元

未经许可,不得以任何方式复制或抄袭本书之部分或全部内容。
版权所有,侵权必究
举报电话: 010-62752024　电子信箱: fd@pup.pku.edu.cn
图书如有印装质量问题,请与出版部联系,电话: 010-62756370

内 容 简 介

本书以应用概率统计方法为主线，引入自由开放的统计软件 R，并按照数理统计的逻辑顺序，逐步展开理论分析、方法介绍和软件实现．主要内容有：统计软件与概率计算、数理统计初步与模拟计算、参数估计、假设检验、案例的直观分析、方差分析与正交试验设计、回归分析、多元统计初步、R 统计软件、R 软件的图形环境、R 软件中的数学运算．本书着重介绍统计方法的基本思想、背景、应用条件、实际意义及软件计算，使学生能够对数理统计方法的应用有一个较为系统、全面的了解，同时确保本书提到的所有的统计方法都能在 R 软件中得到快速实现，使学生对统计方法的实现和应用有一个标准参照．书中各章具有内容小结、知识点网络结构图和适量的习题，书末配有大部分习题的参考答案、附录中给出经典问题的索引页、部分源程序、常见软件包等．本书编写得到福州大学研究生"应用概率统计"重点课程建设项目和福州大学教务处重点教材建设项目的资助．

本书可作为高等院校工学、经济、管理、农学、医学等非数学类硕士、博士研究生以及高年级本科生学习应用概率统计（或统计分析方法或应用统计分析）课程的教材，也可作为相关学科和工程技术人员的工具参考书．为了方便教师教学和学生学习，我们将提供基本的课件、数据、程序脚本等，请通过电子邮件 wujispace@fzu.edu.cn 与作者联系．

作者简介

吕书龙，福建闽侯人，理学硕士. 现为福州大学数学与计算机科学学院副教授. 近年参编《应用统计方法》等 3 部教材；在《实验技术与管理》等核心刊物发表论文十余篇. 主持或参与多项省级、校级课题以及横向课题. 目前主要从事概率统计、统计应用与软件研发等教学与研究工作.

梁飞豹，福建莆田人，理学学士. 现为福州大学数学与计算机科学学院副教授. 近年来主编教材《概率论与数理统计》《应用统计方法》等 4 部；在 SCI 等核心刊物上发表学术论文二十余篇. 目前主要从事概率统计的教学与研究工作.

刘文丽，湖北枝江人，理学硕士. 现为福州大学数学与计算机科学学院副教授. 近年参编《概率论与数理统计》等 4 部教材；在 Expert Systems With Applications 等核心刊物发表论文十余篇. 主持或参与多项省级、校级课题及横向课题. 目前主要从事概率统计、统计应用与系统工程等教学与研究工作.

薛美玉，福建福清人，理学硕士. 现为福州大学数学与计算机科学学院讲师. 近年参编《应用统计方法》等多部教材；在《福州大学学报》等核心刊物发表论文若干篇，主持或参与多项省级、校级教改课题. 目前主要从事概率统计、时间序列等教学与研究工作.

前　　言

　　本书是根据编者多年来积累的研究生教学经验和经历,结合各专业研究生的专业特点和科研需求,并参照教育部"工学硕士研究生应用概率统计课程教学基本要求"编写. 本书编写融合概率统计理论及其应用、统计计算及软件模拟,内容编排由浅入深,直观易懂. 它可以作为高等院校工学、经济、管理、农学、医学、心理学等非数学类硕士、博士研究生以及高年级本科生学习应用概率统计(或统计分析方法或应用统计分析)课程的教材,也可作为相关学科和工程技术人员的参考书.

　　应用统计是关于收集、整理、分析和解释受随机因素影响的数据的一门科学,是一种认识世界的方法论,是现代应用数学的一个重要组成部分,也是统计学一级学科的重要分支. 它以概率论为基础,以统计软件为实现途径,旨在探索数据内在的数量规律性,以达到对客观事物的科学认识. 随着计算机和互联网的发展,大数据时代的悄然而至以及人们对数据处理的需求和要求的不断提升,各种统计软件也应运而生,发展迅猛. 不同学科与应用统计的交叉融合,使得应用统计在各个领域得到了广泛的应用,也推动了应用统计的纵深发展. 正因为如此,应用统计课程成为高等院校非数学类硕士研究生最重要的公共基础课之一,也是非数学类硕士研究生观测世界所必备的文化修养,统计软件也成为硕士研究生进行学科深造和科学研究的必备工具之一. 由于这门课程自身的特点,以及非数学类硕士研究生在本科阶段所学课程和统计软件应用水平的差异,我们在教材的编写过程中,力求体现以下几个特点:

　　(1) 以统计方法为主,着重介绍各种统计方法的应用背景、统计思想、适用条件、实际意义和软件实现,使学生能够对统计方法及其应用有一个系统、全面、直观的了解,以实用为主,尽量避免纯数学化的论证.

　　(2) 在内容编排上,考虑到不同学科和不同程度学生的需要,以概率论基础及直观模拟作为引入形成基础篇;着重介绍各种基本的统计方法,同时加入一些应用广泛的统计方法,如优化方法、非参数方法、回归专题、多元统计方法等形成方法篇;最后专门介绍 R 软件形成软件篇. 不同的安排适合不同的教学模式. 建议第一章和第二章作为数理统计的基础与第九章和第十章作为 R 软件的基础同步授课,并且早于其他章讲授.

　　(3) 考虑到专业的差异性,为了便于对照学习和应用,各章配备了一定数量的专业性统计案例分析以及完整的 R 代码实现,方便学生操作实践.

　　(4) 本书各章都配备适量针对性强的习题,并给出大部分习题的解答和 R 程序实现,便于教师教学和学生自学.

　　(5) 本书附录给出书中各种统计问题的索引页,便于读者快速检索;附录还给出丰富的 R 命令集函数、网络资源及数据集、常见软件包的介绍等.

　　本书主要由吕书龙、梁飞豹、刘文丽、薛美玉编写,并在集体讨论的基础上,由吕书龙和梁飞豹对全书进行统编、定稿. 在此对所有参与本书编写、校对的人员表示衷心的感谢!

　　本书在编写、出版的过程中,得到福州大学研究生院、福州大学教务处以及北京大学出版社的大力支持；本书列入福州大学高水平建设规划教材，得到福州大学研究生处优质课程建设项目和福州大学教务处重点教材建设项目的资助.

限于编者的水平，书中难免存在不足之处甚至错误，恳请同行和广大读者批评指正.

编 者

2016 年 12 月于福州大学

目 录

基础篇　R 软件与概率统计

第一章　统计软件与概率计算 ⋯⋯⋯⋯3
- 1.1　R 软件简介 ⋯⋯⋯⋯⋯⋯⋯⋯⋯3
  - 一、R 软件的获取与安装 ⋯⋯⋯⋯3
  - 二、R 软件的基本使用 ⋯⋯⋯⋯⋯4
  - 三、R 软件的脚本 ⋯⋯⋯⋯⋯⋯⋯8
  - 四、R 软件包的下载、安装与使用 ⋯⋯9
  - 五、R 软件的 IDE 工具 RStudio IDE ⋯⋯⋯⋯⋯⋯⋯⋯⋯⋯⋯11
- 1.2　R 软件在概率论中的应用 ⋯⋯11
  - 一、R 软件中的集合运算、排列与组合 ⋯⋯⋯⋯⋯⋯⋯⋯⋯⋯⋯⋯11
  - 二、R 软件中的随机变量及概率计算 ⋯⋯⋯⋯⋯⋯⋯⋯⋯⋯⋯⋯13
  - 三、数值积分在 R 软件中的实现 ⋯⋯15
  - 四、数字特征 ⋯⋯⋯⋯⋯⋯⋯⋯⋯16
  - 五、极限理论的模拟与计算 ⋯⋯⋯18
- 内容小结 ⋯⋯⋯⋯⋯⋯⋯⋯⋯⋯⋯⋯20
- 习题一 ⋯⋯⋯⋯⋯⋯⋯⋯⋯⋯⋯⋯⋯21

第二章　数理统计初步与模拟计算 ⋯⋯23
- 2.1　数理统计的基本概念 ⋯⋯⋯⋯23
  - 一、总体与样本 ⋯⋯⋯⋯⋯⋯⋯⋯23
  - 二、自助样本 ⋯⋯⋯⋯⋯⋯⋯⋯⋯24
  - 三、统计量 ⋯⋯⋯⋯⋯⋯⋯⋯⋯⋯25
  - 四、R 软件的实现 ⋯⋯⋯⋯⋯⋯⋯29
- 2.2　经验分布函数、直方图与核密度 ⋯⋯⋯⋯⋯⋯⋯⋯⋯⋯⋯30
  - 一、经验分布函数 ⋯⋯⋯⋯⋯⋯⋯30
  - 二、直方图 ⋯⋯⋯⋯⋯⋯⋯⋯⋯⋯32
  - 三、核密度估计 ⋯⋯⋯⋯⋯⋯⋯⋯35
  - 四、R 软件的模拟与计算 ⋯⋯⋯⋯38
- 2.3　常用的概率分布及分位点 ⋯⋯41
  - 一、分布及性质 ⋯⋯⋯⋯⋯⋯⋯⋯41
  - 二、概率分布的分位点 ⋯⋯⋯⋯⋯44
  - 三、R 软件的模拟与计算 ⋯⋯⋯⋯46
- 2.4　常用的抽样分布 ⋯⋯⋯⋯⋯⋯47
  - 一、正态总体的抽样分布 ⋯⋯⋯⋯47
  - 二、非正态总体的一些抽样分布 ⋯⋯50
  - 三、R 软件的模拟与计算 ⋯⋯⋯⋯51
- 2.5　Monte Carlo 方法 ⋯⋯⋯⋯⋯52
  - 一、Monte Carlo 方法求圆周率 π ⋯⋯53
  - 二、Monte Carlo 方法求定积分 ⋯⋯55
  - 三、Monte Carlo 方法的精度分析 ⋯⋯58
  - 四、拟蒙特卡罗方法 (Quasi Monte Carlo) 法 ⋯⋯⋯⋯⋯⋯⋯⋯⋯61
  - 五、系统模拟 ⋯⋯⋯⋯⋯⋯⋯⋯⋯63
- 2.6　Bootstrap 方法 ⋯⋯⋯⋯⋯⋯64
  - 一、Bootstrap 样本 ⋯⋯⋯⋯⋯⋯64
  - 二、参数型 Bootstrap 方法 ⋯⋯⋯65
  - 三、非参数型 Bootstrap 方法 ⋯⋯65
- 内容小结 ⋯⋯⋯⋯⋯⋯⋯⋯⋯⋯⋯⋯65
- 习题二 ⋯⋯⋯⋯⋯⋯⋯⋯⋯⋯⋯⋯⋯66

方法篇　应用统计分析

第三章　参数估计 ⋯⋯⋯⋯⋯⋯⋯⋯71
- 3.1　点估计 ⋯⋯⋯⋯⋯⋯⋯⋯⋯⋯71
  - 一、矩法 ⋯⋯⋯⋯⋯⋯⋯⋯⋯⋯⋯71
  - 二、极大似然估计法 ⋯⋯⋯⋯⋯⋯76
- 3.2　估计量的评价标准 ⋯⋯⋯⋯⋯82
  - 一、无偏性 ⋯⋯⋯⋯⋯⋯⋯⋯⋯⋯83
  - 二、有效性 ⋯⋯⋯⋯⋯⋯⋯⋯⋯⋯84
  - 三、均方误差 ⋯⋯⋯⋯⋯⋯⋯⋯⋯85
  - 四、一致性 ⋯⋯⋯⋯⋯⋯⋯⋯⋯⋯86
- 3.3　区间估计 ⋯⋯⋯⋯⋯⋯⋯⋯⋯88
  - 一、求未知参数 θ 的双侧置信区间 ⋯⋯89
  - 二、求未知参数 θ 的单侧置信区间 ⋯⋯89

3.4 正态总体参数的区间估计 ······ 89
 一、单总体的情形 ············ 89
 二、双总体的情形 ············ 96
3.5 非正态总体参数的区间估计 ··· 105
 一、指数分布参数的区间估计 ··· 105
 二、0-1 分布参数的区间估计 ··· 106
3.6 Bootstrap 区间估计 ············ 110
内容小结 ························· 111
习题三 ··························· 112

第四章 假设检验 ················ 114
4.1 假设检验的基本概念 ·········· 114
 一、问题的提出 ·············· 114
 二、原假设的讨论 ············ 117
 三、p 值检验法 ·············· 118
4.2 参数型假设检验 ··············· 118
 一、单正态总体参数的假设检验 ··· 118
 二、双正态总体参数的假设检验 ··· 122
 三、非正态总体参数的假设检验 ··· 127
 四、假设检验的 R 软件实现 ····· 130
4.3 非参数型假设检验 ············ 137
 一、分布函数的拟合优度检验 ··· 137
 二、正态性检验 ·············· 143
 三、基于列联表的检验 ········ 146
 四、单总体秩检验 ············ 155
 五、多总体秩检验 ············ 164
内容小结 ························· 167
习题四 ··························· 168

第五章 案例的直观分析 ·········· 171
5.1 实验对照数据的直观分析 ····· 171
 一、案例及研究问题 ·········· 171
 二、分析过程 ················ 172
5.2 考试成绩的直观分析 ·········· 175
 一、案例及研究问题 ·········· 175
 二、分析过程 ················ 176
5.3 时间-空间数据的直观分析 ··· 186
内容小结 ························· 191
习题五 ··························· 191

第六章 方差分析与正交试验设计 ··· 192
6.1 单因素方差分析 ··············· 192

 一、单因素试验 ·············· 193
 二、提出假设 ················ 193
 三、统计分析 ················ 193
 四、例题分析 ················ 195
6.2 双因素方差分析 ··············· 198
 一、有交互作用的双因素方差分析 ··· 199
 二、无交互作用的双因素方差分析 ··· 202
6.3 方差齐性和均值差异的检验 ··· 206
 一、方差齐性检验 ············ 206
 二、均值差异性多重检验 ······ 208
6.4 正交试验设计 ················· 209
 一、正交表 ·················· 210
 二、无交互作用的正交试验 ···· 210
 三、有交互作用的正交试验 ···· 217
内容小结 ························· 222
习题六 ··························· 223

第七章 回归分析 ················ 226
7.1 相关分析 ····················· 226
 一、相关系数 ················ 226
 二、相关系数的检验 ·········· 228
7.2 回归模型简介 ················· 230
 一、回归的由来 ·············· 230
 二、回归分析的基本概念 ······ 230
7.3 线性回归模型 ················· 231
7.4 最小二乘估计及其性质 ······· 232
 一、最小二乘估计 ············ 232
 二、一元线性回归 ············ 235
 三、最小二乘估计的性质 ······ 236
7.5 回归方程和回归系数的检验及区间估计 ························· 238
 一、复相关系数 ·············· 238
 二、回归方程的 F 检验 ······· 240
 三、回归系数的显著性检验 ···· 240
 四、回归系数的区间估计 ······ 241
 五、R 软件的实现 ············ 241
7.6 自变量选择 ··················· 243
 一、自变量选择的准则 ········ 244
 二、最优回归方程 ············ 245

三、挑选变量的 R 软件实现⋯⋯⋯245
　　四、逐步回归⋯⋯⋯⋯⋯⋯⋯⋯⋯249
　　五、AIC 准则下逐步回归的 R 软件
　　　　实现⋯⋯⋯⋯⋯⋯⋯⋯⋯⋯⋯251
7.7　预测与控制⋯⋯⋯⋯⋯⋯⋯⋯⋯252
　　一、预测⋯⋯⋯⋯⋯⋯⋯⋯⋯⋯⋯252
　　二、控制⋯⋯⋯⋯⋯⋯⋯⋯⋯⋯⋯253
7.8　非线性回归⋯⋯⋯⋯⋯⋯⋯⋯⋯256
　　一、可线性化的非线性模型⋯⋯256
　　二、一般的非线性回归⋯⋯⋯⋯261
7.9　非参数回归⋯⋯⋯⋯⋯⋯⋯⋯⋯264
　　一、Nadaraya-Watson 核估计⋯⋯264
　　二、近邻核估计⋯⋯⋯⋯⋯⋯⋯267
　　三、局部线性估计⋯⋯⋯⋯⋯⋯268
　　四、局部 p 阶多项式估计⋯⋯⋯269
　　五、核估计的 R 软件实现⋯⋯⋯269
7.10　分位数回归⋯⋯⋯⋯⋯⋯⋯⋯272
　　一、回归原理及模型⋯⋯⋯⋯⋯272
　　二、回归系数的求解⋯⋯⋯⋯⋯273
　　三、系数和拟合曲线的比较⋯⋯273
　　四、结果解释⋯⋯⋯⋯⋯⋯⋯⋯274
7.11　关于定性变量的回归⋯⋯⋯⋯275
　　一、虚拟变量模型⋯⋯⋯⋯⋯⋯276
　　二、Logistic 回归模型⋯⋯⋯⋯⋯278
内容小结⋯⋯⋯⋯⋯⋯⋯⋯⋯⋯⋯⋯⋯280
习题七⋯⋯⋯⋯⋯⋯⋯⋯⋯⋯⋯⋯⋯⋯281
第八章　多元统计初步⋯⋯⋯⋯⋯⋯285
8.1　多维随机变量⋯⋯⋯⋯⋯⋯⋯⋯285
　　一、多维随机变量⋯⋯⋯⋯⋯⋯285
　　二、多元正态分布⋯⋯⋯⋯⋯⋯286
　　三、抽样与统计量⋯⋯⋯⋯⋯⋯287
　　四、参数估计⋯⋯⋯⋯⋯⋯⋯⋯291
　　五、数据直观描述⋯⋯⋯⋯⋯⋯292
8.2　距离与相似性⋯⋯⋯⋯⋯⋯⋯⋯294
　　一、距离⋯⋯⋯⋯⋯⋯⋯⋯⋯⋯294
　　二、相似性⋯⋯⋯⋯⋯⋯⋯⋯⋯297
8.3　判别分析⋯⋯⋯⋯⋯⋯⋯⋯⋯⋯299
　　一、问题描述⋯⋯⋯⋯⋯⋯⋯⋯299
　　二、距离判别及其实现⋯⋯⋯⋯299

　　三、贝叶斯判别 (Bayes)⋯⋯⋯⋯304
　　四、Fisher 判别⋯⋯⋯⋯⋯⋯⋯310
　　五、线性判别的 R 软件实现⋯⋯312
8.4　聚类分析⋯⋯⋯⋯⋯⋯⋯⋯⋯⋯312
　　一、系统聚类法的基本思想⋯⋯312
　　二、系统聚类法的步骤⋯⋯⋯⋯313
　　三、系统聚类的 R 软件实现⋯⋯316
　　四、K-means 聚类的 R 软件实现⋯318
8.5　主成分分析⋯⋯⋯⋯⋯⋯⋯⋯⋯318
　　一、基本原理⋯⋯⋯⋯⋯⋯⋯⋯319
　　二、计算步骤⋯⋯⋯⋯⋯⋯⋯⋯319
　　三、主成分分析的 R 软件实现⋯322
8.6　典型相关分析⋯⋯⋯⋯⋯⋯⋯⋯324
　　一、总体典型相关⋯⋯⋯⋯⋯⋯325
　　二、样本典型相关⋯⋯⋯⋯⋯⋯325
　　三、典型相关变量和典型相关系数
　　　　求解⋯⋯⋯⋯⋯⋯⋯⋯⋯⋯326
　　四、典型相关系数的显著性检验⋯326
　　五、样本典型变量的得分⋯⋯⋯327
　　六、例子分析和程序实现⋯⋯⋯327
内容小结⋯⋯⋯⋯⋯⋯⋯⋯⋯⋯⋯⋯⋯330
习题八⋯⋯⋯⋯⋯⋯⋯⋯⋯⋯⋯⋯⋯⋯331

软件篇　R 软件

第九章　R 统计软件⋯⋯⋯⋯⋯⋯⋯335
9.1　基本操作与控制⋯⋯⋯⋯⋯⋯⋯335
　　一、脚本文件⋯⋯⋯⋯⋯⋯⋯⋯335
　　二、R 软件的帮助系统⋯⋯⋯⋯336
　　三、工作空间的保存与加载⋯⋯338
　　四、管理变量列表⋯⋯⋯⋯⋯⋯339
　　五、执行外部程序⋯⋯⋯⋯⋯⋯339
　　六、计算程序/代码执行的时间⋯340
9.2　语法与数据类型⋯⋯⋯⋯⋯⋯⋯341
　　一、赋值语句⋯⋯⋯⋯⋯⋯⋯⋯341
　　二、基本数据类型⋯⋯⋯⋯⋯⋯341
　　三、复杂数据类型⋯⋯⋯⋯⋯⋯343
　　四、以 SQL 方式操作数据框⋯⋯347
9.3　输入与输出⋯⋯⋯⋯⋯⋯⋯⋯⋯347

　　　　一、读取剪贴板数据⋯⋯⋯⋯347
　　　　二、读取文本文件数据⋯⋯⋯⋯348
　　　　三、读取数据库数据——基于
　　　　　　Windows 的 RODBC 包⋯⋯350
　　　　四、保存数据⋯⋯⋯⋯⋯⋯⋯352
　　　　五、sink 文本定向输出⋯⋯⋯⋯352
　　　　六、利用 foreign 包读取外部数据⋯352
　9.4　流程控制⋯⋯⋯⋯⋯⋯⋯⋯⋯352
　　　　一、一行多条语句⋯⋯⋯⋯⋯353
　　　　二、if / else 分支语句⋯⋯⋯⋯353
　　　　三、switch 多分支语句⋯⋯⋯⋯354
　　　　四、循环结构⋯⋯⋯⋯⋯⋯⋯354
　　　　五、括号的作用⋯⋯⋯⋯⋯⋯355
　9.5　函数与数据集⋯⋯⋯⋯⋯⋯⋯355
　　　　一、基本函数介绍⋯⋯⋯⋯⋯355
　　　　二、数据集⋯⋯⋯⋯⋯⋯⋯⋯361
　9.6　自定义函数⋯⋯⋯⋯⋯⋯⋯⋯362
　　　　一、定义二元运算⋯⋯⋯⋯⋯362
　　　　二、一般形式⋯⋯⋯⋯⋯⋯⋯363
　　　　三、缺省值和命名参数⋯⋯⋯363
　　　　四、省略号参数 (...)⋯⋯⋯⋯364
　　　　五、嵌套函数⋯⋯⋯⋯⋯⋯⋯364
　　　　六、递归函数⋯⋯⋯⋯⋯⋯⋯365
　9.7　软件包⋯⋯⋯⋯⋯⋯⋯⋯⋯⋯365
　9.8　R 软件的可视化工具与接口⋯366
　　　　一、R Commander⋯⋯⋯⋯⋯366
　　　　二、RStudio IDE⋯⋯⋯⋯⋯⋯366
　　　　三、Windows 平台下的可视化接口
　　　　　　函数⋯⋯⋯⋯⋯⋯⋯⋯⋯367
　　　　四、R 与 Matlab 的文件接口⋯369
　9.9　R 软件的相关网站⋯⋯⋯⋯⋯369
　内容小结⋯⋯⋯⋯⋯⋯⋯⋯⋯⋯⋯⋯369
　习题九⋯⋯⋯⋯⋯⋯⋯⋯⋯⋯⋯⋯⋯370

第十章　R 软件的图形环境⋯⋯⋯⋯372
　10.1　自定义绘图⋯⋯⋯⋯⋯⋯⋯372
　　　　一、初级绘图⋯⋯⋯⋯⋯⋯⋯372
　　　　二、旋转文本输出⋯⋯⋯⋯⋯375
　　　　三、在作图区域外输出文本⋯⋯376

　　　　四、常规几何平面图⋯⋯⋯⋯376
　　　　五、为图形添加网格线⋯⋯⋯377
　　　　六、数学标注⋯⋯⋯⋯⋯⋯⋯377
　　　　七、指定图形窗口尺寸⋯⋯⋯378
　　　　八、打开新的图形窗口⋯⋯⋯378
　　　　九、输出图形文件⋯⋯⋯⋯⋯378
　10.2　高级绘图⋯⋯⋯⋯⋯⋯⋯⋯379
　　　　一、常用绘图函数⋯⋯⋯⋯⋯379
　　　　二、条形图⋯⋯⋯⋯⋯⋯⋯⋯382
　　　　三、箱线图⋯⋯⋯⋯⋯⋯⋯⋯383
　　　　四、三维图形显示⋯⋯⋯⋯⋯384
　　　　五、lattice 软件包⋯⋯⋯⋯⋯388
　10.3　多图及特殊图形⋯⋯⋯⋯⋯390
　　　　一、打开多个图形设备⋯⋯⋯390
　　　　二、绘图区域分割⋯⋯⋯⋯⋯390
　　　　三、交互式图形环境⋯⋯⋯⋯392
　　　　四、绘制特殊图形⋯⋯⋯⋯⋯393
　　　　五、快速矩阵绘图⋯⋯⋯⋯⋯395
　10.4　表格式分组统计⋯⋯⋯⋯⋯396
　　　　一、一维数据⋯⋯⋯⋯⋯⋯⋯396
　　　　二、二维列联表⋯⋯⋯⋯⋯⋯396
　　　　三、三维以上列联表⋯⋯⋯⋯397
　　　　四、分组统计⋯⋯⋯⋯⋯⋯⋯397
　10.5　动画展示⋯⋯⋯⋯⋯⋯⋯⋯398
　内容小结⋯⋯⋯⋯⋯⋯⋯⋯⋯⋯⋯⋯399
　习题十⋯⋯⋯⋯⋯⋯⋯⋯⋯⋯⋯⋯⋯399

第十一章　R 软件中的数学运算⋯⋯401
　11.1　矩阵运算⋯⋯⋯⋯⋯⋯⋯⋯401
　　　　一、矩阵定义及基本性质⋯⋯401
　　　　二、矩阵运算的实现⋯⋯⋯⋯402
　11.2　数值方法⋯⋯⋯⋯⋯⋯⋯⋯405
　　　　一、数值积分在 R 软件中的实现⋯405
　　　　二、函数求导⋯⋯⋯⋯⋯⋯⋯407
　　　　三、求极限⋯⋯⋯⋯⋯⋯⋯⋯409
　　　　四、方程求根⋯⋯⋯⋯⋯⋯⋯409
　　　　五、线性方程组求解⋯⋯⋯⋯410
　　　　六、非线性方程及方程组求解⋯410
　　　　七、求极值⋯⋯⋯⋯⋯⋯⋯⋯412

11.3 最优化 ································ 414
　一、混合整数线性规划 ············ 414
　二、运输问题 ···················· 417
　三、指派问题 ···················· 419
　四、线性目标规划问题 ············ 419
　五、非线性规划 ·················· 422
　六、图与网络规划 ················ 426
内容小结 ······························ 427
习题十一 ······························ 428

习题答案 ······························ 429
附录 ·································· 474
　附录 A　常见正交表生成程序及表
　　　　　头设计 ·················· 474
　附录 B　实现常见分布的分布函数
　　　　　和分位点表的 R 程序 ····· 477
　附录 C　部分问题集与索引 ········ 479
　附录 D　部分软件包简介 ·········· 481
参考文献 ······························ 483

基础篇 R 软件与概率统计

第一章 统计软件与概率计算

本章重点阐述统计软件及其在概率论中的应用. 数理统计是统计学中一个应用极其广泛的学科分支, 它以随机现象中的问题为研究对象并确立为总体, 然后通过对总体进行试验或观察得到数据, 再采用合适的方法对数据进行分析, 最后对总体的客观规律性作出合理的估计或推断. 数理统计是以概率论为理论基础, 以统计软件为实现手段. 统计软件集成了各种统计方法和运算, 可实现数据的预处理与分析、提供报表和图形输出、集成编程和计算环境等, 是进行统计分析不可或缺的工具.

本章第 1 节介绍统计软件的基本使用, 第 2 节通过统计软件把抽象的理论和知识直观化, 以便读者对概率论的内容有个全面且直观的回顾.

1.1 R 软件简介

R 软件是由 Aucklang(奥克兰) 大学的 Robert Gentleman 和 Ross Ihaka 及广大志愿者开发的一套包含数学运算、统计计算与数据分析、图形制作、程序设计等功能的自由软件系统, 可在 Unix/Linux, Windows 和 Machintosh 操作系统上运行. R 软件提供一个开放的、可互动的、可编程的、解释型的统计计算环境. 它支持命令执行、脚本执行和远程执行, 并内嵌一个非常实用的帮助系统和用户手册, 还可外连互联网帮助系统. R 软件完全免费使用, 更新迅速, 使用方便, 其网络资源丰富, 特别是软件包数量庞大、功能丰富.

一、R 软件的获取与安装

R 软件的官方网站提供最新的 R 软件和各种软件包的下载, 官方网站位于:

http://www.r-project.org

建议到最近的镜像站点下载 R 软件

http://mirrors.xmu.edu.cn/CRAN/

对于 Windows 操作系统上运行的 R 软件, 目前最新的版本是 R-3.3.2(32/64 bit), 于 2016 年 10 月 31 日发布, 大概 70MB 大小. 它支持 Windows 所有的 32 位和 64 位操作系统.

R 软件的安装非常简单, 双击下载的 R-3.3.2-win.exe, 按照提示 (或每次弹出对话框都单击下一步) 即可顺利安装. 安装成功后, 会在 Windows 系统的开始菜单和桌面上出现 R 的图标, 双击该图标即可运行 R 软件.

启动 R 软件后, 出现的是 R 软件的图形界面, 包括主菜单、工具栏和一个窗口, 其标题为 "R Console", 如图 1.1.1 所示. 该窗口可接受用户的命令输入, 同时也输出执行命令后的结果, 但有些结果会显示在新建的窗口中 (特别是图形). 界面中 ">" 表示命令提示符, 闪烁

的"|"符号表示光标,出现它们意味着可以输入 R 命令了,或者说上一条命令执行完成,可继续下一条命令了. 该窗口是用户通过命令交互来使用 R 软件的主要场所. 用户输入命令时如果命令太长,可按下回车键 (Enter 键),在下一行续写命令,R 程序会自动识别命令的完整性,直到命令结束,用户再按下回车键 (Enter 键) 确认.

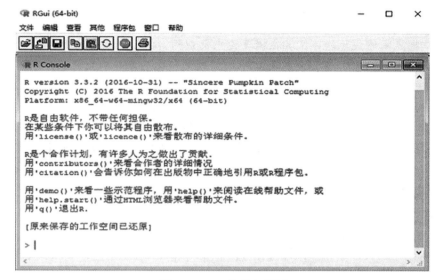

图 1.1.1 R 软件主界面

二、R 软件的基本使用

下面通过几个例子来阐述 R 软件的基本使用.

例 1.1.1 对于收集到的 (x,y) 数据,见表 1.1.1,绘制散点–折线图.

表 1.1.1 (x,y) 数据

x	1	2	3	4	5	6	7	8	9	10
y	5	7	6	9	8	10	11	4	6	8

解 R 软件执行过程如下:

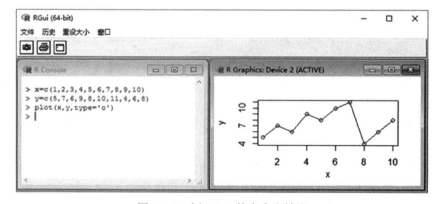

图 1.1.2 例 1.1.1 的命令和输出

对于第一条和第二条命令,等号表示赋值语句,其左侧是变量名,右侧是一维数组,由"c( )"表示;而第三条命令采用"plot( )"将 x,y 当作坐标绘制在二维平面上,并将图形显示在新建窗口中.

例 1.1.2 在 Excel 表格中有一批数据,如图 1.1.3 所示,分别计算两组数据的平均值.

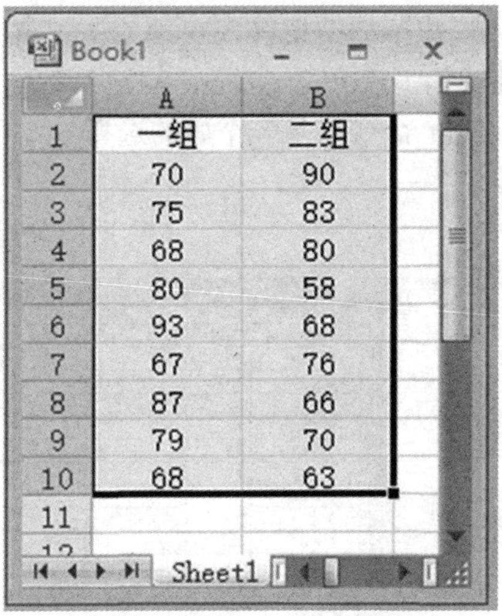

图 1.1.3 Excel 表格数据

解 在计算平均值之前,必须将数据载入 R 程序中. 此处通过剪贴板实现数据的转移,先在 Excel 中选中数据并复制到剪贴板 (如图 1.1.3 所示), 然后在 R 的命令窗口中输入如下命令:

图 1.1.4 Exceel 数据求均值

如图 1.1.4 所示, 第一条命令通过 "read.table( )" 函数, 从剪贴板对象 "clipboard" 中获取数据, 存入 "Group" 变量中, 其中 "header=TRUE" 表示该数据的各列变量有名字. 第二条命令 "colMeans(Group)" 将数据按列计算平均值, 并将结果输出在命令窗口中.

例 1.1.3 将例 1.1.2 中第一组和第二组数据分别增加 60, 80 和 70, 75.

解 实现上述功能有很多种方法, 以命令添加和表格输入为例加以说明. 通过命令进行添加, 比如采用 rbind 进行数据行的添加:

$$\text{Group}=\text{rbind}(\text{Group},\text{c}(60,70),\text{c}(80,75)).$$

R 程序也提供简易的表格式数据输入, 启动表格输入的命令有 "fix" 和 "edit", 其中 "fix(Group)" 命令直接修改数据并将结果存到变量 Group 中, 见图 1.1.5. 而 "edit(Group)" 只是返回并显示修改后的结果, 却不把结果存入变量 Group 中, 所以若采用 edit 命令实现 Group 数据的更新, 则需要使用如下格式: "Group=edit(Group)". 如果想得到编辑过的数据而又不改变 Group 变量本身, edit 命令将是一个好的选择.

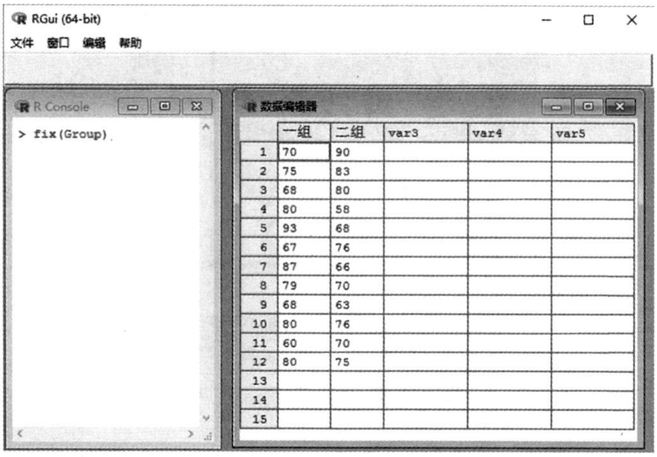

图 1.1.5 表格编辑器

例 1.1.4 在 R 软件中获取 mean 函数的相关帮助.

解 R 软件提供多种形式的帮助, 包括本地的 Web 帮助系统、互联网 Web 搜索系统、模糊查找、帮助手册和 FAQ 等, 涉及帮助菜单及 help( ),help.search( ),apropos( ),RSiteSearch( ) 等命令, 即 help(mean); help.search('mean'); apropos('mean'); RSiteSearch('mean'). 输出结果分别如图 1.1.6, 1.1.7, 1.1.8, 1.1.9 所示.

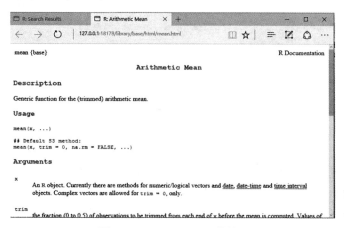

图 1.1.6 help(mean) 的输出

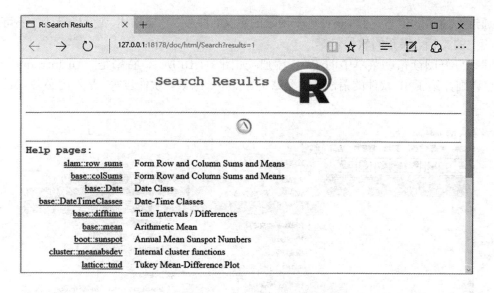

图 1.1.7　help.search('mean') 的输出结果

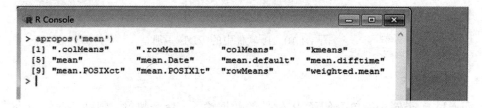

图 1.1.8　apropos('mean') 的输出结果

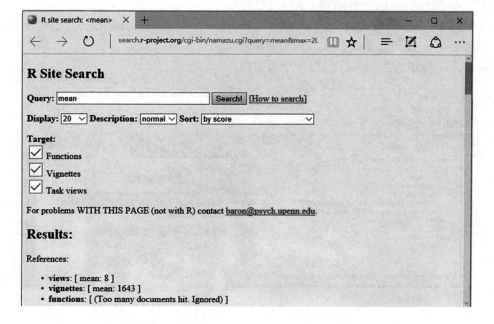

图 1.1.9　RSiteSearch('mean') 的输出界面

通过上述帮助信息,可以获得每个函数的定义、参数、功能描述、使用和范例,还可以搜索到相关的文档、最新的软件包等.

建议好好阅读帮助菜单中的 PDF 手册,如图 1.1.10 所示,特别是 "An Introduction to R",它详细介绍了 R 软件的语法、类型结构、模型、函数、软件包等,是入门必备工具书之一.

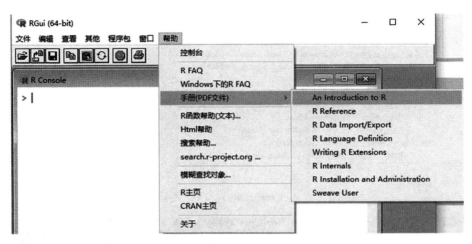

图 1.1.10　R 软件中的 PDF 手册

三、R 软件的脚本

上面通过 4 个例子简单介绍了 R 软件的数据输入、命令执行、帮助获取等命令式的使用. 在实际问题的处理中,用得更多的是 R 软件的程序设计及程序脚本 (Script). 以编写一个函数为例,展示脚本程序的编写、执行等过程.

例 1.1.5　在一个边长为 1 的正方形中,内切一个圆,若随机往该正方形投针 10000 枚,假定都能投到正方形内,求针落在圆内的频率.

解　下面程序 (图 1.1.11) 给出一个模拟估计.

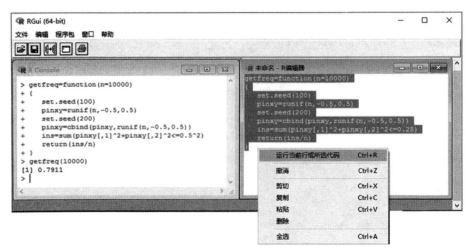

图 1.1.11　R 脚本程序

如图 1.1.11 所示，通过 R 软件中的文件菜单，单击"新建程序脚本"，在弹出的编辑窗口中输入上述代码. 写完函数后，可以直接全选，右击鼠标，在弹出菜单中单击"运行当前行或所选代码"，R 会将选中代码拷贝到主窗口，然后逐条解释执行，一旦执行成功，该函数就注册到 R 系统中，然后可以在命令行输入 "getfreq(10000)" 获得运行结果. 此处使用了一个函数 set.seed，用来固定随机序列的种子，以便重现函数的执行结果. 实际上可以去掉这两个 set.seed 函数，这样每次调用 getfreq 函数都将得到不同的结果.

将函数脚本保存成扩展名为 ".R" 的文件，例如 "F:\myRbook\getfreq.R"，然后在命令行输入 "source('F:\\myRbook\\getfreq.R')" 来执行该脚本文件. 注意此处的路径分隔符需要两个 "\"，或者写成 "source('F:/myRbook/getgreq.R')".

为避免路径的干扰，可以使用文件菜单中的"改变工作目录"来设置默认的工作目录为 "F:\myRbook"，然后只需执行 "source('getfreq.R')" 即可. 这个改变工作目录的过程也可以通过命令实现，输入 "setwd('F:\\myRbook')" 即可.

四、R 软件包的下载、安装与使用

(1) 查找下载的软件包 find.package('包名', lib=.libPaths( ))，如果找到软件包，则显示其绝对路径，如：

```
find.package('animation',lib=.libPaths())
[1] "C:/Users/wujispace/Documents/R/win-library/3.3/animation"
```

如果找不到这个软件包，则给出错误提示，比如：

```
find.package('ACD',lib=.libPaths())
错误于 find.package("ACD", lib = .libPaths()) :
  不存在叫 'ACD' 这个名字的程辑包
```

(2) search( ) 列出已经加载的软件包；.packages( ) 列出所有已下载可安装的软件包，如：

```
search()
.packages(all.available=TRUE)
[1] ".GlobalEnv"        "package:stats"     "package:graphics"
[4] "package:grDevices" "package:utils"     "package:datasets"
[7] "package:methods"   "Autoloads"         "package:base"
--------------------------------------------------------------
 [1] "akima"     "base"      "boot"        "class"    "cluster"
 [6] "codetools" "compiler"  "datasets"    "foreign"  "graphics"
[11] "grDevices" "grid"      "KernSmooth"  "lattice"  "leaps"
[16] "locfit"    "MASS"      "Matrix"      "methods"  "mgcv"
[21] "nlme"      "nnet"      "parallel"    "plotrix"  "pracma"
[26] "quadprog"  "RODBC"     "rootSolve"   "rpart"    "spatial"
```

```
[31] "splines"    "stats"         "stats4"      "survival" "tcltk"
[36] "tools"      "TSA"           "tseries"     "utils"    "zoo"
```

(3) available.packages( ) 列出可以得到的所有软件包,如:

```
head(available.packages(),4)  #只列出前4个
       Archs  File Repository
A3     NA NA  "http://mirrors.xmu.edu.cn/CRAN/bin/windows/contrib/2.15"
ACCLMA NA NA  "http://mirrors.xmu.edu.cn/CRAN/bin/windows/contrib/2.15"
ACD    NA NA  "http://mirrors.xmu.edu.cn/CRAN/bin/windows/contrib/2.15"
ACNE   NA NA  "http://mirrors.xmu.edu.cn/CRAN/bin/windows/contrib/2.15"
```

(4) 使用 install.packages("包名") 下载软件包,比如:

```
install.packages("animation")
试开 URL'https://mirrors.tuna.tsinghua.edu.cn/CRAN/src/contrib/animation_2.4.tar.gz'
Content type 'application/octet-stream' length 307746 bytes (300 KB)
打开了 URL
downloaded 300 Kb
程序包'animation'打开成功,MD5 和检查也通过
下载的二进制程序包在 C:/Users/wujispace/Documents/R/win-library/3.3/里
```

(5) 加载软件包到系统才能使用该包的函数,上述 (4) 的 install.packages( ) 只是下载了软件包,还未加载到 R 运行环境中。加载可以用 library 或者 require,如:

```
library(animation)     #library(help=animation) 可以看到该包的简介和函数列表
如果卸载成功,则没有任何提示。
```

(6) 卸载软件包 remove.packages('包名',lib=.libPaths( )),如:

```
remove.packages('animation', lib=.libPaths())
如果卸载成功,则没有任何提示。
```

上述命令适合命令窗口或脚本中执行,当然通过 "程序包" 菜单也可以很容易实现上述功能,见图 1.1.12。

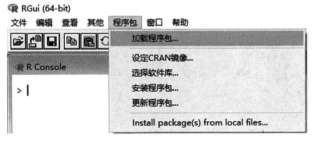

图 1.1.12 程序包菜单

五、R 软件的 IDE 工具 RStudio IDE

RStudio IDE 是一个成熟的图形化工具, 它集成了 R 内核, 并提供了相当人性化的图形界面. 特别是编写和执行 R 代码时, 能够提供语法高亮、命令补全等功能; 还提供各种变量浏览、图形收集、下载包浏览、帮助页、历史列表浏览和工作目录控制等功能. 每种功能被划分在不同区域中, 并实行面板归类. 总体上讲, 整体界面布局紧凑美观, 软件设计得相当实用, 更重要的是它秉承了开源免费的特征.

该软件提供多种平台的支持, 如 Linux、Windows 和 Macs 等平台, 可通过访问网站 http://www.rstudio.org 并下载, 该网站同时提供软件的源代码.

在 Windows 平台中, 它以一个独立的安装程序出现, 当前版本是 RStudio 0.99.903 - Windows Vista/7/8/10, 发布于 2016 年 7 月 18 日. 对于习惯了 Windows 平台软件使用经验的用户而言, 这款实现 GUI 的接口软件真是恰到好处. 如此丰富的 GUI 接口工具, 相信会在迅速推广统计工具和统计应用方面起到积极的作用. Windows 平台下该软件的安装完全是向导式, 图 1.1.13 给出软件运行的界面.

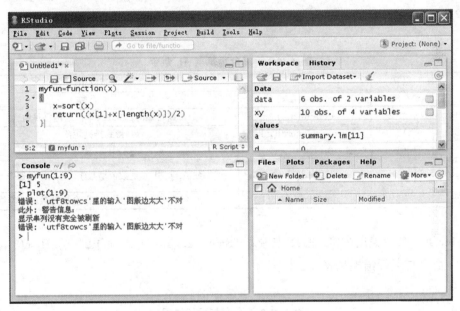

图 1.1.13　RStudio IDE 运行的界面

其实关于 R 还有很多 GUI 软件, 通过访问 http://www.linuxlinks.com/article/20110306113701179/GUIsforR.html 可得到更多 GUI 项目的信息.

1.2　R 软件在概率论中的应用

一、R 软件中的集合运算、排列与组合

R 软件提供的集合运算命令, 包括 union, intersect, setdiff, setequal, is.element, %in%, all 和 any 等, 组合使用上述命令可以实现所有的集合运算和关系判定.

设 Ω 为样本空间,事件 $A \subset \Omega, B \subset \Omega$,则事件运算对应的 R 命令见表 1.2.1.

表 1.2.1　集合运算与 R 命令

描述	运算	命令	返回值
交运算	$A \cap B$	intersect(A,B)	集合
并运算	$A \cup B$	union(A,B)	集合
差运算	$A - B$	setdiff(A,B)	集合
相等关系	$A = B$	setequal(A,B)	TRUE/FALSE, TRUE 表示相等成立
包含	$A \subset B$	all(A%in%B)	TRUE/FALSE, TRUE 表示包含成立
互斥关系	$A \cap B = \phi$	any(A%in%B)	TRUE/FALSE, FALSE 表示互斥成立
对立	$\Omega - A$	setdiff(Ω, A)	集合
属于	$x \in A$	is.element(x,A)	TRUE/FALSE, TRUE 表示属于成立

R 软件提供用于组合排列运算的命令,包括 choose, combn, permn, factorial, prod 等,其中 permn 位于软件包 combinat 中,permuteGeneral 位于包 RcppAlgos 中. 上述命令的使用见表 1.2.2.

表 1.2.2　集合运算与 R 命令

描述	运算	命令	返回值
组合	C_n^k	choose(n,k)	组合数
组合矩阵		combn(n,k)	组合矩阵,以列为单位给出每种组合
排列数	A_n^k	permuteGeneral(n,k)	得到排列矩阵
阶乘	$n!$	factorial(n)	阶乘数值
连乘	$\prod_1^n x_i$	prod(x)	连乘数值,其中 x 是数值型数组,将数组的每个元素相乘
全排列	A_n^n	permn(A)	列表,所有可能的排列,全排列数就是阶乘

例 1.2.1　命令使用举例,在 R 中输入 "S=c(1,2,3,4,5,6); A=c(1,2,4,5); B=c(3,4,5,6)".

解　命令与运行结果见表 1.2.3.

表 1.2.3　命令与运行结果

命令	运行结果
union(A,B)	[1] 1 2 3 4 5 6
intersect(A,B)	[1] 4 5
setdiff(A,B)	[1] 1 2
setdiff(S,A)	[1] 3 6
all(A%in%B)	[1] FALSE　　# 表示 A 并不包含于 B
any(A%in%B)	[1] TRUE　　# 表示 A, B 并不互斥
choose(S,3)	[1] 20　　# 从集合 S 中任取 3 个的组合数
combn(B,2)	[,1]　[,2]　[,3]　[,4]　[,5]　[,6]　# 从 B 中任取 2 个的组合

续表

命令	运行结果
	[1,] 3 3 3 4 4 5
	[2,] 4 5 6 5 6 6
factorial(5)	[1] 120
prod(c(2,4,6,8))	[1] 384　　　# 计算 $2\times4\times6\times8$ 的结果
unlist(permn(c(2,3,4)))	[1] 2 3 4 2 4 3 4 2 3 4 3 2 3 4 2 3 2 4 如果没有 unlist, 则返回长度为 6 的一个列表, 即全排列

二、R 软件中的随机变量及概率计算

可在命令窗口中输入 "help(Distributions)" 得到 R 软件中支持的各种概率分布及描述, 也可在浏览器地址栏中输入: http://cran.r-project.org/web/views/Distributions.html 获取更多与分布有关的信息. 对于每种概率分布, R 软件都提供四种函数: 密度函数、分布函数、下分位点和随机数, 分别以字母 d,p,q,r 作为前缀.

在使用这些函数时, 要特别注意函数参数与分布参数的对应关系. 函数的第一个参数都是待求的变量值, 如 $F(x)$, $f(x)$ 中的 x 或求分位点时的概率值 p. 表 1.2.4 和表 1.2.5 分别列出了各种分布和其他相关函数及范例, 熟练掌握下列分布的四个函数对于实际问题的模拟与仿真有极大的帮助, 也是各章进行模拟实验的基础.

表 1.2.4　各种分布及范例

分布	R 中名称	函数参数	分布参数	加入 d,p,q,r 前缀及范例	
二项分布	binom	size, prob	n, p	dbinom(3,10,0.4)	# $B(10, 0.4)$ 求 $P(X=3)$
泊松分布	pois	lambda	λ	ppois(3,2.5)	# $P(2.5)$ 求 $P(X \leqslant 3)$
几何分布	geom	prob	p	rgeom(100, 0.6)	# 产生 $G(0.6)$ 分布的 100 个随机数
超几何分布	hyper	m,n,k	$M, N-M, n$	dhyper(2,5,4,3)	# $m=5, n=4$ 分别是第一和第二类个数 # $k=3$ 是从中不重复抽取的个数
负二项分布	nbinom	size,p	r, p	dnbinom(2,3,0.4)	# $NB(3, 0.4)$ 求 $P(X=2)$
均匀分布	unif	min,max	a, b	runif(100, 0,1)	# 产生 $(0,1)$ 上的 100 个均匀随机数
指数分布	exp	rate	λ	qexp(0.6, 1)	# $E(1)$ 求下分位点 x 满足 $F(x)=0.6$
正态分布	norm	mean,sd	μ, σ	pnorm(2)	# 标准正态分布函数值 $\Phi(2)$ pnorm(3,1,2) # $N(1, 2^2)$ 求分布函数 $F(3)$
伽玛分布	gamma	shape,scale	α, β	dgamma(3,2,1)	# 求 $x=3$ 时, $\Gamma(2,1)$ 的密度值
卡方分布	chisq	df	n	qchisq(0.9,10)	# $\chi^2(10)$ 上分位点 $P(X>x)=0.1$
t 分布	t	df	n	dt(2, 10)	# $t(10)$, 求密度值 $f(2)$
F 分布	f	df1,df2	n, m	pf(2,10,5)	# $F(10, 5)$, 求分布函数 $F(2)$
柯西分布	cauchy	location, scale	μ, γ	dcauchy(-1:4)	# 给出标准柯西分布 -1 到 4 的密度值
威布尔	weibull	shape, scale	λ, γ	pweibull(0:5, shape = 1, scale = pi)	# 0 到 5 的概率值
贝塔分布	beta	shape1, shape2	a, b	dbeta(0.2, 1, 1)	# 0.2 处的 $\beta(1,1)$ 分布的密度值
瑞利分布	rayleigh	Scale	σ	drayleigh(0.5, scale =2)	# 0.5 处 $R(2)$ 分布的密度值
对数正态	lnorm	mean,sd	μ, σ	dlnorm(2,0,2)	# $LN(0,4)$ 在 2 处的分布密度值

注: rayleigh, maxwell 分布的四个函数定义在包 VGAM 中, 使用前需安装该软件包.

表 1.2.5 其他相关函数及范例

函数	参数	功能	范例	
sample	x,size,replace,prob 样本,抽样数,有无重复,抽样概率	离散抽样	x=1:4; sample(x,3) sample(x,20,replace=TRUE) sample(x,20,replace=TRUE,prob=c(0.2,0.3,0.3,0.2))	# 等可能不重复抽取 3 个 # 等可能有重复抽 20 个 # 指定抽样概率有重复抽取 20 个
mvrnorm	n,mu,sigma 抽样数,均值向量,协方差矩阵	多维正态抽样	mu=c(60,70); sigma=diag(2,2) mvrnorm(20,mu,sigma)	# 生成 20*2 随机数矩阵
multinom	size, prob 试验次数和概率	多项分布	rmultinom(10, size = 12, prob = c(0.1,0.2,0.7)) # 生成 $N=12$, 概率为 0.1,0.2,0.7 的 3 项分布随机数	

注: mvrnorm 位于 MASS 包中; 关于多维 t 分布, 可以查阅 mvtnorm 包.

例 1.2.2 求正态分布 $N(0,1)$ 关于 $\alpha=0.05$ 的上侧分位点和双侧分位点.

解 程序如下:

```
xa=qnorm(0.95)      # 关于 0.95 的下侧分位点, 即关于 0.05 的上侧分位点
x1=qnorm(0.025);    x2=qnorm(0.975)    # 双侧分位点
xa;  c(x1,x2)
```
```
[1] 1.644854
[1] -1.959964  1.959964
```

例 1.2.3 绘制二项分布 $B(20,0.2), B(20,0.4), B(20,0.6)$ 的分布律图.

解 程序与图如下:

```
x=0:20;      p=c(0.2,0.4,0.6)
plot(x,dbinom(x,20,p[1]),type='o',ylab='P(X=k)',main='二项分布比较')
lines(x,dbinom(x,20,p[2]),type='o');  lines(x,dbinom(x,20,p[3]),type='o')
text(6.5,0.21,'B(20,0.2)');  text(10,0.19,'B(20,0.4)');  text(14,0.19,'B(20,0.6)')
```

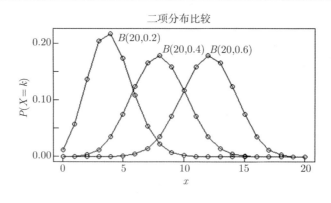

图 1.2.1

例 1.2.4 绘制二维正态分布 $(X,Y) \sim N(0,0,1,1,0)$ 的密度图.

解 程序与图如下:

```
y=x=seq(-3,3,by=0.05)        # x,y 都从 −3 到 3, 步长为 0.05 取点, 形成一维数组
fdensity=function(x,y) 1/(2*pi)*exp(-(x^2+y^2)/2)    # 定义密度函数
```

```
z=outer(x,y,density)    #通过外积运算得到密度 z 矩阵，以便绘制三维图形
persp(x,y,z,theta=45,expand=0.6)
```

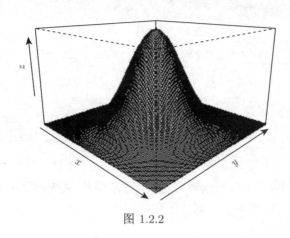

图 1.2.2

三、数值积分在 R 软件中的实现

在求随机变量的分布函数值的过程中，常涉及求和与求积运算．R 软件提供：求和函数 sum(x)，其中 x 是数值型数组或矩阵；一重积分函数为 intgrate(f,lower,upper)，其中 f 是被积函数，lower 和 upper 分别是积分下限和上限；而二重积分函数 quad2d, dblquad, simpson2d 等均来自 pracma 软件包，使用之前先安装该软件包．下面通过例子来展示函数的具体使用，更多可参考帮助文档．

例 1.2.5 计算 $\int_{-1}^{1} \frac{1}{\sqrt{2\pi}} \mathrm{e}^{-\frac{x^2}{2}} \mathrm{d}x$.

解 由于 $\mathrm{e}^{-\frac{x^2}{2}}$ 是一个不可积的函数，因此只能采用数值方法计算积分，程序如下：

```
Fun=function(x) exp(-x^2/2)/sqrt(2*pi)    #其中 pi 是内置的常量
integrate(Fun,-1,1)
0.6826895 with absolute error < 7.6e-15
```

例 1.2.6 计算 $\int_{-\infty}^{1} \frac{1}{\sqrt{2\pi}} \mathrm{e}^{-\frac{x^2}{2}} \mathrm{d}x$.

解 实际上，这是标准正态密度函数的积分，其值等于 $\Phi(1)$，程序如下：

```
integrate(Fun,-Inf,1)    # 注意此处 -Inf 表示 -∞, Fun 定义在例 1.2.5 中
0.8413448 with absolute error < 1.5e-05
```

当然，上述积分值就是标准正态分布的分布函数在 1 处的值，即 pnorm(1).

例 1.2.7 计算 $\int_{-\infty}^{+\infty} \frac{1}{\sqrt{2\pi}} \mathrm{e}^{-\frac{x^2}{2}} \mathrm{d}x$.

解 实际上, 这是标准正态密度函数的积分, 其值等于 1, 程序如下:

```
integrate(Fun,-Inf,Inf)    # 注意此处 Inf 表示 +∞, Fun 定义在例 1.2.5 中
1 with absolute error <9.4e-05
```

例 1.2.8 计算 $\int_0^1 \int_2^3 (x+y)\mathrm{d}x\mathrm{d}y$.

解 程序如下:

```
fun=function(x,y) x+y
quad2d(fun,0,1,2,3)    # dblquad(fun, 0,1,2,3)
3
```

例 1.2.9 生成标准正态分布函数二维表, 行范围从 0 变到 4.2, 间隔 0.1; 列范围从 0 变到 0.09, 间隔 0.01; 总共 43 行, 10 列的矩阵数据.

解 程序如下:

```
rowx=seq(0,4.2,by=0.1); colx=seq(0,0.09,by=0.01)
n=length(rowx);    m=length(colx);
mat=outer(rowx,colx,'+')
rownames(mat)=format(rowx,digits=3);    colnames(mat)=format(colx,digits=5)
for(i in 1:n) mat[i,]=sapply(mat[i,],pnorm)
mat[1:5,1:6]    # 因排版限制, 只显示 5 行 6 列的数据.
```

	0.00	0.01	0.02	0.03	0.04	0.05
0.0	0.5000000	0.5039894	0.5079783	0.5119665	0.5159534	0.5199388
0.1	0.5398278	0.5437953	0.5477584	0.5517168	0.5556700	0.5596177
0.2	0.5792597	0.5831662	0.5870644	0.5909541	0.5948349	0.5987063
0.3	0.6179114	0.6217195	0.6255158	0.6293000	0.6330717	0.6368307
0.4	0.6554217	0.6590970	0.6627573	0.6664022	0.6700314	0.6736448

四、数字特征

R 软件提供 mean, var, sd, median 函数分别用于计算一维样本的均值、方差、标准差和中位数; colMeans, cov, cor 函数分别用于计算多维数据的均值向量、协方差阵和相关阵.

例 1.2.10 随机生成 2 组各 100 个标准正态分布随机数存于 X 和 Y, 计算各自的均值、方差、标准差、中位数、协方差和相关系数.

解 程序如下:

```
set.seed(101); X=rnorm(100);    set.seed(201);    Y=rnorm(100)
C_X=c(mean=mean(X),var=var(X),sd=sd(X),median=median(X))
C_Y=c(mean=mean(Y),var=var(Y),sd=sd(Y),median=median(Y))
C_XY=c(cov=cov(X,Y),cor=cor(X,Y))
C_X;   C_Y;   C_XY
```

```
mean              var              sd               median
-0.03719110       0.87248858       0.93407097       -0.01443899
mean              var              sd               median
-0.02324089       0.97011494       0.98494413       0.06817173
cov               cor
0.02283603        0.02482157
```

例 1.2.11 求表 1.2.6 所示的进口总额经济数据的协方差阵和相关阵.

表 1.2.6 进口总额经济数据

数据	国内总产值	存储量	总消费量	进口总额
1	149.300000	4.200000	108.100000	15.900000
2	161.200000	4.100000	114.800000	16.400000
3	171.500000	3.100000	123.200000	19.000000
4	175.500000	3.100000	126.900000	19.100000
5	180.800000	1.100000	132.100000	18.800000
6	190.700000	2.200000	137.700000	20.400000
7	202.100000	2.100000	146.000000	22.700000
8	212.400000	5.600000	154.100000	26.500000
9	226.100000	5.000000	162.300000	28.100000
10	231.900000	5.100000	164.300000	27.600000
11	239.000000	0.700000	167.600000	26.300000

解 程序如下:

```
x=read.table("clipboard",header=TRUE);   # 选中数据，然后按下 Ctrl+C 复制到剪贴板
x
     国内总产值   存储量   总消费量   进口总额
1    149.3        4.2      108.1      15.9
2    161.2        4.1      114.8      16.4
3    171.5        3.1      123.2      19.0
4    175.5        3.1      126.9      19.1
5    180.8        1.1      132.1      18.8
6    190.7        2.2      137.7      20.4
7    202.1        2.1      146.0      22.7
8    212.4        5.6      154.1      26.5
9    226.1        5.0      162.3      28.1
10   231.9        5.1      164.3      27.6
11   239.0        0.7      167.6      26.3
cov(x);  cor(x)    # 协方差阵，相关阵
           国内总产值    存储量    总消费量    进口总额
国内总产值  899.9709     1.279     617.32636   131.57491
存储量        1.2790     2.720       1.21400     1.87900
总消费量    617.3264     1.214     425.77855    91.11836
进口总额    131.5749     1.879      91.11836    20.64491
```

	国内总产值	存储量	总消费量	进口总额
国内总产值	1.00000000	0.02585067	0.99726069	0.9652779
存储量	0.02585067	1.00000000	0.03567322	0.2507471
总消费量	0.99726069	0.03567322	1.00000000	0.9718686
进口总额	0.96527788	0.25074705	0.97186857	1.0000000

例 1.2.12 七夕前夕, 花店通常会储备鲜花销售, 已知每卖出 200 枝鲜花获利 300 元, 没有卖出则每 200 枝鲜花亏损 150 元, 设花店所在地区的鲜花需求量 X(单位: 200 枝) 服从如下分布:

X	0	1	2	3	4	5
P	0.05	0.10	0.20	0.30	0.25	0.10

模拟求解最佳的进货量 (整数).

解 设进货量为 n, 盈利 Y 元, 则有

$$Y(n,X) = \begin{cases} 300n, & n \leqslant X, \\ 450X - 150n, & n > X. \end{cases}$$

构造需求量随机数 10000 个, 进而计算每种进货量情况下的平均盈利 $E(Y)$, 取平均盈利最大对应的 n 为最佳方案, 程序如下:

```
x=0:5;  p=c(0.05,0.10,0.20,0.30,0.25,0.10)
n=1:5;  times=10000;
rx=sample(x,times,replace=TRUE,prob=p)
y=function(n,x) mean(ifelse(n<=x,300*n,450*x-150*n))
meany=sapply(n,y,rx)
names(meany)=paste('n=',1:5,sep='')
meany
   n=1      n=2      n=3      n=4      n=5
276.195  509.595  655.200  664.815  561.480
```

从上述结果可以判断进货量选择 800 枝是最佳的. 经过多次模拟, 结果是稳定的.

五、极限理论的模拟与计算

例 1.2.13 模拟伯努利大数定律 (用 R 脚本实现).

解 程序及图如下:

```
n=10000*(1:100)     # 100 个元素的数组 n, 元素间隔为 10000
a=numeric(length(n))  # 初始化一个长度为 100 的数组 a, 用来存放频率
for(i in 1:length(n))  # 等概率重复抽取 0, 1 两数, 求频率;
  a[i]=mean(rbinom(n[i],1,0.5))
# a[i]=sum(sample(c(0,1),n[i],prob=c(0.5,0.5),replace=TRUE))/n[i]
plot(1:length(n),a);   # 画出随 n 变化的频率 a
abline(h=0.5)    # 画水平线 y=0.5
```

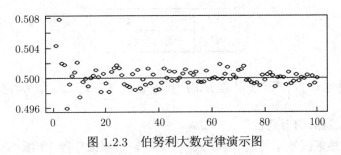

图 1.2.3 伯努利大数定律演示图

从图 1.2.3 中可知, 随着 n 的增大, 频率呈现出接近概率的趋势, 而且频率相对概率波动的幅度同样呈现出减小的趋势, 这正是伯努利大数定律所揭示的频率稳定性的特征.

例 1.2.14 中心极限定理模拟试验: 高尔顿钉板试验 (用 R 脚本实现).

解 程序及图如下:

```
level=21;   half=level/2+1;   box=level;
bn=numeric(box);     # 21 层, 第 21 层 21 个钉子, 21 个槽
n=100000     # 10 万个珠子下落
for(i in 1:n)
{   index=sum(sample(c(-1,1), level, prob=c(0.5,0.5), replace=TRUE))
    index=index/2+half ;
    bn[index]=bn[index]+1
}
barplot(bn/n,ylim=c(0,0.16))
```

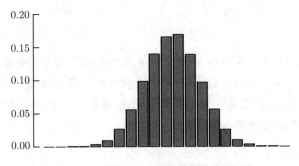

图 1.2.4 高尔顿钉板各槽数量统计图

从图 1.2.4 可知, 珠子累积在 21 个槽中的形状与正态分布 $N(0,21)$ 的密度函数非常相似. 模拟结果充分体现了中心极限定理的基本思想. 需要注意的是经历奇数次 (21 次) 碰撞后, 取值都是奇数, 所以区间的长度均为 2, 图中频率值除以 2 后才是密度值的近似. 以下是基本推导过程.

设 X_i 表示小珠子经历第 i 层钉子碰撞后向左或者向右落下的试验结果, 以 -1 表示向左, 1 表示向右, 则

X_i	−1	1
P	0.5	0.5

显然，$E\left(\sum_{i=1}^{level} X_i\right) = 0, D\left(\sum_{i=1}^{level} X_i\right) = level$，故近似有 $\sum_{i=1}^{level} X_i \sim N(0, level)$. 而 $\sum_{i=1}^{level} X_i$ 的取值的奇偶性取决于层数的奇偶性.

例 1.2.15 某地区专车司机 1000 人, 参保车辆的事故年险, 年缴 500 元, 若发生某类事故则赔付 50000 元. 假设车辆一年发生某类事故的概率为 0.005, 问保险公司盈利不低于 20 万元的概率是多少?

解 设 X 表示一年中发生事故的车辆数, 则由题意得 $X \sim B(1000, 0.005)$. 设盈利不低于 20 万元的事件为 A, 则 A 等价于 $1000 \times 500 - 50000 X \geqslant 200000$, 即 $X \leqslant 6$, 则

$$P(A) = P(X \leqslant 6) = 0.7625 \quad (\text{提示: 由 pbinom}(6, 1000, 0.005) \text{ 计算得到})$$

由于 $E(X) = 5, D(X) = 4.975$, 由中心极限定理, 近似有 $X \sim N(5, 4.975)$, 则

$$P(A) = P(X \leqslant 6) \approx \Phi\left(\frac{6-5}{\sqrt{4.975}}\right) = 0.6730.$$

一般情况下这个近似需要做**连续性修正**(见本章习题 18), 以减小误差, 故上述概率变为

$$P(A) = P(X \leqslant 6) \approx \Phi\left(\frac{6-5+0.5}{\sqrt{4.975}}\right) = 0.7494.$$

内容小结

本章主要引入 R 统计软件并将其用在概率论的基本计算中, 概率论是揭示随机现象统计规律性的一门数学学科, 是数理统计进行估计和推断的理论基础, 而统计软件是数理统计进行数据分析和推断的主要工具. 本章借助统计软件将一些概率论的理论进行模拟和直观化, 有助于加深对概率论的理解和应用.

本章的网络结构图:

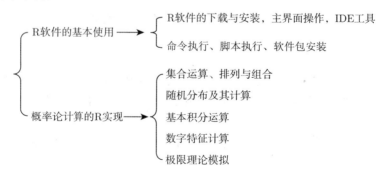

本章基本要求:
1. 掌握 R 统计软件的基本使用, 包括命令窗口、程序脚本和软件包;
2. 熟悉 R 软件在概率论中的基本应用;
3. 掌握 R 软件使用随机分布进行模拟的方法, 并能设计模拟实验解决实际问题.

习 题 一

1. 编写一个 R 程序脚本函数实现对一元二次方程的求根.

2. 假设每个人的生日在一年 365 天中的任一天是等可能的, 求 $n(n \leqslant 365)$ 个人中至少有 2 个人同一天生日的概率, 并设计模拟程序估计 $n=50$ 时的概率; 另外再设计模拟程序估计 $n=50$ 时至少 3 个人同一天生日的概率.

3. 设样本空间 Ω 为百分制的所有可能得分 (都是整数), 事件 A 表示不及格, 事件 B 表示得奇数分, 事件 C 表示得分不低于 40 分. 请在 R 中完成: $A \cup B, A \cap B, C - B, A \cap B \cap C$.

4. 计算体育彩票大乐透玩法的各种获奖情况的可能数及概率.

5. 盒子中有大小形状相同的 10 只球, 其中有 6 只红色, 4 只绿色, 现从中任取 3 只, 问下列事件的概率是多大?

(1) 恰好有 1 只红色球;   (2) 恰好有两只红色球;

(3) 若抽取三次 (每次 1 只), 前两次恰好有 1 只红色球, 第三次也为红色球.

请设计模拟实验估算上述概率, 并与理论概率进行比较.

6. 计算积分 $\int_{-1}^{1} 2^x \mathrm{d}x$ 的理论值, 使用 R 中积分函数求值, 设计模拟实验求估计值, 并比较三者大小.

7. 绘制泊松分布 $P(4), P(6), P(8)$ 的比较图.

8. 编写脚本生成泊松累积概率分布表: 纵向 k 从 0 到 36, 步长为 1; 横向从 0 到 4, 步长为 0.1.

9. 编写脚本生成标准正态概率分布表: 纵向从 0 到 4.2, 步长为 0.1; 横向从 0 到 0.095, 步长为 0.005.

10. 请编程验证 "使用泊松定理近似二项分布时, 当 $n \geqslant 20, p \leqslant 0.05$ 时, 近似效果就相当好这个结论". 如果结论不成立, 那比较理想的条件是什么?

11. 随机变量 $X \sim N(\mu, \sigma)$, 结合程序的图形模拟, 思考当 $\sigma \to 0$ 过程中, 随机变量的取值变化, 并思考切比雪夫不等式的推论的模拟和作用.

12. 设 $X \sim N(0,1), Y = X^2$, 求 Y 的概率密度, 并用 R 软件画出密度示意图.

13. 掷 n 颗骰子, 求点数之和的数学期望与方差; 用软件模拟 $n=1000$ 时的期望与方差值, 并与理论值进行比较.

14. 某地抽样调查结果表明, 考生的外语成绩 (百分制) 近似服从正态分布, 已知超过 65 分的人数占一半, 超过 90 分的人数占 5%. 试求考生成绩位于 60~80 分之间的概率.

15. 请设计试验并编写程序模拟演示切比雪夫大数定律.

16. 请设计试验并编写程序模拟验证独立同分布中心极限定理.

17. 设随机变量

$$(X,Y) \sim f(x,y) = \begin{cases} (x+y)/8, & 0<x<2, 0<y<2, \\ 0, & \text{其他}. \end{cases}$$

求 $E(X), E(Y), Cov(X,Y)$ 和 ρ_{XY}；编程求 $P(X<1, Y<1)$，并与理论值进行比较.

18. 连续性修正是离散型转化成连续型近似时采用的一种减小误差手段，若 $X \sim B(n,p)$，则采用连续型变量 Y 近似时，概率 $P(x_1 \leqslant X \leqslant x_2)$ 变成 $P(g(x_1-0.5) \leqslant Y \leqslant g(x_2+0.5))$，其中 $g(x)$ 为离散连续化函数. 探讨正态分布近似二项分布且适合采用连续性修正的条件.

19. 某地区有 10000 盏路灯，已知路灯发生故障的概率为 0.001，各路灯工作相互独立，分别用二项分布、泊松分布和正态分布估算发生故障的路灯数不少于 12 台的概率.

第二章 数理统计初步与模拟计算

数理统计是研究随机现象统计规律性的一门应用极其广泛的学科,它以概率论为理论基础,以统计软件为实现手段,研究如何以有效的方式收集、整理和分析受随机因素影响的数据,并对随机现象的某些特征或规律作出推断. 数理统计的应用几乎渗透到人类生活的一切领域中. 在数理统计与其他学科渗透的过程中,涌现出如"生物统计""教育统计""计量经济学""金融数学""计算统计学"等交叉学科,无不体现数理统计的重要性.

本章主要介绍数理统计的基本概念、经验分布函数、直方图及核密度估计、常见的概率分布和抽样分布、Monte Carlo 方法和 Bootstrap 自助方法等.

2.1 数理统计的基本概念

一、总体与样本

总体是一个简化的概念,它可以分为**自然总体**和**测量总体,自然总体**就是由客观存在的具有相同性质的事物构成的全体;自然总体中的个体通常都具有多种属性,我们把个体所具有某种共同属性的数值的全体称为**测量总体**. 在统计学中,我们把研究的问题所涉及的对象的全体称为**总体**或**母体**,而把总体中的每个成员称为**个体**,统计学中研究的基本都是测量总体. 例如,当研究某一地区当年正常成年人的血压值,则该地区当年的所有正常成年人看成自然总体,把所有血压值看成测量总体,而其中每个人的血压值就是一个个体. 撇开具体背景,总体可以看成是一组数据,而每个数据就表示一个个体,在这组数据中有的数据出现的机会大,有的出现的机会小,因此可以用一个概率分布来描述这个总体数据的分布情况. 从这个意义上讲,总体就是一个分布,其数量指标就是服从这个分布的随机变量. 因此,我们就用随机变量或分布的符号表示总体,即"从某一总体中抽样"等价于"从某个分布中抽样". 为了方便,常用大写字母 X, Y, Z 等表示总体.

像上述某一地区当年正常成年人血压值对应的总体,是可以一一观察的,这样的总体称为有限总体;而对于个体数不确定、无限的总体称为无限总体. 有时也将个体数量巨大的总体等同于无限总体. 对于有限总体的研究,可以采用普查或者抽样;而对于无限总体的研究则只能采用抽样. 总体包含的个体数越多,普查所耗费的人力、物力和财力就越庞大,甚至无法实现.

要了解总体的性质与分布规律,如成年男性的血压值,通常的做法是从总体中随机地抽取一部分个体进行观测,每抽取一个个体就是对总体进行一次随机试验. 设每次共抽取 n 个个体,这 n 个个体 $X_1, X_2, \cdots, X_n$ 就称为总体 X 的一个容量为 n 的**样本**或**子样**,其中样本

所包含的个体数量 n 称为**样本容量**或**样本大小**.

样本的一个重要性质是它的**二重性**. 假设 $X_1, X_2, \cdots, X_n$ 是从总体 X 中抽取的样本, 在一次具体的观测或试验中, 它们是一批测量值, 是一些已知的数, 常记为 $x_1, x_2, \cdots, x_n$, 称为**样本观测值**. 这就是说, 样本具有数的属性. 但是, 另一方面, 由于受到各种随机因素的影响, 每次抽取的样本取值可能不同, 这又说明样本具有随机性. 因此, 当脱离开特定的具体试验或观测时, 我们并不知道样本 $X_1, X_2, \cdots, X_n$ 的具体取值到底是多少, 因此, 又可以把它们看成随机变量. 样本 $X_1, X_2, \cdots, X_n$ 既可被看成数又可被看成随机变量, 这就是所谓的样本的二重性. 这里, 需要特别强调的是, 以后凡是离开具体的一次试验来谈及样本 $X_1, X_2, \cdots, X_n$ 时, 它们总是被看作随机变量, 关于样本的这个基本认识对理解后面的内容十分重要.

既然样本 $X_1, X_2, \cdots, X_n$ 被看作随机变量, 自然就需要研究它们的分布. 例如, 上述的正常成年人的血压值. 在相同的测量条件下, 独立地测量 n 个正常成年人的血压值, 把这 n 个测量结果即样本记为 $X_1, X_2, \cdots, X_n$, 那么完全有理由认为, 这些样本相互独立且具有相同的分布. 推广到一般情况, 如果在相同条件下对总体 X 进行 n 次重复的独立观测或试验, 那么都可以认为所获得的样本 $X_1, X_2, \cdots, X_n$ 是相互独立, 且与总体 X 有相同分布的随机变量, 这样的样本称为简单随机样本, 简称为样本. 一般地, 我们有如下定义:

定义 2.1.1 设 $X_1, X_2, \cdots, X_n$ 为总体 X 的一个容量为 n 的样本, 若满足

(1) 独立性, 即 $X_1, X_2, \cdots, X_n$ 相互独立;

(2) 同分布性, 即每一个 $X_i (i = 1, 2, \cdots, n)$ 都与总体 X 服从相同的分布,

则称这样的样本为**简单随机样本**, 简称为**样本**.

今后, 凡提到的样本均指简单随机样本.

定理 2.1.1 设 $X_1, X_2, \cdots, X_n$ 是来自总体 X 的样本,

(1) 若 X 的分布函数为 $F(x)$, 则样本 $X_1, \cdots, X_n$ 的联合分布函数为 $\prod_{i=1}^{n} F(x_i)$;

(2) 若 X 的概率密度函数为 $f(x)$, 则样本 $X_1, \cdots, X_n$ 的联合概率密度函数为 $\prod_{i=1}^{n} f(x_i)$.

例 2.1.1 设 $X_1, X_2, \cdots, X_n$ 是来自总体 $X \sim N(\mu, \sigma^2)$ 的样本, 求样本的联合概率密度函数.

解 由题意, 可得

$$f(x_1, x_2, \cdots, x_n) = \prod_{i=1}^{n} \frac{1}{\sqrt{2\pi}\sigma} \mathrm{e}^{-\frac{(x_i-\mu)^2}{2\sigma^2}}, \quad x_i \in \mathbb{R}, i = 1, 2, \cdots, n.$$

二、自助样本

在进行统计推断时, 通常需要用到样本观测值才能做出具体的推断, 此处样本观测值是一次抽样的结果, 于是推断结论就具有一定的随机性. 为了结论的可靠性, 我们可能会对样本做多次的观测, 并进行反复的确认. 但是有些情况下, 对样本观测可能无法重复进行, 比如重复观测的代价高昂, 此时就产生了自助样本的需求.

定义 2.1.2 设 $X_1, X_2, \cdots, X_n$ 为总体 X 的一个容量为 n 的样本, 其观测值为 x_1,

$x_2,\cdots,x_n$, 以 $x_1,x_2,\cdots,x_n$ 为母本, 对其实施等长度、独立、有放回的重复随机抽样而形成的新样本 $x_1^i,x_2^i,\cdots,x_n^i$ 称为第 i 个**自助样本**, $i=1,2,\cdots$.

显然这样的自助样本可以产生很多, 该抽样及相关的分析方法是由 Bradley Efron 于 1979 年提出的, 特别适合小样本条件下的数据分析.

例 2.1.2 设 $X_1,X_2,\cdots,X_{10}$ 为总体 X 的一个样本, 其观测值为 1,3,2,5,4,3,6,4,5,3, 试产生 5 组自助样本.

解 程序如下:

```
x=c(1,3,2,5,4,3,6,4,5,3)
mat=matrix(0,nrow=5,ncol=10)
for(i in 1:5) mat[i,]=sample(x,10,replace=TRUE)
mat
```

	[,1]	[,2]	[,3]	[,4]	[,5]	[,6]	[,7]	[,8]	[,9]	[,10]
[1,]	2	1	3	3	3	4	2	3	4	2
[2,]	4	4	4	3	4	1	4	5	4	6
[3,]	5	3	5	3	5	4	5	6	2	3
[4,]	5	3	2	5	2	3	5	1	3	3
[5,]	5	6	3	5	3	6	5	4	3	3

三、统计量

样本是从总体中随机抽取的一部分个体, 它反映或包含着总体的信息, 但通常样本所包含的信息不能直接用于解决我们所要研究的问题, 而需要对样本进行必要的加工和计算, 才能把总体包含的信息集中反映出来. 为实现这一目的, 就需要针对不同的问题构造不同的样本函数, 这种函数如果不包含未知参数, 在统计学中称为统计量.

定义 2.1.3 设 $X_1,X_2,\cdots,X_n$ 是总体 X 的样本, $T(X_1,X_2,\cdots,X_n)$ 是样本的实值函数, 且不包含任何未知参数, 则称 $T(X_1,X_2,\cdots,X_n)$ 为**统计量**.

由于样本具有二重性, 因此统计量作为样本的函数也具有二重性, 即对一次具体的观测或试验, 它们都是具体的数值, 但当脱离开具体的某次观测或试验, 样本是随机变量, 因此统计量也是随机变量, 它也有自己的概率分布, 称为**抽样分布**.

例 2.1.3 设 X_1,X_2 是从总体 $N(\mu,\sigma^2)$ 中抽取的一个样本, 其中分布参数 μ 已知, σ^2 未知, 则 $X_1-3\sigma^2$, $X_1^2+X_2^2+\sigma^2$ 不是统计量, 因为它们包含了未知参数 σ, 而 $X_1-\mu$, X_1+X_2 都是统计量.

统计量是用来对总体的某些特征进行估计或检验的, 它集中包含了有关特征的信息. 在统计学中, 根据不同的目的构造了许多不同的统计量. 下面介绍几种常用的统计量.

定义 2.1.4 设 $X_1,X_2,\cdots,X_n$ 是总体 X 中的一个样本, 则

(1) 统计量

$$\overline{X}=\frac{1}{n}\sum_{i=1}^{n}X_i \tag{2.1.1}$$

称为**样本均值**. 它反映了总体分布集中取值的信息, 通常用来估计总体的数学期望 $E(X)$.

(2) 统计量

$$S^2 = \frac{1}{n-1} \sum_{i=1}^{n} (X_i - \overline{X})^2 \qquad (2.1.2)$$

称为**样本方差**. 它反映了总体分布离散程度的信息, 通常用来估计总体的方差 $D(X)$.

(3) 统计量

$$S = \sqrt{S^2} = \sqrt{\frac{1}{n-1} \sum_{i=1}^{n} (X_i - \overline{X})^2} \qquad (2.1.3)$$

称为**样本均方差**或**样本标准差**. 通常用来估计总体的标准差 $\sqrt{D(X)} = \sigma(X)$.

(4) 统计量

$$A_k = \frac{1}{n} \sum_{i=1}^{n} X_i^k \qquad (2.1.4)$$

称为**样本的 k 阶原点矩**. 它反映了总体 k 阶原点矩的信息, 通常用来估计总体的 $E(X^k)$.

(5) 统计量

$$M_k = \frac{1}{n} \sum_{i=1}^{n} (X_i - \overline{X})^k \qquad (2.1.5)$$

称为**样本的 k 阶中心矩**. 它反映了总体 k 阶中心矩的信息, 通常用来估计总体的

$$E((X - E(X))^k).$$

(6) 统计量

$$g = \frac{M_3}{M_2^{3/2}} \qquad (2.1.6)$$

称为**样本的偏度**. 偏度 $E\left(\frac{X - E(X)}{\sigma(X)}\right)^3$ 表征概率密度分布的对称性信息, 它是分布密度曲线相对于平均值不对称程度的度量, 即度量密度函数曲线尾部的相对长度. 若 $g = 0$, 则分布的密度曲线尾部两侧是对称的; 若 $g > 0$, 则分布密度曲线的右侧尾部比左侧细长, 从样本看, 分布于均值右侧的数据比左侧的少, 通常均值位于峰值右侧, 这种形态称为正偏态或右偏态; 反之 $g < 0$, 称为负偏态或左偏态. 正态分布的偏度为 0, 通常偏态是针对正态分布而言的.

(7) 统计量

$$k = \frac{M_4}{M_2^2} \qquad (2.1.7)$$

称为**样本的峰度**. 峰度 $E\left(\frac{X - E(X)}{\sigma(X)}\right)^4$ 是对概率密度在平均值处峰值高低程度的度量, 它反映了峰部的尖度, 即分布形态的陡缓程度. 标准正态分布的峰度值 $k = 3$, 相对于标准正态分布而言, 当某一分布的峰度高于 3 时, 通常认为分布过于陡峭, 相应的尾部可能就比较低; 反之分布过于平缓, 尾部可能就比较高. 实际计算中通常是针对正态分布而言的, 所以常将峰度值做减 3 处理, 再将减 3 之后的值与 0 作比较.

(8) 统计量

$$CV = \frac{S}{\overline{X}} \tag{2.1.8}$$

称为**样本的变异系数**,又称为 "**标准差率**". 它的大小不仅受变量值离散程度的影响, 而且还受变量值平均值大小的影响. 它可用来度量样本的离散程度, 且已经消除了量纲对离散程度的影响, 适合测量尺度相差太大或数据量纲不同的两组数据的离散程度的比较.

(9) 统计量

$$SE = \sqrt{\frac{\sum_{i=1}^{n}(X_i - \overline{X})^2}{n(n-1)}} = \frac{S}{\sqrt{n}} \tag{2.1.9}$$

称为**样本标准误**. 标准误用来衡量抽样误差, 标准误越小, 表明样本统计量与总体参数的值越接近, 样本对总体越有代表性, 用样本统计量推断总体参数的可靠度越大. 因此, 标准误是统计推断可靠性的指标.

定义 2.1.5 设 $X_1, X_2, \cdots, X_n$ 是取自总体 X 的样本, 记 $x_1, x_2, \cdots, x_n$ 是样本的任一个观测值, 将它们按由小到大的顺序重新排列为 $x_{(1)} \leqslant x_{(2)} \leqslant \cdots \leqslant x_{(n)}$. 若 $X_{(k)} = x_{(k)}, k = 1, 2, \cdots, n$, 则

(1) 统计量

$$X_{(1)}, X_{(2)}, \cdots, X_{(n)} \tag{2.1.10}$$

称为样本 $X_1, X_2, \cdots, X_n$ 的**次序统计量**(或顺序统计量), 称 $X_{(k)}$ 为**第k个次序统计量**. 次序统计量是度量样本数据位置的一个统计量. 由于次序统计量 $X_{(k)}(k=1,2,\cdots,n)$ 是样本的函数, 所以 $X_{(1)}, X_{(2)}, \cdots, X_{(n)}$ 一般不是相互独立的, 因为次序统计量的任一值均按由小到大顺序排列.

(2) 统计量

$$X_{(1)} = \min\{X_1, X_2, \cdots, X_n\}, \quad X_{(n)} = \max\{X_1, X_2, \cdots, X_n\} \tag{2.1.11}$$

分别称为样本的**最小次序统计量 (最小值)**和**最大次序统计量 (最大值)**.

(3) 统计量

$$R = X_{(n)} - X_{(1)} \tag{2.1.12}$$

称为**样本的极差**. 极差是度量样本数据离散程度的另一种统计量, 它反映了总体数据的波动范围.

(4) 统计量

$$M_e = \begin{cases} X_{(\frac{n+1}{2})}, & \text{当 } n \text{ 为奇数时}, \\ \frac{1}{2}\left(X_{(\frac{n}{2})} + X_{(\frac{n}{2}+1)}\right), & \text{当 } n \text{ 为偶数时} \end{cases} \tag{2.1.13}$$

称为**样本的中位数**. 中位数是度量样本数据中间位置的一种统计量, 不易受异常值干扰 (即表现出所谓的稳健性) 是它的一个特点.

(5) 统计量

$$x_p = \begin{cases} X_{([np]+1)}, & \text{当 } np \text{ 不是整数时,} \\ \dfrac{1}{2}(X_{(np)} + X_{(np+1)}), & \text{当 } np \text{ 是整数时} \end{cases} \quad (2.1.14)$$

称为**样本的 p 分位数**. p 分位数也常用来度量样本数据的离散分布程度, 常用的有五分位数, 由次序样本的前 $0\%, 25\%, 50\%, 75\%, 100\%$ 位置的 5 个数构成.

(6) 统计量

$$R_1 = x_{0.75} - x_{0.25} \quad (2.1.15)$$

称为**四分位差**或**半极差**, 即样本上、下四分位数的差值, 也是作为离散程度的一种度量, 常用于稳健性分析中.

(7) 统计量

$$Mo = x[\max_i\{f_i, i = 1, 2, \cdots, m\}] \quad (2.1.16)$$

称为**众数**. 记样本 $x_1, x_2, \cdots, x_n$ 中观测值**集合为**$S^- = \{x[1], x[2], \cdots, x[m]\}$ $(m \leqslant n)$(即重复出现的只留一个), $f_i = \#\{x[i] = x_j, j = 1, 2, \cdots, n\}, i = 1, 2, \cdots, m$ 表示观测值 $x[i]$ 出现的次数. 从上述定义可知, 众数就是在样本观测值中出现次数最多的观测值, 由于是通过频数取最大来确定众数, 所以众数可能不唯一, 有时会有好几个. 在实际问题中, 可能还涉及分组数据求众数的问题, 这个算法见直方图部分.

(8) 统计量

$$R_m = \frac{X_{(1)} + X_{(n)}}{2} \quad (2.1.17)$$

称为**中程数**. 中程数可用来表征数据集中的趋势.

定义 2.1.6 设 $(X_i, Y_i), i = 1, 2, \cdots, n$ 是取自总体 (X, Y) 的样本, 记 $(x_i, y_i), i = 1, 2, \cdots, n$ 是样本的任一个观测值, 则

(1) 统计量

$$S_{xy} = \frac{1}{n-1} \sum_{i=1}^{n} (x_i - \bar{x})(y_i - \bar{y}) \quad (2.1.18)$$

称为**样本的协方差**. 它常用来估计总体协方差 $Cov(X, Y) = E([X - E(X)][Y - E(Y)])$.

(2) 统计量

$$r = \frac{\sum\limits_{i=1}^{n}(x_i - \bar{x})(y_i - \bar{y})}{\sqrt{\sum\limits_{i=1}^{n}(x_i - \bar{x})^2}\sqrt{\sum\limits_{i=1}^{n}(y_i - \bar{y})^2}} \quad (2.1.19)$$

称为**样本的简单相关系数**或**样本的相关系数**. 它是度量总体 (X, Y) 之间的相关性的一个统计量, 常用来估计总体的相关系数 $\rho_{XY} = \dfrac{E([X - E(X)][Y - E(Y)])}{\sqrt{D(X)}\sqrt{D(Y)}}$.

四、R 软件的实现

R 软件中提供很多统计量计算的函数, 包括基本的均值 mean, 方差 var, 标准差 sd, 中位数 median, 极差 range, 最小值 min, 最大值 max, 协方差 cov, 相关系数 cor, 分位数 quantile, 五数总括 fivenum 等, 以及 TSA 包中的偏度函数 skewness, 峰度函数 kurtosis.

另外有一些集成了多个统计量的函数, 如基本函数 summary 提供最小、最大、四分位数和均值; pastecs 包中的 stat.desc 函数, 计算样本、空值、缺失值的数量、最小值、最大值、值域、总和、中位数、平均数、平均数的标准误、平均数的 95% 置信区间、方差、标准差、变异系数以及扩展的偏度、峰度及正态性检验 p 值等; psych 包中的 describe 函数计算多达 13 个统计量的值; Hmisc 包中也有一个 describe 函数, 也能计算多个统计量的值.

例 2.1.4 设从某班的概率统计课程的期末成绩中随机抽取了 20 个成绩, 具体如下:

51, 99, 65, 100, 68, 84, 72, 85, 78, 64, 69, 95, 90, 75, 66, 50, 63, 55, 64, 70.

求样本的均值、方差、标准差、3 阶原点矩、3 阶中心矩、中位数、极差、变异系数、偏度系数、峰度系数、五分位数.

解 程序如下:

```
x=c(51,99,65,100,68,84,72,85,78,64,69,95,90,75,66,50,63,55,64,70)
n=length(x);    sum1=sum(x^3);    sum2=sum((x-mean(x))^3)
c(mean=mean(x),var=var(x),  sd=sd(x),A3=sum1/n, M3=sum2/n)
c(median=median(x),range=range(x),CV=sd(x)/mean(x))
c(skewness(x),kurtosis(x),fivenum(x))
       mean            var             sd             A3              M3
    73.15000       222.87105       14.92887     438980.05000      1096.46925

     median          range1          range2           CV
   69.5000000      50.0000000     100.0000000      0.2040857

       skew            kur            five1           five2           five3
    0.3559021      -0.7936623      50.0000000      64.0000000      69.5000000
       five4          five5
    84.5000000     100.0000000
```

例 2.1.5 设从两个班的概率统计课程的期末成绩随机抽取了各 20 个成绩, 具体如下:

一班: 51, 99, 65, 100, 68, 84, 72, 85, 78, 64, 69, 95, 90, 75, 66, 50, 63, 55, 64, 70;

二班: 66, 58, 53, 64, 62, 80, 72, 52, 66, 68, 96, 68, 79, 99, 67, 91, 93, 66, 86, 53.

求两个班成绩的协方差和相关系数.

解 程序如下:

```
x=c(51,99,65,100,68,84,72,85,78,64,69,95,90,75,66,50,63,55,64,70)
y=c(66,58,53,64,62,80,72,52,66,68,96,68,79,99,67,91,93,66,86,53)
c(cov=cov(x,y),cor=cor(x,y))
       cov             cor
   -51.3605263    -0.2352657
```

例 2.1.6 对例 2.1.5 的数据执行 psych 包中的 describe( ) 函数.

解 程序如下:

```
install.packages('psych');
library(psych)
psych::describe(cbind(x,y))
```

```
   vars  n   mean   sd    median  trimmed  mad    min  max  range  skew
x  -1    20  73.15  14.93  69.5   72.69    11.12  50   100  50     0.33
y  -2    20  71.95  14.62  67.5   71.19    15.57  52   99   47     0.43
   kurtosis  se
   -1.01    3.34
   -1.12    3.27
```

2.2 经验分布函数、直方图与核密度

一、经验分布函数

根据样本观测值估计总体的分布函数 (也称为理论分布函数), 是统计学中要解决的一个重要问题, 也是进行参数估计和检验的先决条件. 为此, 引进经验分布函数的概念.

定义 2.2.1 设 $X_1, X_2, \cdots, X_n$ 是来自总体 X 的样本, $x_1, x_2, \cdots, x_n$ 是样本的任一个观测值, 对任意实数 x, 称函数

$$F_n(x) = \frac{1}{n} \sum_{i=1}^{n} I(x_i \leqslant x) \tag{2.2.1}$$

为总体 X 的**经验分布函数**, 其中 $I(x_i \leqslant x)$ 为**示性函数**, 若 $x_i \leqslant x$. 则函数值为 1; 否则为 0. 若该样本的次序统计量为 $X_{(1)}, X_{(2)}, \cdots, X_{(n)}$, 其观测值满足 $x_{(1)} \leqslant x_{(2)} \leqslant \cdots \leqslant x_{(n)}$, 则经验分布函数也可以定义为

$$F_n(x) = \begin{cases} 0, & x < x_{(1)}, \\ \dfrac{k}{n}, & x_{(k)} \leqslant x < x_{(k+1)}, \quad k = 1, 2 \cdots n-1, \\ 1, & x_{(n)} \leqslant x. \end{cases} \tag{2.2.2}$$

随着样本容量的增大, 经验分布函数会逼近并稳定于总体的分布函数, 这个结论由 Glivenko(格列汶科) 于 1933 年以定理的形式给出.

定理 2.2.1 (Glivenko 定理) 设总体 X 的分布函数为 $F(x)$, 经验分布函数为 $F_n(x)$, 则有

$$P\left(\lim_{n \to \infty} \sup_{x \in \mathbb{R}} |F(x) - F_n(x)| = 0\right) = 1.$$

从这个定理可以看出, 对任意给定的 $\varepsilon > 0$, 当 $n \to \infty$ 时, 事件 $\left\{\sup\limits_{x \in \mathbb{R}} |F(x) - F_n(x)| < \varepsilon\right\}$ 发生的概率等于 1, 即对于任意的实数 x, 几乎都有 $F_n(x) = F(x)$, 或者如图 2.2.1 所示, 经验

分布函数 $F_n(x)$ 落入 $F(x) \pm \varepsilon$ 区域几乎总是成立的. 因此, 在 n 较大时, 我们可以使用经验分布函数估计总体的分布函数, 这也是数理统计中用样本推断总体的理论依据之一.

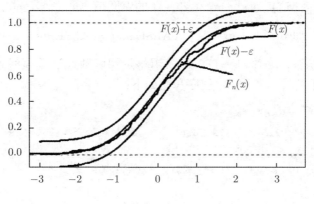

图 2.2.1 经验分布函数

此处我们来分析一个问题, 设总体 X 的分布函数为 $F(x)$, 对于固定的 $x, F(x)$ 是确定的, 令 $S_n(x)$ 表示事件 {样本观测值不超过 x} 发生的次数, 则 $S_n(x) \sim B(n, F(x))$, 易得 $F_n(x) = \dfrac{S_n(x)}{n}$, 而其数学期望 $E(F_n(x)) = E\left(\dfrac{S_n(x)}{n}\right) = F(x)$. 这说明了经验分布的期望是分布函数, 这也说明了经验分布作为分布函数估计的可行性.

例 2.2.1 从总体 X 中抽取容量为 9 的样本, 其观测值为 32,65,28,32,35,50,30,60,29. 试求 X 的经验分布函数, 并绘制经验分布函数图, 同时计算 $x = 55$ 时的经验分布函数值.

解 将样本值由小到大排序得 28<29<30<32=32<35<50<60<65, 由定义得经验分布函数和分布图分别为

$$F_n(x) = \begin{cases} 0, & x < 28, \\ 1/9, & 28 \leqslant x < 29, \\ 2/9, & 29 \leqslant x < 30, \\ 3/9, & 30 \leqslant x < 32, \\ 5/9, & 32 \leqslant x < 35, \\ 6/9, & 35 \leqslant x < 50, \\ 7/9, & 50 \leqslant x < 60, \\ 8/9, & 60 \leqslant x < 65, \\ 1, & 65 \leqslant x. \end{cases}$$

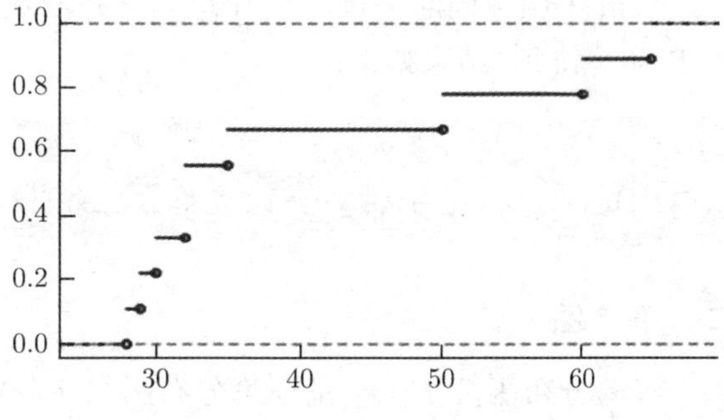

图 2.2.2 经验分布函数图

当 $x = 55$ 时, $F_n(55) = 7/9$.

上述过程也可以通过 R 软件轻松实现, 程序如下:

```
x=c(32,65,28,32,35,50,30,60,29);    Fnx=ecdf(x);    v55 =Fnx(55);   v55
plot(Fnx,pch='',xlab='图 2.2.1 经验分布函数')
points(x,Fnx(x-0.001),pch=1,cex=0.75)      # 为了画出间断点空心圆
[1] 0.7777778
```

R 软件提供 ecdf( ) 函数来计算样本的经验分布函数, 然后通过 plot( ) 函数绘制经验分布图, 其定义为 ecdf(x), 其中 x 是数值向量, 而 ecdf( ) 函数的返回值可看作实值函数, 该函数的返回值在 [0,1] 内, 这点通过 class(ecdf(x)) 的返回值 "ecdf" "stepfun" "function" 可知.

plot(x, ..., ylab="Fn(x)", verticals = FALSE,do.p=FALSE, pch = 19)

其中 x 是 ecdf( ) 函数, verticals=TRUE 表示将阶梯函数通过垂直线连通, 这样比较美观; do.p=FALSE 表示不将样本点画出. 程序和图如下:

```
x=rnorm(100);        z=ecdf(x)
plot(z,verticals=TRUE,do.p=FALSE)    # 绘制经验分布函数图
xx=seq(-3,3,by=0.1)
lines(xx,pnorm(xx),lty=3)            # 添加标准正态分布函数曲线
```

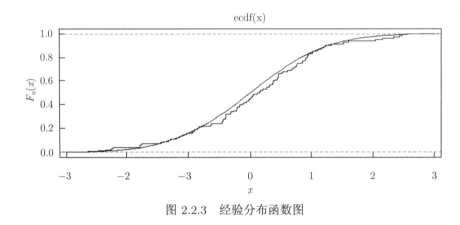

图 2.2.3 经验分布函数图

ecdf( ) 函数同时提供了估计总体分布函数的功能, 此例中如估计 $P(X \leqslant 1)$ 的概率值, 可由 z(1) 得到, 结果如下:

z(1)	z(c(-2,-1,0,1,2,3))					
0.83	0.04	0.16	0.45	0.83	0.94	1.00

二、直方图

经验分布函数 $F_n(x)$ 是理论分布函数 $F(x)$ 的近似, 下面讨论理论概率密度的近似计算问题. 直方图是总体概率密度最简单的近似求法. 直方图做法的步骤如下:

(1) 设 $X_1, X_2, \cdots, X_n$ 是来自总体 X 的一个样本, 对应的顺序统计量为 $X_{(1)} \leqslant X_{(2)} \leqslant \cdots \leqslant X_{(n)}$, 其观测值为 $x_{(1)} \leqslant x_{(2)} \leqslant \cdots \leqslant x_{(n)}$.

(2) 选取 a(略小于 $x_{(1)}$) 和 b(略大于 $x_{(n)}$), 则所有观测值全部落入区间 $(a, b]$ 内, 将区间$(a, b]$ 等分成 m 个小区间 $(a_i, a_{i+1}], i = 1, 2, \cdots, m$, $a_1 = a$, $a_{m+1} = b$, 每个小区间的长度 $h = \dfrac{b-a}{m}$ 称为组距 (实际上, 区间的长度可以不等长).

(3) 计算样本观测值落在每一个小区间$(a_i, a_{i+1}]$ 中的个数 n_i(也称为频数)、频率 $f_{ni} = \dfrac{n_i}{n}$

和单位频率 (密度) $f_{hi} = \dfrac{f_{ni}}{h}$, $i = 1, 2, \cdots, m$.

(4) 作 "频数、频率与密度表"，并作相应计算 (见表 2.2.1).

表 2.2.1　频数、频率与密度表

小区间 $(a_i, a_{i+1}]$	分组中点 $\dfrac{a_i + a_{i+1}}{2}$	频数 n_i	频率 $f_{ni} = \dfrac{n_i}{n}$	密度 $f_{hi} = \dfrac{f_{ni}}{h}$
$(a_1, a_2]$	$\dfrac{a_1 + a_2}{2}$	n_1	$\dfrac{n_1}{n}$	$\dfrac{n_1}{n} \cdot \dfrac{m}{b-a}$
$(a_2, a_3]$	$\dfrac{a_2 + a_3}{2}$	n_2	$\dfrac{n_2}{n}$	$\dfrac{n_2}{n} \cdot \dfrac{m}{b-a}$
$\vdots$	$\vdots$	$\vdots$	$\vdots$	$\vdots$
$(a_m, a_{m+1}]$	$\dfrac{a_m + a_{m+1}}{2}$	n_m	$\dfrac{n_m}{m}$	$\dfrac{n_m}{m} \cdot \dfrac{m}{b-a}$
$\sum$	—	n	1	—

(5) 画出 "直方图". 在 xOy 平面上以 x 轴上的每个小区间 $[a_i, a_{i+1})$ 为底边，分别以频数、频率与密度为高画出 m 个小矩形，这三种图形统称为**直方图**，有时也分别称为**频数直方图**、**频率直方图**和**密度直方图**.

(6) 作总体 X 的概率密度函数 $f(x)$ 的近似曲线. 在密度直方图中的每个小矩形 "顶边" 的中点附近用一条光滑曲线 $y = f_n(x)$ 连接起来，它就是总体 X 的概率密度函数 $f(x)$ 的近似曲线.

关于区间数 m，通常取 $m \approx 1.87(n-1)^{0.4}$ 或 $5 \leqslant m \leqslant 16$; 而 Sturges(1926) 也提出了一个经验公式，即 $m \approx 1 + \log_2 n$.

例 2.2.2　表 2.2.2 给出 30 个数据，请画出三种直方图，并模拟出密度函数曲线.

表 2.2.2　数据

| 909 | 1086 | 1120 | 999 | 1320 | 1091 | 1071 | 1081 | 1130 | 1336 | 1096 | 808 | 1224 | 1044 | 871 |
| 967 | 1572 | 825 | 914 | 992 | 1232 | 950 | 775 | 1203 | 1025 | 1164 | 971 | 950 | 866 | 738 |

解　本例中 $n = 30$, 选取 $a = 700, b = 1600, m = 5, h = 180$, 得频数、频率和组距比例表及等距直方图分别如下:

表 2.2.3　频数、频率与组距比例表

小区间	频数	频率(%)	密度
(700, 880]	6	20.00	0.00111
(880, 1060]	10	33.33	0.00185
(1060, 1240]	11	36.67	0.00204
(1240, 1420]	2	6.67	0.00037
(1420, 1600]	1	3.33	0.00019
$\sum$	30	100.00	

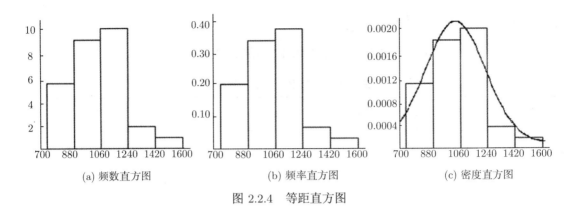

(a) 频数直方图　　　　　(b) 频率直方图　　　　　(c) 密度直方图

图 2.2.4　等距直方图

在等距前提下，上述三个图形的形态完全一致，通过 R 软件可实现部分图形，代码如下：

```
x=c(909,967,1086,1572,1120,825,999,914,1320,992,1091,1232,1071,950,1081,
    775,1130,1203,1336,1025,1096,1164,808,971,1224,950,1044,866,871,738)
cuts=c(700,880,1060,1240,1420,1600)          # 构造分割区间
thistime=par(mfrow=c(1,3))                    # 分割三个作图区域
a=hist(x,breaks=cuts,freq=TRUE,xlab= '频数直方图',ylim=c(0,12))
hist(x,breaks=cuts,freq=FALSE,xlab= '密度直方图',ylim=c(0,0.0025))
a$density=a$count/length(x)                   # 算出频率，通过非常规手段画频率图
plot(a,freq=FALSE,ylab='Frequency%',xlab='频率直方图',ylim=c(0,0.4))
#lines(density(x))  可附加核密度估计曲线
par(thistime)
```

下面给出分组数据**众数**的求法：

(1) 按上面的方法作样本频率直方图，根据众数定义，众数一定位于频数最大的组；

(2) 设第 k 组的频数 n_k 最大，则众数 $M_o \in (a_k, a_{k+1}]$；

(3) 设第 k 组的相邻两组的频数分别为 n_{k-1}, n_{k+1}，则有以下两个公式：

$$M_o = \begin{cases} a_k + \left(\dfrac{n_k - n_{k-1}}{2n_k - n_{k-1} - n_{k+1}}\right)(a_{k+1} - a_k), \\ a_{k+1} - \left(\dfrac{n_k - n_{k+1}}{2n_k - n_{k-1} - n_{k+1}}\right)(a_{k+1} - a_k). \end{cases} \quad (2.2.3)$$

上述求众数的过程是基于线性插值法得到的，示意图和求解程序分别如下：

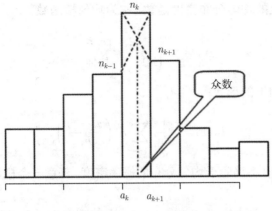

图 2.2.5 众数示意图

```
hpic=hist(x,xlim=c(-3,3))
ni=hpic$counts
bk=hpic$breaks
k=which.max(ni)
mo=bk[k]+(ni[k]-ni[k-1])*(bk[k+1]-bk[k])/(2*ni[k]-ni[k-1]-ni[k+1])
                                                    # 采用第一个公式
k; mo
```

例 2.2.3 求表 2.2.2 数据的众数.

解 由表 2.2.3 及直方图知众数 $M_o \in [1060, 1240)$, 由式 (2.2.3) 得

$$M_o = 1060 + \frac{11-10}{2 \times 11 - 10 - 2} \times (1240 - 1060) = 1078.$$

三、核密度估计

沿用上面的定义, 其实直方图估计密度函数的过程可以近似描述成

$$P(a_i < x \leqslant a_{i+1}) \triangleq \frac{n_i}{n}, \quad f(x) \triangleq \frac{P(a_i < x \leqslant a_{i+1})}{a_{i+1} - a_i},$$

$$\hat{f}_n(x) = f_{hi}(x) = \begin{cases} \dfrac{n_i}{n(a_{i+1} - a_i)}, & a_i < x \leqslant a_{i+1}, i = 1, 2, \cdots, m, \\ 0, & \text{其他}. \end{cases} \quad (2.2.4)$$

式 (2.2.4) 对区间的中心部分的密度估计比较好, 但是对区间两端及附近的估计就比较差. 为此, Rosenblatt 提出, 对每个 x, 以其为中心构造一个小区间 $S_x = (x - h_n, x + h_n)$, 再统计落入该区间的样本点的个数 $n_x = \sum_{i=1}^{n} I(x_i \in S_x)$, 然后以

$$\hat{f}_n(x) = \frac{n_x}{2nh_n} \quad (2.2.5)$$

作为密度值 $f(x)$ 的估计, 此处 $h_n > 0$ 是一个与 n 有关的常数.

引进区间 $[-1,1]$ 上的均匀分布密度函数 (称为均匀核函数)

$$K(x) = \begin{cases} 1/2, & |x| \leqslant 1, \\ 0, & \text{其他}, \end{cases}$$

则式 (2.2.5) 可改写成如下的形式:

$$\hat{f}_n(x) = \frac{1}{nh_n} \sum_{i=1}^{n} K\left(\frac{x - x_i}{h_n}\right).$$

实际上, $K(x)$ 的形式可以不局限于均匀分布的概率密度, 任意一个概率密度函数甚至更一般的函数都可以.

定义 2.2.2 设 $K(x)$ 为定义在 $(-\infty, +\infty)$ 上的一个 Borel 可测函数, $h_n > 0$ 为常数, 则

$$f_n(x) = \frac{1}{nh_n} \sum_{i=1}^{n} K\left(\frac{x - x_i}{h_n}\right) \tag{2.2.6}$$

称为总体概率密度函数 $f(x)$ 的一个**核估计**, 其中 $K(x)$ 为**核函数**, h_n 称为**窗宽**.

在实际使用中, 具有实用意义的核函数通常都是概率密度函数, 且为偶函数. 除了常用均匀核外, 还有很多常用的核函数. 具体如下:

(1) 均匀核 (UNIFORM)

$$K(x) = \begin{cases} 1/2, & |x| \leqslant 1, \\ 0, & \text{其他}; \end{cases}$$

(2) 高斯核 (GAUSS)

$$K(x) = \frac{1}{\sqrt{2\pi}} e^{-\frac{x^2}{2}} \text{ 或者 } \frac{1}{\sqrt{2\pi}\sigma} e^{-\frac{x^2}{2\sigma^2}}, \quad x \in \mathbb{R};$$

(3) Epanechnikov 核

$$K(x) = \begin{cases} \frac{3}{4}(1 - x^2), & |x| \leqslant 1, \\ 0, & \text{其他}; \end{cases}$$

(4) 三角形核 (TRIANGLE)

$$K(x) = \begin{cases} 1 - |x|, & |x| \leqslant 1, \\ 0, & \text{其他}; \end{cases}$$

(5) 四次方核 (QUARTIC)

$$K(x) = \begin{cases} \frac{15}{16}(1 - x^2)^2, & |x| \leqslant 1, \\ 0, & \text{其他}; \end{cases}$$

(6) 九次方核 (TRICUBE)

$$K(x) = \begin{cases} \frac{70}{81}(1 - |x|^3)^3, & |x| \leqslant 1, \\ 0, & \text{其他}; \end{cases}$$

(7) 余弦核 (COSINUS)

$$K(x) = \begin{cases} \frac{\pi}{4} \cos\left(\frac{\pi}{2} x\right), & |x| \leqslant 1, \\ 0, & \text{其他}; \end{cases}$$

(8) 三权核 (TRIWEIGHT)

$$K(x) = \begin{cases} \frac{35}{32}(1 - x^2)^3, & |x| \leqslant 1, \\ 0, & \text{其他}; \end{cases}$$

(9) 逻辑核 (LOGISTIC)

$$K(x) = \frac{1}{e^x + e^{-x} + 2}, \quad x \in \mathbb{R};$$

(10) S 型核 (SIGMOID)

$$K(x) = \frac{2}{\pi} \frac{1}{e^x + e^{-x}}, \quad x \in \mathbb{R}.$$

对于窗宽 h_n, 理论上可以讨论 $\lim_{n \to \infty} h_n \to 0$, 但在实际应用中, 若 h_n 取太小, 显然落入区间 $S_x = (x - h_n, x + h_n]$ 的样本点个数必然极少, 随机性的影响逐渐增强, 导致 $f_n(x)$ 呈现剧烈的波动性, 从而可能掩盖总体概率密度函数 $f(x)$ 的重要性质. 反之, 若 h_n 取太大, 显

然落入区间的样本点数逐渐增加, 随机性的影响逐渐减弱, 导致 $f_n(x)$ 过于平滑, 也无法反映 $f(x)$ 比较细致的性质. 因此在进行密度估计时, 必须慎重选择 h_n 的大小, 这需要结合实际情况再加以不断尝试才能最终确定. 但在理论上, 还是可以对最优窗宽的选取进行深入探讨.

多维核密度的估计虽然是一维核密度估计的直接扩展, 但是其难度和复杂度随着维数的增加呈爆炸式提高. 设 $\boldsymbol{X}_1, \boldsymbol{X}_2, \cdots, \boldsymbol{X}_n$ 来自总体 $\boldsymbol{X}$ 的一个 d 维独立同分布随机样本, $\boldsymbol{x}_1, \boldsymbol{x}_2, \cdots, \boldsymbol{x}_n$ 为其观测值.

定义 2.2.3 设 $K(\boldsymbol{x})$ 为定义在 d 维欧式空间上的一个 Borel 可测函数, $h_n > 0$ 为常数, 则

$$f_n(\boldsymbol{x}) = \frac{1}{nh_n^d} \sum_{i=1}^{n} K\left(\frac{\boldsymbol{x} - \boldsymbol{x}_i}{h_n}\right) \tag{2.2.7}$$

称为 d 维总体概率密度函数 $f(\boldsymbol{x})$ 的一个**核估计**, 其中 $K(\boldsymbol{x})$ 为**核函数**, h_n 称为**窗宽**.

多维核函数可以通过一维核函数的乘积来构造, 如 d 维独立正态分布联合概率密度

$$K(\boldsymbol{x}) = \frac{1}{(2\pi)^{d/2}} e^{-\frac{\sum_{i=1}^{d} x_i^2}{2}}, \quad \boldsymbol{x} = (x_1, x_2, \cdots, x_d).$$

例 2.2.4 从标准正态分布总体中随机抽取容量为 100 的一个样本, 以窗宽 $h_n = 0.5$, 分别采用上述前 8 种核函数对样本所在的总体概率密度进行估计.

解 程序和图如下:

```
unifk=function(x) ifelse(abs(x)<=1,1/2,0)
epank=function(x) ifelse(abs(x)<=1,0.75*(1-x^2),0)
trik=function(x) ifelse(abs(x)<=1,1-abs(x),0)
quak=function(x) ifelse(abs(x)<=1,15*(1-x^2)^2/16,0)
sixk=function(x) ifelse(abs(x)<=1,70*(1-abs(x)^3)^3/81,0)
cosk=function(x) ifelse(abs(x)<=1,pi*cos(pi*x/2)/4,0)
twk=function(x)  ifelse(abs(x)<=1,35*(1-x^2)^3/32,0)     # 上述定义核函数
denfun=function(x,fun,xsample,h,n) sum(fun((x-xsample)/h))/(n*h)
                                                 # 核函数统一调用
kernels=c(unifk,dnorm,epank,trik,quak,sixk,cosk,twk)    # 核函数数组
kernelstr=c('uniform','guass','epanechnikov','triangle','quartic',
   'tricube','cosinus','triweight')
n=100;    hn=0.5;         # 样本容量和窗宽
x=rnorm(n);   xdiv=seq(min(x),max(x),length=512)
                          # 抽样, 剖分点计算密度值以便绘图
lpar=par(mfrow=c(2,4))
for(i in 1:length(kernels)){
  ydiv=sapply(xdiv,denfun,fun=kernels[[i]],x,hn,n)
  plot(xdiv,ydiv,type='l',xlab=kernelstr[i],ylab='density')
}
par(lpar)
```

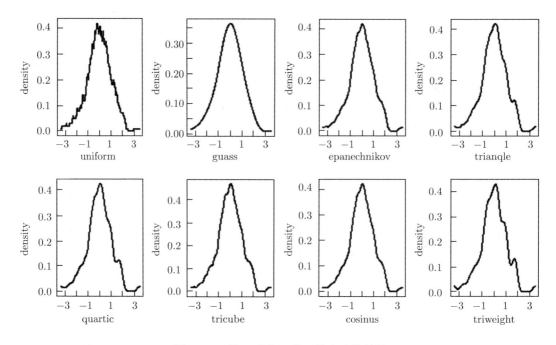

图 2.2.6 前 8 种核函数下的密度核估计

从图 2.2.6 可看出, 上述核函数下的密度估计与标准正态分布的密度还是比较接近的. 关于多维核密度估计, 可参考软件包 sm 中的 sm.density 函数, 它提供 1~3 维的核密度估计.

四、R 软件的模拟与计算

为了加深对样本、统计量、经验分布函数等的理解, 下面通过设计模拟实验加以直观展示.

例 2.2.5 样本的两个重要性质: 相互独立且与总体同分布.

解 (1) 以 (0,1) 区间上的均匀分布为例, 分别抽取 4 组容量均为 1000 的随机数作为 4 个样本, 然后计算 4 组样本的相关系数矩阵, 从相关系数角度 (虽然不相关并不意味着独立) 来展示样本间的独立性. 具体程序如下:

```
mat=cbind(runif(1000,0,1),runif(1000,0,1),runif(1000,0,1),runif(1000,0,1))
cor(mat)
testfun=function(x,mat)cor.test(mat[,x[1]],mat[,x[2]])$p.value
apply(combn(4,2),2,testfun,mat)       # 输出相关系数的检验 p 值

             [,1]           [,2]           [,3]           [,4]
[1,]    1.00000000     0.036447138    -0.02231130    -0.038020234
[2,]    0.03644714     1.000000000     0.01037362     0.008755033
[3,]   -0.02231130     0.010373615     1.00000000     0.029714281
[4,]   -0.03802023     0.008755033     0.02971428     1.000000000

[1] 0.2495263 0.4809654 0.2296597 0.7431831 0.7821506 0.3478950    #检验 p 值
```

上述相关系数均较小，且两两之间的检验 p 值均较大，表明均接受相关系数为 0 的假设，从实验角度验证了样本之间的 "独立性".

(2) 以标准正态分布为例，从中抽取容量分别为 20,40,60,80,100,200,300,400,500 的 9 个样本，然后分别绘制经验分布函数图，并与标准正态分布的分布函数图比较，以此来直观展示样本与总体的同分布性质. 程序和图如下：

```
n=c(20,40,60,80,100,200,300,400,500);    times=length(n)
xdiv=seq(-3,3,by=0.01)
lpar=par(mfrow=c(3,3))
for(i in 1:times)
{   plot(xdiv,pnorm(xdiv),lty=3,main='',ylab='Fn(x)~F(x)',
        xlab=paste('n=',n[i],sep=''),type='l')
    x=rnorm(n[i])
    lines(ecdf(x),verticals=TRUE,do.p=FALSE)
}
par(lpar)
```

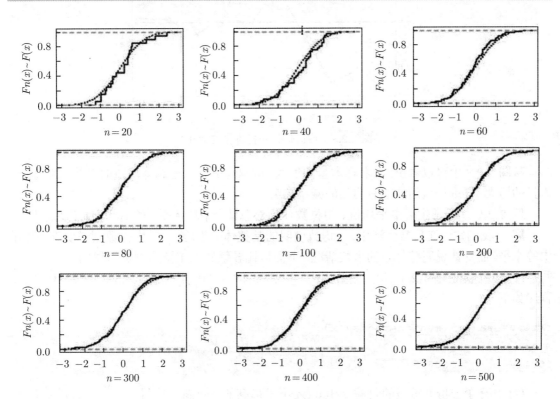

图 2.2.7　经验分布函数的逼近分布函数

从图 2.2.7 可知，n 较小时，经验分布函数与理论分布函数的偏差较大；但随着样本容量的增加，经验分布函数逼近理论分布函数的程度不断提高，在 n 达到 500 时，两者几乎重合. 上述模拟过程从侧面验证了样本与总体的同分布特性.

例 2.2.6 以泊松分布 $P(5)$ 来说明用样本均值估计总体均值的效果.

解 从泊松分布中随机抽取 10 个样本, 容量分别为 10,20,40,80,100,200,400,800,1000,2000, 然后计算样本均值, 比较该值与总体均值 5 的偏差程度, 以此来看看估计效果随样本量的变化. 程序和图如下:

```
n=c(10,20,40,80,100,200,400,800,1000,2000);  lambda=5
times=length(n)
means=rep(0,times)
for(i in 1:times)
{   x=rpois(n[i],lambda)
    means[i]=mean(x)
}
plot(1:times,means,type='o',ylab='mean',xlab='',main='')
abline(h=lambda)
```

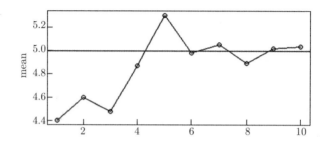

图 2.2.8 均值估计随样本量的变化

从图 2.2.8 中可以看出, 随着样本量的增大, 样本均值有靠近总体均值的趋势, 且随着样本量的增大, 样本均值的波动有明显的减小趋势.

例 2.2.7 日常生活中平均值、中位数作为对总体"平均水平"的估计, 哪个更好?

解 我们知道在日常生活中, 平均数说明的是整体的平均水平, 中位数则说明整体中的中等水平, 而众数说明整体中的多数情况. 下面以比较敏感的工资为例加以说明.

(1) 随机取得某高校 10 份月薪数据: 4850,5505,4605,4708,4890,6570,5508,6018,6010,7650. 程序如下:

```
c(mean=mean(x),median=median(x))
mean           median
5631.4         5506.5
```

(2) 补充了一份专家级的月薪 22100 (还不是最高的), 重新计算得

```
x=c(x,22100)
c(mean=mean(x),median=median(x))
mean           median
7128.545       5508.000
```

如果数据比较正常, 则平均值和中位数都比较适合用来代表整体平均水平; 若样本中有极端值则使用中位数相对可靠些. 这说明, 平均值容易受到极端值的影响, 因此在生活中一谈到工资, 大部分人发出"被平均"和"拖后腿"的感慨就不足为奇了.

2.3 常用的概率分布及分位点

在概率论中我们已提到一些常见的随机变量分布及其性质, 本节将再引进几个在统计学中占有重要地位的随机变量分布, 并给出它们的一些基本性质.

一、分布及性质

1. $\chi^2(n)$ 分布

定义 2.3.1 设 $X_1, X_2, \cdots, X_n$ 为独立同分布的随机变量, 且都服从 $N(0,1)$, 则称随机变量

$$X = X_1^2 + X_2^2 + \cdots + X_n^2 = \sum_{i=1}^{n} X_i^2 \tag{2.3.1}$$

所服从的分布为自由度为 n 的 χ^2**分布**, 记作 $X \sim \chi^2(n)$.

显然, 若 $X_1, X_2, \cdots, X_n$ 为来自总体 $N(0,1)$ 的样本, 则统计量 $\sum_{i=1}^{n} X_i^2 \sim \chi^2(n)$.

$\chi^2(n)$ 分布含有一个称为自由度的参数 n, 所谓自由度是指独立随机变量的个数. $\chi^2(n)$ 分布的概率密度函数为

$$f(x) = \begin{cases} \dfrac{1}{2^{\frac{n}{2}} \Gamma\left(\dfrac{n}{2}\right)} x^{\frac{n}{2}-1} e^{-\frac{x}{2}}, & x > 0, \\ 0, & x \leqslant 0, \end{cases} \tag{2.3.2}$$

其中 $\Gamma(s) = \int_0^{+\infty} t^{s-1} e^{-t} dt \, (s > 0)$ 为 Gamma 函数, $f(x)$ 的图形如图 2.3.1 所示.

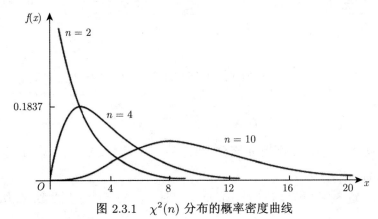

图 2.3.1 $\chi^2(n)$ 分布的概率密度曲线

$\chi^2(n)$ 分布具有下面的重要性质:

性质 1 (可加性)   设 $Y_1 \sim \chi^2(m), Y_2 \sim \chi^2(n)$, 且 Y_1 与 Y_2 相互独立, 则
$$Y_1 + Y_2 \sim \chi^2(m+n).$$

证明   根据 χ^2 分布的定义, 我们可以把 Y_1 和 Y_2 分别表示为
$$Y_1 = X_1^2 + X_2^2 + \cdots + X_m^2, \quad Y_2 = X_{m+1}^2 + X_{m+2}^2 + \cdots + X_{m+n}^2,$$
其中 $X_1, X_2, \cdots, X_m, X_{m+1}, \cdots, X_{m+n}$ 相互独立且都服从 $N(0,1)$. 于是
$$Y_1 + Y_2 = X_1^2 + X_2^2 + \cdots + X_{m+n}^2.$$
由于 Y_1 与 Y_2 相互独立, 根据 χ^2 分布的定义知, $Y_1 + Y_2 \sim \chi^2(m+n)$.

性质 2 (数字特征)   若 $X \sim \chi^2(n)$, 则 $E(X) = n, D(X) = 2n$.

证明   因为 $X = X_1^2 + X_2^2 + \cdots + X_n^2$, 而 $X_1, X_2, \cdots, X_n$ 都服从 $N(0,1)$, 且相互独立. 根据数学期望和方差的性质有
$$E(X) = E\left(\sum_{i=1}^{n} X_i^2\right) = \sum_{i=1}^{n} E(X_i^2) = nE(X_1^2),$$
$$D(X) = D\left(\sum_{i=1}^{n} X_i^2\right) = \sum_{i=1}^{n} D(X_i^2) = nD(X_1^2).$$

因为 $X_1 \sim N(0,1)$, 所以 $E(X_1) = 0, D(X_1) = 1$, 从而有 $E(X_1^2) = 1$, 故
$$E(X) = n.$$

又因为
$$\begin{aligned}
E(X_1^4) &= \frac{1}{\sqrt{2\pi}} \int_{-\infty}^{+\infty} x^4 \mathrm{e}^{-\frac{x^2}{2}} \mathrm{d}x = \frac{2}{\sqrt{2\pi}} \int_0^{+\infty} x^4 \mathrm{e}^{-\frac{x^2}{2}} \mathrm{d}x \\
&= \frac{2}{\sqrt{2\pi}} \int_0^{+\infty} (-x^3) \mathrm{d}\mathrm{e}^{-\frac{x^2}{2}} = -\frac{2}{\sqrt{2\pi}} x^3 \left.\mathrm{e}^{-\frac{x^2}{2}}\right|_0^{+\infty} + \frac{2}{\sqrt{2\pi}} \int_0^{+\infty} 3x^2 \mathrm{e}^{-\frac{x^2}{2}} \mathrm{d}x \\
&= \frac{6}{\sqrt{2\pi}} \int_0^{+\infty} (-x) \mathrm{d}\mathrm{e}^{-\frac{x^2}{2}} = -\frac{6}{\sqrt{2\pi}} x \left.\mathrm{e}^{-\frac{x^2}{2}}\right|_0^{+\infty} + \frac{6}{\sqrt{2\pi}} \int_0^{+\infty} \mathrm{e}^{-\frac{x^2}{2}} \mathrm{d}x \\
&= 3.
\end{aligned}$$

因此
$$D(X_1^2) = E(X_1^4) - (E(X_1^2))^2 = 3 - 1 = 2.$$
故
$$D(X) = nD(X_1^2) = 2n.$$

性质 3   设 $X \sim \chi^2(n)$, 则当 n 充分大时, $\dfrac{X-n}{\sqrt{2n}}$ 及 $\sqrt{2X} - \sqrt{2n-1}$ 都近似服从标准正态分布 $N(0,1)$.

性质 4   设 $Y_1 \sim \chi^2(m), Y_2 \sim \chi^2(n), m > n$ 且 $Y_1 - Y_2$ 与 Y_2 相互独立, 则
$$Y_1 - Y_2 \sim \chi^2(m-n).$$

2. $t(n)$ 分布

定义 2.3.2 设随机变量 $X \sim N(0,1), Y \sim \chi^2(n)$, 且 X 与 Y 相互独立, 则称随机变量

$$T = \frac{X}{\sqrt{Y/n}} \tag{2.3.3}$$

所服从的分布为自由度为 n 的 t **分布**, 记作 $T \sim t(n)$.

根据定义, 可以证明 T 的概率密度函数为

$$f(x) = \frac{\Gamma\left(\dfrac{n+1}{2}\right)}{\sqrt{n\pi}\,\Gamma\left(\dfrac{n}{2}\right)} \left(1 + \frac{x^2}{n}\right)^{-\frac{n+1}{2}}, \quad -\infty < x < +\infty. \tag{2.3.4}$$

其图形如图 2.3.2 所示. 由于 $f(x)$ 是偶函数, 所以图形关于纵坐标对称.

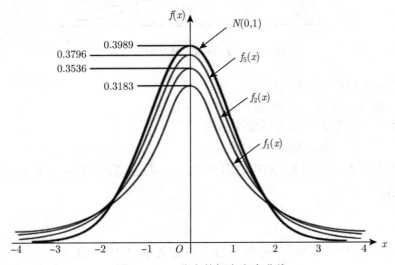

图 2.3.2　t 分布的概率密度曲线

t 分布具有下列重要性质:

性质 1　设 $T \sim t(n)$, 则 $E(T) = 0\ (n > 1)$, $D(T) = \dfrac{n}{n-2}\ (n > 2)$.

性质 2　设 $T \sim t(n)$, 当 n 充分大时, T 近似服从标准正态分布 $N(0,1)$, 一般地, 当 $n > 45$ 时, t 分布与标准正态分布就已经非常接近了.

3. $F(m,n)$ 分布

定义 2.3.3 设随机变量 $X \sim \chi^2(m), Y \sim \chi^2(n)$, 且 X 与 Y 相互独立, 则称随机变量

$$F = \frac{X/m}{Y/n} \tag{2.3.5}$$

所服从的分布为自由度为 m, n 的 F **分布**, 记作 $F \sim F(m,n)$.

若 $F \sim F(m,n)$, 则可以证明 F 的概率密度函数为

$$f(x) = \begin{cases} \dfrac{\Gamma\left(\dfrac{m+n}{2}\right)}{\Gamma\left(\dfrac{m}{2}\right)\Gamma\left(\dfrac{n}{2}\right)} \left(\dfrac{m}{n}\right)^{\frac{m}{2}} x^{\frac{m}{2}-1} \left(1+\dfrac{m}{n}x\right)^{-\frac{m+n}{2}}, & x > 0, \\ 0, & x \leqslant 0. \end{cases} \quad (2.3.6)$$

其图形如图 2.3.3 所示.

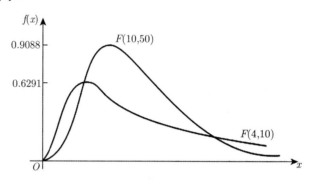

图 2.3.3 F 分布的概率密度曲线

F 分布具有下列重要性质:

性质 1 若 $X \sim F(m,n)$, 则 $1/X \sim F(n,m)$.

这个性质可以直接从 F 分布的定义推出.

性质 2 若 $X \sim t(n)$, 则 $X^2 \sim F(1,n)$.

证明 根据 t 分布的定义, X 可表示为 $X = \dfrac{Y}{\sqrt{Z/n}}$, 其中 $Y \sim N(0,1), Z \sim \chi^2(n)$, 且相互独立. 于是

$$X^2 = \dfrac{Y^2}{Z/n}.$$

而 $Y^2 \sim \chi^2(1)$, 且 Y^2 与 Z 独立, 根据 F 分布的定义知, $X^2 \sim F(1,n)$.

二、概率分布的分位点

在实际应用中, 上述三大分布的概率密度函数很少用到, 而主要是用它们的分位点. 因此有必要回顾一下概率分布的分位点概念以及与这三个分布有关的分位点表示.

定义 2.3.4 设随机变量 X 的分布函数为 $F(x)$, 任给实数 $\alpha(0<\alpha<1)$, 若存在 x_α 满足

$$P(X \geqslant x_\alpha) = \alpha, \quad (2.3.7)$$

则称 x_α 为此概率分布的 α **分位点**(关于 α 的上侧分位点), 称 $x_{\alpha/2}, x_{1-\alpha/2}$ 为此概率分布关于 α 的**双侧分位点**, 即满足

$$P(X \geqslant x_{\alpha/2}) = \dfrac{\alpha}{2} \quad \text{且} \quad P(X \leqslant x_{1-\alpha/2}) = \dfrac{\alpha}{2} \quad \text{或} \quad P(x_{1-\alpha/2} < X < x_{\alpha/2}) = 1 - \alpha.$$

分位点一般是针对连续型随机变量而言的, 对于离散型随机变量, 有时候也需要用到分位点, 但由于其取可能值的不连续性, 要得到恰好满足式 (2.3.7) 的 x_α 是不现实的. 因此对

于离散型随机变量, 通常将式 (2.3.7) 放宽到

$$\inf\{x_a : P(X > x_\alpha) \leqslant \alpha\}. \tag{2.3.8}$$

其双侧分位点应满足 $\inf\left\{x_{\alpha/2}, P(X > x_{\alpha/2}) \leqslant \dfrac{\alpha}{2}\right\}$ 且 $\sup\left\{x_{1-\alpha/2}, P(X < x_{1-\alpha/2}) \leqslant \dfrac{\alpha}{2}\right\}$.

下面结合密度函数图形介绍一下四种常见概率分布的分位点及符号表示.

(1) 标准正态分布 $N(0,1)$ 关于 α 的上侧分位点记为 u_α, 双侧分位点记为 $-u_{\alpha/2}, u_{\alpha/2}$, 如图 2.3.4 所示.

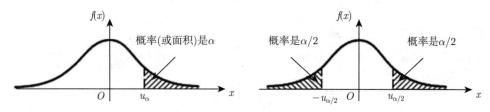

图 2.3.4　标准正态分布的分位点

(2) $\chi^2(n)$ 分布关于 α 的分位点记为 $\chi^2_\alpha(n)$, 双侧分位点记为 $\chi^2_{1-\alpha/2}(n), \chi^2_{\alpha/2}(n)$, 如图 2.3.5 所示.

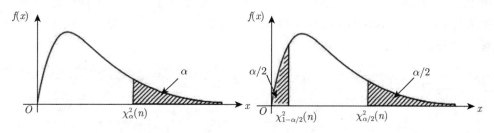

图 2.3.5　χ^2 分布的分位点

(3) $t(n)$ 分布关于 α 的分位点记为 $t_\alpha(n)$, 双侧分位点记为 $-t_{\alpha/2}(n), t_{\alpha/2}(n)$, 如图 2.3.6 所示.

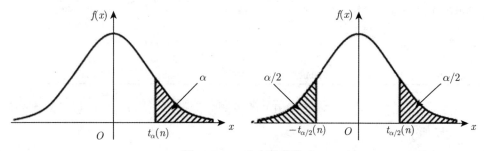

图 2.3.6　t 分布的分位点

(4) $F(m,n)$ 分布关于 α 的分位点记为 $F_\alpha(m,n)$, 双侧分位点记为 $F_{1-\alpha/2}(m,n), F_{\alpha/2}(m,n)$, 如图 2.3.7 所示.

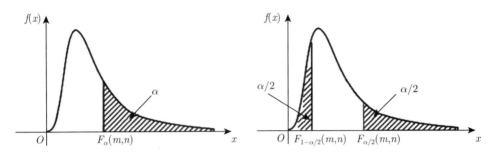

图 2.3.7　F 分布的分位点

关于分位点有如下一些性质：

(1) $u_{1-\alpha} = -u_\alpha$;　　(2) $t_{1-\alpha}(n) = -t_\alpha(n)$;　　(3) $F_\alpha(m,n) = \dfrac{1}{F_{1-\alpha}(n,m)}$;

(4) 当 n 较大 $(n>45)$ 时, 有 $\chi_\alpha^2(n) \approx \dfrac{1}{2}(u_\alpha + \sqrt{2n-1})^2$, $t_\alpha(n) \approx u_\alpha$;

(5) $t_\alpha(n) = \sqrt{F_{2\alpha}(1,n)}$,　$\alpha < 0.5$.

三、R 软件的模拟与计算

例 2.3.1　生成 t 分布的上侧分位点二维表, 行范围从 1 变到 100, 间隔为 1; 列范围是几个特殊值 (0.1,0.05,0.025,0.01,0.005,0.0025,0.001,0.0005); 总共 100 行, 8 列的矩阵数据.

解　程序和表如下：

```
n=1:100;    alpha=c(0.1,0.05,0.025,0.01,0.005,0.0025,0.001,0.0005)
fun=function(n,alpha,qt) qt(1-alpha,n)
t_table=t(sapply(n,fun,alpha,qt))
colnames(t_table)=format(alpha,digits=6)
rownames(t_table)=paste(n)
head(t_table,5)     # 因排版限制, 只显示 5 行 6 列的数据.
```

	0.1000	0.05	0.025	0.01	0.005	0.0025
1	3.077684	6.313752	12.706205	31.820516	63.656741	127.321336
2	1.885618	2.919986	4.302653	6.964557	9.924843	14.089047
3	1.637744	2.353363	3.182446	4.540703	5.840909	7.453319
4	1.533206	2.131847	2.776445	3.746947	4.604095	5.597568
5	1.475884	2.015048	2.570582	3.364930	4.032143	4.773341

例 2.3.2　求泊松分布 $P(5)$ 关于 0.1 的下侧分位点和上侧分位点, 以及双侧分位点.

解　程序如下：

```
dx=qpois(0.1,5)     # qpois 返回概率>=0.1 的最小取值, 与定义不符, 所以减 1
ifelse(dx>0,dx-1,dx)
qpois(0.9,5)     # 上侧分位点符合定义, 概率超过 0.9 最小的取值, 反之概率小于 0.1
ddx=qpois(0.05,5);    ddx=ifelse(ddx>0,ddx-1,ddx);    c(ddx, qpois(0.95,5))
```

```
1                    #下侧分位点
8                    #上侧分位点
1 9                  #双侧分位点
```

2.4 常用的抽样分布

前面已经指出,统计量是随机变量,所以也有相应的概率分布,称之为抽样分布. 这个分布原则上可以从样本的概率分布计算出来. 但是, 一般说来, 计算统计量的抽样分布是很困难的. 目前只对一些重要的特殊情形可以求出统计量的精确分布或近似分布.

一、正态总体的抽样分布

对于正态总体, 关于样本均值和样本方差以及某些重要统计量的抽样分布具有非常完善的理论结果, 它们为讨论参数估计和假设检验奠定了坚实的基础, 我们将这些内容归纳成如下两个定理.

定理 2.4.1 (单总体) 设 $X_1, X_2, \cdots, X_n$ 是来自正态总体 $X \sim N(\mu, \sigma^2)$ 的样本, 则

(1) $\overline{X} \sim N\left(\mu, \dfrac{\sigma^2}{n}\right);$

(2) $\dfrac{(n-1)S^2}{\sigma^2} \sim \chi^2(n-1);$

(3) $\overline{X}$ 与 S^2 相互独立;

(4) $\dfrac{\sqrt{n}(\overline{X} - \mu)}{S} \sim t(n-1),$

其中 $\overline{X}$ 为样本均值, S^2 为样本方差, 即

$$\overline{X} = \frac{1}{n}\sum_{i=1}^{n} X_i, \quad S^2 = \frac{1}{n-1}\sum_{i=1}^{n}(X_i - \overline{X})^2.$$

证明 (1) 因为 $X_i \sim N(\mu, \sigma^2), i = 1, 2, \cdots, n$, 且独立正态随机变量的线性组合仍是正态随机变量. 根据数学期望和方差的性质知

$$E(\overline{X}) = E\left(\frac{1}{n}\sum_{i=1}^{n} X_i\right) = \frac{1}{n}\sum_{i=1}^{n} E(X_i) = \mu,$$

$$D(\overline{X}) = D\left(\frac{1}{n}\sum_{i=1}^{n} X_i\right) = \frac{1}{n^2}\sum_{i=1}^{n} D(X_i) = \frac{\sigma^2}{n}.$$

所以 $\overline{X} \sim N\left(\mu, \dfrac{\sigma^2}{n}\right)$, 进而有 $\dfrac{\overline{X} - \mu}{\sigma/\sqrt{n}} \sim N(0, 1).$

(2), (3) 证明略.

(4) 因为 $\overline{X} \sim N\left(\mu, \dfrac{\sigma^2}{n}\right)$, 所以 $\dfrac{\overline{X} - \mu}{\sigma/\sqrt{n}} \sim N(0, 1)$, 又 $\dfrac{(n-1)S^2}{\sigma^2} \sim \chi^2(n-1)$, 并且由于

$\overline{X}$ 与 S^2 相互独立, 因此 $\dfrac{\overline{X}-\mu}{\sigma/\sqrt{n}}$ 与 $\dfrac{(n-1)S^2}{\sigma^2}$ 相互独立, 从而

$$\frac{\sqrt{n}(\overline{X}-\mu)}{S}=\frac{\dfrac{\overline{X}-\mu}{\sigma/\sqrt{n}}}{\sqrt{\dfrac{(n-1)S^2}{\sigma^2}\Big/(n-1)}}\sim t(n-1).$$

定理 2.4.2(双总体) 设 $X_1,X_2,\cdots,X_m$ 是来自正态总体 $X\sim N(\mu_1,\sigma_1^2)$ 的样本, $Y_1,Y_2,\cdots,Y_n$ 是来自正态总体 $Y\sim N(\mu_2,\sigma_2^2)$ 的样本, 且 X 与 Y 相互独立, 则

(1) $\overline{X}-\overline{Y}\sim N\left(\mu_1-\mu_2,\dfrac{\sigma_1^2}{m}+\dfrac{\sigma_2^2}{n}\right)$; (2) $\dfrac{S_1^2/\sigma_1^2}{S_2^2/\sigma_2^2}\sim F(m-1,n-1)$;

(3) 当 $\sigma_1^2=\sigma_2^2=\sigma^2$ 时,

$$\frac{(\overline{X}-\overline{Y})-(\mu_1-\mu_2)}{S_w\sqrt{1/m+1/n}}\sim t(m+n-2);$$

(4) 当 $m=n$ 时,

$$\frac{(\overline{X}-\overline{Y})-(\mu_1-\mu_2)}{S_z/\sqrt{n}}\sim t(n-1),$$

其中,

$$\overline{X}=\frac{1}{m}\sum_{i=1}^m X_i,\quad S_1^2=\frac{1}{m-1}\sum_{i=1}^m(X_i-\overline{X})^2,\quad \overline{Y}=\frac{1}{n}\sum_{i=1}^n Y_i,\quad S_2^2=\frac{1}{n-1}\sum_{i=1}^n(Y_i-\overline{Y})^2,$$

$$S_w^2=\frac{(m-1)S_1^2+(n-1)S_2^2}{m+n-2}=\frac{m-1}{m+n-2}S_1^2+\frac{n-1}{m+n-2}S_2^2,$$

$$S_z^2=\frac{1}{n-1}\sum_{i=1}^n\left[(X_i-Y_i)-(\overline{X}-\overline{Y})\right]^2,$$

S_w^2 称为两样本的加权方差;

(5) 当 $m\neq n$ 时, 近似有

$$\frac{(\overline{X}-\overline{Y})-(\mu_1-\mu_2)}{\sqrt{S_1^2/m+S_2^2/n}}\sim t(\hat{v}),$$

其中 $\hat{v}=\dfrac{(S_1^2/m+S_2^2/n)^2}{\dfrac{S_1^4}{m^2(m-1)}+\dfrac{S_2^4}{n^2(n-1)}}$, 注意此处 $\hat{v}$ 并非整数, 是样本方差的函数.

证明 (1) 由定理 2.4.1 知, $\overline{X}\sim N\left(\mu_1,\dfrac{\sigma_1^2}{m}\right)$, $\overline{Y}\sim N\left(\mu_2,\dfrac{\sigma_2^2}{n}\right)$, 因为 X 与 Y 相互独立, 于是 $\overline{X}$ 与 $\overline{Y}$ 相互独立, 从而

$$\overline{X}-\overline{Y}\sim N\left(\mu_1-\mu_2,\frac{\sigma_1^2}{m}+\frac{\sigma_2^2}{n}\right).$$

(2) 由定理 2.4.1 知, $\frac{(m-1)S_1^2}{\sigma_1^2} \sim \chi^2(m-1), \frac{(n-1)S_2^2}{\sigma_2^2} \sim \chi^2(n-1)$, 且二者相互独立, 根据 F 分布的定义, 有

$$\frac{\frac{(m-1)S_1^2}{\sigma_1^2(m-1)}}{\frac{(n-1)S_2^2}{\sigma_2^2(n-1)}} = \frac{S_1^2/\sigma_1^2}{S_2^2/\sigma_2^2} \sim F(m-1, n-1).$$

(3) 当 $\sigma_1^2 = \sigma_2^2 = \sigma^2$ 时, 由 (1) 得 $\frac{(\overline{X}-\overline{Y})-(\mu_1-\mu_2)}{\sigma\sqrt{1/m+1/n}} \sim N(0,1)$, 由 (2) 及 χ^2 分布的可加性得

$$\frac{(m+n-2)S_w^2}{\sigma^2} = \frac{(m-1)S_1^2 + (n-1)S_2^2}{\sigma^2} \sim \chi^2(m+n-2).$$

又因为 $\frac{(m+n-2)S_w^2}{\sigma^2}$ 与 $\frac{(\overline{X}-\overline{Y})-(\mu_1-\mu_2)}{\sigma\sqrt{\frac{1}{m}+\frac{1}{n}}}$ 相互独立, 根据 t 分布的定义, 知

$$\frac{(\overline{X}-\overline{Y})-(\mu_1-\mu_2)}{S_w\sqrt{1/m+1/n}} \sim t(m+n-2).$$

(4) 设 $Z_i = X_i - Y_i, i = 1, 2, \cdots, n$, 根据题意有, $Z_1, Z_2, \cdots, Z_n$ 相互独立, 且

$$Z_i \sim N(\mu_1 - \mu_2, \sigma_1^2 + \sigma_2^2), \quad i = 1, 2, \cdots, n.$$

令 $\overline{Z} = \frac{1}{n}\sum_{i=1}^{n} Z_i = \overline{X} - \overline{Y}$, $S_z^2 = \frac{1}{n-1}\sum_{i=1}^{n}(Z_i - \overline{Z})^2 = \frac{1}{n-1}\sum_{i=1}^{n}\left[(X_i - Y_i - (\overline{X}-\overline{Y})\right]^2$. 由定理 2.4.1 知,

$$\frac{\overline{Z}-(\mu_1-\mu_2)}{S_z/\sqrt{n}} \sim t(n-1), \quad \text{即} \quad \frac{(\overline{X}-\overline{Y})-(\mu_1-\mu_2)}{S_z/\sqrt{n}} \sim t(n-1).$$

(5) 当 $m \neq n$ 时, 虽然没有精确的理论分布, 但近似有

$$\frac{(\overline{X}-\overline{Y})-(\mu_1-\mu_2)}{\sqrt{S_1^2/m + S_2^2/n}} \sim t(\hat{v}),$$

其中 $\hat{v} = \dfrac{\left(\dfrac{S_1^2}{m}+\dfrac{S_2^2}{n}\right)^2}{\dfrac{S_1^4}{m^2(m-1)} + \dfrac{S_2^4}{n^2(n-1)}}$, 此处 $\hat{v}$ 并非整数, 而 $t(\hat{v})$ 只是自由度非整数的 t 分布. 上述结论可参考 Welch 和 Satterthwaite 解决方差不等时的检验问题的相关文章.

上述两个定理是后面各章的理论基础, 读者不但要熟悉定理的内容, 更要掌握它们的推证方法和具体应用.

二、非正态总体的一些抽样分布

对于非正态总体的抽样分布一般是不容易求出的, 即使是样本的均值也只有当总体分布具有可加性时才容易求得. 即使能求得精确分布, 由于表达式复杂, 用起来也不一定方便, 在应用上往往使用近似分布 (即统计量的渐近分布). 下面介绍几个常见分布的抽样分布及有关渐近分布的定理.

定理 2.4.3 (指数分布抽样定理) 设 $X_1, X_2, \cdots, X_n$ 是来自指数总体 $X \sim E(\lambda)$ 的样本, 则

$$2n\lambda \overline{X} \sim \chi^2(2n),$$

其中 $\overline{X}$ 为样本均值.

证明 因为 $X_i \sim E(\lambda)$, 所以 $2\lambda X_i \sim E\left(\dfrac{1}{2}\right) = \chi^2(2), i = 1, 2, \cdots, n$. 由 χ^2 分布的可加性, 得

$$2n\lambda \overline{X} = 2\lambda(X_1 + X_2 + \cdots + X_n) \sim \chi^2(2n).$$

定理 2.4.4 设 $X_1, X_2, \cdots, X_n$ 是来自两点分布总体 $X \sim B(1, p)$ 的样本, $\overline{X}$ 为样本均值, 则当 n 充分大时, $\dfrac{\overline{X} - p}{\sqrt{p(1-p)/n}}$ 近似服从标准正态分布 $N(0, 1)$.

证明 根据二项分布的中心极限定理即可得到本定理.

定理 2.4.5 设 X 为任意一个总体, 具有有限的数学期望和方差, 即 $E(X) = \mu, D(X) = \sigma^2$. $X_1, X_2 \cdots, X_n$ 为 X 的一个样本, 则当 n 充分大时, $\dfrac{\overline{X} - \mu}{\sigma/\sqrt{n}}$ 近似服从标准正态分布 $N(0, 1)$.

证明 因 $X_1, X_2, \cdots, X_n$ 独立同分布, 所以根据独立同分布的中心极限定理即可得到本定理.

由于样本的均值 $\overline{X}$ 依概率收敛到总体均值 μ, 样本的方差 S^2 依概率收敛到总体方差 σ^2, 再利用依概率收敛的一些性质, 我们可以得到以下两个定理, 其证明过程从略.

定理 2.4.6 设 X 为任意一个总体, 具有有限的数学期望和方差, 即 $E(X) = \mu, D(X) = \sigma^2$. $\overline{X}, S^2$ 分别是容量为 n 的样本均值和样本方差, 则当 n 充分大时, $\dfrac{\overline{X} - \mu}{S/\sqrt{n}}$ 近似服从标准正态分布 $N(0, 1)$.

定理 2.4.7 设 X 和 Y 为任意两个相互独立的总体, 都具有有限的数学期望和方差, 即 $E(X) = \mu_1, E(Y) = \mu_2, D(X) = \sigma_1^2, D(Y) = \sigma_2^2$. $X_1, X_2, \cdots, X_m; Y_1, Y_2, \cdots, Y_n$ 分别取自 X 和 Y 的样本, $\overline{X}, \overline{Y}$ 和 S_1^2, S_2^2 分别为两样本的样本均值和样本方差, 则当 m, n 充分大时, $\dfrac{\overline{X} - \overline{Y} - (\mu_1 - \mu_2)}{\sqrt{\dfrac{\sigma_1^2}{m} + \dfrac{\sigma_2^2}{n}}}$ 和 $\dfrac{\overline{X} - \overline{Y} - (\mu_1 - \mu_2)}{\sqrt{\dfrac{S_1^2}{m} + \dfrac{S_2^2}{n}}}$ 都近似服从标准正态分布 $N(0, 1)$.

统计量的近似分布对于数理统计中的大样本问题 (样本容量比较大的情况下讨论的各种统计问题) 的研究是很有用的.

三、R 软件的模拟与计算

例 2.4.1　对定理 2.4.1 结论的模拟验证. 取正态分布 $N(60, 4^2)$ 1000 组、容量均为 100 的随机数, 并分别求出 1000 组的样本均值和方差, 作为理论样本 $X_1, X_2, \cdots, X_{100}$, $\overline{X}$ 和 S^2 的 1000 次抽样.

解　程序和图如下:

```
n=100;  m=1000;  mu=60;  xigma=4;  nvec=rep(n,m)    # 题目中的基本数据定义
getinfo=function(size,mu,xigma)       # 构造批处理函数, 算均值和方差
{   x=rnorm(size,mu,xigma)
    c(mean(x),var(x))
}
mat=t(sapply(nvec,getinfo,mu,xigma))      # 批量处理, 避免使用循环
x=seq(-3,3,by=0.01)
lpar=par(mfrow=c(1,3))
std_mean=(mat[,1]-mu)*sqrt(n)/xigma       # 样本均值标准化
plot(std_mean,main='',xlab='',ylab='均值',lwd=1)
plot(x,dnorm(x),type='l',main='',ylab='N(0,1)密度和模拟',xlab='')
lines(density(std_mean),lty=2,lwd=2)
plot(x,pnorm(x),type='l',main='',ylab='N(0,1)分布和模拟',xlab='')
lines(ecdf(std_mean),do.p=FALSE,verticals=TRUE,lwd=2,lty=2)
par(lpar)
```

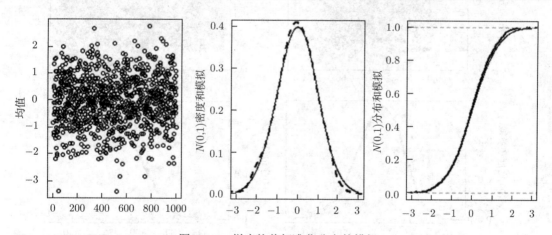

图 2.4.1　样本均值标准化分布的模拟

从上图均值散点图、密度函数和分布函数的模拟可看出, 均值标准化后所服从的分布与标准正态分布非常接近, 很好地验证了定理 2.4.1 的结论 (1). 可以预见, m, n 的值越大, 模拟的逼近程度越高.

下面我们来模拟验证定理 2.4.1 的结论 (2) 和 (3), 继续使用上述的代码和数据. 程序如下:

```
x=seq(50,150,by=0.5)
newS=(n-1)*mat[,2]/(xigma^2)                    # 构造方差函数
lpar=par(mfrow=c(2,2))
plot(mat[,1],mat[,2],main='',xlab='',ylab='均值和方差',lwd=1)
plot(newS,main='',xlab='',ylab='方差统计量',lwd=1)
plot(x,dchisq(x,n-1),type='l',main='',ylab='X^2(99) 密度和模拟',xlab='')
lines(density(newS),lty=2,lwd=2)
plot(x,pchisq(x,n-1),type='l',main='',ylab='X^2(99) 分布和模拟',xlab='')
lines(ecdf(newS),do.p=FALSE,verticals=TRUE,lwd=2,lty=3)
par(lpar)
cor.test(mat[,1],mat[,2])
```

本次模拟中, 样本均值和样本方差的相关系数为 -0.02189785, 相关性检验 p 值为 0.4891, 表明样本均值和样本方差不相关; 另外, 从样本均值和样本方差的散点图可知, 两者看不出任何趋势性的关系, 基本上可判断两者相互独立. 从密度和分布函数的模拟对比可以认定, 定理 2.4.1 的结论 (2) 和 (3) 是成立的.

对于定理 2.4.3 的结论 (4) 的模拟验证类似上述做法, 就不再赘述了. 其他定理的结论都可以仿照上述做法进行直观验证.

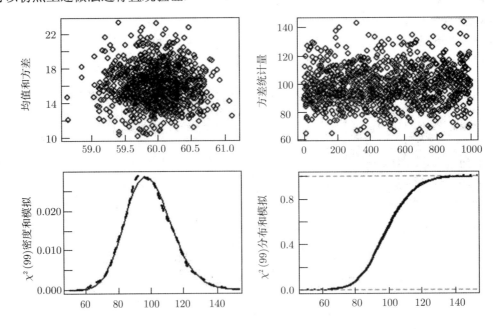

图 2.4.2 方差统计量分布的模拟

2.5 Monte Carlo 方法

蒙特卡罗 (Monte Carlo) 方法, 或称计算机随机模拟方法, 是一种基于 "随机数" 的计算

方法. 这一方法源于美国在第二次世界大战中研制原子弹的"曼哈顿计划". 该计划的主持人之一、数学家冯·诺伊曼用驰名世界的赌城摩纳哥的 Monte Carlo 来命名这种方法, 为它蒙上了一层神秘色彩. Monte Carlo 方法的基本思想很早以前就被人们所发现和利用. 早在 17 世纪, 人们就知道用事件发生的"频率"来决定事件的"概率". 19 世纪人们用投针试验的方法来决定圆周率 π. 20 世纪 40 年代电子计算机的出现, 特别是近年来高速电子计算机的出现, 使得用数学方法在计算机上大量、快速地模拟这样的试验成为可能.

Monte Carlo 方法的基本思想是将各种随机事件的概率特征 (概率分布、数学期望) 与随机事件的模拟联系起来, 用试验的方法确定事件的相应概率或数学期望. 因而, Monte Carlo 方法的突出特点是概率模型的解是由试验得到的, 而不是计算出来的. 此外, 模拟任何一个实际过程, Monte Carlo 方法都需要用到大量的随机数, 计算量很大, 人工计算是不可能的, 只能在计算机上实现.

总之, Monte Carlo 方法就是利用大量的随机数和随机抽样方法, 通过取函数的平均值, 实现确定性问题的概率求解过程, 常用于高维问题, 如高维积分等.

一、Monte Carlo 方法求圆周率 π

例 2.5.1 Buffon 掷针问题.

如图 2.5.1 所示, 设平面上画有间距等于 a 的一簇平行线, 取 n 枚长为 $l(l<a)$ 的针随意扔到平面上, 通过研究针与平行线相交的概率求解圆周率 π 的估计值.

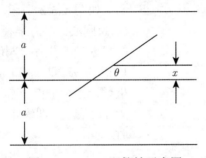

图 2.5.1 Buffon 掷针示意图

设 x 表示针的中点到最近一条平行线的距离, θ 表示针与此平行线间的交角, 针与平行线相交的条件是 $x \leqslant \dfrac{l}{2}\sin\theta$, 经推导可知针与线相交的概率 $p = \dfrac{2l}{a\pi}$, 用频率近似概率可得 π 的估计式:

$$p = \frac{2l}{a\pi} \approx \frac{k}{n} \Rightarrow \hat{\pi} \approx \frac{2nl}{ak}.$$

具体步骤和 R 程序分别如下:

(1) 产生随机数, 首先产生相互独立的容量为 n 的样本 $(\theta_i, x_i), i = 1, 2, 3, \cdots, n$, 其中

$$\theta_i \sim U(0,\pi), \quad x_i \sim U(0, a/2);$$

(2) 模拟实验, 检验不等式 $x_i \leqslant \dfrac{l}{2}\sin\theta_i$, 若第 i 对 (θ_i, x_i) 满足不等式, 则表示第 i 次试验成功;

(3) 统计 n 次检验中试验成功的次数, 设成功次数为 k 次, 则 π 的估值为 $\hat{\pi} = \dfrac{2nl}{ak}$.

```
pi.buffon=function(n,a=1,L=0.8)
{  theta=runif(n,0,pi);   x=runif(n,0,a/2)
   test=sum(x<=L*sin(theta)/2)
   return(2*n*L/(a*test))
}
pi.buffon(100000)
```
[1] 3.144

Buffon 投针试验的模拟过程虽然简单, 但基本反映了 Monte Carlo 方法求解实际问题的基本步骤. 大体分成建模、模型改进、模拟实验和求解四个过程. 为了便于理解模型改进, 这里用概率分析方法再讨论求 π 的两种模拟方法.

例 2.5.2 用概率分析方法进行模拟, 计算圆周率 π 的估计值.

二维随机变量 (X,Y) 在区域 $[0,1] \times [0,1]$ 上服从均匀分布, 其联合概率密度为

$$f(x,y) = \begin{cases} 1, & 0 < x < 1, 0 < y < 1, \\ 0, & \text{其他}. \end{cases}$$

理论上分析易得 $P\left(X^2 + Y^2 \leqslant 1\right) = \dfrac{\pi}{4}$.

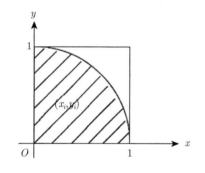

图 2.5.2 Monte Carlo 方法求 π 的估计值

如图 2.5.2 所示, 考虑边长为 1 的正方形, 以 O 为圆心, 1 为半径的 1/4 圆弧, 并在正方形内等概率地产生 n 个相互独立的随机点 $(x_i, y_i), i = 1, 2, \cdots, n$, 即 x_i 和 y_i 都是 $[0,1]$ 上均匀分布的随机数. 设 n 个点中有 k 个点落在图 2.5.2 阴影部分的 1/4 圆内, 即满足 $X^2 + Y^2 \leqslant 1$. 则当 n 足够大时, 有

$$\lim_{n \to \infty} \left(\frac{k}{n}\right) \to \frac{1/4 \text{ 圆面积}}{\text{正方形面积}} = \frac{\pi}{4}.$$

因此, π 的估计值为

$$\hat{\pi} = \frac{4k}{n}.$$

例 2.5.3 通过期望来近似圆周率 π 的估计值.

随机变量 $X \sim N(0,1)$, 可推得 $E(|X|) = \sqrt{\dfrac{2}{\pi}}$. 从估计理论上讲, 样本均值是总体均值的优良估计, 构造 $T_n = \dfrac{1}{n} \sum_{i=1}^{n} |X_i|$, 所以当 n 足够大时, 有

$$\lim_{n \to \infty} T_n = \lim_{n \to \infty} \frac{1}{n} \sum_{i=1}^{n} |X_i| \to E(|X|) = \sqrt{\frac{2}{\pi}}.$$

因此, π 的估计值为

$$\hat{\pi}=\frac{2}{T_n^2}.$$

下面分别给出例 2.5.2 和例 2.5.3 的程序:

例 2.5.2 程序	例 2.5.3 程序

pi.est1=function(n)
{
   X=runif(n); Y=runif(n);
   K=sum(X^2+Y^2<=1)
   return(4*K/n)
}
pi.est1(100000)
	pi.est2=function(n)
	{
	   X=rnorm(n)
	   K=mean(abs(X))
	   return(2/(K^2))
	}
	pi.est2(100000)

[1] 3.14376	[1] 3.146577

二、Monte Carlo 方法求定积分

先看一维定积分 $I = \int_a^b g(x)\mathrm{d}x$ 及其示意图 2.5.3.

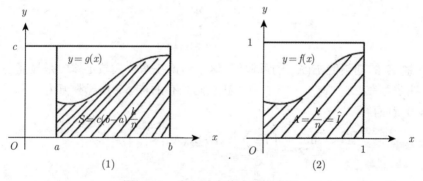

图 2.5.3 定积分变换求解示意图

图 2.5.3(1) 的阴影面积表示定积分 I 的值. 为讨论方便, 将函数限制在单位正方形 $[0 \leqslant x \leqslant 1, 0 \leqslant y \leqslant 1]$ 内, 如图 2.5.3(2) 所示. 显然, 只要函数 $g(x)$ 在区间 $[a,b]$ 内有界, 则可以适当选择坐标轴的比例尺度, 总可以得到图 2.5.3(2) 的形式. 现在只考虑图 2.5.3(2) 的情况, 计算定积分

$$I = \int_0^1 f(x)\mathrm{d}x.$$

1. 随机投点法求解定积分

考虑概率模型 $p = P(Y \leqslant f(X))$, 令 X, Y 均为服从 $[0,1]$ 区间上均匀分布的独立随机变量, 在单位正方形内随机地投掷 n 个点 $(x_i, y_i), i = 1, 2, \cdots, n$. 若第 i 个随机点 (x_i, y_i) 落在曲线 $f(x)$ 下的区域内 (图 2.5.3 (2) 内阴影的区域), 表明第 i 次试验成功, 即满足概率模型 $y_i \leqslant f(x_i)$, 设成功的总点数有 k 个, 总的投掷点数为 n, 则由强大数定律, 有 $\lim\limits_{n\to\infty}\dfrac{k}{n} = p$, 从

而有
$$\hat{I} = \frac{k}{n} \approx p.$$

显然, 随机点落在阴影区域的概率 $p = P(Y \leqslant f(X))$ 就是图中阴影区域的面积. 而投掷试验得到的成功频率则是对 p 的估计, 也就是所求的定积分的估值 $\hat{I}$.

例 2.5.4　使用随机投点法估计如下定积分 (试验次数: 100000 次):

(1) $I_1 = \displaystyle\int_0^1 x^2 \mathrm{d}x = \frac{1}{3}$;　　(2) $I_2 = \displaystyle\int_2^4 \mathrm{e}^{-x} \mathrm{d}x = 2\int_0^1 \mathrm{e}^{-2-2x} \mathrm{d}x = 0.1170196$.

解　程序如下:

N=100000 X=runif(N); Y=runif(N) sum(Y<=X^2)/N	N=100000 X=runif(N,2,4); Y=runif(N,0,1) 2*sum(Y<=exp(-X))/N	N=100000 X=runif(N,0,1); Y=runif(N,0,1) 2*sum(Y<=exp(-2-2*X))/N
[1] 0.33314	[1] 0.1165697	[1] 0.115700

2. 平均值法

所谓平均值方法是用 n 次试验的平均值

$$\bar{x} = \frac{1}{n}\sum_{i=1}^{n} x_i$$

作为随机变量 X 的期望值 $E(X)$ 的近似值. 这个结论在辛钦大数定律中是显而易见的, 即随机变量 X 期望存在, $X_1, X_2, \cdots, X_n$ 为其独立同分布的样本, 其观测值为 $x_1, x_2, \cdots, x_n$, 则对任意 $\varepsilon > 0$, 都有

$$\lim_{n \to \infty} P\left(\left|\frac{1}{n}\sum_{i=1}^{n} X_i - E(X)\right| < \varepsilon\right) = 1.$$

因此在实际问题中, 可以利用 $\bar{x} = \dfrac{1}{n}\sum_{i=1}^{n} x_i$ 近似 $E(X)$.

对于积分问题 $I = \displaystyle\int_0^1 g(x) \mathrm{d}x$, 令随机变量 $X \sim U(0,1)$, 则其概率密度函数为

$$f(x) = \begin{cases} 1, & 0 < x < 1, \\ 0, & \text{其他}. \end{cases}$$

于是积分问题 I 可以转化成期望问题, 即

$$E(g(X)) = \int_{-\infty}^{+\infty} g(x)f(x)\mathrm{d}x = \int_0^1 g(x)\mathrm{d}x = I,$$

则由平均值法, 可得

$$\hat{I} = \frac{1}{n}\sum_{i=1}^{n} g(x_i).$$

对于更一般的积分问题 $I = \int_a^b g(x)\mathrm{d}x$, 通过变量替换 $x = a + (b-a)t$, 得

$$I = \int_a^b g(x)\mathrm{d}x = (b-a)\int_0^1 g(a+(b-a)t)\mathrm{d}t,$$

则由平均值法, 可得

$$\hat{I} = \frac{(b-a)}{n}\sum_{i=1}^n g(a+(b-a)x_i),$$

其中 $\{x_i\}_{i=1}^n$ 是服从均匀分布 $U[0,1]$ 的随机数序列.

如果对于积分问题 $I = \int_a^b g(x)\mathrm{d}x$, 不做变量替换, 则取 $X \sim U[a,b]$, 其概率密度函数为

$$f(x) = \begin{cases} \dfrac{1}{b-a}, & a < x < b, \\ 0, & \text{其他}, \end{cases}$$

则

$$E(g(X)) = \int_{-\infty}^{+\infty} g(x)f(x)\mathrm{d}x = \int_a^b g(x)\frac{1}{b-a}\mathrm{d}x = \frac{1}{b-a}I,$$

即

$$I = (b-a)E(g(X)).$$

则得积分的估计值

$$\hat{I} = \frac{(b-a)}{n}\sum_{i=1}^n g(x_i),$$

其中 $\{x_i\}_{i=1}^n$ 是服从均匀分布 $U[a,b]$ 的随机数序列.

例 2.5.5 用平均值法求积分 $I_2 = \int_2^4 \mathrm{e}^{-x}\mathrm{d}x = 2\int_0^1 \mathrm{e}^{-2-2x}\mathrm{d}x$ 的估计值 (随机数 100000 个).

解 程序如下:

N=100000; set.seed(1234)	N=100000; set.seed(1234)
X=runif(N,0,1)	X=runif(N,2,4);
2*mean(exp(-2-2*X))	2*mean(exp(-X))
[1] 0.1169346	[1] 0.1169346

3. m 重积分问题

m 重积分问题 $I = \int_D g(\boldsymbol{x})\mathrm{d}\boldsymbol{x}$, 其中 $\boldsymbol{x} = (x_1, x_2, \cdots, x_m)$, D 表示 m 维空间的积分区域. 在 D 上构造一个 m 维随机变量 $\boldsymbol{X}$, 其概率密度函数为 $f(\boldsymbol{x})$, 且满足 $\boldsymbol{x} \in D$ 时, $f(\boldsymbol{x}) \neq 0$; $\boldsymbol{x} \notin D$ 时, $f(\boldsymbol{x}) = 0$. 令

$$G(\boldsymbol{x}) = \begin{cases} g(\boldsymbol{x})/f(\boldsymbol{x}), & f(\boldsymbol{x}) \neq 0, \\ 0, & f(\boldsymbol{x}) = 0. \end{cases}$$

则积分变为
$$I = \int_D g(\boldsymbol{x})\mathrm{d}\boldsymbol{x} = \int_D G(\boldsymbol{x})f(\boldsymbol{x})\mathrm{d}\boldsymbol{x} = E(G(\boldsymbol{X})),$$
即把求解 m 重积分 I 的问题转化成求解随机变量 $\boldsymbol{X}$ 的函数 $G(\boldsymbol{X})$ 的数学期望问题.

例 2.5.6 计算积分 $\int_0^1 \int_0^1 \int_0^1 (2\pi)^{-3/2} \mathrm{e}^{-\frac{1}{2}(x^2+y^2+z^2)} \mathrm{d}x\mathrm{d}y\mathrm{d}z$.

解 易知其精确值为 $(\Phi(1) - \Phi(0))^3 \approx 0.039772181953$, 由上述分析可设计该积分估计值的程序:

```
N=10000
X1=runif(N,0,1); X2=runif(N,0,1); X3=runif(N,0,1)
(2*pi)^(-1.5)*mean(exp(-(X1^2+X2^2+X3^2)/2))
[1] 0.03979911
```

综上所述, 应用 Monte Carlo 方法的基本过程如下:

(1) 构造问题的概率模型.

分析问题, 将其转化成随机性概率问题, 建立概率模型或判别式, 如 $y_i \leqslant f(x_i)$.

(2) 从已知概率分布抽样.

产生已知分布的随机数序列, 从而实现对随机事件的模拟. 如上题估计积分值, 关键在于产生随机数序列 $\{x_i\}_{i=1}^n$ 和 $f(x)$ 的抽样序列 $\{f(x_i)\}_{i=1}^n$.

(3) 建立所需的统计量.

对求解的问题, 用试验的随机变量 k/n 作为问题解的估值. 若 k/n 的期望值恰好是所求问题的解, 则所得结果为无偏估计, 这种情况在 Monte Carlo 方法中用得最多.

三、Monte Carlo 方法的精度分析

Monte Carlo 方法是建立在大量的随机数基础上, 正是由于抽样的随机性, 这里就必然存在估计的误差问题. Monte Carlo 方法所能达到的精度与其应用范围的大小紧密相关, 我们希望能以较少的试验次数得到较高的估计精度, 这是值得讨论的一个重要问题.

对于随机变量 X 的期望 $E(X)$ 的估计, 上面给出了两种方法: 随机投点法和平均值法, 下面讨论这两种方法的精度.

1. 随机投点方法

考查 n 次试验中某事件的发生 (试验成功) 次数 k, 当 n 充分大时, 以随机变量 (频率) k/n 作为事件发生概率 p, 即期望 $E(X)$ 的估值
$$E(X) \approx \hat{p} = \frac{k}{n}.$$
设每次投点试验成功的概率为 p, 并记第 i 次投点 X_i 的情况如下:

表 2.5.1 第 i 次投点分布列

X_i	0	1
P	$1-p$	p
描述	投点失败	投点成功

显然, 每次试验情况都服从0-1分布, 则一次试验成功的均值与方差分别为

$$E(X_i) = 1 \times p + 0 \times (1-p) = p, \quad D(X_i) = 1^2 \times p + 0^2 \times (1-p) - p^2 = p(1-p).$$

若进行 n 次试验, 其中 k 次试验成功, 则 $k \sim B(n,p)$. 此时, 参数 p 的估值为 $\hat{p} = \dfrac{k}{n}$, 则

$$E(\hat{p}) = p, \quad D(\hat{p}) = \frac{p(1-p)}{n}.$$

而标准差 $\sqrt{p(1-p)/n}$ 在 $p = 0.5$ 时达到最大.

现在讨论, 当给定 $\varepsilon > 0$ 以及置信度 $1 - \alpha$ 时, 试验次数 n 应至少取多大才能保证

$$P(|\hat{p} - p| < \varepsilon) = 1 - \alpha.$$

例如, 若取 $\alpha=0.05, \varepsilon=0.01$, 则在 100 次试验中, 估值 $\hat{p}$ 与真值 p 之差, 大约有 95 次不超过 1% 的误差.

由中心极限定理可知,

$$\lim_{n \to +\infty} P\left(\frac{\hat{p} - p}{\sqrt{p(1-p)/n}} \leqslant x\right) = \Phi(x),$$

即 $\dfrac{\hat{p} - p}{\sqrt{p(1-p)/n}}$ 渐近服从 $N(0,1)$, 则有

$$P\left(\frac{|\hat{p} - p|}{\sqrt{p(1-p)/n}} < \mu_{\alpha/2}\right) = 1 - \alpha,$$

即

$$\varepsilon = \mu_{\alpha/2}\sqrt{p(1-p)/n} \Rightarrow n \geqslant \frac{p(1-p)}{\varepsilon^2}\mu_{\alpha/2}^2.$$

2. 平均值方法

由以上分析知, $\dfrac{\overline{X} - \mu}{\sigma/\sqrt{n}}$ 渐近地服从 $N(0,1)$, 即当 $n \to \infty$ 时, 有

$$P\left(\frac{|\overline{X} - \mu|}{\sigma/\sqrt{n}} < \mu_{\alpha/2}\right) = 1 - \alpha.$$

同样, 若要求 $|\overline{X} - \mu| \leqslant \varepsilon$, 则只需使得

$$\varepsilon \geqslant \mu_{\alpha/2}\frac{\sigma}{\sqrt{n}} \Rightarrow n \geqslant \frac{\mu_{\alpha/2}^2 \sigma^2}{\varepsilon^2}.$$

从上面两种方法的分析过程可知, 随机抽样的次数与方差 σ^2、精度要求 ε 以及置信度 $1 - \alpha$ 都有关系. 但是在实际问题中, 方差 σ^2 通常都是未知的, 一般用其估计值代替. 一种可行的处理方式是: 先作 m 次试验, 得到样本方差作为方差 σ^2 的估计值, 即

$$\hat{\sigma}^2 = S_m^2 = \frac{1}{m-1}\sum_{i=1}^{m}(x_i - \bar{x})^2,$$

然后代入公式 $n \geqslant \dfrac{\mu_{\alpha/2}\hat{\sigma}^2}{\varepsilon^2}$ 中估计试验次数, 如果 $n > m$ 则补充试验.

例 2.5.7 对于例 2.5.2, 置信度为 95%, 精度 $\varepsilon = 0.01$, 分别用投点法和平均值法求所需的试验次数.

解 (1) 投点法. 由题意知 $\alpha=0.05$, 因为 $\pi/4$ 就是模拟的期望值, 得到 $p=\pi/4=0.785398$. 计算得 $\mu_{\alpha/2}=1.959964$, 由于 $\pi=4p$, 令 $\tilde{\varepsilon}=\varepsilon/4$, 由 $P(|\hat{p}-p|<\tilde{\varepsilon})=1-\alpha$ 保证 $P(|\hat{\pi}-\pi|<\varepsilon)=1-\alpha$, 即

$$n \geqslant \left\lceil \frac{p(1-p)\mu_{\alpha/2}^2}{\tilde{\varepsilon}^2} \right\rceil = \left\lceil \frac{0.785398 \times 0.214602 \times 1.959964^2}{(0.01/4)^2} \right\rceil = 103596,$$

其中 $\lceil\ \rceil$ 表示取上整. 因此, 作 103596 次模拟, 有 95% 的把握保证得到的 π 的估计值与真实值的绝对偏差在 1% 之内.

(2) 平均值法. 问题的本质是计算积分 $\int_0^1 \sqrt{1-x^2}\mathrm{d}x$. 设随机变量 $X \sim U[0,1]$, 令 $g(X)=\sqrt{1-X^2}$, 其期望值为

$$E(g(X)) = \int_{-\infty}^{+\infty} g(x)f(x)\mathrm{d}x = \int_0^1 \sqrt{1-x^2}\mathrm{d}x = \frac{\pi}{4},$$

因此有

$$\frac{\pi}{4} \approx \frac{1}{n}\sum_{i=1}^n \sqrt{1-x_i^2}.$$

下面估计所需的试验次数. 由式 $n \geqslant \dfrac{\mu_{\alpha/2}^2 \sigma^2}{\varepsilon^2}$ 可知, 其关键是求方差 σ^2. 由方差定义得

$$\sigma^2 = E(g(X)^2) - (E(g(x)))^2 = \int_0^1 (1-x^2)\mathrm{d}x - \left(\frac{\pi}{4}\right)^2 = \frac{2}{3} - \left(\frac{\pi}{4}\right)^2 = 0.04981641.$$

代入 $\alpha=0.05, \mu_{\alpha/2}=1.959964, \varepsilon=0.01/4$, 得

$$n \geqslant \left\lceil \frac{\mu_{\alpha/2}^2 \sigma^2}{\varepsilon^2} \right\rceil = \left\lceil \frac{1.959964^2 \times 0.04981641}{(0.01/4)^2} \right\rceil = 30619.$$

可见, 达到同样精度的情况下, 用平均值法的随机试验次数只是随机投点法的 1/3 左右. 一般情况下, 平均值法要优于随机投点法.

表 2.5.2 平均值法估计的精度 ε、水平 α 与试验次数 n 的关系

精度要求	$\varepsilon=0.05$	$\varepsilon=0.025$	$\varepsilon=0.01$	$\varepsilon=0.005$
$\alpha=0.1$	863	3451	21565	86260
$\alpha=0.05$	1225	4900	30619	122476
$\alpha=0.01$	2116	8462	52885	211538
$\alpha=0.005$	2513	10049	62805	251217

综上所述, Monte Carlo 方法的特点归纳如下:

(1) Monte Carlo 方法的估值精度 ε 与试验次数 n 的平方根成反比, 即 $\varepsilon \propto 1/\sqrt{n}$. 若精度 ε 提高 10 倍, 则试验次数 n 需要增大 100 倍, 计算时间放慢了 100 倍, 故收敛速度慢是 Monte Carlo 方法的主要缺点.

(2) 当 ε 一定时, 试验次数 n 取决于估计方差, 即 $n \propto \hat{\sigma}^2$. 因而降低方差是加速 Monte Carlo 方法收敛的主要途径.

(3) Monte Carlo 方法的精度估计具有概率性质, 它并不能保证精度一定小于 ε, 而只能以接近于 1 的概率保证计算精度不超过 ε.

(4) 实际应用中, 优质的随机数也是提升 Monte Carlo 方法收敛的一种途径, 这一点由于计算机很容易生成伪随机数而经常被忽略.

四、拟蒙特卡罗方法 (Quasi Monte Carlo) 法

近年来, 拟蒙特卡罗方法 (Quasi Monte Carlo) 发展迅速, 它提出用 "确定性的超均匀分布序列" 代替一般的随机数序列进行计算, 此法有更高的计算精度和更快的收敛速度. 现在的一种观点认为随机数优良的统计性质决定了 Monte Carlo 方法的性能和精度.

目前大量使用的随机数都是通过数学递推算法产生的 "伪随机数", 其统计性质主要集中在三个方面: 周期性、均匀性和独立性. 因此构造超长周期、超均匀的独立随机数序列是 Monte Carlo 方法的关键之一.

1. 混沌映射法

An(1996) 研究了混沌映射 (chaotic mapping) 产生随机数的方法, 其公式如下:

$$y_{i+1} = \begin{cases} \dfrac{3}{2}y_i + \dfrac{1}{4}, & 0 \leqslant y_i < \dfrac{1}{2}, \\ \dfrac{1}{2}y_i - \dfrac{1}{4}, & \dfrac{1}{2} \leqslant y_i < 1. \end{cases}$$

其经验分布的极限为

$$F(y) = \ln(2y+1)/\ln 3, \quad 0 \leqslant y \leqslant 1.$$

可证明, 若随机变量 $Y \sim F(y)$, 则 $X = F(Y) \sim U[0,1]$. 因此, 通过

$$x_i = \ln(2y_i + 1)/\ln 3$$

产生的序列 $\{x_i\}$ 可看作服从 $U[0,1]$ 的随机数序列. 因为序列 $\{y_i\}$ 无限不循环, 所以产生的随机序列 $\{x_i\}$ 的周期是无限的.

2. 低差异序列

低差异序列 (low-discrepancy sequences) 即确定性的超均匀分布序列, 它是拟蒙特卡罗方法的基础. 比较有代表性的是 Halton 序列, 其构造方法是: 令 b 是一个素数, 则任一个正整数 k 都可写成以 b 为基数的形式, 即

$$k = \sum_{i=0}^{j} d_i b^i = d_0 + d_1 b^1 + \cdots + d_{j-1} b^{j-1} + d_j b^j,$$

其中 $d_i \in \{0, 1, 2, \cdots, b-1\}$，且 $b^{j-1} \leqslant k < b^j$. 定义基于 b 的根式逆函数 $\phi_b(k)$:

$$\phi_b(k) = \sum_{i=0}^{j} \frac{d_i}{b^{i+1}} = \frac{d_0}{b} + \frac{d_1}{b^2} + \cdots + \frac{d_j}{b^{j+1}}.$$

显然, 对于任意正整数 k, $\phi_b(k) \in [0,1]$, 因此它可作为 Halton 序列的第 k 个元素, $k = 1, 2, \cdots$. 当然也可有更一般的取法, 即 Halton 序列的第 k 个元素可取为

$$\phi_b(k_0 + k), \quad k = 0, 1, 2, \cdots, k_0 \in \mathbb{Z}^+.$$

下面分别给出混沌映射随机数和 Halton 随机数生成的程序:

```
混沌映射随机数
rmap=function(n){
  y1=runif(1,0,1)
  rvec=rep(0,n)
  log3=log(3)
  for(i in 1:n) {
    if(y1<0.5) y2=1.5*y1+0.25
    else y2=0.5*y1-0.25
    rvec[i]=log(2*y2+1)/log3;
    y1=y2;
  }
  return(rvec);
}
```

```
Halton 随机数
getj_d=function(k,b){
  j=0; ki=k;
  while(ki>=b) { j=j+1;  ki=ki%/%b; }
  d=rep(0,j+1);   i=j+1;  ki=k;  bi=b^j;
  while(ki>0){
    d[i]=ki%/%bi;  i=i-1;  ki=ki%%bi;  bi=bi%/%b;
  }
  list(j=j,d=d)
}
r_halton=function(n,k,b) {
  halton=rep(0,n);
  for(i in 1:n) {
    j_d=getj_d(k+i-1,b);   b1=b;
    for(j in 1:(j_d$j+1)) {
      halton[i]=halton[i]+j_d$d[j]/b1;   b1=b1*b;
    }
  }
  return(halton);
}
```

例 2.5.8 对于例 2.5.6 的积分 $\int_0^1 \int_0^1 \int_0^1 (2\pi)^{-3/2} e^{-\frac{1}{2}(x^2+y^2+z^2)} \mathrm{d}x \mathrm{d}y \mathrm{d}z$, 分别采用常规均匀随机数、混沌随机数和 Halton 随机数来计算.

解 取三组独立的均匀、混沌、Halton 随机向量序列 (三维), 各序列长度均为 500, 随机截取 5 次模拟的计算结果, 见表 2.5.3.

表 2.5.3 模拟结果

随机数	模拟 1	模拟 2	模拟 3	模拟 4	模拟 5	平均值	标准差
均匀	0.03938217	0.04066447	0.03968015	0.03928831	0.03913450	0.039629920	0.0006116239
混沌	0.04014477	0.04055242	0.0390446	0.04062039	0.03902104	0.039876644	0.0007915299
Halton	0.03987316	0.03982951	0.03975841	0.03977572	0.03977489	**0.039802338**	**0.0000478165**

由表 2.5.3 可知, 超均匀随机数序列Halton的表现最稳定, 且每次模拟结果和真实值都较其他两种方法好, 5 次平均也最接近真实值, 这正是超均匀特性所带来的好处. 上述结果的程序如下:

```
fun=function(x,y,z) (2*pi)^(-1.5)*exp(-0.5*(x^2+y^2+z^2))
```

First=function(N,fun)	Second=function(N,fun)	Third=function(N,fun)
{	{	{ seed=trunc(proc.time()[[3]])
x1=runif(N)	x1=rmap(N)	x1=r_halton(N,seed*3,2)
x2=runif(N)	x2=rmap(N)	x2=r_halton(N,seed*5,3)
x3=runif(N)	x3=rmap(N)	x3=r_halton(N,seed*7,5)
mean(fun(x1,x2,x3))	mean(fun(x1,x2,x3))	mean(fun(x1,x2,x3))
}	}	}
Frst(500,fun)	Second(500,fun)	Third(500,fun)
0.03923467	0.03925015	0.03974444

五、系统模拟

系统模拟是研究一个复杂系统问题的重要方法. 对于一个复杂系统, 要建立数学模型来描述, 并求得解析解, 是相当困难的. 引入模拟的方法, 可以为求解复杂系统提供一种直观、方便的手段.

例 2.5.9(追逐问题) 一只兔子在 O 点, 洞穴在正北方 20m 的 B 点, 一只狼在兔子正东方 33 米的 A 点, 狼紧盯着兔子追逐, 速度是兔子的 2 倍, 画出追逐曲线. 问: 在兔子钻进洞穴前是否会被狼逮住?

解 解决这个问题首先是建立平面直角坐标, 然后以时间间隔 Δt 采样, 对于每个时刻 t, 假设兔子和狼的坐标分别为 $(x_1(t), y_1(t))$, $(x_2(t), y_2(t))$. 而在 $t + \Delta t$ 时刻, 兔子的坐标变成 $(x_1(t), y_1(t) + v\Delta t)$, 而狼始终对准兔子, 其坐标变成 $(x_2(t) + 2v\Delta t \cos\theta, y_2(t) + 2v\Delta t \sin\theta)$, 其中角度 θ 满足如下的近似公式:

$$\begin{cases} \sin\theta = \dfrac{y_1(t+\Delta t) - y_2(t)}{d}, \\ \cos\theta = \dfrac{x_1(t+\Delta t) - x_2(t)}{d}, \end{cases}$$

这里 $d = \sqrt{(x_1(t+\Delta t) - x_2(t))^2 + (y_1(t+\Delta t) - y_2(t))^2}$.

程序和图如下:

```
rdis=20;    wdis=33;
plot(c(0,wdis,0,0),c(0,0,rdis,0),xlab='',ylab='')
lines(c(0,0),c(0,rdis)); lines(c(0,wdis),c(0,0))
text(wdis,0,labels='A',adj=c(0.3,-0.8))
text(0,rdis,labels='B',adj=c(-0.8,0.5))
text(0,0,labels='O',adj=c(-0.8,-0.5))
dt=0.1;   v=1;   catcht=0;    n=trunc(rdis/dt);
```

```
x=matrix(0,nrow=2,ncol=n)
y=matrix(0,nrow=2,ncol=n)
x[,1]=c(0,33);   y[,1]=c(0,0)
for(j in 1:(n-1))
{ x[1,j+1]=0;   y[1,j+1]=y[1,j]+dt*v;
  d=sqrt((x[2,j]-x[1,j+1])^2+(y[2,j]-y[1,j+1])^2)
  x[2,j+1]=x[2,j]+dt*2*v*(x[1,j+1]-x[2,j])/d
  y[i,j+1]=y[2,j]+dt*2*v*(y[1,j+1]-y[2,j])/d
  if(x[2,j]<=x[1,j])  {catcht=dt*j; break}
}
for(i in 1:2)  lines(x[i,],y[i,])
if(catcht>0)   title(xlab=catcht)
```

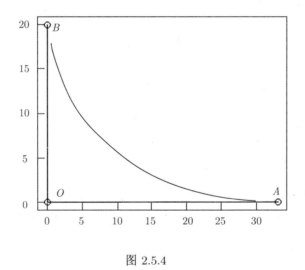

图 2.5.4

从图中可知, 当兔子到达洞口时, 狼还有一段距离, 所以狼无法捉到兔子.

2.6 Bootstrap 方法

Bootstrap方法是 Efron 在 20 世纪 70 年代后建立的, 通常用于评价一个估计的统计精度及准确性. 该模型的背景通常是未知分布 F 的, 但已经得到来自该分布的容量为 n 的一个样本, 将这个样本按有放回抽样的方法随机抽取容量为 n 的足够多个的 Bootstrap 样本 (自助样本), 利用产生的样本序列对总体 F 分布或特征信息进行统计推断.

该方法可用于参数领域, 但在总体信息知之甚少的非参数领域作用更大, 特别适用于样本观测值中有重复的情况. 该方法需要在计算机上作大量的模拟抽样和计算, 因此对计算机性能要求也较高.

一、Bootstrap 样本

应用 Bootstrap 方法首先要产生足够多的 Bootstrap 样本, 也称为自助样本. 产生自助样本的方法就是对已知的某个容量为 n 的样本采用等概率有放回简单随机抽样,所抽取的新样本的容量也是 n. 为了满足估计的精度要求,通常这样的样本序列个数都要求较大,如 5000 个以上.

第二章已经介绍了使用 sample 函数实现自助样本的抽取方法,下面介绍专用于 Bootstrap 技术的软件包 boot 及其函数 boot,boot.ci 等的使用. 具体函数表达如下:

$$\text{boot(data, statistic, R, } \cdots)$$

其中 data 是数据 (向量、矩阵、数据框都可以); statistic 表示估计函数,通常用来计算估计量; R 表示模拟的次数.

boot 函数返回值是个 boot 对象,包含 (t0,t,R,data,statistic) 等信息,其中 t0 是原样本代入 statistic 函数的估计值, t 记录了 R 次自助样本的 statistic 函数估计值, R 是模拟次数, data 是原始数据,statistic 是估计函数. 具体函数如下:

boot.ci(boot.out, conf = 0.95, type = "all",
　　　　var.t0 = NULL, var.t = NULL, t0 = NULL, t = NULL,...)

其中 boot.out 是 boot 函数的返回值; conf 置信度; type 总共有五种 ("norm""basic" "stud""perc" "bca"),表示进行区间估计的不同模型; var.t0,var.t,t0,t 可以指定 boot.out 中的相应值,实现多种特征的区间估计.

boot.ci 的返回值,包含的一个重要信息由 (normal,basic,student,percent,bca) 这几个矩阵数据的一个或多个构成,它们记录了区间估计的结果.

二、参数型 Bootstrap 方法

假设总体 X 的分布函数形式已知,但含有未知参数,即 $X \sim F(x,\theta)$, θ 未知 (或部分未知),有一样本 $x_1, x_2, \cdots, x_n$, 试对总体的某些特征进行统计推断.

首先利用这个样本求出 θ 的极大似然估计值 $\hat{\theta}$,将 $\hat{\theta}$ 替换 θ,代入分布函数中得到 $F(x,\hat{\theta})$, 此时认为分布函数已知,然后产生该分布的容量为 n 的足够多的样本,最后利用这些样本对总体特征进行统计推断. 这种方法称为**参数型 Bootstrap 法**.

三、非参数型 Bootstrap 方法

在总体分布未知的前提下,如何仅根据一个样本,实现对未知参数的置信区间、标准误差及均方误差进行合理的估计,非参数 Bootstrap 方法提供了一种高效的解决手段. 不需要考虑分布的形态,直接构造估计函数,通过大量的自助样本给出相应的估计结果.

更多例子将在第三章 Bootstrap 区间估计中进行详细阐述.

内容小结

本章介绍了数理统计的三个重要概念,包括总体、样本和统计量,三个常用的抽样分布、几个重要的抽样定理以及 Monte Carlo 和 Bootstrap 模拟方法. 本章还借助 R 软件构造模拟实验对上述内容进行直观化.

本章的网络结构图:

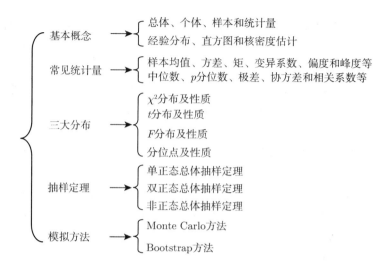

本章基本要求:

1. 掌握 R 统计软件计算各种统计量,概率计算和随机数模拟;
2. 熟练掌握经验分布函数、直方图和核密度三种基本方法;
3. 熟悉三大抽样分布定义及性质;
4. 掌握分位点定义及求解;
5. 掌握正态抽样定理及应用;
6. 了解非正态抽样定理及中心极限定理的应用;
7. 掌握 Monte Carlo 和 Bootstrap 方法的基本思想和应用.

习 题 二

1. 直方图可应用于灰度图像的二值化过程,例如著名的 OTSU 阈值法就充分利用了直方图. 请查找相应资料, 绘制一幅彩色 JPG 图像的灰度直方图. 可以下载并安装 jpeg 包, 以便读取 JPG 图像. (提示: 还可以下载并安装 EBImage 包)

2. 设计并实现基于 10 种核函数的核密度估计函数, 以 $\chi^2(5)$ 为例, 从中抽样 200 个随机数, 绘制核密度图并与理论密度图叠加比较. 构造一种评价准则, 说明哪个核估计相对较好? (注: 附加信息可浏览 https://en.wikipedia.org/wiki/Kernel_(statistics))

3. 核密度估计是目前常用的一种估计密度的方法, 但它在边界处的估计波动较大, 偏差明显, 请展示这个问题, 并思考如何尽量消除边界处的估计偏差. (注: 可以查阅资料 http://cos.name/category/classical/nonparametric/)

4. 基于众数的定义, 讨论能否取密度函数的最大值作为众数? 若可以, 对样本数据给出众数的一种求法.

5. 设计 R 实验模拟验证独立可加性:

(1) $\chi^2(n)$ 分布的可加性;   (2) 二项分布的可加性;

(3) 正态分布的可加性;   (4) 泊松分布的可加性;

(5) 柯西分布的可加性;   (6) 伽玛分布的可加性.

6. 尝试推导下列结论:

(1) $\chi_\alpha^2(1) = \mu_{\alpha/2}^2$;

(2) $F_\alpha(m,n) = \dfrac{1}{F_{1-\alpha}(n,m)}$;

(3) $t_\alpha(n) = \sqrt{F_{2\alpha}(1,n)}$, $\quad t_{1-\alpha}(n) = -t_\alpha(n) = -\sqrt{F_{2\alpha}(1,n)}$ $\quad (\alpha < 0.5)$;

(4) $Ga_\alpha(m,1) = \dfrac{1}{2}\chi_\alpha^2(2m)$;

(5) $t_\alpha(1) = \tan\left(\dfrac{\pi}{2}(1-2\alpha)\right)$.

7. 设计 R 实验模拟当 n 较大时有以下结论:

(1) $t(n) \to N(0,1)$;

(2) $\dfrac{\chi^2(n)-n}{\sqrt{2n}} \to N(0,1)$.

进一步, 确定 n 至少多大时, 近似效果可以接受?

8. 根据性质推导 $\chi_\alpha^2(n) \approx \dfrac{1}{2}(u_\alpha + \sqrt{2n-1})^2$. 设计 R 实验模拟验证当 n 较大时有结论:

$$\chi_\alpha^2(n) \approx \dfrac{1}{2}(u_\alpha + \sqrt{2n-1})^2,$$

并确定 n 至少多大时, 近似效果可以接受.

9. 推导并模拟验证结论: 若随机变量 X,Y 独立同分布, 均服从正态分布, 则 X/Y 服从柯西分布.

10. 模拟验证结论: 若随机变量 $X_1, X_2, \cdots, X_n$ 独立同分布,

(1) 均服从柯西分布, 那么 $\dfrac{1}{n}\sum_{i=1}^n X_i$ 服从相同的柯西分布;

(2) 均服从正态分布 $N(\mu, \sigma^2)$, 那么 $\dfrac{1}{n}\sum_{i=1}^n X_i$ 服从 $N(\mu, \sigma^2/n)$.

11. 模拟验证结论: 若随机变量 $X \sim U(0,1)$, 从中抽取容量为 $2n+1$ 的样本, 则中位数

$$X_{(n+1)} \sim \beta(n+1, n+1).$$

12. 金融机构风险管理中常用 VaR(Value at Risk) 来度量风险大小, 从概率角度讲, 它表示在一定概率水平下, 某一金融资产或证券组合价值在未来特定时期内的最大可能损失. 请对股票 601933(永辉超市) 提取 20160101 至 20160930 期间每日的复权交易的收盘价, 利用核密度估计法估算日收益率的 VaR 值.

13. 用模拟的方法计算下列积分, 并与精确结果进行比较, 探索提高精度的手段:

(1) $\displaystyle\int_0^{+\infty}\int_0^x 2\mathrm{e}^{-(2x+y)}\mathrm{d}x\mathrm{d}y$;

(2) $\displaystyle\int_0^1\int_1^3 x\mathrm{e}^{-(x+y)}\mathrm{d}x\mathrm{d}y$.

14. 对于 $(0,1)$ 区间上的均匀分布随机变量 $X_1, X_2, \cdots, X_n, \cdots$, 构造

$$N = \min\left\{n \,\bigg|\, \sum_{i=1}^n X_i \geqslant 1\right\},$$

这里, N 是使其和超过 1 的随机数个数. 尝试用模拟方式估计 $E(N)$, 并推测其理论真值.

方法篇　应用统计分析

第三章 参数估计

数理统计的基本问题就是根据样本所提供的信息,对总体的分布或分布的数字特征等作出统计推断. 本章所要探讨的是这样一类问题:总体所服从的分布类型是已知的,即总体的分布函数或概率密度的数学表达式是已知的,而它的某些参数(可能是总体的数字特征)却是未知的. 对于这一类问题,关键是采用合理的方法将这些未知参数估计出来. 这类问题称为参数估计. 参数估计分为点估计和区间估计两类.

本章主要介绍参数估计的概念、求点估计的方法、估计量的评判标准及区间估计方法,同时介绍估计的软件实现以及 Bootstrap 区间估计法.

3.1 点 估 计

设总体 X 的分布函数 $F(x;\boldsymbol{\theta})$ 的形式已知, $\boldsymbol{\theta}=(\theta_1,\theta_2,\cdots,\theta_k)\in\Theta$, Θ 是未知参数 $\boldsymbol{\theta}$ 的可能的取值范围,称为**参数空间**,相应地, $\{F(x;\boldsymbol{\theta}),\boldsymbol{\theta}\in\Theta\}$ 称为**总体的分布族**. 借助于总体 X 的一个样本来估计总体未知参数 $\boldsymbol{\theta}$ 的值的问题就称为参数的**点估计问题**.

定义 3.1.1 设总体 X 的分布函数为 $F(x;\boldsymbol{\theta})$, $\boldsymbol{\theta}=(\theta_1,\theta_2,\cdots\theta_k)\in\Theta$ 是未知参数, $X_1,X_2,\cdots,X_n$ 是来自 X 的样本, $x_1,x_2,\cdots,x_n$ 是样本观察值,构造统计量 $T=T(X_1,X_2,\cdots,X_n)$, 以数值 $T(x_1,x_2,\cdots,x_n)$ 作为未知参数 $\boldsymbol{\theta}$ 的估计值,则称统计量 $T(X_1,X_2,\cdots,X_n)$ 为 $\boldsymbol{\theta}$ 的**估计量**,称数值 $T(x_1,x_2,\cdots,x_n)$ 为 $\boldsymbol{\theta}$ 的**估计值**.

在不至于混淆的情况下,统称估计量和估计值为**估计**,并记为 $\hat{\boldsymbol{\theta}}$, 即

$$\hat{\boldsymbol{\theta}}=T(X_1,X_2,\cdots,X_n) \quad \text{或} \quad \hat{\boldsymbol{\theta}}=T(x_1,x_2,\cdots,x_n).$$

那么,如何构造统计量 $T(X_1,X_2,\cdots,X_n)$ 作为 $\boldsymbol{\theta}$ 的估计呢? 这就是点估计问题. 目前求点估计的方法很多,本节仅介绍二种比较常用的方法: 矩法和极大似然法.

一、矩法

矩法是英国统计学家皮尔逊 (K.Pearson) 在 1894 年提出的求点估计的一种方法,其主要思想包含两个方面:

(1) 由大数定律知道,当样本的容量 $n\to\infty$ 时,样本 r 阶矩依概率收敛于相应的总体 r 阶矩,即对任意的 $\varepsilon>0$, 有 $\lim\limits_{n\to\infty}P\left(\left|\dfrac{1}{n}\sum\limits_{i=1}^{n}X_i^r-E(X^r)\right|<\varepsilon\right)=1$. 因此,当总体矩 $E(X^r)$ 存在时,只要样本的容量足够大,样本矩 $\dfrac{1}{n}\sum\limits_{i=1}^{n}X_i^r$ 在总体矩 $E(X^r)$ 附近的可能性就很大.

(2) 总体的 r 阶矩通常都是未知参数 θ 的函数, 因此很自然地会想到用样本矩来代替总体矩建立样本与未知参数 θ 的近似关系, 从而得到总体分布中未知参数的一个估计.

按这种统计思想获得未知参数 θ 的估计方法称为**矩法**. 按照上述的思路, 下面给出用矩法构造未知参数估计量的基本步骤.

设总体 X 的分布函数为 $F(x;\boldsymbol{\theta})$, $\boldsymbol{\theta}=(\theta_1,\theta_2,\cdots,\theta_k)\in\Theta$ 是未知参数 (k 为未知参数的个数), $X_1,X_2,\cdots,X_n$ 是来自 X 的样本, $x_1,x_2,\cdots,x_n$ 是样本观察值.

(1) 计算总体分布的 r 阶原点矩 $E(X^r)$, 通常为 $\boldsymbol{\theta}$ 的函数 (若不是, 则提升阶数), 记为

$$E(X^r)=g_r(\theta_1,\cdots,\theta_k), \quad r=1,2,\cdots,k. \tag{3.1.1}$$

(2) 近似替换, 即用样本 r 阶原点矩替换总体 r 阶原点矩, 列出方程组:

$$\begin{cases} g_1(\theta_1,\cdots,\theta_k)=\dfrac{1}{n}\sum_{i=1}^{n}X_i, \\ g_2(\theta_1,\cdots,\theta_k)=\dfrac{1}{n}\sum_{i=1}^{n}X_i^2, \\ \cdots\cdots\cdots\cdots\cdots\cdots \\ g_k(\theta_1,\cdots,\theta_k)=\dfrac{1}{n}\sum_{i=1}^{n}X_i^k. \end{cases} \tag{3.1.2}$$

(3) 解方程组 (3.1.2), 得

$$\theta_r=h_r(X_1,X_2,\cdots,X_n), \quad r=1,2,\cdots,k,$$

则以 $h_r(X_1,X_2,\cdots,X_n)$ 作为 θ_r 的估计量 $\hat{\theta}_r$, 并称

$$\hat{\theta}_r=h_r(X_1,X_2,\cdots,X_n) \tag{3.1.3}$$

为 θ_r 的**矩法估计量**, 而称 $h_r(x_1,x_2,\cdots,x_n)$ 为 θ_r 的**矩法估计值**, $r=1,2,\cdots,k$.

例 3.1.1 设总体 $X\sim F(x;\boldsymbol{\theta})$, 其中 $\boldsymbol{\theta}=(\mu,\sigma^2)$ 均未知, 且 $E(X)=\mu,D(X)=\sigma^2$. 试求 $\boldsymbol{\theta}$ 的矩法估计量.

解 由题知 $E(X)=\mu,D(X)=\sigma^2$, 现设 $X_1,X_2,\cdots,X_n$ 为总体 X 的一个样本, 根据式 (3.1.2) 可得

$$\begin{cases} E(X)=\mu=\dfrac{1}{n}\sum_{i=1}^{n}X_i=\overline{X}, \\ E(X^2)=\sigma^2+\mu^2=\dfrac{1}{n}\sum_{i=1}^{n}X_i^2. \end{cases}$$

解得

$$\begin{cases} \hat{\mu}=\overline{X}, \\ \hat{\sigma}^2=\dfrac{1}{n}\sum_{i=1}^{n}X_i^2-\overline{X}^2=\dfrac{1}{n}\sum_{i=1}^{n}(X_i-\overline{X})^2=\dfrac{n-1}{n}S^2. \end{cases}$$

这里,
$$\frac{1}{n}\sum_{i=1}^n X_i^2 - \overline{X}^2 = \frac{1}{n}\left(\sum_{i=1}^n X_i^2 - n\overline{X}^2\right) = \frac{1}{n}\left(\sum_{i=1}^n X_i^2 - \overline{X}\sum_{i=1}^n X_i\right)$$
$$= \frac{1}{n}\left(\sum_{i=1}^n X_i^2 - 2\overline{X}\sum_{i=1}^n X_i + \sum_{i=1}^n \overline{X}^2\right) = \frac{1}{n}\sum_{i=1}^n (X_i - \overline{X})^2$$
$$= \frac{n-1}{n}\frac{1}{n-1}\sum_{i=1}^n (X_i - \overline{X})^2,$$

即
$$\begin{cases} \hat{\mu} = \overline{X}, \\ \hat{\sigma}^2 = \dfrac{n-1}{n}S^2, \end{cases}$$

其中 S^2 是样本方差. 上式公式给出了解决分布中含有一个或两个未知参数的通用模型, 即当总体中只含一个未知参数时, 可用方程

$$E(X) = \overline{X}$$

解出未知参数的矩法估计量; 当总体中含两个未知参数时, 可用方程

$$\begin{cases} E(X) = \overline{X}, \\ D(X) = \dfrac{n-1}{n}S^2 \end{cases} \tag{3.1.4}$$

解出未知参数的矩法估计量.

例 3.1.2 设 $X \sim B(m,p)$, 其中 m 已知, 求 p 的矩法估计量.

解 二项分布的 $E(X) = mp$, 设 $X_1, X_2, \cdots, X_n$ 为总体 X 的一个样本, 根据 (3.1.2) 式可得 $E(X) = mp = \dfrac{1}{n}\sum_{i=1}^n X_i = \overline{X}$, 即 p 的矩法估计量为 $\hat{p} = \dfrac{\overline{X}}{m}$.

例 3.1.3 设总体 $X \sim U[a,b]$, 其概率密度函数为

$$f(x;a,b) = \begin{cases} \dfrac{1}{b-a}, & a \leqslant x \leqslant b, \\ 0, & \text{其他}, \end{cases}$$

其中 a, b 是未知参数. 试求 a, b 的矩法估计量.

解 均匀分布的期望和方差分别为 $E(X) = \dfrac{1}{2}(a+b)$, $D(X) = \dfrac{1}{12}(b-a)^2$, 现设 $X_1, X_2, \cdots, X_n$ 为总体 X 的一个样本, 根据 (3.1.2) 式得

$$\begin{cases} E(X) = \dfrac{1}{2}(a+b) = \dfrac{1}{n}\sum_{i=1}^n X_i, \\ \dfrac{1}{12}(b-a)^2 = \dfrac{n-1}{n}S^2. \end{cases}$$

解得 a, b 的矩法估计量分别为

$$\hat{a} = \overline{X} - \sqrt{\frac{3(n-1)}{n}S^2}, \quad \hat{b} = \overline{X} + \sqrt{\frac{3(n-1)}{n}S^2}.$$

例 3.1.4 设总体 $X \sim N(\mu, \sigma^2)$，其中 μ, σ^2 均未知，试求 μ, σ^2 的矩法估计量.

解 由于正态分布的期望和方差分别为 $E(X) = \mu, D(X) = \sigma^2$，则由 (3.1.4) 式直接得

$$\hat{\mu} = \overline{X}, \quad \hat{\sigma}^2 = \frac{n-1}{n}S^2.$$

例 3.1.5 设总体 $X \sim E(\lambda)$，其中 $\lambda > 0$ 为未知参数，$X_1, X_2, \cdots, X_n$ 为 X 的样本. 试求参数 λ 的矩法估计量.

解 由于总体只含一个未知参数 λ，一般用方程 $E(X) = \overline{X}$ 即可解得 λ 的矩法估计量，因为 $E(X) = \frac{1}{\lambda}$，所以 λ 的矩法估计量为 $\hat{\lambda} = \frac{1}{\overline{X}}$.

当然，也可以用样本的二阶矩估计总体的二阶矩，即用方程 $D(X) = \frac{n-1}{n}S^2$ 解得 λ 的矩法估计量. 因为 $D(X) = \frac{1}{\lambda^2}$，所以 λ 的矩法估计量为 $\hat{\lambda} = \sqrt{\frac{n}{n-1}} \cdot \frac{1}{S}$.

本例说明矩法估计量可能是不唯一的，通常应该尽量采用低阶矩求未知参数的矩法估计量.

例 3.1.6 设总体 X 的概率密度函数为

$$f(x; \theta) = \frac{1}{2\theta} e^{-\frac{|x|}{\theta}}, \quad -\infty < x < +\infty,$$

$\theta > 0$ 为未知参数，$X_1, X_2, \cdots, X_n$ 为 X 的样本. 试求参数 θ 的矩法估计量.

解 由于总体只含一个未知参数 θ，一般只需求出 $E(X)$ 便能得到 θ 的矩法估计量，但

$$E(X) = \int_{-\infty}^{+\infty} x \cdot \frac{1}{2\theta} e^{-\frac{|x|}{\theta}} dx = 0$$

不含未知参数 θ，所以无法求出参数 θ 的估计量. 为此求更高阶的矩，即求

$$E(X^2) = \int_{-\infty}^{+\infty} x^2 \cdot \frac{1}{2\theta} e^{-\frac{|x|}{\theta}} dx = \frac{1}{\theta} \int_{0}^{+\infty} x^2 \cdot e^{-\frac{x}{\theta}} dx = 2\theta^2.$$

然后用样本的二阶原点矩来替换，即 $2\theta^2 = \frac{1}{n}\sum_{i=1}^{n} X_i^2$，所以参数 θ 的矩法估计量为

$$\hat{\theta} = \sqrt{\frac{1}{2n}\sum_{i=1}^{n} X_i^2}.$$

矩估计方法是基于大样本理论的简单易行的点估计方法，但矩估计可能不唯一；特别在小样本情况下，估计结果很粗糙，波动大，甚至会出现跑出参数空间的情况. 下面以均匀分布为例，加以模拟说明.

例 3.1.7 设总体 $X \sim U(0, \theta), \theta \in (0, 10)$，从中抽取 100 个容量为 20 的样本，绘制估计值的散点折线图. 易得参数 θ 的矩法估计量为 $2\overline{X}$，为了说明问题，假定真实的 $\theta = 8$ 进行模拟.

解 关于均匀分布参数的矩估计模拟程序和图如下：

```
simulation.moment=function(theta=8,upline=10,downline=6,n=20,times=100)
{  # 上下边界线，参数真值，样本容量，模拟次数
  estimation=rep(0,times)     # 存放估计结果的数组
  for(i in 1:times){ x=runif(n,0,theta); estimation[i]=2*mean(x)}
                                                    # 得到 100 个估计结果
  yup=ifelse(max(estimation)>upline,max(estimation),upline)   # 确定图形的上下边界
  ydown=ifelse(min(estimation)<downline,min(estimation),downline)
  plot(1:times,estimation,type='o',main='',ylab='矩估计', xlab='',ylim=c(ydown,yup))
  abline(h=theta);      abline(h=upline,lty=2);    abline(h=downline,lty=2)
  # 上述两行绘制散点折线图，附加三条线
}
simulation.moment()
```

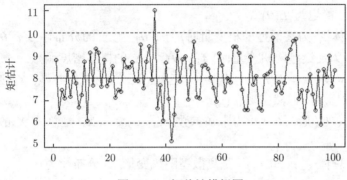

图 3.1.1　矩估计模拟图

从上述模拟看出, 在样本容量不大时 (此例为 20, 即估计值超过 10), 矩估计的效果不太理想, 虽然估计结果在真值 8 附近波动, 但波动较大, 偶有越界的情况.

下面我们看看样本量较大时的估计效果, 把样本容量改成 200, 模拟 100 次, 代码和图如下:

```
simulation.moment(8,10,6,200,100)
```

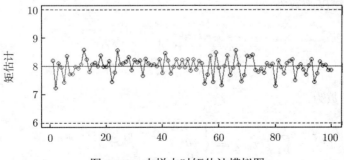

图 3.1.2　大样本时矩估计模拟图

从模拟结果 (见图 3.1.2) 看出, 矩估计的效果还是不错的, 估计越界的情况几乎看不到.

二、极大似然估计法

极大似然估计法是求点估计的另一种方法, 它是英国统计学家费歇 (R.A.Fisher) 在 1912 年提出来的, 是一种最重要的点估计方法, 所求的估计量有许多优良的性质. 先介绍似然函数的概念.

1. 似然函数

定义 3.1.2 设总体 X 的概率分布为 $f(x;\boldsymbol{\theta})$, 其中 $\boldsymbol{\theta}=(\theta_1,\cdots,\theta_k)$ 是未知参数, $X_1,X_2,\cdots,X_n$ 是总体 X 的样本, 则称 $X_1,X_2,\cdots,X_n$ 的联合概率分布

$$L(x_1,x_2\cdots,x_n;\boldsymbol{\theta})=\prod_{i=1}^n f(x_i;\boldsymbol{\theta}) \tag{3.1.5}$$

为样本的似然函数, 简记为 $L(\boldsymbol{\theta})$.

注 (1) 当总体 X 为离散型随机变量时, $f(x;\boldsymbol{\theta})$ 为 X 的分布律 $p(x;\boldsymbol{\theta})$;

(2) 当总体 X 为连续型随机变量时, $f(x;\boldsymbol{\theta})$ 为 X 的概率密度函数.

例 3.1.8 (1) 设 $X\sim B(m,p)$, 其中 m 已知, $p>0$ 为未知参数, $X_1,X_2,\cdots,X_n$ 是总体 X 的样本, 试求样本的似然函数 $L(p)$.

(2) 设总体 $X\sim U(0,\theta)$, $\theta>0$ 为未知参数, $X_1,X_2,\cdots,X_n$ 是总体 X 的样本, 试求样本的似然函数 $L(\theta)$.

解 (1) 由于总体 $X\sim B(m,p)$ 是离散型随机变量, 其分布律为

$$f(x;p)=P(X=x)=C_m^x p^x(1-p)^{m-x}, \quad x=0,1,2,\cdots,m.$$

因此, 样本的似然函数为

$$L(p)=\prod_{i=1}^n f(x_i;p)=\prod_{i=1}^n C_m^{x_i} p^{x_i}(1-p)^{m-x_i}=\left(\prod_{i=1}^n C_m^{x_i}\right) p^{\sum_{i=1}^n x_i}(1-p)^{nm-\sum_{i=1}^n x_i}$$

$$=\left(\prod_{i=1}^n C_m^{x_i}\right) p^{n\bar{x}}(1-p)^{nm-n\bar{x}}, \quad x_i=0,1,2,\cdots,m, i=1,2,\cdots,n.$$

(2) X 的概率密度函数为

$$f(x;\theta)=\begin{cases} \dfrac{1}{\theta}, & 0<x<\theta, \\ 0, & 其他. \end{cases}$$

因此样本的似然函数为

$$L(\theta)=\prod_{i=1}^n f(x_i;\theta)=\begin{cases} \dfrac{1}{\theta^n}, & 0<x_1,x_2,\cdots,x_n<\theta, \\ 0, & 其他. \end{cases}$$

2. 极大似然估计法

下面结合例子来介绍这种方法的基本思想.

例 3.1.9 设在一个箱子中装有若干个白色和黄色乒乓球, 已知两种球的数目之比为 1:3, 但不知是白球多还是黄球多. 现从中有放回地任取 3 个球, 发现有两个白球, 问白球所占的比例是多少?

解 设白球所占的比例为 p, 则 $p = \frac{1}{4}$ 或 $\frac{3}{4}$. 又设 X 为任取 3 个球中所含白球的个数, 则 $X \sim B(3, p)$, 所以上述事件 "有放回地任取 3 个球, 发现有两个白球" 发生的概率为

$$P(X = 2) = C_3^2 p^2 (1-p) = 3p^2(1-p).$$

当 $p = \frac{1}{4}$ 时, $P(X = 2) = \frac{9}{64}$; 当 $p = \frac{3}{4}$ 时, $P(X = 2) = \frac{27}{64}$. 因为 $\frac{9}{64} < \frac{27}{64}$, 这意味着使 $\{X = 2\}$ 的样本来自 $p = \frac{3}{4}$ 的总体比来自 $p = \frac{1}{4}$ 的总体的可能性要大, 因而取 $\frac{3}{4}$ 作为 p 的估计值比取 $\frac{1}{4}$ 作为 p 的估计值更合理, 故我们认为白球所占的比例为 $\frac{3}{4}$.

即使是直观判断, 我们也容易得出 $p = \frac{3}{4}$ 的结论, 这说明上述分析过程早已融入生活, 已形成一种经验判断, 而接下来我们要做的就是给它一个合理的概率解释和数学表达.

上述选取 p 的估计值 $\hat{p}$ 的原则是: 对每个样本观测值, 选取 $\hat{p}$ 使得样本观测值出现的概率最大. 这种选择使得概率最大的那个 $\hat{p}$ 作为参数 p 的估计的方法, 就是极大似然估计法. 用同样的思想也可以估计连续型随机变量的总体的参数, 这种方法的基本思想是利用 "概率最大的事件最可能出现" 这一直观想法, 即对 $L(\boldsymbol{\theta})$ 固定样本观测值 $x_i(i = 1, 2, \cdots, n)$, 在 Θ 内选择适当的参数 $\hat{\boldsymbol{\theta}} = \left(\hat{\theta}_1, \hat{\theta}_2, \cdots, \hat{\theta}_k\right)$, 使 $L(\hat{\boldsymbol{\theta}})$ 达到最大值, 并把 $\hat{\boldsymbol{\theta}}$ 作为参数 $\boldsymbol{\theta}$ 的估计值. 为此引入:

定义 3.1.3 若有 $\hat{\boldsymbol{\theta}} \in \Theta$(这里 Θ 是 $\boldsymbol{\theta}$ 的取值范围), 使得

$$L(\hat{\boldsymbol{\theta}}) = \max_{\boldsymbol{\theta} \in \Theta} L(\boldsymbol{\theta}), \quad \text{或} \quad L(\hat{\boldsymbol{\theta}}) = \sup_{\boldsymbol{\theta} \in \Theta} L(\boldsymbol{\theta}),$$

则称 $\hat{\boldsymbol{\theta}} = \hat{\boldsymbol{\theta}}(x_1, x_2, \cdots, x_n)$ 为 $\boldsymbol{\theta}$ 的**极大似然估计值**, $\hat{\boldsymbol{\theta}} = \hat{\boldsymbol{\theta}}(X_1, X_2, \cdots, X_n)$ 为 $\boldsymbol{\theta}$ 的**极大似然估计量**.

我们知道, $\ln x$ 是 x 的单调上升函数, 因此, $\ln x$ 与 x 有相同的极大值点. 由于似然函数 $L(\theta)$ 的表达式中含有 n 个乘积项, 而 $\ln L(\theta)$ 将 n 个乘积项变为和项, 便于求解极大值点. 所以一般选择求 $\ln L(\theta)$ 达到最大较为方便, 通常称 $\ln L(\theta)$ 为**对数似然函数**.

根据上述描述, 下面给出求极大似然估计值的步骤:

(1) 根据总体 X 的分布 $f(x; \theta)$, 写出似然函数 $L(\theta) = \prod_{i=1}^{n} f(x_i; \theta)$;

(2) 对似然函数取对数 $\ln L(\theta) = \sum_{i=1}^{n} \ln f(x_i; \theta)$;

(3) 写出似然方程 $\frac{\partial \ln L}{\partial \theta} = 0$.

若方程有解, 则解 $\hat{\theta} = \hat{\theta}(x_1, x_2, \cdots, x_n)$ 就是使 $L(\theta)$ 达到最大值的点, 即为 θ 的极大似然估计值, 而 $\hat{\theta} = \hat{\theta}(X_1, X_2, \cdots, X_n)$ 为 θ 的极大似然估计量.

注 (1) 若似然函数中含有多个未知参数, 即 $\boldsymbol{\theta} = (\theta_1, \theta_2, \cdots, \theta_k)$, 则可解方程组

$$\frac{\partial \ln L(\boldsymbol{\theta})}{\partial \theta_i} = 0, \quad i = 1, 2, \cdots, k,$$

解得的 $\hat{\theta}_i$ 即为 $\theta_i (i = 1, 2, \cdots, k)$ 的极大似然估计值.

(2) 若似然方程无解, 即似然函数没有驻点时, 通常 $L(\theta)$ 在 θ 的边界点上达到最大值, 可由定义通过对边界点的分析直接推求.

(3) 若 $\hat{\theta}$ 是未知参数 θ 的极大似然估计, $y(\theta)$ 是 θ 的**连续函数**, 则 $y(\theta)$ 的极大似然估计为 $y(\hat{\theta})$.

例 3.1.10 设 $X_1, X_2, \cdots, X_n$ 为取自正态总体 $X \sim N(\mu, \sigma^2)$ 的样本, 求参数 μ, σ^2 的极大似然估计.

解 由题意可知, X 的概率密度函数为

$$f(x; \mu, \sigma^2) = \frac{1}{\sqrt{2\pi}\sigma} \exp\left\{-\frac{1}{2\sigma^2}(x-\mu)^2\right\}.$$

(1) 写出似然函数

$$\begin{aligned} L(\mu, \sigma^2) &= \prod_{i=1}^{n} \frac{1}{\sqrt{2\pi}\sigma} \exp\left\{-\frac{1}{2\sigma^2}(x_i - \mu)^2\right\} \\ &= (2\pi)^{-n/2}(\sigma^2)^{-n/2} \exp\left\{-\frac{1}{2\sigma^2} \sum_{i=1}^{n}(x_i - \mu)^2\right\}. \end{aligned}$$

(2) 对似然函数取对数得

$$\ln L(\mu, \sigma^2) = -\frac{n}{2}\ln(2\pi) - \frac{n}{2}\ln\sigma^2 - \frac{1}{2\sigma^2}\sum_{i=1}^{n}(x_i - \mu)^2.$$

(3) 列出似然方程

$$\begin{cases} \dfrac{\partial \ln L}{\partial \mu} = \dfrac{1}{\sigma^2}\left(\sum_{i=1}^{n} x_i - n\mu\right) = 0, \\ \dfrac{\partial \ln L}{\partial \sigma^2} = -\dfrac{n}{2\sigma^2} + \dfrac{1}{2(\sigma^2)^2}\sum_{i=1}^{n}(x_i - \mu)^2 = 0. \end{cases}$$

解得

$$\hat{\mu} = \frac{1}{n}\sum_{i=1}^{n} x_i = \bar{x}, \quad \hat{\sigma}^2 = \frac{1}{n}\sum_{i=1}^{n}(x_i - \bar{x})^2 = \frac{n-1}{n}S^2.$$

因此, μ, σ^2 的极大似然估计量为

$$\hat{\mu} = \overline{X}, \quad \hat{\sigma}^2 = \frac{n-1}{n}S^2.$$

由于 $\sigma = \sqrt{\sigma^2}$ 是 σ^2 的函数, 根据注 (3) 有: 标准差 σ 的极大似然估计量为

$$\hat{\sigma} = \sqrt{\hat{\sigma}^2} = \sqrt{\frac{n-1}{n}}S.$$

例 3.1.11 设一批产品中含有次品, 从中随机抽取 85 件, 发现次品 10 件. 试估计这批产品的次品率.

解 设这批产品的次品率为 $p(0 < p < 1)$, X 为从这批产品中任取一件产品所含的次品数, 则 X 服从概率为 p 的 0-1 分布. 又设 $X_1, X_2, \cdots, X_n$ 是来自总体 X 的样本, 则样本的似然函数为

$$L(p) = L(x_1, x_2, \cdots, x_n; p) = \prod_{i=1}^{n} p^{x_i}(1-p)^{1-x_i} = p^{\sum_{i=1}^{n} x_i}(1-p)^{n-\sum_{i=1}^{n} x_i},$$

取对数得

$$\ln L(p) = \left(\sum_{i=1}^{n} x_i\right)\ln p + \left(n - \sum_{i=1}^{n} x_i\right)\ln(1-p),$$

对 p 求导数得

$$\frac{\mathrm{d}\ln L(p)}{\mathrm{d}p} = \sum_{i=1}^{n} x_i \frac{1}{p} - \left(n - \sum_{i=1}^{n} x_i\right)\frac{1}{1-p} = \frac{\sum_{i=1}^{n} x_i - np}{p(1-p)}.$$

令 $\dfrac{\mathrm{d}\ln L(p)}{\mathrm{d}p} = 0$, 解得

$$\hat{p} = \frac{1}{n}\sum_{i=1}^{n} x_i = \bar{x}.$$

根据题意, $n = 85$, $\bar{x} = \dfrac{1}{n}\sum_{i=1}^{n} x_i = \dfrac{10}{85} = \dfrac{2}{17}$, 故 p 的极大似然估计值为 $\hat{p} = \dfrac{2}{17}$, 即这批产品的次品率为 $\dfrac{2}{17}$.

例 3.1.12 设 $X_1, X_2, \cdots, X_n$ 为取自总体 $X \sim U[0, \theta]$ 的样本, 其中 $\theta > 0$ 未知. 求参数 θ 的极大似然估计.

解 由于 $X \sim U(0, \theta)$, 故其概率密度函数为

$$f(x; \theta) = \begin{cases} \dfrac{1}{\theta}, & 0 \leqslant x \leqslant \theta, \\ 0, & \text{其他}. \end{cases}$$

首先, 写出似然函数

$$L(\theta) = \begin{cases} \dfrac{1}{\theta^n}, & 0 \leqslant \min_{1 \leqslant i \leqslant n}\{x_i\} \leqslant x_i \leqslant \max_{1 \leqslant i \leqslant n}\{x_i\} \leqslant \theta, \ i = 1, 2, \cdots, n, \\ 0, & \text{其他}. \end{cases} \quad (3.1.6)$$

若通过对似然函数取对数, 再列出似然方程进行求解, 显然似然方程无解. 由注 (2), 可直接对 θ 的边界点进行分析, 使

$$L(\hat{\theta}) = \max_{\theta \in \Theta} L(\theta).$$

由 (3.1.6) 式知, θ 取值越小, $L(\theta)$ 值越大, 但结合边界条件 $\max\limits_{1\leqslant i\leqslant n}\{x_i\}\leqslant \theta$, θ 最小只能取到 $\max\limits_{1\leqslant i\leqslant n}\{x_i\}$. 所以只要取 $\hat{\theta}=\max\limits_{1\leqslant i\leqslant n}x_i$, 就有 $L(\hat{\theta})=\max\limits_{\theta\in\Theta}L(\theta)$, 其中 $\Theta=\{\theta,\max\limits_{1\leqslant i\leqslant n}\{x_i\}\leqslant\theta\}$. 故 $\hat{\theta}=\max\limits_{1\leqslant i\leqslant n}\{x_i\}$ 为 θ 的极大似然估计.

下面我们针对例 3.1.7 给出极大似然估计的模拟, 并与矩估计进行比较, 代码和图如下:

```
simulation.likelyhood=function(theta=8,upline=10,downline=6,
  n=20,times=100)
{ # 上下边界线, 参数真值, 样本容量, 模拟次数
  est_moment=rep(0,times); est_likely=est_moment;
                                    # 存放矩和极大似然估计结果的数组
  for(i in 1:times)
  {  x=runif(n,0,theta);  est_moment[i]=2*mean(x);
       est_likely[i]=max(x)  }     # 得到估计结果
  yup=ifelse(max(est_moment)>upline,max(est_moment),upline)
                                    # 确定图形的上下边界
  ydown=ifelse(min(est_moment)<downline,min(est_moment),downline)
  plot(1:times,est_moment,type='l',main='',ylab='矩估计/极大似然估计',
       xlab='', ylim=c(ydown,yup),lty=3)    # 画出矩估计曲线, 虚线
  lines(1:times,est_likely,type='l',lty=1)            # 画出极大似然估计曲线, 实线
  abline(h=theta);   abline(h=upline,lty=2);   abline(h=downline,lty=2)
}
simulation.likelyhood()
```

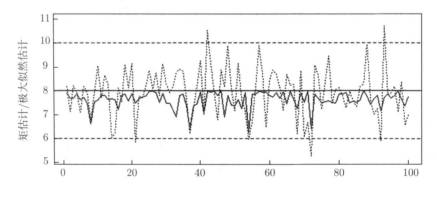

图 3.1.3 小样本时两种估计的模拟图

从极大似然估计的分析过程, 结合模拟, 我们可以得出:
(1) 极大似然估计存在低估现象, 但从不越界;
(2) 极大似然估计波动幅度明显小于矩估计, 估计相对稳定;
(3) 极大似然估计具有唯一性, 不存在多解的可能.

求解极大似然估计过程中, 涉及似然方程组求解, 有时难以得到显式的理论解. 这时就涉及数值上的极值题或者目标优化问题的求解. R 软件提供 uniroot, optimize,optimise,nlm

等优化函数, 其中 uniroot 求方程零点, optimize 和 optimise 求极小值, nlm 求多变量无约束的极小值. 下面给出它们的具体使用.

例 3.1.13 设 $X_1, X_2, \cdots, X_n$ 为取自柯西分布总体 $X \sim C(\mu, 1)$ 的样本, 其概率密度函数为

$$f(x;\mu) = \frac{1}{\pi(1+(x-\mu)^2)},$$

其中 $x \in \mathbb{R}, \mu > 0$ 未知. 求参数 μ 的极大似然估计.

解 参数 μ 的似然函数和对数似然函数分别为

$$L(\mu) = \prod_{i=1}^{n} \frac{1}{\pi[1+(x_i-\mu)^2]}, \quad \ln L(\mu) = -n\ln\pi - \sum_{i=1}^{n} \ln(1+(x_i-\mu)^2),$$

则对数似然方程为

$$\frac{\partial \ln L(\mu)}{\partial \mu} = \sum_{i=1}^{n} \frac{x_i - \mu}{1+(x_i-\mu)^2} = 0.$$

极大似然估计数值解的代码如下:

```
x=rcauchy(200,1)         # 从上述柯西分布中提取 200 个随机数, 其中参数值为 1
likelyfun=function(mu,x) sum((x-mu)/(1+(x-mu)^2))    # 定义似然方程函数, 用于求零点
uniroot(likelyfun,c(0,4),x=x)

likely=function(mu,x) sum(log(1+(x-mu)^2))           # 定义对数似然函数, 用于求极小值
optimize(likely,c(0,4),x=x)
```
```
$root                    # 以下来自 uniroot
[1] 1.066405             # 估计值
$f.root
[1] -0.000839332         # 函数值
$iter
[1] 5                    # 迭代次数
$init.it
[1] NA
$estim.prec              # 近似解与精确解的误差估计
[1] 6.103516e-05
$minimum                 # 以下来自 optimize
[1] 1.036259             # 估计值
$objective               # 目标函数值
[1] 259.6061
```

例 3.1.14 求例 3.1.10 中正态总体 $X \sim N(\mu, \sigma^2)$ 参数 μ, σ^2 的极大似然估计数值解.

解 极大似然估计数值解的代码如下:

```
likely=function(theta,x)              # 定义极小化目标函数，对数似然函数整体取负号即可
  { length(x)/2*log(2*pi*theta[2])+sum((x-theta[1])^2)/(2*theta[2]))  }
set.seed(101); x=rnorm(200,100,2)     # 假定 $(\mu,\sigma^2)=(100,4)$ 从中抽样 200 个随机数
nlm(likely,c(mean(x),var(x)),x=x)     # 利用 nlm，并以 $(\bar{x},S^2)$ 为初值进行求解
$minimum                              # 目标函数值
[1] 415.2704
$estimate                             # 参数估计值
[1] 99.920757  3.724106
$gradient                             # 梯度函数在 estimate 处的梯度值
[1] 1.137770e-09  1.068455e-07
$code
[1] 1            # code=1 表示求解成功
$iterations      # 迭代次数
[1] 4
```

上述数值结果与假定的非常吻合，特别需要说明的是此处使用 $(\bar{x},S^2)$ 为初值进行求解，只是为了减少寻求最优解的迭代次数，这在数值求解中是个常用的技巧. 如果使用初值 $(0,1)$ 进行求解，结果相同，但迭代次数将达到 41 次.

也可以使用 maxLik 包中的 maxLik( ) 函数实现专用的对数似然函数求极大值，定义为 maxLik(logLik, grad = NULL, hess = NULL, start, method,constraints = NULL, ...) 其中 loglik 一定是对数似然函数，start 是参数的初值，grad 和 hess 分别是梯度和 Hession 矩阵，该函数会自动查找一个合适的方法进行估计. 程序如下：

```
logfun=function(theta,x)              # 定义对数似然函数
  {  -length(x)/2*log(2*pi*theta[2])-sum((x-theta[1])^2)/(2*theta[2])  }
set.seed(101); x=rnorm(200,100,2)     # 假定 $(\mu,\sigma^2)=(100,4)$ 从中抽样 200 个随机数
likres=maxLik(logfun,start=c(mean(x),var(x)),x=x)   # 以 $(\bar{x},S^2)$ 为初值进行求解
c(likres$maximum, likres$estimate)
[1] -415.270436  99.920806  3.724104
```

3.2 估计量的评价标准

从上面的讨论可知，对于同一参数，用不同的估计方法求出的估计量可能不相同，用相同的方法也可能得到不同的估计量. 也就是说，同一参数可能具有多种估计量. 原则上来说，任何统计量都可以作为未知参数的估计量. 那么到底采用哪个估计量好呢？

确定估计量好坏必须在大量观察的基础上从统计的意义来评价，也就是说，估计的好坏取决于估计量的统计性质. 设总体未知参数 θ 的估计量为 $\hat{\theta}=\hat{\theta}(X_1,X_2,\cdots,X_n)$，很自然地，我们认为一个"好"的估计量应该具有如下的条件：

(1) $\hat{\theta}$ 与被估计参数 θ 的真值越近越好. 由于 $\hat{\theta}$ 是随机变量，它有一定的波动性，因此只能在统计的意义上要求 $\hat{\theta}$ 的平均值离 θ 的真值越近越好，最好是能满足 $E(\hat{\theta})=\theta$. 这就是无

偏性的要求.

(2) $\hat{\theta}$ 围绕 θ 真值波动的幅度越小越好. 下面我们将会看到, 同一个参数的无偏估计量往往不止一个. 无偏性只对估计量波动的平均值提出了要求, 但是对波动的 "振幅"(即估计量的方差) 没有提出进一步的要求. 当然, 我们希望估计量方差尽可能的小. 这就是无偏估计量的**有效性**要求.

(3) 如果能找到参数 θ 的所有无偏估计类中方差最小的估计量, 那么这个估计量一定是所有无偏估计类中最好的估计量, 但如果这个方差还是很大, 它未必是好的估计量. 所以只能从有偏估计中去寻找好的估计量, 一个好的标准是度量估计量 $\hat{\theta}$ 与参数真值 θ 的距离, 这就是**均方误差**.

(4) 当样本容量越来越大时, $\hat{\theta}$ 靠近 θ 真值的可能性也应该越来越大, 最好是当样本容量趋于无穷时, $\hat{\theta}$ 在某种意义 (概率) 上收敛于 θ 的真值. 这就是**一致性**的要求.

一、无偏性

定义 3.2.1 设 $\hat{\theta} = \hat{\theta}(X_1, X_2, \cdots, X_n)$ 是未知参数 θ 的估计量, $\theta \in \Theta$. 若

$$E(\hat{\theta}) = \theta, \tag{3.2.1}$$

则称 $\hat{\theta} = \hat{\theta}(X_1, X_2, \cdots, X_n)$ 是 θ 的**无偏估计量**; 如果 $E(\hat{\theta}) \neq \theta$, 则 $E(\hat{\theta}) - \theta$ 称为估计量 $\hat{\theta}$ 的**偏差**; 若

$$\lim_{n \to \infty} E(\hat{\theta}) = \theta, \tag{3.2.2}$$

则称 $\hat{\theta} = \hat{\theta}(X_1, X_2, \cdots, X_n)$ 是 θ 的**渐近无偏估计量**.

例 3.2.1 设 $X_1, X_2, \cdots, X_n$ 是来自有限数学期望 μ 和有限方差 σ^2 的总体, 则

(1) $\hat{\mu} = \overline{X} = \dfrac{1}{n} \sum\limits_{i=1}^{n} X_i$ 是总体均值 μ 的无偏估计量;

(2) $\hat{\sigma}_1^2 = S^2 = \dfrac{1}{n-1} \sum\limits_{i=1}^{n} (X_i - \overline{X})^2$ 是总体方差 σ^2 的无偏估计量;

(3) $\hat{\sigma}_2^2 = \dfrac{1}{n} \sum\limits_{i=1}^{n} (X_i - \overline{X})^2$ 是总体方差 σ^2 的渐近无偏估计量.

解 (1) 由于 $E(X_i) = \mu, i = 1, 2, \cdots, n$, 因此,

$$E(\overline{X}) = \frac{1}{n} E\left(\sum_{i=1}^{n} X_i\right) = \frac{1}{n} \sum_{i=1}^{n} E(X_i) = \mu.$$

由无偏估计量的定义可知, $\hat{\mu} = \overline{X}$ 是 μ 的无偏估计量.

(2) 由于 $D(X_i) = \sigma^2, D(\overline{X}) = \dfrac{\sigma^2}{n}$, 所以

$$E(X_i^2) = D(X_i) + E^2(X_i) = \sigma^2 + \mu^2,$$

$$E(\overline{X}^2) = D(\overline{X}) + E^2(\overline{X}) = \frac{\sigma^2}{n} + \mu^2, \quad i = 1, 2, \cdots, n.$$

因此,
$$E(S^2) = \frac{1}{n-1}E\left(\sum_{i=1}^n X_i^2 - n\overline{X}^2\right) = \frac{1}{n-1}\left(\sum_{i=1}^n E(X_i^2) - nE(\overline{X}^2)\right)$$
$$= \frac{1}{n-1}\left[n(\sigma^2 + \mu^2) - n\left(\frac{\sigma^2}{n} + \mu^2\right)\right] = \frac{1}{n-1}\left(n\sigma^2 - n\frac{\sigma^2}{n}\right)$$
$$= \sigma^2.$$

由无偏估计量的定义可知, $\hat{\sigma}_1^2 = S^2$ 是 σ^2 的无偏估计量.

(3) 因为 $\hat{\sigma}_2^2 = \frac{n-1}{n}S^2$, $E(\hat{\sigma}_2^2) = \frac{n-1}{n}E(S^2) = \frac{n-1}{n}\sigma^2$, 所以
$$\lim_{n\to\infty} E(\hat{\sigma}_2^2) = \lim_{n\to\infty}\left(\frac{n-1}{n}\sigma^2\right) = \sigma^2.$$

故 $\hat{\sigma}_2^2$ 是 σ^2 的渐近无偏估计量.

例 3.2.2 设 X_1, X_2 是来自有限数学期望 μ 和有限方差 σ^2 的总体, 试证统计量

(1) $\hat{\mu}_1 = \frac{1}{2}X_1 + \frac{1}{2}X_2$; (2) $\hat{\mu}_2 = \frac{1}{3}X_1 + \frac{2}{3}X_2$; (3) $\hat{\mu}_3 = \frac{1}{4}X_1 + \frac{3}{4}X_2$

都是 μ 的无偏估计量.

解 $E(\hat{\mu}_1) = E\left(\frac{1}{2}X_1 + \frac{1}{2}X_2\right) = \frac{1}{2}E(X_1) + \frac{1}{2}E(X_2) = E(X) = \mu;$

$E(\hat{\mu}_2) = E\left(\frac{1}{3}X_1 + \frac{2}{3}X_2\right) = \frac{1}{3}E(X_1) + \frac{2}{3}E(X_2) = E(X) = \mu;$

$E(\hat{\mu}_3) = E\left(\frac{1}{4}X_1 + \frac{3}{4}X_2\right) = \frac{1}{4}E(X_1) + \frac{3}{4}E(X_2) = E(X) = \mu.$

由无偏估计量的定义可知, $\hat{\mu}_1, \hat{\mu}_2, \hat{\mu}_3$ 均为 μ 的无偏估计量.

虽然无偏估计量是对估计量的一个最基本要求, 而且在许多场合是合理的、必要的, 但是仅要求估计量具有无偏性是不够的, 无偏性仅反映估计量在参数 θ 真值的周围波动, 而没有反映出波动的大小. 而估计量方差的大小就能反映估计量围绕参数 θ 真值波动的幅度, 这就是下面要介绍的有效性.

二、有效性

定义 3.2.2 设 $\hat{\theta}_1(X_1, X_2, \cdots, X_n)$ 和 $\hat{\theta}_2(X_1, X_2, \cdots, X_n)$ 均是参数 θ 的无偏估计量, 若对 $\forall \theta \in \Theta$, 有
$$D(\hat{\theta}_1) \leqslant D(\hat{\theta}_2), \tag{3.2.3}$$

则称估计量 $\hat{\theta}_1$ 比 $\hat{\theta}_2$ **有效**.

由有效性的定义容易看出, 在 θ 的无偏估计类中, 方差越小者越有效.

例 3.2.3 评价例 3.2.2 中的估计量 $\hat{\mu}_1, \hat{\mu}_2, \hat{\mu}_3$ 哪个比较有效.

解 由例 3.2.2 可知, $\hat{\mu}_1, \hat{\mu}_2, \hat{\mu}_3$ 均是 μ 的无偏估计. 下面考虑其方差的大小:
$$D(\hat{\mu}_1) = D\left(\frac{1}{2}X_1 + \frac{1}{2}X_2\right) = \frac{1}{4}D(X_1) + \frac{1}{4}D(X_2) = \frac{1}{2}D(X);$$

$$D(\hat{\mu}_2) = D\left(\frac{1}{3}X_1 + \frac{2}{3}X_2\right) = \frac{1}{9}D(X_1) + \frac{4}{9}D(X_2) = \frac{5}{9}D(X);$$

$$D(\hat{\mu}_3) = D\left(\frac{1}{4}X_1 + \frac{3}{4}X_2\right) = \frac{1}{16}D(X_1) + \frac{9}{16}D(X_2) = \frac{5}{8}D(X).$$

因此, $D(\hat{\mu}_1) < D(\hat{\mu}_2) < D(\hat{\mu}_3)$. 根据有效性的定义可知, $\hat{\mu}_1$ 较有效.

例 3.2.4 设 $X_1, X_2, \cdots, X_n$ 是来自有限数学期望 μ 和有限方差 σ^2 的总体. 证明: 当 $n \geqslant 2$ 时, $\overline{X}$ 比 X_1 有效.

证明 因为

$$D(\overline{X}) = \frac{\sigma^2}{n}, \quad D(X_1) = \sigma^2,$$

所以当 $n \geqslant 2$ 时, $D(\overline{X}) < D(X_1)$. 故当 $n \geqslant 2$ 时, $\overline{X}$ 比 X_1 有效.

三、均方误差

定义 3.2.3 设 $\hat{\theta}(X_1, X_2, \cdots, X_n)$ 是参数 θ 的估计量, 称 $E(\hat{\theta} - \theta)^2$ 为估计量 $\hat{\theta}$ 的**均方误差**, 记为

$$MSE(\hat{\theta}) = E(\hat{\theta} - \theta)^2. \tag{3.2.4}$$

定义 3.2.4 设 $\hat{\theta}_1(X_1, X_2, \cdots, X_n)$ 和 $\hat{\theta}_2(X_1, X_2, \cdots, X_n)$ 是参数 θ 的两个估计量, 若对 $\forall \theta \in \Theta$, 有

$$MSE(\hat{\theta}_1) \leqslant MSE(\hat{\theta}_2), \tag{3.2.5}$$

则称在均方误差准则下, $\hat{\theta}_1$ **优于** $\hat{\theta}_2$.

均方误差还有一种分解, 即

$$MSE(\hat{\theta}) = E(\hat{\theta} - \theta)^2 = E[(\hat{\theta} - E(\hat{\theta})) + (E(\hat{\theta}) - \theta)]^2$$
$$= E(\hat{\theta} - E(\hat{\theta}))^2 + (E(\hat{\theta}) - \theta)^2 = D(\hat{\theta}) + (E(\hat{\theta}) - \theta)^2.$$

上式表明, 估计量 $\hat{\theta}$ 的均方误差 $MSE(\hat{\theta})$ 可分解为两部分: 一部分是估计量 $\hat{\theta}$ 的方差, 另一部分是估计量 $\hat{\theta}$ 的偏差平方. 要使均方误差较小, 必须使其方差和偏差平方都要较小. 如果 $\hat{\theta}$ 是 θ 的无偏估计, 则 $MSE(\hat{\theta}) = D(\hat{\theta})$, 此时用均方误差评价估计量与用方差评价是完全一致的, 这也说明用方差评价无偏估计的有效性是合理的.

例 3.2.5 设 $X_1, X_2, \cdots, X_n$ 为取自总体 $X \sim U[0, \theta]$ 的样本, 其中 $\theta > 0$ 为未知参数, 由上节知道, θ 的矩估计量为 $\hat{\theta}_1 = 2\overline{X}$, θ 的极大似然估计量为 $\hat{\theta}_2 = \max\{X_1, X_2, \cdots, X_n\} = X_{(n)}$. 请问: (1) $\hat{\theta}_1, \hat{\theta}_2$ 是否都是无偏估计? 如果不是, 是否可以修正为无偏估计;

(2) 在均方误差的准则下, $\hat{\theta}_1$ 与 $\hat{\theta}_2$ 哪个估计量更优?

解 (1) $E(\hat{\theta}_1) = 2E(\overline{X}) = 2 \cdot \frac{\theta}{2} = \theta$, 故 $\hat{\theta}_1$ 是 θ 的无偏估计.

而 $\hat{\theta}_2$ 的概率密度函数为

$$f_{\hat{\theta}_2}(x) = \begin{cases} \dfrac{nx^{n-1}}{\theta^n}, & 0 < x < \theta, \\ 0, & \text{其他}, \end{cases}$$

则
$$E(\hat\theta_2)=\int_0^\theta x\frac{nx^{n-1}}{\theta^n}\mathrm{d}x=\frac{n}{n+1}\theta\neq\theta,$$

故 $\hat\theta_2$ 不是 θ 的无偏估计. 只需将 $\hat\theta_2$ 变成 $\frac{n+1}{n}\hat\theta_2=\frac{n+1}{n}X_{(n)}$ 即可修正为无偏估计.

(2) $E(\hat\theta_1-\theta)^2=E(\hat\theta_1^2)-\theta^2=D(\hat\theta_1)=\dfrac{\theta^2}{3n},$

$$E(\hat\theta_2-\theta)^2=E(\hat\theta_2^2)-\frac{n-1}{n+1}\theta^2=\frac{n}{n+2}\theta^2-\frac{n-1}{n+1}\theta^2=\frac{2}{(n+1)(n+2)}\theta^2.$$

当 $n\leqslant 2$ 时, 两者的均方误差相等; 当 $n>2$ 时, $\hat\theta_2$ 的均方误差小于 $\hat\theta_1$ 的均方误差, 总体上讲 $\hat\theta_2$ 更优. 从例 3.1.12 以及图 3.1.3 也说明了这一点.

四、一致性

对于无偏性和有效性, 它们都是在样本容量固定的条件下提出的. 对于一个估计量, 我们不仅希望它是无偏的, 同时也是有效的. 因此, 随着样本容量的增大, 我们也希望其估计值能稳定于待估参数的真值. 为此, 引入了一致性 (相合性) 的概念.

定义 3.2.5 设 $\hat\theta$ 是 θ 的估计量, 若对任意的 $\varepsilon>0$, 当 $\theta\in\Theta$ 时, 有

$$\lim_{n\to\infty}P\left(|\hat\theta-\theta|<\varepsilon\right)=1 \tag{3.2.5}$$

恒成立, 则称 $\hat\theta$ 是 θ 的**一致 (相合) 估计量**, 也可以说估计量 $\hat\theta$ 具有**一致性 (相合性)**, 记为

$$\hat\theta\xrightarrow{P}\theta.$$

一致性 (相合性) 是对于极限性质而言的, 它只在样本容量 n 较大时才起作用.

例 3.2.6 设有一批产品, 为估计其次品率 p, 随机取一样本 $X_1,X_2,\cdots,X_n$, 其中

$$X_i=\begin{cases}0, & 取得合格品, \\ 1, & 取得次品,\end{cases}\quad i=1,2,\cdots,n,$$

则 $\hat p=\overline{X}=\dfrac{1}{n}\sum\limits_{i=1}^n X_i$ 是 p 的无偏估计量, 并讨论所求估计量的一致性.

解 由题设可知, $X_i\sim$ 0-1 分布, 故

$$E(X_i)=p\times 1+(1-p)\times 0=p,\quad D(X_i)=p(1-p),$$

$$E(\hat p)=E(\overline{X})=E\left(\frac{1}{n}\sum_{i=1}^n X_i\right)=\frac{1}{n}\sum_{i=1}^n E(X_i)=\frac{1}{n}\times np=p.$$

根据无偏估计的定义, $\hat p$ 是 p 的无偏估计量. 下面讨论所求估计量的一致性:

由切比雪夫不等式得, 对 $\forall\varepsilon>0$, 成立

$$P(|\hat p-p|<\varepsilon)\geqslant 1-\frac{D(\overline{X})}{\varepsilon^2}=1-\frac{p(1-p)}{n\varepsilon^2}.$$

因此, 当 $n \to \infty$ 时, $P(|\hat{p} - p| < \varepsilon) = 1$, 即 $\hat{p}$ 是 p 的一致性估计量.

例 3.2.7 证明: 样本均值 $\overline{X}$ 是总体均值 μ 的一致估计量.

证明 由于总体的样本相互独立且与总体 X 同分布, 所以

$$E(\overline{X}) = \frac{1}{n}\sum_{i=1}^{n} E(X_i) = \mu.$$

根据辛钦大数定律, 可得

$$\lim_{n \to \infty} P(|\overline{X} - \mu| < \varepsilon) = 1.$$

因此, 样本均值 $\overline{X}$ 是总体均值 μ 的一致估计量.

要检验一个估计量是否无偏、是否有效, 相对比较容易, 但是想用一致性的定义来检验一个估计量的一致性 (除了矩估计量外), 往往就不是那么简单. 下面给出的定理用来检验一致性估计量是很有用的.

定理 3.2.1 设 $\hat{\theta}$ 是 θ 的一个估计量, 若

$$\lim_{n \to \infty} E(\hat{\theta}) = \theta, \tag{3.2.6}$$

且

$$\lim_{n \to \infty} D(\hat{\theta}) = 0, \tag{3.2.7}$$

则 $\hat{\theta}$ 是 θ 的一致 (相合) 估计量.

证明 略.

定理 3.2.2 如果 $\hat{\theta}$ 是 θ 的一致估计量, $g(x)$ 在 $x = \theta$ 处连续, 则 $g(\hat{\theta})$ 是 $g(\theta)$ 的一致估计量.

证明 由于 $g(x)$ 在 $x = \theta$ 处连续, 所以, 对 $\forall \varepsilon > 0, \exists \delta > 0$, 使得当 $|x - \theta| < \delta$ 时, $|g(x) - g(\theta)| < \varepsilon$, 由此推得

$$P\left(\left|g(\hat{\theta}) - g(\theta)\right| \geqslant \varepsilon\right) \leqslant P\left(\left|\hat{\theta} - \theta\right| \geqslant \delta\right).$$

因为 $\hat{\theta}$ 是 θ 的一致估计量, 所以

$$0 \leqslant \lim_{n \to \infty} P\left(\left|g(\hat{\theta}) - g(\theta)\right| \geqslant \varepsilon\right) \leqslant \lim_{n \to \infty} P\left(\left|\hat{\theta} - \theta\right| \geqslant \delta\right) = 0,$$

即 $g(\hat{\theta})$ 是 $g(x)$ 的一致估计量.

例 3.2.8 设 $X_1, X_2, \cdots, X_n$ 是来自总体 $X \sim N(\mu, \sigma^2)$ 的一个样本, 试证 $\dfrac{n-1}{n}S^2$ 是 σ^2 的一致估计量.

证明 因为 $\dfrac{(n-1)S^2}{\sigma^2} \sim \chi^2(n-1)$, 所以

$$E(S^2) = \sigma^2, \quad D(S^2) = \frac{2\sigma^4}{n-1},$$

从而有

$$\lim_{n \to \infty} E\left(\frac{n-1}{n}S^2\right) = \lim_{n \to \infty} \frac{n-1}{n}\sigma^2 = \sigma^2,$$

$$\lim_{n\to\infty} D\left(\frac{n-1}{n}S^2\right) = \lim_{n\to\infty} \frac{2(n-1)^2}{(n-1)n^2}\sigma^4 = \lim_{n\to\infty} \frac{2(n-1)}{n^2}\sigma^4 = 0.$$

由定理 3.2.1 得, $\frac{n-1}{n}S^2$ 是 σ^2 的一致估计量.

3.3 区间估计

从 §3.1 可看出, 点估计是一种很有用的形式, 即只要得到样本观测值 $x_1, x_2, \cdots, x_n$, 点估计 $\hat{\theta}(x_1, x_2, \cdots, x_n)$ 就能对 θ 的值给出一个明确的数量概念. 但是, $\hat{\theta}(x_1, x_2, \cdots, x_n)$ 仅给出了 θ 的一个近似值, 它并没有反映出这个近似值的误差范围和估计的可信程度, 即 $\hat{\theta}$ 比 θ 大还是小, 偏离 θ 多远? 而区间估计正好弥补了点估计的这个缺点. 区间估计是指找两个取值于 Θ(Θ 为未知参数 θ 的可能取值范围) 的统计量 $\hat{\theta}_1, \hat{\theta}_2(\hat{\theta}_1 < \hat{\theta}_2)$, 使区间 $(\hat{\theta}_1, \hat{\theta}_2)$ 尽可能地覆盖参数 θ.

事实上, 由于 $\hat{\theta}_1, \hat{\theta}_2$ 是两个统计量, 所以 $(\hat{\theta}_1, \hat{\theta}_2)$ 实际上是一个随机区间, 它覆盖 θ(即 $\theta \in (\hat{\theta}_1, \hat{\theta}_2)$) 就是一个随机事件, 也就是说, 这个随机事件的概率就反映了这个区间估计的可信程度. 另一方面, 区间的长度 $\hat{\theta}_2 - \hat{\theta}_1$ 也是一个随机变量, $E(\hat{\theta}_2 - \hat{\theta}_1)$ 反映了区间估计的精确程度. 我们自然希望反映可信程度的概率越大越好, 反映精确程度的区间长度越小越好. 但在实际问题中, 二者常常不能同时兼顾, 从而考虑在一定的可信度前提下使区间的平均长度最短 (或寻找最短的区间). 或许可以把这个过程描述成

$$\min_{\hat{\theta}_1, \hat{\theta}_2 \in \Theta} E\left(\hat{\theta}_2 - \hat{\theta}_1 | P(\hat{\theta}_1 \leqslant \theta \leqslant \hat{\theta}_2) = 1 - \alpha\right), \quad 0 < \alpha < 1.$$

为此, 引入置信区间的概念, 它是 J.Neyman 在 1934 年开始的一系列工作中引进的, 其统计思想受到众多统计学家的重视.

定义 3.3.1 设总体 X 的分布函数是 $F(x; \theta)$, 其中 θ 是未知参数, $X_1, X_2, \cdots, X_n$ 是从总体 X 中抽取的样本, 对于给定的 $\alpha(0 < \alpha < 1)$, 构造统计量 $\hat{\theta}_1(X_1, X_2, \cdots, X_n)$ 和 $\hat{\theta}_2(X_1, X_2, \cdots, X_n)$. 如果满足

$$P(\hat{\theta}_1 \leqslant \theta \leqslant \hat{\theta}_2) = 1 - \alpha, \tag{3.3.1}$$

则称随机区间 $\left(\hat{\theta}_1, \hat{\theta}_2\right)$ 为参数 θ 的置信度为 $1-\alpha$**的双侧置信区间**; $\hat{\theta}_1$ 和 $\hat{\theta}_2$ 分别称为**置信下限和置信上限**; $1 - \alpha$ 称为**置信度或置信水平**; α 称为**显著性水平**.

(3.3.1) 式的直观意义是: 若反复抽样 N 次, 每次的样本值确定一个区间 $(\hat{\theta}_1, \hat{\theta}_2)$, 这个区间可能包含 θ 的真值, 也可能不包含 θ 的真值. 若设随机变量 X 表示 N 次抽样中区间 $(\hat{\theta}_1, \hat{\theta}_2)$ 包含 θ 的次数, 则有 $X \sim B(N, 1-\alpha)$. 根据伯努利大数定律, N 次抽样中, 包含 θ 真值的区间次数约有 $N(1-\alpha)$ 次, 而不包含 θ 真值的区间次数约为 $N\alpha$ 次.

在解决某些问题时, 我们可能不是同时关心 "上限" 和 "下限", 即有时 "上限" 和 "下限" 的重要性是不对等的, 可能只关心某一个界限. 例如, 对产品的寿命, 就平均寿命这个参数而言, 由于寿命越长越好, 当然重要的只是 "下限"; 还有次品率, 重要的只是 "上限". 因此, 根据实际需要, 我们还要研究未知参数 θ 的单侧置信区间问题.

定义 3.3.2 设总体 X 的分布函数是 $F(x;\theta)$, 其中 θ 是未知参数, 从总体中抽取样本 $X_1, X_2, \cdots, X_n$, 构造统计量 $\hat{\theta}_1(X_1, X_2, \cdots, X_n)$, 如果对于给定的 $\alpha(0 < \alpha < 1)$, 满足

$$P(\hat{\theta}_1 \leqslant \theta) = 1 - \alpha, \qquad (3.3.2)$$

则称随机区间 $\left(\hat{\theta}_1, +\infty\right)$ 为 θ 的置信度为 $1-\alpha$ 的**单侧置信区间**; 称 $\hat{\theta}_1$ 为置信度为 $1-\alpha$ 的**单侧置信下限**. 构造统计量 $\hat{\theta}_2(X_1, X_2, \cdots, X_n)$, 如果对于给定的 $\alpha(0 < \alpha < 1)$, 满足

$$P(\theta \leqslant \hat{\theta}_2) = 1 - \alpha, \qquad (3.3.3)$$

则称随机区间 $\left(-\infty, \hat{\theta}_2\right)$ 为 θ 的置信度为 $1-\alpha$ 的单侧置信区间; 称 $\hat{\theta}_2$ 为置信度为 $1-\alpha$ 的**单侧置信上限**.

对于给定的置信度, 根据样本来确定未知参数 θ 的置信区间, 称为参数 θ 的**区间估计**. 下面给出求双侧置信区间和单侧置信区间的一般步骤, 通常这个方法又称为**枢轴变量法**.

一、求未知参数 θ 的双侧置信区间

具体步骤如下:

步骤一 先对总体的未知参数 θ 作出合理的点估计, 然后由参数 θ 的点估计量出发, 构造一个包含参数 θ, 而不含其他未知参数的样本函数 $T = T(X_1, X_2, \cdots, X_n; \theta)$, 并要求 T 所服从的分布已知且不依赖于任何未知参数 (通常为标准正态分布、χ^2 分布、t 分布或 F 分布). 这个变量 T 就是 "**枢轴变量**".

步骤二 对于给定的置信度 $1-\alpha$, 由 T 的已知分布, 确定满足 $P(a \leqslant T \leqslant b) = 1-\alpha$ 的两个常数 a, b. 通常 a, b 可由 T 所服从分布的两侧分位点来确定, 即取 a 为 T 所服从分布的 $1-\alpha/2$ 分位点, 取 b 为 T 所服从分布的 $\alpha/2$ 分位点.

步骤三 对事件 "$a \leqslant T \leqslant b$" 进行变形, 化成等价事件不等式 $\hat{\theta}_1 \leqslant \theta \leqslant \hat{\theta}_2$, 则区间 $[\hat{\theta}_1, \hat{\theta}_2]$ 或 $\left(\hat{\theta}_1, \hat{\theta}_2\right)$ 就是 θ 的一个置信度为 $1-\alpha$ 的置信区间.

二、求未知参数 θ 的单侧置信区间

只需将求双侧置信区间的步骤二和步骤三进行改写.

步骤二 对于给定的置信度 $1-\alpha$, 由 T 的已知分布, 确定满足 $P(a \leqslant T) = 1-\alpha$(或 $P(T \leqslant b) = 1-\alpha$) 的常数 a(或b). 通常 a(或 b) 可由 T 所服从分布的下侧 (或上侧) 分位点来确定, 即取 b 为 T 所服从分布的 α 分位点, 取 a 为 T 所服从分布的 $1-\alpha$ 分位点.

步骤三 对事件 "$a \leqslant T$"(或 "$T \leqslant b$") 进行变形, 化成等价事件不等式 $\hat{\theta}_1 \leqslant \theta$(或 $\theta \leqslant \hat{\theta}_2$), 则区间 $(\hat{\theta}_1, +\infty)$(或 $(-\infty, \hat{\theta}_2)$) 就是 θ 的一个置信度为 $1-\alpha$ 的单侧置信区间.

3.4 正态总体参数的区间估计

一、单总体的情形

设总体 $X \sim N(\mu, \sigma^2)$, $X_1, X_2, \cdots, X_n$ 是总体 X 的一个样本, $x_1, x_2, \cdots, x_n$ 为样本观测值.

1. 正态总体均值 μ 的区间估计

(1) σ^2 已知, 求 μ 的置信区间.

由于 $\overline{X}$ 是 μ 的点估计, 且方差已知, 构造函数 $U = \dfrac{\overline{X} - \mu}{\sigma/\sqrt{n}}$, 根据定理 2.4.1 知,

$$U = \frac{\overline{X} - \mu}{\sigma/\sqrt{n}} \sim N(0,1). \tag{3.4.1}$$

于是, 对给定置信度 $1-\alpha$, 存在 $u_{\alpha/2}$ 使 $P\left(\left|\dfrac{\overline{X} - \mu}{\sigma/\sqrt{n}}\right| \leqslant u_{\alpha/2}\right) = 1-\alpha$, 将上式括号内的事件不等式作等价变换得 $\overline{X} - u_{\alpha/2}\dfrac{\sigma}{\sqrt{n}} \leqslant \mu \leqslant \overline{X} + u_{\alpha/2}\dfrac{\sigma}{\sqrt{n}}$, 即

$$P\left(\overline{X} - u_{\alpha/2}\frac{\sigma}{\sqrt{n}} \leqslant \mu \leqslant \overline{X} + u_{\alpha/2}\frac{\sigma}{\sqrt{n}}\right) = 1-\alpha.$$

最后得 μ 的置信度为 $1-\alpha$ 的双侧置信区间为

$$\left(\overline{X} - u_{\alpha/2}\frac{\sigma}{\sqrt{n}}, \quad \overline{X} + u_{\alpha/2}\frac{\sigma}{\sqrt{n}}\right). \tag{3.4.2}$$

同理, 对给定置信度 $1-\alpha$, 存在 u_α 使 $P\left(\dfrac{\overline{X} - \mu}{\sigma/\sqrt{n}} \leqslant u_\alpha\right) = 1-\alpha$, 转化事件不等式得

$$P\left(\mu \geqslant \overline{X} - u_\alpha \frac{\sigma}{\sqrt{n}}\right) = 1-\alpha.$$

此时得到具有置信下限的 μ 的置信度为 $1-\alpha$ 的单侧置信区间为

$$\left(\overline{X} - u_\alpha \frac{\sigma}{\sqrt{n}}, \quad +\infty\right). \tag{3.4.3}$$

同理, 可推得具有置信上限的 μ 的置信度为 $1-\alpha$ 的单侧置信区间为

$$\left(-\infty, \quad \overline{X} + u_\alpha \frac{\sigma}{\sqrt{n}}\right). \tag{3.4.4}$$

从双侧置信区间和单侧置信区间的推导过程看, 不同之处在于 $\dfrac{\alpha}{2}$ 与 α 的差别以及区间端点的不同. 在下面的推导中, 区间端点的选取还要考虑到参数取值的意义, 比如方差有非负性的约束等.

例 3.4.1 现随机地从一批服从正态分布 $N(\mu, 0.02^2)$ 的零件中抽取 16 个, 分别测得其长度 (单位: cm) 为

2.14, 2.10, 2.13, 2.15, 2.13, 2.12, 2.13, 2.10,

2.15, 2.12, 2.14, 2.10, 2.13, 2.11, 2.14, 2.11.

试估计该批零件的平均长度 μ, 并求 μ 的双侧置信区间 ($\alpha = 0.05$).

解 根据矩估计得该批零件的平均长度为

$$\hat{\mu} = \overline{X} = \frac{2.14 + \cdots + 2.11}{16} = 2.125.$$

由题意 $\alpha = 0.05$, 查表可得上侧分位点 $u_{\alpha/2} = u_{0.025} = 1.96$, 又 $\sigma = 0.02$, $n = 16$, 所以

$$\overline{X} - u_{\alpha/2}\frac{\sigma}{\sqrt{n}} = 2.125 - 1.96 \times \frac{0.02}{4} = 2.115, \quad \overline{X} + u_{\alpha/2}\frac{\sigma}{\sqrt{n}} = 2.125 + 1.96 \times \frac{0.02}{4} = 2.135,$$

则 μ 的置信度为 95% 的双侧置信区间为 $(2.115, 2.135)$.

我们可以很容易按照上述过程编写通用的 R 程序实现均值的双侧区间估计, 代码如下:

```
interval.mean=function(x,xigma=NULL,conf.level=0.95)
{   xm=mean(x);      n=length(x);     freedom=n;
    if(is.null(xigma)==TRUE)    # 方差未知
    {  quantile=qt((conf.level+1)/2,n-1);  freedom=n-1;
       xigma=sd(x);  disname=sprintf('t(%d)',freedom)
    }
    else                        # 方差已知区间记录在 down,up 中
    {quantile=qnorm((conf.level+1)/2); disname='N(0,1)' }
    down=xm-quantile*xigma/sqrt(n); up=xm+quantile*xigma/sqrt(n)
    data.frame(n=n,mean=xm,freedom=freedom,xigma=xigma,quantile=quantile,
    conf.level=conf.level,down=down,up=up,distribution=disname)
}
x=c(2.14,2.10,2.13,2.15,2.13,2.12,2.13,2.10,2.15,2.12,2.14,2.10,2.13,2.11,2.14,2.11)
interval.mean(x,0.02,0.95)
```

n	mean	freedom	xigma	quantile	conf.level	down	up	distribution
16	2.125	16	0.02	1.959964	0.95	**2.1152**	**2.1348**	N(0,1)

R 软件中的 t.test 假设检验函数只能给出方差未知时的区间估计结果, 其定义为

t.test(x, y=NULL, alternative=c("two.sided", "less","greater"),
    mu=0, paired=FALSE, var.equal=FALSE, conf.level=0.95, ...)

其中, x,y 为样本数据, 若 y 没有提供则针对单总体; alternative 表明双侧、左侧和右侧检验; mu 表示检验中的均值; paired 表示是否为配对检验; var.equal 表示方差是否相等; conf.level 表示置信度.

对于本例, t.test( ) 函数无法给出计算结果, 但数据包 BSDA 中的 z.test( ) 函数可以解决上述的区间估计和相应的假设检验; 数据包 UsingR 中的 simple.z.test( ) 函数只能给出方差已知时的均值的区间估计.

(2) σ^2 未知, 求 μ 的双侧置信区间.

由于方差 σ^2 未知, 所以不能再像方差已知时一样, 用统计量 $U = \dfrac{\overline{X} - \mu}{\sigma/\sqrt{n}}$ 的分布导出 μ

的区间估计. 此时可以构造统计量 $T = \dfrac{\sqrt{n}(\overline{X} - \mu)}{S}$, 根据定理 2.4.1 知,

$$T = \frac{(\overline{X} - \mu)}{S/\sqrt{n}} \sim t(n-1). \tag{3.4.5}$$

于是, 利用 T 所服从的分布, 对于给定置信度 $1 - \alpha$, 存在 $t_{\alpha/2}(n-1)$, 使

$$P\left(\left|\frac{\sqrt{n}(\overline{X} - \mu)}{S}\right| \leqslant t_{\alpha/2}(n-1)\right) = 1 - \alpha.$$

对上式事件不等式作等价变换得

$$P\left(\overline{X} - t_{\alpha/2}(n-1)\frac{S}{\sqrt{n}} \leqslant \mu \leqslant \overline{X} + t_{\alpha/2}(n-1)\frac{S}{\sqrt{n}}\right) = 1 - \alpha.$$

因此, μ 的双侧置信区间为

$$\left(\overline{X} - t_{\alpha/2}(n-1)\frac{S}{\sqrt{n}}, \quad \overline{X} + t_{\alpha/2}(n-1)\frac{S}{\sqrt{n}}\right). \tag{3.4.6}$$

同理, 可推得 μ 的置信度为 $1 - \alpha$ 的单侧置信区间分别为

$$\left(\overline{X} - t_{\alpha}(n-1)\frac{S}{\sqrt{n}}, \quad +\infty\right), \quad \left(-\infty, \quad \overline{X} + t_{\alpha}(n-1)\frac{S}{\sqrt{n}}\right). \tag{3.4.7}$$

例 3.4.2 从一批零件中抽取 16 个零件, 测得它们的直径 (单位: mm) 如下:

12.15, 12.12, 12.01, 12.08, 12.09, 12.16, 12.03, 12.01,
12.06, 12.13, 12.07, 12.11, 12.08, 12.01, 12.03, 12.06.

设这批零件的直径服从正态分布 $N(\mu, \sigma^2)$, 求零件直径的均值 μ 的双侧置信区间 ($\alpha = 0.05$).

解 因为 σ^2 未知, 因此由 (3.4.6) 式可知, 关于 μ 的置信度为 $1 - \alpha$ 的双侧置信区间为

$$\left(\overline{X} - t_{\frac{\alpha}{2}}(n-1)\frac{S}{\sqrt{n}}, \quad \overline{X} + t_{\frac{\alpha}{2}}(n-1)\frac{S}{\sqrt{n}}\right).$$

由题给定的样本值可算得,

$$n = 16, \quad \overline{X} = 12.075, \quad S^2 = 0.00244.$$

当 $\alpha = 0.05$ 时, 查 t 分布表得 $t_{\alpha/2}(n-1) = t_{0.025}(15) = 2.13$, 所以

$$\overline{X} - t_{\alpha/2}(n-1)\frac{S}{\sqrt{n}} = 12.075 - 2.13\frac{\sqrt{0.00244}}{4} = 12.049,$$

$$\overline{X} + t_{\alpha/2}(n-1)\frac{S}{\sqrt{n}} = 12.075 + 2.13\frac{\sqrt{0.00244}}{4} = 12.101.$$

故所求的双侧置信区间为 $(12.049, 12.101)$.

下面给出 R 执行的结果:

```
x=c(12.15,12.12,12.01,12.08,12.09,12.16,12.03,12.01, 12.06,12.13,12.07,
12.11,12.08,12.01,12.03,12.06)
interval.mean(x,xigma=NULL,0.95)
t.test(x)
  n        mean    freedom    xigma  quantile conf.level     down       up    distribution
  16       12.075     15    0.049396 2.13145     0.95    12.04868  12.10132       t(15)
95 percent confidence interval:      # 注意: 这个结果是从 t.test 中截取出来的
12.04868 12.10132
```

2. 正态总体方差 σ^2 的双侧区间估计

(1) μ 未知, 求方差 σ^2 的双侧区间估计.

由于 σ^2 的点估计量为 $\dfrac{n-1}{n}S^2$, 构造函数 $\dfrac{(n-1)S^2}{\sigma^2}$, 根据定理 2.4.1 知,

$$\frac{(n-1)S^2}{\sigma^2} \sim \chi^2(n-1). \tag{3.4.8}$$

给定置信度 $1-\alpha$, 可求得双侧分位点 $\chi^2_{1-\alpha/2}(n-1)$ 和 $\chi^2_{\alpha/2}(n-1)$, 满足

$$P\left(\chi^2_{1-\alpha/2}(n-1) \leqslant \frac{(n-1)S^2}{\sigma^2} \leqslant \chi^2_{\alpha/2}(n-1)\right) = 1-\alpha.$$

将上式中的事件不等式作等价变换得

$$P\left(\frac{(n-1)S^2}{\chi^2_{\alpha/2}(n-1)} \leqslant \sigma^2 \leqslant \frac{(n-1)S^2}{\chi^2_{1-\alpha/2}(n-1)}\right) = 1-\alpha.$$

因此, 正态总体在 μ 未知时, 方差 σ^2 的双侧置信区间为

$$\left(\frac{(n-1)S^2}{\chi^2_{\alpha/2}(n-1)},\ \frac{(n-1)S^2}{\chi^2_{1-\alpha/2}(n-1)}\right). \tag{3.4.9}$$

而标准差 σ 的双侧置信区间为

$$\left(\sqrt{\frac{(n-1)}{\chi^2_{\alpha/2}(n-1)}}S,\ \sqrt{\frac{(n-1)}{\chi^2_{1-\alpha/2}(n-1)}}S\right). \tag{3.4.10}$$

同理, 可推得 σ^2 的置信度为 $1-\alpha$ 的单侧置信区间分别为

$$\left(\frac{(n-1)S^2}{\chi^2_{\alpha}(n-1)},\ +\infty\right),\quad \left(0,\ \frac{(n-1)S^2}{\chi^2_{1-\alpha}(n-1)}\right). \tag{3.4.11}$$

例 3.4.3 试求例 3.4.2 中零件直径的 σ^2 的置信度为 98% 的双侧置信区间.

解 由题可知, μ 未知, 给定置信度 $1-\alpha = 0.98, \alpha = 0.02$, 查表可得

$$\chi^2_{1-\alpha/2}(n-1) = \chi^2_{0.99}(15) = 5.23,\quad \chi^2_{\alpha/2}(n-1) = \chi^2_{0.01}(15) = 30.6.$$

故由 (3.4.9) 式得, 零件直径的 σ^2 对应于置信度 98% 的双侧置信区间为
$$\left(\frac{15 \times 0.0244}{30.6}, \frac{15 \times 0.0244}{5.23}\right) = (0.001196, 0.006998).$$

(2) μ 已知, 求方差 σ^2 的双侧区间估计.

此时, 同样可以构造样本函数 $\frac{(n-1)S^2}{\sigma^2} \sim \chi^2(n-1)$, 但由于所构造的样本函数中未充分利用 μ 的信息, 所以通常我们构造含有已知信息 μ 的样本函数. 由于 $X_i \sim N(\mu, \sigma^2)(i=1,2,\cdots,n)$, 且 $X_1, X_2, \cdots, X_n$ 相互独立, 因此 $\frac{X_i - \mu}{\sigma} \sim N(0,1), i=1,2,\cdots,n$, 且它们之间相互独立, 故构造函数 $\sum\limits_{i=1}^{n}\left(\frac{X_i - \mu}{\sigma}\right)^2$, 根据 χ^2 分布的定义, 有

$$\sum_{i=1}^{n}\left(\frac{X_i - \mu}{\sigma}\right)^2 \sim \chi^2(n). \tag{3.4.12}$$

于是, 给定置信度 $1-\alpha$, 得双侧分位点 $\chi^2_{1-\alpha/2}(n)$ 及 $\chi^2_{\alpha/2}(n)$, 满足

$$P\left(\chi^2_{1-\alpha/2}(n) \leqslant \sum_{i=1}^{n}\left(\frac{X_i - \mu}{\sigma}\right)^2 \leqslant \chi^2_{\alpha/2}(n)\right) = 1-\alpha.$$

将上式中的事件不等式作等价变换得

$$P\left(\frac{\sum\limits_{i=1}^{n}(X_i - \mu)^2}{\chi^2_{\alpha/2}(n)} \leqslant \sigma^2 \leqslant \frac{\sum\limits_{i=1}^{n}(X_i - \mu)^2}{\chi^2_{1-\alpha/2}(n)}\right) = 1-\alpha.$$

因此, 正态总体在期望 μ 已知时, 方差 σ^2 的双侧置信区间为

$$\left(\frac{\sum\limits_{i=1}^{n}(X_i - \mu)^2}{\chi^2_{\alpha/2}(n)}, \frac{\sum\limits_{i=1}^{n}(X_i - \mu)^2}{\chi^2_{1-\alpha/2}(n)}\right). \tag{3.4.13}$$

而标准差 σ 的置信区间为

$$\left(\sqrt{\frac{\sum\limits_{i=1}^{n}(X_i - \mu)^2}{\chi^2_{\alpha/2}(n)}}, \sqrt{\frac{\sum\limits_{i=1}^{n}(X_i - \mu)^2}{\chi^2_{1-\alpha/2}(n)}}\right). \tag{3.4.14}$$

同理, 可推得 σ^2 的置信度为 $1-\alpha$ 的单侧置信区间分别为

$$\left(\frac{\sum\limits_{i=1}^{n}(X_i - \mu)^2}{\chi^2_{\alpha}(n)}, +\infty\right), \quad \left(0, \frac{\sum\limits_{i=1}^{n}(X_i - \mu)^2}{\chi^2_{1-\alpha}(n)}\right). \tag{3.4.15}$$

例 3.4.4 一批钢筋的 20 个样品的屈服点 (单位: t/cm^2) 为

　　　4.98,　5.11,　5.20,　5.11,　5.00,　5.35,　5.61,　4.88,　5.27,　5.38,
　　　5.46,　5.27,　5.23,　4.96,　5.15,　4.77,　5.35,　5.38,　5.54,　5.20.

设屈服点服从正态分布 $N(5.21, \sigma^2)$, 求屈服点总体方差 σ^2 及标准差 σ 的置信度为 95% 的双侧置信区间.

解　由题可知, 屈服点的期望 $\mu = 5.21$ 已知, 对给定的置信度 $1 - \alpha = 0.95$, $\alpha = 0.05$, $n = 20$, 查表可得 $\chi^2_{0.025}(20) = 34.17$, $\chi^2_{0.975}(20) = 9.591$. 因此, 由 (3.4.13) 可得屈服点总体方差 σ^2 的置信度为 95% 的双侧置信区间为

$$\left(\frac{\sum_{i=1}^{n}(X_i - 5.21)^2}{34.17}, \frac{\sum_{i=1}^{n}(X_i - 5.21)^2}{9.591} \right) = (0.0270, 0.0961).$$

同样地, 由 (3.4.14) 可得屈服点标准差 σ 的置信度为 95% 的置信区间为

$$(\sqrt{0.0270}, \sqrt{0.0961}), \quad \text{即} \quad (0.1643, 0.3100).$$

下面给出单总体方差的双侧区间估计的通用 R 程序和例 3.4.3、例 3.4.4 的计算结果.

```
interval.var=function(x,mean=NULL,conf.level=0.95)
{ n=length(x)
  if(is.null(mean)==TRUE){  mean=mean(x);  s2=var(x);  freedom=n-1; }
                                                         # 均值未知
  else  {  s2=sum((x-mean)^2)/n;  freedom=n;  }          # 均值已知
  x_da=qchisq((1-conf.level)/2,freedom);  x_ua=qchisq((1+conf.level)/2,
     freedom)
  down=freedom*s2/x_ua;                     up=freedom*s2/x_da;
  data.frame(n=n,mean=mean,xigma=sqrt(s2),freedom=freedom,
     conf.level=conf.level,x_da=x_da,x_ua=x_ua,down=down,up=up,
     distribution=sprintf('chisq(%d)',freedom))
}
x_343=c(12.15,12.12,12.01,12.08,12.09,12.16,12.03,12.01, 12.06,12.13,
     12.07,12.11,12.08,12.01,12.03,12.06)
interval.var(x_343,NULL,0.95)

x_344=c(4.98,5.11,5.20,5.11,5.00,5.35,5.61,4.88,5.27,5.38,
     5.46,5.27,5.23,4.96,5.15,4.77,5.35,5.38,5.54,5.20)
interval.var(x_344,5.21,0.95)
```

n	mean	xigma	freedom	conf.level	x_da	x_ua	down	up	distribution
16	12.075	0.049396	15	0.98	5.229349	30.57791	0.001197	0.006999	chisq(15)
n	mean	xigma	freedom	conf.level	x_da	x_ua	down	up	distribution
20	5.21	0.046090	20	0.95	9.590777	34.1696	10.026977	0.096113	chisq(20)

二、双总体的情形

设总体 $X \sim N(\mu_1, \sigma_1^2)$, $Y \sim N(\mu_2, \sigma_2^2)$, X 与 Y 相互独立, $X_1, X_2, \cdots, X_m$ 为 X 的样本, $Y_1, Y_2, \cdots, Y_n$ 为 Y 的样本, 样本的均值、方差分别记为

$$\overline{X} = \frac{1}{m}\sum_{i=1}^m X_i, \quad S_1^2 = \frac{1}{m-1}\sum_{i=1}^m (X_i - \overline{X})^2, \quad \overline{Y} = \frac{1}{n}\sum_{i=1}^n Y_i, \quad S_2^2 = \frac{1}{n-1}\sum_{i=1}^n (Y_i - \overline{Y})^2,$$

称

$$S_w^2 = \frac{(m-1)S_1^2 + (n-1)S_2^2}{m+n-2} = \frac{m-1}{m+n-2}S_1^2 + \frac{n-1}{m+n-2}S_2^2$$

为两个样本的**加权方差**.

1. 两个正态总体均值差 $\mu_1 - \mu_2$ 的双侧区间估计

(1) σ_1^2, σ_2^2 都已知, 均值差 $\mu_1 - \mu_2$ 的双侧区间估计.

从参数 μ_1, μ_2 的点估计量 $\overline{X}$, $\overline{Y}$ 出发, 构造函数 $U = \dfrac{(\overline{X} - \overline{Y}) - (\mu_1 - \mu_2)}{\sqrt{\sigma_1^2/m + \sigma_2^2/n}}$, 根据定理 2.4.2 有

$$U = \frac{(\overline{X} - \overline{Y}) - (\mu_1 - \mu_2)}{\sqrt{\sigma_1^2/m + \sigma_2^2/n}} \sim N(0, 1). \tag{3.4.16}$$

对给定置信度 $1 - \alpha$, 查表得 $u_{\alpha/2}$, 使

$$P\left(\left|\frac{(\overline{X} - \overline{Y}) - (\mu_1 - \mu_2)}{\sqrt{\sigma_1^2/m + \sigma_2^2/n}}\right| \leqslant u_{\alpha/2}\right) = 1 - \alpha.$$

将上式括号内的事件不等式作等价变换得

$$P\left(\overline{X} - \overline{Y} - u_{\alpha/2}\sqrt{\sigma_1^2/m + \sigma_2^2/n} \leqslant \mu_1 - \mu_2 \leqslant \overline{X} - \overline{Y} + u_{\alpha/2}\sqrt{\sigma_1^2/m + \sigma_2^2/n}\right) = 1 - \alpha,$$

即得 $\mu_1 - \mu_2$ 的置信度为 $1 - \alpha$ 的双侧置信区间为

$$\left(\overline{X} - \overline{Y} - u_{\alpha/2}\sqrt{\sigma_1^2/m + \sigma_2^2/n}, \quad \overline{X} - \overline{Y} + u_{\alpha/2}\sqrt{\sigma_1^2/m + \sigma_2^2/n}\right). \tag{3.4.17}$$

同理, 可推得 $\mu_1 - \mu_2$ 的置信度为 $1 - \alpha$ 的单侧置信区间分别为

$$\left(\overline{X} - \overline{Y} - u_\alpha\sqrt{\frac{\sigma_1^2}{m} + \frac{\sigma_2^2}{n}}, \ +\infty\right), \quad \left(-\infty, \ \overline{X} - \overline{Y} + u_\alpha\sqrt{\sigma_1^2/m + \sigma_2^2/n}\right). \tag{3.4.18}$$

例 3.4.5 两台机床加工同一种轴, 其椭圆度分别服从 $N(\mu_1, 0.025)$ 和 $N(\mu_2, 0.062)$, 现分别抽取 200 根和 150 根轴, 测量其椭圆度 (单位: mm), 经计算得: 第一台机床的样本均值为 $\overline{X} = 0.081$mm; 第二台机床的样本均值为 $\overline{Y} = 0.062$mm. 给定置信度为 95%, 试求两台机床平均椭圆度之差的置信区间.

解 由题意, $\sigma_1^2 = 0.025$, $\sigma_2^2 = 0.062$ 已知, 置信度 $1 - \alpha = 0.95$, 查表可得 $u_{\alpha/2} = u_{0.025} = 1.96$, 由 (3.4.17) 式得

$$\overline{X} - \overline{Y} - u_{\alpha/2}\sqrt{\sigma_1^2/m + \sigma_2^2/n} = 0.081 - 0.062 - 1.96\sqrt{\frac{0.025}{200} + \frac{0.062}{150}} = -0.0268,$$

$$\overline{X} - \overline{Y} + u_{\alpha/2}\sqrt{\sigma_1^2/m + \sigma_2^2/n} = 0.081 - 0.062 + 1.96\sqrt{\frac{0.025}{200} + \frac{0.062}{150}} = 0.0648.$$

故两台机床平均椭圆度之差 $\mu_1 - \mu_2$ 的置信度为 95% 的双侧置信区间为 $(-0.0268, 0.0648)$.

(2) σ_1^2, σ_2^2 未知, 但 $\sigma_1^2 = \sigma_2^2 = \sigma^2$ 时, 均值差 $\mu_1 - \mu_2$ 的双侧区间估计.

由 (3.4.16) 知, $U = \dfrac{\overline{X} - \overline{Y} - (\mu_1 - \mu_2)}{\sqrt{1/m + 1/n}\sigma} \sim N(0,1)$, 但由于 σ^2 未知, 根据定理 2.4.2 有

$$T = \frac{\overline{X} - \overline{Y} - (\mu_1 - \mu_2)}{S_w\sqrt{1/m + 1/n}} \sim t(m + n - 2). \tag{3.4.19}$$

对给定置信度 $1 - \alpha$, 由上述过程同理可得正态总体均值差 $\mu_1 - \mu_2$ 的双侧置信区间为

$$\left(\overline{X} - \overline{Y} - t_{\alpha/2}(m+n-2)\sqrt{1/m + 1/n}\,S_w,\ \ \overline{X} - \overline{Y} + t_{\alpha/2}(m+n-2)\sqrt{1/m + 1/n}\,S_w\right). \tag{3.4.20}$$

同理, 可推得 $\mu_1 - \mu_2$ 的置信度为 $1 - \alpha$ 的单侧置信区间分别为

$$\left(\overline{X} - \overline{Y} - t_\alpha(m+n-2)\sqrt{\frac{1}{m} + \frac{1}{n}}\,S_w,\ +\infty\right),\ \ \left(-\infty,\ \overline{X} - \overline{Y} + t_\alpha(m+n-2)\sqrt{\frac{1}{m} + \frac{1}{n}}\,S_w\right), \tag{3.4.21}$$

其中 $S_w = \sqrt{\dfrac{(m-1)S_1^2 + (n-1)S_2^2}{m+n-2}}$.

例 3.4.6 某公司利用两条自动化流水线灌装矿泉水, 现从生产线上分别随机抽取样本 $X_1, X_2, \cdots, X_{12}; Y_1, Y_2, \cdots, Y_{17}$. 它们是每瓶矿泉水的体积 (单位: mL). 计算得到样本均值 $\overline{X} = 501.1, \overline{Y} = 499.7$, 样本方差 $S_1^2 = 2.4, S_2^2 = 4.7$. 设这两条流水线所装的矿泉水的体积 X, Y 都服从正态分布, 分别为 $N(\mu_1, \sigma^2)$ 和 $N(\mu_2, \sigma^2)$, 求 $\mu_1 - \mu_2$ 的置信度为 0.95 的双侧置信区间.

解 由题意, σ_1, σ_2 未知, 但 $\sigma_1 = \sigma_2 = \sigma$, $m = 12$, $n = 17$, 因此, 可计算得

$$S_w = \sqrt{\frac{(m-1)S_1^2 + (n-1)S_2^2}{m+n-2}} = \sqrt{\frac{11 \times 2.4 + 16 \times 4.7}{12 + 17 - 2}} = 1.940.$$

置信度 $1 - \alpha = 0.95$, 查表可得 $t_{\alpha/2}(27) = 2.052$, 由 (3.4.20) 得

$$\overline{X} - \overline{Y} - t_{\alpha/2}(m+n-2)\sqrt{\frac{1}{m} + \frac{1}{n}}\,S_w = 501.1 - 499.7 - 2.052 \times \sqrt{\frac{1}{12} + \frac{1}{17}} \times 1.940 = -0.101,$$

$$\overline{X} - \overline{Y} + t_{\alpha/2}(m+n-2)\sqrt{\frac{1}{m} + \frac{1}{n}}\,S_w = 501.1 - 499.7 + 2.052 \times \sqrt{\frac{1}{12} + \frac{1}{17}} \times 1.940 = 2.901.$$

故 $\mu_1 - \mu_2$ 的置信度为 0.95 的双侧置信区间为 $(-0.101, 2.901)$.

(3) σ_1^2, σ_2^2 未知, 但 $m = n$ 时, 均值差 $\mu_1 - \mu_2$ 的双侧区间估计.

从参数 μ_1, μ_2 的点估计量 $\overline{X}, \overline{Y}$ 出发, 构造函数 $\dfrac{(\overline{X} - \overline{Y}) - (\mu_1 - \mu_2)}{S_z/\sqrt{n}}$. 由于

$$\overline{X} - \overline{Y} \sim N\left(\mu_1 - \mu_2, \frac{\sigma_1^2 + \sigma_2^2}{n}\right),$$

但 σ_1^2, σ_2^2 未知, 根据定理 2.4.2, 有

$$\frac{(\overline{X}-\overline{Y})-(\mu_1-\mu_2)}{S_z/\sqrt{n}} \sim t(n-1), \tag{3.4.22}$$

其中 $S_z^2 = \dfrac{1}{n-1}\sum_{i=1}^{n}\left[(X_i - Y_i - (\overline{X}-\overline{Y})\right]^2$, 对给定置信度 $1-\alpha$, 同理可得正态总体均值差 $\mu_1-\mu_2$ 的双侧置信区间为

$$\left(\overline{X}-\overline{Y}-t_{\alpha/2}(n-1)S_z/\sqrt{n},\ \ \overline{X}-\overline{Y}+t_{\alpha/2}(n-1)S_z/\sqrt{n}\right). \tag{3.4.23}$$

同理, 可推得 $\mu_1-\mu_2$ 的置信度为 $1-\alpha$ 的单侧置信区间分别为

$$\left(\overline{X}-\overline{Y}-t_{\alpha}(n-1)S_z/\sqrt{n},\ +\infty\right),\ \ \left(-\infty,\ \overline{X}-\overline{Y}+t_{\alpha}(n-1)S_z/\sqrt{n}\right). \tag{3.4.24}$$

(4) σ_1^2, σ_2^2 未知, 且 $\sigma_1^2 \neq \sigma_2^2$, 但容量 m, n 较大 (一般 m, n 大于 50) 时, 均值差 $\mu_1 - \mu_2$ 的双侧区间估计.

根据定理 2.4.7, 当 m, n 充分大时, 近似有

$$\frac{\overline{X}-\overline{Y}-(\mu_1-\mu_2)}{\sqrt{S_1^2/m + S_2^2/n}} \sim N(0,1). \tag{3.4.25}$$

对给定置信度 $1-\alpha$, 同理可得正态总体均值差 $\mu_1-\mu_2$ 的双侧置信区间为

$$\left(\overline{X}-\overline{Y}-u_{\alpha/2}\sqrt{S_1^2/m + S_2^2/n},\ \ \overline{X}-\overline{Y}+u_{\alpha/2}\sqrt{S_1^2/m + S_2^2/n}\right). \tag{3.4.26}$$

同理, 可推得 $\mu_1-\mu_2$ 的置信度为 $1-\alpha$ 的单侧置信区间分别为

$$\left(\overline{X}-\overline{Y}-u_{\alpha}\sqrt{S_1^2/m + S_2^2/n},\ +\infty\right),\ \ \left(-\infty,\ \overline{X}-\overline{Y}+u_{\alpha}\sqrt{S_1^2/m + S_2^2/n}\right). \tag{3.4.27}$$

(5) σ_1^2, σ_2^2 未知, 且 $\sigma_1^2 \neq \sigma_2^2$ 时, 均值差 $\mu_1-\mu_2$ 的双侧区间估计.

根据定理 2.4.2 的结论 (5), 有

$$\frac{(\overline{X}-\overline{Y})-(\mu_1-\mu_2)}{\sqrt{S_1^2/m + S_2^2/n}} \sim t(\hat{v}),$$

此处

$$\hat{v} = \frac{\left(\dfrac{S_1^2}{m}+\dfrac{S_2^2}{n}\right)^2}{\dfrac{S_1^4}{m^2(m-1)}+\dfrac{S_2^4}{n^2(n-1)}}.$$

对给定置信度 $1-\alpha$, 同理可得均值差 $\mu_1-\mu_2$ 的双侧置信区间为

$$\left(\overline{X}-\overline{Y}-t_{\frac{\alpha}{2}}(\hat{v})\sqrt{\frac{S_1^2}{m}+\frac{S_2^2}{n}},\ \ \overline{X}-\overline{Y}+t_{\frac{\alpha}{2}}(\hat{v})\sqrt{\frac{S_1^2}{m}+\frac{S_2^2}{n}}\right). \tag{3.4.28}$$

类似地, 可推得 $\mu_1 - \mu_2$ 的置信度为 $1-\alpha$ 的单侧置信区间分别为

$$\left(\overline{X}-\overline{Y}-t_{\alpha/2}(\hat{v})\sqrt{\frac{S_1^2}{m}+\frac{S_2^2}{n}},\ +\infty\right),\quad \left(-\infty,\ \overline{X}-\overline{Y}+t_{\alpha/2}(\hat{v})\sqrt{\frac{S_1^2}{m}+\frac{S_2^2}{n}}\right). \quad (3.4.29)$$

下面给出 $\mu_1 - \mu_2$ 的置信度为 $1-\alpha$ 的双侧置信区间的通用 R 程序, 并给出例 3.4.7 的计算结果.

例 3.4.7 对某农作物的两个品种 A, B 计算了 8 个地区的亩产量 (单位: 斤), 数据如下:

品种 A: 860, 870, 560, 930, 840, 930, 750, 790;

品种 B: 800, 790, 580, 910, 870, 820, 740, 760.

假定亩产量都服从正态分布, 求 A, B 平均亩产量之差的置信度为 95% 的置信区间. 具体代码如下:

```
interval.mean.minus=function(x,y,xigma=NULL,var.equal=FALSE,paired=FALSE
                large=FALSE,conf.level=0.95)
{ m=length(x);    n=length(y);    mx=mean(x);    my=mean(y);
  if(is.null(xigma)==FALSE)       # 方差已知
  { xa=qnorm((1+conf.level)/2);    s=sqrt(xigma[1]^2/m+xigma[2]/n);
    dname='N(0,1)' }
  else if(var.equal==TRUE)        # 方差未知, 但相等
  { xa=qt((1+conf.level)/2,n+m-2);    sx=var(x);    sy=var(y)
    s=sqrt(1/n+1/m)*sqrt(((m-1)*sx+(n-1)*sy)/(n+m-2));
    dname=sprintf('t(%d)',n+m-2);
  }
  else if(m==n& paired==TRUE) # 方差未知, 但 m=n,并且作配对处理
  { xa=qt((1+conf.level)/2,n-1);    s=sd(x-y)/sqrt(n);
    dname=sprintf('t(%d)',n-1) }
  else if(large==TRUE)            # 方差未知, 但 m,n 较大, 使用中心极限定理
  { xa=qnorm((1+conf.level)/2);    sx=var(x);    sy=var(y)
    s=sqrt(sx/m+sy/n);             dname='N(0,1)';
  }
  else            # 方差未知, 不用中心极限定理 ( 默认方差未知的处理方式)
  {  sx=var(x);    sy=var(y);    s=sqrt(sx/m+sy/n)
     v=s^4/(sx^2/(m^2*(m-1))+sy^2/(n^2*(n-1)))
     xa=qt((1+conf.level)/2,v);    dname=sprintf('t(%.3f)',v)
  }
  down=mx-my-s*xa;    up=mx-my+s*xa
  data.frame(nx=n,ny=m,meanx=mx,meany=my,quantile=xa,conf.level=conf.
          level,down=down,up=up,distribution=dname)
}
```

```
x=c(860,870,560,930,840,930,750,790)
y=c(800,790,580,910,870,820,740,760)
interval.mean.minus(x,y,paired=TRUE)         # 对应到方差未知, 但 m=n
nx ny  meanx   meany    quantile   conf.level  down         up
distribution 8  8     816.25  783.75   2.364624     0.95      -7.904246
72.90425    t(7)
```

R 软件中提供的 t.test 函数只能得到上述 (2), (3), (5) 三种情况的结果, 具体调用如下:

```
t.test(x,y,paried=TRUE)
t.test(x,y,var.equal=TRUE)
t.test(x,y)
95 percent confidence interval: -7.904246   72.904246  df = 7
95 percent confidence interval: -86.01038   151.01038  df = 14
95 percent confidence interval: -86.42591   151.42591  df = 13.497
```

2. 两个正态总体方差比 $\dfrac{\sigma_1^2}{\sigma_2^2}$ 的双侧区间估计

(1) μ_1, μ_2 未知时, 方差比 $\dfrac{\sigma_1^2}{\sigma_2^2}$ 的双侧区间估计.

从参数 σ_1^2, σ_2^2 的点估计量 $\dfrac{m-1}{m}S_1^2, \dfrac{n-1}{n}S_2^2$ 出发, 根据定理 2.4.2, 有

$$\frac{S_1^2/\sigma_1^2}{S_2^2/\sigma_2^2} \sim F(m-1, n-1). \tag{3.4.30}$$

对给定置信度 $1-\alpha$, 则有

$$P\left(F_{1-\alpha/2}(m-1, n-1) \leqslant \frac{S_1^2/\sigma_1^2}{S_2^2/\sigma_2^2} \leqslant F_{\alpha/2}(m-1, n-1)\right) = 1-\alpha.$$

整理得

$$P\left(\frac{S_1^2}{S_2^2}\frac{1}{F_{\alpha/2}(m-1, n-1)} \leqslant \frac{\sigma_1^2}{\sigma_2^2} \leqslant \frac{S_1^2}{S_2^2}\frac{1}{F_{1-\alpha/2}(m-1, n-1)}\right) = 1-\alpha.$$

因此, $\dfrac{\sigma_1^2}{\sigma_2^2}$ 的置信度为 $1-\alpha$ 的双侧置信区间为

$$\begin{cases} \left(\dfrac{S_1^2}{S_2^2}F_{1-\alpha/2}(n-1, m-1), \quad \dfrac{S_1^2}{S_2^2}F_{\alpha/2}(n-1, m-1)\right), \\ \left(\dfrac{S_1^2}{S_2^2}\dfrac{1}{F_{\alpha/2}(m-1, n-1)}, \quad \dfrac{S_1^2}{S_2^2}\dfrac{1}{F_{1-\alpha/2}(m-1, n-1)}\right). \end{cases} \tag{3.4.31}$$

同理可得, $\dfrac{\sigma_2^2}{\sigma_1^2}$ 的置信度为 $1-\alpha$ 的双侧置信区间为

$$\begin{cases} \left(\dfrac{S_2^2}{S_1^2}F_{1-\alpha/2}(m-1,n-1),\quad \dfrac{S_2^2}{S_1^2}F_{\alpha/2}(m-1,n-1)\right), \\ \left(\dfrac{S_2^2}{S_1^2}\dfrac{1}{F_{\alpha/2}(n-1,m-1)},\quad \dfrac{S_2^2}{S_1^2}\dfrac{1}{F_{1-\alpha/2}(n-1,m-1)}\right). \end{cases} \quad (3.4.32)$$

同理, 可推得 $\dfrac{\sigma_1^2}{\sigma_2^2}$ 的置信度为 $1-\alpha$ 的单侧置信区间为

$$\begin{cases} \left(\dfrac{S_1^2}{S_2^2}F_{1-\alpha}(n-1,m-1),\ +\infty\right), \text{或} \left(\dfrac{S_1^2}{S_2^2}\dfrac{1}{F_{\alpha}(m-1,n-1)},\ +\infty\right), \\ \left(0,\ \dfrac{S_1^2}{S_2^2}F_{\alpha}(n-1,m-1)\right), \text{或} \left(0,\ \dfrac{S_1^2}{S_2^2}\dfrac{1}{F_{1-\alpha}(m-1,n-1)}\right). \end{cases} \quad (3.4.33)$$

注意, 上述等价式子都是根据 $F_a(m,n)=\dfrac{1}{F_{1-\alpha}(n,m)}$ 推得的.

(2) μ_1, μ_2 已知, 方差比 $\dfrac{\sigma_1^2}{\sigma_2^2}$ 的双侧区间估计.

此时, 同样可以构造样本函数 $\dfrac{S_1^2/\sigma_1^2}{S_2^2/\sigma_2^2} \sim F(m-1, n-1)$, 但由于样本函数中未充分利用 μ_1, μ_2 的信息, 所以通常我们构造含有已知信息 μ_1, μ_2 的样本函数. 因为

$$\frac{1}{\sigma_1^2}\sum_{i=1}^m(X_i-\mu_1)^2 \sim \chi^2(m), \quad \frac{1}{\sigma_2^2}\sum_{i=1}^n(Y_i-\mu_2)^2 \sim \chi^2(n),$$

且它们相互独立, 所以有

$$\frac{\dfrac{1}{\sigma_1^2}\sum_{i=1}^m(X_i-\mu_1)^2/m}{\dfrac{1}{\sigma_2^2}\sum_{i=1}^n(Y_i-\mu_2)^2/n} \sim F(m,\ n). \quad (3.4.34)$$

对给定置信度 $1-\alpha$, 同理可得 $\dfrac{\sigma_1^2}{\sigma_2^2}$ 的置信度为 $1-\alpha$ 的双侧置信区间为

$$\left(\dfrac{n\sum_{i=1}^m(X_i-\mu_1)^2}{m\sum_{i=1}^n(Y_i-\mu_2)^2}F_{1-\alpha/2}(n,m),\ \dfrac{n\sum_{i=1}^m(X_i-\mu_1)^2}{m\sum_{i=1}^n(Y_i-\mu_2)^2}F_{\alpha/2}(n,m)\right). \quad (3.4.35)$$

而 $\dfrac{\sigma_2^2}{\sigma_1^2}$ 的置信度为 $1-\alpha$ 的双侧置信区间为

$$\left(\dfrac{m\sum_{i=1}^n(Y_i-\mu_2)^2}{n\sum_{i=1}^m(X_i-\mu_1)^2}F_{1-\alpha/2}(m,n),\ \dfrac{m\sum_{i=1}^n(Y_i-\mu_2)^2}{n\sum_{i=1}^m(X_i-\mu_1)^2}F_{\alpha/2}(m,n)\right). \quad (3.4.36)$$

同理, 可推得 $\dfrac{\sigma_1^2}{\sigma_2^2}$ 的置信度为 $1-\alpha$ 的单侧置信区间为

$$\left(\dfrac{n\sum\limits_{i=1}^m(X_i-\mu_1)^2}{m\sum\limits_{i=1}^n(Y_i-\mu_2)^2}F_{1-\alpha}(n,m),\ +\infty\right),\ \left(0,\ \dfrac{n\sum\limits_{i=1}^m(X_i-\mu_1)^2}{m\sum\limits_{i=1}^n(Y_i-\mu_2)^2}F_{\alpha}(n,m)\right). \tag{3.4.37}$$

由于 $F_a(m,n)=\dfrac{1}{F_{1-\alpha}(n,m)}$, 所以 (3.4.35),(3.4.36) 和 (3.4.37) 式有多种等价变形.

例 3.4.8 某自动机床加工同类型套筒, 假设套筒的直径服从正态分布, 现在从两个不同班次的产品中各抽验了 5 个套筒, 测定它们的直径 (单位: cm), 得如下数据:

A 班: 2.066, 2.063, 2.068, 2.060, 2.067;

B 班: 2.058, 2.057, 2.063, 2.059, 2.060.

试求两班所加工的套筒直径的方差之比 $\dfrac{\sigma_A^2}{\sigma_B^2}$ 的置信度为 0.90 的置信区间.

解 由于 μ_1,μ_2 未知, 由 (3.4.33) 得两班所加工的套筒直径的方差之比 $\dfrac{\sigma_A^2}{\sigma_B^2}$ 所对应的置信度为 $1-\alpha$ 的置信区间为

$$\left(\dfrac{S_2^2}{S_1^2}\dfrac{1}{F_{\frac{\alpha}{2}}(n-1,m-1)},\ \dfrac{S_2^2}{S_1^2}\dfrac{1}{F_{1-\frac{\alpha}{2}}(n-1,m-1)}\right).$$

由题意, $m-1=4, n-1=4$, 查 F 分布表得

$$F_{\alpha/2}(m-1,n-1)=F_{0.05}(4,4)=6.39,$$

$$F_{1-\alpha/2}(m-1,n-1)=F_{0.95}(4,4)=\dfrac{1}{F_{0.05}(4,4)}=\dfrac{1}{6.39}.$$

$$S_1^2=\dfrac{1}{m-1}\sum_{i=1}^m(X_i-\overline{X})^2=0.0000107,\quad S_2^2=\dfrac{1}{n-1}\sum_{i=1}^n(Y_i-\overline{Y})^2=0.0000053.$$

因此, 方差之比 $\dfrac{\sigma_A^2}{\sigma_B^2}$ 的置信度为 0.90 的置信区间为

$$\left(\dfrac{0.0000107}{6.39\times 0.0000053},\ \dfrac{0.0000107}{0.0000053/6.39}\right)=(0.3159,12.9).$$

下面给出方差之比 $\dfrac{\sigma_A^2}{\sigma_B^2}$ 的置信度为 $1-\alpha$ 的双侧置信区间的通用程序, 并给出例 3.4.8 的计算结果, 具体代码如下:

```
interval.var.ratio=function(x,y,mean=NULL,conf.level=0.95)
{  m=length(x);    n=length(y)
   if(is.null(mean)==TRUE)      # 均值向量未知
   {  sx=var(x);   sy=var(y);           ratio=sx/sy;
```

```
      freedom=c(m-1,n-1);          dname=sprintf('F(%d,%d)',m-1,n-1)
      down=ratio*qf((1-conf.level)/2,n-1,m-1);
      up=ratio*qf((1+conf.level)/2,n-1,m-1);
   }
   else                         # 均值向量已知
   {  sx=sum((x-mean[1])^2)/m;   sy=sum((y-mean[2])^2)/n;
      ratio=sx/sy;               freedom=c(m,n);
      dname=sprintf('F(%d,%d)',m,n)
      down=ratio*qf((1-conf.level)/2,n,m);
      up=ratio*qf((1+conf.level)/2,n,m)
   }
   data.frame(nx=m,ny=n,conf.level=conf.level,dffirst=freedom[1],
      dfsecond=freedom[2], down=down,up=up,distribution=dname)
}
x=c(2.066,2.063,2.068,2.060,2.067)
y=c(2.058,2.057,2.063,2.059,2.06)
interval.var.ratio(x,y,conf.level=0.9)
 nx ny conf.level df_first df_second      down        up  distribution
  5  5        0.9        4         4  0.3160292    12.897        F(4,4)
```

R 中的 var.test 函数实现均值未知时方差比的检验结果, 同时给出区间估计值, 其定义为

var.test(x, y, ratio=1, alternative=c("two.sided", "less", "greater"),
    conf.level=0.95, ...)

其中, ratio 为方差之比, alternative 分别表示双侧、左侧、右侧检验; conf.level 表示置信度. var.test 的使用如下:

```
x=c(2.066,2.063,2.068,2.060,2.067)
y=c(2.058,2.057,2.063,2.059,2.06)
var.test(x,y,conf.level=0.9)
# 试试命令 var.test(x,y,conf.level=0.9)$conf.int[1:2]
F test to compare two variances
data:  x and y
F = 2.0189, num df = 4, denom df = 4, p-value = 0.513
alternative hypothesis: true ratio of variances is not equal to 1
90 percent confidence interval:   0.3160292 12.8969985
sample estimates:  ratio of variances   2.018868
```

关于正态分布参数的区间估计的汇总, 见表 3.4.1.

表 3.4.1 正态总体参数的置信区间

$$\left(Sw=\sqrt{\frac{(m-1)S_1^2+(n-1)S_2^2}{m+n-2}},\ Sz=\frac{1}{n-1}\sum_{i=1}^{n}[(X_i-Y_i)-(\overline{X}-\overline{Y})]^2,\ \hat{v}=\frac{(S_1^2/m+S_2^2/n)^2}{S_1^4/(m^3-m)+S_2^4/(n^3-n)}\right)$$

估计对象	总体条件	统计量及其分布	双侧置信区间	上限置信区间	下限置信区间
μ	σ 已知	$U=\dfrac{\overline{X}-\mu}{\sigma/\sqrt{n}}\sim N(0,1)$	$\left(\overline{X}-u_{\alpha/2}\dfrac{\sigma}{\sqrt{n}},\ \overline{X}+u_{\alpha/2}\dfrac{\sigma}{\sqrt{n}}\right)$	$\left(-\infty,\ \overline{X}+u_\alpha\dfrac{\sigma}{\sqrt{n}}\right)$	$\left(\overline{X}-u_\alpha\dfrac{\sigma}{\sqrt{n}},\ +\infty\right)$
	σ 未知	$T=\dfrac{\overline{X}-\mu}{S/\sqrt{n}}\sim t(n-1)$	$\left(\overline{X}-t_{\alpha/2}(n-1)\dfrac{S}{\sqrt{n}},\ \overline{X}+t_{\alpha/2}(n-1)\dfrac{S}{\sqrt{n}}\right)$	$\left(-\infty,\ \overline{X}+t_\alpha(n-1)\dfrac{S}{\sqrt{n}}\right)$	$\left(\overline{X}-t_\alpha(n-1)\dfrac{S}{\sqrt{n}},\ +\infty\right)$
$\mu_1-\mu_2$	σ_1,σ_2 已知	$U=\dfrac{\overline{X}-\overline{Y}-(\mu_1-\mu_2)}{\sqrt{\sigma_1^2/m+\sigma_2^2/n}}\sim N(0,1)$	$\left(\overline{X}-\overline{Y}-u_{\alpha/2}\sqrt{\dfrac{\sigma_1^2}{m}+\dfrac{\sigma_2^2}{n}},\ \overline{X}-\overline{Y}+u_{\alpha/2}\sqrt{\dfrac{\sigma_1^2}{m}+\dfrac{\sigma_2^2}{n}}\right)$	$\left(-\infty,\ \overline{X}-\overline{Y}+u_\alpha\sqrt{\dfrac{\sigma_1^2}{m}+\dfrac{\sigma_2^2}{n}}\right)$	$\left(\overline{X}-\overline{Y}-u_\alpha\sqrt{\dfrac{\sigma_1^2}{m}+\dfrac{\sigma_2^2}{n}},\ +\infty\right)$
	σ_1,σ_2 未知，但 $\sigma_1=\sigma_2$	$T=\dfrac{\overline{X}-\overline{Y}-(\mu_1-\mu_2)}{Sw\sqrt{1/m+1/n}}\sim t(m+n-2)$	$\left(\overline{X}-\overline{Y}-t_{\alpha/2}(m+n-2)Sw\sqrt{\dfrac{1}{m}+\dfrac{1}{n}},\right.$ $\left.\overline{X}-\overline{Y}+t_{\alpha/2}(m+n-2)Sw\sqrt{\dfrac{1}{m}+\dfrac{1}{n}}\right)$	$\left(-\infty,\ \overline{X}-\overline{Y}+t_\alpha(m+n-2)Sw\sqrt{\dfrac{1}{m}+\dfrac{1}{n}}\right)$	$\left(\overline{X}-\overline{Y}-t_\alpha(m+n-2)Sw\sqrt{\dfrac{1}{m}+\dfrac{1}{n}},\ +\infty\right)$
	σ_1,σ_2 未知，但 $m=n$	$T=\dfrac{\overline{X}-\overline{Y}-(\mu_1-\mu_2)}{Sz/\sqrt{n}}\sim t(n-1)$	$\left(\overline{X}-\overline{Y}-t_{\alpha/2}(n-1)\dfrac{Sz}{\sqrt{n}},\ \overline{X}-\overline{Y}+t_{\alpha/2}(n-1)\dfrac{Sz}{\sqrt{n}}\right)$	$\left(-\infty,\ \overline{X}-\overline{Y}+t_\alpha(n-1)\dfrac{Sz}{\sqrt{n}}\right)$	$\left(\overline{X}-\overline{Y}-t_\alpha(n-1)\dfrac{Sz}{\sqrt{n}},\ +\infty\right)$
	σ_1,σ_2 未知，但 $\sigma_1\ne\sigma_2$	$T=\dfrac{\overline{X}-\overline{Y}-(\mu_1-\mu_2)}{\sqrt{s_1^2/m+s_2^2/n}}\sim t(\hat v)$	$\left(\overline{X}-\overline{Y}-t_{\alpha/2}(\hat v)\sqrt{\dfrac{s_1^2}{m}+\dfrac{s_2^2}{n}},\ \overline{X}-\overline{Y}+t_{\alpha/2}(\hat v)\sqrt{\dfrac{s_1^2}{m}+\dfrac{s_2^2}{n}}\right)$	$\left(-\infty,\ \overline{X}-\overline{Y}+t_\alpha(\hat v)\sqrt{\dfrac{s_1^2}{m}+\dfrac{s_2^2}{n}}\right)$	$\left(\overline{X}-\overline{Y}-t_\alpha(\hat v)\sqrt{\dfrac{s_1^2}{m}+\dfrac{s_2^2}{n}},\ +\infty\right)$
σ^2	μ 已知	$\chi^2=\sum_{i=1}^{n}\left(\dfrac{X_i-\mu}{\sigma}\right)^2\sim\chi^2(n)$	$\left(\dfrac{\sum_{i=1}^{n}(X_i-\mu)^2}{\chi^2_{\alpha/2}(n)},\ \dfrac{\sum_{i=1}^{n}(X_i-\mu)^2}{\chi^2_{1-\alpha/2}(n)}\right)$	$\left(0,\ \dfrac{\sum_{i=1}^{n}(X_i-\mu)^2}{\chi^2_{1-\alpha}(n)}\right)$	$\left(\dfrac{\sum_{i=1}^{n}(X_i-\mu)^2}{\chi^2_\alpha(n)},\ +\infty\right)$
	μ 未知	$\chi^2=\dfrac{(n-1)S^2}{\sigma^2}\sim\chi^2(n-1)$	$\left(\dfrac{(n-1)S^2}{\chi^2_{\alpha/2}(n-1)},\ \dfrac{(n-1)S^2}{\chi^2_{1-\alpha/2}(n-1)}\right)$	$\left(0,\ \dfrac{(n-1)S^2}{\chi^2_{1-\alpha}(n-1)}\right)$	$\left(\dfrac{(n-1)S^2}{\chi^2_\alpha(n-1)},\ +\infty\right)$
$\dfrac{\sigma_1^2}{\sigma_2^2}$	μ_1,μ_2 均未知	$F=\dfrac{S_1^2/S_2^2}{\sigma_1^2/\sigma_2^2}\sim F(m-1,n-1)$	$\left(F_{1-\alpha/2}(n-1,m-1)\dfrac{S_1^2}{S_2^2},\ F_{\alpha/2}(n-1,m-1)\dfrac{S_1^2}{S_2^2}\right)$	$\left(0,\ F_\alpha(n-1,m-1)\dfrac{S_1^2}{S_2^2}\right)$	$\left(F_{1-\alpha}(n-1,m-1)\dfrac{S_1^2}{S_2^2},\ +\infty\right)$

3.5 非正态总体参数的区间估计

前面讨论的区间估计都是在总体服从正态分布的情况下得到的, 对于非正态总体, 常用大样本作近似估计. 下面介绍应用上很重要的指数分布和 0-1 分布参数的区间估计.

一、指数分布参数的区间估计

设总体 $X \sim E(\lambda)$, $\lambda > 0$ 为未知参数, 从总体 X 中抽取一个容量为 n 的样本 X_1, $X_2, \cdots, X_n$, 样本均值为 $\overline{X} = \dfrac{1}{n}\sum\limits_{i=1}^{n} X_i$.

从参数 λ 的点估计量 $\dfrac{1}{\overline{X}}$ 出发, 构造函数 $2n\lambda\overline{X}$, 根据定理 2.4.3, 有

$$2n\lambda\overline{X} \sim \chi^2(2n). \tag{3.5.1}$$

对给定置信度 $1 - \alpha$, 则有

$$P\left(\chi^2_{1-\alpha/2}(2n) < 2n\lambda\overline{X} < \chi^2_{\alpha/2}(2n)\right) = 1 - \alpha.$$

整理得

$$P\left(\frac{\chi^2_{1-\alpha/2}(2n)}{2n\overline{X}} < \lambda < \frac{\chi^2_{\alpha/2}(2n)}{2n\overline{X}}\right) = 1 - \alpha.$$

因此, λ 的置信度为 $1 - \alpha$ 的双侧置信区间为

$$\left(\frac{\chi^2_{1-\alpha/2}(2n)}{2n\overline{X}}, \ \frac{\chi^2_{\alpha/2}(2n)}{2n\overline{X}}\right). \tag{3.5.2}$$

类似地, 可推得 λ 的置信度为 $1 - \alpha$ 的单侧置信区间为

$$\left(\frac{\chi^2_{1-\alpha}(2n)}{2n\overline{X}}, \ +\infty\right), \quad \left(0, \ \frac{\chi^2_{\alpha}(2n)}{2n\overline{X}}\right). \tag{3.5.3}$$

具体程序如下:

```
interval.exp=function(x,conf.level=0.95)
{  mx=mean(x);    n=length(x)
   x_da=qchisq((1-conf.level)/2,2*n);   x_ua=qchisq((1+conf.level)/2,2*n)
   down=x_da/(2*n*mx);    up=x_ua/(2*n*mx)
   data.frame(n=n,mean=mx,conf.level=conf.level,down=down,up=up,
            distribution=sprintf('chisq(%d)',2*n))
}
x=rexp(100,0.5)
interval.exp(x)
    n     mean conf.level      down       up distribution
  100 2.249883       0.95 0.3616365 0.535712   chisq(200)
```

二、0-1 分布参数的区间估计

设总体 X 服从参数为 p 的 0-1 分布, 即 $X \sim B(1,p)$, $0 < p < 1$ 为未知参数, 从总体 X 中抽取一个容量为 n 的样本 $X_1, X_2, \cdots, X_n$, 样本均值和样本方差分别为 $\overline{X} = \dfrac{1}{n}\sum\limits_{i=1}^{n} X_i$ 和 $S^2 = \dfrac{1}{n-1}\sum\limits_{i=1}^{n}(X_i - \overline{X})^2$. 从参数 p 的点估计量 $\overline{X}$ 出发, 根据定理 2.4.4, 近似有

$$\frac{\overline{X} - p}{\sqrt{p(1-p)/n}} \sim N(0,1). \tag{3.5.4}$$

根据正态分布的分位数, 对于充分大的 n 近似地有

$$P\left(\left|\frac{\overline{X} - p}{\sqrt{p(1-p)/n}}\right| < u_{\alpha/2}\right) = 1 - \alpha.$$

将上式变形得

$$P\left(\left(n + u_{\alpha/2}^2\right)p^2 - \left(2n\overline{X} + u_{\alpha/2}^2\right)p + n\overline{X}^2 < 0\right) = 1 - \alpha.$$

记 $a = n + u_{\alpha/2}^2$, $b = -\left(2n\overline{X} + u_{\alpha/2}^2\right)$, $c = n\overline{X}^2$, 则上式变成

$$P\left(ap^2 + bp + c < 0\right) = 1 - \alpha.$$

对上式的一元二次不等式作同解变形, 注意 $a > 0$, 得

$$P\left(\frac{1}{2a}\left(-b - \sqrt{b^2 - 4ac}\right) < p < \frac{1}{2a}\left(-b + \sqrt{b^2 - 4ac}\right)\right) = 1 - \alpha,$$

即 0-1 分布参数 p 的置信度为 $1 - \alpha$ 的双侧置信区间近似为

$$\left(\frac{1}{2a}\left(-b - \sqrt{b^2 - 4ac}\right),\ \frac{1}{2a}\left(-b + \sqrt{b^2 - 4ac}\right)\right), \tag{3.5.5}$$

其中 $a = n + u_{\alpha/2}^2$, $b = -\left(2n\overline{X} + u_{\alpha/2}^2\right)$, $c = n\overline{X}^2$.

类似地, 0-1 分布参数 p 的置信度为 $1 - \alpha$ 的单侧置信区间近似为

$$\left(\frac{1}{2a}\left(-b - \sqrt{b^2 - 4ac}\right),\ 1\right),\quad \left(0,\ \frac{1}{2a}\left(-b + \sqrt{b^2 - 4ac}\right)\right), \tag{3.5.6}$$

其中 $a = n + u_{\alpha}^2$, $b = -\left(2n\overline{X} + u_{\alpha}^2\right)$, $c = n\overline{X}^2$.

例 3.5.1 从某厂生产的一批产品中抽查了 100 件, 发现其中有一级品 60 件, 求这批产品一级品率的 95% 置信区间.

解 设这批产品的一级品率为 p, 令

$$X_i = \begin{cases} 1, & \text{抽查的第 } i \text{ 件产品为一级品}, \\ 0, & \text{抽查的第 } i \text{ 件产品为非一级品}, \end{cases} \quad i = 1, 2, \cdots, 100.$$

那么, $X_1, X_2, \cdots, X_{100}$ 是取自 0-1 分布总体 $B(1,p)$ 的一个容量为 100 的样本, 由题得

$$n = 100, \quad \bar{x} = \frac{60}{100} = 0.6, \quad 1 - \alpha = 0.95, \quad \frac{\alpha}{2} = 0.025, \quad u_{\alpha/2} = 1.96, \quad u_{\alpha/2}^2 = 3.84,$$

$$a = n + u_{\alpha/2}^2 = 103.84, \quad b = -\left(2n\bar{x} + u_{\alpha/2}^2\right) = -123.84, \quad c = n\bar{x}^2 = 36.$$

故有

$$\frac{1}{2a}\left(-b - \sqrt{b^2 - 4ac}\right) = 0.50, \quad \frac{1}{2a}\left(-b + \sqrt{b^2 - 4ac}\right) = 0.69.$$

因此, p 的 95% 双侧置信区间近似为 $(0.50, 0.69)$, 即在这批产品中我们估计其一级品率在 0.50 到 0.69 之间, 而这种估计的可靠程度大致为 95%.

对 0-1 分布参数 p, 下面介绍一种更便于计算的近似区间估计.

根据定理 2.4.6, 当 n 充分大时, $\dfrac{\overline{X} - \mu}{S/\sqrt{n}}$ 近似服从标准正态分布 $N(0,1)$, 其中 $E(X) = \mu$. 对于 0-1 分布总体 X, 有

$$E(X) = p, \quad S^2 = \frac{1}{n-1}\sum_{i=1}^{n}(X_i - \overline{X})^2 = \frac{1}{n-1}\left(\sum_{i=1}^{n} X_i^2 - n\overline{X}^2\right),$$

由于 $X_1, X_2, \cdots, X_n$ 的取值非 0 即 1, 所以

$$S^2 = \frac{n}{n-1}(\overline{X} - \overline{X}^2) = \frac{n}{n-1}\overline{X}(1 - \overline{X}).$$

于是, 对于充分大的 n, 近似地有

$$P\left(\left|\frac{\overline{X} - p}{\sqrt{\overline{X}(1-\overline{X})/(n-1)}}\right| < u_{\alpha/2}\right) = 1 - \alpha,$$

则 p 的置信度为 $1 - \alpha$ 的双侧置信区间近似为

$$\left(\overline{X} - u_{\alpha/2}\sqrt{\overline{X}(1-\overline{X})/(n-1)}, \ \overline{X} + u_{\alpha/2}\sqrt{\overline{X}(1-\overline{X})/(n-1)}\right). \tag{3.5.7}$$

类似地, p 的置信度为 $1 - \alpha$ 的单侧置信区间近似为

$$\left(\overline{X} - u_{\alpha}\sqrt{\overline{X}(1-\overline{X})/(n-1)}, \ 1\right), \quad \left(0, \ \overline{X} + u_{\alpha}\sqrt{\overline{X}(1-\overline{X})/(n-1)}\right). \tag{3.5.8}$$

用这个公式求得例 3.5.1 的参数 p 的 95% 双侧置信区间为 (0.504,0.696). 可见, 两种方法计算结果差异不大, 而后者计算简单得多, 但一般要求样本容量 n 较大, 且应满足 $n\hat{p} = n\overline{X} > 25$. 具体代码如下:

```
interval.binom=function(x,conf.level=0.95,large=FALSE)
{ ua=qnorm((1+conf.level)/2);        n=length(x);
  if(n==2){ n=x[1];   mx=x[2]/x[1]; } else mx=mean(x)
  if(large==FALSE)
  { a=n+ua^2;   b=-(2*n*mx+ua^2);   c=n*mx^2;   tmp=sqrt(b^2-4*a*c);
     down=0.5*(-b-tmp)/a; up=0.5*(-b$+$tmp)/a
  }
  else{ tmp=ua*sqrt(mx*(1-mx)/(n-1));   down=mx-tmp;   up=mx+tmp; }
  data.frame(n=n,mean=mx,conf.level=conf.level,down=down,up=up,
           distribution='N(0,1)')
}
interval.binom(c(100,60)); interval.binom(c(100,60),large=TRUE)
 n mean conf.level       down         up      distribution
 100 0.6        0.95  0.5020026   0.6905987        N(0,1)

 n mean conf.level       down         up      distribution
 100 0.6        0.95  0.503498    0.696502         N(0,1)
```

关于非正态总体参数的区间估计汇总表见表 3.5.1.

表 3.5.1 非正态总体参数的置信区间

总体分布	参数	统计量及其分布	双侧置信区间	上限置信区间	下限置信区间
指数分布 $E(\lambda)$	λ	$2n\lambda\overline{X} \sim \chi^2(2n)$	$\left(\dfrac{\chi^2_{1-\frac{\alpha}{2}}(2n)}{2n\overline{X}}, \dfrac{\chi^2_{\frac{\alpha}{2}}(2n)}{2n\overline{X}}\right)$	$\left(0, \dfrac{\chi^2_{\alpha}(2n)}{2n\overline{X}}\right)$	$\left(\dfrac{\chi^2_{1-\alpha}(2n)}{2n\overline{X}}, +\infty\right)$
0-1 分布 $B(1,p)$	p	近似 $\dfrac{\overline{X}-p}{\sqrt{p(1-p)/n}} \sim N(0,1)$	$\left(\dfrac{-b-\sqrt{b^2-4ac}}{2a}, \dfrac{-b+\sqrt{b^2-4ac}}{2a}\right)$, $a=n+u^2_{\frac{\alpha}{2}}, b=-(2n\overline{X}+u^2_{\frac{\alpha}{2}}), c=n\overline{X}^2$	$\left(0, \dfrac{-b+\sqrt{b^2-4ac}}{2a}\right)$, $a=n+u^2_\alpha, b=-(2n\overline{X}+u^2_\alpha), c=n\overline{X}^2$	$\left(\dfrac{-b-\sqrt{b^2-4ac}}{2a}, 1\right)$
		近似 $\dfrac{\overline{X}-\mu}{S/\sqrt{n}} \sim N(0,1)$	$\left(\overline{X}-u_{\frac{\alpha}{2}}\sqrt{\dfrac{\overline{X}(1-\overline{X})}{n-1}}, \overline{X}+u_{\frac{\alpha}{2}}\sqrt{\dfrac{\overline{X}(1-\overline{X})}{n-1}}\right)$	$\left(0, \overline{X}+u_\alpha\sqrt{\dfrac{\overline{X}(1-\overline{X})}{n-1}}\right)$	$\left(\overline{X}-u_\alpha\sqrt{\dfrac{\overline{X}(1-\overline{X})}{n-1}}, 1\right)$
泊松分布 $P(\lambda)$	λ	$n\lambda_1 \sim Ga(1+\sum\limits_{i=1}^{n}x_i, 1)$	$\left(Ga_{1-\alpha/2}(1+\sum\limits_{i=1}^{n}x_i, 1)/n, Ga_{\alpha/2}(1+\sum\limits_{i=1}^{n}x_i, 1)/n\right)$	$\left(0, Ga_\alpha(1+\sum\limits_{i=1}^{n}x_i, 1)/n\right)$	$\left(Ga_{1-\alpha}(1+\sum\limits_{i=1}^{n}x_i, 1)/n, +\infty\right)$
		$2n\lambda_2 \sim \chi^2(2+2\sum\limits_{i=1}^{n}x_i)$	$\left(\chi^2_{1-\alpha/2}(2+2\sum\limits_{i=1}^{n}x_i)/2n, \chi^2_{\alpha/2}(2+2\sum\limits_{i=1}^{n}x_i)/2n\right)$	$\left(0, \chi^2_{\alpha}(2+2\sum\limits_{i=1}^{n}x_i)/2n\right)$	$\left(\chi^2_{1-\alpha}(2+2\sum\limits_{i=1}^{n}x_i)/2n, +\infty\right)$
均匀分布 $U(0,\theta)$	θ	$Z=\dfrac{X_{(n)}}{\theta}$ $F_Z(z)=z^n, (0<z<1)$	$\left(\dfrac{X_{(n)}}{\sqrt[n]{1-\alpha/2}}, \dfrac{X_{(n)}}{\sqrt[n]{\alpha/2}}\right)$	$\left(\dfrac{X_{(n)}}{\sqrt[n]{1-\alpha}}, +\infty\right)$	$\left(X_{(n)}, \dfrac{X_{(n)}}{\sqrt[n]{\alpha}}\right)$

3.6 Bootstrap 区间估计

前面详细阐述了基于枢轴变量法的区间估计, 其关键点在于构造枢轴变量使之服从已知分布. 但在实际问题中, 要构造这样的随机变量不是轻而易举的事情, 它需要满足特定的条件, 甚至还需要复杂的理论推导. 如果总体服从的分布形式未知, 但又要估计总体的某些特征, 除了利用中心极限定理外 (样本量要较大), 枢轴变量法实在无能为力. 当总体分布未知, 仅有一个样本观测值 $x_1, x_2, \cdots, x_n$, 但 n 又不大时, Bootstrap 法却能很好地开展工作.

在 §2.6 的基础上, 我们给出 Bootstrap 区间估计法的基本步骤:

步骤一 以 $x_1, x_2, \cdots, x_n$ 为基础, 生成 N 个自助样本 $X^{(i)} = (x_1^{(i)}, x_2^{(i)}, \cdots, x_n^{(i)})$, 记为 $\{X^{(i)}\}_{i=1}^N$.

步骤二 对每个自助样本计算待估函数值 $\{g(X^{(i)})\}_{i=1}^N$, 并从小到大排序, 仍记为 $\{g(X^{(i)})\}_{i=1}^N$.

步骤三 令 $k_1 = [N \times \alpha/2], k_2 = [N \times (1 - \alpha/2)]$, 取出 $g(X^{(k_1)}), g(X^{(k_2)})$ 作为满足置信度要求的分位点的估计, 即

$$P\left(g(X^{(k_1)}) \leqslant g(X) \leqslant g(X^{(k_2)})\right) \approx 1 - \alpha.$$

步骤四 得到近似置信区间 $(g(X^{(k_1)}), g(X^{(k_2)}))$.

例 3.6.1 用 Bootstrap 法估计例 3.4.1 中零件平均长度 μ 的双侧置信区间 ($\alpha = 0.05$).

解 首先生成 N 个自助样本, 其次构造待估函数 $g(X^{(i)}) = \dfrac{1}{n} \sum\limits_{j=1}^n x_j^{(i)}$, 对待估函数排序, 取上下 $\alpha/2$ 分位数即可. 使用 boot( ) 和 boot.ci( ) 函数前, 需安装 boot 包, 程序如下:

```
# 步骤 1: 定义待估函数, dat[inds] 表示第 inds 个自助样本
est_fun=function(dat,inds) mean(dat[inds])
# 步骤 2: 定义主函数适合处理多个特征指标的估计
interval.boot=function(x,N=5000,statistic,conf.level=0.95, type="perc")
{ bout=boot(data=x,statistic=statistic,R=N)
  dims=length(bout$t0);        inters=matrix(0,nrow=dims,ncol=2)
  for(i in 1:dims)  # 对多个指标, 分别求出置信区间
  { inter=boot.ci(bout,conf=conf.level, type=type,
     var.t0=bout$t0[i],var.t=bout$t[,i],t0=bout$t0[i],t=bout$t[,i])[[4]];
     inters[i,]=inter[1,(ncol(inter)-1):ncol(inter)]
  }
  data.frame(N=N,statistic=bout$t0,conf.level=conf.level,
    down=inters[,1],up=inters[,2],method=paste("boot-",type,sep=""))
}
# 步骤 3: 输入数据, 调用主函数
x=c(2.14,2.10,2.13,2.15,2.13,2.12,2.13,2.10,2.15,2.12,2.14,2.10,2.13, 2.11,2.14,2.11)
interval.boot(x,N=5000,statistic=est_fun,0.95)
```

N	statistic	conf.level	down	up	method
5000	2.125	0.95	2.116875	2.133125	boot-perc

该例子展示了从非参数角度解决参数领域的估计问题,对比例 3.4.1 的输出结果 (2.1152, 2.1348),Bootstrap 方法的结果 (2.116875,2.133125) 是相当理想的,更重要的是它不需要对分布作出过多的假设.

例 3.6.2 有 30 窝猪仔出生时各窝猪的存活数为

9, 8, 10, 12, 11, 12, 7, 9, 11, 8, 9, 7, 7, 8, 9,
7, 9, 9, 10, 9, 9, 9, 12, 10, 10, 9, 13, 11, 13, 9.

若每只猪仔售价 200 元,求每窝平均销售额和波动标准差的置信度为 0.9 的置信区间.

解 显然每窝猪仔的存活数是个随机变量,但分布未知,故枢轴变量法不能用,此时可采用 Bootstrap 法进行估计. 具体代码如下:

```
income_fun=function(dat,inds) c(mean(dat[inds]),sd(dat[inds]))*200
# 定义多个特征指标
x=c(9,8,10,12,11,12,7,9,11,8,9,7,7,8,9,7,9,9,10,9,9,9,12,10,10,9,13,11,
   13,9)
interval.boot(x,N=5000,statistic=income_fun,0.90)
```

N	statistic	conf.level	down	up	method
5000	1906.6667	0.9	1793.3333	2026.667	boot-perc
5000	343.3439	0.9	257.3182	406.612	boot-perc

自行编写的 interval.boot 函数同时给出了两个指标的区间估计,很好地解决了问题.

内容小结

本章介绍了数理统计中参数估计的三个重要内容:点估计、评价准则和区间估计,并详细介绍了使用 R 脚本实现区间估计的过程.

本章的网络结构图:

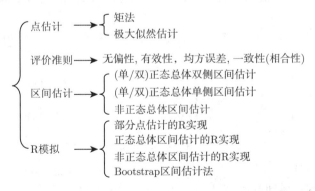

本章基本要求:1. 理解参数点估计的基本概念,熟练掌握点估计中的矩法和极大似然估计法;

2. 理解估计的评价准则, 特别是无偏性、有效性、均方误差和一致性;
3. 熟练掌握单/双正态总体参数的区间估计及 R 实现;
4. 了解非正态分布参数的估计方法及 R 实现;
5. 掌握 Bootstrap 区间估计法.

习 题 三

1. 如果矩估计不唯一时, 比如泊松分布的参数, 请设计试验阐述为何要尽量采用低阶矩来得到参数的矩估计.

2. 对于对称型分布, 在置信度给定时, 必能找到最短置信区间; 但对于非对称型分布, 按照上、下侧分位点方法得到的置信区间不一定是最短置信区间. 请设计实验来说明这个问题.

3. 某城市的年平均工资是具有分布函数 F 的连续型随机变量, 但 F 未知, 中位数 θ 未知, 现有 10 个抽样数据 (单位: 万元):

$$5.9,\ 4.6,\ 10.0,\ 12.0,\ 9.2,\ 8.0,\ 15.5,\ 11.2,\ 6,6,\ 7.2.$$

求总体中位数的估计, 并用 Bootstrap 法求中位数的 95% 的置信区间和估计的标准差.

4. 设总体 $X \sim E(\lambda_1), Y \sim E(\lambda_2)$, X 与 Y 相互独立, $X_1, X_2, \cdots, X_m$ 为 X 的样本, $Y_1, Y_2, \cdots, Y_n$ 为 Y 的样本. 求 λ_1/λ_2 的 $1-\alpha$ 置信区间估计, 并设计程序模拟验证结论.

5. 某电子元件的寿命 (单位: h) 服从威布尔分布, 分布函数和概率密度函数分别为

$$F(x;\beta,\eta) = \begin{cases} 1-\mathrm{e}^{-(x/\eta)^\beta}, & x>0, \\ 0, & \text{其他}, \end{cases} \quad f(x;\beta,\eta) = \begin{cases} \dfrac{\beta}{\eta^\beta} x^{\beta-1}\mathrm{e}^{-(x/\eta)^\beta}, & x>0, \beta>0, \eta>0, \\ 0, & \text{其他}. \end{cases}$$

假设已知 $\beta = 2.5$, 已有容量为 10 的一个样本如下:

$$96.73,\ 152.86,\ 148.27,\ 86.81,\ 166.78,\ 79.66,\ 95.01,\ 22.24,\ 52.66,\ 150.02.$$

求: (1) 参数 η 的极大似然估计;

(2) 估计时刻 $t=40$ 时的可靠性 $R(40) = 1 - F(40)$ 的置信度为 0.95 的 Bootstrap 单侧置信下限.

6*. 某种电子元件在应力 S_k 下的寿命服从威布尔分布, 其概率密度函数为

$$f(x,\alpha,\beta_0,\beta,S_k) = \begin{cases} \dfrac{\alpha}{\eta_k}\left(\dfrac{x}{\eta_k}\right)^{\alpha-1}\mathrm{e}^{-(\frac{x}{\eta_k})^\alpha}, & x>0, \\ 0, & \text{其他}. \end{cases}$$

其中 $\ln \eta_k = \beta_0 + \beta \ln S_k, k=0,1,\cdots,M, \alpha>0, \beta_0>0, \beta<0$ 均未知. 在试验中选取比 S_0(称为正常工作应力) 强的应力 $S_0 < S_1 < S_2 < \cdots < S_M$, 并在这些应力下分别试验 $n_1, n_2, \cdots, n_M$ 个元件, 得到寿命 $X_{11}, \cdots, X_{1n_1}; \cdots; X_{M1}, \cdots, X_{Mn_M}$. 试用极大似然法估计参数 α, β_0, β, 并给出数值解.

电压S_k(kV)	寿命(1000min)					
12.00	5.53163	1.90136				
16.20	1.01512	0.63750				
21.87	0.14763	0.18258	0.07079	0.16518		
29.52	0.07396	0.10563	0.05993	0.01337	0.03130	0.04317

7. 某超市想了解每个顾客在超市的平均消费水平, 从周一到周日的 7 天时间里, 随机选取了 100 名顾客 (其中周一至周五各 10 名, 周六和周日各 25 名) 的消费金额 (单位: 元) 组成一个简单随机样本, 如下所示:

时间	金额(元)
周一	52,150,28,54,330,210,180,32,480,120
周二	240,170,30,74,167,152,260,310,440,62
周三	422,97,84,220,140,156,88,69,108,172
周四	320,112,101,24,62,438,78,123,80,91
周五	59,75,190,270,106,456,82,43,133,50
周六	192,243,222,510,108,150,180,218,180,92,180,260,240,402,136,173, 386,178,98,156,82,130,68,160,142
周日	169,292,186,88,196,378,450,108,132,145,260,192,172,70,166,398,440, 100,125,55,177,215,265,150,200

(1) 请根据样本估计每个顾客的平均消费金额, 并给出置信度为 95% 的置信区间.

(2) 若将周一至周五消费金额看成一总体, 周六和周日看成另一总体, 试对两总体的平均消费金额进行 95% 置信度的区间估计以及它们平均消费金额差的区间估计.

(3) 给出 (1) 和 (2) 两问的 Bootstrap 估计.

8. 均方误差常作为度量和评价点估计量 θ 的标准, 其定义为

$$MSE(\hat{\theta}) = E(\hat{\theta} - \theta)^2 = D(\hat{\theta}) + (E(\hat{\theta}) - \theta)^2.$$

请设计一种算法给出第 7 题第 (1) 问中点估计的均方误差, 并考虑将方法通用化.

9. 推导均匀分布 $U(0,\theta)$ 参数 θ $(\theta > 0)$ 的置信度为 $1 - \alpha$ 的双侧置信区间和单侧置信区间的估计公式, 并用 R 软件模拟验证.

第四章 假设检验

假设检验是一种应用宽泛的统计推断形式,具有极高的理论和实用价值. 它的基本任务是,在总体的分布函数完全未知或只知其形式但不知其参数的情况下,为了推断总体的某些性质,首先提出某些关于总体的某种假设,然后根据样本所提供的信息,对所提假设作出拒绝或接受的决策. 假设检验有其独特的统计思想,许多实际问题都可以转化为假设检验问题而得以有效地解决.

本章主要介绍假设检验的基本概念、原理和方法,参数型假设检验和非参数假设检验. 其中参数型假设检验包括基于正态总体参数的假设检验、部分非正态总体参数的假设检验;非参数假设检验包括总体分布的假设检验、中位数检验、两总体或多总体的同分布检验、列联表独立性检验、一致性检验、Fisher 精确检验、以及基于秩统计量的符号检验等.

本章将基于 R 软件详细探讨上述假设检验实现及应用.

4.1 假设检验的基本概念

一、问题的提出

为了对假设检验问题有一个初步了解,我们先看几个例子.

例 4.1.1 某红酒企业自动罐装瓶装红酒,每瓶容量服从正态分布 $N(750, 2^2)$,某日开工后,随机抽测了 9 瓶,其容量 (单位: ml) 分别为

$$748.5, \quad 751, \quad 752, \quad 749.5, \quad 747.5, \quad 750.5, \quad 752, \quad 746.5, \quad 753.$$

假设瓶装容量的波动幅度保持不变,问这天罐装机工作是否正常?

例 4.1.2 某英语培训机构尝试引入一种新的授课模式,将学员随机地均分成两组,分别对两组学员实施传统授课模式和新的授课模式,试验期结束后测试两组学员掌握词汇的情况,统计数据见表 4.1.1:

表 4.1.1 学员掌握词汇情况

教学模式	明显进步	无明显进步
传统模式	35	45
新模式	50	30

试问新的授课模式是否比传统授课模式更有效?

以上这些例子都属于假设检验问题. 以例 4.1.1 进一步说明假设检验需要做的各项准备工作. 设随机变量 X 表示每瓶红酒容量,则有 $X \sim N(\mu, 2^2)$,由于波动幅度保持不变,则认为

当天罐装容量的方差依然满足 $\sigma^2 = 2^2$. 而要判断罐装机当天工作是否正常, 则可以转化成通过当天罐装的平均值 $\mu = \mu_0$(此处$\mu_0 = 750$) 是否成立来代替, 若成立则认为工作正常, 否则就需要暂停其工作并进行检修. 这一步开启了实际问题到假设检验问题的转化, 极其关键.

根据罐装设备的一贯表现 (以往经验), 可先假定 $\mu = \mu_0$, 并称这个假定 "$\mu = \mu_0$" 为**原假设**, 记为

$$H_0 : \mu = \mu_0 = 750.$$

这个假设可能不成立, 我们把该假设的对立面即 "$\mu \neq \mu_0$" 称为**备择假设**, 记为

$$H_1 : \mu \neq \mu_0.$$

至此, 我们完成了假设检验的第一步: 根据实际问题提出合理的原假设 H_0. 接下来就是根据样本的信息检验原假设 H_0 是否成立, 那如何利用样本信息呢? 先介绍一种基于概率的**反证法思想**: 先假定 H_0 成立, 然后基于这个假定构造一个小概率事件, 保证这个事件在 H_0 成立时几乎不会在一次抽样 (或试验) 中发生. 如果根据本次获得的样本数据, 发现这个构造的小概率事件发生了, 那我们就有充分的理由认为原假设 H_0 不成立, 即作出拒绝原假设 H_0 的决策, 从而选择备择假设 H_1; 否则就作出无法拒绝原假设的决策. 这个反证法中用到一个符合常理的基本准则, 即概率很小的事件在一次试验中几乎不会发生, 通常称这个基本原理为**小概率事件原理**, 它是进行假设检验的基本法则. 下面阐述如何构造这样的小概率事件.

在参数估计中, 我们看到 $\overline{X}$ 是 μ 的优良估计, 若 $H_0 : \mu = \mu_0$ 成立, 则 $|\overline{X} - \mu_0|$ 应该较小 (由随机因素造成的偏差是难免的), 而 $|\overline{X} - \mu_0|$ 较大就是小概率事件. 为了体现小概率事件的 "小" 和差距的 "大", 我们引入符号 α 来表示小概率, 并称其为**显著性水平**, 同时引入记号 C 来表示此处的差距, 并称其为**临界值**, 它们满足 $P(|\overline{X} - \mu_0| > C) = \alpha$, 其中 $0 < \alpha < 1$, 一般取 0.1, 0.05, 0.01 等, 且临界值由显著性水平决定. 一旦显著性水平 α 给定, 临界值 C 就成了判断小概率事件是否发生的一个分界线, 这正是临界值的含义. 只要 $|\overline{X} - \mu_0| > C$, 我们就认为小概率事件发生了, 于是就有足够的理由拒绝原假设 H_0. 为了处理实际问题更直观方便, 利用临界值构造小概率事件发生的区域 $(-\infty, -C) \cup (C, +\infty)$, 即若 $\overline{X} - \mu_0$ 落在该区域内, 则小概率事件$\{|\overline{X} - \mu_0| > C\}$发生, 称这样的区间为**拒绝域**, 记为 W, 同时称与**拒绝域** W 对立的区域 $(-C, C)$, 即小概率事件没有发生的区域为**接受域**.

若拒绝域 W 分别位于两侧, 我们称这类假设检验为**双侧检验**. 类似地, 拒绝域 W 在左侧的假设检验称为**左侧检验**, 拒绝域 W 在右侧的假设检验称为**右侧检验**. 左侧检验和右侧检验统称为**单侧检验**.

那么在给定显著性水平 α 时, 如何确定临界值 C 呢? 这是假设检验中实质性的一步. 显著性水平 α 是概率, 应通过随机变量及分布来确定. 类似参数估计, 此处我们构造含有样本与参数的函数 $U = \dfrac{\overline{X} - \mu_0}{\sigma/\sqrt{n}}$, 它是一个随机变量, 由定理 2.4.1 可知,

$$U = \frac{\overline{X} - \mu_0}{\sigma/\sqrt{n}} \sim N(0, 1).$$

把这样构造的函数 $U = \dfrac{\overline{X} - \mu_0}{\sigma/\sqrt{n}}$ 称为**检验统计量**, 把样本观测值代入即得到**检验统计量值**.

由 $P\left(\left|\frac{\overline{X}-\mu_0}{\sigma/\sqrt{n}}\right| > u_{\alpha/2}\right) = \alpha$, 很容易转化成 $P(|\overline{X}-\mu_0| > C) = \alpha$ 的形式, 由此可确定出临界值 $C = u_{\alpha/2}\sigma/\sqrt{n}$. 当然, 事件 $\{|\overline{X}-\mu_0| > C\}$ 的不同变形就会得到不同的临界值和拒绝域. 为了处理方便, 往往直接利用构造的检验统计量来确定临界值和拒绝域, 此处可用 $u_{\alpha/2}$ 作为临界值, 进而得到拒绝域 $W = (-\infty, u_{\alpha/2}) \cup (u_{\alpha/2}, +\infty)$. 同样, 判定小概率事件是否发生也变成检验统计量值 $\frac{\overline{x}-\mu_0}{\sigma/\sqrt{n}}$ 是否落在拒绝域 W 中.

例 4.1.1 中, 计算得样本均值 $\overline{x} = 750.0556$, 检验统计量值 $u = \frac{750.0556 - 750}{2/\sqrt{9}} = 0.083333$. 若取显著性水平 $\alpha = 0.05$, 则临界值 $u_{\alpha/2} = 1.96$, 拒绝域 $W = (-\infty, -1.96) \cup (1.96, +\infty)$, 显然 $u \notin W$, 所以没有理由拒绝原假设, 即我们认为这天罐装机的工作是正常的. 如果某天测得 9 瓶容量分别为

$$744.5, \ 751, \ 754, \ 747.5, \ 746.5, \ 750.5, \ 750, \ 746.5, \ 746.5.$$

按上述计算其检验统计量值 $u = -2.166667 \in W$, 此时则给出拒绝原假设的决策. 上述决策都是根据一个样本观测值来作出的, 而结论完全不同, 这就有必要讨论小概率事件原理和假设检验犯错误的情况.

小概率事件原理作为解决假设检验问题的基本法则, 其重要性不言而喻. 但我们知道, 小概率事件在一次试验中不管其发生的概率有多小, 有多难发生, 总是有发生的可能. 而假设检验就是根据一次试验得到的随机样本作出决策, 这就不可避免会发生决策错误. 在假设检验中, 如果原假设 H_0 本来为真, 但由于样本的随机性, 碰巧构造的小概率事件发生了, 根据上述判断法则作出拒绝原假设 H_0 的决策, 这一决策是错误的, 形象地把这类错误描述成 **"弃真"** 错误, 并称为**第一类错误**. 显然发生第一类错误的概率为显著性水平 α, 即

$$P(拒绝 H_0 | H_0 真) = \alpha.$$

若原假设 H_0 本来不真, 而我们却接受了原假设 H_0, 显然这一决策也是错误的, 形象地把这类错误描述成 **"取伪"** 错误, 并称为**第二类错误**, 记该错误发生的概率为 β, 即

$$P(接受 H_0 | H_0 不真) = \beta.$$

当然我们希望犯这两类错误的概率 α 和 β 越小越好, 但遗憾的是在样本量固定时, 无法同时减小犯这两类错误的概率, 减小其中一个, 另一个就会增大. 而只有通过增加样本量, 才能使它们同时减小. 于是在假设检验中, 就面临优先控制哪类错误的问题. 奈曼 (Neyman) 和皮尔逊 (Pearson) 提出, 首先控制犯第一类错误的概率, 在这个条件下寻找犯第二类错误的概率尽可能小的检验, 即奈曼和皮尔逊原则. 这是统计学给出的经典方案, 同时也解释了假设检验为什么又称为**显著性检验**.

我们以右侧检验及其示意图 (见图 4.1.1) 为例说明上述问题, 其中 $y = f_1(x)$ 是 H_0 为真时的统计量 U 的概率密度曲线, $y = f_2(x)$ 是 H_0 不真时的统计量 U 的概率密度曲线, α, β 分别是犯第一类和第二类错误的概率, C 是检验的临界值. 当临界值 C 往右移动时, α 变小, β 变大, 反之亦然.

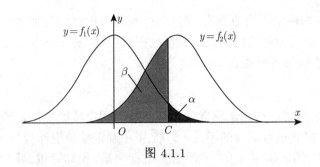

图 4.1.1

我们可以很清楚地从图 4.1.1 中看到这种变化. 在样本容量 n 固定时, 寻找犯第二类错误的概率尽可能小的检验, 在理论和计算上都并非易事. 为了方便起见, 我们着重对犯第一类错误的概率 α 加以控制. 在实际应用中, 常取 α 为一些标准化的值, 如 0.01, 0.05, 0.10 等.

至此我们已经描述了假设检验基本的概念和原理以及完整的实施过程, 下面给出假设检验的一般步骤:

(1) 把实际问题转化成假设检验问题, 提出原假设 H_0 与备择假设 H_1;

(2) 构造检验统计量, 在原假设 H_0 为真的条件下, 该统计量的精确分布 (小样本情况) 或极限分布 (大样本情况) 已知 (一般是标准正态分布、χ^2 分布、t 分布或 F 分布等);

(3) 根据原假设与备择假设的形式, 确定具体的拒绝域 W 的形式 (双侧或单侧区间);

(4) 对给定的显著性水平 α, 确定对应于 α 的临界值 C(当拒绝域为双侧形式时, C 为对应分布关于 α 的双侧分位数; 当拒绝域为单侧形式时, C 为对应分布关于 α(或 $1-\alpha$) 的分位数);

(5) 根据样本观测值计算统计量的值, 并与临界值 C 比较 (即判断是否落入拒绝域 W), 从而作出接受或拒绝原假设 H_0 的决策.

经对比不难发现, 上述步骤与求未知参数的置信区间极其类似, 实际上它们可以相互验证.

由于不同的总体分布条件对应不同的假设检验问题, 所以在统计学中, 通常对假设检验问题进行分类研究. 如果总体分布的类型已知, 原假设是关于总体的某个参数的, 则称之为**参数假设**, 检验参数假设的问题, 称为**参数检验**, 如例 4.1.1; 如果总体的分布类型未知, 原假设是关于总体的某个性质的 (如: 分布类型、独立性等), 则称之为**非参数假设**, 检验非参数假设的问题, 称之为**非参数检验**, 如例 4.1.2.

二、原假设的讨论

上面提到关于总体的假设通常是两个相互对立的假设, 那么到底应该选择哪一个作为原假设, 哪一个作为备择假设呢? 由于犯第一类错误的概率 α 很小, 这说明当原假设 H_0 为真时, 它被拒绝的概率很小, 只有 α, 所以原假设是一个受保护的假设, 不会被轻易否定, 这也符合实际情况. 例 4.1.1 中, 通常罐装机的设计是有严格规范和标准的, 平时也有维护和保养, 因此有理由认为罐装机能够长期稳定的使用. 此处提出原假设 $H_0: \mu = \mu_0 = 750$ 是符合实际情况的, 也是首选. 同时, 检验结果如果是拒绝了原假设而接受备择假设, 说明小概率事件在一次试验中发生了, 这与"小概率"原理相违背, 因此我们更有理由作出上述假设. 所以我们如果希望从样本的观测结果对某一陈述取得有力的支持, 我们应该把这一陈述作为备择假设,而把这一陈述的否定作为原假设. 但有时, 原假设的选定还要考虑到数学上的处理方便性, 如参数等于某个已知数值的假设一般都放在原假设. 在下面几节中我们将结合具体例子说明如何选择原假设与备择假设.

三、p 值检验法

给定显著性水平 α 后, 再确定临界值和拒绝域的假设检验方法是假设检验采用的一种经典模式, 但是这种模式也有明显的不足: 只能由 α 确定检验统计量 U 的临界值进行决策, 无法由检验统计量 U 的值确定 α 的 "临界值" 进行决策. 换句话说, 我们希望得到一种更加灵活的检验模型, 只要算出检验统计量值 U 和概率 $P\left(\left|\dfrac{\overline{X}-\mu_0}{\sigma/\sqrt{n}}\right|>|U|\right)=p$, 用户就能依据 p 的大小自行作出决策, 这也是目前统计软件普遍采用的检验模型, 它并没有替用户作出决策, 而是提供检验 p 值, 把决策权交给用户. 形式上看, 如果用户设定一个显著性水平 α, 此时 $p\leqslant\alpha$, 则表明比 α 值更小的概率事件在检验中发生了, 故拒绝 H_0; 反之, 若 $p>\alpha$, 则接受 H_0, 这就是 **p 值检验法**, 并称概率值 p 为**检验 p 值** (p value). 更一般地, 检验 p 值就是在原假设 H_0 成立时, 检验统计量 U 取现值 $U(x_1,x_2,\cdots,x_n,\mu_0)$ 以及不利于原假设的更极端值的概率, 即检验 p 值表达了在原假设 H_0 成立时, 发生比 $|U|$ 更极端事件的概率. 下面给出检验 p 值一般的计算公式:

设构造的检验统计量为 T, 根据样本观测值计算检验统计量值为 T_0.

(1) 在原假设 H_0 为真的条件下, 若 T 服从标准正态分布或 t 分布等对称型分布, 则

$$\text{检验 } p \text{ 值} = \begin{cases} P(|T|\geqslant|T_0|), & \text{双侧检验}, \\ P(T\geqslant T_0), & \text{右侧检验}, \\ P(T\leqslant T_0), & \text{左侧检验}. \end{cases}$$

(2) 在原假设 H_0 为真的条件下, 若 T 服从一般形式的分布, 如 χ^2 分布或 F 分布, 则

$$\text{检验 } p \text{ 值} = \begin{cases} 2P(T\geqslant T_0), & \text{双侧检验且} P(T\geqslant T_0)\leqslant 0.5 \text{时}, \\ 2P(T\leqslant T_0), & \text{双侧检验且} P(T\leqslant T_0)\leqslant 0.5 \text{时}, \\ P(T\geqslant T_0), & \text{右侧检验}, \\ P(T\leqslant T_0), & \text{左侧检验}. \end{cases}$$

对于某个检验 p 值, 若 $p\leqslant 0.01$, 该检验 p 值或对应的统计量值会附加标记 "**", 表示 "高度显著"; 若 $p\leqslant 0.05$, 该检验 p 值或对应的统计量值会附加标记 "*", 表示 "显著"; 若 $p\leqslant 0.1$, 该检验 p 值或对应的统计量值会附加标记 "(*)", 表示 "一般显著"; 否则, 该检验 p 值或对应的统计量值不附加标记, 表示 "不显著".

如果构造的检验统计量 T 服从标准正态分布, 则称此检验为 **U 检验**, 如果检验统计量服从 χ^2 分布、t 分布或 F 分布, 则分别称此检验为 **χ^2 检验**、**t 检验** 或 **F 检验**.

4.2 参数型假设检验

一、单正态总体参数的假设检验

设总体 $X\sim N(\mu,\sigma^2)$, 从总体 X 中抽取一个容量为 n 的样本 $X_1,X_2,\cdots,X_n$, 样本均

值和样本方差分别为
$$\overline{X} = \frac{1}{n}\sum_{i=1}^{n} X_i, \quad S^2 = \frac{1}{n-1}\sum_{i=1}^{n}(X_i - \overline{X})^2.$$

表 4.2.1　正态总体参数的假设检验问题

关于总体均值的假设检验的三种问题	关于总体方差的假设检验的三种问题
(1) $H_0: \mu = \mu_0, H_1: \mu \neq \mu_0$	(1) $H_0: \sigma^2 = \sigma_0^2, H_1: \sigma^2 \neq \sigma_0^2$
(2) $H_0: \mu \leqslant \mu_0, H_1: \mu > \mu_0$	(2) $H_0: \sigma^2 \leqslant \sigma_0^2, H_0: \sigma^2 > \sigma_0^2$
(3) $H_0: \mu \geqslant \mu_0, H_1: \mu < \mu_0$	(3) $H_0: \sigma^2 \geqslant \sigma_0^2, H_1: \sigma^2 < \sigma_0^2$

其中 μ_0, σ_0^2(待检验的均值和方差) 为已知常数. 问题 (1) 称为双侧检验, 问题 (2), (3) 称为单侧检验, 其中 (2) 称为右侧检验, (3) 称为左侧检验. 这三种假设检验所构造的检验统计量一致 (见下面说明), 只是相应的拒绝域不同 (其他参数假设检验也是如此).

1. 总体方差 σ^2 已知时, 总体均值的假设检验

与区间估计类似, 构造函数 $\dfrac{\overline{X} - \mu}{\sigma/\sqrt{n}}$, 则有 $\dfrac{\overline{X} - \mu}{\sigma/\sqrt{n}} \sim N(0,1)$.

对问题 (1), 当原假设 H_0 成立时 ($\mu = \mu_0$已知), 则上述函数变成检验统计量:
$$U = \frac{\overline{X} - \mu_0}{\sigma/\sqrt{n}} \sim N(0,1). \tag{4.2.1}$$

在原假设 H_0 成立的条件下, 统计量 U 偏离 0 较远的可能性很小, 所以拒绝域应取远离 0 的两侧. 给定显著性水平 α, 由 $P\{|U| \geqslant u_{\alpha/2}\} = \alpha$, 查表得临界值 $u_{\alpha/2}$, 构造拒绝域 $W = \{|U| \geqslant u_{\alpha/2}\}$, 当 $U \in W$ 时, 小概率事件发生, 拒绝原假设 H_0; 当 $U \notin W$ 时, 接受原假设 H_0.

对问题 (2), 当原假设 H_0 成立时, 同样构造检验统计量 $U = \dfrac{\overline{X} - \mu_0}{\sigma/\sqrt{n}}$, 此时
$$U = \frac{\overline{X} - \mu_0}{\sigma/\sqrt{n}} \leqslant \frac{\overline{X} - \mu}{\sigma/\sqrt{n}}.$$

虽然 $\dfrac{\overline{X} - \mu}{\sigma/\sqrt{n}} \sim N(0,1)$, 但 $U = \dfrac{\overline{X} - \mu_0}{\sigma/\sqrt{n}}$ 不一定服从 $N(0,1)$.

在原假设 H_0 成立的条件下, 统计量 $U \gg 0$ 的可能性很小, 所以拒绝域应取单侧 (右边偏离 0 较远). 给定显著性水平 α, 由 $P\left(\dfrac{\overline{X} - \mu}{\sigma/\sqrt{n}} \geqslant u_\alpha\right) = \alpha$, 查表得临界值 u_α, 构造拒绝域 $W = \{U \geqslant u_\alpha\}$, 且有
$$P(U \geqslant u_\alpha) = P\left(\frac{\overline{X} - \mu_0}{\sigma/\sqrt{n}} \geqslant u_\alpha\right) \leqslant P\left(\frac{\overline{X} - \mu}{\sigma/\sqrt{n}} \geqslant u_\alpha\right) = \alpha.$$

则当 $U \geqslant u_\alpha$, 即 $U \in W$ 时, 小概率事件发生, 拒绝原假设 H_0; 反之, 则接受原假设 H_0.

对问题 (3), 当原假设 H_0 成立时, 同样构造检验统计量 $U = \dfrac{\overline{X} - \mu_0}{\sigma/\sqrt{n}}$, 此时
$$U = \frac{\overline{X} - \mu_0}{\sigma/\sqrt{n}} \geqslant \frac{\overline{X} - \mu}{\sigma/\sqrt{n}}.$$

同理, $U = \dfrac{\overline{X} - \mu_0}{\sigma/\sqrt{n}}$ 也不一定服从 $N(0,1)$.

在原假设 H_0 成立的条件下, 统计量 $U \ll 0$ 的可能性较小, 所以拒绝域应取单侧 (左边偏离 0 较远). 给定显著性水平 α, 由 $P\left(\dfrac{\overline{X} - \mu}{\sigma/\sqrt{n}} \leqslant -u_\alpha\right) = \alpha$, 查表得临界值 $-u_\alpha$, 构造拒绝域 $W = \{U \leqslant -u_\alpha\}$, 且有

$$P(U \leqslant -u_\alpha) = P\left(\dfrac{\overline{X} - \mu_0}{\sigma/\sqrt{n}} \leqslant -u_\alpha\right) \leqslant P\left(\dfrac{\overline{X} - \mu}{\sigma/\sqrt{n}} \leqslant -u_\alpha\right) = \alpha.$$

则当 $U \leqslant -u_\alpha$ 即 $U \in W$ 时, 小概率事件发生, 拒绝原假设 H_0; 反之, 则接受原假设 H_0.

综上所述, 总体方差 σ^2 已知时, 总体均值 μ 的三种假设检验问题所构造的检验统计量都是 $U = \dfrac{\overline{X} - \mu_0}{\sigma/\sqrt{n}}$, 但其相应的拒绝域不同, 我们把它们列于表 4.2.2.

特别说明 在原假设 H_0 成立时, 问题 (1) 中统计量 U 服从 $N(0,1)$, 而问题 (2), (3) 中的统计量 U 不一定服从 $N(0,1)$(而是 $(\overline{X} - \mu)/(\sigma/\sqrt{n})$ 服从 $N(0,1)$), 但它们的临界值都是由标准正态分布的分位点决定, 所以为了叙述方便, 也便于记忆, 我们通常把这三种假设检验问题统一叙述为: 在原假设 H_0 成立时, 构造检验统计量 $U = \dfrac{\overline{X} - \mu_0}{\sigma/\sqrt{n}} \sim N(0,1)$, 对于给定的显著性水平 α, 问题 (1) 的拒绝域为 $W = \{|U| \geqslant u_{\alpha/2}\}$, 问题 (2) 的拒绝域为 $W = \{U \geqslant u_\alpha\}$, 问题 (3) 的拒绝域为 $W = \{U \leqslant -u_\alpha\}$.

若采用 p 值检验法, 对于问题 (1), (2), (3) 都构造检验统计量 $U = \dfrac{\overline{X} - \mu_0}{\sigma/\sqrt{n}} \sim N(0,1)$, 并计算检验统计量值 $U_x = \dfrac{\overline{x} - \mu_0}{\sigma/\sqrt{n}}$, 则

	检验 p 值
问题 (1)	$p = 2P(U \geqslant |U_x|) = 2 - 2\Phi(|U_x|)$
问题 (2)	$p = P(U \geqslant U_x) = 1 - \Phi(U_x)$
问题 (3)	$p = P(U \leqslant U_x) = \Phi(U_x)$

不妨也给定一个显著性水平 α, 则有拒绝域 $W = [0, \alpha]$, 若 $p \in W$ 则拒绝原假设; 反之, 则接受原假设. 对比经典检验法和 p 值检验法, 我们发现 p 值检验法更简洁、更灵活.

2. 总体方差 σ^2 未知时, 总体均值的假设检验

由于 σ^2 未知, 故构造函数 $T = \dfrac{\overline{X} - \mu}{S/\sqrt{n}}$, 且有 $\dfrac{\overline{X} - \mu}{S/\sqrt{n}} \sim t(n-1)$, 类似总体方差 σ^2 已知时的讨论, 构造统计量 $T = \dfrac{\overline{X} - \mu_0}{S/\sqrt{n}} \sim t(n-1)$, 并称之为 t **检验**, 三种问题的拒绝域不同, 列于表 4.2.2 中.

若采用 p 值检验法, 对于问题 (1), (2), (3), 并计算检验统计量值 $T_x = \dfrac{\overline{x} - \mu_0}{s/\sqrt{n}}$, 则有

	检验 p 值
问题 (1)	$p = 2P(T \geqslant |T_x|) = 2 - 2F_t(|T_x|)$
问题 (2)	$p = P(T \geqslant T_x) = 1 - F_t(T_x)$
问题 (3)	$p = P(T \leqslant T_x) = F_t(T_x)$

其中 $F_t(T_x)$ 为随机变量 $T \sim t(n-1)$ 的分布函数.

3. 总体均值 μ 未知时, 总体方差的假设检验

从参数 σ^2 的点估计量 $\dfrac{n-1}{n}S^2$ 出发, 根据定理 2.4.1, 有

$$\frac{n-1}{\sigma^2}S^2 \sim \chi^2(n-1). \tag{4.2.2}$$

所以在原假设 H_0 成立时, 构造检验统计量

$$Z = \frac{n-1}{\sigma_0^2}S^2 = \frac{1}{\sigma_0^2}\sum_{i=1}^{n}(X_i - \overline{X})^2 \sim \chi^2(n-1). \tag{4.2.3}$$

对于给定的显著性水平 α, 构造如下的拒绝域:

	拒绝域
问题 (1)	$W = \{Z \geqslant \chi^2_{\alpha/2}(n-1)$ 或 $Z \leqslant \chi^2_{1-\alpha/2}(n-1)\}$
问题 (2)	$W = \{Z \geqslant \chi^2_{\alpha}(n-1)\}$
问题 (3)	$W = \{Z \leqslant \chi^2_{1-\alpha}(n-1)\}$

称之为 χ^2 检验, 这些拒绝域列于表 4.2.2. 至于检验 p 值计算此处就不再赘述了.

4. 总体均值 μ 已知时, 总体方差的假设检验

此时, 同样可以构造检验统计量

$$Z = \frac{n-1}{\sigma_0^2}S^2 = \frac{1}{\sigma_0^2}\sum_{i=1}^{n}(X_i - \overline{X})^2 \sim \chi^2(n-1).$$

但由于检验统计量中未充分利用总体均值 μ 的信息, 所以通常我们构造含有已知信息 μ 的检验统计量. 因为 $\dfrac{X_i - \mu}{\sigma} \sim N(0,1)$, $i = 1, 2, \cdots, n$, 所以在原假设 H_0 成立时, 构造检验统计量:

$$Z = \frac{1}{\sigma_0^2}\sum_{i=1}^{n}(X_i - \mu)^2 \sim \chi^2(n). \tag{4.2.4}$$

对于给定的显著性水平 α, 构造如下的拒绝域:

	拒绝域
问题 (1)	$W = \{Z \geqslant \chi^2_{\alpha/2}(n)$ 或 $Z \leqslant \chi^2_{1-\alpha/2}(n)\}$
问题 (2)	$W = \{Z \geqslant \chi^2_{\alpha}(n)\}$
问题 (3)	$W = \{Z \leqslant \chi^2_{1-\alpha}(n)\}$

这些拒绝域列于表 4.2.2.

现在将单个正态总体参数的假设检验总结在表 4.2.2 中.

表 4.2.2 单个正态总体参数的假设检验

检验参数	条件	原假设H_0	备择假设H_1	检验统计量	服从分布	拒绝域
μ	σ^2 已知	$\mu = \mu_0$	$\mu \neq \mu_0$	$U = \dfrac{\overline{X} - \mu_0}{\sigma/\sqrt{n}}$	$N(0,1)$	$\lvert U \rvert \geqslant u_{\alpha/2}$
		$\mu \leqslant \mu_0$	$\mu > \mu_0$			$U \geqslant u_\alpha$
		$\mu \geqslant \mu_0$	$\mu < \mu_0$			$U \leqslant -u_\alpha$
	σ^2 未知	$\mu = \mu_0$	$\mu \neq \mu_0$	$T = \dfrac{\overline{X} - \mu_0}{S/\sqrt{n}}$	$t(n-1)$	$\lvert T \rvert \geqslant t_{\alpha/2}(n-1)$
		$\mu \leqslant \mu_0$	$\mu > \mu_0$			$T \geqslant t_\alpha(n-1)$
		$\mu \geqslant \mu_0$	$\mu < \mu_0$			$T \leqslant -t_\alpha(n-1)$
σ^2	μ 已知	$\sigma^2 = \sigma_0^2$	$\sigma^2 \neq \sigma_0^2$	$Z = \dfrac{\sum_{i=1}^{n}(X_i - \mu)^2}{\sigma_0^2}$	$\chi^2(n)$	$Z \geqslant \chi^2_{\alpha/2}(n)$ 或 $Z \leqslant \chi^2_{1-\alpha/2}(n)$
		$\sigma^2 \leqslant \sigma_0^2$	$\sigma^2 > \sigma_0^2$			$Z \geqslant \chi^2_\alpha(n)$
		$\sigma^2 \geqslant \sigma_0^2$	$\sigma^2 < \sigma_0^2$			$Z \leqslant \chi^2_{1-\alpha}(n)$
	μ 未知	$\sigma^2 = \sigma_0^2$	$\sigma^2 \neq \sigma_0^2$	$Z = \dfrac{\sum_{i=1}^{n}(X_i - \bar{X})^2}{\sigma_0^2}$	$\chi^2(n-1)$	$Z \geqslant \chi^2_{\alpha/2}(n-1)$ 或 $Z \leqslant \chi^2_{1-\alpha/2}(n-1)$
		$\sigma^2 \leqslant \sigma_0^2$	$\sigma^2 > \sigma_0^2$			$Z \geqslant \chi^2_\alpha(n-1)$
		$\sigma^2 \geqslant \sigma_0^2$	$\sigma^2 < \sigma_0^2$			$Z \leqslant \chi^2_{1-\alpha}(n-1)$

二、双正态总体参数的假设检验

在实际工作中, 常需要对两个正态总体进行比较, 此类问题的解决类似单个正态总体的情况.

设 $X \sim N(\mu_1, \sigma_1^2)$, $Y \sim N(\mu_2, \sigma_2^2)$, X 与 Y 相互独立, $X_1, X_2, \cdots, X_m$ 为 X 的一个样本, $Y_1, Y_2, \cdots, Y_n$ 为 Y 的一个样本. 同区间估计一样, 先给出两个样本的均值和方差:

$$\overline{X} = \frac{1}{m}\sum_{i=1}^{m} X_i, \quad S_1^2 = \frac{1}{m-1}\sum_{i=1}^{m}(X_i - \overline{X})^2; \quad \overline{Y} = \frac{1}{n}\sum_{i=1}^{n} Y_i, \quad S_2^2 = \frac{1}{n-1}\sum_{i=1}^{n}(Y_i - \overline{Y})^2.$$

记

$$S_w^2 = \frac{(m-1)S_1^2 + (n-1)S_2^2}{m+n-2} = \frac{m-1}{m+n-2}S_1^2 + \frac{n-1}{m+n-2}S_2^2,$$

$$S_z^2 = \frac{1}{n-1}\sum_{i=1}^{n}\left[(X_i - Y_i) - (\overline{X} - \overline{Y})\right]^2, \quad \hat{v} = \frac{\left(\dfrac{S_1^2}{m} + \dfrac{S_2^2}{n}\right)^2}{\dfrac{S_1^4}{m^2(m-1)} + \dfrac{S_2^4}{n^2(n-1)}}.$$

两个正态总体均值的假设检验的三种问题	两个正态总体方差的假设检验的三种问题
(1) $H_0: \mu_1 = \mu_2$, $H_1: \mu_1 \neq \mu_2$	(1) $H_0: \sigma_1 = \sigma_2$, $H_1: \sigma_1 \neq \sigma_2$
(2) $H_0: \mu_1 \leqslant \mu_2$, $H_1: \mu_1 > \mu_2$	(2) $H_0: \sigma_1 \leqslant \sigma_2$, $H_1: \sigma_1 > \sigma_2$
(3) $H_0: \mu_1 \geqslant \mu_2$, $H_1: \mu_1 < \mu_2$	(3) $H_0: \sigma_1 \geqslant \sigma_2$, $H_1: \sigma_1 < \sigma_2$

1. σ_1^2, σ_2^2 均已知时, 均值差的假设检验

从参数 μ_1, μ_2 的点估计量 $\overline{X}, \overline{Y}$ 出发, 根据定理 2.4.2, 有

$$\frac{(\overline{X} - \overline{Y}) - (\mu_1 - \mu_2)}{\sqrt{\sigma_1^2/m + \sigma_2^2/n}} \sim N(0, 1).$$

在 H_0 成立的条件下, 构造检验统计量

$$U = \frac{\overline{X} - \overline{Y}}{\sqrt{\sigma_1^2/m + \sigma_2^2/n}} \sim N(0, 1). \tag{4.2.5}$$

对于给定的显著性水平 α, 构造如下的拒绝域:

	拒绝域
问题 (1)	$W = \{|U| \geqslant u_{\alpha/2}\}$
问题 (2)	$W = \{U \geqslant u_\alpha\}$
问题 (3)	$W = \{U \leqslant -u_\alpha\}$

2. σ_1^2, σ_2^2 未知, 但 $\sigma_1^2 = \sigma_2^2 = \sigma^2$ 时, 均值差的假设检验

从参数 μ_1, μ_2 的点估计量 $\overline{X}, \overline{Y}$ 出发, 由于 $\sigma_1^2 = \sigma_2^2 = \sigma^2$ 未知, 根据定理 2.4.2, 有

$$\frac{(\overline{X} - \overline{Y}) - (\mu_1 - \mu_2)}{S_w\sqrt{1/m + 1/n}} \sim t(m+n-2).$$

在 H_0 成立的条件下, 构造检验统计量

$$T = \frac{\overline{X} - \overline{Y}}{S_w\sqrt{1/m + 1/n}} \sim t(m+n-2). \tag{4.2.6}$$

对于给定的显著性水平 α, 构造如下的拒绝域:

	拒绝域
问题 (1)	$W = \{|T| \geqslant t_{\alpha/2}(m+n-2)\}$
问题 (2)	$W = \{T \geqslant t_\alpha(m+n-2)\}$
问题 (3)	$W = \{T \leqslant -t_\alpha(m+n-2)\}$

3. σ_1^2, σ_2^2 未知, 但 $m = n$ 时, 均值差的假设检验

从参数 μ_1, μ_2 的点估计量 $\overline{X}, \overline{Y}$ 出发, 根据定理 2.4.2, 有

$$\frac{(\overline{X} - \overline{Y}) - (\mu_1 - \mu_2)}{S_z/\sqrt{n}} \sim t(n-1).$$

在 H_0 成立的条件下, 构造检验统计量

$$T = \frac{\overline{X} - \overline{Y}}{S_z/\sqrt{n}} \sim t(n-1). \tag{4.2.7}$$

对于给定的显著性水平 α, 构造如下的拒绝域:

	拒绝域
问题 (1)	$W = \{|T| \geqslant t_{\alpha/2}(n-1)\}$
问题 (2)	$W = \{T \geqslant t_\alpha(n-1)\}$
问题 (3)	$W = \{T \leqslant -t_\alpha(n-1)\}$

4. σ_1^2, σ_2^2 未知, 且 $\sigma_1^2 \neq \sigma_2^2$ 时, 均值差的假设检验

根据定理 2.4.2 的结论, 构造统计量

$$T = \frac{\overline{X} - \overline{Y}}{\sqrt{\dfrac{S_1^2}{m} + \dfrac{S_2^2}{n}}} \sim t(\hat{v}), \quad \hat{v} = \frac{\left(\dfrac{S_1^2}{m} + \dfrac{S_2^2}{n}\right)^2}{\dfrac{S_1^4}{m^2(m-1)} + \dfrac{S_2^4}{n^2(n-1)}}. \tag{4.2.8}$$

对于给定的显著性水平 α, 构造如下的拒绝域:

	拒绝域
问题 (1)	$W = \{|T| \geqslant t_{\alpha/2}(\hat{v})\}$
问题 (2)	$W = \{T \geqslant t_\alpha(\hat{v})\}$
问题 (3)	$W = \{T \leqslant -t_\alpha(\hat{v})\}$

5. σ_1^2, σ_2^2 未知, 但 m, n 很大 (一般 m, n 不小于 50) 时, 均值差的假设检验

根据定理 2.4.7, 当 m, n 充分大时, $\dfrac{\overline{X} - \overline{Y} - (\mu_1 - \mu_2)}{\sqrt{S_1^2/m + S_2^2/n}}$ 近似服从标准正态分布 $N(0,1)$, 在 H_0 成立的条件下, 构造检验统计量

$$U = \frac{\overline{X} - \overline{Y}}{\sqrt{\dfrac{S_1^2}{m} + \dfrac{S_2^2}{n}}} \text{ 近似服从} N(0,1). \tag{4.2.9}$$

对于给定的显著性水平 α, 构造如下的拒绝域:

	拒绝域
问题 (1)	$W = \{|U| \geqslant u_{\alpha/2}\}$
问题 (2)	$W = \{U \geqslant u_\alpha\}$
问题 (3)	$W = \{U \leqslant -u_\alpha\}$

6. μ_1, μ_2 未知时, 方差比的假设检验

从参数 σ_1^2, σ_2^2 的点估计量 $\dfrac{m-1}{m}S_1^2, \dfrac{n-1}{n}S_2^2$ 出发, 根据定理 2.4.2, 有

$$\frac{S_1^2/\sigma_1^2}{S_2^2/\sigma_2^2} \sim F(m-1, n-1).$$

在 H_0 成立的条件下, 构造检验统计量

$$F = \frac{S_1^2}{S_2^2} \sim F(m-1, n-1). \tag{4.2.10}$$

对于给定的显著性水平 α, 构造如下的拒绝域:

	拒绝域
问题 (1)	$W = \{F \geqslant F_{\alpha/2}(m-1, n-1)$ 或 $F \leqslant F_{1-\alpha/2}(m-1, n-1)\}$
问题 (2)	$W = \{F \geqslant F_\alpha(m-1, n-1)\}$
问题 (3)	$W = \{F \leqslant F_{1-\alpha}(m-1, n-1)\}$

7. μ_1, μ_2 已知时, 方差比的假设检验

此时, 同样可以构造检验统计量 $F = \dfrac{S_1^2}{S_2^2} \sim F(m-1, n-1)$, 但由于检验统计量中未充分利用 μ_1, μ_2 的信息, 所以通常我们构造含有已知信息 μ_1, μ_2 的检验统计量. 因为,

$$\frac{1}{\sigma_1^2}\sum_{i=1}^m (X_i - \mu_1)^2 \sim \chi^2(m), \quad \frac{1}{\sigma_2^2}\sum_{i=1}^n (Y_i - \mu_2)^2 \sim \chi^2(n),$$

且它们相互独立, 所以有

$$\frac{\dfrac{1}{\sigma_1^2}\sum_{i=1}^m (X_i - \mu_1)^2 \Big/ m}{\dfrac{1}{\sigma_2^2}\sum_{i=1}^n (Y_i - \mu_2)^2 \Big/ n} \sim F(m, n).$$

在 H_0 成立的条件下, 构造检验统计量

$$F = \frac{n\sum_{i=1}^m (X_i - \mu_1)^2}{m\sum_{i=1}^n (Y_i - \mu_2)^2} \sim F(m, n). \tag{4.2.11}$$

对于给定的显著性水平 α, 构造如下的拒绝域:

	拒绝域
问题 (1)	$W = \{F \geqslant F_{\alpha/2}(m, n) \text{ 或 } F \leqslant F_{1-\alpha/2}(m, n)\}$
问题 (2)	$W = \{F \geqslant F_\alpha(m, n)\}$
问题 (3)	$W = \{F \leqslant F_{1-\alpha}(m, n)\}$

现在将两个正态总体参数的假设检验总结在表 4.2.3 中.

例 4.2.1 某高校电气与自动化专业的学生分成 A,B 两个班选修高等数学课程, 从期末成绩中分别随机抽取 50 和 60 名学生的成绩, 经计算得平均成绩分别为 74.28 分和 71.85 分, 样本方差分别为 234.82 和 179.41. 假设两个班的成绩均服从正态分布, 请回答如下问题:

(1) 是否可认为 A 班的平均成绩为 75 分? (2) 两个班的平均成绩是否有显著差异?

解 问题 (1) 是单正态总体方差未知时, 均值的假设检验, 即

$$H_0: \mu_A = 75, \quad H_1: \mu_A \neq 75.$$

通过表 4.2.2 中的 T 统计量完成检验:

$$T = \frac{\overline{X} - 75}{S_A/\sqrt{50}} \sim t(49).$$

算得 $T = \dfrac{74.28 - 75}{\sqrt{234.82/50}} = -0.3322$, 检验 p 值为 0.7411.

表 4.2.3　两个正态总体参数的假设检验

检验参数	条件	原假设 H_0	备择假设 H_1	检验统计量	服从分布	拒绝区域
μ_1 与 μ_2 比较	σ_1^2, σ_2^2 已知	$\mu_1 = \mu_2$	$\mu_1 \neq \mu_2$	$U = \dfrac{\overline{X} - \overline{Y}}{\sqrt{\dfrac{\sigma_1^2}{m} + \dfrac{\sigma_2^2}{n}}}$	$N(0,1)$	$\|U\| \geqslant u_{\alpha/2}$
		$\mu_1 \leqslant \mu_2$	$\mu_1 > \mu_2$			$U \geqslant u_\alpha$
		$\mu_1 \geqslant \mu_2$	$\mu_1 < \mu_2$			$U \leqslant -u_\alpha$
	$\sigma_1^2 = \sigma_2^2$ 未知	$\mu_1 = \mu_2$	$\mu_1 \neq \mu_2$	$T = \dfrac{\overline{X} - \overline{Y}}{S_w \sqrt{\dfrac{1}{m} + \dfrac{1}{n}}}$	$t(m+n-2)$	$\|T\| \geqslant t_{\alpha/2}(m+n-2)$
		$\mu_1 \leqslant \mu_2$	$\mu_1 > \mu_2$			$T \geqslant t_\alpha(m+n-2)$
		$\mu_1 \geqslant \mu_2$	$\mu_1 < \mu_2$			$T \leqslant -t_\alpha(m+n-2)$
	σ_1^2, σ_2^2 未知, 但 $m=n$	$\mu_1 = \mu_2$	$\mu_1 \neq \mu_2$	$T = \dfrac{\overline{X} - \overline{Y}}{S_z/\sqrt{n}}$	$t(n-1)$	$\|T\| \geqslant t_{\alpha/2}(n-1)$
		$\mu_1 \leqslant \mu_2$	$\mu_1 > \mu_2$			$T \geqslant t_\alpha(n-1)$
		$\mu_1 \geqslant \mu_2$	$\mu_1 < \mu_2$			$T \leqslant -t_\alpha(n-1)$
	σ_1^2, σ_2^2 未知, 且 $\sigma_1^2 \neq \sigma_2^2$	$\mu_1 = \mu_2$	$\mu_1 \neq \mu_2$	$T = \dfrac{\overline{X} - \overline{Y}}{\sqrt{\dfrac{S_1^2}{m} + \dfrac{S_2^2}{n}}}$	$t(\hat{v})$	$\|T\| \geqslant t_{\alpha/2}(\hat{v})$
		$\mu_1 \leqslant \mu_2$	$\mu_1 > \mu_2$			$T \geqslant t_\alpha(\hat{v})$
		$\mu_1 \geqslant \mu_2$	$\mu_1 < \mu_2$			$T \leqslant -t_\alpha(\hat{v})$
	σ_1^2, σ_2^2 未知, 但 m, n 不小于 50	$\mu_1 = \mu_2$	$\mu_1 \neq \mu_2$	$U = \dfrac{\overline{X} - \overline{Y}}{\sqrt{\dfrac{S_1^2}{m} + \dfrac{S_2^2}{n}}}$	近似服从 $N(0,1)$	$\|U\| \geqslant u_{\alpha/2}$
		$\mu_1 \leqslant \mu_2$	$\mu_1 < \mu_2$			$U \leqslant u_\alpha$
		$\mu_1 \geqslant \mu_2$	$\mu_1 < \mu_2$			$U \leqslant -u_\alpha$
σ_1^2 与 σ_2^2 比较	μ_1, μ_2 已知	$\sigma_1^2 = \sigma_2^2$	$\sigma_1^2 \neq \sigma_2^2$	$F = \dfrac{m \sum\limits_{i=1}^{m}(X_i - \mu_1)^2}{n \sum\limits_{i=1}^{n}(Y_i - \mu_2)^2}$	$F(m, n)$	$F \leqslant F_{1-\alpha/2}(m,n)$ 或 $F \geqslant F_{\alpha/2}(m,n)$
		$\sigma_1^2 \leqslant \sigma_2^2$	$\sigma_1^2 > \sigma_2^2$			$F \geqslant F_\alpha(m,n)$
		$\sigma_1^2 \geqslant \sigma_2^2$	$\sigma_1^2 < \sigma_2^2$			$F \leqslant F_{1-\alpha}(m,n)$
	μ_1, μ_2 未知	$\sigma_1^2 = \sigma_2^2$	$\sigma_1^2 \neq \sigma_2^2$	$F = \dfrac{S_1^2}{S_2^2}$	$F(m-1, n-1)$	$F \leqslant F_{1-\alpha/2}(m-1, n-1)$ 或 $F \geqslant F_{\alpha/2}(m-1, n-1)$
		$\sigma_1^2 \leqslant \sigma_2^2$	$\sigma_1^2 > \sigma_2^2$			$F \geqslant F_\alpha(m-1, n-1)$
		$\sigma_1^2 \geqslant \sigma_2^2$	$\sigma_1^2 < \sigma_2^2$			$F \leqslant F_{1-\alpha}(m-1, n-1)$

注: $S_w^2 = \dfrac{(m-1)S_1^2 + (n-1)S_2^2}{m+n-2}$; 当 $m=n$ 时

$$S_z^2 = \frac{1}{n-1} \sum_{i=1}^{n} \left[(X_i - Y_i) - (\overline{X} - \overline{Y})\right]^2, \quad \overline{v} = \frac{\left(\dfrac{S_1^2}{m} + \dfrac{S_2^2}{n}\right)^2}{\dfrac{S_1^4}{m^2(m-1)} + \dfrac{S_2^4}{n^2(n-1)}}.$$

由于检验 p 值较大, 故接受 A 班的平均成绩为 75 分的假设.

对问题 (2) 而言, 需先作均值未知时, 方差相等的假设检验, 即

$$H_0: \sigma_A^2 = \sigma_B^2, \quad H_1: \sigma_A^2 \neq \sigma_B^2.$$

通过表 4.2.3 中的 F 统计量完成检验:

$$F = \frac{S_1^2}{S_2^2} \sim F(49, 59).$$

算得 $F = \dfrac{234.82}{179.41} = 1.3089$, 检验 p 值为 0.3215.

由于检验 p 值较大, 故接受两个班成绩方差相等的假设, 则问题 (2) 变成, 方差相等时, 均值差的假设检验, 即

$$H_0: \mu_A = \mu_B, \quad H_1: \mu_A \neq \mu_B.$$

通过表 4.2.3 中的 T 统计量完成检验:

$$T = \frac{\overline{X} - \overline{Y}}{S_w \sqrt{\dfrac{1}{50} + \dfrac{1}{60}}} \sim t(108).$$

算得 $T = \dfrac{2.43}{14.302 \sqrt{\dfrac{1}{50} + \dfrac{1}{60}}} = 0.8873$, 检验 p 值为 0.3769.

由于检验 p 值较大, 故接受两个班的平均成绩无差异的假设.

三、非正态总体参数的假设检验

1. 指数分布参数的假设检验

设总体 $X \sim E(\lambda), \lambda > 0$ 为未知参数, 从总体 X 中抽取一个容量为 n 的样本 $X_1, X_2, \cdots, X_n$, 样本均值为 $\overline{X} = \dfrac{1}{n} \sum_{i=1}^{n} X_i$. 此时, 常见的假设检验问题有以下三种:

(1) $H_0: \lambda = \lambda_0, H_1: \lambda \neq \lambda_0$;

(2) $H_0: \lambda \leqslant \lambda_0, H_1: \lambda > \lambda_0$;

(3) $H_0: \lambda \geqslant \lambda_0, H_1: \lambda < \lambda_0$,

其中 λ_0 为已知常数, 从参数 λ 的点估计量 $\dfrac{1}{\overline{X}}$ 出发, 根据定理 2.4.3, 有

$$2n\lambda \overline{X} \sim \chi^2(2n).$$

在原假设 H_0 成立时, 构造检验统计量:

$$Z = 2n\lambda_0 \overline{X} \sim \chi^2(2n). \tag{4.2.12}$$

对于给定的显著性水平 α, 构造如下的拒绝域:

	拒绝域
问题 (1)	$W = \{Z \geqslant \chi^2_{\alpha/2}(2n) \text{ 或 } Z \leqslant \chi^2_{1-\alpha/2}(2n)\}$
问题 (2)	$W = \{Z \leqslant \chi^2_{1-\alpha}(2n)\}$
问题 (3)	$W = \{Z \geqslant \chi^2_{\alpha}(2n)\}$

2. 0-1 分布参数的假设检验

设总体 $X \sim B(1,p), 0 < p < 1$ 为未知参数, 从总体 X 中抽取一个容量为 n 的样本 $X_1, X_2, \cdots, X_n$, 样本均值为 $\overline{X} = \frac{1}{n}\sum_{i=1}^{n} X_i$. 此时, 常见的假设检验问题有以下三种:

(1) $H_0: p = p_0, H_1: p \neq p_0$;
(2) $H_0: p \leqslant p_0, H_1: p > p_0$;
(3) $H_0: p \geqslant p_0, H_1: p < p_0$,

其中 p_0 为已知常数, 从参数 p 的点估计量 $\overline{X}$ 出发, 根据定理 2.4.4, 近似有

$$\frac{\overline{X} - p}{\sqrt{p(1-p)/n}} \sim N(0,1).$$

在原假设 H_0 成立时, 构造检验统计量

$$U = \frac{\overline{X} - p_0}{\sqrt{p_0(1-p_0)/n}} 近似服从 N(0,1) \tag{4.2.13}$$

对于给定的显著性水平 α, 构造如下的拒绝域:

	拒绝域
问题 (1)	$W = \{|U| \geqslant u_{\alpha/2}\}$
问题 (2)	$W = \{U \geqslant u_\alpha\}$
问题 (3)	$W = \{U \leqslant -u_\alpha\}$

3. 均匀分布 $U(0,\theta)$ 中参数 θ 的假设检验

设总体 $X \sim U(0,\theta), \theta > 0$ 为未知参数 ($U(a,\theta)$ 可以通过平移变换到 $U(0,\theta)$), 从总体 X 中抽取一个容量为 n 的样本 $X_1, X_2, \cdots, X_n$. 此时, 常见的假设检验问题有以下三种:

(1) $H_0: \theta = \theta_0, H_1: \theta \neq \theta_0$;
(2) $H_0: \theta \leqslant \theta_0, H_1: \theta > \theta_0$;
(3) $H_0: \theta \geqslant \theta_0, H_1: \theta < \theta_0$,

其中 θ_0 为已知常数, 从参数 θ 的极大似然估计量 $X_{(n)}$ 出发, 且有 $P(X_{(n)} \leqslant x) = \left(\frac{x}{\theta}\right)^n$.

给定显著性水平 α, 对问题 (1), $X_{(n)}$ 应该在 θ 附近, 而偏离 θ 较远是个小概率事件. 当原假设 H_0 成立时, 即有 $P(|X_{(n)} - \theta_0| \geqslant x) = \alpha$, 展开成

$$P(\{X_{(n)} - \theta_0 \leqslant -x\} \cup \{X_{(n)} - \theta_0 \geqslant x\}) = \alpha.$$

依据枢轴变量法, 令

$$\begin{cases} \dfrac{\alpha}{2} = P(X_{(n)} - \theta_0 \leqslant -x) = P(X_{(n)} \leqslant \theta_0 - x) = \left(1 - \dfrac{x}{\theta_0}\right)^n, \\ \dfrac{\alpha}{2} = P(X_{(n)} - \theta_0 \geqslant x) = 1 - P(X_{(n)} \leqslant \theta_0 + x) = 1 - \left(1 + \dfrac{x}{\theta_0}\right)^n. \end{cases}$$

$$\Rightarrow \begin{cases} x = \theta_0(1 - \sqrt[n]{\alpha/2}), \\ x = \theta_0(\sqrt[n]{1 - \alpha/2} - 1). \end{cases} \Rightarrow W = \left\{x_{(n)} \leqslant \theta_0 \sqrt[n]{\alpha/2} \ \cup \ x_{(n)} \geqslant \theta_0 \sqrt[n]{1 - \alpha/2}\right\}.$$

同理, 对于问题 (2), 拒绝域 $W = \{x_{(n)} \geqslant \theta_0 \sqrt[n]{1-\alpha}\}$;

对于问题 (3), 拒绝域 $W = \{x_{(n)} \leqslant \theta_0(\sqrt[n]{\alpha})\}$.

4. 泊松分布参数的假设检验

设总体 $X \sim P(\lambda), \lambda > 0$ 为未知参数, 从总体 X 中抽取一个容量为 n 的样本 $X_1, X_2, \cdots, X_n$. 此时, 常见的假设检验问题有以下三种:

(1) $H_0 : \lambda = \lambda_0, H_1 : \lambda \neq \lambda_0$;

(2) $H_0 : \lambda \leqslant \lambda_0, H_1 : \lambda > \lambda_0$;

(3) $H_0 : \lambda \geqslant \lambda_0, H_1 : \lambda < \lambda_0$,

其中 λ_0 为已知常数, 由泊松分布的可加性, 有 $n\overline{X} \sim P(n\lambda)$. 再从参数 λ 的极大似然估计量 $\overline{X}$ 出发, 可知 $n\overline{X}$ 是 $n\lambda$ 的极大似然估计量, 因此对 $n\overline{X} \sim P(n\lambda)$ 的假设检验, 可转化成 $X \sim P(\lambda)$ 进行. 当给定 $x \in \mathbb{Z}^+$ 时, 有

$$P(X \geqslant x) = 1 - \sum_{i=0}^{x-1} e^{-\lambda} \frac{\lambda^i}{i!}.$$

给定显著性水平 α, 对问题 (1), 拒绝域 $W = \{X \leqslant x_1 \ \cup \ X \geqslant x_2\}$, 其中

$$x_1 = \max\left\{x \ \Big| \ \sum_{i=0}^{x} e^{-\lambda_0} \frac{\lambda_0^i}{i!} \leqslant \frac{\alpha}{2}\right\}, \quad x_2 = \min\left\{x \ \Big| \ \sum_{i=0}^{x-1} e^{-\lambda_0} \frac{\lambda_0^i}{i!} \geqslant 1 - \frac{\alpha}{2}\right\}, \quad x \text{ 为非负整数}.$$

对于问题 (2), 拒绝域 $W = \{X \geqslant x_2\}$, 其中 $x_2 = \min\left\{x \ \Big| \ \sum_{i=0}^{x-1} e^{-\lambda_0} \frac{\lambda_0^i}{i!} \geqslant 1 - \alpha\right\}$, x 为非负整数.

对于问题 (3), 拒绝域 $W = \{X \leqslant x_1\}$, 其中 $x_1 = \max\left\{x \ \Big| \ \sum_{i=0}^{x} e^{-\lambda_0} \frac{\lambda_0^i}{i!} \leqslant \alpha\right\}$, 为非负整数.

例 4.2.2 某能力测试项目通过率一般为 60%, 从今年参加测试的人员中随机抽取 100 人, 发现有 45 人通过该项测试. 问今年的测试通过率是否明显低于一般水平?

解 根据题意, 上述问题可化为假设检验问题:

$$H_0 : p \geqslant p_0, \quad H_1 : p < p_0.$$

由 R 软件中的 binom.test 函数可作检验, 即

```
binom.test(45,100,p=0.6,alternative="less")
```

当然也可以根据表 4.2.4 中的 U 统计量近似处理. 函数返回的检验 p 值为 0.001711, 由此可拒绝原假设, 认为今年的测试通过率明显低于一般水平.

表 4.2.4 非正态总体参数的假设检验

总体分布	原假设 H_0	备择假设 H_1	检验统计量	(近似)服从分布	拒绝区域
指数分布 $E(\lambda)$	$\lambda = \lambda_0$	$\lambda \neq \lambda_0$	$Z = 2n\lambda_0 \overline{X}$	$\chi^2(2n)$	$Z \geqslant \chi^2_{\alpha/2}(2n)$ 或 $Z \leqslant \chi^2_{1-\alpha/2}(2n)$
	$\lambda \leqslant \lambda_0$	$\lambda > \lambda_0$			$Z \leqslant \chi^2_{1-\alpha}(2n)$
	$\lambda \geqslant \lambda_0$	$\lambda < \lambda_0$			$Z \geqslant \chi^2_{\alpha}(2n)$
0-1 分布 $B(1,p)$	$p = p_0$	$p \neq p_0$	$U = \dfrac{\overline{X} - p_0}{\sqrt{p_0(1-p_0)/n}}$	$N(0,1)$	$\lvert U \rvert \geqslant u_{\alpha/2}$
	$p \leqslant p_0$	$p > p_0$			$U \geqslant u_{\alpha}$
	$p \geqslant p_0$	$p < p_0$			$U \leqslant -u_{\alpha}$
均匀分布 $U(0,\theta)$	$\theta = \theta_0$	$\theta \neq \theta_0$	$P(X_{(n)} \leqslant x) = \left(\dfrac{x}{\theta}\right)^n$		$x_{(n)} \leqslant \theta_0 \sqrt[n]{\alpha/2}$ 或 $x_{(n)} \geqslant \theta_0 \sqrt[n]{1-\alpha/2}$
	$\theta \leqslant \theta_0$	$\theta > \theta_0$			$x_{(n)} \geqslant \theta_0 \sqrt[n]{1-\alpha}$
	$\theta \geqslant \theta_0$	$\theta < \theta_0$			$x_{(n)} \leqslant \theta_0 \sqrt[n]{\alpha}$
泊松分布 $P(\lambda)$	$\lambda = \lambda_0$	$\lambda \neq \lambda_0$	$P(X \leqslant x) = \sum_{i=0}^{x} e^{-\lambda}\dfrac{\lambda^i}{i!}$		$W = \{X \leqslant x_1 \ \cup \ X \geqslant x_2\}$ $x_1 = \max\left\{x \Big\lvert \sum_{i=0}^{x} e^{-\lambda_0}\dfrac{\lambda_0^i}{i!} \leqslant \dfrac{\alpha}{2}\right\}$, $x_2 = \min\left\{x \Big\lvert \sum_{i=0}^{x-1} e^{-\lambda_0}\dfrac{\lambda_0^i}{i!} \geqslant 1-\dfrac{\alpha}{2}\right\}$, 其中 x 为非负整数
	$\lambda \leqslant \lambda_0$	$\lambda > \lambda_0$			$W = \{X \geqslant x_2\}$ $x_2 = \min\left\{x \Big\lvert \sum_{i=0}^{x-1} e^{-\lambda_0}\dfrac{\lambda_0^i}{i!} \geqslant 1-\alpha\right\}$, 其中 x 为非负整数
	$\lambda \geqslant \lambda_0$	$\lambda < \lambda_0$			$W = \{X \leqslant x_1\}$ $x_1 = \max\left\{x \Big\lvert \sum_{i=0}^{x} e^{-\lambda_0}\dfrac{\lambda_0^i}{i!} \leqslant \alpha\right\}$, 其中 x 为非负整数

四、假设检验的 R 软件实现

R 软件中提供一个专用于假设检验输出信息的类 "htest",所有的检验函数输出的结果都遵循这个格式,所以有必要了解它包含的信息,列于表 4.2.5 中:

表 4.2.5　htest 定义

statistic	检验统计量值
parameter	检验统计量所服从分布的参数
p.value	检验 p 值
conf.int	区间估计
estimate	点估计值
null.value	原假设中待检验的值
alternative	备择假设描述
method	采用检验方法的描述
data.name	数据的名称

R 软件用于单/双正态总体均值检验的函数有 t.test, 但是它没有实现 (单/双) 总体中方差已知时, 均值的假设检验。其中, 仅指定 x 表示单总体, 同时指定 x,y 表示双总体; mu 表示待检验的均值或者均值差; paired=TRUE 表示双总体配对检验; var.equal=TRUE 表示双总体方差相等; conf.level 表示区间估计的置信度; alternative 取值为 two.sided 表示双侧检验, less 表示左侧检验, greater 表示右侧检验, 具体使用见表 4.2.6.

表 4.2.6　t.test 的使用

条件	原假设	例子
σ^2 未知	$H_0: \mu = \mu_0$	x=rnorm(20,100,4)
		t.test(x,mu=100, alternative='two.sided', conf.level=0.95)
	$H_0: \mu \geqslant \mu_0$	t.test(x,mu=100, alternative='less', conf.level=0.95)
	$H_0: \mu \leqslant \mu_0$	t.test(x,mu=100, alternative='greater', conf.level=0.95)
$\sigma_1^2 \neq \sigma_2^2$ 未知	$H_0: \mu_1 = \mu_2$	x=rnorm(20,0,4);　y=rt(20,10)
		t.test(x,y, alternative='two.sided', conf.level=0.95)
$\sigma_1^2 = \sigma_2^2$ 未知	$H_0: \mu_1 \geqslant \mu_2$	t.test(x,y, alternative='less', conf.level=0.95, var.equal=TRUE)
$m = n$ 配对	$H_0: \mu_1 \leqslant \mu_2$	t.test(x,y, alternative='greater', conf.level=0.95, paired=TRUE)
$\sigma_1^2 \neq \sigma_2^2$ 未知	$H_0: \mu_1 - \mu_2 = 0.5$	t.test(x,y, alternative='two.sided', conf.level=0.95, mu=0.5)

对于例子:

```
x=rnorm(20,0,4); y=rt(20,10);
t.test(x,y, alternative='two.sided', conf.level=0.95, var.equal=TRUE)
```

输出的结果形式如下:

```
Two Sample t-test                    # method
data:  x and y                       # data.name
t=-0.075957, df=38, p-value=0.9399   # statistic, parameter, p.value
alternative hypothesis: true difference in means is not equal to 0
                                     # alternative = two.sided
95 percent confidence interval:
 -2.129808  1.975763                 # conf.int
sample estimates:
 mean of x    mean of y              # estimate
-0.2048372   -0.1278150
```

var.test 提供正态总体下双总体方差比的假设检验, 函数头定义如下:
var.test(x, y, ratio = 1,alternative = c("two.sided", "less",
    "greater"),conf.level = 0.95, ...)

其中, x,y 表示双总体的样本; ratio 表示方差比值; alternative 和 conf.level 的描述同 t.test. 具体使用见表 4.2.7.

表 4.2.7 var.test 的使用

条件	原假设	例子
μ_1^2, μ_2^2 未知	$H_0: \sigma_1^2 = \sigma_2^2$	x=rnorm(20,0,4); y=rt(20,10)
		var.test(x,y,ratio=1, alternative='two.sided', conf.level=0.95)
μ_1^2, μ_2^2 未知	$H_0: \sigma_1^2 \geqslant \sigma_2^2$	var.test(x,y,ratio=1, alternative='less', conf.level=0.95)
μ_1^2, μ_2^2 未知	$H_0: \sigma_1^2 \leqslant \sigma_2^2$	var.test(x,y,ratio=1, alternative='greater', conf.level=0.95)
μ_1^2, μ_2^2 未知	$H_0: \sigma_1^2 = 2\sigma_2^2$	var.test(x,y,ratio=2, alternative='two.sided', conf.level=0.95)

设 x=rnorm(20,0,4), y=rt(20,10), 对于具体例子:

```
var.test(x,y,ratio=1, alternative='two.sided', conf.level=0.95)
```

输出的结果形式如下:

```
F test to compare two variances
data:  x and y
F = 6.5158, num df = 19, denom df = 19, p-value = 0.0001526
alternative hypothesis: true ratio of variances is not equal to 1
95 percent confidence interval:
 2.579037 16.461872
sample estimates:
ratio of variances
         6.515809
```

binom.test 函数提供对二项分布参数 p 的检验, 函数头定义为
binom.test(x, n, p = 0.5, alternative = c("two.sided", "less",
    "greater"), conf.level = 0.95)

其中, x 表示事件成功次数, n 表示试验次数, p 表示待检验概率, 其他描述同 t.test 函数. 具体使用见表 4.2.8.

要编写类似 t.test 的检验函数, 可以输入命令 binom.test 查看它的源代码. 下面编写在方差已知时, 均值的假设检验函数 (R 中没有实现) mean.one.test, 其定义见表 4.2.9.

同理可定义方差已知时, 两总体均值差的假设检验; 均值已知时, 两总体方差比的假设检验等, 具体如表 4.2.10 和表 4.2.11 所示.

第四章 假设检验

表 4.2.8 binom.test 的使用

原假设	例子
$H_0: p = p_0$	x=300; n=420; binom.test(x,n,p=0.70)
$H_0: p \geqslant p_0$	binom.test(c(x,n-x),p=0.70,alternative='less')
$H_0: p \leqslant p_0$	binom.test(c(x,n-x),p=0.70,alternative='greater')

对于具体例子, 具体程序如下:

```
Exact binomial test    # binom.test(x,n,p=0.70) 的输出
data:  x and n
number of successes = 300, number of trials = 420, p-value = 0.5582
alternative hypothesis:  true probability of success is not equal to 0.7
95 percent confidence interval:
 0.6684841   0.7570383
sample estimates:
probability of success
             0.7142857
```

表 4.2.9 mean.one.test 函数

```
mean.one.test=function(x,alternative = c("two.sided", "less",
                 "greater"),sd=1,mu=0,conf.level=0.95)
{ # x总体的样本,sd总体的标准差,mu待检验的均值
   n=length(x);   mx=mean(x);     sqrtn=sqrt(n);
   ua_half=qnorm(0.5+conf.level/2);   ua=qnorm(conf.level)
                                         # 双侧分位点, 上侧分位点
   STATISTIC=(mean(x)-mu)*sqrtn/sd;
   names(STATISTIC)='U'                  # 表明U检验-正态检验
   parameter=c(mu,sd,n)                  # 标准正态, 没有附加参数
   names(parameter)=c('mu','sd','n')     # 输出传入的参数 mu,sd以及样本量n
   alternative=match.arg(alternative)

   PVAL=switch(alternative,two.sided=2-2*pnorm(abs(STATISTIC)),
       less=pnorm(STATISTIC),greater=1-pnorm(STATISTIC))   # 三种P值
   MUINT=switch(alternative,two.sided=c(mx-ua_half*sd/sqrtn,
       mx+ua_half*sd/sqrtn),less=c(-Inf,mx+ua*sd/sqrtn),
       greater=c(mx-ua*sd/sqrtn,Inf))                       # 三种区间估计
   attr(MUINT,'conf.level')=conf.level
   ESTIMATE=mx                           # 均值估计
   names(ESTIMATE)='mean'                # 点估计的描述
   DNAME=deparse(substitute(x))          # 数据的名称
   METHOD='One-Sample mean.std-norm test with var known'  # 方法的名称
   nm_alternative=switch(alternative,
```

```
        two.sided=paste('true E(X) is not equal to ',mu,sep=''),
            less=paste('true E(X) is less than ',mu,sep=''),
            greater=paste('true E(X) is greater than ',mu,sep=''))
                                            #对备择假设进行说明
    RVAL=list(statistic=STATISTIC,p.value=PVAL,alternative=
        nm_alternative,method=METHOD,data.name=DNAME,conf.int=MUINT,
        parameter=parameter,estimate=ESTIMATE)
    class(RVAL)='htest' #生成返回值到列表,再把列表转化成htest类,也可用structure
    return(RVAL)
#   structure(list(statistic=STATISTIC,p.value=PVAL,alternative=
            nm_alternative,method=METHOD,
#   data.name=DNAME,conf.int=MUINT,parameter=parameter,estimate=
            ESTIMATE),class='htest')
}
mean.one.test(x)
```

```
One-Sample mean.std-norm test with var known
data:  x
U = -1.5763, mu = 100, sd = 2, n = 20, p-value = 0.115
alternative hypothesis: true E(X) is not equal to 100
95 percent confidence interval:
  98.41854 100.17158
sample estimates:
     mean
99.29506
```

表 4.2.10 mean.two.test 函数

```
mean.two.test=function(x,y,alternative = c("two.sided","less",
            "greater"),sd=c(1,1),mu=0,conf.level=0.95)
{  # sd两总体的标准差,mu是两总体均值的差,x,y两个总体的样本数据
    n=c(length(x),length(y));    mx=c(mean(x),mean(y));
    minus=mx[1]-mx[2]-mu;    sqrtn=sqrt(sd[1]^2/n[1]+sd[2]^2/n[2]);
    ua_half=qnorm(0.5+conf.level/2);    ua=qnorm(conf.level)
                                        #双侧分位点,上侧分位点
    STATISTIC=(mx[1]-mx[2]-mu)/sqrtn
    names(STATISTIC)='U'                #表明U检验或Z检验
    parameter=c(mu,sd,n)                #标准正态,没有附加参数
    names(parameter)=c('mu','sdx','sdy','nx','ny')
                                        #输出传入的参数mu,sd和样本量
    alternative=match.arg(alternative)

    PVAL=switch(alternative,two.sided=2-2*pnorm(abs(STATISTIC)),less=
        pnorm(STATISTIC),greater=1-pnorm(STATISTIC))  #三种p值
```

```
    MUINT=switch(alternative,two.sided=c(minus-ua_half*sqrtn,
        minus+ua_half*sqrtn),less=c(-Inf, minus +ua*sqrtn),
        greater=c(minus -ua*sqrtn,Inf))     # 三种区间估计
    attr(MUINT,'conf.level')=conf.level
    ESTIMATE=mx                             # 均值估计
    names(ESTIMATE)=c('meanx','meany')      # 点估计的描述
    DNAME=sprintf('%s and %s',deparse(substitute(x)),
        deparse(substitute(y)))             # 数据的名称
    METHOD='Two-Sample mean-minus std-norm test with var known'
                                            # 方法的名称
    nm_alternative=switch(alternative,two.sided=paste('true E(X) is not
                                            equal to',mu,sep=''),
      less=paste('true E(X) is less than ',mu,sep=''),greater=
            paste('true E(X) is greater than ',mu,sep=''))
        # 上句，对备择假设进行说明
    RVAL=list(statistic=STATISTIC,p.value=PVAL,alternative=
      nm_alternative,method=METHOD,data.name=DNAME,conf.int=MUINT,
      parameter=parameter,estimate=ESTIMATE)
    class(RVAL)='htest'
        # 生成返回值到列表，再把列表转化成htest类，也可用structure
    return(RVAL)
}
x=rnorm(30);   y=rt(20,10)
mean.two.test(x,y,sd=c(1,1),mu=0)
```

```
One-Sample mean.std-norm test with var known
data:  x
U = -1.5763, mu = 100, sd = 2, n = 20, p-value = 0.115
alternative hypothesis: true E(X) is not equal to 100
95 percent confidence interval:
  98.41854 100.17158
sample estimates:
    mean
99.29506
```

表 4.2.11 var.two.test 函数

```
var.two.test=function(x,y,ratio=1,alternative = c("two.sided","less",
                "greater"),mu=c(0,0),conf.level=0.95)
{ # x,y两个样本,ratio方差比值,mu是已知均值向量
  n=c(length(x),length(y));  s2=c(mean((x-mu[1])^2),mean((y-mu[2])^2));
  fa_half_up=qf(0.5+conf.level/2,n[2],n[1]);
  fa_half_down=qf(0.5-conf.level/2,n[2],n[1])    # 双侧分位点
```

```r
        fa_up=qf(conf.level,n[2],n[1]); fa_down=qf(1-conf.level,n[2],n[1])
                                        # 上侧分位点下侧分位点,
    STATISTIC=ratio*s2[2]/s2[1]
    pstat=pf(STATISTIC,n[2],n[1]);   ifelse(pstat>0.5,2*(1-pstat),2*pstat)
                                        # 双侧时用
    names(STATISTIC)='F'                # 表明U检验或Z检验
    parameter=c(n[2],n[1],ratio,n)      # 标准正态, 没有附加参数
    names(parameter)=c('df-1','df-2','ratio','nx','ny')
                        # 输出第一, 第二自由度,ratio和样本量
    alternative=match.arg(alternative)

    PVAL=switch(alternative,two.sided=ifelse(pstat>0.5,2*(1-pstat),
      2*pstat),less=pf(STATISTIC,n[2],n[1]),greater=1-pf(STATISTIC,
      n[2],n[1]))         # 三种P值
    MUINT=switch(alternative,two.sided=c(s2[1]*fa_half_down/s2[2]/ratio,
                                         s2[1]*fa_half_up/s2[2]/ratio),
       less=c(-Inf, s2[1]*fa_up/s2[2]/ratio), greater=c(s2[1]*fa_down/
                                    s2[2]/ratio,Inf))  # 三种区间估计
    attr(MUINT,'conf.level')=conf.level
    ESTIMATE=s2[1]/s2[2]                # 比例估计
    names(ESTIMATE)='ratio'             # 点估计的描述
    DNAME=sprintf('%s and %s',deparse(substitute(x)),
          deparse(substitute(y)))                       # 数据的名称
    METHOD='Two-Sample var-ratio F test with mean known'# 方法的名称
    nm_alternative=switch(alternative,two.sided=paste('true DX/DY
                      is not equal to ',ratio,sep=''),
      less=paste('true DX/DY is less than ',ratio,sep=''),
      greater=paste('true DX/DY is greater than ',ratio,sep=''))
                                    # 上句,对备择假设进行说明
    RVAL=list(statistic=STATISTIC,p.value=PVAL,alternative=
       nm_alternative,method=METHOD,data.name=DNAME,conf.int=MUINT,
       parameter=parameter,estimate=ESTIMATE)
    class(RVAL)='htest'
        # 生成返回值到列表, 再把列表转化成 htest 类, 也可用 structure
    return(RVAL)
}
x=rnorm(30,0,2);  y=rt(20,10)
var.two.test(x,y,ratio=2)
```

```
Two-Sample var-ratio F test with mean known
data:  x and y
F=0.89191, df-1=20, df-2=30, ratio=2, nx=30, ny=20, p-value=0.8035
alternative hypothesis: true DX/DY is not equal to 2
```

```
95 percent confidence interval:
 0.4773878   2.4612009
sample estimates:
   ratio
2.242388
```

4.3 非参数型假设检验

一、分布函数的拟合优度检验

拟合优度检验是检验样本所在总体的分布与某种理论分布是否相一致的统计方法, 其基本思路是构造衡量样本分布与理论分布之间拟合程度 (或差异程度) 的量, 当这个量超过某个界限时便认为样本分布与理论分布差异太大, 样本分布不适合用这个理论分布来描述. 其中, Pearson 拟合优度 χ^2 检验是比较常见的一类方法.

设总体 X 的分布函数为 $F(x)$, 且未知, $X_1, X_2, \cdots, X_n$ 是来自总体 X 的一个样本, 样本观测值记为 $x_1, x_2, \cdots, x_n$, 考虑如下的假设检验问题:

$$H_0 : F(x) = F_0(x; \boldsymbol{\theta}), \quad H_1 : F(x) \neq F_0(x; \boldsymbol{\theta}). \tag{4.3.1}$$

其中 $F_0(x; \boldsymbol{\theta})$ 为某已知的分布函数, $\boldsymbol{\theta} = (\theta_1, \theta_2, \cdots, \theta_k) \in \Theta$ 为含有 k ($k \geqslant 0$) 个未知参数的向量, Θ 为参数空间. 当然在进行拟合优度检验之前, $F_0(x; \boldsymbol{\theta})$ 中的未知参数 $\boldsymbol{\theta}$ 必须先进行估计, 通常以极大似然估计值 $\hat{\boldsymbol{\theta}}$ 代入 $F_0(x; \boldsymbol{\theta})$, 然后得到具体的理论分布 $F_0(x; \hat{\boldsymbol{\theta}})$.

根据 $F_0(x; \boldsymbol{\theta})$ 的不同形态, 问题 (4.3.1) 通常包括: 一般分布性假设检验、同分布假设检验等. Pearson 拟合优度 χ^2 检验属于一般分布性假设检验, 它适用于所有的理论分布形态; Kolmogorov-Smirnov 检验属于同分布检验, 它主要用来检验两个连续样本是否来自相同的分布. Pearson 拟合优度 χ^2 检验也可以用来作正态性检验.

1. Pearson 拟合优度 χ^2 检验

它的主要思路是通过分析样本数据得到实际观测的频数, 并与假设的总体在理论上的期望频数相比较; 若原假设成立, 则二者的偏差不应太大, 即把实际频数是否接近理论频数作为检验总体分布和理论分布是否一致的衡量标准, 并由此构造 Pearson χ^2 统计量. 该检验首先需要将数据处理成分组数据, 然后计算分组频数和频率, 进而构造统计量. 具体过程如下:

(1) 构造统计量.

第一步 划分子区间, 把数轴 $(-\infty, +\infty)$ 划分为 m 个互不相交的子区间:

$$D_i = (a_{i-1}, a_i], \quad i = 1, 2, \cdots, m,$$

其中 $a_0 < a_1 < \cdots < a_{m-1} < a_m$, a_0 取 $-\infty$, a_m 取 $+\infty$. 划分子区间的方法: 一般先按直方图的方法, 构造等距小区间, 然后对那些包含样本点个数少于 5 个的小区间进行合并. 区间数 m 的取值一般为

$$m \approx 1.87(n-1)^{0.4}, \quad \text{或} \quad 5 \leqslant m \leqslant 16.$$

第二步 计算频率与概率, 记 n_i 表示样本点落入区间 D_i 的个数, 则 $f_i = n_i/n$ 表示随机变量 X 落入区间 D_i 的频率; 记 $p_i = P(X \in D_i)$ 表示随机变量 X 落入区间 D_i 的概率, 当 H_0 为真时,

$$p_i = F_0(a_i; \hat{\theta}) - F_0(a_{i-1}; \hat{\theta}), \quad i = 1, 2, \cdots, m.$$

第三步 构造统计量, 由大数定律揭示的概率和频率的关系, 当 H_0 为真时, $f_i = n_i/n$ 与 p_i 的差距应该比较小, 即 $\left(\dfrac{n_i}{n} - p_i\right)^2$ 应很小, 从而构造统计量:

$$Z = \sum_{i=1}^{m} \left(\frac{n_i}{n} - p_i\right)^2 \cdot \frac{n}{p_i} = \sum_{i=1}^{m} \frac{(n_i - np_i)^2}{np_i} = \sum_{i=1}^{m} \frac{(n_i^2 - 2nn_ip_i + n^2p_i^2)}{np_i} = \sum_{i=1}^{m} \frac{n_i^2}{np_i} - n.$$

显然, Z 值应该也比较小, 如果 Z 太大, 则 H_0 不可能成立. 其中, 称 Z 为 **Pearson χ^2 统计量**.

(2) 确定统计量 Z 的分布.

关于统计量 Z 所服从的分布, Pearson 于 1900 年证明了如下重要结论:

定理 4.3.1 当 H_0 为真时, Z 以 $\chi^2(m-k-1)$ 为极限分布, 其中 k 为 $F_0(x; \theta)$ 中未知参数的个数. (注: 如果 $F_0(x; \theta)$ 中不包含任何未知参数, 则 Z 以 $\chi^2(m-1)$ 为极限分布.)

因此, 当 n 较大时 $(n \geqslant 50)$, 可以近似地认为 $Z \sim \chi^2(m-k-1)$.

(3) 拒绝域和检验 p 值.

对于给定的显著性水平 α, 假设检验问题 (4.3.1) 的拒绝域为

$$Z > \chi_\alpha^2(m-k-1). \tag{4.3.2}$$

代入样本观测值, 计算得 Z, 当 $Z > \chi_\alpha^2(m-k-1)$ 时, 拒绝原假设 H_0, 否则接受 H_0.

检验 p 值由下式确定:

$$p = P(\chi^2(m-k-1) > Z).$$

例 4.3.1 在圆周率 $\pi = 3.14159265\cdots$ 的前 800 位小数中, 数字 0, 1, 2, $\cdots$, 9 出现的频数如表 4.3.1 所示:

表 4.3.1 数字 0 到 9 出现的频数

数字	0	1	2	3	4	5	6	7	8	9
频数	74	92	83	79	80	73	77	75	76	91

检验这些数字的分布是否服从离散型均匀分布. ($\alpha = 0.05$)

解 所谓的离散型均匀分布, 是指随机变量取每个离散值的概率都相等. 本题中即每个数字出现的概率 p 都相等, 因此将上述问题转化成假设检验问题:

$$H_0: p = 0.1, \quad H_1: p \neq 0.1.$$

从表格数据易得 $n = 800$, 当 H_0 为真时, $p_i = p = 0.1$, $i = 1, 2, \cdots 10$, 则

$$Z = \sum_{i=1}^{m} \frac{n_i^2}{np_i} - n = \frac{74^2 + 92^2 + \cdots + 91^2}{80} - 800 = 5.125,$$

其中未知参数个数 $k = 0$, $n = 800$ 较大, 故近似有 $Z \sim \chi^2(10-1)$.

因为统计量 $Z = 5.125 < \chi^2_{0.05}(9) = 16.918945$, 故接受原假设 H_0, 即认为数字的分布服从离散型均匀分布. 另外算得检验 p 值为 $P(Z > 5.125) = 0.823278$, 这个值很大, 说明 H_0 被拒绝的可能性很小. 具体程序如下:

```
x=c(74,92,83,79,80,73,77,75,76,91);      p=rep(0.1,1,10)
chisq.test(x,p=p)                        # 或者直接使用 chisq.test(x) 默认概率相等
Chi-squared test for given probabilities
data:  x
X-squared = 5.125, df = 9, p-value = 0.8233  # 检验 p 值很大, 故原假设被拒绝的可能性很小
```

例 4.3.2 某厂生产一批白炽灯泡, 其光通亮 (单位: 流明) 用 X 表示, 先从该总体中抽取容量 $n = 120$ 的样本, 观察值见表 4.3.2, 试问 X 是否服从正态分布 $N(\mu, \sigma^2)$? ($\alpha = 0.05$)

表 4.3.2　白炽灯泡测试数据　　　　　　　　　　(单位: 流明)

216	206	193	213	210	211	218	206	210	211	202	200
203	213	213	203	208	209	190	217	216	201	205	202
197	218	208	206	211	218	219	214	204	216	206	203
208	207	208	207	211	214	211	201	221	211	216	208
206	208	204	196	214	219	208	212	208	209	206	216
209	202	208	201	220	211	199	213	209	208	213	206
206	194	204	208	211	208	214	211	214	209	206	222
208	203	206	207	203	221	207	212	214	202	207	213
202	213	208	213	216	211	207	216	199	211	200	209
203	211	209	208	224	218	214	206	204	207	198	219

解 本题的假设检验问题可同时表示为下列两种形式:

$$H_0: F(x) \in \{N(\mu, \sigma^2)\}, \quad H_1: F(x) \notin \{N(\mu, \sigma^2)\};$$

$$H_0: F(x) = F_0(x; \boldsymbol{\theta}), \quad H_1: F(x) \neq F_0(x; \boldsymbol{\theta}),$$

其中 $F_0(x; \boldsymbol{\theta})$ 为正态分布族 $\{N(\mu, \sigma^2)\}$ 中的某个具体的正态分布函数, 只是 μ, σ 未知. $\boldsymbol{\theta} = (\mu, \sigma^2)$ 含两个未知参数, 常用极大似然法估计, 得

$$\hat{\mu} = \bar{x} = 208.816667, \quad \hat{\sigma}^2 = \frac{n-1}{n}s^2 = 39.649722 = 6.296803^2.$$

所以上述检验问题进一步变为检验:

$$H_0: F(x) = N(208.816667, 6.296803^2).$$

数据中的最小值为 190, 最大值为 224, 理论分组数 m 为 12.64, 即取 $m = 13$. 可取 189.5 为下界, 228.5 为上界, 将区间 (189.5, 228.5) 按长度为 3 等间距地划分为 13 个小区间.

经统计发现前 3 个小区间与后 3 个小区间的频数 n_i 值都小于 5, 如图 4.3.1 所示. 所以从方法适用条件上看, 应适当合并小区间, 使每个小区间的 n_i 值都大于 5. 为此进行区间

的适当合并，最后取 $m = 9$，其中区间端点标记为：$(-\infty, 198.5, 201.5, 204.5, 207.5, 210.5, 213.5, 216.5, 219.5, +\infty)$。新区间绘制的直方图见图 4.3.2，计算的详细过程见表 4.3.3。

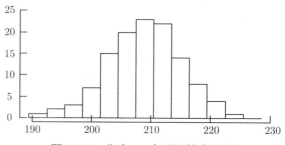

图 4.3.1 分成 13 个区间的直方图

表 4.3.3 正态分布的 χ^2 检验过程

i	区间 $(a_{i-1}, a_i]$	频数 n_i	对应标准正态区间 $(u_{i-1}, u_i]$	$p_i = \Phi(u_i) - \Phi(u_{i-1})$	np_i	$\dfrac{(n_i - np_i)^2}{np_i}$
1	$(-\infty, 198.50]$	6	$(-\infty, -1.631557]$	0.051386	6.166370	0.004489
2	$(198.50, 201.50]$	7	$(-1.631557, -1.157114]$	0.072226	8.667176	0.320690
3	$(201.50, 204.50]$	15	$(-1.157114, -0.682671]$	0.123795	14.855355	0.001408
4	$(204.50, 207.50]$	20	$(-0.682671, -0.208228]$	0.170118	20.414166	0.008403
5	$(207.50, 210.50]$	23	$(-0.208228, 0.266215]$	0.187438	22.492530	0.011449
6	$(210.50, 213.50]$	22	$(0.266215, 0.740658]$	0.165586	19.870346	0.228251
7	$(213.50, 216.50]$	14	$(0.740658, 1.215101]$	0.117287	14.074416	0.000393
8	$(216.50, 219.50]$	8	$(1.215101, 1.689544]$	0.066606	7.992727	0.000007
9	$(219.50, +\infty)$	5	$(1.689544, +\infty)$	0.045558	5.466913	0.039878
Σ	$(-\infty, +\infty)$	120	$(-\infty, +\infty)$	1.000000	120.00000	0.614968

绘制该直方图的 R 代码如下：

```
x=scan('clipboard')    # 复制上述数据到剪贴板，然后通过剪贴板读入变量 x 中
hist(x, breaks=seq(189.5,228.5,by=3))
```

由于 n 较大，$F_0(x; \boldsymbol{\theta})$ 含有两个未知参数，所以近似有 $Z \sim \chi^2(9-2-1)$，从表 4.3.3 中的数据可知 $Z = 0.614968$，经查表得 $\chi^2_{0.05}(6) = 12.592$，因为 $Z < \chi^2_{0.05}(6)$，所以接受原假设 H_0，即认为随机变量 X 服从正态分布 $N(208.816667, 6.296803^2)$。

另外可算得检验 p 值为 $P(Z > 0.614968) = 0.9961457$。

下面给出拟合优度 χ^2 检验的 R 程序和图：

```
x=scan('clipboard')
br=c(188,198.5,seq(201.5,219.5,by=3),229);  hist(x, breaks=br, freq
   =FALSE)
A=table(cut(x,br=br))    # 按cut形成的区间因子统计出区间频数
p2=pnorm(br[2:length(br)],mean(x),sd(x));
p1=pnorm(br[1:(length(br)-1)],mean(x),sd(x))
n=length(p1);   p=p2-p1;   p[1]=p2[1];   p[n]=1-p1[n]
```

```
chisq.test(A,p=p)
```

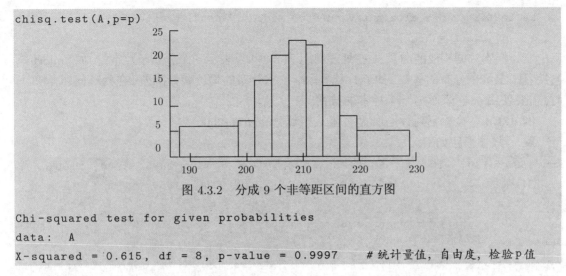

图 4.3.2　分成 9 个非等距区间的直方图

```
Chi-squared test for given probabilities
data:  A
X-squared = 0.615, df = 8, p-value = 0.9997     # 统计量值, 自由度, 检验 P 值
```

从上述的检验结果中, 我们发现自由度 df=8, 与理论分析的自由度 6 不同, 这是由于 R 软件只分析了区间数 9, 从而计算出自由度 $9-1=8$, 而它对用户如何算出概率值 (变量 p) 一无所知, 更别提待检验分布中有几个未知参数了. 不过可用 R 软件算出的统计量值来计算检验 p 值

$$p = P(\chi^2(6) > 0.615) = 0.9961451.$$

结论同列表法一致. 表 4.3.3 给出详细的检验过程是为了理解, 真正的计算还是要借助统计软件.

连续数据的拟合优度 χ^2 检验在确定区间长度、区间个数的过程带有一定的经验主义色彩. 当然经验也是从长期实践摸索和统计训练中总结出来的, 而概率统计的理论和方法本身从来不否认"经验"所起的作用. 总之, 关于拟合优度 χ^2 检验, 其过程一方面为方法的应用带来灵活性, 另一方面也承担了一定程度的经验主义的"负面"影响.

2. Kolmogorov-Smirnov 检验

Kolmogorov-Smirnov 检验 (简称 K-S 检验) 也是一种拟合优度检验, 基于经验分布函数, 可以检验一个样本数据是否来自某个特定总体分布或者检验两个样本数据的总体分布是否相同. 该方法构造了一个经验分布与理论分布的偏差上确界统计量:

$$D = \sup_{-\infty < x < +\infty} |F_n(x) - F_0(x)|, \quad \text{或者} \quad D = \sup_{-\infty < x < +\infty} |F_n(x) - G_m(x)|.$$

其检验的问题在不引起歧义的前提下简化为

$$H_0 : F(x) = F_0(x), \quad H_1 : F(x) \neq F_0(x) (\text{由 Kolmogorov 完成}); \quad (4.3.3)$$

$$H_0 : F(x) = G(x), \quad H_1 : F(x) \neq G(x) (\text{由 Smirnov 完成}). \quad (4.3.4)$$

显然, 如果两个分布函数相同, 则统计量 D 值应较小, 如果 D 值太大则可否认分布相等的原假设. 但是这个检验方法不论样本容量多大, 都采用大样本近似的方式来处理问题. 所以在小样本情况下, 这个检验的效率和精确度常常不尽人意. 这一点在实际应用中要特别注意. R 软件中提供 ks.test 函数来完成 K-S 检验, 定义如下:

```
ks.test(x, y,…, alternative=c("two.sided","less","greater"),
    exact = NULL)
```
其中 x 为样本数据构成的向量, y 在处理问题 (4.3.3) 时, 表示一个分布函数字符, 如 "pnorm", 紧接着跟上这个分布的参数, 如 0,1 表示标准正态分布的均值和标准差; 在处理问题 (4.3.4) 时, 需要使用 y, 它表示另一个样本的数据.

例 4.3.3 检验下列数据 x 是否服从指数分布 $E(1/2500)$?

解 具体程序如下:

```
x=c(1980, 1880, 2040, 1980, 1860, 1780, 1660, 2110, 1880, 1980, 2100,
    2160, 1960, 1880, 1860, 1990, 2020, 1920, 2180, 1980)
ks.test(x,'pexp',1/2500)
        One-sample Kolmogorov-Smirnov test
data:  x
D = 0.4852, p-value = 0.0001626    # 此处检验p值很小, 说明应该拒绝相等性原假设
alternative hypothesis: two-sided  # 此处连结表示样本中出现了相同的数据
警告信息:
 In ks.test(x, "pexp", 1/2500) : Kolmogorov - 检验里不应该有连结Smirnov
```

例 4.3.4 生成服从 $N(0,1)$ 和 $t(1)$ 分布的两组随机数各 30 和 300 个, 采用 K-S 检验两样本是否服从相同的分布?

解 具体程序如下:

X1=rnorm(30); Y1=rt(30,1)	X2=rnorm(300); Y2=rt(300,1)
ks.test(X1,Y1)	ks.test(X2,Y2)
Two-sample Kolmogorov-Smirnov test	Two-sample Kolmogorov-Smirnov test
data: X1 and Y1	data: X2 and Y2
D = 0.2333, p-value = 0.3929	D = 0.16, p-value = 0.0009239
alternative hypothesis: two-sided	alternative hypothesis: two-sided

注意 当样本量较小时, K-S 检验并不灵敏, 但是当样本量较大时, K-S 检验才体现出灵敏度. 由于 $t(n) \xrightarrow{n \to \infty} N(0,1)$, 此处自由度 $n=1$ 较小, 所以此例中的两个样本数据, 预期的检验结论基本上是拒绝原假设. 但在样本量少的情况下, 检验极可能作出误判, 即上面提到的检验不灵敏.

3. Kolmogorov 分布

随机变量 $K = \sup\limits_{t \in [0,1]} |B(t)|$ 所服从的分布称为 Kolmogorov 分布, 其中 $B(t)$ 是布朗桥 (Brown Bridge), K 的分布函数表示为

$$P(K \leqslant x) = 1 - 2\sum_{i=1}^{+\infty}(-1)^{i-1}\mathrm{e}^{-2i^2x^2}.$$

对于 K-S 检验, 需要构造统计量 $D_n = \sup_x |F_n(x) - F_0(x)|$, 在 $n \to \infty$, 有如下的结论:

$$\sqrt{n}D_n \xrightarrow{W} K = \sup_{t\in[0,1]} |B(t)|,$$

即 $\sqrt{n}D_n$ 依分布收敛于 Kolmogorov 分布. 对于有限的 n 而言, 此时

$$D_n = \max_i\{|F_n(x_i) - F_0(x_i)|, \quad |F_n(x_{i-1}) - F_0(x_i)|\}, \quad F_n(x_0) = 0.$$

对于例 4.3.3, 我们可以采用上述近似来计算检验 p 值. 具体程序如下:

```
Fn=ecdf(x)(sort(x));      F=pexp(sort(x),1/2500);   n=length(x);   LFn=c(0, Fn[1:(n-1)])
D=max(c(abs(Fn-F),abs(LFn-F)))    # 求解统计量 Dn
pks=function(x,N=1000)            # 将无限循环降低到 N 次, 计算分布函数值, 此处 x=√nDn
{  i=1:N;    di=(-1)^(i-1);  ei=exp(-2*(i*x)^2);    return(1-2*sum(di*ei))  }
c(D=D,p.value=1-pks(D*sqrt(n),1000))
           D           p.value
   0.4852119415    0.0001626227
```

从上述结果可知, 自行编程计算的结果同 ks.test 的输出结果是一致的.

二、正态性检验

检验总体是否为正态分布在统计学中占有重要地位, 所以专用于正态性的假设检验很多, 本节主要介绍 Q-Q 图检验、W 检验等. 正态性检验的问题表示为

$$H_0: F(x) = N(\mu_0, \sigma_0^2), \quad \text{或} \quad H_0: F(x) \in \{N(\mu, \sigma^2)\}.$$

1. Q-Q 图检验

Q-Q 图检验法是一种直观易行的检验正态性的方法, 它的直观主要体现在图形上, 具体过程如下:

(1) 把样本观测值 $x_1, x_2, \cdots, x_n$ 从小到大排序, 记为 $x_{(1)} \leqslant x_{(2)} \leqslant \cdots \leqslant x_{(n)}$, 构造经验分布函数:

$$F_n(x) = \frac{\sum_{i=1}^n I(x_i \leqslant x)}{n} = \begin{cases} 0, & x < x_{(1)}, \\ \dfrac{k}{n}, & x_{(k)} \leqslant x < x_{(k+1)}, \quad k = 1, 2, \cdots, n-1, \\ 1, & x \geqslant x_{(n)}. \end{cases}$$

(2) 当 H_0 为真, 且 $n \to +\infty$ 时, 由格列汶科 (W. Glivenko) 定理, 得如下近似关系:

$$F(x) = P(X \leqslant x) = \int_{-\infty}^x \frac{1}{\sqrt{2\pi}\sigma} e^{-\frac{(t-\mu)^2}{2\sigma^2}} dt = \Phi\left(\frac{x-\mu}{\sigma}\right) \approx F_n(x),$$

进而有

$$\frac{x-\mu}{\sigma} \approx \Phi^{-1}(F_n(x)) = t, \tag{4.3.5}$$

则有近似直线方程:
$$x = t\sigma + \mu. \quad (4.3.6)$$

(3) 绘制 Q-Q 图.

以 σ 为斜率, μ 为截距, 在 Otx 平面上绘制直线 $x = t\sigma + \mu$, 再画出 n 个散点 $(t_i, x_{(i)})$, 其中 $t_i = \Phi^{-1}\left(\dfrac{i}{n}\right)$, $i = 1, 2, \cdots, n$, 此图就称为 **Q-Q 图**.

(4) 结论.

判断这 n 个散点是否近似位于该直线上, 以此作为正态性检验的直观判定. 当 n 个散点近似位于直线上时, 就认为总体来自正态分布, 否则认为总体不是来自正态分布. 这里有个问题需要注意, 那就是作出这个判断的置信度有多大呢?

(5) 模型修正.

实际计算中, 由于 $x_{(n)}$ 对应的理论上的 $t_n = +\infty$, 它是不存在的, 所以常对 i/n 作连续性修正, 即取 $(i-0.5)/n$ 或 $(i-0.25)/n$ 或 $(i-0.375)/(n+0.25)$ 代替 i/n 进行上述计算. 关于散点 $(t_i, x_{(i)}), i = 1, 2\cdots, n$ 间的线性关系程度, 可通过计算它们的相关系数 ρ_{xt}, 再作相关性检验获得更加细致的结论. 显然 ρ_{xt} 越接近于 1, 线性相关就越强, 即认为样本来自正态分布的置信度就越高; 否则就拒绝正态性的假设.

令 $\bar{t} = \dfrac{1}{n}\sum\limits_{i=1}^{n} t_i$, $\bar{x} = \dfrac{1}{n}\sum\limits_{i=1}^{n} x_i = \dfrac{1}{n}\sum\limits_{i=1}^{n} x_{(i)}$, 则 ρ_{xt} 的计算公式为

$$\rho_{xt} = \dfrac{\sum\limits_{i=1}^{n} (t_i - \bar{t})(x_{(i)} - \bar{x})}{\sqrt{\sum\limits_{i=1}^{n} (t_i - \bar{t})^2} \sqrt{\sum\limits_{i=1}^{n} (x_{(i)} - \bar{x})^2}}. \quad (4.3.7)$$

例 4.3.5 随机抽取某次考试中 100 名学生的测试成绩 (总分 100 分), 从小到大 (列方向) 排序, 见表 4.3.4:

表 4.3.4　100 名学生的测试成绩

42	46	50	53	55	59	62	64	65	67	67	68	69	70	72	73	74	76	83	90
43	46	51	54	55	60	62	64	65	67	67	68	69	71	72	73	74	77	84	91
44	47	52	54	56	61	62	65	66	67	68	68	69	71	72	73	75	79	86	92
45	48	52	55	57	62	63	65	66	67	68	69	70	71	73	74	75	80	87	96
45	49	53	55	58	62	64	65	66	67	68	69	70	71	73	74	76	82	89	99

解　假设 $X \sim N(\mu, \sigma^2)$, 经计算得 μ 和 σ 的估计值分别为

$$\hat{\mu} = 66.43, \quad \hat{\sigma} = \sqrt{146.025354} = 12.0841.$$

根据式 (4.3.6) 画出直线, 再根据式 (4.3.5) 计算全部的 $(x_{(i)}, t_i)$, 最后绘制 Q-Q 图. 程序和图如下:

```
x=scan('clipboard');      n=length(x)
par(mai=c(0.5,0.5,0.1,0.1), mgp=c(0.3,0.3, 0));
A=qqnorm(x,main='',xlab='',ylab='');  qqline(x);   # 系统画的 QQ 图和直线, A 记录了 (x_(i), t_i)
abline(a=mean(x),b=sqrt(var(x)*(n-1)/n),lty=4)     # 式 (4.3.3) 画的虚线, 和 qqline 不重合
cor.test(A$x, A$y, conf.level=0.95)                # 作相关系数区间估计和检验
```

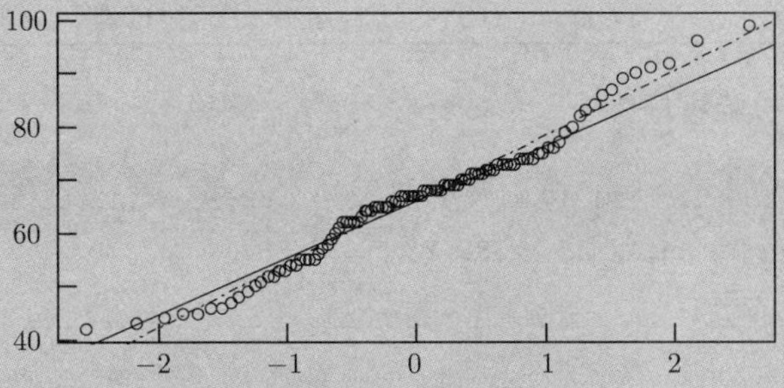

图 4.3.3 Q-Q 图

```
Pearson's product-moment correlation
data:    A$x and A$y
t = 65.4922,  df = 98,   p-value < 2.2e-16          # 此处 p 值很小, 可拒绝原假设
alternative hypothesis:  true correlation is not equal to 0   # 备择假设是相关系数不等于 0
95 percent confidence interval:
  0.9833232   0.9924421
sample estimates:
     cor                                            # 估计的相关系数
0.9887681
```

不管是 Q-Q 图的直观判断, 还是 ρ_{xt} 的相关系数检验, 基本上都可认为该样本数据来自正态总体. 特别注意, abline 和 qqline 绘制的直线不重合, 这里涉及计算 $(x_{(i)},t_i)$ 的修正问题, 在 R 软件中关于这个修正有很多种选择, 可通过 help(qqnorm) 查阅.

2. 正态性的 W 检验

正态性 W 检验又称为 **Shapiro-Wilk 检验**, 它是 S.S.Shapiro 与 M.B.Wilk 提出的, 利用顺序统计量构造 W 统计量来检验分布的正态性. 其解决的假设检验问题是:

$$H_0: F(x) \in \{N(\mu,\sigma^2)\}, \qquad H_1: F(x) \notin \{N(\mu,\sigma^2)\}.$$

而检验使用的 W 统计量定义如下:

$$W = \frac{\left(\sum_{i=1}^n a_i x_{(i)}\right)^2}{\sum_{i=1}^n (x_i - \bar{x})^2},$$

其中 $x_{(i)}$ 为样本的第 i 个顺序统计量; a_i 为系数常量, 它是根据样本顺序统计量有关的均值、方差、协方差等经由正态分布产生的; $\bar{x}$ 为样本均值. 虽然 W 统计量的值越大表示数据越符合正态分布, 但是否接受原假设还必须以检验 p 值来决定. 换句话说, 可能出现 W 统计量的值很大, 但是检验 p 值很小的情况, 这在实际应用中要特别注意.

例 4.3.6 有一只股票在某个时间段内的股价如表 4.3.5 所示, 试用 W 检验法检验其正态性.

表 4.3.5 某只股票的股价

13.91	13.45	13.10	12.61	12.67	12.85	12.13	12.59	12.32	12.55
12.92	12.85	12.65	12.90	12.74	12.35	12.33	12.36	12.53	12.56

解 正态性 W 检验程序如下:

```
x=c(13.91,13.45,13.10,12.61,12.67,12.85,12.13,12.59,12.32,12.55,12.92,12.85,
   12.65,12.90, 12.74,12.35,12.33,12.36,12.53,12.56)
shapiro.test(x)
Shapiro-Wilk normality test
data:  x
W = 0.8912, p-value = 0.02824    # 注意:W 统计量的值很大, 但是检验 p 值却较小
```

本题结论是, 建议拒绝正态性假设, 至少在显著性水平 $\alpha = 0.05$ 之下可以拒绝原假设了.

例 4.3.7 给定标准正态随机数 100 个, 作 W 检验; 将第一个随机数的值减去 5, 再作 W 检验法.

解 程序如下:

x=rnorm(100)	x[1]=x[1]-5	# 用的 x 是改变 x[1] 值之后的
shapiro.test(x)	shapiro.test(x)	ks.test(x,'pnorm',0,1)
Shapiro-Wilk normality test	Shapiro-Wilk normality test	One-sample Kolmogorov-Smirnov test
data: x	data: x	data: x
W = 0.9851	W = 0.9503	D = 0.096, p-value = 0.3154
p-value = 0.3229	p-value = 0.0008671	Alternative hypothesis: two-sided

从这个例子可以看出, 一个异常值对 W 检验的影响, 说明该检验方法对异常值是极其敏感的, 所以正态性 W 检验方法必须慎重使用. 正态性 W 检验比较适合小样本, 对于大样本, 通常难以达到好的效果, 这与其他检验完全不同. 另外我们也看到, K-S 检验对异常值还是具有抗干扰能力的, 具有一定的稳健性.

R 软件包 "robCompositions" 中的 adtest 函数可完成 Anderson-Darling 正态性检验; 软件包 "RVAideMemoire" 里的 mshapiro.test 函数可对多维正态性进行检验.

三、基于列联表的检验

在实际应用中, 经常把两类总体的问题转化成通过某些水平或状态的频数及其变化来构造统计量的假设检验. 例如, 研究收入与学历是否有关、饮料的口味与性别是否有关、课程通过率与教师性别是否有关、前后两次观测是否一致等, 这些问题都可通过列联表 (Contingency Table) 形式的检验得到解决. 下面主要介绍与独立性和一致性有关的检验, 包括列联表独立性检验、Fisher 精确检验、McNemar 检验和 kappa 一致性检验等.

关于两个随机变量是否独立的假设检验问题,通常可以描述成:

$$H_0: X, Y 相互独立, \quad H_1: X, Y 不独立. \tag{4.3.8}$$

1. 列联表独立性检验

使用列联表进行独立性检验的基本步骤如下:

(1) 数据表示和问题提出.

设随机变量 X, Y 各有 r 和 s 个类别 (水平), 对 (X,Y) 进行 n 次独立观测, 用 n_{ij} 表示样本观测值中 "$X=i, Y=j$"(或 X 取 i 水平且 Y 取 j 水平) 的样品数 ($i=1,2,\cdots,r$; $j=1,2,\cdots,s$), 把这些数据排成表 4.3.6 的形式, 并称该表为 $r \times s$ **列联表**.

表 4.3.6 $r \times s$ **列联表**

频数		\multicolumn{4}{c	}{Y}	行和
		1	2	$\cdots$	s	
X	1	n_{11}	n_{12}	$\cdots$	n_{1s}	$n_{1\cdot}$
	2	n_{21}	n_{22}	$\cdots$	n_{2s}	$n_{2\cdot}$
	$\vdots$	$\vdots$	$\vdots$	$\cdots$	$\vdots$	$\vdots$
	r	n_{r1}	n_{r2}	$\cdots$	n_{rs}	$n_{r\cdot}$
列和		$n_{\cdot 1}$	$n_{\cdot 2}$	$\cdots$	$n_{\cdot s}$	n

其中 $n_{i\cdot} = \sum_{j=1}^{s} n_{ij}$, $n_{\cdot j} = \sum_{i=1}^{r} n_{ij}$ 分别是随机变量 X, Y 在 i 水平和 j 水平的样品数, $n = \sum_{i=1}^{r}\sum_{j=1}^{s} n_{ij}$. 记

$$p_{ij} = P(X=i, Y=j), \quad p_{i\cdot} = P(X=i), \quad p_{\cdot j} = P(Y=j),$$

其中 $i=1,2,\cdots,r$; $j=1,2,\cdots,s$, 则式 (4.3.8) 可表示为

$$H_0: p_{ij} = p_{i\cdot} \cdot p_{\cdot j}, \quad H_1: p_{ij} = p_{i\cdot} \cdot p_{\cdot j} 不都成立, \tag{4.3.9}$$

其中 $p_{i\cdot}, p_{\cdot j}, i=1,2,\cdots,r$; $j=1,2,\cdots,s$ 都是未知参数, 总共有 $(r-1)+(s-1)$ 个.

(2) 构造统计量.

当 H_0 为真时, n_{ij} 与 $np_{ij}(=np_{i\cdot}p_{\cdot j})$ 之间的差距应该较小, 类似 Pearson χ^2 检验构造的统计量:

$$Z = \sum_{i=1}^{r}\sum_{j=1}^{s} \frac{(n_{ij} - np_{ij})^2}{np_{ij}} = \sum_{i=1}^{r}\sum_{j=1}^{s} \frac{(n_{ij} - np_{i\cdot}p_{\cdot j})^2}{np_{i\cdot}p_{\cdot j}},$$

其中 $p_{i\cdot}, p_{\cdot j}$ 为未知参数, 由于 $\sum_{i=1}^{r} p_{i\cdot} = \sum_{j=1}^{s} p_{\cdot j} = 1$, 所以独立参数个数总和为 $(r-1)+(s-1)$.

对于未知参数 $p_{i\cdot}, p_{\cdot j}$ 的估计一般采用极大似然法估计, 即 $\hat{p}_{i\cdot} = \dfrac{n_{i\cdot}}{n}, \hat{p}_{\cdot j} = \dfrac{n_{\cdot j}}{n}$, 所以上述统计

量转化为

$$Z = \sum_{i=1}^{r}\sum_{j=1}^{s}\frac{(n_{ij}-np_{i\cdot}p_{\cdot j})^2}{np_{i\cdot}p_{\cdot j}} = \sum_{i=1}^{r}\sum_{j=1}^{s}\frac{(n_{ij}-n_{i\cdot}n_{\cdot j}/n)^2}{n_{i\cdot}n_{\cdot j}/n} = \sum_{i=1}^{r}\sum_{j=1}^{s}\frac{(nn_{ij}-n_{i\cdot}n_{\cdot j})^2}{nn_{i\cdot}n_{\cdot j}}. \quad (4.3.10)$$

通常将 n_{ij} 称为**实际频数**, $np_{i\cdot}p_{\cdot j}$ 称为**理论频数(期望频数)**, 而 $n\hat{p}_{i\cdot}\hat{p}_{\cdot j}$ 称为**期望频数的估计**.

(3) 确定统计量的分布.

由定理 4.3.1 知, 统计量 Z 近似服从 $\chi^2(n-(r-1)-(s-1)-1) = \chi^2((r-1)(s-1))$ 分布. 特别地, 当 $r=2$, $s=2$ 时, 式 (4.3.10) 可以表示为

$$Z = \frac{n(n_{11}n_{22}-n_{12}n_{21})^2}{n_{1\cdot}n_{2\cdot}n_{\cdot 1}n_{\cdot 2}}, \quad (4.3.11)$$

其近似服从 $\chi^2(1)$ 分布.

(4) 拒绝域和结论.

给定显著性水平 α, 检验问题 (4.3.8) 的拒绝域为

$$Z > \chi^2_{\alpha}((r-1)(s-1)). \quad (4.3.12)$$

代入样本观测值, 计算得 Z, 当 $Z > \chi^2_{\alpha}((r-1)(s-1))$ 时, 拒绝原假设 H_0, 否则接受 H_0.

例 4.3.8 某学校高等数学课程考试通过率与教师性别的数据如表 4.3.7 所示, 试分析考试通过率与教师性别是否独立? ($\alpha = 0.05$)

表 4.3.7 调查统计数据

		考试		合计
		未通过	通过	
性别	男	717	1124	1841
	女	660	1498	2158
合计		1317	2553	3999

解 将上述问题转化为检验假设:

H_0:考试通过率与教师性别无关 (独立), H_1:考试通过率与教师性别有关.

由表 4.3.7 中的数据可知

$$n = 3999, \quad r = 2, \quad s = 2,$$
$$n_{11} = 717, \quad n_{12} = 1124, \quad n_{21} = 660, \quad n_{22} = 1498,$$
$$n_{1\cdot} = 1841, \quad n_{2\cdot} = 2158, \quad n_{\cdot 1} = 1317, \quad n_{\cdot 2} = 2553.$$

代入式 (4.3.11), 得统计量 $Z = 30.771366$. 计算得 $\chi^2_{0.05}(1) = 3.841797$, 因为

$$Z = 30.771366 > \chi^2_{0.05}(1) = 3.841797,$$

所以拒绝原假设 H_0, 认为该校高等数学成绩的通过率与教师性别有显著关系.

上述过程给出解决列联表检验的计算过程, 下面给出 R 软件中的程序:

```
x=matrix(c(717,1124,660,1498),byrow=TRUE)      # 数据是按行方式变成矩阵
chisq.test(x,correct=FALSE)                     # correct=FALSE 不采用连续性修正
Pearson's Chi-squared test
data:  x
X-squared = 30.7714, df = 1, p-value = 2.903e-08
```

从输出结果看, 检验 p 值非常小, 故应拒绝原假设, 认为考试通过率与教师性别显著相关.

例 4.3.9 "你幸福吗?" 这是一个非常有趣的问题. 有人认为大众的幸福感可能与工资水平关系密切, 真是这样吗? 试对表 4.3.8 给出的数据进行分析, 并给出结论.

表 4.3.8 调查统计数据

		工资分级			合计
		大于 15 万	5~10 万	小于 5 万	
幸福感	幸福	20	25	12	57
	一般	15	18	6	39
	不幸福	10	12	20	42
合计		45	55	38	138

解 上述过程的 R 程序如下:

```
x=matrix(c(20,25,12,15,18,6,10,12,20),byrow=TRUE)   # 数据是按行变成矩阵
chisq.test(x,correct=FALSE)                          # correct=FALSE 不采用连续性修正
Pearson's Chi-squared test
data:  x
X-squared = 12.5869, df = 4, p-value = 0.01348
```

从输出结果看, 此例检验 p 值较小, 故认为幸福感与工资高低有显著的关系, 因此可认为提高全民的工资待遇也是增强幸福感的一个必要手段.

为达到 χ^2 检验的效果, 降低检验的偏差, 一般要对分组数据 (行列二维表格) 作出基本约定:

(1) 频数小的单元格个数不能太多, 比如单元格中期望频数小于 5 的数目不超过 20%;

(2) 不允许存在期望频数小于 1 的单元格;

(3) 行数、列数都超过 1.

Wilk 于 1995 年给出当实际观测频数偏小时对 χ^2 检验改进的建议, 并给出一个有偏的统计量:

$$G^2 = 2\sum_i\sum_j n_{ij}\ln\left(\frac{n_{ij}}{n_{i.}n_{.j}/n}\right)$$
$$= 2\sum_i\sum_j n_{ij}\ln(n_{ij}) - 2\sum_i\sum_j n_{ij}\ln(n_{i.}n_{.j}/n), \qquad (4.3.13)$$

其中统计量 G^2 称为**似然比 χ^2 值**, 在原假设下, G^2 与 Pearson χ^2 统计量分布相同, 近似服

从 $\chi^2((r-1)(s-1))$. 如果 G^2 值过大, 则原假设下的检验 p 值就会很小, 则可拒绝原假设, 认为行、列变量之间存在强关联.

2. 齐性检验

所谓齐性是指多个总体在某一变量的各个类别上是否具有相同的分布特征. 例如, 性别不同的人在选择商品房的看法上是否一致; 不同专业的学生对基础数学重要性的认识是否一致; 不同年级的本科生对互联网作用的看法是否一致等. 解决这类问题都可归结到一致性检验, 即将问题转化成:

$$H_0: 各总体在某一变量的各个类别上具有相同的分布特征,$$

或

$$H_0: 不同总体对某一变量的各个类别上具有齐性. \qquad (4.3.14)$$

其抽样结果同样也可以表示成列联表 (表 4.3.6) 的形式.

从定义可知齐性检验和独立性检验是有本质区别的, 主要表现在以下三个方面:

(1) 齐性检验是对不同总体分别进行抽样, 而独立性检验是对同一总体进行抽样, 然后再分类;

(2) 齐性检验基于各总体在某一变量的不同类别上具有相同概率的假设, 而独立性检验基于事件独立的假设;

(3) 齐性检验针对各总体在某一变量分类上是否具有相同分布进行检验, 而独立性检验针对两个变量是否独立进行检验.

虽然齐性检验和独立性检验有本质区别, 但其检验方法和计算过程同独立性检验基本一致, 依然采用 χ^2 检验法. 同样要构造 Z 统计量, 其极限分布也是 $\chi^2((r-1)(s-1))$. 对于给定显著性水平 α, 当 $Z>\chi^2_\alpha((r-1)(s-1))$ 时, 拒绝 H_0, 可认为多个总体在某一变量的各个类别上不具有相同的分布; 否则, 认为多个总体在某一变量的各个类别上具有相同的分布, 即齐性.

例 4.3.10 大学城师生比较集中, 是各大通讯公司的必争之地. 电信公司预推一款具有 A, B, C 三种套餐的资费项目. 该公司想知道大学城师生对三种套餐的认可程度是否一致, 以便及时调整项目并有针对性地开展营销活动. 为此, 随机问卷调查了教师和学生中的各 100 人, 汇总调查数据如表 4.3.9 所示, 问在显著性水平 $\alpha = 0.05$ 时, 该大学城教师和学生对项目套餐的认可程度是否一致?

表 4.3.9 问卷调查数据

		套餐			合计
		A	B	C	
类别	教师	42	32	26	100
	学生	28	45	27	100
合计		70	77	53	200

解 将上述问题转化成如下的检验假设:

H_0: 教师和学生对套餐的认可程度一致, H_1: 教师和学生对套餐的认可程度不一致.

上述过程的 R 程序如下:

```
x=c(42,28,32,45,26,27);      dim(x)=c(2,3)      # 数据是按列方式变成矩阵
chisq.test(x,correct=FALSE)                     # correct=FALSE 不采用连续性修正
Pearson's Chi-squared test
data:  x
X-squared = 5.0137, df = 2, p-value = 0.08153
```

从输出结果看, 从结果返回的检验 p 值大于常规的 $\alpha = 0.05$, 故不否认 H_0, 即认为教师和学生对套餐的看法基本一致. 但是从这个结果我们也应该看到, 这个检验已经接近临界状态, 是否采用这个结果要慎重, 最好作进一步的分析.

3. Fisher 精确检验

当样本量较小 (如存在单元格中的期望频数小于 5 的情况), 就需要用到 Fisher 精确检验来解决独立性问题. 该检验是建立在超几何分布的基础上 (d), (在行和及列和固定时), 不妨将四个单元的值分别记为 $(a),(b),(c),(d)$, 其推导过程如下.

假设检验问题为

$$H_0: \text{行变量和列变量相互独立},$$

或

$$H_0: \text{总体 1 中类别 1(或 2) 的比例 } p_1 = \text{总体 2 中类别 1(或 2) 的比例 } p_2.$$

设表 4.3.10 中第一单元处的值为随机变量 T, 原假设成立时, $T \sim H(N,r,q), q \leqslant N$, 且有

$$P(T=x) = \frac{C_r^x C_{N-r}^{q-x}}{C_N^q} = \frac{C_q^x C_{N-q}^{r-x}}{C_N^r}$$

$$= \frac{(a+b)!(c+d)!(a+c)!(b+d)!}{N!a!b!c!d!}.$$

这里 $x = 0, 1, \cdots, \min\{r,q\}$.

表 4.3.10 Fisher 精确检验数据构造示意表

	类别 1		类别 2		行和	
总体 1	x	(a)	$r-x$	(b)	r	$(a+b)$
总体 2	$q-x$	(c)	$N-r-q+x$	(d)	$N-r$	$(c+d)$
列和	q	$(a+c)$	$N-q$	$(b+d)$	N	$(a+b+c+d)$

例 4.3.11 为比较两种工艺对产品的质量是否有影响, 对产品进行抽查, 试分析表 4.3.11 给出的数据.

表 4.3.11 两种工艺下产品质量的抽查结果

	合格	不合格	行和
工艺 1	3	4	7
工艺 2	6	4	10
列和	9	8	17

解 由于表 4.3.11 中有的格子的频数小于 5, 故采用 Fiser 精确检验来解决上述问题, 程序如下:

```
x=c(3, 6, 4, 4);     dim(x)=c(2, 2)      # 数据是按列方式变成矩阵
fisher.test(x)
```
```
Fisher's Exact Test for Count Data
data:  x
p-value = 0.6372
alternative hypothesis:  true odds ratio is not equal to 1
95 percent confidence interval:
   0.04624382 5.13272210
sample estimates:
odds ratio
 0.521271
```

从输出结果看, 因为检验 p 值较大, 故接受原假设, 认为两变量独立, 即两种工艺对产品质量没有影响.

下面采用 χ^2 列联表独立性检验, 除了系统会给出警告信息外, 我们还会发现两者计算出来的检验 p 值相差较大. 具体程序如下:

```
x=c(3, 6, 4, 4);     dim(x)=c(2,2)       # 数据是按列方式变成矩阵
chisq.test(x)
```
```
Pearson's Chi-squared test with Yates' continuity correction
data:  x
X-squared = 0.0413, df = 1, p-value = 0.8389
警告信息.
In chisq.test(x) :  Chi-squared 近似算法有可能不准
```

4. 频数变化的 McNemar 检验

McNemar 检验处理的数据形式也是列联表, 就是针对同一批数据作前后两次观测, 得到两组成对的相关样本, 然后精确地得到第一次和第二次观测之间有多少个体从一类变到另一类, 检验其中频数变化是否显著的方法, 即解决相关样本的前后一致性问题.

下面以一个选民的倾向问题来阐述 McNemar 检验.

例 4.3.12 某个调查公司作了这样一项关于电视辩论对美国两党竞选的调查, 随机选定 100 人. 电视辩论前有 84 人选民主党, 电视辩论后选民主党的有 1/4 改选共和党, 选共和党的有 1/4 改选民主党. 现在的问题是, 选民是否受电视辩论的影响.

解 解决这个问题可以遵循以下几个步骤:

(1) 将数据列成列联表形式, 如表 4.3.12 所示, 表格中间的单元格记录的是最终的观测结果.

表 4.3.12 选民变化表

		辩论后		行和
		选民主党	选共和党	
辩论前	选民主党	63 (a)	21 (b)	84 ($a+b$)
	选共和党	4 (c)	12 (d)	16 ($c+d$)
列和		67 ($a+c$)	33 ($b+d$)	100 ($a+b+c+d$)

(2) 构造假设检验问题, 显然 b,c 两处给出了两次观测之间从一类改变到另一类的频数:

$$H_0: \text{选民总体不受辩论影响, 即} H_0: b = c.$$

(3) 构造统计量:

$$T_1 = \frac{(b-c)^2}{b+c}; \quad \text{当} n = b+c \leqslant 20 \text{时}, T_2 = b.$$

在 H_0 成立时, 两次观测之间从一类变到另一类的概率一样, 都是 1/2, 所以有

$$T_1 \text{近似服从} \chi^2(1), \quad T_2 \sim B(b+c, 1/2).$$

本例中, $T_1 = \dfrac{(21-4)^2}{21+4} = 11.56.$

(4) 作出判断, 给出结论.

当 $T_1 > \chi_\alpha^2(1)$ 或者 $P(\chi^2(1) > T_1) < \alpha$ 时, 拒绝原假设. 本题检验 p 值为 0.000674, 很小, 故拒绝 H_0.

若使用 $T_2 \sim B(b+c, 1/2)$, 则先找到满足 $P(B(n, 1/2) > t) \leqslant \alpha/2$ 的最小的 t. 若 T_2 值 $\leqslant n-t$ 或 T_2 值 $\geqslant t$, 则检验 p 值等于 $P(B(n, 1/2) \geqslant T_2)$ 或 $P(B(n, 1/2) \leqslant T_2)$ 中较小的那个值的 2 倍.

本例中, 若使用 T_2, 则 $t=17$, 检验 p 值为 0.000911.

R 软件提供了 mcnemar.test( ) 函数用来解决上述的检验问题, 具体程序如下:

```
x=c(63,4, 21, 12);     dim(x)=c(2,2)     # 数据是按列方式变成矩阵
mcnemar.test(x, correct=FALSE)
McNemar's Chi-squared test
data:  x
McNemar's chi-squared = 11.56, df = 1, p-value = 0.0006739
```

5. 一致性 Kappa 检验

评价同一观察者对于相同对象前后两次 (或多次) 观测能否得到相同或相近的值, 或者不同的观察者对相同的对象进行观测能否得出相同或相近的值的问题称为**一致性问题** (agreement). 这类问题常见于医学以及测评领域. Kappa 系数和 Kappa 检验通常用来描述和检验一致性的程度, 检验原假设为

$$H_0: \text{多次 (前后两次) 观测的结果是一致的}.$$

(1) Kappa 系数的计算. 表 4.1.13 为 2×2 的列联表.

表 4.3.13　通用格式

	+	−	行和
+	a	b	a+b
−	c	d	c+d
列和	a+c	b+d	N = (a+b+c+d)

设实际一致比 $P_0 = \dfrac{a+d}{N}$, 期望一致比 $P_e = \dfrac{a+c}{N}\dfrac{a+b}{N} + \dfrac{b+d}{N}\dfrac{c+d}{N}$, 则 Kappa 系数为

$$K = \frac{P_0 - P_e}{1 - P_e}.$$

根据 K 取值的不同, 可判定一致性的程度, 有

$K < 0$ 表示一致性很差, $K = -1$ 表示完全不一致;

$K > 0$ 表示有一致性, 其中, $K < 0.2$ 表示轻微一致性, $K < 0.4$ 表示一般一致性, $K < 0.6$ 表示中等一致性, $K < 0.8$ 表示具有实质一致性, $K > 0.8$ 表示具有完美一致性; $K = 1$ 表示具有完全一致性.

(2) Kappa 检验

设随机变量 X 表示一致的数量, $P_0 = \dfrac{X}{N}$, 则 $X \sim B(N, P_0)$, 且

$$D(K) = D\left(\frac{P_0 - P_e}{1 - P_e}\right) = D\left(\frac{X/N - P_e}{1 - P_e}\right) = \frac{P_0(1 - P_0)}{N(1 - P_e)^2}.$$

近似有, $U = \dfrac{K}{\sqrt{D(K)}} \sim N(0, 1)$, 于是就可以基于正态分布给出拒绝域和检验 p 值.

例 4.3.13　某肿瘤医院以测得的鼻咽癌一期治疗前后体积和轴状位长径两组数据分别作了疗效等级评价, 测得数据见表 4.3.14. 试分析体积和轴状位长径评价治疗效果是否具有一致性.

表 4.3.14　肿瘤测量数据 (患者 13 人)

效果	体积	3	2	3	3	3	3	3	3	2	2	3	2	3
	长径	3	2	3	3	2	2	3	3	2	2	3	2	3

解　R 软件提供了 epiR 软件包, 其中的 epi.kappa 函数可以计算 Kappa 值、区间估计和假设检验. 具体程序如下:

```
install.packages("epiR");      library(epiR)
x=matrix(c(3,2,3,3,3,3,3,3,2,2,3,2,3,3,2,3,3,2,2,3,3,2,2,3,2,3),ncol=2,byrow=FALSE)
colnames(x)=c('VL','ZL')
tab=xtabs(~VL+ZL,data=x);      tab
epi.kappa(tab)
     ZL      # 等级统计表
VL  2  3
 2  4  0
 3  2  7
$prop.agree
       obs         exp
1 0.8461538 0.5147929            # 实际一致比, 期望一致比
$kappa
        est        se     lower      upper   # kappa 估计值, 标准误, 置信区间
1 0.6829268 0.2630391 0.1673796 1.198474
$z
  test.statistic   p.value            # 标准正态统计量值, p 值
1       2.596294 0.009423549
$mcnemar
  test.statistic df    p.value       # mcnemar 检验值和 p 值
1              2  1  0.1572992
```

此处省略了部分输出信息, 从中可以看出 Kappa 系数值和区间估计, Kappa 检验统计量和检验 p 值. Kappa 检验的结论和 McNemar 检验的结论是矛盾的, 出现这种矛盾的主要原因在于两种检验对列联表信息利用的不一致. Kappa 检验会利用列联表中的所有信息, 而 McNemar 检验只会利用非对角线单元格上的信息, 即它只用不一致的评价信息, 因此当两者出现矛盾时, 应以 Kappa 值及其检验为准.

四、单总体秩检验

秩也可称为**秩次**, 它表示将数据按照一定顺序 (通常是从小到大) 排序后, 原数据在新序条件下所处位置的下标, 它是非参数统计的一个基础. 对于样本 $X_1, X_2, \cdots, X_n$ 及其观测值 $x_1, x_2, \cdots, x_n$ 有如下定义.

1. 基本概念

定义 4.3.1 将 $x_1, x_2, \cdots, x_n$ 从小到大排列为

$$x_{(1)} < x_{(2)} < \cdots < x_{(n)}.$$

若 $x_i = x_{(R_i)}$, 则称 x_i 的**自然秩**为 R_i, 简称 x_i 的秩为 $R_i(i, R_i = 1, 2, \cdots, n)$.

定义 4.3.2 将 $x_1, x_2, \cdots, x_n$ 依据其绝对值大小, 从小到大排列为

$$|x_{(1)}| < |x_{(2)}| < \cdots < |x_{(n)}|.$$

此时若 $|x_i| = |x_{(R_i)}|$,则称 x_i 的**绝对值秩**为 $R_i(i, R_i = 1, 2, \cdots, n)$.

令 $\boldsymbol{R} = (R_1, R_2, \cdots, R_n)$,$\boldsymbol{R}$ 本身及由 $\boldsymbol{R}$ 构造的统计量都称为**秩统计量**,而秩方法就是利用秩构造秩统计量进行统计推断的,所以秩方法与总体所服从的分布无关.

观测值 $x_1, x_2, \cdots, x_n$ 出现相等也是经常的事,此时称**样本存在结**,有几组相等就有几个结,则 x_i 的秩 R_i 就不唯一. 当 $x_{(i)} = x_{(i+1)} = \cdots = x_{(i+k-1)}$ 时 (k 为结的长度),通常采用平均**秩**来替代各样品秩,即

$$\sum_{j=i}^{i+k-1} \frac{j}{k} = \frac{2i+k-1}{2}. \tag{4.3.15}$$

例 4.3.14 有一样本 $X_1, X_2, \cdots, X_{10}$,某次观测值分别为

1.5, 1.0, 0.5, 2.0, 3.0, 1.4, 1.0, 2.3, 1.8, 2.2.

试计算每个样品的秩.

解 将数据从小到大排序的新序为:0.5, 1.0, 1.0, 1.4, 1.5, 1.8, 2.0, 2.2, 2.3, 3.0. 将原数据对应到新序中,可知 $x_1, x_2, \cdots, x_{10}$ 的秩分别为

5.0, 2.5, 1.0, 7.0, 10.0, 4.0, 2.5, 9.0, 6.0, 8.0.

具体计算过程是,已知 $x_1 = 1.5$,在新序中位于第 5 个,且是唯一的,所以秩为其下标:5;而 x_2, x_7 的观测值都等于 1.0,有重复,此时这两个样品的秩取秩的平均值,即 (2+3)/2=2.5. R 软件中,给出了 5 种计算方法,具体操作如下.

R 软件给出 sort 函数用于样本值的排序,rank 函数用于计算样本值的秩. 它们的定义如下:

sort(x, decreasing = FALSE, ...)

其中 x 表示向量,支持数值、字符、逻辑和复数向量; decreasing 取值 FALSE 为升序,TRUE 则降序.

rank(x,na.last=TRUE,ties.method =c("average","first", "random","max", "min"))

其中 x 表示向量,支持数值、字符、逻辑和复数向量; na.last=TRUE 表示将 NA 数据放在最后面, na.last=FALSE 表示将 NA 数据放在最前面, na.last="keep" 表示将 NA 数据的秩定为 NA; ties.method 表示结的秩的计算方法,包括:平均秩,第一个出现的秩,重复秩中随机一个,最大秩,最小秩. 程序如下:

```
x=c(1.5, 1.0, 0.5, 2.0, 3.0, 1.4, 1.0, 2.3, 1.8, 2.2)
sort(x)
methods=c("average","first","random","max","min")
for(m in 1:5) print(rank(x,ties.method=methods[m]))
[1] 0.5 1.0 1.0 1.4 1.5 1.8 2.0 2.2 2.3 3.0     # 排序,以下给出5种求秩法
[1] 5.0 2.5 1.0 7.0 10.0 4.0 2.5 9.0 6.0 8.0    # 对应原来样本的秩
[1] 5 2 1 7 10 4 3 9 6 8
[1] 5 2 1 7 10 4 3 9 6 8
[1] 5 3 1 7 10 4 3 9 6 8
[1] 5 2 1 7 10 4 2 9 6 8
```

2. 对称中心的检验

总体对称中心的假设检验是非参数检验中的一个重要应用, 检验方法主要有符号检验及符号秩检验等. 通常假设总体 X 是连续的, 其对称中心为 m_0(已知), 满足:

$$P(X \leqslant m_0) = P(X \geqslant m_0) = \frac{1}{2}, \quad P\{X = m_0\} = 0. \tag{4.3.16}$$

设 $X_1, X_2, \cdots, X_n$ 是来自总体 X 的一个样本, $x_1, x_2, \cdots, x_n$ 为其观测值, M_e 是样本中位数, 由此提出样本中位数 M_e 关于对称中心 m_0 的假设检验问题:

① $H_0: M_e = m_0, \quad H_1: M_e \neq m_0;$
② $H_0: M_e \leqslant m_0, \quad H_1: M_e > m_0;$ (4.3.17)
③ $H_0: M_e \geqslant m_0, \quad H_1: M_e < m_0.$

(1) 符号检验.

不妨设 $x_1, x_2, \cdots, x_n$ 都不等于 m_0, 构造统计量

$$S^+ = \sum_{i=1}^{n} s_i, \quad \text{其中} \quad s_i = \begin{cases} 1, & x_i > m_0, \\ 0, & \text{其他}, \end{cases} \tag{4.3.18}$$

其中 s_i 称为样本点 x_i 的符号, $i = 1, 2, \cdots, n$, S^+ 称为**符号统计量**.

当假设 H_0 为真时, 则事件 $\{x_i < m_0\}$ 或 $\{x_i > m_0\}$ 都是等可能发生的, 其发生的概率均为 $\frac{1}{2}$, 则有

$$S^+ \sim B\left(n, \frac{1}{2}\right).$$

当给定显著性水平 α 时, 上述三个问题的拒绝域为 (针对上侧分位点而言):

问题①的拒绝域为: $S^+ \geqslant b_{\alpha/2}$ 或 $S^+ \leqslant b_{1-\alpha/2}$;
问题②的拒绝域为: $S^+ \geqslant b_{\alpha}$;
问题③的拒绝域为: $S^+ \leqslant b_{1-\alpha}$,

其中

$$b_{\alpha} = \inf\left\{b^*: \left(\frac{1}{2}\right)^n \sum_{i=b^*}^{n} C_n^i \leqslant \alpha\right\}, \quad b_{1-\alpha} = n - b_{\alpha}. \tag{4.3.19}$$

如果 $x_1, x_2, \cdots, x_n$ 有 t 个样本点刚好等于 m_0, 此时, 可以采用下面两种方法处理:
① 把刚好等于 m_0 的那些样本点删除, 相应地把样本容量 n 改为 $n-t$, 其他同上;
② 在计算统计量 S^+ 时, 把每个刚好等于 m_0 的样本点各计数 0.5, 即

$$S^+ = S^+ (按公式(4.3.18)计算) + \frac{t}{2}, \quad 其他同上.$$

由于二项分布 $B\left(n, \frac{1}{2}\right)$ 是对称的, 故(4.3.17)的假设检验问题的检验 p 值可通过如下公

式计算:

$$\text{检验 } p \text{ 值} = \begin{cases} P(Y \leqslant S^+), & \text{检验问题③,} \\ 2P(Y \leqslant S^+), & \text{检验问题①且} S^+ \leqslant n/2, \\ 2P(Y \geqslant S^+), & \text{检验问题①且} S^+ > n/2, \\ P(Y \geqslant S^+), & \text{检验问题②,} \end{cases} \quad (4.3.20)$$

其中 $Y \sim B\left(n, \dfrac{1}{2}\right)$. 当 n 较大时, 由中心极限定理知, Y 近似服从 $N\left(\dfrac{n}{2}, \dfrac{n}{4}\right)$. 在实际应用中, 通常采用Yates作连续性修正, 即

$$\begin{cases} P(Y \leqslant S^+) \approx \Phi\left(\dfrac{S^+ + 1/2 - n/2}{\sqrt{n/4}}\right), \\ P(Y \geqslant S^+) \approx \Phi\left(\dfrac{n/2 - S^+ + 1/2}{\sqrt{n/4}}\right). \end{cases} \quad (4.3.21)$$

例 4.3.15 某地区具有中级职称人员的年收入的中位数是 25000 元, 某一行业中级职称人员的年收入的抽样数据如下 (单位: 元):

$$25500, \ 24000, \ 26000, \ 26200, \ 24800, \ 25400, \ 25800,$$

$$26000, \ 27000, \ 30000, \ 22000, \ 28000, \ 23000, \ 24600.$$

问该行业中级职称人员的年收入的中位数与 25000 元有无显著差异? ($\alpha = 0.1$)

解 设某一行业中级职称人员的年收入的中位数为 M_e, 则假设检验问题为

$$H_0: M_e = 25000, \quad H_1: M_e \neq 25000.$$

本例 $n = 14$, 计算得 $S^+ = 9$, $b_{\alpha/2} = b_{0.05} = 10$, 由式 (4.3.19)得

$$b_{1-\alpha/2} = b_{0.95} = 14 - 10 = 4.$$

因为 $S^+ = 9 \in [b_{0.95}, b_{0.05}] = [4, 10]$, 所以接受 H_0, 即认为该行业中级职称人员的年收入的中位数与 25000 没有显著差异.

在 R 软件中, 可以利用 binom.test 函数完成上述假设检验问题, 具体程序如下:

```
x=c(25500,24000,26000,26200,24800,25400,25800,26000,27000,30000,
    22000,28000,23000,24600)
binom.test(sum(x>25000),length(x),0.5)
Exact binomial test
data:  sum(x > 25000) and length(x)
number of successes = 9, number of trials = 14, p-value = 0.424
alternative hypothesis: true probability of success is not equal to 0.5
95 percent confidence interval:
 0.3513801  0.8724016
sample estimates:
probability of success    0.6428571
```

例 4.3.16 某项调查询问了某地区 1000 名本科毕业生, 问题是: "你认为今年的就业压力比往年大、与往年差不多、比往年小？" 其中 400 人回答比往年大, 300 人回答差不多, 300 人回答比往年小. 根据上述调查数据, 你是否认为在某地区所有的本科生中, 认为 "就业压力比往年大" 的人比认为 "就业压力比往年小" 的人多? ($\alpha = 0.05$)

解 设总体

$$X = \begin{cases} -1, & \text{就业压力比往年小}, \\ 0, & \text{就业压力与往年差不多}, \\ 1, & \text{就业压力比往年大}, \end{cases}$$

该总体的对称中心为 0. 调查 1000 名本科毕业生的就业情况为其样本, 样本的中位数为 M_e, 本题的假设检验问题为

$$H_0 : M_e \leqslant 0, \quad H_1 : M_e > 0.$$

由于样本中有 300 个样本点刚好等于对称中心 0, 我们采用第一种处理方法, 把样本容量改为 $n = 1000 - 300 = 700$. 依题意 $S^+ = 400$, 且当 H_0 为真, $S^+ \sim B(700, 1/2)$. 由于 $n = 700$ 较大, 所以用正态分布近似计算检验 p 值为

$$P(Y \geqslant S^+) \approx \Phi\left(\frac{n/2 + 1/2 - S^+}{\sqrt{n/4}}\right) = \Phi\left(\frac{701/2 - 400}{\sqrt{700/4}}\right)$$
$$= \Phi(-3.7418) \approx 0.00009148.$$

由于检验 p 值为 0.00009148, 且小于 $\alpha = 0.05$, 所以拒绝原假设 H_0, 即认为选择 "就业压力比往年大" 的人数显著大于选择 "就业压力比往年小" 的人数.

在 R 软件中, 可以利用 binom.test 函数完成上述假设检验问题, 具体程序如下:

```
binom.test(400,700,0.5,alternative="greater")
Exact binomial test
data:  400 and 700
number of successes = 400, number of trials = 700, p-value =8.924e-05
alternative hypothesis: true probability of success is greater than 0.5
95 percent confidence interval:
 0.5397666  1.0000000
sample estimates:
probability of success    0.5714286
```

符号检验方法很容易推广到任意 p 分位数的检验, 另外它一般适用于样本量大于等于 20 的情况.

(2) 同分布性的秩检验.

在实际中, 我们经常遇到检验两家工厂生产的同类产品的质量有无差异, 以及两种工艺对产品性能的影响有无差异等类似问题. 也就是检验两个连续总体的分布函数是否一致的问题, 即

$$H_0 : F(x) = G(x), \quad H_1 : F(x) \neq G(x).$$

设样本 $X_1, X_2, \cdots, X_n$ 和 $Y_1, Y_2, \cdots, Y_n$ 分别来自总体 $F(x)$ 和 $G(x)$, 且样本容量相等 (可视为配对样本). 若原假设成立, 即 $\forall x \in \mathbb{R}$, 有 $F(x) = G(x)$, 则两个样本的观测值应基本一致, 也就是 $x_i > y_i$ 或 $x_i < y_i$ 出现的可能性应相等, 即

$$P(X > Y) = P(X < Y) = \frac{1}{2}.$$

同上定义, 可将配对样本检验化成单样本符号检验, 具体检验过程不再赘述.

(3) 符号秩检验

如果对称中心是 m_0, 样本中大于或小于 m_0 的个数应大致相当, 则 S^+ 大致占到总个数的一半. 将样本取绝对值后再排序, 得到的秩 R_i 分布也会比较对称. 若将两者结合起来考虑或许能充分利用样本的大部分信息. 为此, 对于连续分布的总体 X, 定义其样本 $x_1, x_2, \cdots, x_n$ 的符号秩和统计量为

$$W^+ = \sum_{i=1}^{n} s_i R_i, \tag{4.3.22}$$

其中 s_i 为样本点 x_i 的符号 (见式 (4.3.18)), 称统计量 W^+ 为 **Wilcoxon 符号秩检验统计量**.

符号检验仅用到样本的符号信息, 并未利用样本值大小的信息, 可见该检验没有充分利用样本信息. 而符号秩统计量 W^+, 综合利用了符号和数值大小的信息, 因此其对样本的利用更加充分.

例 4.3.17 设总体的中位数为 0, 样本观测值为 $-4, 2, -3.5, -1, 0.5, 3, -1.5, 5, 10, -6$. 根据表 4.3.15 给出的数据, 计算统计量 W^+.

表 4.3.15　10 个观测值的符号、绝对值和绝对值秩

样本观测值	-4	2	-3.5	-1	0.5	3	-1.5	5	10	-6
s_i(符号)	0	1	0	0	1	1	0	1	1	0
绝对值	4	2	3.5	1	0.5	3	1.5	5	10	6
绝对值秩	7	4	6	2	1	5	3	8	10	9

解 $W^+ = 4+1+5+8+10=28$.

由于统计量 W^+ 精确分布推导困难, 但当 n 较大时, 近似地有

$$W^+ \sim N\left(\frac{n(n+1)}{4}, \frac{n(n+1)(2n+1)}{24}\right). \tag{4.3.23}$$

下面通过随机模拟来展示 W^+ 的基本统计特征, R 软件的模拟程序和图为

```
# 对 N(0,1) 模拟 1000 组, 每组提取 n=100 个随机数, 已知对称中心 m0 为 0, 计算 W+
sim.w.plus=function(times=1000,n=100,m0=0)
{ w.plus=function(n) { x=rnorm(n); si=x>0; ri=rank(abs(x)); sum(as.integer(si)*ri); }
    return(replicate(times,w.plus(n)))
}
W=sim.w.plus();   c(mean=mean(W),sd=sd(W));
par(mfrow=c(2,2))
plot(W);    boxplot(W);    hist(W,freq=FALSE);   lines(density(W))
plot(ecdf(W),lty=2,do.points=FALSE)
mx=n*(n+1)/4;    sdx=sqrt(n*(n+1)*(2*n+1)/24);    x=seq(mx-3*sdx,mx+3*sdx,length=100)
lines(x,pnorm(x,mx,sdx),lty=1)
```

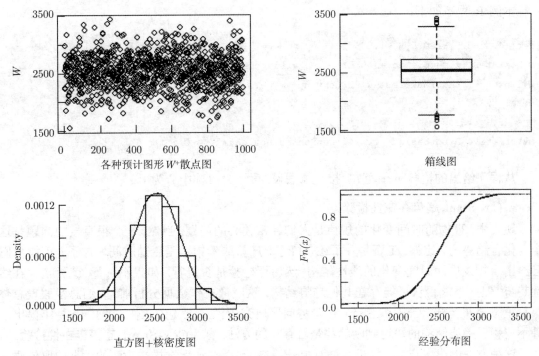

图 4.3.4　各种统计图形

从输出的数据和各种统计图形看, 式 (4.3.23) 是成立的.

对于给定显著性水平 α, 上述三个检验问题的拒绝域如下：

问题①的拒绝域为：$W^+ \geqslant W_{\alpha/2}$ 或 $W^+ \leqslant W_{1-\alpha/2}$;

问题②的拒绝域为：$W^+ \geqslant W_\alpha$;

问题③的拒绝域为：$W^+ \leqslant W_{1-\alpha}$.

其中

$$W_\alpha = \inf\{W^* : P(W^+ \geqslant W^*) \leqslant \alpha\}, \quad W_{1-\alpha} = \sup\{W^* : P(W^+ \leqslant W^*) \leqslant \alpha\} \quad (4.3.24)$$

通常直接计算检验 p 值, 即

$$\text{检验 } p \text{ 值} = \begin{cases} P(Y \leqslant W^+), & \text{检验问题③}, \\ 2P(Y \leqslant W^+), & \text{检验问题①且} W^+ \leqslant n(n+1)/4, \\ 2P(Y \geqslant W^+), & \text{检验问题①且} W^+ > n(n+1)/4, \\ P(Y \geqslant W^+), & \text{检验问题②}, \end{cases} \quad (4.3.25)$$

其中当 n 较大时, Y 近似服从 $N\left(\dfrac{n(n+1)}{4}, \dfrac{n(n+1)(2n+1)}{24}\right)$.

R 软件提供 wilcox.test 函数用来实现单样本对称中心的检验, 其定义如下：

wilcox.test(x, y = NULL, alternative = c("two.sided", "less", "greater"), mu = 0,
paired = FALSE, exact = NULL, correct = TRUE, conf.int = FALSE, conf.level = 0.95, ...)

其中, x 是数值向量; mu 是待检验的中心值; paired = TRUE 表示作配对秩检验 (此时 x,y 同时给出, 等长), paired=FALSE, 并给出 x,y 向量, 则作非成对样本秩检验; exact 表示是否采用精确计算; correct 表示是否采用连续性修正.

本例 R 程序如下：

```
x=c(-4,2,-3.5,-1,0.5,3,-1.5,5,10,-6)    # 本例适合采用配对检验，结果不变
wilcox.test(x,mu=0,exact=FALSE)          wilcox.test(x, mu=0, exact=TRUE)
Wilcoxon signed rank test with continuity correction
data:  x
V = 28, p-value = 1
alternative hypothesis:  true location is not equal to 0
```

从程序给出的检验 p 值可知，接受原假设，可认为对称中心为 0.

3. Cox-Staut 趋势存在性检验

现实中，事物随时间变化的规律是人们经常关心的问题. 当然，一个很直接的问题是这个变化有趋势吗？比如，工资是升了还是降了？产量或者销量是否随时间增加了？可能我们会给出事物发展随时间变化的线性结构，然后再检验是否可行. 如果不可行，就否认存在线性趋势，但又不能否认可能存在其他趋势结构. 这就像在作数据分析前，人们总爱假设总体服从正态分布一样. Cox 和 Staut 在趋势问题研究中做了大量的工作，并于 1955 年提出一种不依赖于趋势结构的快速判断趋势是否存在的方法，称为 **Cox-Staut 趋势存在性检验**.

这种方法的出发点是：如果数据有上升趋势，那么直观上看排在后面的数据的取值比排在前面的数据的取值显著得大; 反之，如果数据有下降趋势，那么直观上看排在后面的数据的取值比排在前面的数据的取值显著得小. 为此，可以构造数对，每个数对从前后两个不同时期中各选出一个数据构成. 为保证数对同分布，前后两个数据的选取间隔应固定. 这里需要注意两个问题: 一是要避免局部干扰，即要求间隔较大; 二是要保证数对的数量适中，即要求间隔也不能过大. 于是 Cox 和 Staut 提出最优的拆分点就是数列中位于中间位置的数据.

趋势问题转化成假设检验问题也有三种:

① H_0: 数据序列无趋势, H_1: 数据序列有上升或下降趋势;
② H_0: 数据序列有下降趋势, H_1: 数据序列有上升趋势;
③ H_0: 数据序列有上升趋势, H_1: 数据序列有下降趋势.

假设总体 $X \sim F(x)$，样本 $X_1, X_2, \cdots, X_n$ 独立，在原假设下，当 n 为偶数时，令 $c = n/2$; 当 n 为奇数时，令 $c = (n+1)/2$，然后构造数对 (x_i, x_{i+c}). 同理，当 n 为偶数时，共 c 对; n 为奇数时，共 $c-1$ 对. 对每个数对计算前后两数之差，即 $D_i = x_i - x_{i+c}$. 下面用 D_i 的符号来度量增减趋势. 令

$$S^+ = I(D_i > 0), \quad S^- = I(D_i < 0), \quad S^+ + S^- = n' \leqslant n,$$

$$K = \min\{S^+, S^-\}.$$

显然在原假设下，对于问题①, S^+, S^- 都不会太大，即 K 不会太小，否则判断存在趋势，其检验 p 值为 $2P(K \leqslant k)$;

对于问题②, S^+ 应较大 (或 S^- 应较小), 其检验 p 值为 $P(S^+ \leqslant k)$;

对于问题③, S^+ 应较小 (或 S^- 应较大), 其检验 p 值为 $P(S^{-1} \leqslant k)$.

易知, 统计量 $K \sim B(n', 1/2)$. 该检验实际上是符号检验的一种应用扩展.

例 4.3.18 某地区 16 年来的降雨量如表 4.3.16 所示, 问该地区的降雨量是否有变化?

表 4.3.16　16 年降雨量　　　　　　　　　　　　　　　　　(单位:mm)

| 206 | 223 | 235 | 264 | 229 | 217 | 188 | 204 | 182 | 230 | 223 | 227 | 242 | 238 | 207 | 208 |

解　R 程序设计如下:

```
cox_staut.test=function(x,alternative=c('two.sided','less', 'greater')[1])
{ n=length(x)
  if(n %%2==0){ c=n%/%2; add=0;} else {c=(n+1)%/%2; add=1}   # 对子个数
  S2=sum(x[1:c]-x[(1+c+add):n]>0);     S1=sum(x[1:c]-x[(1+c+add):n]<0);
  ns=S1+S2; #S+,S-,S+ + S-
  if(alternative=='two.sided')                          # 三种检验统计量及检验 p 值
  { STATISTIC_K=min(S1,S2); pvalue=2*pbinom(STATISTIC_K,ns,0.5)}
  else if(alternative=='less')
  { STATISTIC_K=S2;         pvalue=pbinom(STATISTIC_K,ns,0.5) }
  else { STATISTIC_K=S1;    pvalue=pbinom(STATISTIC_K,ns,0.5)}
  METHOD='Cox-Staut 趋势性检验'    DNAME=deparse(substitute(x))
  names(STATISTIC_K)='Exact binomal test statistic K';
  PARAMETER=ns;  names(PARAMETER)='p=0.5,n'    # 构造 htest 的标准输出
  structure(list(statistic=STATISTIC_K,parameter=PARAMETER,
             p.value=pvalue,method=METHOD,data.name=DNAME),class='htest')
}
data=c(206,223,235,264,229,217,188,204,182,230,223,227,242,238,207,208)
cox_staut.test(data)

Cox-Staut 趋势性检验
data:  data
Exact binomal test statistic K = 3, p=0.5,n = 8, p-value = 0.7266
```

从程序给出的检验 p 值可知, 无法拒绝原假设, 即认为 16 年来降雨量没有明显变化.

4. 随机游程检验

如果样本不是从总体中随机抽取的, 那么所作的统计推断就不具有实际意义. 从某种意义上讲, 样本随机性的重要程度远大于总体参数的重要程度, 因此对随机性进行检验是一个重要问题.

现实中, 可把每年不同时期汽油价格的上升与下降、进出口贸易的顺差和逆差、流水线生产中产品的次品出现等是否随时间呈现某种规律看成二元 0-1 序列出现的随机性问题. 在一个二元序列中, 一个由 0 或 1 连续构成的串称为一个游程, 一个游程中数据的个数称为该游程的长度. 记序列的游程个数为 R, 它表示了 0 和 1 交替出现的频繁程度.

如果一个序列是随机的, 则 0 和 1 出现不会太集中, 也不会太分散. 在固定序列长度 n 和 1 的个数 n_1 时, 如果游程数过少, 则 0 和 1 集中出现, 随机性不强; 如果游程数过多, 则

0 和 1 不会集中出现, 但是 0 和 1 交替周期特征很明显, 也不符合随机性要求. 因此, 可通过游程个数来构造统计量, Mood(1940) 提出关于序列随机性的假设检验问题:

$$H_0: 数据序列出现顺序随机, \quad H_1: 数据序列出现顺序不随机.$$

显然, 对于样本 $X_1, X_2, \cdots, X_n$ 及观测值 $x_1, x_2, \cdots, x_n$, 有 $1 \leqslant R \leqslant n$. 在原假设下, $X_i \sim B(1, p)$, 其中 p 是 1 出现的概率, 由 n_1/n 确定, R 的分布与 p 有关. 设有 n_0 个 0, n_1 个 1, $n_0 + n_1 = n$, 则出现任何一种不同结构序列的可能性都是 $1/C_n^{n_1} = 1/C_n^{n_0}$. 注意, 0 的游程和 1 的游程最多差 1 个, 则可得 R 的条件分布:

$$P(R = 2k) = \frac{2C_{n_1-1}^{k-1} C_{n_0-1}^{k-1}}{C_n^{n_1}}, \quad P(R = 2k+1) = \frac{C_{n_1-1}^{k-1} C_{n_0-1}^{k} + C_{n_1-1}^{k} C_{n_0-1}^{k-1}}{C_n^{n_1}}.$$

检验 p 值用 $P(R \leqslant r)$ 或 $P(R \geqslant r)$ 来计算, 当 n 较大, 且 $n_1/n_0 \to \gamma$ 时, 通常用近似正态来计算:

$$E(R) = \frac{2n_1 n_0}{n_1 + n_0} + 1, \quad D(R) = \frac{2n_1 n_0 (2n_1 n_0 - n_1 - n_0)}{(n_1 + n_0)^2 (n_1 + n_0 - 1)},$$

$$Z = \frac{R - E(R)}{\sqrt{D(R)}} = \frac{R - 2n_1/(1+\gamma)}{\sqrt{4\gamma n_1/(1+\gamma)^3}} \xrightarrow{L} N(0, 1).$$

因此, 也可以用正态分布来近似计算检验 p 值.

R 软件包 tseries 中的 runs.test(x, alternative = c("two.sided", "less", "greater")) 函数可以用来完成游程检验, 其中 x 必须是因子向量.

例 4.3.19 门禁系统检测数据显示在一段时间内, 某个人会出现在监控范围内, 请根据表 4.3.17 给出的数据 (1 表示出现), 判断此人出现在监控范围内是否随机.

表 4.3.17 某人随机出现情况

1	1	1	0	1	1	0	0	1	1	1	0	1	1	1	0	1	0	1	0	1	0	1	0	0	1

解 本例 R 程序如下:

```
x=as.factor(c(1, 1, 1, 0, 1, 1, 0, 0, 1, 1, 1, 0, 1, 1, 1, 0, 1, 0, 1, 0, 1, 0, 1, 0, 0, 1))
library(tseries)
runs.test(as.factor(x))
Runs Test
data:  as.factor(x)
Standard Normal = 1.5649, p-value = 0.1176
alternative hypothesis:  two.sided
```

由上述的检验 p 值可知, 不能拒绝原假设, 即认为此人出现在监控区是随机的.

五、多总体秩检验

1. 配对样本检验

例 4.3.20 有 10 个学生, 每个学生都分别采用两种编程语言编写一个程序, 而先使用哪个工具是随机的, 表 4.3.18 给出了完成程序设计所需要的时间. 问这两种编程语言在完成程序的时间上有无差异?

表 4.3.18　用两种编程语言编写同一个程序的时间　　　　　　　　（单位: 分钟）

学生	1	2	3	4	5	6	7	8	9	10
语言 1	10	10.5	9	9.6	11	12.3	10.8	12.4	10.9	14
语言 2	9.1	10.8	10	10	10.5	13	11.0	11.8	12	13.2
差值 d_i	0.9	−0.3	−1	−0.4	0.5	−0.7	−0.2	0.6	−1.1	0.8
绝对值秩	8	2	9	3	4	6	1	5	10	7

解　将编程时间差值看成一个总体 X, 而上述差值 d_i 视为该总体的一个独立随机样本, 假设总体的对称中心为原点, 即两种语言编写同一程序在时间上没有差异. 该问题可归结为假设检验

$$H_0: M_e = 0, \quad H_1: M_e \neq 0.$$

由表 4.3.18 中的数据, 采用符号检验, 算得 $S^+ = 4$, 检验 p 值为 0.34375, 较大, 不能拒绝原假设. 用符号秩检验算得统计量 $W^+ = 8+4+5+7=24$, 且检验 p 值为 $2P(W^+ \leqslant 24) = 0.76953$, 较大, 也不能拒绝原假设. 因此, 可认为两种编程语言在完成程序的时间上没有显著差异.

显然, 本例应使用配对检验, 其 R 程序如下 (得到与上面分析过程一致的结果):

```
x=c(10,10.5,9,9.6,11,12.3,10.8,12.4,10.9,14)    # 本例适合采用配对检验, 结果不变
y=c(9.1,10.8,10,10,10.5,13,11.0,11.8,12,13.2)
wilcox.test(x-y,exact=TRUE)                      wilcox.test(x, y, paired=TRUE, exact=TRUE)
Wilcoxon signed rank test
data:  x - y
V = 24, p-value = 0.7695
alternative hypothesis:  true location is not equal to 0
```

若本例采用程序二: exact=FALSE, 则结果稍有不同, 这是由于计算概率的方式不一样, 具体程序如下:

```
wilcox.test(x,y,paired=TRUE,exact=FALSE)    # wilcox.test(x, y, paired=TRUE, exact=FALSE)
Wilcoxon signed rank test with continuity correction
data:  x - y
V = 24, p-value = 0.7598
alternative hypothesis:  true location is not equal to 0
```

2. 非成对样本检验

例 4.3.21　测得综合班的 10 名同学, 正常班的 8 名同学参加高等数学课程的考试成绩, 如表 4.3.19 所示. 试分析两种模式的考试成绩有无差异.

表 4.3.19 综合班和正常班成绩

学生	1	2	3	4	5	6	7	8	9	10
综合班	85	86	84	90	96	94	92	88	76	86
正常班	84	77	76	85	88	78	79	92		

解 R 程序如下：

```
x=c(85, 86, 84, 90, 96, 94, 92, 88, 76, 86)      # 采用连续性修正
y=c(84, 77, 76 85, 88, 78, 79, 92)
wilcox.test(x,y,exact=FALSE, correct=FALSE)      wilcox.test(x,y,exact=FALSE,correct=TRUE)
Wilcoxon rank sum test                           Wilcoxon rank sum test with continuity correction
data:  x and y                                   data:  x and y
W = 100, p-value = 0.0001553                     W = 100, p-value = 0.0001806
alternative hypothesis:                          alternative hypothesis:
  true location shift is not equal to 0            true location shift is not equal to 0
```

无论是采用连续修正与否，从检验 p 值可知，都拒绝原假设，即认为两种模式班级考试成绩存在显著差异．该例子展示了非成对样本的秩检验实现方式．

综上所述，符号秩检验适合用于未知总体分布前提下，很容易实现单样本的对称中心检验、双样本的差异性检验、配对样本的差异性检验．

3. 多总体秩和检验

现实问题中，涉及更多的多总体的情况，如将一批青少年球员分成 3 组各训练 2 年，其中一组赴欧洲训练，一组赴巴西训练，一组留在国内训练．问训练结束后，3 组球员的竞技水平有无差异？这就是一个典型的多总体一致性（同质性或齐一性）检验问题，即检验 k 个总体的分布函数是否一致：

$$H_0: F_1(x) = F_2(x) = \cdots = F_k(x), \quad H_1: 至少\exists i \neq j, F_i(x) \neq F_j(x),$$

其中总体 $X^{(i)} \sim F_i(x), i = 1, 2, \cdots, k$．为此对每个总体抽取容量为 n_i 的样本 $x_j^{(i)}$, $j = 1, 2, \cdots, n_i, i = 1, 2, \cdots, k$，令 $n = \sum_{i=1}^{k} n_i$，将 k 个总体的样本合在一起，计算每个样品的秩和与每个总体的秩和，并构造统计量：

$$K = \frac{12}{n(n+1)} \sum_{i=1}^{k} n_i \left(\frac{SR_i}{n_i} - \frac{n+1}{2} \right)^2 = \frac{12}{n(n+1)} \sum_{i=1}^{k} \frac{(SR_i)^2}{n_i} - 3(n+1), \quad (4.3.26)$$

其中 SR_i 为第 i 总体的秩和，且 $\sum_{i=1}^{k}(SR_i)^2 = \frac{n(n+1)}{2} = \sum_{i=1}^{r} \sum_{j=1}^{n_i} R_{ij}$．如果 k 个总体的差异大，则单个总体的秩和与该总体的平均秩和 $\frac{n_i(n+1)}{2}$ 的差异就大，单个总体的平均秩和与总平均秩和 $\frac{n(n+1)}{2}$ 的差异就大，故统计量 K 的值就大．因此拒绝的原则是 K 值较大．统计量 K 称为 **Kruskal-Waillis 秩和统计量**．

定理 4.3.2　H_0 成立时, 当 $n_i > 5, n > 15$ 时, 统计量 K 近似服从 $\chi^2(k-1)$.

例 4.3.22　某工厂用 4 种不同的材料生产 4 批节能灯, 在每批中随机抽取若干只测其使用寿命, 见表 4.3.20. 试分析 4 种材料的节能灯的使用寿命有无显著差异?

表 4.3.20　4 种材料 4 批节能灯的使用寿命　　　　　　　　　　(单位: 小时)

	1	2	3	4	5	6	7	8
材料 1	6600	6610	6650	6680	6700	6720	6800	
材料 2	6580	6640	6640	6700	6750			
材料 3	6460	6550	6600	6620	6640	6660	6740	6820
材料 4	6510	6520	6530	6570	6600	6680		

解　R 软件中提供 kruskal.test 函数实现上述的多总体一致性检验, 具体程序如下:

```
x=c(6600, 6610, 6650, 6680, 6700, 6720, 6800, 6580, 6640, 6640, 6700, 6750, 6460,
    6550, 6600, 6620, 6640, 6660, 6740, 6820, 6510, 6520, 6530, 6570, 6600, 6680)
g=factor(rep(1:4,c(7,5,8,6)))
kruskal.test(x,g)
Kruskal-Wallis rank sum test
data:  x and g
Kruskal-Wallis chi-squared = 6.5867, df = 3, p-value = 0.08631
```

由上述检验 p 值可知, 在显著性水平 $\alpha = 0.05$ 下, 无法拒绝原假设, 即认为 4 种材料生产的节能灯在使用寿命上没有显著差异.

内容小结

本章介绍了数理统计中参数假设检验的基本概念、小概率事件原理、假设检验的基本步骤、单/双正态总体参数的假设检验、非正态总体参数的假设检验和 R 软件中假设检验的实现, 非参数假设检验的基本理论和方法, 并通过大量的例子阐述了假设检验的实现及应用.

本章的网络结构图:

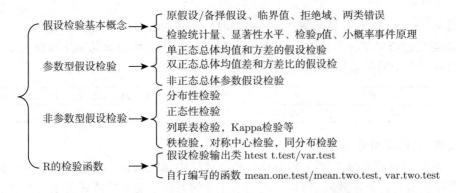

本章基本要求:

1. 理解假设检验的基本思路和小概率事件原理, 并掌握经典的假设检验方法和 p 值检

验法;

2. 熟悉参数型假设检验中单/双正态总体参数的假设检验的基本过程;

3. 了解非正态总体参数的假设检验;

4. 掌握分布检验的基本方法和 R 软件实现, 特别是 Pearsonχ^2 检验和正态性检验;

5. 掌握列联表独立性检验, 一致性 Kappa 检验和 McNemar 检验;

6. 了解秩检验的基本步骤和方法;

7. 掌握随机性游程检验, 符号检验等;

8. 掌握 R 软件中假设检验的实现和应用.

习 题 四

1. 仿照表 4.2.9 的格式, 编写指数分布参数的假设检验函数.

2. 仿照表 4.2.9 的格式, 编写泊松分布参数的假设检验函数.

3. 仿照表 4.2.9 的格式, 编写均匀分布 $U(a,\theta), a$ 已知时, 参数 θ 的假设检验函数.

4. 仿照表 4.2.9 的格式, 编写单正态总体均值已知时, 方差的假设检验函数.

5. 某批矿砂的 5 个样品中的镍含量 (%), 经测定为: 3.25, 3.27, 3.24, 3.26, 3.24. 设测定值总体服从正态分布, 问能否认为这批矿砂的含镍量的均值为 3.25？($\alpha = 0.01$) 请用经典检验法和 p 值检验法进行决策.

6. 某电子元件的寿命服从指数分布 $E(\lambda), \lambda > 0$ 为未知参数, 现测得 16 件元件的寿命 (单位: 小时) 为

$$159, 280, 101, 212, 224, 379, 179, 264, 222, 362, 168, 250, 149, 260, 485, 170.$$

问是否可以认为这批元件的平均寿命大于 220 小时？($\alpha = 0.05$) 请用经典检验法和 p 值检验法进行决策.

7. $X_1, \cdots, X_n$ 为来自总体 $X \sim N(\mu,1)$ 的样本, 假设检验问题为

$$H_0 : \mu = 2, \quad H_1 : \mu = 3.$$

若拒绝域 $W = \{\overline{X} \geq 2.6 \}$, 试求解: (1) $n = 25$ 时, α, β 各为多少？ (2) $n \to \infty, \alpha \to ?, \beta \to ?$

8. 某连锁超市对某种品牌的洗洁精进行降价促销, 下面给出该品牌洗洁精在 20 个连锁超市促销前后 1 个月的销量件数的统计数据:

促销前	21	20	24	29	30	29	25	28	27	20	15	30	14	24	34	21	18	28	20	24
促销后	22	24	23	32	36	35	30	30	33	24	16	37	20	25	41	25	22	34	26	29

由以上数据, 分析促销是否有效？

9. 针对第三章的习题 7, 试分析总体一和总体二中每位顾客平均消费金额是否相同？并分析是否存在消费的周末效应, 即顾客在周末比平时倾向于更多的消费支出 (或者对超市而言, 周末比平时生意更好)？

10. McNemar 检验中, 当 H_0 成立时, 若 $n = b + c < 20$ 时, $T_2 = b$, 其精确分布是

$B(n, 1/2)$, 为什么？若 n 较大时, 统计量 $T_1 = \dfrac{(b-c)^2}{b+c}$ 近似服从 $\chi^2(1)$, 为什么？

11. 完成 1995 年 Wilks 改进的基于似然比 χ^2 值 G^2 的检验法.

12. 简·奥斯汀 (1775—1817) 是英国著名女作家, 在其简短的一生中为世界文坛奉献出许多经久不衰的作品. 奥斯汀的哥哥亨利主持了她的两部遗作《劝导》和《诺桑觉寺》的出版, 很多热爱其文学的人自发研究这两部和奥斯汀本人作品的语言风格是否一致. 下表给出其代表作《理智与情感》《爱玛》以及遗作《劝导》前两章 (分别以 I,II 标记) 中常用代表词的出现频率, 希望通过研究常用词汇的比例差异, 来为作品真迹鉴别提供证据.

单词	《理智与情感》	《爱玛》	《劝导》(I)	《劝导》(II)
a	147	186	101	83
an	25	26	11	29
this	32	39	15	15
that	94	105	37	22
with	59	74	28	43
without	18	10	10	4

13. 生活中, 常听说在一天中医院出生的婴儿有奇怪的 "性别串" 现象 (第一个在医院出生的婴儿的性别会影响当天出生的婴儿性别). 有人记录了某医院某天出生的婴儿性别 (1 表示男孩, 0 表示女孩):

$$1101000101110010110001001000011110010110$$

试分析出生婴儿性别的随机性.

14. 在一小时内电话用户对电话站的呼叫次数按每分钟统计如下:

呼叫次数	0	1	2	3	4	5	6	$\geqslant 7$
频数	8	16	17	10	6	2	1	0

试问每分钟内电话的呼叫次数是否服从泊松分布？ ($\alpha = 0.05$)

15. 某治疗感冒的新药在三类年龄层的临床试验结果如下:

		年龄层		
		儿童	中青年	老年
疗效	显著	55	37	31
	一般	30	43	44
	较差	23	18	14

试分析疗效与不同年龄层是否有关？

16. 从世界上各个国家的大城市中随机抽取了 60 个大城市的消费指数, 并按照递增顺序排列如下:

27.8	27.8	29.1	32.2	32.7	32.7	36.4	36.5	37.5	37.7	38.8	41.9	45.2	45.8	46.0
47.6	48.2	49.9	51.7	52.7	54.9	55.0	55.3	55.5	58.2	60.8	62.7	63.6	64.6	65.3
65.3	65.4	66.2	66.7	67.7	71.2	71.7	73.9	74.3	74.5	76.2	76.6	76.8	77.7	77.9
79.1	80.9	81.0	82.6	85.7	86.2	86.4	89.4	89.5	90.3	91.8	93.8	95.8	97.2	100.5

(1) 有人认为 64 是这种大城市消费指数的中位数;

(2) 有人认为这种大城市消费指数的中位数明显高于 64.

17. 研究混凝土抗压强度的分布, 200 件混凝土制件的抗压强度分组形式列表如下:

区间	190~200	200~210	210~220	220~230	230~240	240~250
频数	10	26	56	64	30	14

问混凝土制件的抗压强度是否服从正态分布?

18. 孟德尔在著名的豌豆杂交实验中, 用桔黄色圆形种子与桔绿色皱形种子的纯种豌豆作为亲本进行杂交, 将子一代进行自交得到子二代共 556 株豌豆, 发现其中有四种类型植株:

黄圆	黄皱	绿圆	绿皱	总数
315	101	108	32	556

问这些植株是否符合孟德尔提出的 9:3:3:1 的理论比例?

第五章 案例的直观分析

描述性统计是统计分析的一种先期探索性工作, 也是进行进一步统计推断的基础. 它主要是通过编制统计表、绘制统计图、计算统计量等方法来表达数据的分布特征. 本章借助描述性统计分析方法, 并以直观简洁的方式阐述数据可能隐含的信息. 重点介绍如何使用 R 软件对数据进行描述性分析.

一切数据分析的基础在于所研究的问题, 不同的研究问题, 分析的角度就不同, 对数据的解读也就不同. 因此在进行数据分析前, 必须有明确研究的问题. 本章提供几个案例和研究问题来阐述描述性统计分析的常用工具和基本过程.

5.1 实验对照数据的直观分析

一、案例及研究问题

某教育培训机构为检测某种新教学方法的效果, 将 111 名学员分成实验组 (56 人) 和控制组 (55 人), 其中实验组采用新的教学方法, 控制组采用传统的教学方法. 对每一组分别在测试前和测试后的两个时点记录了测评数据 (该数据表达学生掌握词汇的情况, 数值越大越好, 见表 5.1.1).

表 5.1.1 词汇掌握情况

实验组 56 人						控制组 55 人					
编号	前测成绩	后测成绩	编号	前测成绩	后测成绩	编号	前测成绩	后测成绩	编号	前测成绩	后测成绩
1	36	39	29	24	29	1	29	26	29	33	29
2	20	27	30	28	31	2	24	28	30	24	26
3	29	35	31	19	21	3	25	23	31	20	28
4	20	28	32	17	31	4	23	25	32	24	25
5	25	30	33	22	29	5	37	36	33	33	30
6	22	28	34	34	36	6	17	19	34	25	23
7	28	30	35	28	30	7	31	25	35	21	21
8	25	25	36	33	35	8	22	23	36	17	19
9	23	27	37	21	27	9	27	24	37	32	28
10	33	39	38	19	25	10	27	27	38	14	16
11	29	32	39	23	28	11	30	24	39	24	22
12	16	26	40	25	34	12	27	28	40	31	30
13	34	36	41	31	29	13	27	25	41	23	22
14	21	30	42	22	31	14	23	19	42	30	27
15	20	27	43	24	36	15	22	25	43	25	28

续表

实验组 56 人						控制组 55 人					
编号	前测成绩	后测成绩	编号	前测成绩	后测成绩	编号	前测成绩	后测成绩	编号	前测成绩	后测成绩
16	25	28	44	25	21	16	19	20	44	34	33
17	24	31	45	28	30	17	33	27	45	19	16
18	23	26	46	19	26	18	14	20	46	26	25
19	31	34	47	31	31	19	29	31	47	25	27
20	20	27	48	20	23	20	27	28	48	19	16
21	19	27	49	21	16	21	28	24	49	24	22
22	32	35	50	20	27	22	21	21	50	17	24
23	27	35	51	19	24	23	32	33	51	18	21
24	32	32	52	28	34	24	21	19	52	21	26
25	25	25	53	20	22	25	27	29	53	25	25
26	28	32	54	22	32	26	29	30	54	22	20
27	23	27	55	17	25	27	18	19	55	15	17
28	30	35	56	25	30	28	23	24			

研究问题: 利用分组对照数据对两种教学方法进行评价, 并对新教学方法是否有效果进行推断.

二、分析过程

(1) 实验组和控制组的前测成绩有无差异?

解决该问题的目的是想说明两组的学生起点是一样的, 这样才有可能把实验的效果真实地表达出来. 因此, 实验组和控制组的前测成绩有无差异是个关键问题. 下面通过几种常规的方法来解决该问题.

方法 1 各种统计图形的直观比较法, 有分组条形图、箱线图、核密度图等.

俗话说 "一图胜千言", 所以图形是最直观、最高效的比较工具, 也是进行描述性统计的主要手段. 具体程序和图 (图 5.1.1) 如下:

```
# 假设实验组和控制组数据分别存入 Test 和 Control 数据框变量中,各含前测和后测成绩
br=c(10,seq(20,40,by=5))
t1=table(cut(Test[,1],br));    c1=table(cut(Control[,1],br))
barplot(cbind('Test'=t1,'Control'=c1),beside=TRUE,ylim=c(0,25),main='前测成绩')

n=nrow(Test)   # 因为两组的长度不一样, 所以短的补上 NA
tc1=cbind('Test'=Test[,1],'Control'=NA);   tc1[1:n,2]=Control[1:n,1]
boxplot(tc1,notch=TRUE,main='前测成绩')

plot(density(Test[,1]),main='前测成绩核密度'); lines(density(Control[,1]),lty=2)
legend(32,0.07,legend=c('Test','Control'),lty=c(1,2),cex=0.75)
```

从图 5.1.1 中可以看出, 条形图 (图 5.1.1 中的左图) 中相同分组的数量基本接近; 箱线图 (图 5.1.1 中的中间图) 中分布相近、中线接近、切口重叠; 核密度图 (图 5.1.1 中的右图) 区域中部和两端大部分重叠. 从这三组图形的直观比较中, 没有发现实验组与控制组在前测成绩上存在显著的差异, 因此可认为两组的学生起点相同.

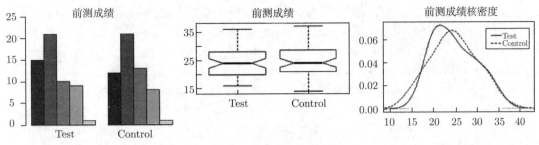

图 5.1.1 直观比较图

方法 2 同分布性检验.

通过检验两组数据所服从分布的差异性来说明两组数据是否来自同一分布, 进而表明两组前测成绩对应的学生的起点相同. 这个主要通过 ks.test 函数实现, 同时配合经验分布函数图直观对比. 具体程序和图如下:

```
ks.test(Test[,1],Control[,1])
plot(ecdf(Test[,1]),verticals=TRUE,do.points=FALSE,main='前测成绩 - 经验分布图')
lines(ecdf(Control[,1]),verticals=TRUE,do.points=FALSE,lty=2)
legend(30,0.6,legend=c('Test','Control'),lty=c(1,2),cex=0.75)
Two-sample Kolmogorov-Smirnov test
D = 0.091883, p-value = 0.9733
alternative hypothesis:  two-sided
```

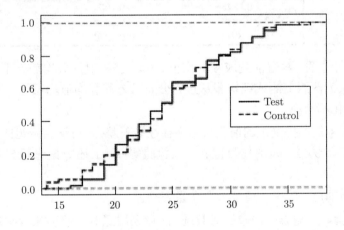

图 5.1.2 前测成绩的经验分布函数

此处输出的检验 p 值为 0.9733, 即没有理由否认两组数据的同分布性假设. 从图 5.1.2 的经验分布函数图的重叠区域直观判断, 也有上述的结论.

方法 3 正态性前提下的均值与方差的相等性检验.

对于两组数据的差异性问题, 最简单的莫过于基于正态前提的均值差的 t 检验和方差比的 F 检验. 具体程序如下:

```
mt=mean(Test[,1]); sdt=sd(Test[,1]); mc=mean(Control[,1]); sdc=sd(Control[,1])
tc=c(Test[,1],Control[,1]); mtc=mean(tc); sdtc=sd(tc);
zt=median(Test[,1]); zc=median(Control[,1]); ztc=median(tc)
c(T.mean=mt,T.sd=sdt,T.median=zt, C.mean=mc,C.sd=sdc, C.median=zc,
U.mean=mtc,U.sd=sdtc,U.median=ztc)
ks.test(Test[,1],'pnorm',mt,sdt); ks.test(Control[,1],'pnorm',mc,sdc) # 分组检验
ks.test(tc,'pnorm',mtc,sdtc) # 合并检验
var.test(Test[,1],Control[,1]); var.test(Test[,1],tc);
var.test(Control[,1], tc) # 同方差检验
t.test(Test[,1],Control[,1],var.equal=TRUE);
t.test(Test[,1], tc, var.equal=TRUE) # 等均值检验
t.test(Control[,1], tc, var.equal=TRUE)
T.mean      T.sd       T.median   C.mean      C.sd       C.median   U.mean     U.sd       U.median
24.732143   5.036200   24.00      24.600000   5.421494   24.00      24.666667  5.207221   24.00
D = 0.121650, p-value = 0.3786  # 实验组检验 p-值 =0.3786 较大，不否认正态性假设
D = 0.070593, p-value = 0.9469  # 控制组检验 p-值 =0.9469 较大，不否认正态性假设
D = 0.096101, p-value = 0.2569  # 合并后检验 p-值 =0.2569 较大，不否认正态性假设
```

此处同时给出实验组和控制组，以及它们各自与两组合并数据之间的检验 p 值结果，见表 5.1.2.

表 5.1.2　检验 p 值

检验项目	实验组-控制组	实验组-合并	控制组-合并
同方差	0.5875	0.7964	0.7111
等均值 (同方差)	0.8944	0.9383	0.9390
等均值 (异方差)	0.8944	0.9376	0.9399

从上述的统计量看，两组前测成绩的均值、标准差和中位数均差异不大；输出的检验 p 值都较大，可以认为两组前测成绩均服从正态分布且方差和均值均相等. 此处的检验应该说是对方法 1 的细化和补充.

综上所述，实验组和控制组的前测数据不存在显著差异，可认为两组的学生起点相同. 当然，还可以通过其他方法，如中位数检验、秩检验等，对上述数据进行分析，此处就不再赘述了.

(2) 两组各自的前、后测成绩是否存在显著差异？

显然两组的前、后测成绩构成配对数据，所以采用配对 t 检验来解决这个问题. 当然在作配对检验之前，先完成两组的后测成绩的正态性检验是比较稳妥的. 表 5.1.3 给出正态性检验的主要结果.

表 5.1.3　后测成绩的正态性检验 p 值

正态性检验方法	ks.test	shapiro.test
实验组	0.9365	0.5182
控制组	0.9284	0.6074

表 5.1.3 给出的检验 p 值都较大，说明两组的后测成绩均无法否认正态性假设. 关于后

测成绩差异性检验的具体程序如下:

t.test(Test[,1],Test[,2],paired=TRUE);	t.test(Control[,1],Control[,2],paired=TRUE)
t = −9.5829, df = 55, p-value = 2.51e-13	t = 0.21715, df = 54, p-value = 0.8289
95 percent confidence interval:	95 percent confidence interval:
−5.635396 −3.686033	−0.7484336 0.9302518
mean of the differences −4.660714	mean of the differences 0.09090909

从上述配对检验可知, 实验组的前、后测成绩存在显著的差异, 而控制组的前、后测成绩不存在显著的差异; 由偏差 (偏差 = 前测成绩 − 后测成绩) 的估计和置信区间可知, 实验组的后测成绩明显高于前测成绩.

(3) 两组的后测成绩是否存在显著差异?

经过上述比较和检验可知, 实验组和控制组的前测成绩基本无差异, 实验组的后测成绩明显高于前测成绩, 而控制组的前、后测成绩基本无差异, 所以有理由认为实验组的后测成绩明显高于控制组的后测成绩. 为此, 分别执行异方差和同方差下的两组后测成绩差的右侧检验. 具体程序如下, 为直观起见, 再给出所有成绩的箱线图 (图 5.1.3).

t.test(Test[,2],Control[,2],alternative='greater');	
t.test(Test[,2],Control[,2],alternative='greater',var.equal=TRUE)	
t = 5.6077, df = 108.99, p-value = 7.833e-08	t = 5.6064, df = 109, p-value = 7.881e-08
95 percent confidence interval: 3.438989 Inf	95 percent confidence interval: 3.438632 Inf
mean of x mean of y 29.39286 24.50909	mean of x mean of y 29.39286 24.50909

两组后测成绩的等方差检验 p 值为 0.8418, 该值较大, 可认为两者方差相等, 所以上述同方差 t 检验是合适的.

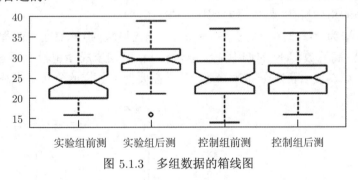

图 5.1.3　多组数据的箱线图

综上所述, 实验组较控制组的测试成绩有显著提高, 说明新方法对学生掌握词汇作用明显.

5.2　考试成绩的直观分析

一、案例及研究问题

对来自 2015∼2016 第二学期某高等院校高等数学 (分成 A,B,C,D,E 五种) 基础课的期中成绩、期末成绩及学生的考试类型、性别、所在院系、专业、班级和民族及任课教师信息, 其中重修学生不要求参加期中考试; 成绩栏 −1 表示缺考, −3 表示缓考, −2 表示作弊. 课程

的考试成绩都是整数, 分析以下几个问题:

(1) 成绩分布是否合理? (2) 成绩与任课教师性别及职称的关系;

(3) 成绩与不同学院和专业的关系; (4) 成绩与学生性别、民族等的关系;

(5) 重修生成绩与授课方式的关系; (6) 教学效果的评价.

该数据存于文件 score201502.xls 中, 主要字段有: 开班号、学院、专业、课程名称、考试类型、考试类型名称、期中成绩、期末成绩、性别、民族、教师、教师职称、教师性别. 对应的变量名依次为

    kbh, xymc, zymc, kcmc, kslb, kslbmc, qzcj, qmcj, xb, mz, lsid, lszc, lsxb.

二、分析过程

(1) 成绩分布是否合理?

对于"合理"的理解, 可能更侧重于成绩数据是否呈现正态分布或弱偏态分布. 关于这个问题, 一方面可从图形上分析, 如直方图及核密度图、箱线图、Q-Q 图等, 大致看出分布的对称性和正态性; 再辅助统计量佐证, 如均值与中位数、五数概括、偏峰度等数字特征角度侧面佐证正态性; 另一方面从分布性检验上加以分析, 如 Pearson χ^2 检验、K-S 检验和 Shapiro 检验等检验分布的正态性. 此处需要注意的是高等数学分解成 A, B, C, D, E 五种课程, 所以上述分析必须按照课程种类分开处理. 图 5.2.1, 图 5.2.2, 图 5.2.3, 图 5.2.4 分别给出了五种课程成绩的直方图、箱线图、Q-Q 图、核密度图.

从直方图、箱线图和核密度图可知, 这五种课程的成绩都是负偏态分布 (左偏态); 从 Q-Q 图来看, 两端偏离直线且波动较大, 也说明了分布偏离正态.

从每种课程的期中和期末成绩对比看, 高等数学 B(下) 和高等数学 D 的成绩下降比较明显, 主要是低分段的人数增加所致; 其他三种课程的总体成绩变化差异不大. 图形非常直观地展示了数据的总体特征, 特别是对照图, 一目了然.

当显著性水平为 0.05 时, 经夏皮洛 (shapiro.test) 检验, 拒绝前四种课程的期中、期末成绩的正态性假设, 高等数学 E 的期中成绩通过检验, 但期末成绩也没有通过检验. 总之, 当前的考试成绩均难以使用正态分布来描述, 至于需要使用怎样的分布来描述才比较合理, 还是个难题.

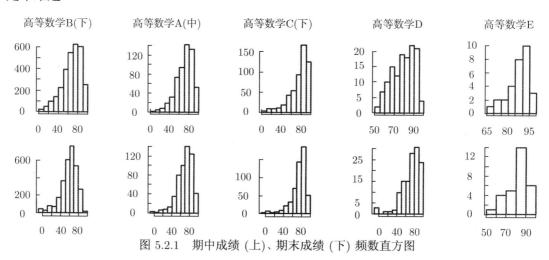

图 5.2.1 期中成绩 (上)、期末成绩 (下) 频数直方图

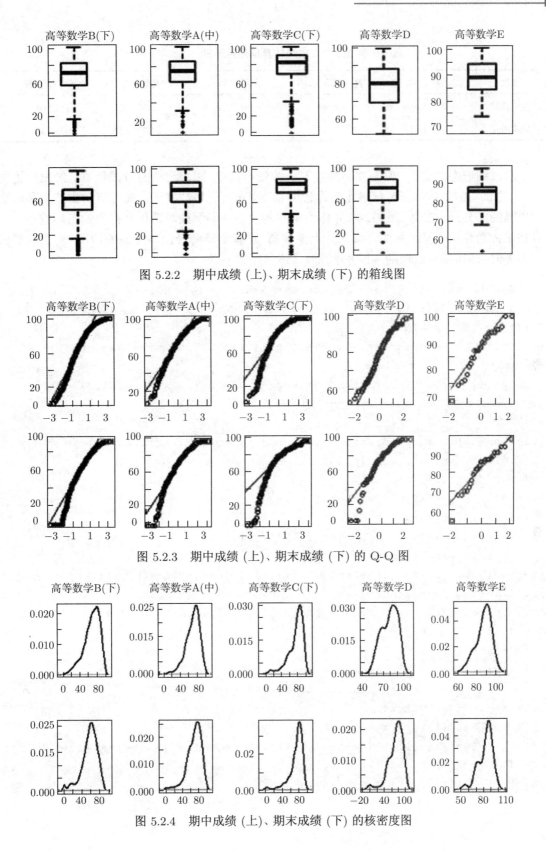

图 5.2.2 期中成绩(上)、期末成绩(下)的箱线图

图 5.2.3 期中成绩(上)、期末成绩(下)的 Q-Q 图

图 5.2.4 期中成绩(上)、期末成绩(下)的核密度图

表 5.2.1　成绩的夏皮洛检验的 p 值

成绩	高等数学 B(下)	高等数学 A(中)	高等数学 C(下)	高等数学 D	高等数学 E
期中成绩	< 2.2e-16	2.68e-12	< 2.2e-16	0.001152	0.1219
期末成绩	< 2.2e-16	1.073e-15	< 2.2e-16	3.552e-08	0.03812

对成绩偏态的说明: 偏态并不意味着成绩就不合理, 因为现在的考试环境已经发生了变化, 一份试卷的主体部分考核学生对课程的基本认知 (合格性测试), 而考核学生能力和创造性思维的部分只占少数; 另外, 60 分作为基本的及格线和学校对总体及格率的指标约束也一直在发挥着作用. 因此考试成绩总体上都偏高, 这就不难解释出现偏态的情况, 所以只要偏态不离谱, 成绩还是合理的. 上述分析的具体程序如下:

```
score=read.table('clipboard',header=TRUE)
kcmcs=unique(score[,4]);   dat1=list();   dat2=list()
for(i in 1:length(kcmcs))
{ dat1[[i]]=subset(score,kcmc==kcmcs[i] &kslb %in% c('K001','K003') &
   qzcj>=0, select=c(qzcj))
  dat2[[i]]=subset(score,kcmc==kcmcs[i] &kslb %in% c('K001','K003') &
     qmcj>=0, select=c(qmcj))
}
cols=sum(unlist(lapply(dat1,nrow))>0);   par(mfrow=c(2,cols))
for(i in 1:length(kcmcs))
 if(nrow(dat1[[i]])>0)
hist(dat1[[i]][,1],main=kcmc[i],xlab='',ylab='')
for(i in 1:length(kcmcs))
   if(nrow(dat2[[i]])>0)   hist(dat2[[i]][,1],main=NULL,xlab='',ylab='')
for(i in 1:length(kcmcs))
if(nrow(dat1[[i]])>0)boxplot(dat1[[i]][,1],main=kcmcs[i],xlab='',ylab='')
for(i in 1:length(kcmcs))
if(nrow(dat2[[i]])>0)   boxplot(dat2[[i]][,1],main=NULL,xlab='',ylab='')
for(i in 1:length(kcmcs))
  if(nrow(dat1[[i]])>0)
  { qqnorm(dat1[[i]][,1],main=kcmcs[i],xlab='',
       ylab='');qqline(dat1[[i]][,1]) }
for(i in 1:length(kcmcs))
 if(nrow(dat2[[i]])>0)
 { qqnorm(dat2[[i]][,1],main=NULL,xlab='',ylab='');qqline(dat2[[i]][,1])}
for(i in 1:length(kcmcs))
if(nrow(dat1[[i]])>0)
```

```
plot(density(dat1[[i]][,1]),main=kcmcs[i],xlab='',ylab='')
for(i in 1:length(kcmcs))
if(nrow(dat2[[i]])>0)
plot(density(dat2[[i]][,1]),main=kcmcs[i],xlab='',ylab='')
for(i in 1:length(kcmcs))
if(nrow(dat1[[i]])>0) print(shapiro.test(dat1[[i]][,1]))
for(i in 1:length(kcmcs))
if(nrow(dat2[[i]])>0) print(shapiro.test(dat2[[i]][,1]))
```

(2) 成绩与任课教师性别及职称的关系.

一方面将学生的成绩划分成 7 个层次 (低于 40 分, 40~50, 50~59, 及格, 中等, 良好和优秀), 每个层次的区间都是左开右闭. 此处采用 7 级制而不用通常意义下的 5 级制, 主要是考虑到 40, 50 分段的学生数量也较大. 然后对 7 个层次的学生数和教师性别或职称分别组成列联表, 最后采用列联表独立性检验来研究成绩与性别, 成绩与职称的关系. 另一方面可基于教师的性别, 构建学生成绩的分布, 以便直观展示区别, 如直方图、经验分布图、核密度图、箱线图、调和函数图等, 其中调和函数图可以同时处理期中和期末成绩. 上述分析也必须按照课程种类分开处理, 具体程序如下:

```
dat1=list(); dat2=list()
for(i in 1:length(kcmcs))
{ dat1[[i]]=subset(score,kcmc==kcmcs[i] & kslb %in% c('K001','K003') & qzcj>=0 ,select=c(qzcj,lsxb,lszc))
  dat2[[i]]=subset(score,kcmc==kcmcs[i] & kslb %in% c('K001','K003') & qmcj>=0 ,select=c(qmcj,lsxb,lszc))
}
```

Cut1=cut(dat1[[1]][,1],c(0,39,49,59,69,79,89,100))	Cut2=cut(dat2[[1]][,1],c(0,39,49,59,69,79,89,100))
(tab1=table(Cut1,dat1[[1]][,2]))	(tab2=table(Cut2,dat2[[1]][,2]))
chisq.test(tab1)	chisq.test(tab2)
Cut1 男 女	Cut2 男 女
(0,39] 199 81	(0,39] 197 113
(39,49] 136 78	(39,49] 215 124
(49,59] 221 133	(49,59] 373 211
(59,69] 321 217	(59,69] 454 326
(69,79] 363 267	(69,79] 317 261
(79,89] 350 283	(79,89] 165 144
(89,100] 148 170	(89,100] 21 28
X-squared = 44.664, df = 6, p-value = 5.458e-08	X-squared = 24.741, df = 6, p-value = 0.0003812

上述程序给出了高等数学 B(下) 课程的期中、期末成绩与教师性别的统计和检验, 从输出的检验 p 值看, 该课程的期中、期末成绩均与教师性别关系密切, 即教师性别对于学生的考试成绩存在直接关系. 表 5.2.2 给出了所有课程的独立性检验结果.

表 5.2.2 成绩与教师性别的独立性检验 p 值

关系	高等数学 B(下)	高等数学 A(中)	高等数学 C(下)
期中成绩与教师性别	5.458e-08	0.4751	0.002197
期末成绩与教师性别	0.0003812	0.007867	0.05835
期中成绩 (结论), 期末成绩 (结论)	关系显著, 关系显著	相互独立, 关系显著	关系显著, 关系不太显著

说明 (1) 由于高等数学 D 和 E 均只有同一性别老师授课, 故无法作独立性检验.

(2) 由于高等数学 C(下) 用上述区间时统计的频数偏少, 故改成 c(0,59,69,79,89,100).

从表 5.2.2 输出的检验 p 值及初步的检验结论看, 高等数学各课程的考试成绩与教师的性别存在比较显著的关系, 进一步计算各课程相对于教师性别的平均成绩, 并对成绩偏差作双总体 Wilcox 检验, 结果见表 5.2.3.

表 5.2.3 平均成绩与 Wilcox 检验 p 值

	高等数学 B(下)		高等数学 A(中)		高等数学 C(下)	
	男	女	男	女	男	女
期中成绩	65.91	70.36	71.640	70.95	66.27	77.78
期末成绩	59.22	61.95	72.38	68.08	66.06	75.06
Wilcox(期中)	1.869e-10(左)		0.978500(双)		8.272e-05(左)	
Wilcox(期末)	8.028e-07(左)		0.005293(右)		0.003866(左)	

从表 5.2.3 可初步得出如下结论: 对于高等数学 B(下) 和 C(下) 课程, 女教师班上的学生考试成绩明显高于男教师班上的; 而对于高等数学 A(中) 课程, 男教师班上的学生考试成绩高于女教师班上的.

同理可作成绩与教师职称的关系检验, 由于区间内频数不足, chisq.test 会给出警告, 所以区间要分别设定. 高等数学 B(下) 和 C(下) 采用 c(0,39,49,59,69,79,89,100); 高等数学 A(中) 采用 c(0,49,59,69,79,89,100), 另外高等数学 C(下) 没有教授授课, 结果见表 5.2.4.

表 5.2.4 成绩与教师职称的独立性检验 p 值

关系	高等数学 B(下)	高等数学 A(中)	高等数学 C(下)
期中成绩与教师职称	0.0333	0.002266	0.204
期末成绩与教师职称	0.2908	0.008566	0.862
期中成绩 (结论), 期末成绩 (结论)	关系显著, 相互独立	关系显著, 关系显著	相互独立, 相互独立

(3) 成绩与不同学院和专业的关系.

问题 (3) 的处理方式与问题 (2) 基本一致, 但也是要区分不同课程来分析, 不再赘述. 这里仅给出非重修学生成绩的统计数据和检验结果.

高等数学 A(中) 只给两个学院开设, 我们通过箱线图进行比较, 如图 5.2.5 所示.

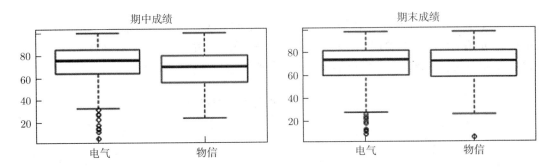

图 5.2.5 两学院开设高等数学 A(中) 的箱线图

从图 5.2.5 看出, 电气学院的期中成绩略高于物信学院, 其中电气学院的低分段成绩异常值较多 (超低分较多); 而两个学院的期末成绩几乎没有差异, 电气学院的低分段成绩异常依然明显, 这个现象值得教学上深入探讨.

高等数学 B(下) 给所有工科学院开设, 其箱线图如图 5.2.6 所示.

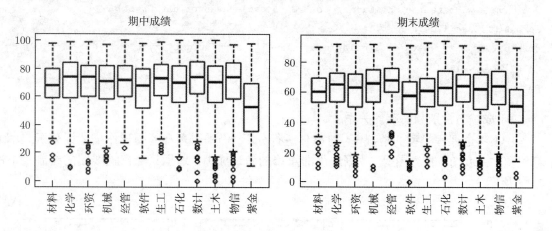

图 5.2.6　各学院开设高等数学 B(下) 的箱线图

从图 5.2.6 看出, 各学院的期中和期末成绩存在较大的差异, 特别是紫金学院明显低于其他各学院.

高等数学 C(下) 也只给两个学院部分专业开设, 箱线图绘制如图 5.2.7 所示.

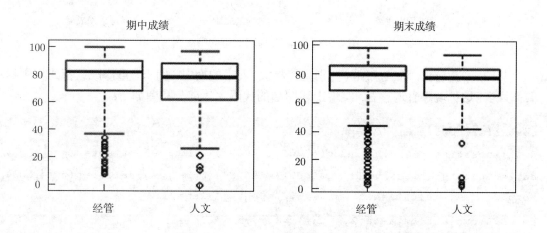

图 5.2.7　两个学院部分专业开设高等数学 C(下) 的箱线图

从图 5.2.7 看出, 两个学院的成绩差异不明显, 其中经管学院的低分段成绩异常值较多, 应引起重视.

实现上述图形的代码主体部分如下:

```
kcmcs=c('高等数学 A(中)','高等数学 B(下)','高等数学 C(下)')
dat1=subset(score,kslb %in% c('K001','K003') & qzcj>=0 & kcmc==kcmcs[1],
select=c(qzcj,xymc))
dat2=subset(score,kslb %in% c('K001','K003') & qmcj>=0 & kcmc==kcmcs[1],
select=c(qmcj,xymc))
dat1$xymc=as.character(dat1$xymc); dat2$xymc=as.character(dat2$xymc)
op=par(mfrow=c(1,2))
boxplot(qzcj xymc,data=dat1,main='qzcj',las=2); boxplot(qmcj xymc,data=dat2,
main='qmcj',las=2)
par(op)
```

(4) 成绩与性别和民族的关系.

在不考虑课程类型的情况下, 对整体进行分析, 仍采用直观的图形作描述性分析, 比如箱线图、密度图、直方图等, 数据选用非重修的考试成绩. 这里只给出箱线图的绘制, 如图 5.2.8 所示.

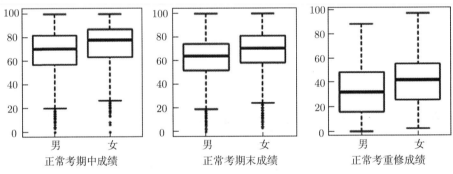

图 5.2.8   不区分课程类型的箱线图

从图 5.2.8 看出, 考试成绩与性别直接相关, 女生的期中、期末、重修成绩都比男生相对要高许多, 这种现象普遍存在. 实现上述图形的代码主体部分和图如下:

```
op=par(mfrow=c(1,3))
dat1=subset(score,kslb %in% c('K001','K003') & qzcj>=0,select=c(qzcj,xb))
dat2=subset(score,kslb %in% c('K001','K003') & qmcj>=0,select=c(qmcj,xb))
boxplot(qzcj~xb,data=dat1,main='正常考-qzcj',las=2)
boxplot(qmcj~xb,data=dat2,main='正常考-qmcj',las=2)
dat2=subset(score,kslb %in% c('K001','K003')==FALSE & qmcj>=0,
            select=c(qmcj,xb))
boxplot(qmcj ~ xb,data=dat2,main='重修-qmcj',las=2)
par(op)
```

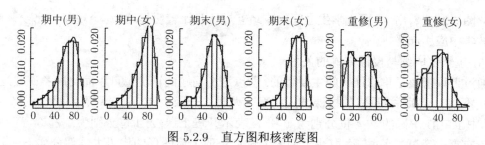

图 5.2.9 直方图和核密度图

从图 5.2.9 看出,当男、女生的成绩分布不同时,女生成绩的偏态比男生更明显,成绩也更集中且更好. 实现上述图形的代码主体部分和图如下:

```
op=par(mfrow=c(1,6));      dat=list();      title=c('期中','期末','重修')
dat[[1]]=subset(score,kslb %in% c('K001', 'K003') & qzcj>=0,select=c(qzcj,xb))
dat[[2]]=subset(score,kslb %in% c('K001','K003') & qmcj>=0,select=c(qmcj,xb))
dat[[3]]=subset(score,kslb %in% c('K001','K003')==FALSE & qmcj>=0,select=c(qmcj,xb))
for(i in 1:3)
{ a=dat[[i]]
hist(a[a[,2]=='男',1],freq=F,main=paste(title[i],'(男)',sep=''),xlab='',ylab='',ylim=c(0,0.025));
lines(density(a[a[,2]=='男',1]))
hist(a[a[,2]=='女',1],freq=F,main=paste(title[i], '(女)',sep=''), xlab='',ylab='',ylim=c(0,0.025));
lines(density(a[a[,2]=='女',1]))
}
par(op)
```

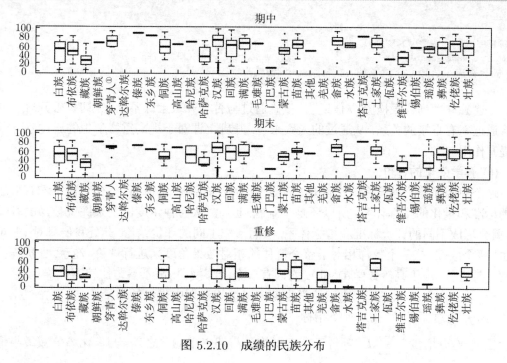

图 5.2.10 成绩的民族分布

---

①穿青人是一个主要分布在贵州西北地区,人员相对集中的"未识别民族". 据 2000 年第五次全国人口普查资料,穿青人人口约 67 万人.

从图 5.2.10 看出, 各民族学生之间的成绩差异还是比较明显的, 这个现象也比较普遍, 在实际教学中应引起重视.

(5) 重修生成绩与授课方式的关系.

通过课程考核是重修课程的主要目的, 所以这个问题的评价也可以简化成考试通过与授课方式不同有无关系. 重修的授课方式主要有两种: 开班上课 (独立开班或跟班重修) 和自学 (其中 KSLB 编码的 2,4 位分别为 1 和 1, 表示开班上课; 2,4 位分别为 1 和 3, 表示自学; 重修没有期中考试, 通过与否取决于期末考试). 实现上述图形的代码主体部分如下:

```
classcj=sqldf('select qmcj,kcmc,"class" from score where qmcj>=0 and kslb like "K1%1"')
selfcj=sqldf('select qmcj,kcmc,"self" from score where qmcj>=0 and kslb like "K1%3"')
colnames(classcj)=c('qmcj', 'kcmc','type');   colnames(selfcj)=c('qmcj','kcmc','type')
cxcj=rbind(classcj,selfcj)
tabs=xtabs(qmcj>0~kcmc+type,data=cxcj);   tabs=tabs[1:7,]   # 由于第八行统计为 0, 故取前 7 行
chisq.test(tabs)
```

```
                type
kcmc            class  self
高等数学 A(上)    14     3
高等数学 A(中)    2      64
高等数学 B(上)    161    35
高等数学 B(下)    133    82
高等数学 C(上)    5      1
高等数学 C(下)    63     0
高等数学 D        4      19

Pearson's Chi-squared test
data:      tabs
X-squared = 198.12, df = 6, p-value < 2.2e-16
```

上述独立性列联表检验 p 值说明, 重修通过与否与开班上课不独立, 即是否开班上课与重修通过率有直接的关系. 从通过的人数来看, 开班上课对于提高重修学生的通过率有显著的提升作用.

(6) 教学效果的评价.

这个问题在整个教育系统中都是一个长盛不衰的话题, 看似简单, 但是由于没有形成统一的标准和量化的指标体系, 所以还是个难题. 因此, 从何种角度出发来评价教师的教学效果, 就会形成不同的评价标准和指标体系, 从而形成不同的评价结论. 此处我们只对 (非重修学生) 两个成绩, 从某个教师相对于整个群体的相对效果角度来进行评价. 注意, 评价需按照课程分类进行, 由于高等数学 D 和 E 均只有一个老师授课, 故不参与比较评价.

记 $d_i = qmcj_i - qzcj_i$, 用来表达学生期末成绩相对期中成绩的增量; $cj_i = 0.7 \times qmcj_i + 0.3 \times qzcj_i$ 为总评成绩, 构造如下指标:

① 平均分增量 $\frac{1}{n}\sum d_i$, 等价于期末平均分与期中平均分之差, 归一化该值减最小值再除以极差;

② 正增量学生数比率, $\frac{1}{n}\sum \text{sign}(d_i)$, 其中 $\text{sign}(x) = 1(x > 0)$, $\text{sign}(x) = 0(x \leqslant 0)$;

③ 总评成绩及格率 (得分大于等于 60 分的比重);
④ 总评成绩优良率 (得分大于等于 80 分的比重).
具体程序如下:

```
score=subset(score,kslb %in% c('K001','K003') & qzcj>=0 & qmcj>=0,
            select=c(kcmc,lsid,qzcj,qmcj))
score$di=score$qmcj-score$qzcj
score$sign=ifelse(score$di>0,1,0)
score$cj=score$qmcj*0.7+score$qzcj*0.3
score$pass=ifelse(score$cj>=60,1,0)
score$good=ifelse(score$cj>=80,1,0)
allindex=aggregate(score[,c(5,6,7,8)],by=list(kcmc=score$kcmc,lsid=score$lsid),mean)
allindex=allindex[order(allindex$kcmc),]  # 产生上述四个指标, 按照课程名称排序
fun=function(x) (x-min(x))/(max(x)-min(x))
a=aggregate(allindex[,3:6],by=list(kcmc=allindex$kcmc), fun)
allindex$di=c(a[1,2][[1]],a[2,2][[1]],a[3,2][[1]],0,0)
                            # 最后两个 0 是给高等数学 D 和 E 的
allindex=allindex[1:36,]  # 剔除最后两个高等数学 D 和 E 的
```

此时得到的数据如下 (只显示前 3 行):

kcmc	lsid	di	sign	Pass	good
高等数学 A(中)	03073	0.09398049	0.3181818	0.8181818	0.38181818
高等数学 A(中)	05008	0.55979305	0.4351852	0.8240741	0.31481481
高等数学 A(中)	05010	0.63828416	0.4537037	0.8518519	0.37037037

针对上述数据的后四列进行评价, 首先直观展示四列数据的差异性, 此处三门课程合并分析. 具体程序和图如下:

```
barplot(as.matrix(allindex[,3:6]),beside=TRUE,las=2)
stars(t(allindex[,3:6]),full=TRUE)              # 特别漂亮,所以也放上去
```

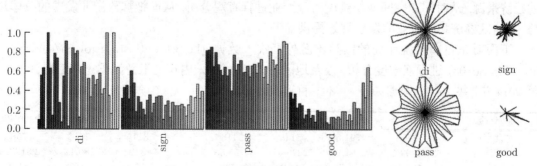

图 5.2.11　四个指标的条形图和星座图

从图 5.2.11 看出, 四个指标的差异性还是比较明显的, 或许可用来是实现综合评价. 定义综合指标为四个指标的平均值, 其他指标可自行构建. 具体程序和图如下:

```
Total=data.frame(kcmc=allindex$kcmc,lsid=allindex$lsid,
    index=apply(allindex[,3:6],1,mean))    # 得到综合指标
layout(matrix(c(1,2,2,3),nrow=1))
kcmcs=unique(Total$kcmc)
for(i in kcmcs)
{   a=subset(Total,kcmc==i,select=c(lsid,index));    # 按课程提取数据集
    a=a[order(a$index),]                              # 从小到大排序
    barplot(a[,2],names.arg=a[,1],las=2,main=i)       # 绘制条形图
}
```

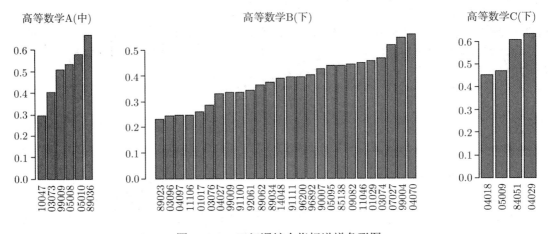

图 5.2.12　三门课综合指标递增条形图

从图 5.2.12 看出, 所构建的评价指标和综合指标很好地区分了不同教师的 "授课效果", 很简单, 也很直观. 此处的分析与结论只是一种探讨.

5.3　时间-空间数据的直观分析

如今, 旅游成为人们享受生活的一种心路历程, 旅游业也逐渐成为一个国家和地区重要的经济来源. 从时间和空间两个维度对旅游业进行直观分析, 从而把握旅游业发展的总体趋势, 为地区经济和旅游业的发展规划提供参考.

下面对来自国家统计局的国际旅游外汇收入数据 (http://data.stats.gov.cn/easyquery.htm?cn=E0103) 进行双维度分析, 涉及地区总共 31 个, 采用年度汇总数据, 跨度从 2000 年至 2014 年, 共 15 年, 数据如下 (单位: 百万美元):

地区	2014 年	2013 年	2012 年	2011 年	⋯	2002 年	2001 年	2000 年
北京市	4608	4794.68	5149	5416	⋯	3115	2946	2768
天津市	2992.1	2591.28	2226.41	1755.53	⋯	342	280.17	231.76
河北省	534.19	585.78	544.94	447.65	⋯	167	156.61	141.9
⋮	⋮	⋮	⋮	⋮		⋮	⋮	⋮
青海省	24.74	19.42	24.32	26.59	⋯	10	9.02	7.2
宁夏回族自治区	18.48	12.08	5.45	6.2	⋯	2	2.73	2.72
新疆维吾尔自治区	497.04	585.02	550.57	465.19	⋯	99	98.56	94.94

(1) 绘制各地区 15 年外汇收入的散点图, 直观展示发展轨迹. 具体程序和图如下:

```
dat=read.table('clipboard',header=TRUE)
rownames(dat)=dat[,1];    dat=dat[,2:16];
    dat=as.matrix(t(apply(dat,1,rev)))    # 把省份列变成行名称
op=par(mfrow=c(4,8))
for(i in 1:nrow(dat))
    plot(dat[i,],main=rownames(dat)[i],xlab='',ylab='',mai=c(0,0,0.3,0))
par(op)
```

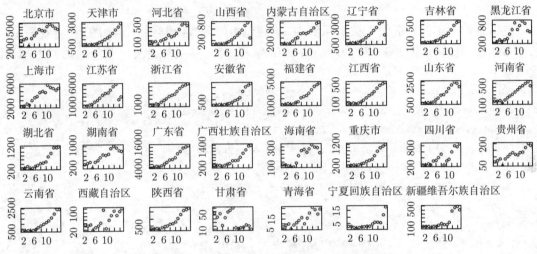

图 5.3.1   31 个地区的旅游外汇收入发展轨迹

从图 5.3.1 看出, 发展趋势上升的有: 天津市、内蒙古自治区、吉林省、浙江省、安徽省、福建省、江西省、广东省、广西壮族自治区、重庆市、云南省、陕西省、宁夏回族自治区; 有部分地区在 2014 年附近出现了一个较大的跳空下降, 如山西省、辽宁省、黑龙江省、江苏省、海南省等; 还有部分地区处在下降通道中, 如北京市、黑龙江省、山东省、海南省、甘肃省等.

(2) 将 2010 至 2014 年中国的 31 个地区的旅游外汇收入绘制成脸谱图, 通过脸谱直观展示分布情况. R 软件中提供绘制脸谱的函数, 位于软件包 "aplpack" 中, 该函数为

faces(xy,...)

其中的参数 xy 为矩阵或数据框数据, 并以列为变量来定义面部特征. 各列对应的面部特征说明如下:

1: 脸的高度;   2: 脸的宽度;   3: 脸型;   4: 嘴巴厚度;   5: 嘴巴宽度;
6: 微笑;   7: 眼睛的高度;   8: 眼睛宽度;   9: 头发长度;   10: 头发宽度;
11: 头发风格;   12: 鼻子高度;   13: 鼻子宽度;   14: 耳朵宽度;   15: 耳朵高度.

把每一年的外汇收入值当成脸谱的面部特征指标, 2014 年对应第 1 列, 2013 年对应第 2 列, 以此类推。通过命令 faces(dat), 可得到图 5.3.2, 其中每个地区一个脸谱。

从图 5.3.2 中可知, 从脸部的各个特征都可以对 31 个地区的旅游外汇收入进行直观的评价.

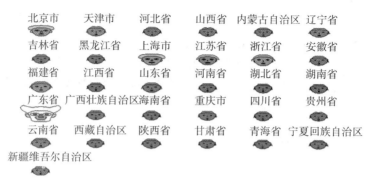

图 5.3.2 31 个地区的旅游外汇收入脸谱图

也可将每一年的外汇收入按照从低到高, 颜色由浅入深绘制到中国地图上, 直观展示区域分布情况, 比如绘制 2000 年, 2005 年, 2010 年和 2014 年的旅游外汇收入的热力图, 具体代码如下:

```
library(maps); library(maptools); library(mapdata);
china_map=readShapePoly('bou2_4p.shp'); op=par(mfrow=c(2,2));
getID=function(mapdata, provname, flags, ID)
{ f=function(x,y) ifelse(x %in% y, flags[which(y==x)],0);
    IDS=sapply(mapdata@data$NAME,f,provname); # 用 mapdata$NAME 也行
    ID[IDS>0]=IDS[IDS>0] # 只对 IDS 非零的进行更新
    return(ID);
}
years=c(1,6,11,15) # 此处针对 2000 年, 2005 年, 2010 年和 2014 年
for(i in years) { ID=rep(0,925); res=sort(dat[,15],decreasing=TRUE,index.return=TRUE)
ID=getID(china_map,names(res$x),1:length(res$x),ID);
plot(china_map,col=c('white',heat.colors(31))[ID+1])}
par(op)
```

(3) 创汇省份分类与排名.

构建近三年的平均创汇、创汇增长率 1(相对于 2013 年)、创汇增长率 2(相对于 2000 年), 2014 年总量占比和正增量次数 (相对于前一年增量为正则加 1) 五个指标, 对各省作直观的综合排名和分类. 具体程序和图 (图 5.3.3) 如下:

```
library(MASS)
x1= apply(dat[,13:15],1,mean); x2=(dat[,15]-dat[,14])/dat[,14]
x3=(dat[,15]-dat[,1])/dat[,1]; x4= dat[,15]/sum(dat[,15])
x5=apply(dat[,2:15]-dat[,1:14]>0,1,sum)
ndat=data.frame(x1=x1,x2=x2,x3=x3,x4=x4,x5=x5)
D=as.matrix(dist(ndat)); D.out=isoMDS(D,k=2) # 采用多维标度法
x=-D.out$points[,1]; y=-D.out$points[,2] # 同乘以 -1, 只是画图好看些
plot(x,y); abline(h=0,v=0); text(x, y+1 ,rownames(dat))
```

从图 5.3.3 看出, 广东属于第一梯队; 北京、上海、浙江、福建、江苏属于第二梯队; 辽宁, 山东、天津、云南属于第三梯队; 其他的由于相差不大, 所以图像绘制上重叠较多, 可将它们

归入第四梯队.

另外还可以通过绘制星座图,将每年的数据绘制到星座图的每个角上,然后作直观分类. 具体程序和图 (图 5.3.4) 如下:

```
stars(dat, full=TRUE,draw.segments=TRUE)
```

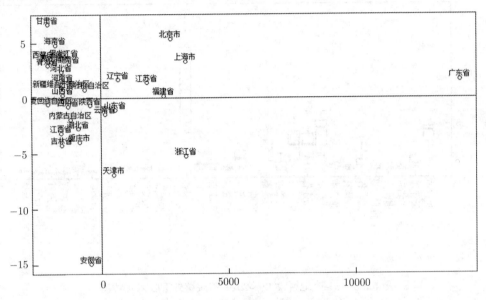

图 5.3.3　基于五个指标的多维标度法

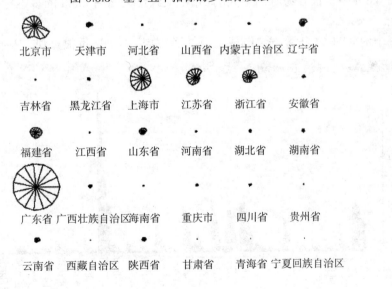

图 5.3.4　2000~2014 年各地区旅游外汇收入星座图

从图 5.3.4 看出,星座图非常直观地展示了各个省份 15 年的外汇收入情况,根据图形作出的分类结果同图 5.3.3 多维标度法基本一致.

实际上箱线图也可作为一种简易的分类工具,要绘制 31 个地区旅游外汇收入 15 年的变化情况,只需将数据转置,形成以省份为列变量,然后用 boxplot 函数即可. 具体程序和图如下:

```
boxplot(t(dat), las=2)
```

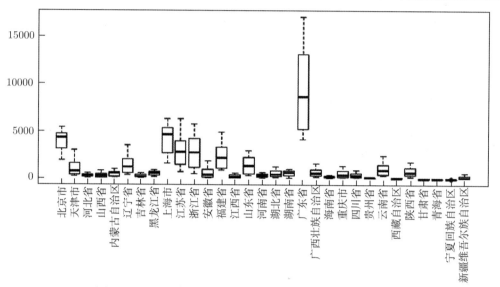

图 5.3.5　31 个地区 2000~2014 年旅游外汇收入箱线图

从图 5.3.5 中也很容易看出不同的梯队,大致结果同图 5.3.3 的多维标度法和图 5.3.4 的星座图法.

将每个地区的 15 年数据绘制成一组柱形,总共 31 组,也很直观. 具体程序和图如下:

```
barplot(t(dat),beside=TRUE, las=2)
```

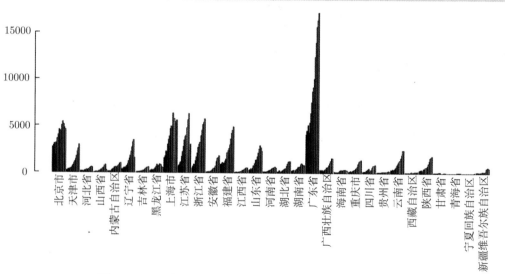

图 5.3.6　31 个地区 2000~2014 年旅游外汇收入条形图

图 5.3.6 将每个地区的利用外汇收入趋势非常直观地表现出来, 谁强谁弱、谁升谁降一目了然.

内容小结

本章主要从几个案例分析入手, 阐述使用 R 软件进行描述性直观统计分析的基本过程, 借助 R 软件强大的统计计算和图形功能, 直观地展示数据的特征和基本的统计方法.

本章知识点网络结构图:

本章基本要求:

1. 掌握描述性直观统计分析的基本过程;
2. 熟练掌握各种描述性统计工具.

习 题 五

1. 某学院 250 位教职工的 5 个指标: 性别, 手机号前三位, 出生年份, 月份和系别, 其数据见文件 (teacher.csv). 请直观分析如下问题:

(1) 教师性别 (系别或年龄层) 与手机归属偏好有关吗?
(2) 学院教工年龄层分布是否合理?
(3) 学院教工性别分布是否均衡?
(4) 性别与年龄分布是否合理, 均衡?

2. 请到中华人民共和国国家统计局网站 (http://data.stats.gov.cn) 收集各省年度统计数据:

人口栏目的总人口;
固定资产投资和房地产栏目的全社会固定资产投资;
对外经济贸易栏目的按经营单位所在地进出口总额;
人民生活栏目的城乡居民人民币储蓄存款和居民人均消费支出;
教育栏目的普通高等学校在校学生数;
科技栏目的国内专利申请授权量和技术市场成交额;
国民经济核算栏目的地区生产总值.

直观分析如下问题:

(1) 纵观近 20 年的统计资料, 就地区生产总值而言, 给出各省份发展的直观趋势汇总图.
(2) 尝试发现地区生产总值与其他各指标的关系, 并找出最重要的三个影响指标.
(3) 尝试对各省份作直观的综合排名.

第六章　方差分析与正交试验设计

方差分析是数理统计的基本方法之一, 它是英国统计学家 R.A.Fisher 在 20 世纪 20 年代源于农业生产而创立的, 之后该方法被应用于其他领域, 尤其是工业试验、医学临床试验等数据的分析中. 经过近百年的发展, 其理论和内容已经相当丰富, 应用也非常广泛.

方差分析主要研究自变量 (因素) 与因变量 (试验指标) 之间的关系, 即因素对试验指标是否有显著的影响. 例如: 农业生产中, 为提高某地农作物的产量 (试验指标), 考察不同的种子 (因素 A)、不同数量的肥料 (因素 B) 对农作物产量的影响, 并从中确定最适宜该地区种植的农作物品种和肥料数量, 这就是一个典型的方差分析问题.

要解决上述问题, 一方面需要精心设计一个试验, 使其充分反映各因素的作用, 并力求试验次数尽可能少, 以便节省各种资源成本; 另一方面就是对试验数据进行高效合理的分析和统计推断, 以便确定各因素影响的程度, 从而实现优选方案, 解决问题. 前者通常称为**试验设计**, 后者称为**方差分析**.

本章主要介绍方差分析原理和正交试验设计的基本思想和方法以及两种方法在 R 软件中的实现.

6.1　单因素方差分析

在方差分析中, 作为研究对象的试验结果 (因变量) 通常称为**试验指标**, 用 X 表示. 影响试验指标的条件称为**因素**或**因子**, 用 $A, B, C \cdots$ 表示, 它们在试验中通常作为控制变量, 也称为**自变量**. 各因素都是严格控制在几个不同状态或等级上进行试验, 因素在试验中所处的不同状态或等级称为**水平**, 因素 A 的 r 个水平用 $A_1, A_2, \cdots, A_r$ 表示. 试验中得到的观测值不尽相同, 有的是不同因素及不同水平造成的, 这称为**因素效应**; 有的是由试验中偶然性因素或观测误差造成的, 这称为**试验误差**. 方差分析的主要任务就是将观测数据的总变差 (总离差) 按照不同的原因分解成因素效应和试验误差, 进行量化分析, 确定各种因素的主次顺序和重要程度, 为进一步的统计推断提供有力的支撑.

只考虑一个因素对试验指标影响的试验称为**单因素试验**, 处理单因素试验的统计推断方法称为**单因素方差分析**. 如果试验中考虑的因素多于一个, 这种试验称为**多因素试验**, 相应的统计推断方法称为**多因素方差分析**(本书只讨论双因素方差分析). 如果在各种水平下所作的重复试验次数都相同, 则称这种试验为**等重复试验**, 否则称为**不等重复试验**.

一、单因素试验

单因素方差分析中, 设试验指标为 X, 因素为 A, 因素 A 有 r 个水平 $A_1, A_2, \cdots, A_r$. 为研究因素 A 对试验指标 X 是否有影响, 首先进行单因素试验, 即在因素 A 的每一水平 A_j 上重复试验 n_j 次 $(n_j \geqslant 2, j = 1, 2, \cdots, r)$, 再把试验结果列成表 6.1.1, 最后对数据进行方差分析.

表 6.1.1　单因素通用试验表

试验指标		因素水平			
		A_1	A_2	$\cdots$	A_r
重复试验	1	x_{11}	x_{12}	$\cdots$	x_{1r}
	2	x_{21}	x_{22}	$\cdots$	x_{2r}
	$\vdots$	$\vdots$	$\vdots$	$\cdots$	$\vdots$
	n_j	$x_{n_1 1}$	$x_{n_2 2}$	$\cdots$	$x_{n_r r}$

二、提出假设

把因素 A 在每个水平 A_j 下考查的指标视为一个总体 X_j, 其 n_j 次重复试验视为这一总体的一个随机样本 $X_{1j}, X_{2j}, \cdots, X_{n_j j}$, 其观测值, 即试验结果记为 $x_{1j}, x_{2j}, \cdots, x_{n_j j}, j = 1, 2, \cdots, r$, 并且假设:

(1) 每个总体均为正态分布, 即 $X_j \sim N(\mu_j, \sigma_j^2), j = 1, 2, \cdots, r$, 且各总体相互独立;

(2) 各个总体的方差相同 (称为**方差齐性**), 即 $\sigma_1^2 = \sigma_2^2 = \cdots = \sigma_r^2 = \sigma^2$;

(3) 从每个总体中抽取的样本相互独立.

在以上三个假设下, 要考查因素 A 对试验指标 X 是否有显著影响, 可把问题简化成检验 r 个正态总体 $X_j \sim N(\mu_j, \sigma^2)$ 中的各均值 μ_j 的相等性, 即假设检验问题为

$$H_0: \mu_1 = \mu_2 = \cdots = \mu_r, \quad H_1: \mu_1, \mu_2, \cdots, \mu_r \text{不全相等}.$$

若接受 H_0, 则认为因素 A 对试验指标 X 无显著影响; 否则, 就认为因素 A 对试验指标 X 有显著影响.

三、统计分析

记样本数据的总平均值为 $\bar{x} = \dfrac{1}{n} \sum\limits_{j=1}^{r} \sum\limits_{i=1}^{n_j} x_{ij}$, 水平 A_j 下的样本均值为 $\bar{x}_j = \dfrac{1}{n_j} \sum\limits_{i=1}^{n_j} x_{ij}$, 其中 $n = \sum\limits_{j=1}^{r} n_j$.

步骤一　总离差平方和 S_T 的分解, 即

$$S_T = \sum_{j=1}^{r} \sum_{i=1}^{n_j} (x_{ij} - \bar{x})^2 = \sum_{j=1}^{r} \sum_{i=1}^{n_j} (x_{ij} - \bar{x}_j + \bar{x}_j - \bar{x})^2$$

$$= \sum_{j=1}^{r}\sum_{i=1}^{n_j}(\bar{x}_j-\bar{x})^2 + \sum_{j=1}^{r}\sum_{i=1}^{n_j}(x_{ij}-\bar{x}_j)^2 + 2\sum_{j=1}^{r}\sum_{i=1}^{n_j}(\bar{x}_j-\bar{x})(x_{ij}-\bar{x}_j)$$
$$= \sum_{j=1}^{r}\sum_{i=1}^{n_j}(\bar{x}_j-\bar{x})^2 + \sum_{j=1}^{r}\sum_{i=1}^{n_j}(x_{ij}-\bar{x}_j)^2 + 0$$
$$\triangleq S_A + S_E, \tag{6.1.1}$$

其中 $S_A = \sum_{j=1}^{r}\sum_{i=1}^{n_j}(\bar{x}_j-\bar{x})^2 = \sum_{j=1}^{r}n_j(\bar{x}_j-\bar{x})^2$, $S_E = \sum_{j=1}^{r}\sum_{i=1}^{n_j}(x_{ij}-\bar{x}_j)^2$.

这里, S_T 称为**总离差平方和**, 它表示所有试验数据与总平均值之间差异的平方和; S_A 称为**组间离差平方和**, 它是由各水平下的样本均值与总均值之间差异的平方和累加得到的. 由于 $\bar{x}_j$ 是 μ_j 的估计, 若 μ_j 之间的差异越大, 则 $\bar{x}_j$ 之间的差异也会越大, 因此 S_A 反映了各总体均值之间的差异程度, 故也称其为因素 A 的**效应平方和**, 它由水平 A_j 的不同导致. S_E 称为**组内离差平方和**, 它反映了随机误差的影响程度, 是由 r 组随机误差平方和累加得到的, 也称为**误差平方和**. 每组误差平方和是由不同水平 A_j 下的样本均值与样本值之间差异的平方和构成, 它完全由随机误差引起.

步骤二 构造统计量.

当样本给定时, S_T 固定, 若因素 A 的不同水平引起的变化显著, 则 S_A 较大, 相应 S_E 就较小; 反之, 若因素 A 的不同水平引起的变化不大, 则 S_E 较大, 相应 S_A 就较小. 由此我们可以通过比较 S_A 和 S_E 的相对大小来构造小概率事件, 从而检验不同水平引起的差异是否显著.

可以证明 $\dfrac{S_E}{\sigma^2} \sim \chi^2(n-r)$, 在假设 H_0 成立的条件下, 有

$$\frac{S_T}{\sigma^2} \sim \chi^2(n-1), \quad \frac{S_A}{\sigma^2} \sim \chi^2(r-1).$$

记 $MS_A = \dfrac{S_A}{r-1}, MS_E = \dfrac{S_E}{n-r}$, 分别表示 S_A, S_E 的**均方和**. 易知, MS_E 是 σ^2 的无偏估计, 在假设 H_0 成立的条件下, MS_A 也是 σ^2 的无偏估计, 并且 S_A 与 S_E 相互独立. 因此在假设 H_0 成立的条件下, 构造统计量:

$$F = \frac{\dfrac{S_A}{\sigma^2}/(r-1)}{\dfrac{S_E}{\sigma^2}/(n-r)} = \frac{MS_A}{MS_E} \sim F(r-1, n-r). \tag{6.1.2}$$

对于给定的显著性水平 α, 可查表得 $F_\alpha(r-1, n-r)$ 的值, 并与上式计算的 F 值进行比较, 若 $F > F_\alpha(r-1, n-r)$ 则拒绝原假设 H_0, 否则接受 H_0.

实际上使用检验 p 值会更加方便, 形式上有 $p = P(F(r-1, n-r) > F)$, 只要 p 小于给定的显著性水平 α, 则拒绝原假设, 说明不同水平的差异显著.

步骤三 方差分析表.

为了能给解决问题带来方便, 通常将上面的统计分析过程和结果列成一张简洁的二维表格, 使人一目了然, 这个表就称为**方差分析表**.

表 6.1.2　单因素方差分析表

方差来源	平方和	自由度	均方和	F 值	检验 p 值
因素 A (组间)	S_A	$r-1$	MS_A	$F=\dfrac{MS_A}{MS_E}$	$P(F(r-1, n-r)>F)$
误差 E (组内)	S_E	$n-r$	MS_E	临界值 F_α	显著性水平 α
总和	S_T	$n-1$			检验结论

步骤四　计算公式.

为了计算方便并减少计算量, 通常采用如下的计算公式:

$$S_T = \sum_{j=1}^{r}\sum_{i=1}^{n_j} x_{ij}^2 - \frac{T_{..}^2}{n} = \sum_{j=1}^{r}\sum_{i=1}^{n_j} x_{ij}^2 - n\bar{x}^2,$$

$$S_A = \sum_{j=1}^{r} \frac{T_{.j}^2}{n_j} - \frac{T_{..}^2}{n} = \sum_{j=1}^{r} n_j \bar{x}_j^2 - n\bar{x}^2,$$

$$S_E = S_T - S_A, \tag{6.1.3}$$

其中, $T_{.j} = \sum_{i=1}^{n_j} x_{ij}$, $j=1,2,\cdots,r$, $T_{..} = \sum_{j=1}^{r}\sum_{i=1}^{n_j} x_{ij}$.

四、例题分析

例 6.1.1　肥料种类优选试验. 某农科所为比较三种不同肥料对水稻产量的影响, 进行如下试验: 选一块肥沃程度较均匀的土地, 将其分割成 9 块, 为减少肥沃程度影响, 按照表 6.1.3 所示安排试验:

表 6.1.3　试验安排表

A_1	A_2	A_3
A_2	A_3	A_1
A_3	A_1	A_2

其中 A_j (j=1,2,3) 表示肥料 (因素) 的种类 (水平), 可见这是一个单因素 3 水平等重复的试验, 试验结果见表 6.1.4.

表 6.1.4　水稻产量表

水稻产量		肥料因素水平		
		A_1	A_2	A_3
重复试验	1	94	62	78
	2	91	68	65
	3	75	50	80

由表 6.1.4 的试验结果能否推断肥料种类对水稻产量具有显著的影响? ($\alpha = 0.05$)

解 此例中 $r=3, n_1=n_2=n_3=3, n=9$. 假定三种肥料导致的产量 $X_j \sim N(\mu_j, \sigma^2)$, $j=1,2,3$. 要得出三种肥料对农作物产量是否有显著影响, 归结为检验假设:

$$H_0: \mu_1 = \mu_2 = \mu_3.$$

由 (6.1.3) 式和表 6.1.2 得本例数据的方差分析表 6.1.5.

表 6.1.5 方差分析表

方差来源	平方和	自由度	均方和	F 值	检验 p 值
因素 A (组间)	1068.666667	2	534.333333	6.294503*	0.033627*
误差 E (组内)	509.333333	6	84.888889	$F_\alpha = 5.143247$	0.05
总和	1578.000000	8	197.250000		拒绝原假设

这里, $F = 6.294503 > F_{0.05}(2,6) = 5.143247$, 或者检验 p 值 $0.033627 <$ 显著性水平 0.05, 故拒绝原假设 H_0, 认为不同种类的肥料对水稻产量有显著影响.

例 6.1.2 电子元件的配料优选试验. 某电子厂用四种不同的配料方案生产某电子元件四批, 并在每批中随机抽取若干个进行寿命测试 (单位: 小时), 试验结果见表 6.1.6.

表 6.1.6 电子元件寿命测试表

寿命		配料因素水平			
		A_1	A_2	A_3	A_4
重复试验	1	1500	1430	1520	1410
	2	1520	1540	1440	1460
	3	1540	1340	1500	1520
	4	1570	1650	1520	1530
	5	1600		1650	1400
	6	1620			

由表 6.1.6 中的数据能否推断不同配料方案生产的电子元件的寿命存在显著差异?

解 此例中 $r=4$, $n_1=6$, $n_2=4$, $n_3=5$, $n_4=5$, $n=20$, 该例为各水平不等重复试验. 设不同配料方案下的电子元件的寿命 $X_j \sim N(\mu_j, \sigma^2)$, $j=1,2,3,4$. 由题意构造假设检验问题:

$$H_0: \mu_1 = \mu_2 = \mu_3 = \mu_4.$$

由 (6.1.3) 式和表 6.1.2 得本例的方差分析表 6.1.7.

表 6.1.7 方差分析表

方差来源	平方和	自由度	均方和	F 值	检验 p 值
因素 A (组间)	27296.666667	3	9098.888889	1.411729	0.275902
误差 E (组内)	103123.333333	16	6445.208333	$F_\alpha = 3.238861$	$\alpha = 0.05$
总和	130420.000000	19	6864.210526		接受原假设

这里，$F = 1.411729 < F_{0.05}(3,16) = 3.238861$，故接受原假设 H_0，说明四种配料方案生产的电子元件的寿命并无显著差异.

在 R 软件中，aov( ) 函数提供了方差分析表的计算，其定义如下：

aov(formula,data=NULL,projections=FALSE,qr=TRUE,contrasts=NULL,...)

其中，formula 是模型公式，形如 $x \sim f$; data 是数据框变量，对于单因素分析，第一列是数据 x, 第二列通常是因子 f, 用来表示数据所在的水平. 该函数返回值为 aov 类型的对象.

summary(aov_object)，针对 aov 返回对象，列出方差分析的详细信息.

对于例 6.1.1, R 软件的计算过程如下：

```
dat1=data.frame(x=c(94,91,75,62,68,50,78,65,80),A=factor(rep(1:3,each=3)))
aov.out1=aov(x~A,data=dat1)        # 可以查阅  names(aov.out1)
summary(aov.out1)
            Df   Sum Sq   Mean Sq   F value   Pr(>F)
A           2    1068.7   534.3     6.295     0.0336 *
Residuals   6    509.3    84.9
---
Signif. codes:  0 '***' 0.001 '**' 0.01 '*' 0.05 '.' 0.1 ' ' 1
```

这个函数的输出结果与表 6.1.2 的格式有一定的差距，但主体内容一致. 下面以表 6.1.2 格式对 aov 的输出进行改造. 注意到 a=summary(aov.dat), 则 a 是一个列表，a[[1]] 是一个数据框，设计函数如下：

```
aov1.table=function(aov.out,alpha=0.05)
{ a=summary(aov.out) # 得到方差分析结果
b=a[[1]]; cols=ncol(b); # 去掉列表中的数据框
addrow=c(sum(b[,1]),sum(b[,2]),sum(b[,2])/sum(b[,1]),qf(1-alpha,b[1,1],b[2,1]),alpha)
a[[1]]['Total',]=addrow # 增补总和行（自由度，总和，均方和,F 分位点，显著性水平）
return(a[[1]][,c(2,1,3:cols)]) # 返回方差分析结果，前两列交换了
} # 下面一句通过因子确定数据归属
aov.out1=aov(x~A,data=dat1) # 得到方差分析对象
aov1.table(aov.out1)
            Sum Sq   Df   Mean Sq   F value   Pr(>F)
A           1068.7   2    534.3     6.295     0.0336 *
Residuals   509.3    6    84.9
Total       1578.0   8    197.3     5.143     0.0500 *
---
Signif. codes:  0 '***' 0.001 '**' 0.01 '*' 0.05 '.' 0.1 ' ' 1
```

利用改造的函数 aov1.table, 对例 6.1.2 进行计算和处理，R 软件的计算过程如下：

```
dat2=data.frame(x=c(1500,1520,1540,1570,1600,1620,1430,1540,1340,1650,1520,1440,1500,
1520,1650,1410,1460,1520,1530,1400),A=factor(rep(1:4,times=c(6,4,5,5))))
aov.out2=aov(x~A,data=dat2)
aov1.table(aov.out2)
              Sum Sq   Df   Mean Sq   F value   Pr(>F)
A             27297    3    9098.9    1.4117    0.2759
Residuals     103123   16   6445.2
Total         130420   19   6864.2    3.2389    0.0500 *
---
Signif. codes:  0 '***' 0.001 '**' 0.01 '*' 0.05 '.' 0.1 ' ' 1
```

再分别输出 dat1 和 dat2 数据中各水平的箱线图,直观地展示因素各水平的差异. 具体程序和图如下:

```
par(mfrow=c(1,2));    plot(dat1$x~dat1$A);    plot(dat2$x~dat2$A)
```

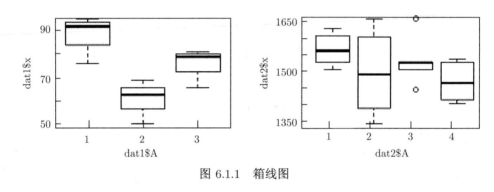

图 6.1.1　箱线图

从图 6.1.1 看出,对于例 6.1.1 的各水平而言,存在差异;而对于例 6.1.2 而言,差异不是很明显.

注意,方差分析给出了因素各水平均值是否存在显著差异的推断,但并不意味着任意两个水平的均值间都存在显著差异. 如何确定任意两个均值的差异性问题,留到本章第 3 节专门分析.

6.2　双因素方差分析

实际问题中,影响试验结果的因素往往不止一个,比如,影响水稻产量的因素除了肥料种类外,还与水稻品种、土质情况等有关. 为了研究不同因素对试验指标的影响程度,就需要作多因素方差分析. 每个因素除了对试验产生独立影响外,多个因素之间还可能存在联合影响,我们把这种联合影响称为**交互作用**,这使问题变得更加复杂. 本节我们只讨论双因素方差分析,并分为有交互作用和无交互作用两种情况,且交互作用仅考虑两两交互,并记因素 A 和因素 B 的交互作用为 $A \times B$.

一、有交互作用的双因素方差分析

1. 有交互作用的双因素试验

设因素 A 有 r 个水平 $A_1, A_2, \cdots, A_r$, 因素 B 有 s 个水平 $B_1, B_2, \cdots, B_s$, 将每个水平组合 $A_i \times B_j$ 重复作 m 次 $(m \geqslant 2)$ 试验, 得到试验指标的观测值 $x_{kij}, k = 1, 2, \cdots, m; i = 1, 2, \cdots, r; j = 1, 2, \cdots, s$. 见表 6.2.1.

表 6.2.1　有交互作用的试验

试验指标		因素 B			
		B_1	B_2	$\cdots$	B_s
因素 A	A_1	$x_{111}\ x_{211}\ \cdots\ x_{m11}$	$x_{112}\ x_{212}\ \cdots\ x_{m12}$	$\cdots$	$x_{11s}\ x_{21s}\ \cdots\ x_{m1s}$
	A_2	$x_{121}\ x_{221}\ \cdots\ x_{m21}$	$x_{122}\ x_{222}\ \cdots\ x_{m22}$		$x_{12s}\ x_{22s}\ \cdots\ x_{m2s}$
	$\vdots$	$\vdots$	$\vdots$		$\vdots$
	A_r	$x_{1r1}\ x_{2r1}\ \cdots\ x_{mr1}$	$x_{1r2}\ x_{2r2}\ \cdots\ x_{mr2}$		$x_{1rs}\ x_{2rs}\ \cdots\ x_{mrs}$

2. 提出假设

把每个水平组合 $A_i \times B_j$ 下考查的指标视为一个总体 X_{ij}, 其 m 次重复试验视为这一总体的一个随机样本 $X_{1ij}, X_{2ij}, \cdots, X_{mij}$, 其观测值, 即试验结果记为 $x_{1ij}, x_{2ij}, \cdots, x_{mij}, i = 1, 2, \cdots, r; j = 1, 2, \cdots, s$, 并且假设:

(1) 每个总体均服从正态分布, 即 $X_{ij} \sim N(\mu_{ij}, \sigma_{ij}^2), i = 1, 2, \cdots, r; j = 1, 2, \cdots, s$, 且相互独立;

(2) 各个总体的方差相同 (称为方差齐性), 即 $\sigma_{ij}^2 = \sigma^2, i = 1, 2, \cdots, r; j = 1, 2, \cdots, s$;

(3) 从每个总体中抽取的样本相互独立.

记 $\mu_{i\cdot} = \dfrac{1}{s}\sum_{j=1}^{s}\mu_{ij},\ \mu_{\cdot j} = \dfrac{1}{r}\sum_{i=1}^{r}\mu_{ij}$. 在以上三个假设下, 要考查 A, B 及交互作用 $A \times B$ 对试验结果是否有显著影响, 相当于假设检验:

$$H_{A0}: \mu_{1\cdot} = \mu_{2\cdot} = \cdots = \mu_{r\cdot}, \quad H_{A1}: \mu_{1\cdot}, \mu_{2\cdot}, \cdots, \mu_{r\cdot} \text{不全相等};$$
$$H_{B0}: \mu_{\cdot 1} = \mu_{\cdot 2} = \cdots = \mu_{\cdot s}, \quad H_{B1}: \mu_{\cdot 1}, \mu_{\cdot 2}, \cdots, \mu_{\cdot s} \text{不全相等};$$
$$H_{A\times B0}: \mu_{ij}\text{全相等}, \qquad H_{A\times B1}: \mu_{ij}\text{不全相等},\ i = 1, 2, \cdots, r; j = 1, 2, \cdots, s.$$
(6.2.1)

如果拒绝 H_{A0}, 则认为因素 A 对试验结果有显著影响; 如果拒绝 H_{B0}, 则认为因素 B 对试验结果有显著影响; 如果拒绝 $H_{A\times B0}$, 则认为交互作用 $A \times B$ 对试验结果有显著影响.

3. 统计分析

记样本数据的总平均值为 $\bar{x} = \dfrac{1}{mrs}\sum_{i=1}^{r}\sum_{j=1}^{s}\sum_{k=1}^{m}x_{kij}$, 水平 A_i 下的样本均值为 $\bar{x}_{i\cdot} = \dfrac{1}{sm}\sum_{j=1}^{s}\sum_{k=1}^{m}x_{kij}$, 水平 B_j 下的样本均值为 $\bar{x}_{\cdot j} = \dfrac{1}{rm}\sum_{i=1}^{r}\sum_{k=1}^{m}x_{kij}$, 交互水平 $A_i \times B_j$ 下的样本均值为 $\bar{x}_{ij} = \dfrac{1}{m}\sum_{k=1}^{m}x_{kij}, i = 1, 2, \cdots, r; j = 1, 2, \cdots, s$.

步骤一 同单因素方差分析,对总离差平方和 S_T 进行分解.

$$S_T = \sum_{i=1}^{r}\sum_{j=1}^{s}\sum_{k=1}^{m}(x_{kij}-\bar{x})^2$$

$$= \sum_{i=1}^{r}\sum_{j=1}^{s}\sum_{k=1}^{m}\left[(\bar{x}_{i\cdot}-\bar{x})+(\bar{x}_{\cdot j}-\bar{x})+(\bar{x}_{ij}-\bar{x}_{i\cdot}-\bar{x}_{\cdot j}+\bar{x})+(x_{kij}-\bar{x}_{ij})\right]^2$$

$$= \sum_{i=1}^{r}\sum_{j=1}^{s}\sum_{k=1}^{m}(\bar{x}_{i\cdot}-\bar{x})^2 + \sum_{i=1}^{r}\sum_{j=1}^{s}\sum_{k=1}^{m}(\bar{x}_{\cdot j}-\bar{x})^2$$

$$+ \sum_{i=1}^{r}\sum_{j=1}^{s}\sum_{k=1}^{m}(x_{ij}-\bar{x}_{i\cdot}-\bar{x}_{\cdot j}+\bar{x})^2 + \sum_{i=1}^{r}\sum_{j=1}^{s}\sum_{k=1}^{m}(x_{kij}-\bar{x}_{ij})^2$$

(其他交互乘积的和项均为 0)

$$= sm\sum_{i=1}^{r}(\bar{x}_{i\cdot}-\bar{x})^2 + rm\sum_{j=1}^{s}(\bar{x}_{\cdot j}-\bar{x})^2 + m\sum_{i=1}^{r}\sum_{j=1}^{s}(x_{ij}-\bar{x}_{i\cdot}-\bar{x}_{\cdot j}+\bar{x})^2$$

$$+ \sum_{i=1}^{r}\sum_{j=1}^{s}\sum_{k=1}^{m}(x_{kij}-\bar{x}_{ij})^2$$

$$\triangleq S_A + S_B + S_{A\times B} + S_E, \tag{6.2.2}$$

其中 $S_A = sm\sum_{i=1}^{r}(\bar{x}_{i\cdot}-\bar{x})^2$ 为因素 A 的效应平方和, $S_B = rm\sum_{j=1}^{s}(\bar{x}_{\cdot j}-\bar{x})^2$ 为因素 B 的效应平方和, $S_{A\times B} = m\sum_{i=1}^{r}\sum_{j=1}^{s}(x_{ij}-\bar{x}_{i\cdot}-\bar{x}_{\cdot j}+\bar{x})^2$ 为因素 $A\times B$ 的交互效应平方和, $S_E = \sum_{i=1}^{r}\sum_{j=1}^{s}\sum_{k=1}^{m}(x_{kij}-\bar{x}_{ij})^2$ 为误差平方和.

步骤二 构造统计量.

记

$$MS_A = \frac{S_A}{r-1}, \quad MS_B = \frac{S_B}{s-1}, \quad MS_{A\times B} = \frac{S_{A\times B}}{(r-1)(s-1)}, \quad MS_E = \frac{S_E}{rs(m-1)}. \tag{6.2.3}$$

在模型前提和原假设 H_0 成立时,可证:

$$\frac{S_A}{\sigma^2}\sim\chi^2(r-1), \quad \frac{S_B}{\sigma^2}\sim\chi^2(s-1), \quad \frac{S_{A\times B}}{\sigma^2}\sim\chi^2((r-1)(s-1)), \quad \frac{S_E}{\sigma^2}\sim\chi^2(rs(m-1)).$$

分析过程同单因素,此处可构造统计量:

$$\begin{cases} F_A = \dfrac{\dfrac{S_A}{\sigma^2}/(r-1)}{\dfrac{S_E}{\sigma^2}/rs(m-1)} = \dfrac{MS_A}{MS_E}\sim F(r-1,rs(m-1)), \\[2ex] F_B = \dfrac{\dfrac{S_B}{\sigma^2}/(s-1)}{\dfrac{S_E}{\sigma^2}/rs(m-1)} = \dfrac{MS_B}{MS_E}\sim F(s-1,rs(m-1)), \\[2ex] F_{A\times B} = \dfrac{\dfrac{S_{A\times B}}{\sigma^2}/(r-1)(s-1)}{\dfrac{S_E}{\sigma^2}/rs(m-1)} = \dfrac{MS_{A\times B}}{MS_E}\sim F((r-1)(s-1),rs(m-1)). \end{cases} \tag{6.2.4}$$

对于给定的显著性水平 α, 可查表得

$$F_\alpha(r-1, rs(m-1)), \quad F_\alpha(s-1, rs(m-1)), \quad F_\alpha((r-1)(s-1), rs(m-1)),$$

并分别与 $F_A, F_B, F_{A\times B}$ 值进行比较, 若 $F_A > F_\alpha(r-1, rs(m-1))$, 则拒绝 H_{A0}; 若 $F_B > F_\alpha(s-1, rs(m-1))$, 则拒绝 H_{B0}; 若 $F_{A\times B} > F_\alpha((r-1)(s-1), rs(m-1))$, 则拒绝 $H_{A\times B0}$. 当然, 对于不同的因素可以采用不同的显著性水平.

记检验 p 值 $p_A = P(F(r-1, rs(m-1)) > F_A)$, 若 $p_A < \alpha$, 则应拒绝 H_{A0}, 同理得检验 p 值 p_B 和 $p_{A\times B}$ 及检验判断准则.

步骤三 方差分析表, 见表 6.2.2.

表 6.2.2 有交互作用的双因素方差分析表

方差来源	平方和	自由度	均方和	F 统计量值	F_α 临界值	检验 p 值
因素 A	S_A	$r-1$	$MS_A = \dfrac{S_A}{r-1}$	$F_A = \dfrac{MS_A}{MS_E}$	$F_{A\alpha}$	$P(F > F_A)$
因素 B	S_B	$s-1$	$MS_B = \dfrac{S_B}{s-1}$	$F_B = \dfrac{MS_B}{MS_E}$	$F_{B\alpha}$	$P(F > F_B)$
交互 $A\times B$	$S_{A\times B}$	$(r-1)(s-1)$	$MS_{A\times B} = \dfrac{S_{A\times B}}{(r-1)(s-1)}$	$F_{A\times B} = \dfrac{MS_{A\times B}}{MS_E}$	$F_{A\times B\alpha}$	$P(F > F_{A\times B})$
误差 E	S_E	$rs(m-1)$	$MS_E = \dfrac{S_E}{rs(m-1)}$			显著性水平 α
总和	S_T	$rsm-1$				检验结论

步骤四 计算公式.

记

$$T_{i\cdot} = \sum_{j=1}^{s}\sum_{k=1}^{m} x_{kij}, \quad i=1,2,\cdots,r; \quad T_{\cdot j} = \sum_{i=1}^{r}\sum_{k=1}^{m} x_{kij}, \quad j=1,2,\cdots,s;$$

$$T_{\cdot\cdot} = \sum_{i=1}^{r}\sum_{j=1}^{s}\sum_{k=1}^{m} x_{kij}, \quad T_{ij} = \sum_{k=1}^{m} x_{kij},$$

则

$$S_T = \sum_{i=1}^{r}\sum_{j=1}^{s}\sum_{k=1}^{m} x_{kij}^2 - \frac{T_{\cdot\cdot}^2}{rsm}, \quad S_A = \sum_{i=1}^{r} \frac{T_{i\cdot}^2}{sm} - \frac{T_{\cdot\cdot}^2}{rsm}, \quad S_B = \sum_{j=1}^{s} \frac{T_{\cdot j}^2}{rm} - \frac{T_{\cdot\cdot}^2}{rsm},$$

$$S_{A\times B} = \frac{1}{m}\sum_{i=1}^{r}\sum_{j=1}^{s} T_{ij}^2 - \frac{T_{\cdot\cdot}^2}{rsm} - S_A - S_B, \quad S_E = S_T - S_A - S_B - S_{A\times B}. \tag{6.2.5}$$

4. 例题分析

例 6.2.1 在化工生产中为了提高得率, 选了四种不同的温度 (因素 A, 有 4 个水平), 三种不同的浓度 (因素 B, 有 3 个水平) 作组合试验, 对每个交互水平 $A_i \times B_j$ 各作 2 次试验, 所得结果见表 6.2.3. 试分析不同的温度与不同的浓度及它们的交互作用对得率是否有显著影响. ($\alpha = 0.05$)

表 6.2.3 得率数据表

得率数据		浓度因素 B		
		B_1	B_2	B_3
温度因素 A	A_1	90 88	82 83	80 83
	A_2	86 86	85 83	88 89
	A_3	88 84	82 84	87 88
	A_4	82 83	81 85	90 86

解 由 (6.2.5) 式和表 6.2.2 得到如下的方差分析表 6.2.4：

表 6.2.4 有交互作用的得率方差分析表

方差来源	平方和	自由度	均方和	F 统计量	F_α 临界值	检验 p 值
因素 A	13.458333	3	4.486111	1.474886	3.490295	0.270880
因素 B	49.000000	2	24.500000	8.054795**	3.885294	0.006054**
交互 $A \times B$	95.666667	6	15.944444	5.242009**	2.99612	0.007252**
误差	36.500000	12	3.041667			$\alpha = 0.05$
总和	194.625	23			接受 H_{A0}, 拒绝 $H_{B0}, H_{A \times B0}$	

这里若取显著性水平 $\alpha = 0.05$，由表 6.2.4 的检验 p 值知，因素 B 和交互作用 $A \times B$ 的检验 p 值都小于 0.01，则拒绝原假设 H_{B0} 和 $H_{A \times B0}$，即认为浓度、浓度和温度的交互作用对得率有显著影响. 另外，也可以从 F 统计量和检验 p 值看出，因素 B 的影响最为显著.

二、无交互作用的双因素方差分析

1. 无交互作用的双因素试验

设因素 A 有 r 个水平 $A_1, A_2, \cdots, A_r$，因素 B 有 s 个水平 $B_1, B_2, \cdots, B_s$，在每个水平组合 $A_i \times B_j$ 下只需作一次试验 (当然也可以作多次重复试验)，得到试验指标的观测值 x_{ij}，见表 6.2.5.

表 6.2.5 无交互作用试验

试验结果		因素 B			
		B_1	B_2	$\cdots$	B_s
因素 A	A_1	x_{11}	x_{12}	$\cdots$	x_{1s}
	A_2	x_{21}	x_{22}	$\cdots$	x_{2s}
	$\vdots$	$\vdots$	$\vdots$	$\cdots$	$\vdots$
	A_r	x_{r1}	x_{r2}	$\cdots$	x_{rs}

2. 提出假设

类似于有交互作用的双因素方差分析，由于无须考虑交互作用的因素，所以只要假设检验：

$$H_{A0}: \mu_{1\cdot} = \mu_{2\cdot} = \cdots = \mu_{r\cdot}, \quad H_{A1}: \mu_{1\cdot}, \mu_{2\cdot}, \cdots, \mu_{r\cdot} \text{不全相等},$$
$$H_{B0}: \mu_{\cdot 1} = \mu_{\cdot 2} = \cdots = \mu_{\cdot s}, \quad H_{B1}: \mu_{\cdot 1}, \mu_{\cdot 2}, \cdots, \mu_{\cdot s} \text{不全相等}.$$
(6.2.6)

3. 统计分析

记样本数据的总平均值为 $\bar{x} = \dfrac{1}{rs}\sum\limits_{i=1}^{r}\sum\limits_{j=1}^{s}x_{ij}$，水平 A_i 下的样本均值为 $\bar{x}_{i\cdot} = \dfrac{1}{s}\sum\limits_{j=1}^{s}x_{ij}$, $i = 1,2,\cdots,r$；水平 B_j 下的样本均值为 $\bar{x}_{\cdot j} = \dfrac{1}{r}\sum\limits_{i=1}^{r}x_{ij}$, $j=1,2,\cdots,s$.

步骤一 同单因素方差分析，对总离差平方和 S_T 进行分解.

$$S_T = \sum_{i=1}^{r}\sum_{j=1}^{s}(x_{ij}-\bar{x})^2 = \sum_{i=1}^{r}\sum_{j=1}^{s}\left[(\bar{x}_{i\cdot}-\bar{x}) + (\bar{x}_{\cdot j}-\bar{x}) + (x_{ij}-\bar{x}_{i\cdot}-\bar{x}_{\cdot j}+\bar{x})\right]^2$$

$$= \sum_{i=1}^{r}\sum_{j=1}^{s}(\bar{x}_{i\cdot}-\bar{x})^2 + \sum_{i=1}^{r}\sum_{j=1}^{s}(\bar{x}_{\cdot j}-\bar{x})^2 + \sum_{i=1}^{r}\sum_{j=1}^{s}(x_{ij}-\bar{x}_{i\cdot}-\bar{x}_{\cdot j}+\bar{x})^2$$

(其三个交互乘积的和项均为 0)

$$= s\sum_{i=1}^{r}(\bar{x}_{i\cdot}-\bar{x})^2 + r\sum_{j=1}^{s}(\bar{x}_{\cdot j}-\bar{x})^2 + \sum_{i=1}^{r}\sum_{j=1}^{s}(x_{ij}-\bar{x}_{i\cdot}-\bar{x}_{\cdot j}+\bar{x})^2$$

$$\triangleq S_A + S_B + S_E, \tag{6.2.7}$$

其中 $S_A = s\sum\limits_{i=1}^{r}(\bar{x}_{i\cdot}-\bar{x})^2$ 称为因素 A 的效应平方和，$S_B = r\sum\limits_{j=1}^{s}(\bar{x}_{\cdot j}-\bar{x})^2$ 称为因素 B 的效应平方和，$S_E = \sum\limits_{i=1}^{r}\sum\limits_{j=1}^{s}(x_{ij}-\bar{x}_{i\cdot}-\bar{x}_{\cdot j}+\bar{x})^2$ 称为误差平方和.

步骤二 构造统计量.

记均方为

$$MS_A = \frac{S_A}{r-1}, \quad MS_B = \frac{S_B}{s-1}, \quad MS_E = \frac{S_E}{(r-1)(s-1)}. \tag{6.2.8}$$

在模型前提和假设 H_0 成立的条件下，可证得：

$$\frac{S_A}{\sigma^2} \sim \chi^2(r-1), \quad \frac{S_B}{\sigma^2} \sim \chi^2(s-1), \quad \frac{S_E}{\sigma^2} \sim \chi^2((r-1)(s-1)).$$

同上分析，构造统计量：

$$\begin{cases} F_A = \dfrac{\dfrac{S_A}{\sigma^2}\Big/(r-1)}{\dfrac{S_E}{\sigma^2}\Big/(r-1)(s-1)} = \dfrac{MS_A}{MS_E} \sim F(r-1,(r-1)(s-1)), \\[2ex] F_B = \dfrac{\dfrac{S_B}{\sigma^2}\Big/(s-1)}{\dfrac{S_E}{\sigma^2}\Big/(r-1)(s-1)} = \dfrac{MS_B}{MS_E} \sim F(s-1,(r-1)(s-1)). \end{cases} \tag{6.2.9}$$

对于给定的显著性水平 α，可查表得

$$F_\alpha(r-1,(r-1)(s-1)), \quad F_\alpha(s-1,(r-1)(s-1)),$$

并分别与 F_A, F_B 值进行比较, 若 $F_A > F_\alpha(r-1,(r-1)(s-1))$, 则拒绝假设 H_{A0}; 若 $F_B > F_\alpha(s-1,(r-1)(s-1))$, 则拒绝假设 H_{B0}.

记检验 p 值 $p_A = P(F(r-1, rs(m-1)) > F_A)$, 若 $p_A < \alpha$, 则应拒绝 H_{A0}; 同理可得检验 p 值 p_B 及检验判断准则.

步骤三 方差分析表, 见表 6.2.6.

表 6.2.6 无交互作用的双因素方差分析表

方差来源	平方和	自由度	均方和	F 值	F_α 值	检验 p 值
因素 A	S_A	$r-1$	$MS_A = \dfrac{S_A}{r-1}$	$F_A = \dfrac{MS_A}{MS_E}$	$F_{A\alpha}$	$P\{F > F_A\}$
因素 B	S_B	$s-1$	$MS_B = \dfrac{S_B}{s-1}$	$F_B = \dfrac{MS_B}{MS_E}$	$F_{B\alpha}$	$P\{F > F_B\}$
误差 E	S_E	$(r-1)(s-1)$	$MS_E = \dfrac{S_E}{(r-1)(s-1)}$			显著性水平 α
总和	S_T	$rs-1$				检验结论

步骤四 计算公式.

记

$$T_{i\cdot} = \sum_{j=1}^{s} x_{ij}, \; i=1,2,\cdots,r; \quad T_{\cdot j} = \sum_{i=1}^{r} x_{ij}, \; j=1,2,\cdots,s; \quad T_{\cdot\cdot} = \sum_{i=1}^{k}\sum_{j=1}^{r} x_{ij},$$

则有

$$S_T = \sum_{i=1}^{r}\sum_{j=1}^{s} x_{ij}^2 - \frac{T_{\cdot\cdot}^2}{rs}, \quad S_A = \sum_{i=1}^{r} \frac{T_{i\cdot}^2}{s} - \frac{T_{\cdot\cdot}^2}{rs}, \quad S_B = \sum_{j=1}^{s} \frac{T_{\cdot j}^2}{r} - \frac{T_{\cdot\cdot}^2}{rs},$$

$$S_E = S_T - S_A - S_B. \tag{6.2.10}$$

4. 例题分析

例 6.2.2 某农科所为提高水稻产量, 对不同水稻品种 (因素 A, 有 4 个水平) 和施肥量 (因素 B, 有 3 个水平) 进行组合试验, 试验结果见表 6.2.7. 试分析各水稻品种与各施肥量对水稻产量是否有显著影响. ($\alpha = 0.05$)

表 6.2.7 无交互作用的水稻产量表

水稻产量		因素 B		
		B_1	B_2	B_3
因素 A	A_1	95	85	72
	A_2	97	89	75
	A_3	87	84	85
	A_4	90	92	88

解 由公式 6.2.10 和表 6.2.6 的方差分析表得到如下的方差分析表 6.2.8.

表 6.2.8 无交互作用的水稻产量方差分析表

方差来源	平方和	自由度	均方和	F 统计量	F_α 临界值	检验 p 值
因素 A	60.250000	3	20.0833	0.544018	4.757063	0.669907
因素 B	305.166667	2	152.5883	$4.133183^{(*)}$	5.143253	$0.065876^{(*)}$
误差	221.500000	6	36.91667			$\alpha=0.05$
总和	586.916667	11			接受 H_{A0} 和 H_{B0}	

这里取显著性水平 $\alpha=0.05$, 由于表 6.2.8 中的检验 p 值都大于 0.05, 因此接受原假设 H_{A0} 和 H_{B0}, 即认为不同的水稻品种和施肥量对水稻产量的影响并无明显差异.

双因素方差分析比单因素复杂, 所以在输出表格的时候, 表 6.2.2、表 6.2.6 的格式也不同. 因此改造输出表格的难度有所提升, 需要增加一汇总行 Total, 再增加一列用于输出临界值 F_α.

此处 aov 函数中的 formula 应该改成, x~A+B+A:B, 其中 A,B 表示因素, A:B 表示因素 A,B 的交互作用, 该公式将处理有交互作用的方差分析; 如果是无交互作用, 只需要将 A:B 去掉即可.

另外, 函数 gl(n,k,length) 专门用来产生因子数据, 其中 n 表示整数从 1 到 n, 等价于 1:n 的向量, k 表示向量中的每个元素的重复次数, length 表示因子数据的总个数或者长度. 具体程序如下:

```
aov2.table=function(aov.out,alpha=0.05)
{ a=summary(aov.out)
  b=a[[1]]; cols=ncol(b); rows=nrow(b) # 获得数据框, 列数, 行数
  addrow=c(sum(b[,1]),sum(b[,2]),sum(b[,2])/sum(b[,1]),NA,NA) # 加一行的内容
  addcol=c(qf(1-alpha,b[1:(rows-1),1],b[rows,1]),NA,NA) # 加一列的内容
  a[[1]][ Total ,]=addrow; # 加一行
  a[[1]][, Fa ]=addcol; # 加一列
  a[[1]][rows+1,cols]=alpha # 最后单元格补上显著性水平
  return(a[[1]][,c(2,1,3:(cols-1),cols+1,cols)]) # 交互 1, 2 列; 最后两列
}
dat1=data.frame(x=c(90,88,86,86,88,84,82,83,82,83,85,83,82,84,81,85,80,83,88,89,87,88,
90,86), A=gl(4,2,24),B=gl(3,8,24)) # 例 6.2.1
aov.out=aov(x~A+B+A:B,data=dat1)
aov2.table(aov.out)

dat2=data.frame(x=c(95,85,72,97,89,75,87,84,85,90,92,88), A=gl(4,3,12),B=gl(3,1,12))
aov.out=aov(x~A+B,data=dat2) # 例 6.2.2
aov2.table(aov.out)

        Sum Sq   Df   Mean Sq   F value   Fa       Pr(>F)       #例 6.2.1
A       13.458   3    4.4861    1.4749    3.4903   0.270885
B       49.000   2    24.5000   8.0548    3.8853   0.006053 **
A:B     95.667   6    15.9444   5.2420    2.9961   0.007251 **
```

```
Residuals  36.500  12  3.0417
Total     194.625  23  8.4620  0.050000 *
---
Signif. codes:  0 '***' 0.001 '**' 0.01 '*' 0.05 '.' 0.1 ' ' 1
          Sum Sq  Df  Mean Sq  F value   Fa       Pr(>F)  # 例6.2.2
A          60.25   3   20.083  0.5440   4.7571   0.66991
B         305.17   2  152.583  4.1332   5.1433   0.07439.
Residuals 221.50   6   36.917
Total     586.92  11   53.356                   0.05000*
---
Signif. codes:  0         0.001 '**' 0.01 '*' 0.05 '.' 0.1 ' ' 1
```

将例 6.2.1 的两因素对应的数据画成箱线图,具体程序和图如下:

```
par(mfrow=c(1,2))
plot(dat2$x~dat2$A)
plot(dat2$x~dat2$B)
```

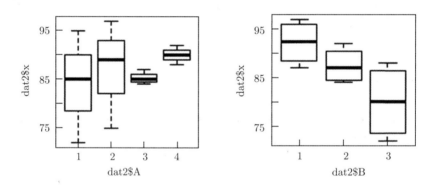

图 6.2.1　例 6.2.1 数据的箱线图

从图 6.2.1 中可知, 因素 B 各水平的差异还是比较明显的, 而因素 A 不同水平间的差异性相对就弱一些.

6.3　方差齐性和均值差异的检验

方差分析给出了因素各水平均值是否存在显著差异的推断, 但并不意味着任意两个水平的均值都存在显著差异. 本节将阐述多个均值比较中的差异性以及数据分布的方差齐性的检验问题.

一、方差齐性检验

方差齐性是方差分析的基本前提之一, 因此检验方差齐性是进行方差分析的一个基础工作. 方差齐性检验就是检验数据在不同因素 (不同水平) 下的方差是否相同, 其中最常用的方法是 Bartlett 检验. 该方法对分布的非正态性比较敏感, 只要总体方差有显著差别或者总体分布的偏斜程度有所不同, Bartlett 检验的结果都可能显著. 以表 6.1.1 的数据格式为例来介绍 Bartlett 检验方法.

方差齐性的检验问题为

$$H_0 : \sigma_1^2 = \sigma_2^2 = \cdots = \sigma_m^2 \quad (m\text{为总体个数}).$$

记总体 X_i 的样本为 x_i, 样本容量为 $n_i, i = 1, 2, \cdots, m$, 样本记为 $x_{ji}, j = 1, 2, \cdots, n_i$, $n = \sum_{i=1}^{m} n_i$. 定义样本方差为

$$S_i^2 = \frac{1}{n_i - 1} \sum_{j=1}^{n_i} (x_{ji} - \bar{x}_i)^2, \quad i = 1, 2, \cdots, m;$$

总样本方差为

$$S^2 = \frac{1}{n - m} \sum_{i=1}^{m} (n_i - 1) S_i^2.$$

在方差齐性原假设 H_0 成立时, 构造检验统计量:

$$Z = \frac{1}{C} \left((n - m) \ln S^2 - \sum_{i=1}^{m} (n_i - 1) \ln S_i^2 \right), \tag{6.3.1}$$

其中, $C = 1 + \frac{1}{3(m-1)} \left(\sum_{i=1}^{m} \frac{1}{(n_i - 1)} - \frac{1}{n - m} \right)$. 这里, Z 近似服从 $\chi^2(m-1)$, 且当 $Z > \chi_\alpha^2(m-1)$ 时, 拒绝 H_0, 认为至少有两组数据的方差不相等; 否则认为这几组数据的方差满足方差齐性要求.

在 R 软件中, 可以使用 bartlett.test 函数实现 Bartlett 检验, 其定义如下:

bartlett.test(x,g, subset, na.action, ...)
bartlett.test(formula,data, subset, na.action, ...)

其中, x 是数值向量, g 是因子向量, subset 表示子集, na.action 表示 NA 值的处理方式; formula 表示公式, 同方差分析描述; data 是数据框变量.

例 6.3.1 对例 6.1.2 的数据作方差齐性检验.

解 具体程序如下:

```
dat2=data.frame(x=c(1500,1520,1540,1570,1600,1620,1430,1540,1340,1650,
1520,1440,1500,1520,1650,1410,1460,1520,1530,1400),A=factor(rep(1:4,times=c(6,4,5,5))))
bartlett.test(x~A,data=dat2)
```
```
Bartlett test of homogeneity of variances
data:  x by A
Bartlett's K-squared = 4.5123, df = 3, p-value = 0.2112
```

此处检验结果中, 检验 p 值为 0.2112>0.05, 因此在显著性水平 0.05 下, 接受方差相等的原假设.

二、均值差异性多重检验

均值间存在综合的显著差异性, 并不意味着任意两个均值间都存在显著差异. 为了分析任意分组数据间的均值差异性, 就需要作多重检验.

比较两组数据的均值差异性, 即检验:

$$H_0: \mu_i = \mu_j, \quad i \neq j, i,j = 1, 2, \cdots, m.$$

以全部数据的 MSE 作为方差估计, 代入双正态总体 t 检验公式中, 即

$$t_{ij} = \frac{\bar{x}_i - \bar{x}_j}{\sqrt{MSE\left(\dfrac{1}{n_i} + \dfrac{1}{n_j}\right)}}, \quad i \neq j, i, j = 1, 2, \cdots, m,$$

其中 $MSE = \dfrac{S_E}{n-m}, \quad S_E = \sum\limits_{i=1}^{m}\sum\limits_{j=1}^{n_i}(x_{ji} - \bar{x}_i)^2$.

在 $H_0: \mu_i = \mu_j$ 成立时, $t_{ij} \sim t(n-m)$, 其拒绝域为 $\{|t_{ij}| > t_{\alpha/2}(n-m)\}$, 检验 p 值为 $2P(t(n-m) > |t_{ij}|)$.

显然, 上述 MSE 的替代造成检验的自由度变大, 这可能会增大犯第一类错误的概率, 使得假设检验的结论不可靠.

对于逐对检验自由度偏大的情况, 应该对检验 p 值进行修正. 修正的方法很多, 此处仅列出相关的说明, 均来自 R 软件的帮助文档, 见表 6.3.1.

表 6.3.1 p 值调整方法

调整方法名称	R 软件中 p.adjust 函数的对应参数 (字符串)
Bonferroni	bonferroni
Holm(1979)	holm
Hochberg(1988)	hochberg
Hommel (1988)	hommel
Benjamini & Hochberg (1995)	BH
Benjamini & Yekutieli(2001)	BY

R 软件提供 pairwise.t.test 函数用于实现多重均值检验, p.adjust 函数用于 p 值调整, 定义如下:

```
pairwise.t.test(x, g, p.adjust.method = p.adjust.methods,
                pool.sd = !paired, paired = FALSE,
                alternative = c("two.sided", "less", "greater"), ...)
p.adjust(p, method = p.adjust.methods, n = length(p))
```

其中, x 是数值型 (因变量); g 是因子向量; p.adjust.method 是调整方法, 若为 "none", 则不作调整, 若取表 6.3.1 中的参数字符串, 则执行相应的调整.

例 6.3.2 对例 6.1.2 的数据作多重均值检验.

解 具体程序如下:

```
dat2=data.frame(x=c(1500,1520,1540,1570,1600,1620,1430,1540,1340,1650,
```

```
1520,1440,1500,1520,1650,1410,1460,1520,1530,1400),
A=factor(rep(1:4,times=c(6,4,5,5))))
tapply(dat2$x,dat2$A,mean)
pairwise.t.test(dat2$x,dat2$A,p.adjust.method='none')
pairwise.t.test(dat2$x,dat2$A,p.adjust.method='BH')
```

```
        1         2         3         4        #各水平均值
1558.333  1490.000  1526.000  1464.000


Pairwise comparisons using t tests with pooled SD
data:  dat2$x and dat2$A
     1     2     3
2  0.21    -     -
3  0.52   0.51   -
4  0.07   0.64  0.24


        Pairwise comparisons using t tests with pooled SD
data:  dat2$x and dat2$A
     1     2     3
2  0.48    -     -
3  0.62   0.62   -
4  0.42   0.64  0.48
P value adjustment method: BH
```

从上述输出看,不管是否采用调整,任意两组数据之间的均值在 0.05 水平下均不存在显著差异,这与例 6.1.2 的分析结果一致. 另外我们还看到,经调整后,绝大部分的检验 p 值都增大了,这在一定程度上克服了多重均值检验增大犯第一类错误概率的不足.

6.4 正交试验设计

方差分析能较好地处理不同因素及其不同水平对试验指标的影响程度,但当因素 (因子) 及水平数较多时,其试验次数及统计分析的复杂度呈指数增长. 如 3 因素 4 水平的完全试验需要安排 4^3=64 次试验, 而 8 因素 3 水平的完全试验需要安排 3^8=6561 次试验. 这么庞大的试验次数,一方面可能安排困难,甚至难以执行; 另一方面必定耗费大量的资源成本. 因此有必要研究试验设计,即只作 "全面试验" 中的有代表性的 "部分试验", 从而大大减少试验次数, 又能较好地保证预期的试验效果. 正交试验设计、均匀设计、最优设计等都是解决这个问题的有效方法, 本章只介绍正交试验设计方法.

正交试验设计 (orthogonal design), 简称为正交设计 (orthoplan), 它研究的是如何利用正交表 (orthogonal table) 工具来安排试验, 用尽可能少的试验次数获得尽可能多的典型数据, 然后进行特定的统计分析, 最终得出最优或较优的试验条件或方案.

一、正交表

正交表是一种特殊的表格 (二维表), 通常表示成 $L_n(r^m)$, 其中 L 表示正交, 其他的数字有如下的含义:

(1) $L_n(r^m)$ 中 n 是试验次数, m 是因子数, r 是水平数, 该表最多能安排 m 因子 r 水平的 n 次试验;

(2) $L_n(r^m)$ 表格有 n 行 m 列, 表中数据是由 r 个表示水平的数字 $1,2,\cdots,r$ 的排列组成的;

(3) $L_n(r^m)$ 表的效率: 全部试验需安排 r^m 次, 而该表仅需安排 n 次, 就能找到较好或最好的试验条件.

例如, 正交表 $L_9(3^4)$, 表示该表可安排 9 次试验, 共有 9 行 4 列, 表中主体部分仅出现 1,2,3 数字表示各因素的水平, 具体形式如下表 6.4.1 所示:

表 6.4.1 $L_9(3^4)$ 正交表

试验水平		列号			
		1	2	3	4
试验号	1	1	1	1	1
	2	1	2	3	2
	3	1	3	2	3
	4	2	1	3	3
	5	2	2	2	1
	6	2	3	1	2
	7	3	1	2	2
	8	3	2	1	3
	9	3	3	3	1

正交表的特性表现为:

(1) 每列中不同数字出现的次数是相等的, 即每个因子不同水平的试验次数是相等的. 如表6.4.1中每列表示水平的数字 1, 2, 3 都出现 3 次.

(2) 任意两列横向组成的有序数对出现的次数是相等的, 即任意两个因素之间都是交叉分组的全面试验. 如表6.4.1中, (1,1),(1,2),$\cdots$,(3,3) 数对都出现一次, 搭配均衡.

由以上的特性可知, 用正交表安排试验, 各因素各水平的搭配是均衡的. 另外, 正交表各列的地位是平等的, 各行的地位也是平等的, 列与列之间可以置换, 行与行之间也可以置换, 由于因素水平的次序可以任意确定, 所以表中同一列的水平记号也可以置换. 上述三种置换称为正交表的三种初等变换, 经过初等变换的正交表是等价的. 这使得我们可以根据实际情况灵活地安排试验.

二、无交互作用的正交试验

1. 试验安排

(1) 明确试验指标, 并构造相关试验指标的因素水平表.

例 6.4.1 某纸厂为提高纸的断裂长 (单位: 米) 指标 (该指标越大越好), 进行纸浆试验,试通过试验确定最佳的生产方案.

明确试验指标为 "断裂长", 再由经验和实践得出如下因素水平表 6.4.2:

表 6.4.2 纸浆试验因素水平表

各水平实际状态或条件		因素		
		温度 (°C) A	时间 (小时) B	纸浆浓度 (%) C
水平	1	30	2	3
	2	40	4	4
	3	50	6	5

(2) 选择最合适的正交表.

确定了因素水平表后, 即确定了因素数 m_0 和水平数 r_0, 只要满足 $m \geq m_0$ 和 $r = r_0$ 的正交表 $L_n(r^m)$ 都可以用来安排试验, 这样的正交表可能很多, 但是并不一定都经济实用. 通常的做法是从水平数出发, 寻找水平数等于 r_0 的正交表, 然后寻找满足条件的最小的 m, 从而确定正交表. 例 6.4.2 中因素数为 3, 水平数为 3, 则最接近的正交表是 $L_9(3^4)$.

(3) 表头设计.

选好正交表后, 将各个因素分别安排在正交表的不同列上, 每个因素占一列, 这就是表头设计. 由于正交表的列数要求不小于因素个数, 因此可能会出现空列, 这些空列作为误差列来安排. 为了消除人为影响, 一般采取随机的方法进行表头设计. 如例 6.4.1 的表头设计如下表 6.4.3 所示:

表 6.4.3 纸浆正交试验的表头设计

列号	1	2	3	4
因素	A	B	C	空列

表头设计好后, 将每个因素的每个水平和正交表中的数字一一对应, 填入正交表, 形成试验安排表, 如下表 6.4.4 所示:

表 6.4.4 纸浆正交试验安排表

试验水平		因素							试验指标
		温度 (°C) A		时间 (小时) B		纸浆浓度 (%) C		空列	断裂长 (米) Y
试验号	1	1	30°C	1	2 小时	1	3%	1	
	2	1	30°C	2	4 小时	3	5%	2	
	3	1	30°C	3	6 小时	2	4%	3	
	4	2	40°C	1	2 小时	3	5%	3	
	5	2	40°C	2	4 小时	2	4%	1	
	6	2	40°C	3	6 小时	1	3%	2	
	7	3	50°C	1	2 小时	2	4%	2	
	8	3	50°C	2	4 小时	1	3%	3	
	9	3	50°C	3	6 小时	3	5%	1	

(4) 进行试验, 登记试验结果.

严格依据试验安排表完成每个试验后, 将试验结果填写到最后一列, 形成试验结果表, 如表 6.4.5 所示:

表 6.4.5 纸浆断裂长指标正交试验结果

试验水平		因素				试验指标
		温度 (°C) A	时间 (小时) B	纸浆浓度 (%) C	空列	断裂长 (米) Y
试验号	1	1 30°C	1 2 小时	1 3%	1	3150
	2	1 30°C	2 4 小时	3 5%	2	3030
	3	1 30°C	3 6 小时	2 4%	3	3100
	4	2 40°C	1 2 小时	3 5%	3	2830
	5	2 40°C	2 4 小时	2 4%	1	3160
	6	2 40°C	3 6 小时	1 3%	2	2950
	7	3 50°C	1 2 小时	2 4%	2	2910
	8	3 50°C	2 4 小时	1 3%	3	2520
	9	3 50°C	3 6 小时	3 5%	1	2670

注意, 试验指标必须是越大越好, 如果试验指标不是越大越好, 应先作相应的变换, 使它成为越大越好, 然后再填入上表. 如某个试验指标 Y 是越小越好, 则应作变换 $\tilde{Y} = -Y$ 或 $\tilde{Y} = \max\{Y\} - Y$. 又如某个试验指标 Y 是越接近常数 a 越好, 则应作变换 $\tilde{Y} = -|Y - a|$ 或 $\tilde{Y} = \max\{|Y - a|\} - |Y - a|$.

2. 统计分析

(1) 直接分析.

在 n 个试验中, 以试验指标最大值所对应的各因素的水平组合, 作为局部最优的试验方案. 表 6.4.5 中试验 5 号的断裂长最长, 将该试验的各水平组合作为直接分析的优选方案, 即

$$A_2(40°C), \quad B_2(4\text{小时}), \quad C_2(4\%).$$

一般情况下, 这个方案在全面试验中也是较好的, 因为它是从实际试验中得到的结论. 该方法直接明了, 但过于粗糙, 也没有充分利用正交表的特性, 所以我们需要进一步用统计方法进行分析.

(2) 极差分析法.

对于正交试验结果, 结合正交表特性, 还可进行更进一步的统计分析, 从而确定试验优选方案. 先引进一些记号:

① $y_1, y_2, \cdots, y_n$: 试验结果, 按试验号顺序排列;

② K_{ij}: 第 j 列中水平 i 对应的试验结果之和, 又称为第 j 列对应因素的水平 i 的**主效应相对指标**, 这里 $i = 1, 2, \cdots, r$; $j = 1, 2, \cdots, m$;

③ $R_j = \max\limits_{i}\{K_{ij}\} - \min\limits_{i}\{K_{ij}\}$：第 j 列的**极差**，即第 j 列对应因素主效应相对指标的极差，这里 $j = 1, 2, \cdots, m$.

对于主效应相对指标 K_{ij}，该值越大说明该水平对试验结果的影响相对越大，通过该指标能够确定哪个水平影响最大. R_j 的大小表示该因素对试验结果影响的大小，该值越大说明该因素对试验结果的影响越大. 将极差从大到小排序，就可以确定各个因素对试验结果影响大小的主次顺序，同时也说明了因素对于试验结果的重要程度.

最后选取各因素中最大值 K_{ij} 对应的水平，就可以构成较好的水平组合，组成一个优选试验方案.

以上通过主效应相对指标 K_{ij}、极差 R_j 分析得到正交试验的优选方案的方法称为**极差分析法**. 通过极差分析得到的优选方案可能没有出现在已经作过的试验中，即和直接分析得到的优选方案不同，但这个结果通常更好. 不管怎样，通过分析得到的优选方案都要经过再次甚至多次的试验加以确定.

对于例 6.4.1，主效应相对指标和极差计算如下：

$$K_{11} = y_1 + y_2 + y_3 = 3150 + 3030 + 3100 = 9280,$$
$$K_{12} = y_1 + y_4 + y_7 = 8890, \quad K_{13} = y_1 + y_6 + y_8 = 8620,$$
$$K_{21} = y_4 + y_5 + y_6 = 2830 + 3160 + 2950 = 8940,$$
$$K_{22} = y_2 + y_5 + y_8 = 8710, \quad K_{23} = y_3 + y_5 + y_7 = 9170,$$
$$K_{31} = y_7 + y_8 + y_9 = 2910 + 2520 + 2670 = 8100,$$
$$K_{32} = y_3 + y_6 + y_9 = 8720, \quad K_{33} = y_2 + y_4 + y_9 = 8530;$$
$$R_1 = K_{11} - K_{31} = 1180, \quad R_2 = K_{12} - K_{22} = 180,$$
$$R_3 = K_{23} - K_{33} = 640.$$

依据极差大小确定的因素主次顺序如下：

$$A(温度) \to C(纸浆浓度) \to B(时间).$$

在确定优选方案时，一般按极差方法确定的因素主次顺序，逐个确定因素的水平. 先确定因素 A 的最优水平，因为 K_{11} 最大，因此因素 A(温度) 的 1 水平 30°C最好；再确定因素 C 的最优水平，因为 K_{23} 最大，因此因素 C(纸浆浓度) 控制在 2 水平即 4%最好；最后再确定因素 B 的最优水平，因为 K_{12} 最大，因此因素 B(时间) 控制在 1 水平即 2 小时最好. 最后我们确定如下的优选方案：

$$A_1(30°C), \quad B_1(2 \text{ 小时}), \quad C_2(4\%).$$

为方便计算，通常采用极差计算表和直观分析结论表，使结果一目了然. 对于例 6.4.1 有下表 6.4.6 和表 6.4.7.

在上述计算主效应的过程中，由于各水平的重复次数一样，所以使用总和 K_{ij} 来代表主效应；若在混合水平试验中，可能各因子的水平数不等，则各因子不同水平重复的次数也不等，这时候应采用平均值作为主效应的代表，即对 K_{ij} 以重复次数取平均.

表 6.4.6　纸浆断裂长指标正交试验极差计算表

试验水平		因素						断裂长 (米) Y
		温度 (°C) A		时间 (小时) B		纸浆浓度 (%) C	空列	
试验号	1	1	30°C	1	2 小时	1　3%	1	3150
	2	1	30°C	2	4 小时	3　5%	2	3030
	3	1	30°C	3	6 小时	2　4%	3	3100
	4	2	40°C	1	2 小时	3　5%	3	2830
	5	2	40°C	2	4 小时	2　4%	1	3160
	6	2	40°C	3	6 小时	1　3%	2	2950
	7	3	50°C	1	2 小时	2　4%	2	2910
	8	3	50°C	2	4 小时	1　3%	3	2520
	9	3	50°C	3	6 小时	3　5%	1	2670
K_1		9280		8890		8620	8980	
K_2		8940		8710		9170	8890	总和 $T=26320$
K_3		8100		8720		8530	8450	
极差 R		1180		180		640	530	

表 6.4.7　纸浆断裂长指标正交试验直观分析表

直接分析的优选方案 (试验 5 号)	A_2(温度 40°C), B_2(时间 4 小时), C_2(纸浆浓度 4%)
极差分析的优选方案	A_1(温度 30°C), B_1(时间 2 小时), C_2(纸浆浓度 4%)
极差分析的因素主次顺序	$A \to C \to B$

(3) 方差分析法.

由于极差分析法只能分析各因素的主次顺序, 还不能确定哪些因素对试验结果有显著影响, 所以还需要用方差分析法进行深入分析.

对于正交表 $L_n(r^m)$, 可知要作 n 次试验, 最多安排 m 个因素 r 个水平, 记试验结果为 $y_i(i=1,2,\cdots,n)$, 每个水平作 t 次重复试验, 则 $n=rt$. 下面我们依据方差分析的基本步骤对正交试验结果进行方差分析.

步骤一　离差平方和分解及自由度.

记

$$\bar{y} = \frac{1}{n}\sum_{i=1}^{n} y_i, \quad T = \sum_{i=1}^{n} y_i, \quad S_T = \sum_{i=1}^{n}(y_i - \bar{y})^2, \quad S_j = t\sum_{i=1}^{r}\left(\frac{K_{ij}}{t} - \bar{y}\right)^2,$$

其中 K_{ij} 为主效应相对指标, S_T 为试验结果的总离差平方和, S_j 为第 j 列的离差平方和. 则有下面的计算公式:

$$S_T = \sum_{i=1}^{n}(y_i - \bar{y})^2 = \sum_{i=1}^{n} y_i^2 - \frac{1}{n}\left(\sum_{i=1}^{n} y_i\right)^2 = \sum_{i=1}^{n} y_i^2 - \frac{T^2}{n}, \tag{6.4.1}$$

$$S_j = t\sum_{i=1}^{r}\left(\frac{K_{ij}}{t} - \bar{y}\right)^2 = \frac{1}{t}\sum_{i=1}^{r} K_{ij}^2 - \frac{T^2}{n}, \quad j=1,2,\cdots,m, \tag{6.4.2}$$

$$S_T = \sum_{j=1}^{m} S_j. \tag{6.4.3}$$

记因素 $A, B, C, \cdots$ 的离差平方和分别为 $S_A, S_B, S_C, \cdots$，误差平方和为 S_E，由方差分析知道
$$S_T = S_E + S_A + S_B + S_C + \cdots,$$
其中 $S_A, S_B, S_C, \cdots$ 为该因素所在列的离差平方和 S_j，S_E 按下面方法确定：

① 如果正交表有空列时，所有空列的离差平方和 S_j 之和就是误差平方和 S_E;

② 如果正交表没有空列时，常常取离差平方和 S_j 中最小值作为误差平方和 S_E，该列所在的因素不参与方差分析.

对于水平数相同的正交试验，自由度计算比较简单，有如下公式：

① 总离差平方和 S_T 的自由度：$f_T = rt - 1 = n - 1$;

② 第 j 列离差平方和 S_j 的自由度：$f_j = r - 1, j = 1, 2, \cdots, m$.

如果因素 A 安排在第 1 列，则 $S_A = S_1$，其自由度为 $f_A = f_1 = r - 1$；如果正交表中的第 2 列、第 3 列是空列，则 $S_E = S_2 + S_3$，其自由度为 $f_E = f_2 + f_3 = 2r - 2$.

步骤二 构造统计量.

类似于方差分析，要检验因素 A 对试验结果是否有显著影响，构造 F 统计量. 可以证明，当因素 A 的各水平效应相等时，有

$$F_A = \frac{S_A/f_A}{S_E/f_E} \sim F(f_A, f_E). \tag{6.4.4}$$

对于给定显著性水平 α，查表得 $F_\alpha(f_A, f_E)$，当 $F_A > F_\alpha(f_A, f_E)$ 时，可认为因素 A 对试验结果有显著影响；否则，认为因素 A 对试验结果没有显著影响. 检验其他因素时，方法同上.

在实际应用时，常先算出各列的均方和 $\bar{S}_j = S_j/f_j$ 及误差的均方和 $\bar{S}_E = S_E/f_E$，如果 $\bar{S}_j < \bar{S}_E$，就把该列的离差平方和 S_j 也当作误差平方和，并入 S_E 中，相应自由度 f_j 也并入 f_E 中 $(1 \leqslant j \leqslant m)$，然后再作 F 检验. 被并入的列所对应的因素肯定对试验结果没有显著影响，无需检验.

步骤三 方差分析表，如表 6.4.8 所示.

表 6.4.8 无交互作用正交试验的方差分析表

方差来源	平方和	自由度	均方和	F 值	F_α 临界值	检验 p 值
因素 A	S_A	$r-1$	$S_A/(r-1)$	F_A	$F_\alpha(r-1, f_E)$	$p_A = P(F > F_A)$
因素 B	S_B	$r-1$	$S_B/(r-1)$	F_B	$F_\alpha\{r-1, f_E\}$	$p_B = P(F > F_B)$
⋮	⋮	⋮	⋮	⋮	⋮	⋮
误差 E	S_E	f_E	S_E/f_E			显著性水平 α
总和	S_T	$n-1$	$S_T/(n-1)$			

给定显著性水平 α 后，对照表 6.4.8 中的检验 p 值，当检验 p 值 < 显著性水平 α 时，即可认为该因素对试验结果的影响是显著的，否则认为不显著.

方差分析只是解决了因素对试验结果是否有显著影响，而极差分析则可以得到优选方案. 因此通常将极差分析和方差分析相结合，在选择优选方案时，对于影响不显著的因素，可以不必考虑其优选水平，而是选择该因素在哪个水平上容易实现或省工、省钱.

例 6.4.2 对于例 6.4.1, 用方差分析检验各因素的显著性.

解 计算过程如下:

$$S_A = S_1 = 245955.555556, \quad S_B = S_2 = 6822.222222,$$

$$S_C = S_3 = 80022.222222, \quad S_E = S_4 = 53622.222222;$$

自由度分别为

$$f_T = 8, \quad f_A = f_B = f_C = 2, \quad f_E = 2.$$

由于

$$\bar{S}_B = S_B/f_B = 3411 < \bar{S}_E = S_E/f_E = 26811.222222,$$

所以 S_B 并入 S_E, 即 $S_E^* = S_E + S_B$, 相应的自由度也并入 f_E, 即 $f_E^* = f_E + f_B$, 得到下面的方差分析表 6.4.9.

表 6.4.9 纸浆断裂长指标正交试验方差分析表

方差来源	平方和	自由度	均方和	F 统计量值	F_α 临界值	检验 p 值
因素 A	245955.333333	2	122977.777778	8.13824	6.944272	0.038914*
因素 C	80022.222222	2	40011.111111	2.64779	6.944272	0.185169
因素 B	6822.222222	2	15111.111111			$\alpha = 0.05$
误差 E	53622.222222	2				
总和	386422.222222	8	48302.777778			

从表 6.4.9 中的检验 p 值可知, 因素 A 对试验结果的影响是显著的, 其他的因素都不显著; 对试验结果影响显著性的主次顺序依次为因素 A, 因素 C, 因素 B, 因此从节约成本和资源角度讲, 因素 B 和因素 C 都没有必要做到最优, 比如因素 C 的浓度可以考虑 3%(如果 3% 更经济、更方便操作的话).

(4) R 软件的计算过程.

R 软件包 DoE.base 提供 oa.design 函数来生成正交表, 其定义如下:

```
oa.design(ID=NULL, nruns=NULL, nfactors=NULL, nlevels=NULL,
    factor.names, columns="order",replications=1, repeat.only=FALSE,
    randomize=TRUE, seed=NULL,min.residual.df=0)
```

其中 ID 是试验表格的编号, 如 L9.3.4, L8.2.7 等, 可以通过 show.oas( ) 函数得到; nruns 表示试验次数; nfactors 表示因素个数, nlevels 表示水平个数; factor.names 表示因素的名称; randomize 表示试验顺序是否随机产生; seed 表示随机数的种子; 其他见 "帮助".

例 6.4.3 产生 $L_9(3^4)$ 的正交表, 各因素的名称来自例 6.4.1, 完成例 6.4.1 的方差分析.

解 具体程序如下:

```
LT=oa.design(nfactors=4,nlevels=3,
        factor.names=c('温度', '时间','纸浆浓度', '空列'),randomize=FALSE)
responses=c(3150,3030,3100,2830,3160,2950,2910,2520,2670)
L9=add.response(LT, responses) # 加上一个响应变量, 完整的正交 + 试验表
aov.L9=aov(responses~温度 + 时间 + 纸浆浓度, data=L9); summary(aov.L9)
# 发现时间因素的均方和小于空列（误差均方和）, 故将时间因素与空列合并成误差
```

	Df	Sum Sq	Mean Sq	F value	Pr(>F)	# aov.L9输出
温度	2	245955.55555556	122977.77777778	4.58682	0.17899	
时间	2	6822.22222222	3411.11111111	0.12723	0.88713	
纸浆浓度	2	80022.22222222	40011.11111111	1.49233	0.40123	
Residuals	2	53622.22222222	26811.11111111			
	Df	Sum Sq	Mean Sq	F value	Pr(>F)	# aov2.L9输出
温度	2	245955.55555556	122977.77777778	8.13824	0.038917 *	
纸浆浓度	2	80022.22222222	40011.11111111	2.64779	0.185168	
Residuals	4	60444.44444444	15111.11111111			
Signif. codes:	0 '***' 0.001 '**' 0.01 '*' 0.05 '.' 0.1 ' ' 1					

计算极差分析过程的程序如下:

```
kmatrix=function(data,FUN)
{ da=as.data.frame(data); cols=ncol(da)
  vars=names(data); response=vars[cols]; vars=vars[1:(cols-1)]; # 试验指标放在最后一列
  levs=length(levels(data[[vars[1]]])); # 获取水平数, 等水平
  rnames=c(paste('K',1:levs,sep="),'极差');
  ksum=matrix(0,nrow=levs+1,ncol=cols,dimnames=list(rnames,names(data)))
  for(i in vars)
{ ksum[1:levs,i]=tapply(da[[response]],da[[i]],FUN=FUN) # 计算每个因素对应的 K 和极差
  ksum[levs+1,i]=max(ksum[1:levs,i])-min(ksum[1:levs,i])
}
ksum[levs+1,response]=sum(da[[response]]) # 试验指标总和
return(list(data=data,kmat=ksum))
}
kmatrix(L9,sum)
```

	温度	时间	纸浆浓度	空列	responses
K1	9280	8890	8620	8980	0
K2	8940	8710	9170	8890	0
K3	8100	8720	8530	8450	0
极差	1180	180	640	530	26320

三、有交互作用的正交试验

在无交互作用的试验中, 我们进行正交试验设计, 仅需要选择正确的正交表, 然后将各因素随机安排在各列上就可以安排试验方案了. 但是对于有交互作用的试验, 情况往往比较

复杂,选择正交表和安排因素所在列都需要认真考虑. 所谓因素之间的交互作用指的是因素之间的不同水平搭配对试验结果的影响. 我们只考虑二级交互作用, 即二因素之间的交互作用. 因素 A 和因素 B 的交互作用记为: $A \times B$. 各因素的单独作用称为**主效应**, 因素之间的交互搭配作用称为**交互效应**.

1. 交互作用表

在有交互作用的正交试验中, 只有配备交互作用列表的正交表才能安排交互作用, 才能确定任意两个因素交互作用所在的列, 这种安排过程称为表头设计. 只有正确进行表头设计, 才能分析交互作用对试验结果的影响. 下面我们以 $L_8(2^7)$ 为例, 说明表头设计过程, 见表 6.4.10.

表 6.4.10 $L_8(2^7)$ 交互作用表

交互作用列		列号						
		1	2	3	4	5	6	7
列号	1	(1)	3	2	5	4	7	6
	2		(2)	1	6	7	4	5
	3			(3)	7	6	5	4
	4				(4)	1	2	3
	5					(5)	3	2
	6						(6)	1
	7							(7)

表 6.4.10 中的元素为交互作用所在的列号, 比如查第 1 列和第 2 列的交互作用列, 则查表中第 1 行第 2 列的元素: 3, 表示该交互作用列应安排在第 3 列; 同理, 查第 3 列与第 5 列的交互作用, 即查表中第 3 行第 5 列的元素: 6, 表示该交互作用列应安排在第 6 列; 其余类推.

2. 试验安排

(1) 明确试验指标, 构造相关试验指标的因素水平表, 并确定哪些交互作用参于试验.

例 6.4.4 试寻找水稻产量增产的最佳条件.

明确试验指标为 "水稻产量"; 由经验和实践得出如下因素水平表 6.4.11, 再确定交互作用因素: $A \times B$, $A \times C$, $B \times C$, 即共有 6 个因素: $A, B, C, A \times B, A \times C, B \times C$

表 6.4.11 水稻产量因子水平表

各水平实际状态或条件		因素		
		品种 A	密度 (万苗/亩) B	N 肥量 (千克) C
水平	1	真优 07	5	12
	2	真优 11	8	15

(2) 选择最合适的正交表.

类似于无交互作用的正交试验, 选择 $L_8(2^7)$ 是最合适的正交表.

(3) 表头设计.

将各个因素及要考虑的交互作用全部罗列出来, 然后按因素在交互作用中出现的次数来排序. 如果某个因素涉及的交互作用次数多, 就应当优先考虑. 对于本例, 根据表 6.4.10, 我们作如下表头设计及正交试验安排表, 分别见表 6.4.12, 表 6.4.13.

表 6.4.12　水稻产量试验表头设计

列号	1	2	3	4	5	6	7
因素	A	B	$A \times B$	C	$A \times C$	$B \times C$	空

表 6.4.13　水稻产量正交试验安排表

试验水平		因素							亩产 (千克) Y
		品种 A	密度 (万苗/亩) B	$A \times B$	N 肥量 (千克) C	$A \times C$	$B \times C$	空列	
试验号	1	1 真优 07	1　5	1	1　12	1	1	1	
	2	1 真优 07	1　5	1	2　15	2	2	2	
	3	1 真优 07	2　8	2	1　12	1	2	2	
	4	1 真优 07	2　8	2	2　15	2	1	1	
	5	2 真优 11	1　5	2	1　12	2	1	2	
	6	2 真优 11	1　5	2	2　15	1	2	1	
	7	2 真优 11	2　8	1	1　12	2	2	1	
	8	2 真优 11	2　8	1	2　15	1	1	2	

(4) 进行试验, 登记结果.

严格依据试验安排表完成每个试验后, 将试验结果填写到最后一列, 形成试验结果表, 见表 6.4.14.

表 6.4.14　水稻产量正交试验结果

试验水平		因素							亩产 (千克) Y
		品种 A	密度 (万苗/亩) B	$A \times B$	N 肥量 (千克) C	$A \times C$	$B \times C$	空列	
试验号	1	1 真优 07	1　5	1	1　12	1	1	1	485
	2	1 真优 07	1　5	1	1　12	2	2	2	500
	3	1 真优 07	2　8	2	2　15	1	2	2	490
	4	1 真优 07	2　8	2	1　12	2	1	1	505
	5	2 真优 11	1　5	2	2　15	2	1	2	460
	6	2 真优 11	1　5	2	1　12	1	2	1	470
	7	2 真优 11	2　8	1	1　12	2	2	1	550
	8	2 真优 11	2　8	1	2　15	1	1	2	570

3. 统计分析

(1) 直观分析 (直接观察与极差分析), 表 6.4.15.

表 6.4.15 水稻产量正交试验极差计算表

试验水平		因素							亩产 (千克) Y
		品种 A	密度 (万苗/亩) B	$A \times B$	N 肥量 (公斤) C	$A \times C$	$B \times C$	空列	
试验号	1	1 真优 07	1 5	1	1 12	1	1	1	485
	2	1 真优 07	1 5	1	2 15	2	2	2	500
	3	1 真优 07	2 8	2	1 12	1	2	2	490
	4	1 真优 07	2 8	2	2 15	2	1	1	505
	5	2 真优 11	1 5	2	1 12	2	1	2	460
	6	2 真优 11	1 5	2	2 15	1	2	1	470
	7	2 真优 11	2 8	1	1 12	2	2	1	550
	8	2 真优 11	2 8	1	2 15	1	1	2	570
K_1		1980	1915	2105	1985	2015	2020	2010	总和 T
K_2		2050	2115	1925	2045	2015	2010	2020	4030
极差 R		70	200	180	60	0	10	10	

表 6.4.16 给出优选方案.

表 6.4.16 水稻产量正交试验极差分析结果

直接分析的优选方案 (试验 8)	A_2(真优 11), B_2(8 万苗/亩), C_2(15 千克)
极差分析的优选方案	A_2(真优 11), B_2(8 万苗/亩), C_2(15 千克)
极差分析的因素主次顺序	$B \to A \times B \to A \to C \to B \times C \to A \times C$

下面给出表 6.4.16 中确定优选方案的方法确定.

依因素的主次顺序, 先确定因素 B 的最优水平, 应为水平 2; 再确定交互作用 $A \times B$ 的最优水平组合, 由于因素 B 已确定选水平 2, 所以只需比较 A_1B_2 和 A_2B_2 的搭配结果, 经计算得下表 6.4.17.

表 6.4.17 $A \times B$ 部分水平搭配结果

搭配结果之和	A_1	A_2
B_2	490+505 = 995	550+570 = 1120

可见 A_2B_2 是最好搭配, 即因素 A 选水平 2; 如果交互作用 $A \times B$ 相应的因素 A, B 都没确定出最优水平, 则需要把因素 A, B 的所有水平搭配结果都计算出来, 经计算得下表 6.4.18.

表 6.4.18 $A \times B$ 所有水平搭配结果

搭配结果之和	A_1	A_2
B_1	480+500 = 980	460+470 = 930
B_2	490+505 = 995	550+570 = 1120

如果交互作用 $A\times B$ 相应的因素 A, B 都已确定出最优水平, 则无需再确定交互作用 $A\times B$ 的最优水平组合, 这样处理的目的就是避免在确定优选方案时产生矛盾. 最后再确定因素 C 的最优水平, 应为水平 2, 所以优选方案为 $A_2B_2C_2$.

(2) 方差分析.

由于 $A\times C$ 对指标的影响较小, 所以它所在的列也归入误差项, 下面我们作方差分析来检验因素的显著性, 取显著性水平为 0.05, 查表得 $F_{0.05}(1,2) = 18.51$. 方差分析表见下表 6.4.19.

表 6.4.19 水稻产量正交试验方差分析表

方差来源	平方和	自由度	均方和	F 值	F_α 临界值	检验 p 值
因素 B	5000	1	5000	800.00	18.51	0.00**
$A\times B$	4050	1	4050	648.00	18.51	0.00**
因素 A	612.50	1	612.50	98.00	18.51	0.01*
因素 C	450	1	450	72.00	18.51	0.01*
$B\times C$	12.50	1	12.50	2.00	18.51	0.29
剩余做误差	12.50	2	12.50			0.05
总和	10137.50	7	1448.21			

从上述方差分析表中, 我们看到因素 B 和交互作用 $A\times B$ 对指标的影响极其显著, 而因素 A 和因素 C 对指标的影响比较显著, 至于交互作用 $B\times C, A\times C$ 的影响则不明显.

正交试验设计的内容相当广泛, 如混合水平试验、多指标试验及其分析、正交表构造及其优良性、多因素多水平交互作用 (均大于 3) 试验及其分析等等, 详细请参看参考文献.

4. 常用的正交表

等水平正交表 (标准表)	混合水平正交表 (非标准表)
2 水平的 $L_4(2^3)$, $L_8(2^7)$, $L_{12}(2^{11})$, $\cdots$	$L_8(4\times 2^4)$
3 水平的 $L_9(3^4)$, $L_{27}(3^{13})$, $L_{81}(3^{40})$, $\cdots$	$L_{16}(4^2\times 2^9)$, $L_{16}(4^4\times 2^3)$, $L_{16}(4^3\times 2^6)$
4 水平的 $L_{16}(4^5)$, $L_{64}(4^{21})$, $L_{256}(4^{85})$, $\cdots$	$L_{16}(4\times 2^{12})$, $L_{16}(8\times 2^8)$
5 水平的 $L_{25}(5^6)$, $L_{125}(5^{31})$, $L_{625}(5^{156})$, $\cdots$	$L_{18}(2\times 3^7)$

5. 交互作用的说明

正交表每列的自由度等于该列水平数减 1, 而每个因素占一列, 所以每个因素的自由度也等于该因素水平数减 1; 两因素交互作用的自由度等于两因素自由度的乘积, 即

$$f_{A\times B} = f_A \times f_B.$$

因此, 两个 2 水平的因素的交互作用列只有一列, 因为 2 水平正交表每列的自由度为 1, 而两列的交互作用的自由度等于两列自由度乘积, 交互作用列也是 2 水平的. 而对于 3 水平的因素, 每个因素的自由度为 2, 交互作用的自由度为 4, 交互作用也是 3 水平, 所以每个交互作用需要占用 2 列; 同理两个 n 水平的因素, 其交互作用的自由度为 $(n-1)\times(n-1)$, 交互作用也是 n 水平的, 所以需要占用 $n-1$ 列.

交互作用列在正交表中的排放也是一个难题,下面针对等水平的正交表 $L_n(r^m)$ 给出基本规则:

(1) 存在 $k \leqslant m$, 使得 $n = r^k$, 则将所有因素包括交互作用分成 k 组; 每组安排的列的数量分别为 $r^0, r^1, r^2, \cdots, r^{k-1}$, 如 $L_8(2^7)$ 的列分成 3 组, 第一组 1 列; 第二组占 2, 3 列, 第三组占 4, 5, 6, 7 列.

(2) 正交表上有交互作用的两列如果不在同组, 则其交互作用必在组别高的组中, 反之必在组别低的组中. 为方便安排, 不妨将基本因素放在每组的第一个列位置. 以 $L_8(2^7)$ 为例, 有如下情况:

① 若因素 A 放在第 1 列, 因素 B 放在第 2 列 (第二组的第一个位置), 则 $A \times B$ 放在第 3 列 (高组别);

② 若因素 A 放在第 1 列, 因素 B 放在第 4 列 (第三组的第一个位置), 则 $A \times B$ 放在第 5 列 (高组别);

③ 若因素 A 放在第 4 列, 因素 B 放在第 7 列 (第三组的第三个位置), 则 $A \times B$ 放在第 3 列 (低组别).

列号	1	2	3	4	5	6	7
因素	A	B	$A \times B$	C	$A \times C$	$B \times C$	空

(3) 排放因子列或交互作用列时, 要尽量避免**混杂现象**, 所谓混杂就是一列上出现两个因子、一个因子或一个交互作用或两个交互作用列. 有时候可通过选用更大的正交表解决混杂现象, 下表就出现了混杂现象.

列号	1	2	3	4	5	6	7
因素	A	B	$A \times B, C \times D$	C	$A \times C$	$B \times C$	D

上表中混杂出现在 $A \times B$ 和 $C \times D$, 此时若改用 $L_{12}(2^{11})$ 或 $L_{16}(2^{15})$, 均可以解决混杂问题, 分别见下面的两个表:

列号	1	2	3	4	5	6	7	8	9	10	11	12
因素	A	B	$A \times B$	C	$A \times C$	$B \times C$	D				$C \times D$	

列号	1	2	3	4	5	6	7	8	9	10	11	12	13	14	15
因素	A	B	$A \times B$	C	$A \times C$	$B \times C$	D					$C \times D$			

内容小结

本章介绍了方差分析的原理、方差齐性和均值差异性的检验、正交试验设计及其基本思想和方法, 同时也给出 R 软件的实现过程.

本章知识点网络结构图:

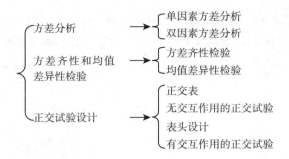

本章基本要求:
1. 掌握方差分析的基本原理;
2. 掌握方差分析的 R 软件实现过程;
3. 了解方差齐性和均值差异性的检验及 R 软件实现;
4. 掌握正交试验设计的基本思想;
5. 掌握正交试验的计算过程及 R 软件实现.

习 题 六

1. 对 6 种不同的农药在相同的条件下分别进行杀虫试验, 试验结果如下表所示:

杀虫率%	农药 1	农药 2	农药 3	农药 4	农药 5	农药 6
试验 1	87	90	56	55	92	75
试验 2	85	88	62	48	99	72
试验 3	80	87	65		95	81
试验 4		94			91	

问杀虫率是否因农药的不同而呈现显著差异. ($\alpha = 0.05$)

2. 某高校对教师的职称、性别与所授课班级的考试通过率作了抽样调查, 各种组合分别抽 3 个班级, 结果如下:

通过率%	讲师	副教授	教授
男	80, 85, 75	84, 90, 81	85, 81, 78
女	82, 88, 80	78, 83, 77	80, 79, 86

问职称和性别及其交互作用是否对通过率有显著影响. ($\alpha = 0.05$)

3. 4 个工厂生产同一种零件. 现从各厂分别抽取 5 件产品作检测, 测得强度值见下表:

	甲厂	乙厂	丙厂	丁厂
1	110	105	85	70
2	112	108	95	90
3	99	110	88	75
4	95	95	78	82
5	100	112	98	80

试分析 4 个工厂生产的产品, 其强度是否有显著差异. ($\alpha = 0.05$).

4. 抽查某校 4 个学院不同班级本科生的高等数学平均成绩, 数据见下表:

	计算机	化学	机械	电气
1	73.43	82.91	80.53	88.57
2	74.58	83.38	84.08	88.80
3	77.75	84.26	85.75	89.55
4	81.52	85.00	86.33	89.65
5	86.00	86.12	88.45	90.05
6	88.04			90.42
7				90.67

试分析该校 4 个学院本科生的高等数学平均成绩有无显著差异. ($\alpha = 0.05$)

5. 下表记录了 3 位工人分别在 4 台不同的机器上操作一天的日产量:

日产量		机器			
		B_1	B_2	B_3	B_4
工人	A_1	15	17	17	20
	A_2	19	15	17	16
	A_3	18	22	18	17

试检验: (1) 操作工之间的差异是否显著? (2) 机器之间的差异是否显著? ($\alpha = 0.05$)

6. 对习题 5, 下表记录了 3 位工人 3 天的日产量:

日产量		机器			
		B_1	B_2	B_3	B_4
工人	A_1	15 15 17	17 17 17	15 17 16	18 20 22
	A_2	19 19 16	15 15 15	18 17 17	15 16 16
	A_3	16 18 21	19 22 22	18 18 18	17 17 17

试检验: (1) 操作工之间的差异是否显著? (2) 机器之间的差异是否显著? (3) 交互影响是否显著? ($\alpha = 0.05$)

7. 某工厂研究某工艺的优选方案, 考查 4 个因素, 每个因素有 2 个水平, 具体见下表:

	时间 A	温度 B	浓度 C	槽规格 D
水平 1	20	30	5	单槽
水平 2	30	50	10	双槽

请选择合适的正交表. 假如试验结果为:

$$150, 135, 156, 147, 130, 131, 144, 131.$$

请给出直观分析、极差分析和方差分析的结果. ($\alpha = 0.05$)

8. 根据以下的因子水平表:

		因素			
		温度 (°C) A	含氧量 B	含水量 (%) C	pH 值 D
水平	1	5	0.5	10	6.0
	2	10	5.0	30	8.0

分别设计无交互作用和有交互作用 $A \times B, B \times C$ 之下的正交试验方案.

9. 某水稻培育中心为提高某地区的水稻产量, 设计了因子水平表, 见下表:

		因素		
		品种 A	密度 (万苗/亩) B	氮肥 (千克/亩) C
水平	1	窄叶青 8 号	30	10
	2	南二矮 5 号	25	5
	3	珍珠矮 11 号	20	15

选择 $L_9(3^4)$ 正交表安排试验, 假定试验的产量 (单位: 千克) 依次为

$$62.93, 57.08, 51.60, 55.05, 58.05, 56.55, 63.23, 50.70, 54.45.$$

试对试验结果进行直观分析和方差分析, 并确定一组较好的种植方案 (不考虑交互作用).

10. 某橡胶配方试验的因子水平表和表头设计分别如下表所示:

		因素		
		促进剂总量 A	炭墨品种 B	硫磺分量 C
水平	1	1.5	耐高墨	2.5
	2	2.5	耐高墨 + 硬炭墨	2.0

列号	1	2	3	4	5	6	7
因子	A	B	$A \times B$	C	$A \times C$	$B \times C$	

试验指标为弯曲次数 (越多越好). 考虑到所有的交互作用, 使用 $L_8(2^7)$ 正交表进行试验安排, 并得到试验结果 (单位: 万次) 依次为

$$1.5, 2.0, 2.0, 1.5, 2.0, 3.0, 2.5, 2.0.$$

试对试验结果进行直观分析和方差分析, 并确定一组较好的配方.

(本章例题和习题若未加特殊说明, 均表示试验条件满足正态分布和方差齐性假定.)

第七章 回归分析

回归分析是研究变量之间相互依赖关系的一种统计方法,它是数理统计学中应用最广泛的分支之一. 本章主要介绍相关分析与回归分析的基本概念、线性回归模型、参数估计及其性质、线性回归模型的显著性检验、自变量的选择、因变量的预测以及非线性回归、非参数回归、分位数回归和最小二乘估计等,并详细阐述这些方法在 R 软件中的实现及实际应用.

7.1 相关分析

在现实问题中,变量之间往往是相互依赖和相互制约的,它们之间的相互关系大致可分为两种:

第一种 确定性关系——函数关系.

变量之间的关系可以用函数关系准确表达,例如:银行的一年期存款利率为年息 2.55%, 存入的本金用 x 表示, 到期本息用 y 表示, 则它们之间的关系为

$$y = (1 + 2.55\%)x.$$

这就是一种确定性关系, 即函数关系.

第二种 非确定性关系——相关关系.

变量之间有密切的关系,但不能用确定的函数关系来表达,例如:

事例一 人的身高 x 与体重 y 之间的关系. 一般来说, 身高较高的人, 体重也较重. 但同样身高的人, 其体重不一定完全一样. 可见身高 x 与体重 y 密切相关, 同时它们之间又不能用确定的函数关系来表达.

事例二 某工厂的产量 x 与收益 y 之间的关系. 一般来说, 产量较大, 收益较高. 但由于收益除了同产量密切相关外, 还会受到价格、销售量等市场因素影响. 因而, 产量 x 与收益 y 之间也不能用确定的函数关系来表达.

总之,以上变量之间都有密切的关系,但二者的关系不是确定的函数关系,这种非确定性的关系也称为相关关系. 相关分析就是要研究变量之间的相关关系.

一、相关系数

设 (X, Y) 是二维随机变量, 若 $D(X) > 0, D(Y) > 0$, 则称

$$\rho_{XY} = \frac{Cov(X,Y)}{\sqrt{D(X)D(Y)}} = \frac{E[(X - E(X))(Y - E(Y))]}{\sqrt{D(X)D(Y)}} \tag{7.1.1}$$

为 X 与 Y 的相关系数.

可以证明相关系数 $|\rho_{XY}| \leqslant 1$。若 $\rho_{XY} \neq 0$，则称随机变量 X 与 Y **相关**，其中，

当 $\rho_{XY} > 0$ 时，称随机变量 X 与 Y **正相关**；

当 $\rho_{XY} < 0$ 时，称随机变量 X 与 Y **负相关**.

特别的，当 $\rho_{XY} = 1$ 时，称随机变量 X 与 Y **完全正相关**；

当 $\rho_{XY} = -1$ 时，称随机变量 X 与 Y **完全负相关**；

当 $\rho_{XY} = 0$，则称随机变量 X 与 Y **不相关**.

通常变量的相关性是通过其样本的相关性来直观展示的.

设变量 (X,Y) 的一组样本为 $(x_i, y_i), i = 1, 2, \cdots, n$，称

$$r_{XY} = \frac{\sum\limits_{i=1}^{n}(x_i - \bar{x})(y_i - \bar{y})}{\sqrt{\sum\limits_{i=1}^{n}(x_i - \bar{x})^2 \sum\limits_{i=1}^{n}(y_i - \bar{y})^2}} \tag{7.1.2}$$

为变量 X, Y 的**样本相关系数**，也简称**相关系数**，在不引起冲突的情况下可记为 r.

相关的几种关系可由图 7.1.1 直观展示.

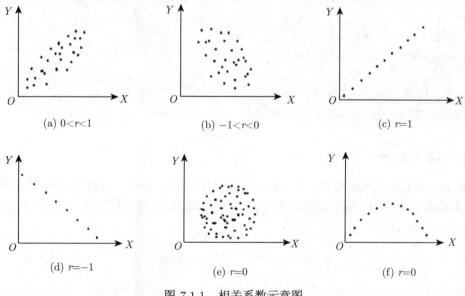

图 7.1.1 相关系数示意图

图 7.1.1 的子图 (a)，散点呈椭圆形分布，宏观而言两变量 X, Y 变化趋势是同向的，呈现正相关特征，通常有 $0 \leqslant r \leqslant 1$；

反之，子图 (b) 中的 X, Y 呈反向变化，呈现负相关特征，通常有 $-1 < r < 0$.

子图 (c) 的散点在一条直线上，且 X, Y 是同向变化，呈现完全正相关特征，通常有 $r=1$；

反之，子图 (d) 中的 X, Y 呈反向变化，呈现完全负相关特征，通常有 $r = -1$.

子图 (e)(f) 中，两变量间没有线性联系，呈现不相关特征，这些情况下，通常有 $r = 0$.

相关系数是度量变量之间线性关系强弱程度的统计量. 当变量 X 与 Y 在一定程度上有线性关系时，$0 < |r| < 1$，这是实际问题中经常遇到的情况，且线性关系越明显，$|r|$ 的值越大，如图 7.1.2 所示.

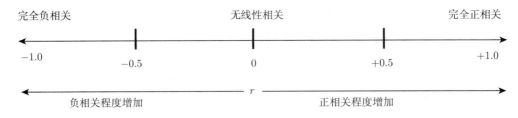

图 7.1.2 相关性变化趋势图

以下程序模拟两个正态分布随机变量 $(X,Y) \sim N(0,0,1,1,\rho)$ 随 ρ 变化的样本散点图 (动画):

```
require(MASS);    require(animation)      #需要两个包的支持
ani.record(reset=TRUE)
rs=seq(-1,1,by=0.05);     mu=c(0,0);
   xigma=matrix(c(1,0,0,1),nrow=2,byrow=TRUE)
for(i in 1:length(rs))
{ xigma[1,2] <- xigma[2,1] <- rs[i];    x=mvrnorm(100,mu,xigma)
  plot(x,main=paste('X,Y with correlation coefficient ',rs[i],seq=''),
      xlab='X',ylab='Y')
  ani.record()
}
op=ani.options(interval=1);    ani.replay();     ani.options(op)
```
这段代码 r 的变化从 -1 到 1, 每隔 0.05 作一幅图, 每 1 秒钟播放一帧, 总共 40 帧

二、相关系数的检验

一般地, 由于抽样的随机性, 由样本数据计算出来的样本相关系数 r_{XY} 不等于零, 即使总体相关系数 $\rho_{XY} = 0$. 为了判断随机变量 X,Y 是否有明显的相关性, 我们对总体相关系数进行假设检验, 即

$$H_0: \rho_{XY}=0, \quad H_1: \rho_{XY} \neq 0.$$

对于相关系数的检验, 常用的方法有相关系数表法和 t 分布检验法. 若采用相关系数表, 其自由度为 $n-2$, 对于双侧检验可查相关系数表 (可通过 t 分布得到), 当样本相关系数 r 满足 $|r| > r_{a/2}(n-2)$ 时, 拒绝 H_0. 另外可证明, 当 (X,Y) 为二维正态总体, 且 H_0 为真时, 统计量

$$T = \frac{r_{XY}\sqrt{n-2}}{\sqrt{1-r_{XY}^2}} \sim t(n-2). \tag{7.1.3}$$

由此推得相关系数与 t 分布的临界值之间的关系:

$$r_{\alpha/2}^2(n-2) = \frac{t_{\alpha/2}^2(n-2)}{(n-2)+t_{\alpha/2}^2(n-2)}, \quad \text{即} \quad |r_{\alpha/2}(n-2)| = \sqrt{\frac{t_{\alpha/2}^2(n-2)}{(n-2)+t_{\alpha/2}^2(n-2)}}. \tag{7.1.4}$$

对于 t 分布检验, 首先通过实际观测数据计算得到 T 值, 对于给定的显著性水平 α, 查 t 分布表得到 $t_{\alpha/2}(n-2)$, 若 $|T| \geqslant t_{\alpha/2}(n-2)$, 则拒绝 H_0, 否则接受 H_0. 当然也可以采用 p 值检验, 即若 $p = P(t \geqslant |T|) \leqslant \alpha/2$ 则拒绝 H_0, 否则接受 H_0.

当拒绝 H_0 时, 我们认为随机变量 X, Y 有明显相关性, 且 $|r_{XY}|$ 大小在一定程度上反映了这两个变量之间线性相关的程度; 相反, 当接受 H_0 时, 可认为随机变量 X, Y 之间没有明显的相关性.

例 7.1.1   某气象站收集了 15 年关于年初的最高温度 X(从 1 月 11 日算起) 与秋季第一次强冷空气出现日期 Y(从 9 月 11 日算起) 的数据, 试分析 X 与 Y 之间的相关性. ($\alpha = 0.05$)

表 7.1.1   年初最高温度和秋季第一次强冷空气出现的日期数据

数据	1	2	3	4	5	6	7	8	9	10	11	12	13	14	15
X	25	17	30	31	32	28	29	30	2	11	18	18	28	6	14
Y	22	15	26	30	34	25	27	34	7	11	19	20	19	9	14

解   提出假设:
$$H_0: \rho_{XY} = 0, \quad H_1: \rho_{XY} \neq 0.$$
分别由公式 (7.1.2) 和 (7.1.3) 计算得到
$$r = 0.931306, \quad T = 9.218901.$$

查表知 $t_{0.025}(15-2) = t_{0.025}(13) = 2.160367$, 由于 $T > t_{0.025}(13)$, 故可拒绝 H_0, 认为随机变量 X, Y 之间线性相关. 另外, 通过查相关系数表得: $r_{0.025}(13) = 0.513977$, 由于 $|r| > r_{0.025}(13)$, 故拒绝 H_0.

相关分析虽然可用来分析变量间线性关系的程度, 但不能用于预测, 即不能在已知一变量时, 预测另一变量的值. 下节介绍的回归分析通过建立模型, 不仅能度量变量间的关系程度, 还能定量地刻画这一关系并用于预测.

在 R 软件中, 用 cor.test 函数可实现相关系数的检验, 不过采用的是 t 检验法. 例 7.1.1 的计算过程如下:

```
x=c(25,17,30,31,32,28,29,30,2,11,18,18,28,6,14)
y=c(22,15,26,30,34,25,27,34,7,11,19,20,19,9,14)
cor.test(x,y)
Pearson's product-moment correlation
data:  x and y
t = 9.2189,df = 13,   p-value = 4.584e-07
alternative hypothesis: true correlation is not equal to 0
95 percent confidence interval: 0.8013416   0.9773168
sample estimates:
      cor
0.9313057
```

例 7.1.2   生成相关系数检验临界值表, 行范围从 1 变到 100, 间隔为 1; 列范围是几个特殊值 (0.1, 0.05, 0.025, 0.01, 0.005, 0.0025, 0.001, 0.0005); 总共 100 行, 8 列的矩阵数据.

解 具体程序如下：

```
n=3:103;      alpha=c(0.1,0.05,0.025,0.02,0.01,0.005,0.0025,0.001)
fun=function(n,alpha,qt) {ta=qt(1-alpha,n-2); ra=sqrt(ta^2/(n-2+ta^2)); return(ra) }
t_table=t(sapply(n,fun,alpha,qt))
colnames(t_table)=format(alpha,digits=6)
rownames(t_table)=paste(n)
head(t_table,5)      # 因排版限制，下表只显示前 5 行 6 列的数据
```

表 7.1.2　相关系数检验表 $r_\alpha(n-2)$

n	0.1000	0.05	0.025	0.02	0.01	0.005
3	0.9510565	0.9876883	0.9969173	0.9980267	0.9995066	0.9998766
4	0.8000000	0.9000000	0.9500000	0.9600000	0.9800000	0.9900000
5	0.6870488	0.8053836	0.8783394	0.8953411	0.9343330	0.9587350
6	0.6083998	0.7292993	0.8114014	0.8319246	0.8821937	0.9171997
7	0.5508628	0.6694395	0.7544922	0.7766095	0.8328740	0.8745264

7.2　回归模型简介

一、回归的由来

回归这个术语是由英国著名生物统计学家 Francis Galton 在 19 世纪末期研究子代与父代的身高时提出来的. Galton 发现身材高的父代, 他们的子代也高, 但这些子代平均起来并不像他们的父代那样高. 对于比较矮的父代情形也类似：他们的子代比较矮, 但这些子代的平均身高要比他们的父代的平均身高高. Galton 把这种子代的身高向中间值靠近的趋势称之为一种**回归效应**. 随后, 他的学生、英国著名统计学家皮尔逊 (K.Pearson) 等人搜集了 1078 对家庭成员的身高数据, 建立了子代的身高 y 与父代的身高 x 所谓的回归直线方程 (单位为英寸, 1 英寸 =2.54 厘米)：

$$\hat{y} = 33.73 + 0.516x.$$

他用这条回归直线来描述子代的身高与父代的身高的关系, 比如, 如果 $x=80$, 则 $\hat{y}=75.01$, 即高个子父代的子代有低于父代身高的趋势；如果 $x=60$, 则 $\hat{y}=64.69$, 即矮个子父代的子代有高于父代身高的趋势. 从而进一步证实了 Galton 提出的回归效应.

由 Galton 提出的回归思想虽然源于生物遗传规律, 但回归的现实意义比最初的意义要广泛得多. 回归分析的思想已经渗透到数理统计的许多分支中, 回归分析方法也在社会、经济、生物、医学等方面有广泛的应用.

二、回归分析的基本概念

回归分析是通过建立回归模型来研究相关变量的关系, 并作出相应估计和预测的一种统计方法. 我们通常把可以在一定范围内随意地取指定数值, 即可控的变量称为**自变量**(如前面所指的工厂产量、父代身高等), 记为 x; 而把自变量被取定后, 虽可观测但不可控制的变

量 (或研究对象) 称为**因变量**(如前面所指的工厂效益、子代身高等)，记为 y. 因变量 y 是随机变量，自变量 x 可以是随机变量也可以是非随机变量，通常假定 x 是非随机变量，本书也是作此假定. 为方便起见，本书只研究一个因变量 y(随机变量) 与一个 (或多个) 自变量 x 的回归分析. 其中只有一个自变量 x 的回归分析称为**一元回归分析**，多于一个自变量的回归分析称为**多元回归分析**.

回归分析的主要目的在于，根据自变量 x 的取值来估计或预测因变量 y 的取值. 由于变量之间的相关性，当给定自变量 x 时，因变量 y 不能唯一确定，仍然为随机变量. 因此，因变量 y 的估计或预测值通常取其条件数学期望 $E(y|x)$，它是自变量 x 的函数，称为**回归函数**或**经验回归方程**，记为 $\hat{y} = f(x) = E(y|x)$. 我们把 x, y 之间的关系表示为

$$y = E(y|x) + \varepsilon = f(x) + \varepsilon, \tag{7.2.1}$$

其中 ε 称为**随机误差**，它表示自变量 x 之外的因素对因变量 y 的影响. 显然 $E(\varepsilon) = 0$，通常假设 $D(\varepsilon) = \sigma^2$，并称

$$\begin{cases} y = f(x) + \varepsilon, \\ E(\varepsilon) = 0, \quad D(\varepsilon) = \sigma^2 \end{cases} \tag{7.2.2}$$

为**回归模型**. 根据回归函数形式的不同，可对回归模型进行简单的分类.

当回归函数 $f(x)$ 为参数形式时，称式 (7.2.2) 为**参数回归模型**，比较常见的有：

(1) 如果回归函数 $f(x)$ 是线性函数，则称式 (7.2.2) 为**线性回归模型**(此时如果自变量只有一个，则称为**一元线性回归模型**，如果自变量多于一个，则称为**多元线性回归模型**);

(2) 如果回归函数 $f(x)$ 是非线性函数，则称式 (7.2.2) 为**非线性回归模型**.

当回归函数 $f(x)$ 为非参数形式时，则称式 (7.2.2) 为**非参数回归模型**，比较常见的有：核估计模型、秩回归模型等.

本章重点阐述线性回归模型的各类问题.

7.3 线性回归模型

设因变量为 y，自变量为 $x_1, x_2, \cdots, x_p$，将式 (7.2.2) 中的 $f(x)$ 表示为 $x_1, x_2, \cdots, x_p$ 的线性函数形式：

$$\begin{cases} y = \beta_0 + \beta_1 x_1 + \cdots + \beta_p x_p + \varepsilon, \\ E(\varepsilon) = 0, \quad D(\varepsilon) = \sigma^2, \end{cases} \tag{7.3.1}$$

则称式 (7.3.1) 为 p**元线性回归模型**，其中 $\beta_0, \beta_1, \cdots, \beta_p, \sigma^2$ 为未知参数，称 β_0 为**回归常数**(或**常数项**)，称 $\beta_1, \cdots, \beta_p$ 为**回归系数**，因变量 y 为随机变量，自变量 $x_1, \cdots, x_p$ 为非随机变量，ε 为随机误差. 当 $p=1$ 时，式 (7.3.1) 为一元线性回归模型；当 $p \geqslant 2$ 时，式 (7.3.1) 为多元线性回归模型.

为了估计线性回归模型中的未知参数，我们对变量 $x_1, x_2, \cdots, x_p, y$ 进行了 n 次观测，得到一组样本观测值，记为 $(x_{i1}, x_{i2} \cdots, x_{ip}, y_i), i = 1, 2, \cdots, n$. 此时，线性回归模型 (7.3.1) 可以表示为

$$\begin{cases} y_i = \beta_0 + \beta_1 x_{i1} + \cdots + \beta_p x_{ip} + \varepsilon_i, \\ E(\varepsilon_i) = 0, \quad D(\varepsilon_i) = \sigma^2, \quad i = 1, 2, \cdots, n, \\ \varepsilon_1, \varepsilon_2, \cdots, \varepsilon_n \text{互不相关}. \end{cases} \tag{7.3.2}$$

若记

$$\boldsymbol{y} = \begin{bmatrix} y_1 \\ y_2 \\ \vdots \\ y_n \end{bmatrix}, \quad \boldsymbol{\beta} = \begin{bmatrix} \beta_0 \\ \beta_1 \\ \vdots \\ \beta_p \end{bmatrix}, \quad \boldsymbol{X} = \begin{bmatrix} 1 & x_{11} & \cdots & x_{1p} \\ 1 & x_{21} & \cdots & x_{2p} \\ \vdots & \vdots & & \vdots \\ 1 & x_{n1} & \cdots & x_{np} \end{bmatrix}, \quad \boldsymbol{\varepsilon} = \begin{bmatrix} \varepsilon_1 \\ \varepsilon_2 \\ \vdots \\ \varepsilon_n \end{bmatrix},$$

则式 (7.3.2) 可简写为矩阵形式:

$$\begin{cases} \boldsymbol{y} = \boldsymbol{X}\boldsymbol{\beta} + \boldsymbol{\varepsilon} \\ E(\boldsymbol{\varepsilon}) = \boldsymbol{0}, \quad D(\boldsymbol{\varepsilon}) = \sigma^2 \boldsymbol{I}_n. \end{cases} \tag{7.3.3}$$

式 (7.3.2) 或 (7.3.3) 也称为**高斯–马尔可夫 (Gauss-Markov) 线性回归模型**, 并简记为 $(\boldsymbol{y}, \boldsymbol{X}\boldsymbol{\beta}, \sigma^2 \boldsymbol{I}_n)$, 其中 $\boldsymbol{I}_n$ 是 n 阶单位矩阵, $\boldsymbol{y}$ 是 n 维可观测随机向量, $\boldsymbol{X}$ 是已知的 $n \times (p+1)$ 矩阵, 通常称为**设计矩阵**, $\boldsymbol{\beta}$ 是 $p+1$ 维未知参数向量, $\boldsymbol{\varepsilon}$ 是 n 维随机向量. 为满足可解性, 一般设 $n > p$, 且秩 $\mathrm{rank}(\boldsymbol{X}) = p + 1$.

对线性回归模型 (7.3.3), 我们主要研究以下内容:

(1) 未知参数 $\boldsymbol{\beta}$ 与 σ^2 的估计及其性质;
(2) 线性模型及回归系数的假设与检验;
(3) 自变量的选择;
(4) 因变量的预测.

实现未知参数 $\boldsymbol{\beta}$ 与 σ^2 的估计方法比较多, 常见的有最小二乘估计、最小一乘估计、极大似然估计、贝叶斯估计等, 本章主要介绍最小二乘估计方法.

7.4 最小二乘估计及其性质

这一节我们将讨论线性回归模型 (7.3.3) 中参数 $\boldsymbol{\beta}$ 和 σ^2 的点估计及其重要性质.

一、最小二乘估计

我们考虑

$$\begin{aligned} Q(\boldsymbol{\beta}) &= \boldsymbol{\varepsilon}^{\mathrm{T}} \boldsymbol{\varepsilon} = (\boldsymbol{y} - \boldsymbol{X}\boldsymbol{\beta})^{\mathrm{T}} (\boldsymbol{y} - \boldsymbol{X}\boldsymbol{\beta}) \\ &= \sum_{i=1}^{n} \varepsilon_i^2 = \sum_{i=1}^{n} (y_i - \beta_0 - \beta_1 x_{i1} - \cdots - \beta_p x_{ip})^2, \end{aligned} \tag{7.4.1}$$

其中 $Q(\boldsymbol{\beta})$ 是 n 次观察值 y_i 与 $\beta_0 + \beta_1 x_{i1} + \cdots + \beta_p x_{ip}$ $(i = 1, 2, \cdots, n)$ 间的误差的平方和, 简称**误差平方和**.

所谓最小二乘估计, 就是寻找回归参数 $\boldsymbol{\beta}$ 的估计值 $\hat{\boldsymbol{\beta}}$, 使式 (7.4.1) 定义的误差平方和达到最小, 即

$$Q(\hat{\boldsymbol{\beta}}) = \sum_{i=1}^{n}(y_i - \hat{\beta}_0 - \hat{\beta}_1 x_{i1} - \cdots - \hat{\beta}_p x_{ip})^2$$

$$= \min_{\beta_0, \beta_1, \cdots, \beta_p}\left\{\sum_{i=1}^{n}(y_i - \beta_0 - \beta_1 x_{i1} - \cdots - \beta_p x_{ip})^2\right\}. \tag{7.4.2}$$

满足式 (7.4.2) 的 $\hat{\boldsymbol{\beta}} = (\hat{\beta}_0, \hat{\beta}_1, \cdots, \hat{\beta}_p)^{\mathrm{T}}$ 就是回归参数 $\boldsymbol{\beta} = (\beta_0, \beta_1, \cdots, \beta_p)^{\mathrm{T}}$ 的最小二乘估计. 现在我们用微积分知识求满足式 (7.4.2) 的解, 对式 (7.4.2) 的各 β_i 分别求偏导, 得

$$\begin{cases} \dfrac{\partial Q}{\partial \beta_0} = -2\sum_{i=1}^{n}(y_i - \beta_0 - \beta_1 x_{i1} - \cdots - \beta_p x_{ip}), \\ \dfrac{\partial Q}{\partial \beta_1} = -2\sum_{i=1}^{n}x_{i1}(y_i - \beta_0 - \beta_1 x_{i1} - \cdots - \beta_p x_{ip}), \\ \cdots\cdots\cdots \\ \dfrac{\partial Q}{\partial \beta_p} = -2\sum_{i=1}^{n}x_{ip}(y_i - \beta_0 - \beta_1 x_{i1} - \cdots - \beta_p x_{ip}). \end{cases} \tag{7.4.3}$$

令式 (7.4.3) 中的各式等于零, 其解用 $\hat{\beta}_0, \hat{\beta}_1, \cdots, \hat{\beta}_p$ 表示, 有

$$\begin{cases} \sum_{i=1}^{n}(\hat{\beta}_0 + \hat{\beta}_1 x_{i1} + \cdots + \hat{\beta}_p x_{ip}) = \sum_{i=1}^{n} y_i, \\ \sum_{i=1}^{n}x_{i1}(\hat{\beta}_0 + \hat{\beta}_1 x_{i1} + \cdots + \hat{\beta}_p x_{ip}) = \sum_{i=1}^{n} x_{i1} y_i, \\ \cdots\cdots\cdots \\ \sum_{i=1}^{n}x_{ip}(\hat{\beta}_0 + \hat{\beta}_1 x_{i1} + \cdots + \hat{\beta}_p x_{ip}) = \sum_{i=1}^{n} x_{ip} y_i. \end{cases} \tag{7.4.4}$$

上式用矩阵形式表示得

$$\boldsymbol{X}^{\mathrm{T}}\boldsymbol{X}\hat{\boldsymbol{\beta}} = \boldsymbol{X}^{\mathrm{T}}\boldsymbol{y}, \tag{7.4.5}$$

称式 (7.4.5) 为**正规方程**. 当 $\boldsymbol{X}^{\mathrm{T}}\boldsymbol{X}$ 可逆即 $\boldsymbol{X}$ 的秩为 $p+1$ 时, 正规方程 (7.4.5) 有唯一解, 即

$$\hat{\boldsymbol{\beta}} = (\boldsymbol{X}^{\mathrm{T}}\boldsymbol{X})^{-1}\boldsymbol{X}^{\mathrm{T}}\boldsymbol{y}. \tag{7.4.6}$$

下面用矩阵形式证明式 (7.4.6) 确实使得 $Q(\boldsymbol{\beta})$ 达到最小.

$$\begin{aligned} Q(\boldsymbol{\beta}) &= \boldsymbol{\varepsilon}^{\mathrm{T}}\boldsymbol{\varepsilon} = (\boldsymbol{y}-\boldsymbol{X}\boldsymbol{\beta})^{\mathrm{T}}(\boldsymbol{y}-\boldsymbol{X}\boldsymbol{\beta}) \\ &= \left[(\boldsymbol{y}-\boldsymbol{X}\hat{\boldsymbol{\beta}}) + \boldsymbol{X}(\hat{\boldsymbol{\beta}}-\boldsymbol{\beta})\right]^{\mathrm{T}}\left[(\boldsymbol{y}-\boldsymbol{X}\hat{\boldsymbol{\beta}}) + \boldsymbol{X}(\hat{\boldsymbol{\beta}}-\boldsymbol{\beta})\right] \\ &= (\boldsymbol{y}-\boldsymbol{X}\hat{\boldsymbol{\beta}})^{\mathrm{T}}(\boldsymbol{y}-\boldsymbol{X}\hat{\boldsymbol{\beta}}) + (\hat{\boldsymbol{\beta}}-\boldsymbol{\beta})^{\mathrm{T}}\boldsymbol{X}^{\mathrm{T}}\boldsymbol{X}(\hat{\boldsymbol{\beta}}-\boldsymbol{\beta}) + 2(\hat{\boldsymbol{\beta}}-\boldsymbol{\beta})^{\mathrm{T}}\boldsymbol{X}^{\mathrm{T}}(\boldsymbol{y}-\boldsymbol{X}\hat{\boldsymbol{\beta}}). \end{aligned} \tag{7.4.7}$$

由于 $\hat{\boldsymbol{\beta}}$ 满足正规方程 (7.4.5), 则 $\boldsymbol{X}^{\mathrm{T}}(\boldsymbol{y}-\boldsymbol{X}\hat{\boldsymbol{\beta}}) = \boldsymbol{0}$, 即上式第三项等于零. 上式第二项 $(\hat{\boldsymbol{\beta}}-\boldsymbol{\beta})^{\mathrm{T}}\boldsymbol{X}^{\mathrm{T}}\boldsymbol{X}(\hat{\boldsymbol{\beta}}-\boldsymbol{\beta}) \geqslant 0$, 等号成立当且仅当 $\boldsymbol{\beta} = \hat{\boldsymbol{\beta}}$. 因此,

$$Q(\boldsymbol{\beta}) = (\boldsymbol{y}-\boldsymbol{X}\hat{\boldsymbol{\beta}})^{\mathrm{T}}(\boldsymbol{y}-\boldsymbol{X}\hat{\boldsymbol{\beta}}) + (\hat{\boldsymbol{\beta}}-\boldsymbol{\beta})^{\mathrm{T}}\boldsymbol{X}^{\mathrm{T}}\boldsymbol{X}(\hat{\boldsymbol{\beta}}-\boldsymbol{\beta})$$

$$\geqslant (\boldsymbol{y}-\boldsymbol{X}\hat{\boldsymbol{\beta}})^{\mathrm{T}}(\boldsymbol{y}-\boldsymbol{X}\hat{\boldsymbol{\beta}}) = Q(\hat{\boldsymbol{\beta}}), \tag{7.4.8}$$

式 (7.4.8) 中等号成立当且仅当 $\boldsymbol{\beta} = \hat{\boldsymbol{\beta}}$. 至此证明了式 (7.4.6) 中的 $\hat{\boldsymbol{\beta}}$ 是 $\boldsymbol{\beta}$ 的最小二乘估计.

在求出回归参数的最小二乘估计后, 就得到了因变量与自变量间的经验线性回归方程:

$$\hat{y} = \hat{\beta}_0 + \hat{\beta}_1 x_1 + \cdots + \hat{\beta}_p x_p. \tag{7.4.9}$$

当自变量 $x_1, x_2, \cdots, x_p$ 分别取值 $x_{i1}, x_{i2}, \cdots, x_{ip}$ 时, 计算得 $\hat{y}_i = \hat{\beta}_0 + \hat{\beta}_1 x_{i1} + \cdots + \hat{\beta}_p x_{ip}$, 其作为 y_i 的回归拟合值 $(i = 1, 2, \cdots, n)$, 简称**拟合值**. 相应地, $\hat{\boldsymbol{y}} = (\hat{y}_1, \hat{y}_2, \cdots, \hat{y}_n)^{\mathrm{T}} = \boldsymbol{X}\hat{\boldsymbol{\beta}} = \boldsymbol{X}(\boldsymbol{X}^{\mathrm{T}}\boldsymbol{X})^{-1}\boldsymbol{X}^{\mathrm{T}}\boldsymbol{y}$ 为 $\boldsymbol{y} = (y_1, y_2, \cdots, y_n)^{\mathrm{T}}$ 的拟合向量. 通常记 $\boldsymbol{H} = \boldsymbol{X}(\boldsymbol{X}^{\mathrm{T}}\boldsymbol{X})^{-1}\boldsymbol{X}^{\mathrm{T}}$, 称为**帽子矩阵**, 易证明 $\boldsymbol{H}$ 是幂等矩阵. 同时称 $\hat{\varepsilon}_i = y_i - \hat{y}_i$ 为第 i 次观测的残差或误差, 相应地, $\hat{\boldsymbol{\varepsilon}} = (\hat{\varepsilon}_1, \hat{\varepsilon}_2, \cdots, \hat{\varepsilon}_n)^{\mathrm{T}} = \boldsymbol{y} - \hat{\boldsymbol{y}} = (\boldsymbol{I}_n - \boldsymbol{H})\boldsymbol{y}$ 为**残差向量**. 而残差平方和 $\hat{\boldsymbol{\varepsilon}}^{\mathrm{T}}\hat{\boldsymbol{\varepsilon}} = \sum_{i=1}^{n} \hat{\varepsilon}_i^2$ 通常可记为 S_E, 即

$$S_E = \hat{\boldsymbol{\varepsilon}}^{\mathrm{T}}\hat{\boldsymbol{\varepsilon}} = \sum_{i=1}^{n} \hat{\varepsilon}_i^2. \tag{7.4.10}$$

它反映了经验线性回归方程与实际数据的偏离程度或拟合程度. S_E 愈小, 说明经验线性回归方程与数据拟合得愈好.

由正规方程 (7.4.5), 可得

$$\boldsymbol{X}^{\mathrm{T}}(\boldsymbol{y} - \boldsymbol{X}\hat{\boldsymbol{\beta}}) = \boldsymbol{0}, \quad 即 \boldsymbol{X}^{\mathrm{T}}\hat{\boldsymbol{\varepsilon}} = \boldsymbol{0},$$

因此,

$$\begin{cases} \sum_{i=1}^{n} \hat{\varepsilon}_i = 0, \\ \sum_{i=1}^{n} \hat{\varepsilon}_i x_{ij} = 0, \quad j = 1, 2, \cdots, p. \end{cases} \tag{7.4.11}$$

可见残差的平均值为零, 且残差向量 $\hat{\boldsymbol{\varepsilon}}$ 与 p 个向量 $(x_{1j}, x_{2j}, \cdots, x_{nj})^{\mathrm{T}}$, $j = 1, 2, \cdots, p$ 都是正交的. 拟合向量 $\hat{\boldsymbol{y}}$ 是属于这 p 个向量及 $(1, 1, \cdots, 1)$ 所张成的空间, 这个空间也被称为**估计空间**. 可见 $\hat{\boldsymbol{\varepsilon}}$ 与估计空间垂直, 如图 7.4.1 所示. 因此, 由最小二乘估计得到的拟合向量 $\hat{\boldsymbol{y}}$ 就是观测向量 $\boldsymbol{y}$ 在估计空间上的垂直投影.

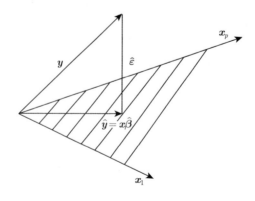

图 7.4.1 $\hat{\varepsilon}$ 与估计空间

二、一元线性回归

假设线性模型 (7.3.1) 中的自变量只有一个, 记为 x, 现在我们对自变量 x 和因变量 y 抽取 n 个观测值 (x_i, y_i), $i=1,2,\cdots,n$. 于是我们有

$$y_i = \beta_0 + \beta_1 x_i + \varepsilon_i, \quad i=1,2,\cdots,n.$$

这时正规方程 (7.4.5) 为

$$\begin{bmatrix} n & \sum\limits_{i=1}^n x_i \\ \sum\limits_{i=1}^n x_i & \sum\limits_{i=1}^n x_i^2 \end{bmatrix} \begin{bmatrix} \beta_0 \\ \beta_1 \end{bmatrix} = \begin{bmatrix} \sum\limits_{i=1}^n y_i \\ \sum\limits_{i=1}^n x_i y_i \end{bmatrix}. \tag{7.4.12}$$

当 $x_i, i=1,2,\cdots,n$ 不全相等时, $\sum\limits_{i=1}^n (x_i - \bar{x})^2 \neq 0$, 则方程 (7.4.12) 左边的矩阵的行列式 $n\sum\limits_{i=1}^n x_i^2 - \left(\sum\limits_{i=1}^n x_i\right)^2 \neq 0$, 进而可得一元线性回归模型中 β_0, β_1 的最小二乘估计分别为

$$\begin{cases} \hat{\beta}_0 = \bar{y} - \hat{\beta}_1 \bar{x}, \\ \hat{\beta}_1 = \dfrac{\sum\limits_{i=1}^n (x_i - \bar{x})(y_i - \bar{y})}{\sum\limits_{i=1}^n (x_i - \bar{x})^2} = \dfrac{\sum\limits_{i=1}^n x_i y_i - n\bar{x}\bar{y}}{\sum\limits_{i=1}^n x_i^2 - n\bar{x}^2}, \end{cases} \tag{7.4.13}$$

其中 $\bar{x} = \dfrac{1}{n}\sum\limits_{i=1}^n x_i$, $\bar{y} = \dfrac{1}{n}\sum\limits_{i=1}^n y_i$. 记 $L_{xx} = \sum\limits_{i=1}^n (x_i - \bar{x})^2$, $L_{yy} = \sum\limits_{i=1}^n (y_i - \bar{y})^2$, $L_{xy} = \sum\limits_{i=1}^n (x_i - \bar{x})(y_i - \bar{y})$, 则 (7.4.13) 式化简为

$$\begin{cases} \hat{\beta}_0 = \bar{y} - \hat{\beta}_1 \bar{x}, \\ \hat{\beta}_1 = \dfrac{L_{xy}}{L_{xx}}. \end{cases}$$

进一步有

$$S_E = L_{yy} - \hat{\beta}_1 L_{xy} = L_{yy} - \dfrac{L_{xy}^2}{L_{xx}}, \quad r_{xy} = \dfrac{L_{xy}}{\sqrt{L_{xx}}\sqrt{L_{yy}}}. \tag{7.4.14}$$

例 7.4.1 对例 7.1.1的气象数据进行一元线性回归.

解 由数据计算得

$$\bar{x} = \dfrac{1}{n}\sum\limits_{i=1}^n x_i = 21.266667, \quad \bar{y} = \dfrac{1}{n}\sum\limits_{i=1}^n y_i = 20.800000, \quad \sum\limits_{i=1}^n x_i y_i = 7725, \quad \sum\limits_{i=1}^n x_i^2 = 8113.$$

由公式 (7.4.13), 计算得估计值

$$\hat{\beta}_1 = 0.820056, \quad \hat{\beta}_0 = 3.360142.$$

经验回归方程为

$$\hat{y} = 3.360138 + 0.820056x,$$

残差平方和为

$$S_E = 136.702769.$$

具体程序和图如下：

```
x=c(25,17,30,31,32,28,29,30,2,11,18,18,28,6,14)
y=c(22,15,26,30,34,25,27,34,7,11,19,20,19,9,14)
lm.one=lm(y~x); summary(lm.one)  # 一元回归，输出回归结果
plot(x,y); abline(lm.one)  # 画出散点图和回归直线
Coefficients:
             Estimate  Std. Error   t value   Pr(>|t|)
(Intercept)  3.360138   2.068762    1.6242    0.1283
x            0.820056   0.088954    9.2189    4.584e-07 ***
Signif. codes:  0 '***' 0.001 '**' 0.01 '*' 0.05 '.' 0.1 ' ' 1
Residual standard error: 3.2428 on 13 degrees of freedom
Multiple R-squared:  0.86733,   Adjusted R-squared:  0.85713
# 决定系数，调整决定系数
F-statistic: 84.988 on 1 and 13 DF,  p-value: 4.5837e-07
# F检验统计量，自由度，检验 p 值
```

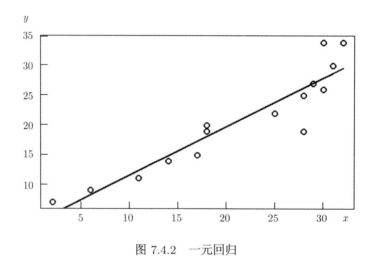

图 7.4.2 一元回归

三、最小二乘估计的性质

对高斯–马尔可夫线性回归模型 (7.3.1), 回归参数 $\boldsymbol{\beta}$ 的最小二乘估计 $\hat{\boldsymbol{\beta}} = (\boldsymbol{X}^\mathrm{T}\boldsymbol{X})^{-1}\boldsymbol{X}^\mathrm{T}\boldsymbol{y}$

是最重要, 也是应用最广泛的估计. 原因不仅是其形式简单, 易于计算, 而且它还具有许多优良的性质.

性质 1 最小二乘估计 $\hat{\boldsymbol{\beta}}$ 是 $\boldsymbol{\beta}$ 的线性无偏估计, 即 $E(\hat{\boldsymbol{\beta}}) = \boldsymbol{\beta}$.

证明 由于 $\hat{\boldsymbol{\beta}} = (\boldsymbol{X}^\mathrm{T}\boldsymbol{X})^{-1}\boldsymbol{X}^\mathrm{T}\boldsymbol{y}$, 其中 $\boldsymbol{X}$ 是已知的设计矩阵, 因此 $\hat{\boldsymbol{\beta}}$ 是 $\boldsymbol{y}$ 的一个线性变换, 即 $\hat{\boldsymbol{\beta}}$ 是 $\boldsymbol{\beta}$ 的线性估计, 且

$$E(\hat{\boldsymbol{\beta}}) = E((\boldsymbol{X}^\mathrm{T}\boldsymbol{X})^{-1}\boldsymbol{X}^\mathrm{T}\boldsymbol{y}) = (\boldsymbol{X}^\mathrm{T}\boldsymbol{X})^{-1}\boldsymbol{X}^\mathrm{T}E(\boldsymbol{y}) = (\boldsymbol{X}^\mathrm{T}\boldsymbol{X})^{-1}\boldsymbol{X}^\mathrm{T}\boldsymbol{X}\boldsymbol{\beta} = \boldsymbol{\beta}.$$

因此, 最小二乘估计 $\hat{\boldsymbol{\beta}}$ 是 $\boldsymbol{\beta}$ 的线性无偏估计.

性质 2 $D(\hat{\boldsymbol{\beta}}) = \sigma^2(\boldsymbol{X}^\mathrm{T}\boldsymbol{X})^{-1}$.

证明 因为 $D(\boldsymbol{y}) = D(\boldsymbol{\varepsilon}) = \sigma^2 \boldsymbol{I}$, 则

$$\begin{aligned}D(\hat{\boldsymbol{\beta}}) &= D((\boldsymbol{X}^\mathrm{T}\boldsymbol{X})^{-1}\boldsymbol{X}^\mathrm{T}\boldsymbol{y}) = (\boldsymbol{X}^\mathrm{T}\boldsymbol{X})^{-1}\boldsymbol{X}^\mathrm{T}D(\boldsymbol{y})\boldsymbol{X}(\boldsymbol{X}^\mathrm{T}\boldsymbol{X})^{-1} \\ &= (\boldsymbol{X}^\mathrm{T}\boldsymbol{X})^{-1}\boldsymbol{X}^\mathrm{T}\sigma^2\boldsymbol{I}\boldsymbol{X}(\boldsymbol{X}^\mathrm{T}\boldsymbol{X})^{-1} = \sigma^2(\boldsymbol{X}^\mathrm{T}\boldsymbol{X})^{-1}.\end{aligned}$$

性质 2 反映了 $\hat{\boldsymbol{\beta}}$ 各分量的波动程度与各分量间的相关程度不仅与 σ^2 有关, 还与设计矩阵 $\boldsymbol{X}$ 有关. 在例 7.4.1 一元线性回归中, 可计算 $\hat{\boldsymbol{\beta}}$ 的方差阵为

$$D(\hat{\boldsymbol{\beta}}) = \sigma^2(\boldsymbol{X}^\mathrm{T}\boldsymbol{X})^{-1} = \frac{\sigma^2}{n\sum\limits_{i=1}^{n}x_i^2 - \left(\sum\limits_{i=1}^{n}x_i\right)^2}\begin{bmatrix}\sum\limits_{i=1}^{n}x_i^2 & -\sum\limits_{i=1}^{n}x_i \\ -\sum\limits_{i=1}^{n}x_i & n\end{bmatrix}.$$

因此,

$$D(\hat{\boldsymbol{\beta}}_0) = \frac{\sigma^2\sum\limits_{i=1}^{n}x_i^2}{n\sum\limits_{i=1}^{n}x_i^2 - \left(\sum\limits_{i=1}^{n}x_i\right)^2} = \left(\frac{1}{n} + \frac{\bar{x}^2}{\sum\limits_{i=1}^{n}(x_i-\bar{x})^2}\right)\sigma^2,$$

$$D(\hat{\boldsymbol{\beta}}_1) = \frac{\sigma^2 n}{n\sum\limits_{i=1}^{n}x_i^2 - \left(\sum\limits_{i=1}^{n}x_i\right)^2} = \frac{\sigma^2}{\sum\limits_{i=1}^{n}(x_i-\bar{x})^2}.$$

上式表明, 估计量的方差不仅与 σ^2 有关, 还与样本数据的个数和波动程度有关系. 如果自变量 x 的波动较大, 即取值较分散, 则估计值 $\hat{\boldsymbol{\beta}}_0, \hat{\boldsymbol{\beta}}_1$ 就较稳定; 另外, 样本数据的个数 n 越大, 估计值 $\hat{\boldsymbol{\beta}}_0, \hat{\boldsymbol{\beta}}_1$ 也会越稳定. 这对我们采集数据有一定的指导意义, 要使估计值更稳定, 样本量就应尽可能地大, 同时自变量应尽可能分散些.

性质 3 最小二乘估计 $\hat{\boldsymbol{\beta}}$ 是 $\boldsymbol{\beta}$ 的最佳线性无偏估计, 即设 $\tilde{\boldsymbol{\beta}} = \boldsymbol{A}\boldsymbol{y}$ 是 $\boldsymbol{\beta}$ 的任一线性无偏估计, 其中 $\boldsymbol{A}$ 是 $(p+1) \times n$ 矩阵, 且满足 $E(\boldsymbol{A}\boldsymbol{y}) = \boldsymbol{A}\boldsymbol{X}\boldsymbol{\beta} = \boldsymbol{\beta}$, 则

$$D(\hat{\boldsymbol{\beta}}_i) \leqslant D(\tilde{\boldsymbol{\beta}}_i), \quad i = 0, 1, \cdots, p.$$

证明 (略)

性质 3 通常称为高斯–马尔科夫定理, 它奠定了最小二乘估计在线性回归估计中的重要地位, 同时也是把 $\hat{\boldsymbol{\beta}}$ 作为 $\boldsymbol{\beta}$ 的最常用的估计的原因.

性质 4 $\hat{\sigma}^2 = \dfrac{S_E}{n-p-1}$ 是 σ^2 的无偏估计, 即 $E(\hat{\sigma}^2) = \sigma^2$.

证明 (略)

性质 5 $Cov(\hat{\boldsymbol{\beta}}, \hat{\boldsymbol{\varepsilon}}) = \boldsymbol{0}$.

证明 计算得

$$\begin{aligned}
Cov(\hat{\boldsymbol{\beta}}, \hat{\boldsymbol{\varepsilon}}) &= Cov((\boldsymbol{X}^{\mathrm{T}}\boldsymbol{X})^{-1}\boldsymbol{X}^{\mathrm{T}}\boldsymbol{y}, (\boldsymbol{I}-\boldsymbol{H})\boldsymbol{y}) = (\boldsymbol{X}^{\mathrm{T}}\boldsymbol{X})^{-1}\boldsymbol{X}^{\mathrm{T}} \cdot D(\boldsymbol{y}) \cdot (\boldsymbol{I}-\boldsymbol{H}) \\
&= (\boldsymbol{X}^{\mathrm{T}}\boldsymbol{X})^{-1}\boldsymbol{X}^{\mathrm{T}} \cdot \sigma^2 \boldsymbol{I} \cdot (\boldsymbol{I}-\boldsymbol{H}) \\
&= \sigma^2 \left[(\boldsymbol{X}^{\mathrm{T}}\boldsymbol{X})^{-1}\boldsymbol{X}^{\mathrm{T}} - (\boldsymbol{X}^{\mathrm{T}}\boldsymbol{X})^{-1}\boldsymbol{X}^{\mathrm{T}}\boldsymbol{X}(\boldsymbol{X}^{\mathrm{T}}\boldsymbol{X})^{-1}\boldsymbol{X}^{\mathrm{T}} \right] = \boldsymbol{0}.
\end{aligned}$$

性质 5 说明 $\hat{\boldsymbol{\beta}}$ 与残差向量 $\hat{\boldsymbol{\varepsilon}}$ 不相关, 因此拟合向量 $\hat{\boldsymbol{y}}$ 与残差向量 $\hat{\boldsymbol{\varepsilon}}$ 也不相关.

性质 6 对于高斯–马尔科夫模型, 若假设 $\varepsilon_i \sim N(0, \sigma^2), i=1, 2, \cdots, n$, 则

(1) $\hat{\beta}_j \sim N(\beta_j, \sigma^2 c_{jj})$, $j = 0, 1, 2, \cdots, p$;

(2) $\dfrac{S_E}{\sigma^2} \sim \chi^2(n-p-1)$;

(3) $\hat{\boldsymbol{\beta}}$ 与 S_E 相互独立, 其中

$$(\boldsymbol{X}^{\mathrm{T}}\boldsymbol{X})^{-1} = (c_{ij})_{(p+1)\times(p+1)}, \quad \boldsymbol{\beta} = (\beta_0, \beta_1, \cdots, \beta_p)^{\mathrm{T}}, \quad \hat{\boldsymbol{\beta}} = (\hat{\beta}_0, \hat{\beta}_1, \cdots, \hat{\beta}_p)^{\mathrm{T}}.$$

证明 (略)

7.5 回归方程和回归系数的检验及区间估计

在实际工作中, 我们往往并不能确定 y 与自变量 $x_1, x_2, \cdots, x_p$ 之间有明显的线性关系. 线性模型 (7.3.1) 只是一种假设, 基于该假设求出的线性回归方程是否合适还需检验, 即检验是否所有自变量 $x_1, x_2, \cdots, x_p$ 对因变量 y 都没有解释力; 是否某个自变量对 y 没有足够解释力.

一、复相关系数

若线性模型 (7.3.1) 合适, 即自变量 $x_1, x_2, \cdots, x_p$ 对因变量 y 有线性影响, 则 y 与 $\hat{y}$ 应有线性关系, 因此可以通过考查 y 与 $\hat{y}$ 间的相关系数来评价线性模型. 计算 y 与 $\hat{y}$ 的相关系数为

$$r_{y\hat{y}} = \dfrac{\sum\limits_{i=1}^{n}(y_i-\bar{y})(\hat{y}_i-\bar{\hat{y}})}{\sqrt{\sum\limits_{i=1}^{n}(y_i-\bar{y})^2 \sum\limits_{i=1}^{n}(\hat{y}_i-\bar{\hat{y}})^2}}, \tag{7.5.1}$$

其中 $\bar{y}$ 是因变量 y 的平均值, $\bar{\hat{y}}$ 是因变量 y 的拟合值 $\hat{y}$ 的平均值. 由式 (7.4.11) 易得 $\bar{y} = \bar{\hat{y}}$, 则

$$\sum_{i=1}^{n}(y_i-\bar{y})(\hat{y}_i-\bar{\hat{y}}) = \sum_{i=1}^{n}(y_i-\hat{y}_i+\hat{y}_i-\bar{y})(\hat{y}_i-\bar{y}) = \sum_{i=1}^{n}(y_i-\hat{y}_i)(\hat{y}_i-\bar{y}) + \sum_{i=1}^{n}(\hat{y}_i-\bar{y})^2.$$

利用式 (7.4.11) 易证 (见本章习题的第 3 题)

$$\sum_{i=1}^{n}(y_i-\hat{y}_i)(\hat{y}_i-\bar{y})=0. \tag{7.5.2}$$

因此化简式 (7.5.1), 得

$$r_{y\hat{y}}=\frac{\sum_{i=1}^{n}(\hat{y}_i-\bar{y})^2}{\sqrt{\sum_{i=1}^{n}(y_i-\bar{y})^2 \sum_{i=1}^{n}(\hat{y}_i-\bar{y})^2}}=\sqrt{\frac{\sum_{i=1}^{n}(\hat{y}_i-\bar{y})^2}{\sum_{i=1}^{n}(y_i-\bar{y})^2}}=\sqrt{\frac{S_R}{S_T}},$$

其中 S_T, S_R 分别称为因变量 y 的**总离差平方和**与**回归平方和**, 即

$$S_T=\sum_{i=1}^{n}(y_i-\bar{y})^2, \quad S_R=\sum_{i=1}^{n}(\hat{y}_i-\bar{y})^2.$$

可证明总离差平方和 S_T 与回归平方和 S_R、残差平方和 S_E 之间有如下关系:

$$S_T=S_R+S_E, \tag{7.5.3}$$

其中 $S_E=\sum_{i=1}^{n}\hat{\varepsilon}_i^2=\sum_{i=1}^{n}(y_i-\hat{y}_i)^2$. 事实上, 由平方和分解, 得

$$\begin{aligned}S_T&=\sum_{i=1}^{n}(y_i-\bar{y})^2=\sum_{i=1}^{n}(y_i-\hat{y}_i+\hat{y}_i-\bar{y})^2\\&=\sum_{i=1}^{n}(\hat{y}_i-\bar{y})^2+\sum_{i=1}^{n}(y_i-\hat{y}_i)^2+2\sum_{i=1}^{n}(y_i-\hat{y}_i)(\hat{y}_i-\bar{y})\\&=S_R+S_E.\end{aligned}$$

公式 (7.5.3) 说明因变量 y 的总离差平方和 S_T 中, 一部分可由自变量解释, 即 S_R; 另一部分是自变量不可解释的, 即 S_E.

通常称 y 与 $\hat{y}$ 的相关系数 $r_{y\hat{y}}$ 为**复相关系数**, 记为 R, 即

$$R=r_{y\hat{y}}=\sqrt{\frac{S_R}{S_T}}=\sqrt{1-\frac{S_E}{S_T}}, \tag{7.5.4}$$

并称

$$R^2=\frac{S_R}{S_T}=1-\frac{S_E}{S_T} \tag{7.5.5}$$

为**决定系数**. 显然, R 反映了因变量 y 的总的离差平方和可由自变量 $x_1, x_2, \cdots, x_p$ 解释的部分所占的比例, 且满足 $0 \leqslant R^2 \leqslant 1$. 若 R 接近 1, 表明回归拟合的效果好; 反之, 若 R 接近 0, y 与 $x_1, x_2, \cdots, x_p$ 之间就不存在密切的线性关系. 因此, 我们可以通过复相关系数 R 的值简单而直观地判断 y 与 $x_1, x_2, \cdots, x_p$ 间的线性关系.

另一个和决定系数 R^2 联系紧密的量是调整的决定系数, 即 R_a^2, 定义为

$$R_a^2 = 1 - \frac{n-1}{n-p-1}(1-R^2) = 1 - \frac{S_E/(n-p-1)}{S_T/(n-1)}. \tag{7.5.6}$$

它是由式 (7.5.5) 中的 S_E, S_T 分别除以其自由度得到的. 通常 R_a^2 用来比较自变量个数不同的线性模型的拟合效果, R_a^2 愈接近 1, 回归拟合效果愈好; 反之效果愈差. 许多统计软件包中会同时提供 R 和 R_a^2 的值.

二、回归方程的 F 检验

多元线性回归方程的 F 检验, 就是要检验所有自变量 $x_1, x_2, \cdots, x_p$ 对因变量 y 是否都没有解释力, 即检验回归方程中回归系数是否都为零. 为此提出原假设:

$$H_0: \beta_1 = \beta_2 = \cdots = \beta_p = 0.$$

如果 H_0 被接受, 则表示所有自变量 $x_1, x_2, \cdots, x_p$ 对因变量 y 的影响都是不重要的, 即 y 与 $x_1, x_2, \cdots, x_p$ 之间的线性模型不合适. 反之, 如果 H_0 被拒绝, 则意味着在自变量 $x_1, x_2, \cdots, x_p$ 中至少有一个 $\beta_i \neq 0$, 即自变量 $x_1, x_2, \cdots, x_p$ 整体上对 y 是有线性影响的.

在高斯-马尔科夫模型中, 若假设 $\boldsymbol{\varepsilon} \sim N_n(\boldsymbol{0}, \sigma^2 \boldsymbol{I}_n)$, 则 $\boldsymbol{y} \sim N_n(\boldsymbol{X\beta}, \sigma^2 \boldsymbol{I}_n)$. 当 H_0 成立时, 可证明

$$\frac{S_R}{\sigma^2} \sim \chi^2(p), \quad \frac{S_E}{\sigma^2} \sim \chi^2(n-p-1),$$

且 S_R 与 S_E 独立. 因此可构造统计量

$$F = \frac{S_R/p}{S_E/(n-p-1)} \sim F(p, n-p-1). \tag{7.5.7}$$

对于给定显著性水平 α, 若 $F > F_\alpha(p, n-p-1)$, 则拒绝原假设 H_0, 即认为线性回归方程显著; 否则接受原假设 H_0, 即认为线性回归方程不显著.

三、回归系数的显著性检验

在多元线性回归中, 当回归方程检验显著时, 表明不可能所有回归系数均为 0, 即至少有一个或多个自变量对因变量 y 影响显著, 但并不意味着所有自变量对因变量 y 都有显著影响. 是否能够分离出重要的、影响力强的变量, 剔除一些次要的、影响力不强的变量, 从而用较少的自变量就可较好地或者完全地解释因变量 y, 建立一个更简洁的回归方程? 这就需要对每个自变量进行显著性检验.

对于某个 $i(1 \leqslant i \leqslant p)$, 检验自变量 x_i 对 y 的影响作用是否显著, 等价于检验回归模型中回归系数 β_i 是否为零, 因此原假设为

$$H_0: \beta_i = 0.$$

若拒绝原假设, 则自变量 x_i 是对因变量 y 有影响作用的重要变量, 否则自变量 x_i 是对因变量 y 影响力不强的次要变量.

对于线性回归模型 (7.3.1), 回归系数 $\boldsymbol{\beta}$ 的最小二乘估计为 $\hat{\boldsymbol{\beta}} = (\boldsymbol{X}^\mathrm{T}\boldsymbol{X})^{-1}\boldsymbol{X}^\mathrm{T}\boldsymbol{y}$, 记 $(\boldsymbol{X}^\mathrm{T}\boldsymbol{X})^{-1} = (c_{ij})_{(p+1)(p+1)}$. 假设 $\boldsymbol{\varepsilon} \sim N_n(\boldsymbol{0}, \sigma^2 \boldsymbol{I}_n)$, 则由性质 6 知, $\hat{\beta}_i \sim N(\beta_i, \sigma^2 c_{ii})$. 因

此, 当 H_0 成立时, $\dfrac{\hat{\beta}_i}{\sigma\sqrt{c_{ii}}} \sim N(0,1)$, 又因为 $\dfrac{S_E}{\sigma^2} \sim \chi^2(n-p-1)$, 且 $\hat{\boldsymbol{\beta}}$ 与 S_E 相互独立, 则有

$$T_i = \frac{\hat{\beta}_i}{\hat{\sigma}\sqrt{c_{ii}}} \sim t(n-p-1), \tag{7.5.8}$$

其中 $\hat{\sigma}^2 = \dfrac{S_E}{n-p-1}$. 对于给定显著性水平 α, 若 $|T_i| > t_{\frac{\alpha}{2}}(n-p-1)$, 则拒绝原假设 $H_0: \beta_i = 0$, 即认为 β_i 显著不为 0, 自变量 x_i 对因变量 y 的影响显著; 否则, $|T_i| < t_{\frac{\alpha}{2}}(n-p-1)$, 接受原假设 $H_0: \beta_i = 0$, 即认为自变量 x_i 对因变量 y 没有明显的影响作用.

当 $p=1$, 即做一元回归时, 沿用一元回归的相关记号, 对式 (7.5.8) 进行变形, 得到

$$T_i = \frac{\hat{\beta}_i}{\hat{\sigma}\sqrt{c_{ii}}} = \frac{\dfrac{L_{xy}}{L_{xx}}}{\sqrt{\dfrac{S_E}{n-2}}\sqrt{\dfrac{1}{L_{xx}}}} = \frac{\dfrac{L_{xy}}{L_{xx}}\sqrt{n-2}}{\sqrt{L_{yy}(1-r_{xy}^2)/L_{xx}}}$$

$$= \frac{\dfrac{L_{xy}}{\sqrt{L_{xx}}\sqrt{L_{yy}}}\sqrt{n-2}}{\sqrt{1-r_{xy}^2}} = \frac{r_{xy}\sqrt{n-2}}{\sqrt{1-r_{xy}^2}} \sim t(n-2).$$

由此推得式 (7.1.3).

由 t 分布与 F 分布的关系, 很容易将式 (7.5.8) 转化成系数的 F 检验, 即

$$T_i^2 = \frac{\hat{\beta}_i^2}{\hat{\sigma}^2 c_{ii}} \sim F(1, n-p-1).$$

进而回归系数的检验也可以用 F 检验, 即对于给定的显著性水平 α, 若 $T_i^2 > F_\alpha(1, n-p-1)$, 则拒绝原假设 $H_0: \beta_i = 0$, 否则接受原假设 $H_0: \beta_i = 0$.

四、回归系数的区间估计

由性质 6 容易构造回归系数 β_i 所服从的分布, 即

$$T_i = \frac{\hat{\beta}_i - \beta_i}{\hat{\sigma}\sqrt{c_{ii}}} \sim t(n-p-1), \tag{7.5.9}$$

则给定置信度 $1-\alpha$ 时, β_i 的置信区间为

$$\left(\hat{\beta}_i - \hat{\sigma}\sqrt{c_{ii}}t_{\alpha/2}(n-p-1),\ \hat{\beta}_i + \hat{\sigma}\sqrt{c_{ii}}t_{\alpha/2}(n-p-1)\right). \tag{7.5.10}$$

下面我们通过一个例子, 说明回归方程显著性检验和回归方程系数显著性检验.

五、R 软件的实现

例 7.5.1 为研究儿童的体重状况, 现收集了 12 个儿童的数据, 见表 7.5.1, 其中因变量 y 为体重 (单位: kg), x_1 为年龄, x_2 为身高 (单位: cm).

表 7.5.1　儿童的体重与年龄、身高

x_1	8	10	6	11	8	7	10	9	9	6	12	9
x_2	135.0	150.0	124.5	157.6	129.6	126.1	134.4	125.8	129.0	116.8	155.0	141.9
y	29.1	32.2	24.1	34.0	24.5	23.5	29.8	23.8	26.7	23.2	34.5	30.9

试建立线性回归方程, 并给出检验和回归系数的区间估计. ($\alpha = 0.05$).

解　使用 lm( ) 函数实现回归模型计算, 通过 summary( ) 函数得到基本的回归分析和检验. 具体程序如下:

```
dat=data.frame(x1=c(8,10,6,11,8,7,10,9,9,6,12,9),
x2=c(135.0,150.0,124.5,157.6,129.6,126.1,134.4,125.8,129.0,116.8,155.0,141.9),
y=c(29.1,32.2,24.1,34.0,24.5,23.5,29.8,23.8,26.7,23.2,34.5,30.9))
lm.out=lm(y~x1+x2,data=dat)
summary(lm.out)

aov.function=function(lm.out,alpha=0.05)    # 输出方程的方差分析表
{ n=length(lm.out$residuals); p=n-1-lm.out$df.residual; slm=summary(lm.out)
SE=(n-1)*var(lm.out$residuals); ST=SE/(1-slm$r.square); SR=ST-SE
Fa=qf(1-alpha,p,n-p-1); pvalue=1-pf(slm$fstatistic[1],p,n-p-1)
a=cbind(c(SR,SE,ST),c(p,n-p-1,n-1),c(SR/p,SE/(n-p-1),ST/(n-1)),
c(slm$fstatistic[1],NA,NA),c(Fa,NA,NA),c(pvalue,NA,alpha))
colnames(a)=c('平方和','自由度','均方和','F 值','Fa','P 值')
rownames(a)=c('回归平方和 SR','残差平方和 SE','总平方和 ST')
return(a)}aov.function(lm.out)

interval.beta=function(lm.out, alpha=0.05)     # 输出所有回归系数的置信区间
{ basic=summary(lm.out)$coefficients           # 利用 summary 的结果得到
df=lm.out$df.residual
lower=basic[,1]-basic[,2]*qt(1-alpha/2,df)
upper=basic[,1]+basic[,2]*qt(1-alpha/2,df)
cbind(basic,lower=lower,upper=upper)
}
interval.beta(lm.out,alpha=0.05)
aov.function(lm.out)
```

```
Coefficients:
            Estimate   Std. Error   t value   Pr(>|t|)
(Intercept) -12.13832   5.40935    -2.244    0.05151 .
x1            0.29059   0.42553     0.683    0.51187
x2            0.27769   0.06116     4.540    0.00141 **
---
Signif. codes:  0 '***' 0.001 '**' 0.01 '*' 0.05 '.' 0.1 ' ' 1

Residual standard error:  1.318 on 9 degrees of freedom
Multiple R-squared:    0.9213,     Adjusted R-squared:    0.9038
```

```
F-statistic:    52.7 on 2 and 9 DF,    p-value: 1.074e-05
```

	平方和	自由度	均方和	F 值	Fa	P 值
回归平方和 SR	183.18076	2	91.590380	52.6996	4.256495	1.074454e-05
残差平方和 SE	15.64174	9	1.737971	NA	NA	NA
总平方和 ST	198.82250	11	18.074773	NA	NA	5.000000e-02

	Estimate	Std. Error	t value	Pr(>|t|)	lower	upper
(Intercept)	−12.138324	5.4093539	−2.243951	0.05150979	−24.375133	0.0984846
x1	0.290588	0.4255281	0.682887	0.51187135	−0.672024	1.2531992
x2	0.277695	0.0611617	4.540336	0.00140524	0.139337	0.4160520

其中在 Coefficients 的输出部分中, Std.Error 是对应回归系数的标准差 $\text{sd}(\hat{\beta}_i) = \hat{\sigma}\sqrt{c_{ii}}$, 而 Residual standard error 表示 $\hat{\alpha} = \sqrt{S_E/(n-p-1)}$. 整理结果见下表 7.5.2, 表 7.5.3, 表 7.5.4.

表 7.5.2 回归方程

回归方程	$y = -12.13832 + 0.29059x_1 + 0.27769x_2$
相关参数	复相关系数 R=0.9599, 决定系数 R^2=0.9213, 调整决定系数 R_a^2=0.9038

表 7.5.3 回归方程检验的方差分析表

	平方和	自由度	均方和	F 统计量	临界值 $F_{0.05}$	检验 p 值
回归	183.1808	2	91.5904	52.699600**	4.2565	0.000011**
残差	17.6417	9	1.7380			
总离差	198.8225	11	18.0748			

表 7.5.4 回归系数、检验与区间估计

	回归系数	系数标准差	t 统计量	检验 p 值	置信下限	置信上限
$\hat{\beta}_0$	−12.13832	5.409354	−2.2440	0.0515	−24.375133	0.0984846
$\hat{\beta}_1$	0.290059	0.425528	0.6829	0.5119	−0.672024	1.2531992
$\hat{\beta}_2$	0.27769	0.061162	4.5403**	0.0014**	0.139337	0.4160520

在表 7.5.3 中, F 统计量值为 52.6996, 检验 p 值 0.000011<0.05, 表明回归方程线性高度显著, 即自变量 x_1, x_2 整体上与因变量 y 有高度显著的线性关系. 在表 7.5.4 中, 自变量 x_1 的系数 $\hat{\beta}_1$=0.2906, 检验 p 值为 0.5119, 表明自变量 x_1 对 y 没有明显的线性影响, 但自变量 x_2 的系数 $\hat{\beta}_2$=0.2777, 其检验 p 值 0.0014<0.05, 表明自变量 x_2 对 y 的线性影响高度显著. 表 7.5.4 同时也给出了回归系数的置信区间.

7.6 自变量选择

在实际问题中, 影响因变量 y 的因素很多, 是不是在线性回归模型中, 自变量的个数越多越好呢? 不是, 一方面, 一些对因变量影响作用不大, 甚至几乎没有影响的变量不加选择地加进回归方程, 势必增加数据收集和计算的复杂度, 并导致回归模型参数的估计和对因变量预测的精度下降. 因此, 我们总是希望把对因变量有显著作用的变量加入回归方程, 而排除一些影响不显著的变量, 建立一个 "最优" 的自变量子集. 这就是下面要讨论的自变量选择问题.

一、自变量选择的准则

根据经验分析, 假设影响因变量 y 的自变量共有 m 个, 记为 $x_1, x_2, \cdots, x_m$, 对于自变量集 $\{x_1, x_2, \cdots, x_m\}$ 的任一个子集 $\{x_{i_1}, x_{i_2} \cdots, x_{i_p}\}$, $1 \leqslant p \leqslant m$, 该如何评价这个子集与因变量 y 建立的回归方程的效果呢?

诚然, 残差平方和 S_E 反映了线性回归方程对实际数据的拟合程度, 但根据最小二乘估计的原理, 构造回归方程时, 每增加一个自变量, S_E 的值都会朝减小的方向变化, 根本不在乎这个新增变量对因变量 y 有无明显线性关系, 因此 S_E 不能用来作为选择自变量的唯一准则. 假定数据总量为 n, 入选的变量个数为 p. 如未特别说明, S_E 都是针对 p 个变量的 $S_E^{(p)}$. 下面从不同角度给出几个常用的自变量选择准则.

准则 1 均方误差最小.

均方误差 $MSE_p = \dfrac{S_E^{(p)}}{n-p-1}$, 是以 $S_E^{(p)}$ 对其自由度 $n-p-1$ 的平均. 一般地, MSE_p 随 p 变化的趋势如图 7.6.1 所示:

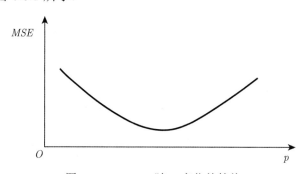

图 7.6.1 MSE 随 p 变化的趋势

当自变量较少时, 随着自变量个数 p 的增加, $n-p-1$ 逐渐减小, 而 $S_E^{(p)}$ 以更快的速度减小, 因而 MSE_p 呈现下降的趋势; 当自变量个数 p 达到一定数目时, $S_E^{(p)}$ 减小的速度趋缓, 慢于 $n-p-1$ 的改变, 从而导致 MSE_p 呈现上升的趋势.

事实上, 该准则与使调整决定系数 $R_a^2 = 1 - \dfrac{S_E/(n-p-1)}{S_T/(n-1)} = 1 - \dfrac{MSE}{S_T/(n-1)}$ 最大是一致的.

准则 2 C_p 统计量最小.

该准则是由马洛斯在 1964 年, 从预测角度提出的. 这里,

$$C_p = \frac{(n-m-1)S_E^{(p)}}{S_E^{(m)}} + 2p + 2 - n,$$

其中 $S_E^{(m)}$ 是 m 个自变量 $x_1, x_2, \cdots, x_m$ 对应的残差平方和, $S_E^{(p)}$ 是 p 个自变量 $x_{i_1}, x_{i_2} \cdots, x_{i_p}$ 对应的残差平方和, $1 \leqslant p \leqslant m$.

准则 3 AIC 准则最小.

日本统计学家赤池弦次在 1974 年依据极大似然估计原理提出:

$$AIC = n\ln(S_E^{(p)}) + 2p.$$

准则 4　BIC 准则最小.

$$BIC = n\ln(S_E^{(p)}) + p\ln(n).$$

准则 5　预测均方误差最小.

$$P_{JP} = \frac{n+p+1}{n-p-1}S_E^{(p)} = (n+p+1)MSE_p,$$

$$P_{SP} = \frac{S_E^{(p)}/n-p-1}{n-p-2} = \frac{MSE_p}{n-p-2}.$$

除了上述常见的几个准则外, 还有一些其他准则, 如 J_p 统计量等, 这里就不一一介绍.

二、最优回归方程

影响因变量 y 的自变量为 $x_1, x_2, \cdots, x_m$, 对于自变量集 $\{x_1, x_2, \cdots, x_m\}$ 的任一个子集 (至少含 1 个自变量) 与 y 建立一个回归方程, 依据前面介绍的准则进行比较, 就可以找出一个最优的回归方程. 由于自变量有 m 个, 所以自变量个数为 p 的方程共有 C_m^p 个, $1 \leqslant p \leqslant m$. 为了寻找最优回归方程, 需要比较的回归方程个数为

$$C_m^1 + C_m^2 + \cdots + C_m^m = 2^m - 1.$$

下面我们通过一个例子, 对所有可能的方程分别计算均方误差 MSE、C_p 统计量和 AIC 统计量等, 分别寻找各自准则下的最优线性回归方程.

三、挑选变量的 R 软件实现

使用 R 软件包 leaps 中的 leaps 和 regsubsets 函数, 可以对所有可能自变量子集进行回归, 计算各种准则下的统计量值并给出最优回归方程, 其定义如下:

```
leaps(x=, y=, wt=rep(1, NROW(x)), int=TRUE,
    method=c("Cp", "adjr2", "r2"), nbest=10, names=NULL,
    df=NROW(x), strictly.compatible=TRUE)
```

其中 x 表示设计矩阵, 不含常数列; y 是因变量; wt 是附加的权重; mehtod 是准则方法; nbest 是变量数相同的子集报表输出的数量, 其他见帮助.

```
regsubsets(formula=, data=, weights=NULL, nbest=1, nvmax=8,
    force.in=NULL, force.out=NULL, intercept=TRUE,
    method=c("exhaustive", "backward", "forward", "seqrep"),
    really.big=FALSE,...)
```

其中 formula 表示回归的模型, 例如 y~x1+x2, data 是包含自变量和应变量的数据框, 其他见帮助.

例 7.6.1 某种水泥在凝固时放出的热量 y (卡/克) 与水泥中四种化学成分

$x_1(3\text{CaO}\cdot\text{Al}_2\text{O}_3)$, $x_2(3\text{CaO}\cdot\text{SiO}_2)$, $x_3(4\text{CaO}\cdot\text{Al}_2\text{O}_3\cdot\text{Fe}_2\text{O}_3)$, $x_4(2\text{CaO}\cdot\text{SiO}_2)$

的含量 (%) 有关. 样本数据见表 7.6.1

表 7.6.1 水泥凝固放热数据

序号	x_1	x_2	x_3	x_4	y
1	7	26	6	60	78.5
2	1	29	15	52	74.3
3	11	56	8	20	104.3
4	11	31	8	47	87.6
5	7	52	6	33	95.9
6	11	55	9	22	109.2
7	3	71	17	6	102.7
8	1	31	22	44	72.5
9	2	54	18	22	93.1
10	21	47	4	26	115.9
11	1	40	23	34	83.8
12	11	66	9	12	113.3
13	10	68	8	12	109.4

对表 7.6.1 中的数据, 分别依据上述准则进行变量集合的挑选, 具体程序如下:

```
dat=read.table('clipboard', header=FALSE)  # 选中数据复制到剪贴板
colnames(dat)=c(paste('X', 1:4,sep=''),'Y')
res=leaps(dat[,1:4],dat[,5],method='Cp',nbest=6)
res$which[which.min(res$Cp),]

res=leaps(dat[,1:4],dat[,5],method='r2',nbest=6)      # nbest=6 选中全模型
res$which[which.max(res$r2),]
   1    2    3     4
TRUE TRUE FALSE FALSE   # 选择 Cp, 结果表示选中 X1,X2

   1    2    3    4
TRUE TRUE TRUE TRUE   # 选择 r2, 结果表示选中 X1,X2,X3,X4
```

结果经整理见表 7.6.2.

表 7.6.2 最优回归方程计算表

模型	变量集合	决定系数 R^2	调整决定系数 R^2	MSE_p	AIC 统计量	C_p 统计量
1	X_4	0.674542	0.644955	80.35154	90.195985	138.73083
2	X_2	0.666268	0.635929	82.39421	90.522336	142.48641
3	X_1	0.533948	0.491580	115.06243	94.863812	202.54877
4	X_3	0.285873	0.220952	176.30913	100.411744	315.15428
5	X_1X_2	0.978678	0.974414	5.79045	56.764333	2.67824
6	X_1X_4	0.972471	0.966965	7.47621	60.086046	5.49585

续表

模型	变量集合	决定系数 R^2	调整决定系数 R^2	MSE_p	AIC 统计量	C_p 统计量
7	X_3X_4	0.935290	0.922348	17.57380	71.196926	22.37311
8	X_2X_3	0.847025	0.816430	41.54427	82.381482	62.43772
9	X_2X_4	0.680060	0.616072	86.88801	91.973667	138.22592
10	X_1X_3	0.548167	0.457800	122.70721	96.461020	198.09465
11	$X_1X_2X_4$	0.982335	0.976447	5.33030	56.318225	3.01823
12	$X_1X_2X_3$	0.982285	0.976380	5.34562	56.355537	3.04128
13	$X_1X_3X_4$	0.981281	0.975041	5.64846	57.071892	3.49682
14	$X_2X_3X_4$	0.972820	0.963760	8.20162	61.920226	7.33747
15	$X_1X_2X_3X_4$	0.982376	0.973563	5.98295	58.288630	5.00000
	选择参考	取最大	取最大	取最小	取最小	取最小
结论	最优模型	(x_1 x_2 x_3 x_4)	(x_1 x_2 x_3)	(x_1 x_2 x_3)	(x_1 x_2 x_3)	(x_1 x_2)

事实上, 当 m 还不算很大时, 例如 $m=10$, 所需要计算的回归方程个数就已达 $2^{10}-1=1023$ 个, 可见其计算量之大. 即使在计算机高度发达的今天, 也难以承受.

实际上, 这两个函数的使用不需要这么复杂, 如果 nbest=1, 则每类自变量个数为 p 的线性回归方程只返回一个最优模型, 具体程序如下:

```
res=leaps(dat[,1:4],dat[,5],method='Cp',nbest=1) ;  res
res=regsubsets(y~.  , data=dat, nbest=1);    res.out=summary(res); res.out
$which                          # 以下截取自 leaps 输出
     1      2      3      4
1  FALSE  FALSE  FALSE  TRUE    # p=1 时, 最优回归方程由常数项和 X4 构成
2  TRUE   TRUE   FALSE  FALSE   # p=2 时, 最优回归方程由常数项和 X1,X2 构成
3  TRUE   TRUE   FALSE  TRUE    # p=3 时, 最优回归方程由常数项和 X1,X2,X4 构成
4  TRUE   TRUE   TRUE   TRUE    # p=4 时, 最优回归方程由常数项和 X1,X2,X3,X4 构成
$size
[1] 2 3 4 5
$Cp          # 由 Cp 统计量知, 上述四种最优中, p=2 得到的最优回归是全局最优
[1] 138.730833    2.678242    3.018233    5.000000


1 subsets of each size up to 4          # 以下截取自 regsubsets 和 res.out
Selection Algorithm: exhaustive         # 两者输出的结果是一致的
          x1     x2     x3     x4
1  ( 1 )  " "    " "    " "    "*"
2  ( 1 )  "*"    "*"    " "    " "
3  ( 1 )  "*"    "*"    " "    "*"
4  ( 1 )  "*"    "*"    "*"    "*"
```

通过 names(res.out) 输出 rest.out 列表中的所有子对象, 包括 "which" "rsq" "rss" "adjr2" "cp" "bic" "outmat" "obj". 其中 which 存的是因子组合情况, rsq 记录了决定系数, rss 记录了残差平方和, adjr2 记录了调整决定系数, cp 和 bic 分别记录了 C_p 统计量和 BIC 准则统计量 (注意 R 输出的 bic 不同于本节提出的 BIC 统计量). 利用 which, rss 等数

据可构造更多挑选自变量的准则和统计量.

为了便于使用本节提到的所有挑选变量的准则, 编写通用程序如下:

```
best.regression=function(dax,day)
{ n=nrow(dax); m=ncol(dax); sizemax=choose(ncol(dax),ncol(dax) %/% 2)
lm.all=regsubsets(day~.,data=dax,nbest=sizemax) # 能够显示全部的组合
lm.sum=summary(lm.all)
p=apply(lm.sum$which,1,sum)-1  # 获得因子个数
cname=c('Int',colnames(dax)[1:m]) # 前几列的名称
result=cbind(lm.sum$which,lm.sum$rsq,lm.sum$adjr2,lm.sum$rss,lm.sum$rss/(n-p-1))# 准则
result=cbind(result,(n+p+1)*lm.sum$rss/(n-p-1), lm.sum$cp,log(lm.sum$rss)+2*p/n)# 准则
result=cbind(result,log(lm.sum$rss)+p*log(n)/n)
crit=c('R2', 'adjr2', 'SSE', 'MSE','PJP', 'Cp', 'AIC', 'BIC')
cname=c(cname,crit); colnames(result)=cname
result[,(m+2):(m+3)]=-result[,(m+2):(m+3)] # 为了统一使用 which.min
obj=apply(result[,(m+2):ncol(result)],2,which.min) # 取得各规则的最优模型所在行
names(obj)=paste(crit,c('max', 'max', rep('min',6)),sep='_') # 各种规则的使用
result[,(m+2):(m+3)]=-result[,(m+2):(m+3)]  # 恢复前两列数据
return(list(regression=result,best.row=obj))
}
best.regression(dat[,1:4],dat[,5])
```

```
$ regression
  Int x1 x2 x3 x4    R2       adjr2      SSE        MSE        PJP        Cp         AIC        BIC
1  1  0  0  0  1  0.6745420 0.6449549  883.86692   80.351538  1205.27307 138.730833 6.938153 6.981610
1  1  0  1  0  0  0.6662683 0.6359290  906.33634   82.394213  1235.91320 142.486407 6.963257 7.006714
1  1  1  0  0  0  0.5339480 0.4915797 1265.68675  115.062432  1725.93648 202.548769 7.297216 7.340674
1  1  0  0  1  0  0.2858727 0.2209521 1939.40047  176.309134  2644.63700 315.154284 7.723980 7.767438
2  1  1  1  0  0  0.9786784 0.9744140   57.90448    5.790448    92.64717   2.678242 4.366487 4.453402
2  1  1  0  0  1  0.9724710 0.9669653   74.76211    7.476211   119.61938   5.495851 4.622004 4.708919
2  1  0  0  1  1  0.9352896 0.9223476  175.73800   17.573800   281.18081  22.373112 5.476687 5.563602
2  1  0  1  1  0  0.8470254 0.8164305  415.44273   41.544273   664.70836  62.437716 6.337037 6.423952
2  1  0  1  0  1  0.6800604 0.6160725  868.88013   86.888013  1390.20821 138.225920 7.074897 7.161813
2  1  1  0  1  0  0.5481667 0.4578001 1227.07206  122.707206 1963.31530 198.094653 7.420078 7.506994
3  1  1  1  0  1  0.9823355 0.9764473   47.97273    5.330303    90.61516   3.018233 4.332171 4.462544
3  1  1  1  1  0  0.9822847 0.9763796   48.11061    5.345624    90.87560   3.041280 4.335041 4.465414
3  1  1  0  1  1  0.9812811 0.9750415   50.83612    5.648458    96.02378   3.496824 4.390146 4.520518
3  1  0  1  1  1  0.9728200 0.9637599   73.81455    8.201617   139.42748   7.337474 4.763094 4.893467
4  1  1  1  1  1  0.9823756 0.9735634   47.86364    5.982955   107.69319   5.000000 4.483741 4.657571

$best.row
  R2_max adjr2_max SSE_min MSE_min PJP_min Cp_min AIC_min BIC_min
      15        11      15      11      11      5      11       5
```

其中第 1 列表示因子个数; 第 2 列 Int 表示常数项列, 始终取 1, 取值 1 表示选入模型; 第 3 到第 6 列 x1~x4 表示自变量选中情况; 其他各列是各种评价准则. 比如以 AIC 准则, 取最小值所在行 (第 11 行) 对应的因子列表, 可得最优自变量子集为 (x1,x2,x4), 执行如下程序:

```
lm.best=lm(y~1+x1+x2+x4, data=dat);        summary(lm.best)
Coefficients:
             Estimate    Std. Error    t value   Pr(>|t|)
(Intercept)  71.6483     14.1424       5.066     0.000675 ***
x1           1.4519      0.1170        12.410    5.78e-07 ***
x2           0.4161      0.1856        2.242     0.051687 .
x4           -0.2365     0.1733        -1.365    0.205395
Signif. codes:  0 '***' 0.001 '**' 0.01 '*' 0.05 '.' 0.1 ' ' 1

Residual standard error: 2.309 on 9 degrees of freedom
Multiple R-squared:  0.9823,     Adjusted R-squared:  0.9764
F-statistic: 166.8 on 3 and 9 DF,  p-value: 3.323e-08
```

于是得到该准则下的最优回归模型为

$$y = 71.6483 + 1.4519x_1 + 0.4161x_2 - 0.2365x_4.$$

虽然上述模型在 AIC 准则下已经达到最优, 但是从回归系数的检验来看, 只有 x_1 通过了显著性检验, 而 x_2 和 x_4 对因变量 y 的影响并不显著, 可见模型还有再改进的余地.

四、逐步回归

上面我们讨论了基于自变量的选择准则, 通过计算所有自变量子集寻找最优回归方程也是可行的. 但是当自变量个数较多时, 计算复杂度将难以想象. 为此人们提出了一些不但可以快速得到较优的变量子集, 又能保证回归效果的算法, 如前进法、后退法、逐步回归法等. 其中逐步回归是应用最广泛的一种方法.

前进法的思想是将变量一个一个引入, 直到没有变量可以引入为止, 它要求每次引入的变量都是剩余自变量子集中对 y 影响最大, 且能通过回归系数检验. 具体的实施过程如下:

步骤一 将 m 个自变量 $x_1, x_2, \cdots, x_m$ 分别与 y 建立 m 个一元线性回归方程, 并计算各自变量相应的回归系数的 F 检验统计量值, 分别记为 $F_1^{(1)}, F_2^{(1)}, \cdots, F_m^{(1)}$, 设 $F_{i_1}^{(1)} = \max\{F_1^{(1)}, F_2^{(1)}, \cdots, F_m^{(1)}\}$. 对于预先给定的显著性水平 α, 可知临界值 $F_\alpha(1, n-2)$, 若 $F_{i_1}^{(1)} \geqslant F_\alpha(1, n-2)$, 则将其对应的变量 x_{i_1} 引入回归方程; 否则结束变量挑选.

步骤二 将已选取的自变量子集 $\{x_{i_1}\}$ 与剩余自变量 $x_j(1 \leqslant j \leqslant m, j \neq i_1)$ 分别同因变量 y 建立 $m-1$ 个二元线性回归方程, 同样计算 F 统计量值: $F_j^{(2)}, j = 1, \cdots, m, j \neq i_1$, 设

$$F_{i_2}^{(2)} = \max\{F_1^{(2)}, F_2^{(2)}, \cdots, F_{i_1-1}^{(2)}, F_{i_1+1}^{(2)}, \cdots, F_m^{(2)}\}.$$

若 $F_{i_2}^{(2)} \geqslant F_\alpha(1, n-3)$, 则将对应的变量 x_{i_2} 引入回归方程, 此时已选取的自变量子集为 $\{x_{i_1}, x_{i_2}\}$; 否则结束变量挑选.

步骤三 就已选取的自变量子集 $\{x_{i_1}, x_{i_2}\}$ 依照步骤 2 的方法重复进行, 直到没有变量可以引入方程为止, 这样就得到依前进法挑选的自变量子集.

前进法通常运算量小, 计算快速; 但它有一个明显的不足, 由于各自变量间可能存在相关关系, 随着自变量的相继引入, 先前已引进的自变量可能会变得对因变量 y 影响不显著. 因此, 这种只进不出的自变量挑选方法最终得到的自变量子集中可能包含一些对因变量 y 影响不显著的自变量.

后退法的思想与前进法正好相反, 首先将所有 m 个自变量与因变量 y 建立回归方程, 然后在这 m 个变量中将对 y 影响最小的且又不能通过回归系数检验的变量剔除, 以此类推, 直到没有变量可剔除为止. 具体的实施过程如下:

步骤一 将所有自变量 $x_1, x_2, \cdots, x_m$ 与 y 建立回归方程, 对 $x_1, x_2, \cdots, x_m$ 分别进行回归系数的 F 检验, 得 F 值分别记为 $F_1^{(1)}, F_2^{(1)}, \cdots, F_m^{(1)}$. 记 $F_{i_1}^{(1)} = \min\{F_1^{(1)}, F_2^{(1)}, \cdots, F_m^{(1)}\}$, 对于预先给定的显著性水平 α, 可查临界值 $F_\alpha(1, n-m-1)$, 若 $F_{i_1}^{(1)} \leqslant F_a(1, n-m-1)$, 则将对应的变量 x_{i_1} 从回归方程中剔除, 否则算法结束.

步骤二 将经过剔除的自变量子集 $\{x_1, x_2, \cdots, x_{i_1-1}, x_{i_1+1}, \cdots, x_m\}$ 与 y 建立回归方程, 同样对这 $m-1$ 个变量的回归系数作 F 检验, 得 F 值, 记为 $F_j^{(2)}, j = 1, \cdots, m, j \neq i_1$. 记 $F_{i_2}^{(2)} = \min\{F_1^{(2)}, F_2^{(2)}, \cdots, F_{i_1-1}^{(2)}, F_{i_1+1}^{(2)}, \cdots, F_m^{(2)}\}$, 若 $F_{i_2}^{(2)} \leqslant F_\alpha(1, n-m)$, 则将其对应的变量 x_{i_2} 剔除, 否则算法结束. 以此类推, 直到没有变量可剔除为止, 这样就得到依后退法挑选的自变量子集.

后退法除了一开始把所有自变量引入回归方程而导致的计算量较大外, 更为严重的不足是, 自变量若一旦被剔除, 就不可能再进入回归方程了.

逐步回归是基本采用前进法, 同时结合后退法的一种综合算法. 它的具体作法是依前进法将变量逐个引入, 但在引入第三个自变量之后的每一步, 增加了依后退法对先前已引入变量的剔除. 这样, 在自变量的挑选过程中, 自变量将被引入、剔除、再剔除 $\cdots$ 再引入、剔除 $\cdots \cdots$ 直到不能剔除变量, 同时也无法再引入变量为止. 整个过程中变量是有进有出的.

在逐步回归中需要使用两个不同的显著性水平 $\alpha_{\text{in}}, \alpha_{\text{out}}$, 并作两种回归系数的 F 检验: 一个是在引入变量时, 对自变量作回归系数的检验, 用到 α_{in}; 另一个是在剔除变量时, 对自变量的回归系数作 F 检验, 用到 α_{out}. 通常我们要求 $\alpha_{\text{in}} < \alpha_{\text{out}}$, 否则可能产生死循环.

例 7.6.2 对表 7.6.1 的水泥凝固放热数据采用逐步回归法进行变量挑选并建立线性回归方程.

解 取引入显著性水平 α_{in}=0.1, 剔除显著性水平 α_{out}=0.15.

第一步引入变量 x_4, 第二步引入变量 x_1, 第三步引入变量 x_2; 之后考虑剔除变量, 在第四步中剔除变量 x_4, 第五步起既没引入也无剔除, 逐步回归结束, 最后确定逐步回归的变量集为: x_1, x_2. 由此可得回归方程为

$$y = 52.577349 + 1.468306 x_1 + 0.662250 x_2.$$

这个结果与使用 C_p 统计量准则的结果一致.

五、AIC 准则下逐步回归的 R 软件实现

R 软件中主要根据全模型, 执行 step( ) 函数来进行双向、前进、后退法的逐步回归, 其定义如下:

step(object, scope, scale = 0,direction = c("both", "backward", "forward"),⋯)

其中 object 一般来自 lm( ) 或 glm( ) 函数的返回对象; scope 可用公式表示变量的范围; direction 表示逐步回归的方法是双向、后退或前进. R 软件默认采用 AIC 准则, 采用 backward 后退法.

例 7.6.3 对例 7.6.1 的数据实施逐步回归 (双向).

解 具体程序如下:

```
lm.out=lm(y 1,data=dat)              # 先创建只含常数项的回归方程
step(lm.out,scope= x1+x2+x3+x4,direction='both')   # score 中指定全部因子, direction 用 both

Start: AIC=71.44                     Step1: AIC=58.85  y ~ x4
y~1                                  y~4
        Df Sum of Sq   RSS     AIC           Df Sum of Sq   RSS     AIC
+ x4     1   1831.90   883.87  58.852  + x1   1   809.10   74.76   28.742
+ x2     1   1809.43   906.34  59.178  + x3   1   708.13   175.74  39.853
+ x1     1   1450.08  1265.69  63.519  <none>           883.87   58.852
+ x3     1    776.36  1939.40  69.067  + x2   1    14.99   868.88  60.629
<none>                2715.76  71.444  - x4   1   1831.90  2715.76  71.444

Step2: AIC=28.74                     Step3: AIC=24.97
y ~ x4 + x1                          y ~ x4 + x1 + x2
        Df Sum of Sq   RSS     AIC           Df Sum of Sq   RSS     AIC
+ x2     1     26.79   47.97  24.974  <none>            47.97   24.974
+ x3     1     23.93   50.84  25.728  - x4   1     9.93   57.90   25.420
<none>                 74.76  28.742  + x3   1     0.11   47.86   26.944
- x1     1    809.10  883.87  58.852  - x2   1    26.79   74.76   28.742
- x4     1   1190.92 1265.69  63.519  - x1   1   820.91  868.88   60.629

Call: lm(formula = y ~ x4 + x1 + x2, data = dat)
Coefficients:
(Intercept)         x4            x1          x2
   71.6483       −0.2365        1.4519      0.4161
```

Start 步中, 从分别加入每个因子对应的 AIC 值来看, x_4 因子对应的 AIC 值最小, 所以先选入因子 x_4, 此时模型变为 y~1+x_4. 进入 Step1 步后, 考虑分别引入 x_1, x_2, x_3 和剔除 x_4, 发现引入 x_1 对应的 AIC 值最小, 但剔除 x_4 会增大 AIC 值, 所以选入因子 x_1, 此时模型是 y~1+x_1+x_4. 同理, 执行直到无法引入, 也无法剔除, 则停止, 返回最优回归模型 $y \sim 1 + x_1 + x_2 + x_4$.

对例 7.6.1 的数据实施逐步回归 (后退法), 具体程序见后:

采用后退法时, 每次都从当前模型中考虑去掉一个因子, 直到去掉每一个因子都导致 AIC 值增大时停止, 因此后退法需要全模型作为起始模型. R 软件还提供了 drop1( ) 函数, 供用户自行逐个剔除, 还可以指定统计量的检验方式, 如 test='F', test='chisq'等. 不过该函数不会像 step( ) 函数一样自动给出下一步和最终结果, 一切需要人工作出选择. 与 drop1( ) 函数对应的是 add1( ) 函数, 正好执行相反的操作.

```
lm.out=lm(y~.,data=dat)            # 先创建全模型
step(lm.out)                        # 采用默认方式
Start: AIC=26.94                    Step1: AIC=24.97
y ~ x1 + x2 + x3 + x4               y ~ x1 + x2 + x4
        Df Sum of Sq    RSS    AIC          Df Sum of Sq    RSS    AIC
- x3     1    0.1091  47.973  24.974  <none>              47.97  24.974
- x4     1    0.2470  48.111  25.011  - x4     1    9.93  57.90  25.420
- x2     1    2.9725  50.836  25.728  - x2     1   26.79  74.76  28.742
<none>                47.864  26.944  - x1     1  820.91 868.88  60.629
- x1     1   25.9509  73.815  30.576
Call: lm(formula = y ~ x4 + x1 + x2, data = dat)
Coefficients:
(Intercept)           x4           x1           x2
   71.6483        -0.2365       1.4519       0.4161
```

7.7 预测与控制

因变量的预测就是对给定的自变量的值, 估计因变量的相应取值或取值区间, 这在实际应用中是十分必要的. 我们建立回归模型的主要目的就是为了对因变量进行合理有效的预测, 特别是回归模型经过了显著性检验变得具有统计意义后, 预测更突显其对未来趋势判断的功能.

而控制研究的是当因变量以概率 $1-\alpha$ 在某个已知区间取值时, 自变量应控制在什么样的区间范围内. 控制可以看成是预测的反问题, 其中一维的控制比较容易实现, 多维控制的研究就相对复杂得多.

一、预测

通常, 在回归模型经检验有意义的前提下, 才可以进行预测. 在回归模型中, 预测一般分成点预测和区间预测. 即当给定 $\boldsymbol{x} = \boldsymbol{x}_0 = (1, x_{01}, x_{02}, \cdots, x_{0p})^\mathrm{T}$ 时, 把求 $E(Y|_{\boldsymbol{x}=\boldsymbol{x}_0})$ 的估计值的过程称为因变量的**点预测**; 而把求 $E(Y|_{\boldsymbol{x}=\boldsymbol{x}_0})$ 的置信度为 $1-\alpha$ 的置信区间的过程, 称为因变量的**区间预测**.

对于回归模型 (7.3.1), 在 $\boldsymbol{x} = \boldsymbol{x}_0$ 时, 因变量 y_0 可表示为

$$y_0 = \boldsymbol{x}_0^\mathrm{T}\boldsymbol{\beta} + \varepsilon_0 = \beta_0 + \beta_1 x_{01} + \cdots + \beta_p x_{0p} + \varepsilon_0, \tag{7.7.1}$$

其中 ε_0 为随机误差, 满足 $E(\varepsilon_0) = 0$, 当得到 $\boldsymbol{\beta}$ 的估计 $\hat{\boldsymbol{\beta}}$ 时, 则得到因变量 y_0 的**点预测**

$$\hat{y}_0 = \boldsymbol{x}_0^\mathrm{T}\hat{\boldsymbol{\beta}} = \hat{\beta}_0 + \hat{\beta}_1 x_{01} + \cdots + \hat{\beta}_p x_{0p}. \tag{7.7.2}$$

根据式 (7.3.3) 的模型假设, 以及最小二乘估计的性质, 可得

$$E(\hat{y}_0) = \boldsymbol{x}_0^\mathrm{T}\boldsymbol{\beta}, \quad D(\hat{y}_0) = D(\boldsymbol{x}_0^\mathrm{T}\hat{\boldsymbol{\beta}}) = \boldsymbol{x}_0^\mathrm{T}D(\hat{\boldsymbol{\beta}})\boldsymbol{x}_0 = \sigma^2\boldsymbol{x}_0^\mathrm{T}(\boldsymbol{X}^\mathrm{T}\boldsymbol{X})^{-1}\boldsymbol{x}_0.$$

则 $\hat{y}_0 \sim N(\boldsymbol{x}_0^\mathrm{T}\boldsymbol{\beta}, \sigma^2\boldsymbol{x}_0^\mathrm{T}(\boldsymbol{X}^\mathrm{T}\boldsymbol{X})^{-1}\boldsymbol{x}_0)$, 另外 $y_0 \sim N(\boldsymbol{x}_0^\mathrm{T}\boldsymbol{\beta}, \sigma^2)$, 则

$$y_0 - \hat{y}_0 \sim N(0, \sigma^2(1 + \boldsymbol{x}_0^\mathrm{T}(\boldsymbol{X}^\mathrm{T}\boldsymbol{X})^{-1}\boldsymbol{x}_0)) \xRightarrow{\text{标准化}} \frac{y_0 - \hat{y}_0}{\sigma\sqrt{(1 + \boldsymbol{x}_0^\mathrm{T}(\boldsymbol{X}^\mathrm{T}\boldsymbol{X})^{-1}\boldsymbol{x}_0)}} \sim N(0, 1).$$

由于 $\frac{S_E}{\sigma^2} \sim \chi^2(n-p-1)$，令 $\hat{\sigma}^2 = \frac{S_E}{n-p-1}$，则由 t 分布定义可得

$$T = \frac{y_0 - \hat{y}_0}{\hat{\sigma}\sqrt{1 + \boldsymbol{x}_0^{\mathrm{T}}(\boldsymbol{X}^{\mathrm{T}}\boldsymbol{X})^{-1}\boldsymbol{x}_0}} \sim t(n-p-1).$$

在给定置信度 $1-\alpha$ 时，y_0 的置信区间为

$$\left(\hat{y}_0 - t_{\alpha/2}(n-p-1)\hat{\sigma}\sqrt{1 + \boldsymbol{x}_0^{\mathrm{T}}(\boldsymbol{X}^{\mathrm{T}}\boldsymbol{X})^{-1}\boldsymbol{x}_0}, \right. \\ \left. \hat{y}_0 + t_{\alpha/2}(n-p-1)\hat{\sigma}\sqrt{1 + \boldsymbol{x}_0^{\mathrm{T}}(\boldsymbol{X}^{\mathrm{T}}\boldsymbol{X})^{-1}\boldsymbol{x}_0}\right). \tag{7.7.3}$$

特别地，当 $p=1$ 时 (即一元线性回归)，上式变为

$$\left(\hat{y}_0 - t_{\alpha/2}(n-2)\hat{\sigma}\sqrt{1 + \frac{1}{n} + \frac{(x_0-\bar{x})^2}{\sum_{i=1}^{n}(x_i-\bar{x})^2}},\ \hat{y}_0 + t_{\alpha/2}(n-2)\hat{\sigma}\sqrt{1 + \frac{1}{n} + \frac{(x_0-\bar{x})^2}{\sum_{i=1}^{n}(x_i-\bar{x})^2}}\right). \tag{7.7.4}$$

容易看出，当自变量 x_0 的取值越接近样本均值 $\bar{x}$ 时，因变量的预测区间长度就越短；反之则越长。

在 R 软件中，可以通过 predict( ) 函数实现上述两种类型的预测，该函数的定义如下：
```
predict(object, newdata, interval = c("none", "confidence","prediction"),
    level = 0.95, ...)
```
其中 object 为 lm( ) 函数的返回值，newdata 是样本数据框，interval 表示区间估计的方式，confidence 指置信区间，而 prediction 指预测区间，level 是置信度。

例 7.7.1 对表 7.6.1 的数据，对数据 $\boldsymbol{x}_0 = (8, 40, 10, 50)^{\mathrm{T}}$ 使用全模型进行点估计和区间估计。($\alpha = 0.05$).

解 具体程序如下：

```
lm.out=lm(y~.,data=dat)              #先创建全模型
predict(lm.out,newdata=data.frame(x1=8,x2=40,x3=10,x4=50),
    interval='confidence')
        fit       lwr        upr
89.03694   71.90155   106.1723          #点估计，区间估计下限和上限
```

二、控制

下面只针对一元回归的控制问题进行讨论。当给定因变量 $y \in (y_{\text{low}}, y_{\text{up}})$ 时，由线性模型及其回归方程

$$y = \beta_0 + \beta_1 x + \varepsilon, \quad \hat{y} = \hat{\beta}_0 + \hat{\beta}_1 x,$$

是否可以通过类似反函数的形式得到自变量 x 的区间, 使得 $P(y \in (y_{\text{low}}, y_{\text{up}})) = 1 - \alpha$, 即

$$\begin{cases} \hat{y} = \hat{\beta}_0 + \hat{\beta}_1 x \geqslant y_{\text{low}}, \\ \hat{y} = \hat{\beta}_0 + \hat{\beta}_1 x \leqslant y_{\text{up}}, \end{cases} \tag{7.7.5}$$

解得

$$\text{当 } \hat{\beta}_1 > 0 \text{ 时}, \begin{cases} x \geqslant \dfrac{y_{\text{low}} - \hat{\beta}_0}{\hat{\beta}_1}, \\ x \leqslant \dfrac{y_{\text{up}} - \hat{\beta}_0}{\hat{\beta}_1}; \end{cases} \quad \text{当 } \hat{\beta}_1 < 0 \text{ 时}, \begin{cases} x \leqslant \dfrac{y_{\text{low}} - \hat{\beta}_0}{\hat{\beta}_1}, \\ x \geqslant \dfrac{y_{\text{up}} - \hat{\beta}_0}{\hat{\beta}_1}. \end{cases}$$

式 (7.7.5) 只能保证 $P(\hat{y} \in (y_{\text{low}}, y_{\text{up}})) = 1 - \alpha$ 成立, 但无法确保 $P(y \in (y_{\text{low}}, y_{\text{up}})) = 1 - \alpha$ 也成立. 所以需要重新回到式 (7.7.4), 从概率角度进行区间确定, 即

$$P\left(\hat{y} - t_{\alpha/2}(n-2)\hat{\sigma}\sqrt{1 + \dfrac{1}{n} + \dfrac{(x - \bar{x})^2}{\displaystyle\sum_{i=1}^{n}(x_i - \bar{x})^2}} \leqslant y \leqslant \hat{y} \right.$$

$$\left. + t_{\alpha/2}(n-2)\hat{\sigma}\sqrt{1 + \dfrac{1}{n} + \dfrac{(x - \bar{x})^2}{\displaystyle\sum_{i=1}^{n}(x_i - \bar{x})^2}}\right) = 1 - \alpha,$$

$$P\left(\hat{\beta}_0 + \hat{\beta}_1 x - t_{\alpha/2}(n-2)\hat{\sigma}\sqrt{1 + \dfrac{1}{n} + \dfrac{(x - \bar{x})^2}{\displaystyle\sum_{i=1}^{n}(x_i - \bar{x})^2}} \leqslant y \leqslant \hat{\beta}_0 + \hat{\beta}_1 x \right.$$

$$\left. + t_{\alpha/2}(n-2)\hat{\sigma}\sqrt{1 + \dfrac{1}{n} + \dfrac{(x - \bar{x})^2}{\displaystyle\sum_{i=1}^{n}(x_i - \bar{x})^2}}\right) = 1 - \alpha.$$

$$\begin{cases} \hat{\beta}_0 + \hat{\beta}_1 x - t_{\alpha/2}(n-2)\hat{\sigma}\sqrt{1 + \dfrac{1}{n} + \dfrac{(x - \bar{x})^2}{\displaystyle\sum_{i=1}^{n}(x_i - \bar{x})^2}} \geqslant y_{\text{low}}, \\ \hat{\beta}_0 + \hat{\beta}_1 x + t_{\alpha/2}(n-2)\hat{\sigma}\sqrt{1 + \dfrac{1}{n} + \dfrac{(x - \bar{x})^2}{\displaystyle\sum_{i=1}^{n}(x_i - \bar{x})^2}} \leqslant y_{\text{up}}. \end{cases} \tag{7.7.6}$$

解 (7.7.6) 式的方程组可得自变量 x 的区间, 这是满足控制规则的区间. 为了使求解有意义, 必须保证

$$y_{\text{up}} - y_{\text{low}} \geqslant 2t_{\alpha/2}(n-2)\hat{\sigma}\sqrt{1 + \frac{1}{n} + \frac{(x-\bar{x})^2}{\sum_{i=1}^{n}(x_i-\bar{x})^2}}.$$

由于需要求解方程组, 该方法在实际应用中不太方便. 我们对自变量作进一步分析, 如果自变量 x 接近样本均值, 样本量 n 又较大, 则式 (7.7.6) 中根号内部的值就接近于 1, 而此时 $t_{\alpha/2}(n-2)$ 更是接近于正态分布的分位点 $\mu_{\alpha/2}$, 由此可得近似公式

$$\begin{cases} \hat{\beta}_0 + \hat{\beta}_1 x - \mu_{\alpha/2}\hat{\sigma} \geqslant y_{\text{low}}, \\ \hat{\beta}_0 + \hat{\beta}_1 x + \mu_{\alpha/2}\hat{\sigma} \leqslant y_{\text{up}}. \end{cases} \tag{7.7.7}$$

容易解得, 当 $\hat{\beta}_1 > 0$ 时和当 $\hat{\beta}_1 < 0$ 时, 分别有

$$\begin{cases} x \geqslant \dfrac{y_{\text{low}} - \hat{\beta}_0 + \mu_{\alpha/2}\hat{\sigma}}{\hat{\beta}_1}, \\ x \leqslant \dfrac{y_{\text{up}} - \hat{\beta}_0 - \mu_{\alpha/2}\hat{\sigma}}{\hat{\beta}_1}; \end{cases} \quad \begin{cases} x \leqslant \dfrac{y_{\text{low}} - \hat{\beta}_0 + \mu_{\alpha/2}\hat{\sigma}}{\hat{\beta}_1}, \\ x \geqslant \dfrac{y_{\text{up}} - \hat{\beta}_0 - \mu_{\alpha/2}\hat{\sigma}}{\hat{\beta}_1}. \end{cases} \tag{7.7.8}$$

为了保证上述区间有意义, 还必须保证 $y_{\text{up}} - y_{\text{low}} \geqslant 2\hat{\sigma}\mu_{\alpha/2}$.

例 7.7.2 对于例 7.5.1, 去掉一个自变量年龄, 只给出儿童的身高和体重, 数据见表 7.7.1, 其中体重为因变量 y(单位: kg), 身高为自变量 x(单位: cm). 试求体重位于 (25kg,32kg) 之间的概率为 0.95 时身高的区间.

表 7.7.1 12 名儿童的体重与身高

x	135.0	150.0	124.5	157.6	129.6	126.1	134.4	125.8	129.0	116.8	155.0	141.9
y	29.1	32.2	24.1	34.0	24.5	23.5	29.8	23.8	26.7	23.2	34.5	30.9

解 R 程序求解如下:

```
x=c(135.0,150.0,124.5,157.6,129.6,126.1,134.4,125.8,129.0,116.8,155.0, 141.9)
y=c(29.1,32.2,24.1,34.0,24.5,23.5,29.8,23.8,26.7,23.2,34.5,30.9)
lm.out=lm(y~x);
interval.x=function(lm.out,y,conf=0.95)
{ xigma=sqrt(sum(lm.out$residuals^2)/lm.out$df.residual)
  beta=coef(lm.out);    ua=qnorm(0.5+conf/2)
  if(2*xigma*ua>y[2]-y[1])   stop('区间无意义')
  xlow=ifelse(beta[2]>0,(y[1]-beta[1]+xigma*ua)/beta[2],
         (y[2]-beta[1]-xigma*ua)/beta[2])
  xup=ifelse(beta[2]>0,(y[2]-beta[1]-xigma*ua)/beta[2],
       (y[1]-beta[1]+xigma*ua)/beta[2])
```

```
return(c(lower=xlow,upper=xup))
}
interval.x(lm.out,c(25,32))
lower.x    upper.x
133.8467   140.1303
```

上述结果表明, 要使体重位于 (25kg,32kg) 之间的概率为 0.95, 自变量 x 应控制在 (133.8467,140.1303) 之间.

7.8 非线性回归

在实际应用中, 自变量与因变量之间的关系并不一定总是线性的, 更多情况下呈现出非线性关系, 研究非线性回归也是回归分析的一个重要内容. 在部分非线性回归中, 可通过对自变量或因变量作函数变换, 而将非线性回归模型转化为线性模型, 从而利用线性回归模型求解其中的未知参数. 本节首先讨论这类可线性化的非线性回归问题, 然后再讨论一般的非线性回归的建模和计算.

一、可线性化的非线性模型

首先来看一下常见的可线性化的非线性模型.
(1) 多项式函数:
$$y = \beta_0 + \beta_1 x + \beta_2 x^2 + \cdots + \beta_p x^p + \varepsilon. \tag{7.8.1}$$

(2) 多元对数函数:
$$y = \beta_0 + \beta_1 \ln x_1 + \beta_2 \ln x_2 + \cdots + \beta_p \ln x_p + \varepsilon. \tag{7.8.2}$$

(3) 多元指数函数:
$$y = \beta_0 e^{\beta_1 x_1 + \beta_2 x_2 + \cdots + \beta_p x_p} + \varepsilon. \tag{7.8.3}$$

(4) 多元幂函数:
$$y = \beta_0 x_1^{\beta_1} x_2^{\beta_2} \cdots x_p^{\beta_p} \cdot e^{\varepsilon}. \tag{7.8.4}$$

对模型 (7.8.1), 只需令 $x_1 = x$, $x_2 = x^2, \cdots, x_p = x^p$, 即可化为线性模型:
$$y = \beta_0 + \beta_1 x_1 + \beta_2 x_2 + \cdots + \beta_p x_p + \varepsilon. \tag{7.8.5}$$

对模型 (7.8.2), 不妨令 $x_1 = \ln x_1, x_2 = \ln x_2, \cdots, x_p = \ln x_p$, 即可化为线性模型 (7.8.5).
对模型 (7.8.3), 不妨令 $\beta_0 = \ln \beta_0, y = \ln y$, 即可化为线性模型 (7.8.5).
对模型 (7.8.4), 不妨令 $\beta_0 = \ln \beta_0$, $y = \ln y$, $x_1 = \ln x_1, x_2 = \ln x_2, \cdots, x_p = \ln x_p$, 即可化为线性模型 (7.8.5).

例 7.8.1 某个调查公司对 32 家企业的年销售额 x_1(单位: 百万元), 年利润 x_2(单位: 百万元), 雇用人数 x_3 和年赔偿费用 y(单位: 千元) 作了调查, 数据见表 7.8.1. ($\alpha = 0.05$)

表 7.8.1　32 家企业调查数据

序号	x_1	x_2	x_3	y	序号	x_1	x_2	x_3	y
1	4600.6000	128.1000	4800.0000	450.0000	17	724.7000	90.3000	391.0000	324.0000
2	9255.4000	733.9000	5590.0000	387.0000	18	578.9000	63.3000	414.0000	225.0000
3	1526.2000	136.0000	1378.0000	368.0000	19	966.8000	42.8000	626.0000	254.0000
4	1683.2000	179.0000	2777.0000	277.0000	20	591.0000	48.5000	1061.0000	208.0000
5	2752.8000	231.5000	3400.0000	676.0000	21	4933.1000	310.6000	6539.0000	518.0000
6	2205.8000	329.5000	2650.0000	454.0000	22	7613.2000	491.6000	8940.0000	406.0000
7	2334.6000	331.8000	3030.0000	507.0000	23	3457.4000	228.0000	5520.0000	332.0000
8	2746.0000	237.9000	4100.0000	496.0000	24	545.3000	54.6000	780.0000	340.0000
9	1434.0000	222.3000	2590.0000	487.0000	25	22862.8000	3011.3000	33712.0000	698.0000
10	470.6000	63.7000	860.0000	383.0000	26	2361.0000	203.0000	5200.0000	306.0000
11	1508.0000	149.5000	2108.0000	311.0000	27	2611.1000	201.0000	5050.0000	613.0000
12	464.4000	30.0000	687.0000	271.0000	28	1013.2000	121.3000	1863.0000	302.0000
13	9329.3000	577.3000	3900.0000	524.0000	29	4560.3000	194.6000	9794.0000	540.0000
14	2377.5000	250.7000	3430.0000	498.0000	30	855.7000	63.4000	1230.0000	203.0000
15	1174.3000	82.6000	1941.0000	343.0000	31	1211.6000	352.1000	7180.0000	528.0000
16	724.7000	61.5000	359.0000	354.0000	32	5440.1000	655.2000	8770.0000	456.0000

解　表 7.8.1 中的所有数据均大于 0, 本例不妨采用模型 (7.8.2), 表 7.8.2 给出对数化后的数据.

表 7.8.2　32 家企业调查数据 (已对 x_i 对数化)

序号	x_1	x_2	x_3	y	序号	x_1	x_2	x_3	y
1	8.4339	4.8528	8.4764	450.0000	17	6.5858	4.5031	5.9687	324.0000
2	9.1330	6.5984	8.6287	387.0000	18	6.3611	4.1479	6.0259	225.0000
3	7.3305	4.9127	7.2284	368.0000	19	6.8740	3.7565	6.4394	254.0000
4	7.4285	5.1874	7.9291	277.0000	20	6.3818	3.8816	6.9670	208.0000
5	7.9204	5.4446	8.1315	676.0000	21	8.5037	5.7385	8.7855	518.0000
6	7.6988	5.7976	7.8823	454.0000	22	8.9376	6.1977	9.0983	406.0000
7	7.7556	5.8045	8.0163	507.0000	23	8.1483	5.4293	8.6161	332.0000
8	7.9179	5.4719	8.3187	496.0000	24	6.3013	4.0000	6.6593	340.0000
9	7.2682	5.4040	7.8594	487.0000	25	10.0373	8.0101	10.4256	698.0000
10	6.1540	4.1542	6.7569	383.0000	26	7.7668	5.3132	8.5564	306.0000
11	7.3185	5.0073	7.6535	311.0000	27	7.8675	5.3033	8.5271	613.0000
12	6.1407	3.4012	6.5323	271.0000	28	6.9209	4.7983	7.5299	302.0000
13	9.1409	6.3584	8.2687	524.0000	29	8.4251	5.2709	9.1895	540.0000
14	7.7738	5.5243	8.1403	498.0000	30	6.7519	4.1495	7.1148	203.0000
15	7.0684	4.4140	7.5710	343.0000	31	7.0997	5.8639	8.8791	528.0000
16	6.5858	4.1190	5.8833	354.0000	32	8.6016	6.4849	9.0791	456.0000

然后采用最小二乘估计, 假设数据已经读入 dat 数据框变量中, R 程序如下:

```
lm.out=lm(y~1+log(x1)+log(x2)+log(x3),data=dat)
summary(lm.out)
plot(dat[,4],pch=16,xlim=c(0,36))
legend(32,700,c('y',expression(hat(y))),pch=c(16,1))
lines(lm.out$fitted.values,type='o',pch=1)
Coefficients:
            Estimate Std. Error t value Pr(>|t|)
(Intercept) -159.64    156.025   -1.023   0.315
log(x1)       -9.539    44.52    -0.214   0.832
log(x2)       67.145    42.530    1.579   0.126
log(x3)       37.283    35.360    1.054   0.301

Residual standard error: 94.93 on 28 degrees of freedom
Multiple R-squared:  0.5211,    Adjusted R-squared:  0.4698
F-statistic: 10.16 on 3 and 28 DF,  p-value: 0.0001075
```

整理结果及示意图分别见表 7.8.3 和图 7.8.1.

表 7.8.3　回归方程及检验结果

回归方程	$y = -159.6470 - 9.5374x_1 + 67.1449x_2 + 37.2809x_3$
方程检验	F 统计量 $= 10.1560**$, 检验 p 值 $= 0.0001**$, $F_\alpha = 2.9467$
相关参数	复相关系数 $R=0.7219$, 决定系数 $R^2=0.5211$, 调整系数 $R_a^2=0.4698$
检验结论	F 统计量 $> F_\alpha$, 认为回归方程具有显著的线性关系

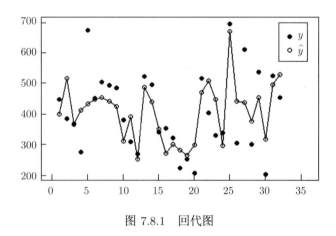

图 7.8.1　回代图

当自变量只有一个时, 因变量 y 与 x 的可线性化回归方程会变得更简洁. 在实际确定样本数据使用哪种非线性模型时, 通常先通过绘制样本的散点图来确定趋势, 然后选择合适的曲线模型. 下表 7.8.4 给出常见的可线性化的一元非线性回归方程:

表 7.8.4 可线性化的一元非线性回归方程

曲线类型	曲线模型	曲线类型	曲线模型
二次曲线	$y = \beta_0 + \beta_1 x + \beta_2 x^2$	复合函数	$y = \beta_0 \beta_1^x$
三次曲线	$y = \beta_0 + \beta_1 x + \beta_2 x^2 + \beta_3 x^3$	逆函数	$y = \beta_0 + \beta_1/x$
对数函数	$y = \beta_0 + \beta_1 \ln x$	S 型函数	$y = e^{\beta_0 + \beta_1/x}$
指数函数	$y = \beta_0 e^{\beta_1 x}$	增长曲线	$y = e^{\beta_0 + \beta_1 x}$
幂函数	$y = \beta_0 x^{\beta_1}$	逻辑函数	$y = \dfrac{1}{a + \beta_0 \beta_1^x}$, a 为给定的常数

为了对各种可线性化的曲线有一个直观的认识, 下面给出绘制代码和示意图 7.8.2:

```
mydraw=function(b0=1,b1=2,b2=1,b3=1,x1=seq(-5,5,by=0.01))
{
par(mfrow=c(2,5))
plot(x1,b0+b1*x1+b2*x1^2,type='l',ylab='',xlab='',
     main=expression(y=b[0]+b[1]*x+b2*x^2))
plot(x1,b0+b1*x1+b2*x1^2+b3*x1^3,type='l',ylab='',xlab='',
     main=expression(y=b[0]+b[1]*x+b[2]*x^2+b[3]*x^3))
x2=x1[x1>0]
plot(x2,b0+b1*log(x2),type='l',ylab='',xlab='',
     main=expression(y=b[0]+b[1]*ln(x)))
plot(x1,b0*exp(b1*x1),type='l',ylab='',xlab='',
     main=expression(y=b[0]*e^(b[1]*x)))
plot(x1,b0*x1^b1,type='l',ylab='',xlab='',
     main=expression(y=b[0]*x^b[1]))
plot(x1,b0*b1^x1,type='l',ylab='',xlab='',
     main=expression(y=b[o]*b[1]^x))
plot(x1,b0+b1/x1,type='l',ylab='',xlab='',
     main=expression(y=b[0]+b[1]/x))
x2=x1[abs(x1)>=1]
plot(x2,exp(b0+b1/x2),type='p',cex=0.2,ylab='',xlab='',
     main=expression(exp(b[0]+b[1]/x)))
plot(x1,exp(b0+b1*x1),type='l',ylab='',xlab='',
     main=expression(e^(b[0]+b[1]*x)))
a=1
plot(x1,1/(a+b0*b1^x1),type='l',ylab='',xlab='',
     main=expression(y=1/(a+b[0]*b[1]^x)))
}
mydraw()
```

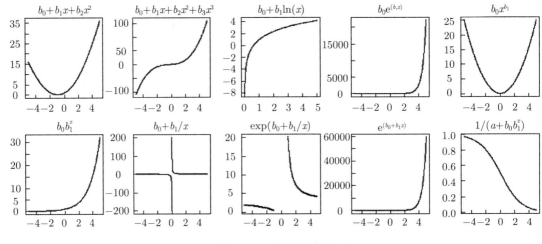

图 7.8.2 曲线示意图

例 7.8.2 某医院对 14 名重伤病人的住院天数和出院后的长期恢复情况进行跟踪,数据见表 7.8.5,以 x 表示住院天数,以 y 表示出院后长期恢复的预后指数 (指数越大表示恢复得越好),分析 x 与 y 的关系. ($\alpha = 0.05$)

表 7.8.5　14 名重伤病人住院天数与预后指数

编号	1	2	3	4	5	6	7	8	9	10	11	12	13	14
x	2	5	7	10	14	19	26	31	38	45	52	53	60	65
y	54	45	37	37	35	25	20	16	13	8	11	8	4	6

解　先作散点图, 如图 7.8.3 所示, 由图的趋势建议采用指数模型.

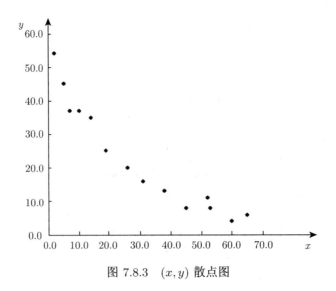

图 7.8.3　(x, y) 散点图

采用指数模型: $y = \beta_0 e^{\beta_1 x}$, 经计算得到如表 7.8.6 所示的回归结果.

表 7.8.6　回归结论 (针对线性化后的数据)

回归方程	指数 I 型 $y=53.0768e^{-0.0369x}$
统计量	统计量 $F=252.4761**$，检验 p 值 $=0.0000**$，$F_{0.05}=4.7472$
x 的 F 检验	$F_1=252.4761$，$F_{1\alpha}=4.7472$，检验 p 值 $=0.0000**$
方程检验结论	因为统计量 $F>F_{0.05}$，所以认为方程线性相关性显著
相关检验结论	复相关系数 $R=-0.9771$，$R_\alpha=0.5324$，$|R|>R_\alpha$，故认为方程线性相关显著
p 值建议	因为检验 p 值 $=0.0000$，若给定的显著性水平 $\alpha>p$，都可认为线性相关显著

将拟合值与实际值进行对比, 显示在图 7.8.4 中, 可见模型的拟合效果还是不错的.

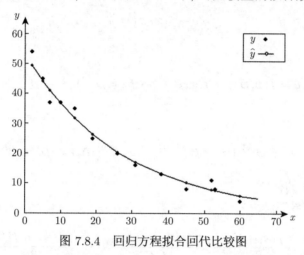

图 7.8.4　回归方程拟合回代比较图

由模型进一步看到, β_1 的大小反映了住院天数对预后指数的影响程度, 由于 $\hat{\beta}_1$ 为负值, 因此随着住院天数的增加, 预后指数随之下降, 这与实际情况还是比较吻合的.

二、一般的非线性回归

一般的非线性回归模型可以表示成

$$y = f(\boldsymbol{x}, \boldsymbol{\beta}) + \boldsymbol{\varepsilon}, \tag{7.8.6}$$

其中 y 为因变量, $\boldsymbol{x}=(x_1,x_1,\cdots,x_m)^\mathrm{T}$ 是自变量, $\boldsymbol{\beta}=(\beta_0,\beta_1,\beta_2,\cdots,\beta_p)^\mathrm{T}$ 是未知参数向量, ε 是随机误差, $f(\boldsymbol{x},\boldsymbol{\beta})$ 是 $m+p+1$ 元函数, 关于 $\boldsymbol{\beta}$ 是非线性的. 设对模型 (7.8.6) 作了 n 次观测, 得到观测数据为 $(x_{i1},\cdots,x_{im},y_i)$, 即

$$y_i = f(\boldsymbol{x}_{(i)}, \boldsymbol{\beta}) + \varepsilon_i, \ \boldsymbol{x}_{(i)} = (x_{i1}, \cdots, x_{im})^\mathrm{T}, \quad i=1,2,\cdots,n.$$

对非线性模型, 我们依然采用最小二乘法求解参数 $\boldsymbol{\beta}$, 即求使

$$Q(\boldsymbol{\beta}) = \sum_{i=1}^{n}(y_i - f(\boldsymbol{x}_{(i)}, \boldsymbol{\beta}))^2 \tag{7.8.7}$$

达到最小的 $\hat{\boldsymbol{\beta}}$ 为参数 $\boldsymbol{\beta}$ 的最小二乘估计解.

假定 f 函数对参数 $\boldsymbol{\beta}$ 连续可微, 采用微分法建立正规方程组, 以便求解使 $Q(\boldsymbol{\beta})$ 达到最小的 $\hat{\boldsymbol{\beta}}$. 将函数 $Q(\boldsymbol{\beta})$ 对 β_j 求偏导, 并令其为 0, 得到 $p+1$ 个方程:

$$\frac{\partial Q}{\partial \beta_j}|_{\beta_j=\hat{\beta}_j} = -2\sum_{i=1}^{n}(y_i - f(\boldsymbol{x}_{(i)}, \hat{\boldsymbol{\beta}}))\frac{\partial f}{\partial \beta_j}|_{\beta_j=\hat{\beta}_j} = 0, \quad j=0,1,2,\cdots,p. \tag{7.8.8}$$

非线性最小二乘估计 $\hat{\boldsymbol{\beta}}$ 就是 (7.8.8) 式的解, 而 (7.8.8) 式称为非线性最小二乘估计的正规方程组. 对于该方程组, 一般采用高斯–牛顿迭代法求解. 下面给出高斯–牛顿迭代法的具体步骤: 首先, 对函数

$$y - f(\boldsymbol{x}, \boldsymbol{\beta}) = 0$$

进行一阶展开, 即

$$y = f(\boldsymbol{x}, \boldsymbol{\beta}^*) = f(\boldsymbol{x}, \boldsymbol{\beta}^{(k)}) + f'(\boldsymbol{x}, \boldsymbol{\beta}^{(k)})(\boldsymbol{\beta}^* - \boldsymbol{\beta}^{(k)}),$$

可得迭代过程

$$y - f(\boldsymbol{x}, \boldsymbol{\beta}^{(k)}) = f'(\boldsymbol{x}, \boldsymbol{\beta}^{(k)})(\boldsymbol{\beta}^* - \boldsymbol{\beta}^{(k)}) \triangleq f'(\boldsymbol{x}, \boldsymbol{\beta}^{(k)})\Delta\boldsymbol{\beta} \Rightarrow \boldsymbol{\beta}^* = \boldsymbol{\beta}^{(k)} + \Delta\boldsymbol{\beta}. \tag{7.8.9}$$

步骤一 给出 $\boldsymbol{\beta}$ 的初值 $\boldsymbol{\beta}^{(0)}, k=0$.

步骤二 计算偏导矩阵:

$$\boldsymbol{X} = \begin{bmatrix} \frac{\partial f(\boldsymbol{x}_{(1)}, \boldsymbol{\beta}^{(k)})}{\partial \beta_0} & \frac{\partial f(\boldsymbol{x}_{(1)}, \boldsymbol{\beta}^{(k)})}{\partial \beta_1} & \cdots & \frac{\partial f(\boldsymbol{x}_{(1)}, \boldsymbol{\beta}^{(k)})}{\partial \beta_p} \\ \frac{\partial f(\boldsymbol{x}_{(2)}, \boldsymbol{\beta}^{(k)})}{\partial \beta_0} & \frac{\partial f(\boldsymbol{x}_{(2)}, \boldsymbol{\beta}^{(k)})}{\partial \beta_1} & \cdots & \frac{\partial f(\boldsymbol{x}_{(2)}, \boldsymbol{\beta}^{(k)})}{\partial \beta_p} \\ \vdots & \vdots & \cdots & \vdots \\ \frac{\partial f(\boldsymbol{x}_{(n)}, \boldsymbol{\beta}^{(k)})}{\partial \beta_0} & \frac{\partial f(\boldsymbol{x}_{(n)}, \boldsymbol{\beta}^{(k)})}{\partial \beta_1} & \cdots & \frac{\partial f(\boldsymbol{x}_{(n)}, \boldsymbol{\beta}^{(k)})}{\partial \beta_p} \end{bmatrix},$$

$$\boldsymbol{Y}^* = \begin{bmatrix} y_1 - f(\boldsymbol{x}_{(1)}, \boldsymbol{\beta}^{(k)}) \\ y_2 - f(\boldsymbol{x}_{(2)}, \boldsymbol{\beta}^{(k)}) \\ \vdots \\ y_n - f(\boldsymbol{x}_{(n)}, \boldsymbol{\beta}^{(k)}) \end{bmatrix}.$$

步骤三 计算迭代值 $\boldsymbol{\beta}^{(k+1)}$.

由步骤二, 式 (7.8.9) 可写成

$$\boldsymbol{X}\Delta\boldsymbol{\beta} = \boldsymbol{Y}^* \Rightarrow \Delta\boldsymbol{\beta} = (\boldsymbol{X}^{\mathrm{T}}\boldsymbol{X})^{-1}\boldsymbol{X}^{\mathrm{T}}\boldsymbol{Y}^*,$$

则有

$$\boldsymbol{\beta}^{(k+1)} = \boldsymbol{\beta}^{(k)} + (\boldsymbol{X}^{\mathrm{T}}\boldsymbol{X})^{-1}\boldsymbol{X}^{\mathrm{T}}\boldsymbol{Y}^*.$$

步骤四 重复步骤二和三, 直至 $\boldsymbol{\beta}^{(k+1)}$ 与 $\boldsymbol{\beta}^{(k)}$, 或者 $Q(\boldsymbol{\beta}^{(k+1)})$ 与 $Q(\boldsymbol{\beta}^{(k)})$ 之差的绝对值小于预先给定的精度为止.

例 7.8.3 对表 7.8.2 的数据采用高斯–牛顿迭代法求解模型 $y = \beta_0 e^{\beta_1 x}$ 中的未知参数 $\boldsymbol{\beta} = (\beta_0, \beta_1)^{\mathrm{T}}$, 精度要求 0.0001.

解 假设给定初值 $\boldsymbol{\beta}^0 = (10, 0)^{\mathrm{T}}$, 则

$$\boldsymbol{X} = \begin{bmatrix} e^{\beta_1^0 x_1} & x_1 \beta_0^0 e^{\beta_1^0 x_1} \\ \vdots & \vdots \\ e^{\beta_1^0 x_n} & x_n \beta_0^0 e^{\beta_1^0 x_n} \end{bmatrix}_{n \times 2}, \quad \boldsymbol{Y}^* = \begin{bmatrix} y_1 - \beta_0^0 e^{\beta_1^0 x_1} \\ \vdots \\ y_n - \beta_0^0 e^{\beta_1^0 x_n} \end{bmatrix}.$$

经过 6 次的迭代, 得到解 $\hat{\boldsymbol{\beta}} = (54.828028, -0.038461)^{\mathrm{T}}$, 则模型的回归方程为

$$y = 54.828028\, e^{-0.038461 x}.$$

将拟合值与实际值进行对比, 显示在图 7.8.5 中, 可见模型的拟合效果还是不错的. 与例 7.8.2 一样, $\hat{\beta}_1$ 也为负值, 整体上得到的解同例 7.8.2 相差甚小, 显示出高斯–牛顿迭代法的可行性.

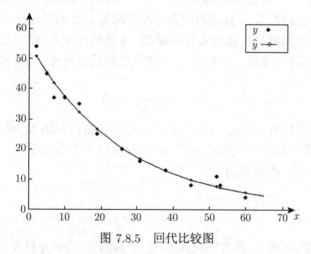

图 7.8.5 回代比较图

在 R 软件中可以通过 nls( ) 函数实现上述非线性回归的参数估计, 其 nls( ) 函数的定义如下:

nls(formula, data, start, algorithm, ...)

其中 formula 表示回归公式; data 一般是数据框; start 是参数的迭代初值; algorithm 表示采用的算法, 默认是高斯–牛顿法, 还可以使用 "plinear" 表示 Golub-Pereyra 算法. 具体程序如下:

```
dat=data.frame(x=c(2,5,7,10,14,19,26,31,38,45,52,53,60,65),
y=c(54,45,37,37,35,25,20,16,13,8,11,8,4,6))
nls(y~b0*exp(b1*x),data=dat,start=list(b0=10,b1=0))
Nonlinear regression model
  model: y ~ b0 * exp(b1 * x)
   data: dat
     b0          b1
54.82802    -0.03846                  # 此处输出回归系数
```

```
residual sum-of-squares: 66.82           # 残差平方和
Number of iterations to convergence: 6   # 迭代次数
Achieved convergence tolerance: 1.664e-06
```

通常, 类似上述迭代型的非线性方法, 都需要给出比较合理的初值, 否则可能导致搜索算法失效或迭代次数增多等. 比如本例中, 如果初值为 list(b0=1,b1=0), 则迭代就会失败. 因此, 如何给出合理的初值也是一件困难的事情, 实在给不出时, 应各种初值都尝试一下.

非线性模型的预测依然使用 predict( ) 函数.

7.9 非参数回归

非参数回归不同于参数回归和非线性回归, 它对回归函数的形式没有假定, 即没有指定因变量 Y 和自变量 X 之间确定的关系形式, 如线性模型 $y = \beta_0 + \beta_1 x_1 + \cdots + \beta_p x_p$. 虽然如此, 但是 Y 在给定 $X = x$ 时的分布依然取决于 x, 为此可通过估计回归函数形式来研究非参数回归问题. 近几十年来, 非参数回归问题已经在国际上得到了充分的认可和广泛的应用, 它是比线性和非线性回归模型更接近实际的模型. 非参数回归主要采用的工具有核估计.

因变量 Y 为一维随机变量, 自变量 X 为随机变量或确定性变量, 则 Y 对 X 的回归函数可表示成

$$m(x) = E(Y|X = x).$$

给定样本 (X_i, Y_i) 及观测值 (x_i, y_i), $i = 1, 2, \cdots, n$, 估计出回归函数 $m(x)$, 这是回归分析研究的主要问题. 非参数回归并不对回归函数 $m(x)$ 的形式作出具体假设.

非参数回归模型的一般形式为

$$\begin{cases} Y = m(X) + \varepsilon, \\ y_i = m(x_i) + \varepsilon_i, \quad i = 1, 2, \cdots, n, \end{cases} \tag{7.9.1}$$

其中 $m(\cdot)$ 是未知函数, ε 或 ε_i 称为随机误差项. 通常当 X 为确定性变量时, 假定 $E(\varepsilon) = 0$, $E(\varepsilon_i) = 0$, 则 $E(y_i) = m(x_i)$. 当 X 为随机变量时, 假定 $E(\varepsilon_i|X = x_i) = 0$, 则

$$E(y_i|X = x_i) = m(x_i).$$

模型 (7.9.1) 的估计方法很多, 有核估计、局部线性估计、近邻估计等, 本节主要介绍核估计.

一、Nadaraya-Watson 核估计

选定关于原点对称的概率密度函数 $K(u)$ 为核函数 (见第二章), 满足

$$K(-u) = K(u), \quad 且 \quad \int K(u) \mathrm{d}u = 1.$$

确定窗宽 $h_n > 0$ 后, 定义核权函数 $W_{n,i}(x)$ 为

$$W_{n,i}(x) = \frac{K\left(\dfrac{x_i - x}{h_n}\right)}{\sum_{j=1}^{n} K\left(\dfrac{x_j - x}{h_n}\right)}, \quad i = 1, 2, \cdots, n. \tag{7.9.2}$$

显然, $\sum_{i=1}^{n} W_{n,i}(x) = 1$, 则 $m(x)$ 的核估计为

$$\hat{m}_n(x) = \sum_{i=1}^{n} W_{n,i}(x) y_i. \tag{7.9.3}$$

这就是由 Nadaraya(1964) 和 Watson(1964) 提出的著名的 Nadaraya-Watson 不变窗宽核估计. 而此处的核估计 $\hat{m}_n(x)$ 在推导形式上等价于局部加权最小二乘估计, 因为核估计为最小化

$$\min_{m} \left\{ \sum_{i=1}^{n} K\left(\frac{x-x_i}{h_n}\right)(y_i - m(x))^2 \right\}, \tag{7.9.4}$$

其中,

$$\frac{\partial \sum_{i=1}^{n} K\left(\frac{x-x_i}{h_n}\right)(y_i - m)^2}{\partial m} = -2 \sum_{i=1}^{n} K(\frac{x-x_i}{h_n})(y_i - m) \triangleq 0$$

$$\Rightarrow m = \sum_{i=1}^{n} W_{n,i}(x) y_i = \hat{m}_n(x).$$

通过核权函数的构造可知, 当 $K(u)$ 为均匀核时, $\hat{m}_n(x)$ 就是对落在 $[x-h_n, x+h_n)$ 区间中的样本点 x_i 对应的 y_i 的算术平均值. 显然, h_n 越大, 参与平均的样本点个数就越多, 估计就越平滑; h_n 越小, 则参与平均的样本点个数就越少, 估计就越不平滑. 如果 $K(u)$ 为正态核, 则 $\hat{m}_n(x)$ 就是对所有 y_i 的加权算术平均值, x_i 越接近 x, 其权重就越大, 反之权重就越小, 且很快趋于 0.

综上所述, 当 $h_n \to +\infty$, 有 $K\left(\frac{x_i-x}{h_n}\right) \to K(0)$, 而

$$\hat{m}_n(x) \to \frac{1}{n} \sum_{i=1}^{n} y_i.$$

这使得估计过于平滑, 近乎一条直线. 当 $h_n \to 0^+$, $x_i \neq x$ 时, 有 $K\left(\frac{x_i-x}{h_n}\right) \to 0$, 而

$$\hat{m}_n(x) \to 0 (x \neq x_i, i = 1, 2, \cdots, n), \quad \hat{m}_n(x) = y_i (x = x_i).$$

这使得估计波动剧烈, 几乎只取单个样本点. 所以窗宽 h_n 的选择相当重要, 它直接决定了核估计的精度和效果. 好的窗宽应当不太大也不太小, 较多的研究资料以 $h_n = cn^{-1/5}(c$ 为常数) 作为理论上的最佳窗宽形式, 在实际应用中, 通常需要不断尝试才能确定较好的窗宽.

Nadaraya-Watson 核估计使用密度加权, 实际应用中, 可能还会采用密度的积分 (概率或面积) 进行加权, 这就形成了另一类核估计. 称

$$\hat{m}_n(x) = \sum_{i=1}^{n} \int_{t_{i-1}}^{t_i} K\left(\frac{t-x}{h_n}\right) \mathrm{d}t \cdot y_i \tag{7.9.5}$$

为 **Gasser-Müller 核估计**, 其中 $t_i = (x_{i-1} + x_i)/2, t_0 = -\infty, t_{n+1} = +\infty$.

例 7.9.1 设 $y = m(x) = \cos(2\pi \mathrm{e}^x) \cdot \mathrm{e}^x$. 令 $x_i = i/200, \varepsilon_i \sim N(0, 0.16)$, 构造模型

$$y_i = \cos(2\pi \mathrm{e}^{x_i}) \cdot \mathrm{e}^{x_i} + \varepsilon_i, \quad i = 1, 2, \cdots, 200.$$

然后取窗宽 $h_n = 0.05$, $K(u)$ 为正态核进行估计模拟.

解 模拟结果见图 7.9.1.

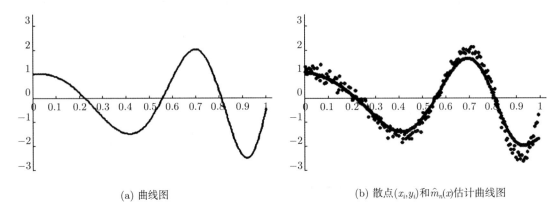

(a) 曲线图 (b) 散点(x_i, y_i)和$\hat{m}_n(x)$估计曲线图

图 7.9.1　模拟结果

例 7.9.2 设 $y = m(x) = x^2$, 令 $x_i \sim N(0, 1), \varepsilon_i \sim N(0, 0.16)$, 构造模型

$$y_i = x_i^2 + \varepsilon_i, \quad i = 1, 2, \cdots, 200.$$

取窗宽 $h_n = 0.2$, $K(u)$ 为正态核进行估计模拟.

解 模拟结果见图 7.9.2.

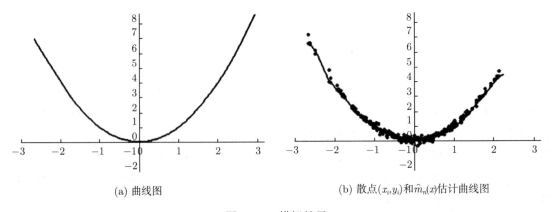

(a) 曲线图 (b) 散点(x_i, y_i)和$\hat{m}_n(x)$估计曲线图

图 7.9.2　模拟结果

从上述模拟例子可以看出, 核估计的拟合效果还是相当理想的. 下面给出核估计的基本程序:

```
kernel.lm=function(p.x,x,y,kfun,h)# p.x是估计的点,x,y是原始数据,kfun是核函数,h是窗宽
{ wei.all=sum(kfun((p.x-x)/h)); wei=kfun((p.x-x)/h)/wei.all ; sum(wei*y) }
x=rnorm(200); eps=rnorm(200,0,0.4); y=x^2+eps;
dat=data.frame(x=x,y=y); dat=dat[order(x),]; plot(dat,type='o')
ny=sapply(x,kernel.lm,x=x,y=y,dnorm,h=0.15); points(x,ny,pch=16)
legend(-1,max(y)-0.5,legend=c('orginal (x,y)','fitted (x,y)'),pch=c(1,16))
```

二、近邻核估计

除了常见的核估计外，k-近邻核估计也是常用的一种核估计形式. 它的基本思想就是用最靠近 x 的 k 个 x_i 对应的 y_i 值的加权平均值作为 $m(x)$ 的估计.

令 $I_{x,k} = \{i : x_i$ 是距离 x 最近的 k 个观测值之一 $\}$，$D(x,k) = \max\{|x_i - x|, i \in I_{x,k}\}$. 用 $D(x,k)$ 代替窗宽 h_n，则 k-近邻估计和 k-近邻核估计的定义为

$$\hat{m}_{n,k}(x) = \sum_{i=1}^{n} W_{n,i}(x) y_i = \sum_{i=1}^{n} \frac{1}{k} y_i, \tag{7.9.6}$$

$$\hat{m}_{n,k}(x) = \sum_{i=1}^{n} W_{n,i}(x) y_i = \sum_{i=1}^{n} \frac{K\left(\dfrac{x_i - x}{D(x,k)}\right)}{\sum_{j=1}^{n} K\left(\dfrac{x_j - x}{D(x,k)}\right)} y_i. \tag{7.9.7}$$

类似地，可以给出近邻核估计的函数, 其定义如下:

```
kernel.near.lm=function(p.x,x,y,kfun,k)# p.x是估计的点,x,y是原始数据,kfun是核函数,h是窗宽
{ h=sort(abs(p.x-x))[k]; wei.all=sum(kfun((p.x-x)/h)); wei=kfun((p.x-x)/h)/wei.all;
sum(wei*y) }
```

例 7.9.3 对例 7.9.1 和例 7.9.2 都以 $k = 5$，$K(u)$ 为正态核进行 k-近邻核估计模拟.

解 模拟结果见图 7.9.3.

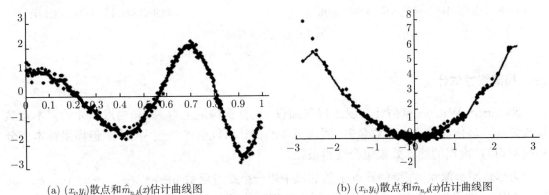

(a) (x_i, y_i) 散点和 $\hat{m}_{n,k}(x)$ 估计曲线图　　(b) (x_i, y_i) 散点和 $\hat{m}_{n,k}(x)$ 估计曲线图

图 7.9.3　模拟结果

例 7.9.4 研究我国 1980~2008 年货物进出口差额与国民总收入的关系，数据见表 7.9.1.

表 7.9.1 1980~2008 年中国货物进出口差额与国民总收入

年份	货物进出口差额 (亿元)	国民总收入 (亿元)	年份	货物进出口差额 (亿元)	国民总收入 (亿元)	年份	货物进出口差额 (亿元)	国民总收入 (亿元)
1980	−27.60	4546.00	1990	411.50	18718.00	2000	1995.60	98000.00
1981	−0.10	4889.00	1991	428.40	21826.00	2001	1865.20	108068.00
1982	56.30	5330.00	1992	233.00	26937.00	2002	2517.60	119096.00
1983	16.50	5986.00	1993	−701.40	35260.00	2003	2092.30	135174.00
1984	−40.00	7244.00	1994	461.70	48108.00	2004	2667.50	159587.00
1985	−448.90	9041.00	1995	1403.70	59811.00	2005	8374.40	184089.00
1986	−416.20	10274.00	1996	1019.00	70142.00	2006	14217.73	213132.00
1987	−144.20	12051.00	1997	3354.20	78061.00	2007	20171.07	259258.91
1988	−288.40	15037.00	1998	3605.50	83024.00	2008	20868.41	302853.40
1989	−243.90	17001.00	1999	2423.40	88479.00			

(1) 以货物进出口差额为自变量 X, 国民总收入为 Y, 模型方程 $y = m(x) + \varepsilon$, 取窗宽 $h_n = 500$, $K(u)$ 为正态核进行拟合.

(2) 以年份为自变量 X, 国民总收入为 Y, 模型方程 $y = m(x) + \varepsilon$, 取窗宽 $h_n = 2$, $K(u)$ 为正态核进行拟合.

解 模拟结果见图 7.9.4.

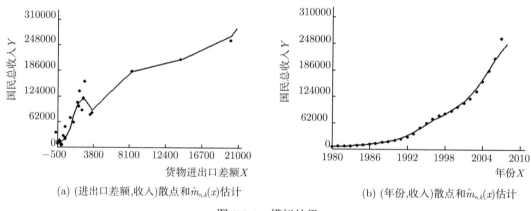

(a) (进出口差额,收入)散点和 $\hat{m}_{n,k}(x)$ 估计   (b) (年份,收入)散点和 $\hat{m}_{n,k}(x)$ 估计

图 7.9.4 模拟结果

三、局部线性估计

Nadaraya-Watson 核估计实现了局部加权, 从权重构造上看, 参与内点估计的样本点数量较参与两端估计的样本点数量多, 所以两端的估计可能会产生较大偏差. 但如果样本点分布很不均匀, 内点的估计效果也会变得很差.

为尽量减少偏差, 在待估计点 x 的邻域中用一个线性函数 $a(x) + b(x)x_i$, $x_i \in (x - h_n, x + h_n)$ 替代 y_i 的平均, 其中 $a(x), b(x)$ 是两个局部参数, 即局部线性估计为最小化

$$\min_m \left\{ \sum_{i=1}^n K\left(\frac{x - x_i}{h_n}\right)(y_i - a(x) - b(x)x_i)^2 \right\}. \tag{7.9.8}$$

令
$$\boldsymbol{e}=(1,0)^{\mathrm{T}},\quad \boldsymbol{X}_x=(X_{x,1},X_{x,2},\cdots,X_{x,n})^{\mathrm{T}},\quad \boldsymbol{X}_{x,i}=(1,(x_i-x))^{\mathrm{T}},\quad \boldsymbol{y}=(y_1,y_2,\cdots,y_n)^{\mathrm{T}},$$

$$\boldsymbol{W}_x=\mathrm{diag}\left(K\left(\frac{x_1-x}{h_n}\right),\cdots,K\left(\frac{x_n-x}{h_n}\right)\right),$$

则
$$\hat{m}_n(x)=\boldsymbol{e}^{\mathrm{T}}(\boldsymbol{X}_x^{\mathrm{T}}\boldsymbol{W}_x\boldsymbol{X}_x)^{-1}\boldsymbol{X}_x^{\mathrm{T}}\boldsymbol{W}_x\boldsymbol{y}.$$

四、局部 p 阶多项式估计

将局部线性估计扩展到一般的局部多项式回归, 构造 p 阶多项式估计, 即为最小化

$$\min_{m}\left\{\sum_{i=1}^{n}K\left(\frac{x-x_i}{h_n}\right)(y_i-\beta_0-\beta_1(x_i-x)-\cdots-\beta_p(x_i-x)^p)^2\right\}. \tag{7.9.9}$$

令
$$\boldsymbol{X}_x=(X_{x,1},X_{x,2},\cdots,X_{x,n})^{\mathrm{T}},\quad \boldsymbol{X}_{x,i}=(1,(x_i-x),\cdots,(x_i-x)^p)^{\mathrm{T}},$$

$$\boldsymbol{y}=(y_1,y_2,\cdots,y_n)^{\mathrm{T}},\quad \boldsymbol{\beta}=(\beta_0,\beta_1,\cdots,\beta_p)^{\mathrm{T}},\quad \boldsymbol{W}_x=\mathrm{diag}\left(K\left(\frac{x_1-x}{h_n}\right),\cdots,K\left(\frac{x_n-x}{h_n}\right)\right).$$

则
$$\hat{\boldsymbol{\beta}}=(\boldsymbol{X}_x^{\mathrm{T}}\boldsymbol{W}_x\boldsymbol{X}_x)^{-1}\boldsymbol{X}_x^{\mathrm{T}}\boldsymbol{W}_x\boldsymbol{y}.$$

关于核估计的形式还有很多, 其理论和方法还在不断发展中, 本节只作简要的介绍.

五、核估计的 R 软件实现

(1) lowess( ) 函数.

该函数采用 LOWESS 平滑技术对数据对进行处理, 返回平滑后的 x,y 坐标, 以便绘图使用, 其定义为

```
lowess(x, y = NULL, f = 2/3, iter = 3, delta = 0.01 * diff(range(x)))
```

其中 x,y 是向量, 如果每给出 y, 则 x 为包含两列的矩阵或数据框; f 是参与平滑的样本点比例; iter 是稳健平滑的次数.

例 7.9.5 对例 7.9.4 中第一个问题采用 $f=2/3$ 进行平滑拟合.

解 平滑拟合的具体程序和图如下:

```
dat=data.frame(in_out=c(...), gdp=c(...)) # 假定数据已经存入 dat 数据框中
plot(dat,xlab="",ylab="",main='LOWESS')
lines(lowess(dat,f=2/3) )
```

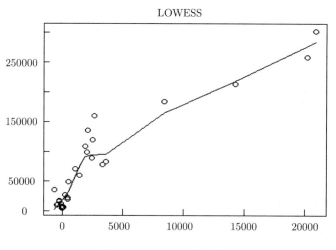

图 7.9.5　lowess 拟合图

(2) loess( ) 回归.

该函数对多个自变量采用局部多项式拟合, 该函数定义为

```
loess(formula, data, span = 0.75, degree = 2, method = c("loess",
     "model.frame"),control = loess.control(...), ...)
```

其中 formula 是回归公式, 同 lm( ) 函数; data 是数据框; degree=2 表示 2 阶多项式拟合; 其他见帮助. 具体程序和图如下:

```
plot(dat,xlab='',ylab='',main='loess')
loess.out=loess(gdp~in_out, data=dat, degree=1)
lines(loess.out )
```

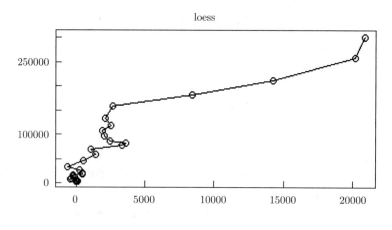

图 7.9.6　loess 拟合图

(3) locfit( ) 局部核估计.

该函数主要实现局部回归和似然估计, 包括局部回归、密度估计等, 其定义为

```
locfit(formula, data=sys.frame(sys.parent()), weights=1,…)
```

其中 formula 是公式, 类似 lm( ); data 是数据框变量; weights 是每个样本点的权重; 其他参数见帮助. 具体程序和图如下:

```
plot(dat,xlab='',ylab='',main='loess ')
loc.out=locfit(gdp~in_out, data=dat)
lines(loc.out )
```

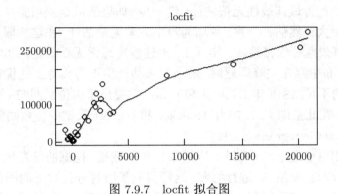

图 7.9.7　locfit 拟合图

还可利用 locfit 进行密度估计, 其中 formula 应使用 ~lp(x, nn, h, ···), 其中 x 是向量数据, nn 是近邻平滑参数, h 是平滑参数.

下面构造一个混合正态的数据 x, 一部分来自 $N(5,2)$, 一部分来自 $N(15,2)$, 然后进行密度估计. 具体程序和图如下:

```
x=c(rnorm(50,5,2),rnorm(50,15,2))
par(mfrow=c(1,2))
hist(x,freq=FALSE,main='hist-density',cex.main=0.8); lines(density(x))
loc.den=locfit(formula=~lp(x,nn=0.4, h=0.5))
plot(loc.den, get.data=TRUE,main='locfit', cex.main=0.8)
```

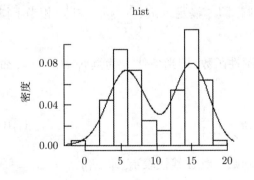 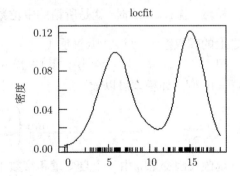

图 7.9.8　locfit 密度估计与 hist 比较

关于核估计的软件包和函数还有很多, 比如 SemiPar 包中的 spm 函数实现惩罚样条法, np 包中的 npplreg 函数实现核估计法, stats 包中的 smooth.spline 样条平滑, mgcv 包中的广义可加模型分析函数 gam, gamm, sm 包中的 sm 系列方法等, 这些包功能强大且丰富, 特别体现在多维分析中.

7.10 分位数回归

经典的线性回归模型假定随机误差项来自均值为零、方差相同的分布, 并由此得出回归系数的最小二乘估计为最佳线性无偏估计; 进一步, 如果随机误差项服从正态分布, 那么最小二乘估计就与极大似然估计一致, 且均为最小方差无偏估计. 在这些假定下, 最小二乘估计具有无偏性、有效性等优良性质. 实际上, 上述假定通常无法满足, 此时若数据中存在严重的异方差, 或分布中存在尖峰厚尾时, 最小二乘估计将不再具有上述优良性质. 为了克服最小二乘法估计的不足, 1818 年 Laplace 和 Guass 等提出了中位数回归 (最小绝对偏差估计或最小一乘估计). 在此基础上, 1978 年 Koenker 和 Bassett 又把中位数回归推广到了更一般的分位数回归 (quantile regression) 上.

分位数回归相对于最小二乘回归, 应用条件更加宽松, 挖掘的信息更加丰富. 它依据因变量的条件分位数对自变量 X 进行回归, 这样得到了所有分位数下的回归模型. 因此分位数回归相比普通的最小二乘回归, 能够更加精确地描述自变量 X 对因变量 Y 的变化范围, 以及条件分布形状的影响.

一、回归原理及模型

假设随机变量的分布函数为 $F(x) = P(X \leqslant x)$, 该随机变量的 τ 分位数记为

$$Q(\tau) = \inf\{x : F(x) \geqslant \tau\}, \quad 0 < \tau < 1. \tag{7.10.1}$$

对于样本数据 $\{y_i\}_{i=1}^n$, 该样本的分位数回归是使加权误差绝对值之和最小, 即

$$\min_{\xi \in \mathbb{R}} \left\{ \tau \sum_{i:y_i \geqslant \xi} |y_i - \xi| + (1-\tau) \sum_{i:y_i < \xi} |y_i - \xi| \right\}. \tag{7.10.2}$$

显然, 当 $\tau = 0.5$ 时, 就是所谓的中位数回归, 即 ξ 满足 $\min_{\xi \in \mathbb{R}} \left\{ \sum_i |y_i - \xi| \right\}$, 相当于拟合线之上的赋权重 τ, 反之, 赋权重 $1-\tau$.

记 $\rho_\tau(u) = u(\tau - I(u < 0))$, 其中 $I(x)$ 为示性函数, 即当条件 x 为真时 $I(x) = 1$, 否则 $I(x) = 0$. 则上述模型可以改写成

$$\min_{\xi \in \mathbb{R}} \left\{ \sum_{i=1}^n \rho_\tau(y_i - \xi) \right\}. \tag{7.10.3}$$

现假设因变量 y 由 p 个自变量和常数 1 及回归系数 $\boldsymbol{\beta}$ 线性表示, 即 $E(y|\boldsymbol{X}=\boldsymbol{x}) = \boldsymbol{x}^\mathrm{T} \boldsymbol{\beta}$, 则回归参数的估计值为

$$\hat{\beta}_\tau = \min_{\beta \in \mathbb{R}^{p+1}} \left\{ \sum_{i=1}^n \rho_\tau(y_i - \boldsymbol{x}_i^\mathrm{T} \boldsymbol{\beta}_\tau) \right\}, \tag{7.10.4}$$

其中, $\boldsymbol{\beta}_\tau = (\beta_{\tau,0}, \beta_{\tau,1}, \cdots, \beta_{\tau,p})^\mathrm{T}$, $\boldsymbol{x}_i = (1, x_{i1}, \cdots, x_{ip})^\mathrm{T}$.

二、回归系数的求解

R 软件中通过软件包 quantreg 中的 rq 函数实现分位数回归, 其定义如下:

```
rq(formula, tau=.5, data, subset, weights, na.action,method="br",
model = TRUE, contrasts, ...)
```

其中 formula 是公式表达式, 同 lm( ) 函数; tau 就是上述的分位数; data 是数据框变量; method 表明拟合的方法: 默认值为 "br", 表示 Barrodale & Roberts 算法的修改版; 若为 "fn" 则表示针对大数据, 采用 Frisch–Newton 内点算法; 若为 "pfn" 表示针对特别大数据, 使用经过预处理 Frisch–Newton 逼近方法; 若为 "fnc" 则表示针对被拟合系数特殊的线性不等式约束情况; 若为 "lasso" 和 "scad" 表示基于特定惩罚函数的平滑算法进行拟合.

下面给出 engel 数据来说明分位数回归, engel 数据是关于家庭收入和食品支出的二维数据, 通过 data(engel) 载入系统, 第一列是 income 表示家庭收入; 第二列是 foodexp 表示食品支出. 具体程序如下:

```
fit=rq(foodexp~income, tau=0.5, data=engel)    # 实现最小一乘估计, names(fit) 可以查看
summary(fit)                                    # 得到基本信息
resid(fit); coef(fit)                           # 分别返回残差序列和回归系数
summary(fit, se='nid')                          # 输出基本信息的同时还作了系数检验
Call:  rq(formula = foodexp ~ income, tau = 0.5, data = engel) # 第一个 summary 输出
tau:  [1] 0.5
Coefficients:
            coefficients  lower bd   upper bd
(Intercept) 81.48225      53.25915   114.01156
income      0.56018       0.48702    0.60199

Call:  rq(formula = foodexp ~ income, tau = 0.5, data = engel) # 第二个 summary 输出
tau:  [1] 0.5
Coefficients:
            Value      Std.Error  t value   Pr(>|t|)
(Intercept) 81.48225   19.25066   4.23270   0.00003
income      0.56018    0.02828    19.81032  0.00000
```

此处, summary( ) 函数中的 se 参数可取得的值有: "rank" 给出按照 Koenker(1994) 的排秩方法计算得到的置信区间, 默认残差为独立同分布; "iid" 假设残差为独立同分布, 用 KB(1978) 的方法计算得到近似的协方差矩阵; "nid" 表示按照 Huber 方法逼近得到的估计量; "ker" 采用 Powell(1990) 的核估计方法; "boot" 采用 bootstrap 方法, 即自助抽样的方法估计系数的误差标准差.

三、系数和拟合曲线的比较

R 软件中, 系数和拟合线比较的程序和图如下:

```
fit1=summary( rq(foodexp~income, tau= c(0.05,0.25,0.5,0.75,0.95)))  # 生成 5 条回归系数
plot(fit1) # 画出系数
```

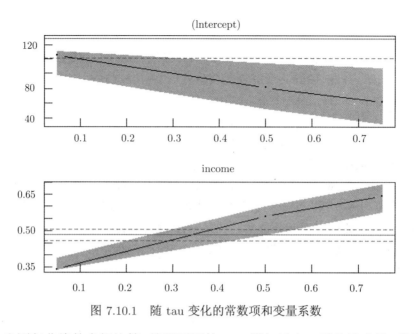

图 7.10.1 随 tau 变化的常数项和变量系数

下面给出回归曲线的多组比较, 基于不同的 tau, 附加最小二乘估计曲线, 具体程序和图如下:

```
attach(engel)
plot(income,foodexp,cex=0.25,type="n",xlab="Income", ylab="FoodExp")
points(income,foodexp,cex=0.5,col="blue") # 添加点, 点的大小为 0.5
abline( rq(foodexp~income, tau=0.5), col="blue" ) # 画最小一乘法拟合直线, 蓝色
abline( lm(foodexp~income), lty = 2, col="red" ) # 画最小二乘法拟合直线, 红色
taus = c(0.05, 0.1, 0.25, 0.75, 0.9, 0.95)
for(i in 1:length(taus)) # 绘制不同 tau 的拟合直线, 灰色
abline( rq(foodexp~income, tau=taus[i]), col="gray" )
detach(engel)
```

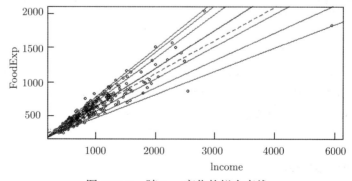

图 7.10.2 随 tau 变化的拟合直线

四、结果解释

比较低收入 (收入在 10% 分位点的人) 和高收入 (收入在 90% 分位点的人) 的估计结果,

具体程序和图如下:

```
z=rq(foodexp~income, tau=-1) # z$sol 包含了每个分位点下的系数估计, 5*271 矩阵
x.low=quantile(income, 0.1) # 10% 分位点的收入
x.high=quantile(income, 0.9) # 90% 分位点的收入
ps=z$sol[1,] # 第 1 行记录每个分位点的 tau 值, 4, 5 两行记录回归系数
qs.low = c(c(1,x.low) %*% z$sol[4:5,]) # 10% 分位点的收入的消费估计值
qs.high = c(c(1,x.high) %*% z$sol[4:5,]) # 90% 分位点的收入的消费估计值
par(mfrow=c(1,2)) # 把绘图区域划分为一行两列
plot(c(ps,ps),c(qs.low,qs.high),type="n",xlab=expression(tau), ylab="quantile")
plot(stepfun(ps,c(qs.low[1],qs.low)), do.points=F,add=T) # 阶梯函数
plot(stepfun(ps,c(qs.high[1],qs.high)), do.points=F,add=T,col.hor="gray",
     col.vert="gray")
ps.wts=( c(0,diff(ps)) + c(diff(ps),0) )/2
ap=akj(qs.low, z=qs.low, p=ps.wts) # 核密度估计
ar=akj(qs.high, z=qs.high, p=ps.wts)
plot(c(qs.low,qs.high), c(ap$dens, ar$dens),type="n",
     xlab="Food Expenditure", ylab="Density")
lines(qs.high,ar$dens,col="gray")
lines(qs.low,ap$dens,col="black")
legend("topright", c("low","high"), lty=c(1,1),col=c("black","gray"))
```

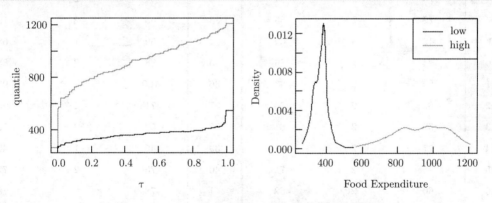

图 7.10.3 10%分位点和 90%分位点之间的比较

图 7.10.3 表示收入 (income) 为 10%分位点处 (低收入者 poor) 和 90%分位点处 (高收入者 rich) 的食品支出的比较. 从左图可以发现, 对于低收入者而言, 在不同分位点估计的食品消费差别不大; 而对于高收入者而言, 在不同分位点对食品消费的差别比较大. 右图反应了低收入者和高收入者的食品消费分布曲线. 低收入者的食品消费集中于 400 左右, 比较陡峭; 而高收入者的消费支出集中于 800 到 1200 之间, 比较分散.

7.11 关于定性变量的回归

前面介绍的各种类型的回归模型中, 自变量和应变量都是定量的连续变量. 但在实际问

题中, 也经常出现定性变量和离散变量, 为了在模型中使用定性变量, 就需要将其"量化".

一、虚拟变量模型

把自变量中量化的定性变量称为"**虚拟变量**", 比较常见的包括性别、职称、职务、年龄层等. 通常把自变量中含有一般变量和虚拟变量的模型称为**虚拟变量模型**, 下面通过一个具体例子来介绍该模型.

例 7.11.1 表 7.11.1 给出了 50 名从初中升入高中的学生在初三和高一的各科成绩的平均分和学生家庭的收入分类情况 (1 表示低收入, 2 表示中等收入, 3 表示高收入), 以初三成绩和家庭收入为自变量, 高一成绩为因变量建立回归方程.

表 7.11.1 50 名学生初三和高一的各科平均成绩及家庭收入

序号	初三成绩	家庭情况	高一成绩	序号	初三成绩	家庭情况	高一成绩
1	76	2	82	26	79	3	79
2	80	2	79	27	83	3	93
3	64	2	72	28	48	3	60
4	66	3	78	29	81	2	92
5	89	2	82	30	66	3	75
6	86	1	71	31	84	2	74
7	75	2	74	32	54	2	52
8	72	2	65	33	63	2	79
9	42	3	60	34	59	1	68
10	94	1	86	35	88	3	85
11	80	2	83	36	100	1	93
12	82	2	74	37	71	2	70
13	58	2	61	38	68	3	73
14	77	2	81	39	45	1	45
15	75	2	71	40	75	2	72
16	60	2	62	41	78	2	78
17	57	2	63	42	58	2	64
18	72	1	74	43	98	1	84
19	77	1	70	44	99	1	78
20	83	3	68	45	70	3	80
21	81	2	80	46	75	2	80
22	58	2	73	47	100	3	99
23	83	2	82	48	78	1	73
24	68	2	66	49	97	2	93
25	50	1	42	50	76	3	92

解 设以高一成绩为 y, 初三成绩为 x_1, 家庭收入为 H, 由于家庭收入有三个类别, 所以需要建立两个虚拟变量 x_2, x_3 来表达三种情况, $(x_2, x_3) = (1, 0)$ 表示家庭情况 $H = 1$, $(x_2, x_3) = (0, 1)$ 表示家庭情况 $H = 2$, $(x_2, x_3) = (0, 0)$ 表示家庭情况 $H = 3$, 以表 7.11.1 中前 5 行为例给出量化后的新数据, 见表 7.11.2.

表 7.11.2 量化后的前 5 行数据

序号	x_1	x_2	x_3	y	序号	x_1	x_2	x_3	y
1	76	0	1	82	26	79	0	0	79
2	80	0	1	79	27	83	0	0	93
3	64	0	1	72	28	48	0	0	60
4	66	0	0	78	29	81	0	1	92
5	89	0	1	82	30	66	0	0	75

建立统一的模型, 如下:

$$y = \beta_0 + \beta_1 x_1 + \beta_2 x_2 + \beta_3 x_3 + \varepsilon. \tag{7.11.1}$$

式 (7.11.1) 可分解成三个子模型 (对应三种家庭情况), 即

$$\begin{cases} y = \beta_0 + \beta_1 x_1 + \beta_2 x_2 + \varepsilon, & H = 1, \\ y = \beta_0 + \beta_1 x_1 + \beta_3 x_3 + \varepsilon, & H = 2, \\ y = \beta_0 + \beta_1 x_1 + \varepsilon, & H = 3. \end{cases}$$

求解模型的具体程序如下:

```
# 假设数据已经读入 dat 变量中, 注意序号列不需要读入到变量 dat 中
ndat=as.data.frame(cbind(dat[,1],as.integer(dat[,2]==1),as.integer(dat[,2]==2),dat[,3]))
colnames(ndat)=c('x1','x2','x3','y')
lm.out=lm(y~., data=dat)
summary(lm.out)
Coefficients:
            Estimate Std.  Error t value Pr(>|t|)
(Intercept) 28.70811  4.90405  5.854   4.79e-07 ***
x1           0.68758  0.06294 10.925   2.27e-14 ***
x2         -11.06623  2.64103 -4.190   0.000125 ***
x3          -4.67886  2.17590 -2.150   0.036820 *
```

由上述计算结果得到三个子回归模型, 即

$$\begin{cases} \hat{y} = 28.70811 + 0.68758 x_1 - 11.06623 x_2, & H = 1, \\ \hat{y} = 28.70811 + 0.68758 x_1 - 4.67886 x_3, & H = 2, \\ \hat{y} = 28.70811 + 0.68758 x_1, & H = 3. \end{cases} \tag{7.11.2}$$

综上所述, 对于定性变量, 如果其有 k 个类别, 则需要量化成 $k-1$ 个虚拟变量, 最终得到 k 个子回归模型. 如果这样的定性变量有多个, 则生成的虚拟变量的方法不变, 但子回归模型就需要组合生成了, 复杂度将大大提高.

二、Logistic 回归模型

如果因变量是二值定性变量,通常会建立Logistic 回归模型,下面通过一个具体例子来介绍该模型.

例 7.11.2 表 7.11.3 统计了 40 名肺癌病人的生存资料, 其中 x_1 表示生活行动能力评分 (1~100 分), x_2 表示病人的年龄, x_3 表示有诊断到进入研究时间 (月), x_4 表示肿瘤类型 ("0" 是鳞癌, "1" 是小型细胞癌, "2" 是腺癌, "3" 是大型细胞癌), x_5 表示两种化疗方法 ("1" 表示常规, "0" 表示新方法), y 表示病人的生存时间 ("0" 表示生存时间短, 即生存时间小于 200 天, "1" 表示生存时间长, 即生存时间大等于 200 天).

表 7.11.3 40 名肺癌病人的生存资料

序号	x_1	x_2	x_3	x_4	x_5	y	序号	x_1	x_2	x_3	x_4	x_5	y
1	70	64	5	1	1	1	21	60	37	13	1	1	0
2	60	63	9	1	1	0	22	90	54	12	1	0	1
3	70	65	11	1	1	0	23	50	52	8	1	0	1
4	40	69	10	1	1	0	24	70	50	7	1	0	1
5	40	63	58	1	1	0	25	20	65	21	1	0	0
6	70	48	9	1	1	0	26	80	52	28	1	0	1
7	70	48	11	1	1	0	27	60	70	13	1	0	0
8	80	63	4	2	1	0	28	50	40	13	1	0	0
9	60	63	14	2	1	0	29	70	36	22	2	0	0
10	30	53	4	2	1	0	30	40	44	36	2	0	0
11	80	43	12	2	1	0	31	30	54	9	2	0	0
12	40	55	2	2	1	0	32	30	59	87	2	0	0
13	60	66	25	2	1	1	33	40	69	5	3	0	0
14	40	67	23	2	1	0	34	60	50	22	3	0	0
15	20	61	19	3	1	0	35	80	62	4	3	0	0
16	50	63	4	3	1	0	36	70	68	15	0	0	0
17	50	66	16	0	1	0	37	30	39	4	0	0	0
18	40	68	12	0	1	0	38	60	49	11	0	0	0
19	80	41	12	0	1	1	39	80	64	10	0	0	1
20	70	53	8	0	1	1	40	70	67	18	0	0	1

解 以因变量 y 作为二值定性变量, 可将其看成服从参数为 p 的 0-1 分布的随机变量, 其中记 $P(y=1) = p$, $P(y=0) = 1-p$, 并构建模型

$$\ln\left(\frac{p}{1-p}\right) = \beta_0 + \beta_1 x_1 + \beta_2 x_2 + \beta_3 x_3 + \beta_4 x_4 + \beta_5 x_5 + \varepsilon, \tag{7.11.3}$$

称该模型为 **Logistic 回归模型**. 若不考虑 (7.11.3) 中的误差项, 它可等价变形为

$$p = \frac{e^{\beta_0 + \beta_1 x_1 + \beta_2 x_2 + \beta_3 x_3 + \beta_4 x_4 + \beta_5 x_5}}{1 + e^{\beta_0 + \beta_1 x_1 + \beta_2 x_2 + \beta_3 x_3 + \beta_4 x_4 + \beta_5 x_5}}. \tag{7.11.4}$$

注意到, 概率值 $p \in [0, 1]$, 所以式 (7.11.3) 左端是取值于 $\mathbb{R}$ 中的一个连续变量, 因此用右端的线性模型来拟合还是可行的. 具体程序体如下:

```
lm.out=glm(y~.,family=binomial,data=dat)
```

```
Coefficients:
             Estimate Std. Error z value Pr(>|z|)
(Intercept)  7.01140    4.47534   -1.567  0.1172
X1           0.09994    0.04304    2.322  0.0202 *
X2           0.01415    0.04697    0.301  0.7631
X3           0.01749    0.05458    0.320  0.7486
X4          -1.08297    0.58721   -1.844  0.0651 .
X5          -0.61309    0.96066   -0.638  0.5233
---
Signif. codes:  0 '***' 0.001 '**' 0.01 '*' 0.05 '.' 0.1 ' ' 1

(Dispersion parameter for binomial family taken to be 1)

    Null deviance: 44.987  on 39  degrees of freedom
Residual deviance: 28.392  on 34  degrees of freedom
AIC: 40.392

Number of Fisher Scoring iterations: 6
```

由上述输出, 可得回归模型为

$$p = \frac{e^{-7.01140+0.09994x_1+0.01415x_2+0.01749x_3-1.08297x_4-0.61309x_5}}{1+e^{-7.01140+0.09994x_1+0.01415x_2+0.01749x_3-1.08297x_4-0.61309x_5}}.$$

但是, 这个结果从系数的检验角度讲, 非常不理想, 因为 x_2, x_3, x_5 都没有通过显著性检验, 另外 x_4 处于显著性水平 0.05 附近, 只有 x_1 通过了显著性检验. 因此, 有必要对模型进行逐步回归. 具体程序如下:

```
lm.out2=step(lm.out)
summary(lm.out2)
Coefficients:
             Estimate td. Error z value Pr(>|z|)
(Intercept) -6.13755   2.73844   -2.241  0.0250 *
X1           0.09759   0.04079    2.393  0.0167 *
X4          -1.12524   0.60239   -1.868  0.0618 .
```

依据 AIC 准则的逐步回归选择了变量 x_1 和 x_4, 上面给出的检验基本上达到建模的要求. 此时得到回归模型为

$$p = \frac{e^{-7.01140+0.09994x_1-1.12524x_4}}{1+e^{-7.01140+0.09994x_1-1.12524x_4}}.$$

对于预测的概率值, 如果其小于 0.5, 则判为 $y=0$, 否则判为 $y=1$. 全模型和逐步回归模型得到的回代结果一样, 0 判成 1 的有 1 个, 1 判成 0 的有 4 个, 回代正确率为 87.5%. 具体程序如下:

```
pre=predict(lm.out,newdata=dat[,1:5]);     p1=exp(pre)/(1+exp(pre));
    ifelse(p1<0.5,0,1)
pre=predict(lm.out2,newdata=dat[,1:5]);    p2=exp(pre)/(1+exp(pre));
    ifelse(p1<0.5,0,1)
table(dat[,6],p1);       table(dat[,6],p2)
         0   1
     0  29   1
     1   4   6
```

内容小结

本章由相关分析引入回归分析，主要介绍了线性回归的最小二乘估计及其性质，方程显著性检验及回归系数检验，最优回归和自变量选择、因变量预测，自变量控制，非线性回归、非参数回归和分位数回归等.

本章知识点网络结构图：

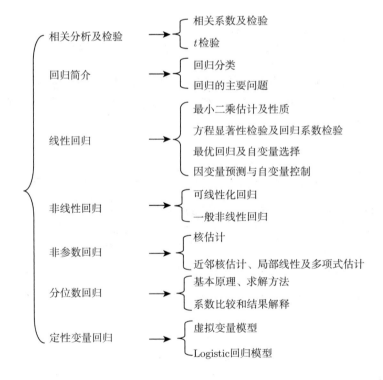

本章基本要求：

1. 掌握相关分析及检验；
2. 了解回归分析的研究领域及各类问题；

3. 熟练掌握线性回归的最小二乘估计方法及性质;
4. 熟练掌握自变量挑选的方法;
5. 掌握因变量预测与区间预测的方法;
6. 了解非线性和非参数回归的基本方法;
7. 了解分位数回归和定性变量相关的回归模型的基本方法;
8. 掌握解决上述问题的 R 函数及其使用.

习 题 七

1. 设
$$\begin{cases} y_1 = \theta + \varepsilon_1, \\ y_2 = \theta - \varphi + \varepsilon_2, \\ y_3 = \theta + 2\varphi + \varepsilon_3, \end{cases}$$

其中, θ, φ 是未知参数. $E(\varepsilon_i) = 0$, $D(\varepsilon_i) = \sigma^2$, $i = 1, 2, 3$, 且 $\varepsilon_1, \varepsilon_2, \varepsilon_3$ 相互独立. 求:

(1) θ, φ 的最小二乘估计 $\hat{\theta}, \hat{\varphi}$; (2) $D\begin{pmatrix} \hat{\theta} \\ \hat{\varphi} \end{pmatrix}$.

2. 在天平的两个秤盘上分别放上 4 个物体中的若干个物体, 并在其中的一个秤盘上加上砝码使之平衡. 这样便有一个线性模型:

$$Y = \beta_1 X_1 + \cdots + \beta_4 X_4 + \varepsilon, \quad D(\varepsilon) = \sigma_2,$$

其中 Y 为使天平达到平衡所需的砝码重量. 约定: 如果砝码在左边秤盘上, 则 Y 为负值. X_i 的值为 0, 1 或 −1, 其中 0 表示第 i 个物体没有被称, 1 和 −1 分别表示该物体放在左边和右边秤盘上. 现称了 4 次, 数据如下:

X_1	X_2	X_3	X_4	Y
1	1	1	1	20.2
1	−1	1	−1	8.0
1	1	−1	−1	9.7
1	−1	−1	1	1.9

求: (1) 这 4 个物体重量的估计; (2) $D(\hat{\beta}_i), i = 1, 2, 3, 4$.

3. 设 $\boldsymbol{y} = \boldsymbol{X\beta} + \boldsymbol{\varepsilon}$, $\boldsymbol{\beta}$ 为 $p + 1$ 维列向量, $\boldsymbol{X}$ 为设计矩阵. 证明:

$$\sum_{i=1}^n y_i = \sum_{i=1}^n \hat{y}_i; \quad \sum_{i=1}^n \hat{y}_i \cdot (y_i - \hat{y}_i) = 0.$$

4. (中国民航客运量的回归模型) 为了研究我国民航客运量的变化趋势及成因, 我们以民航客运量作为因变量 y(万人), 以国民收入 x_1(亿元)、消费额 x_2(亿元)、铁路客运量 x_3(万人)、民航航线里程 x_4(万千米)、来华旅游入境人数 x_5 为影响民航客运量的主要因素. 现观测了 16 组数据, 如下表所示:

序号	x_1	x_2	x_3	x_4	x_5	y
1	3010	1888	81491	15	181	231
2	3350	2195	86389	16	420	298
3	3688	2531	92204	20	570	343
4	3941	2799	95300	22	777	401
5	4258	3054	99922	23	792	445
6	4736	3358	106044	23	948	391
7	5652	3905	110353	26	1285	554
8	7020	4879	112110	28	1783	744
9	7859	5552	108579	32	2282	997
10	9313	6386	112429	39	2690	1310
11	11738	8038	122645	37	3169	1442
12	13176	9005	113807	47	2450	1283
13	14384	9663	95712	51	2746	1660
14	16557	10969	95081	56	3336	2178
15	20223	12985	99693	84	3312	2886
16	24882	15949	105458	96	4153	3383

(1) 计算 $y, x_1, x_2, x_3, x_4, x_5$ 的相关系数矩阵;

(2) 建立民航客运量 y 与 x_1, x_2, x_3, x_4, x_5 的回归方程, 并对回归方程和回归系数作显著性检验;

(3) 用逐步回归方法建立回归方程;

(4) 以均方误差最小为准则建立最优回归方程.

5. 为了检验 X 射线的杀菌作用, 用 200kV 的 X 射线照射杀菌, 每次照射 6 分钟, 照射次数为 x, 照射后所剩细菌数为 y, 下表是一组实验结果:

x	1	2	3	4	5	6	7	8	9	10	11	12	13	14	15	16	17	18	19	20
y	783	621	433	431	287	251	175	154	129	103	72	50	43	31	28	20	16	12	9	7

(1) 建立 y 与 x 的线性方程, 并求相应的决定系数 R^2;

(2) 根据数据散点图, 确定合适曲线的回归方程, 并求相应的决定系数 R^2.

6. 由国家统计局给出的人均消费水平和人均 GDP 的相关数据, 见下表:

年份	人均 GDP(元)	人均消费水平 (元)	年份	人均 GDP(元)	人均消费水平 (元)
1978	381	184	1993	2998	1393
1979	419	208	1994	4044	1833
1980	463	238	1995	5046	2355
1981	492	264	1996	5846	2789
1982	528	288	1997	6420	3002
1983	583	316	1998	6796	3159
1984	695	361	1999	7159	3346
1985	858	446	2000	7858	3632
1986	963	497	2001	8622	3869
1987	1112	565	2002	9398	4106
1988	1366	714	2003	10542	4411
1989	1519	788	2004	12336	4925
1990	1644	833	2005	14053	5463
1991	1893	932	2006	16165	6138
1992	2311	1116	2007	18934	7081

请分析它们之间的数量关系并确定适用的回归模型,以人均消费水平为因变量.

7. 对以下数据进行最优回归和逐步回归分析,并对样本点 (5.0, −2.0, 20.0, 100, 1.1, 300, 0.10) 给出点预测,并尝试构造多种回归点预测的组合预测.

x_1	x_2	x_3	x_4	x_5	x_6	x_7	y
6.88	−0.25	27.0	67.4784	1.1232	477	0.083	9.35
6.08	−2.21	27.5	47.7792	1.1232	193	0.083	12.3
2.14	−3.04	26.0	48.7792	1.1232	404	0.083	15.6
5.02	−0.73	26.0	85.6224	1.1232	363	0.073	5.88
7.89	−2.26	26.0	85.6224	1.1232	363	0.069	6.34
2.38	−1.65	15.0	149.04	1.5552	428	0.104	4.00
1.86	−1.35	15.8	149.04	1.5552	428	0.104	3.76
1.02	−2.12	17.1	149.472	1.3824	428	0.104	3.98
1.22	−1.92	17.5	149.472	1.3824	428	0.104	3.98
0.9	−0.27	17.0	362.88	0.9936	202	0.104	2.78
2.58	−0.09	17.0	362.88	0.9936	202	0.104	1.88
2.78	−1.17	13.5	326.592	0.9936	114	0.104	2.56
2.1	−1.30	13.5	326.592	0.9936	114	0.104	2.72
2.32	−0.60	14.5	364.608	0.8640	57.3	0.104	1.64
2.96	−0.60	14.5	364.608	0.8640	57.3	0.104	2.36

8. 对下面煤净化问题的数据完成线性回归分析.

行号	x_1	x_2	x_3	y
1	1.5	6.0	1315.0	243.0
2	1.5	6.0	1315.0	261.0
3	1.5	9.0	1890.0	244.0
4	1.5	9.0	1890.0	285.0
5	2.0	7.5	1575.0	202.0
6	2.0	7.5	1575.0	180.0
7	2.0	7.5	1575.0	183.0
8	2.0	7.5	1575.0	207.0
9	2.5	9.0	1315.0	216.0
10	2.5	9.0	1315.0	160.0
11	2.5	6.0	1890.0	104.0
12	2.5	6.0	1890.0	110.0

9. 从新浪财经 (http://finance.sina.com.cn/realstock/company/sh601933/nc.shtml) 页面的〈行情走势〉栏目的〈历史交易〉中提取股票 601933——永辉超市的 2016 年第三季度每个交易日的开盘价 (记为 X), 收盘价 (记为 Y), 单位：元. 若第四季度的第一个交易日的开盘价为 4.53, 回答下列问题：

(1) $K(u)$ 分别取正态核、抛物核时, 估计该日的收盘价;

(2) $K(u)$ 分别取正态核、抛物核且 $k=5$ 时利用近邻核估计思想估计该日的收盘价.

10. 从理论上证明, 某人短时间喝两瓶啤酒后, 体液内酒精含量服从公式

$$y = \frac{4200 \times a \times (e^{-b \times t} - e^{-a \times t})}{49 \times (b-a)} + \varepsilon,$$

其中 t 是喝酒后的时间 (单位: 小时), a, b 是未知参数, 对该人作一次测试的数据见下表:

时间	0.25	0.5	0.75	1.0	1.5	2.0	2.5	3.0	3.5	4.0	4.5	5.0
酒精含量	30	68	75	82	82	77	68	68	58	51	50	41
时间	6	7	8	9	10	11	12	13	14	15	16	
酒精含量	38	35	28	25	18	15	12	10	7	7	4	

请估计 a, b, 从而得到该人体液内酒精含量公式, 并预测 $t=24$ 时 y 的值.

第八章 多元统计初步

多元统计分析是近年来数理统计中迅速发展的一个分支,广泛应用于各个领域的数据处理和分析. 在实际应用中,多元统计分析得到了普遍的关注和认可,但由于它的研究对象涉及多个指标,处理起来相对比较复杂困难,部分理论还尚未完善,因此人们对它的研究还在不断地深入. 本章仅介绍多元统计分析中的几种常用的统计方法.

8.1 多维随机变量

在概率统计中我们已经对多维随机变量有了初步的了解,在实际问题中,许多随机现象是由相互联系、相互制约的多个因素共同作用的结果,要研究这些随机现象,常常需要研究多个指标. 每个指标作为一个随机变量,所有指标作为一个整体就构成一个多维随机变量.

一、多维随机变量

定义 8.1.1 设 $X_1, X_2, \cdots, X_p$ 为某一随机试验涉及的 p 个随机变量,则称

$$\boldsymbol{X} = (X_1, X_2, \cdots, X_p)^{\mathrm{T}}$$

为 p **维随机向量**或 p **维随机变量**.

与一维随机变量相似的是,在实际问题中,有些多维随机变量的概率分布很难确定,而其数字特征较容易计算;并且有些问题中,想方设法求出概率分布并不是太必要,只要知道能反映随机变量某些方面的特征就足够了. 为此,我们介绍多维随机变量的几个最常见的数字特征.

定义 8.1.2 设 p 维随机变量 $\boldsymbol{X} = (X_1, X_2, \cdots, X_p)^{\mathrm{T}}$, $E(X_i)$ 是第 i 个随机变量 X_i 的数学期望 (或均值), $i = 1, 2, \cdots, p$, 则称

$$E(\boldsymbol{X}) = (E(X_1), E(X_2), \cdots, E(X_p))^{\mathrm{T}} = \boldsymbol{\mu}$$

为 p **维随机变量** $\boldsymbol{X}$ 的**数学期望**(或**均值向量**).

定义 8.1.3 设 p 维随机变量 $\boldsymbol{X} = (X_1, X_2, \cdots, X_p)^{\mathrm{T}}$ 和 q 维随机变量 $\boldsymbol{Y} = (Y_1, Y_2, \cdots, Y_q)^{\mathrm{T}}$, $Cov(X_i, Y_j) = E((X_i - E(X_i))(Y_j - E(Y_j)))$ 是随机变量 X_i 与 Y_j 的协方差, $i = 1, 2, \cdots, p; j = 1, 2, \cdots, q$, 则称

$$Cov(X,Y) = \begin{bmatrix} Cov(X_1,Y_1) & Cov(X_1,Y_2) & \cdots & Cov(X_1,Y_q) \\ Cov(X_2,Y_1) & Cov(X_2,Y_2) & \cdots & Cov(X_2,Y_q) \\ \vdots & \vdots & \cdots & \vdots \\ Cov(X_p,Y_1) & Cov(X_p,Y_2) & \cdots & Cov(X_p,Y_q) \end{bmatrix}$$

为随机变量 $\boldsymbol{X}$ 与 $\boldsymbol{Y}$ 的**协方差阵**. 当 $\boldsymbol{X} = \boldsymbol{Y}$ 时, 则称 $Cov(\boldsymbol{X}, \boldsymbol{X})$ 为随机变量 $\boldsymbol{X}$ 的**方差阵**, 记为

$$D(\boldsymbol{X}) = Cov(\boldsymbol{X},\boldsymbol{X}) = \begin{bmatrix} D(X_1) & Cov(X_1,X_2) & \cdots & Cov(X_1,X_p) \\ Cov(X_2,X_1) & D(X_2) & \cdots & Cov(X_2,X_p) \\ \vdots & \vdots & \cdots & \vdots \\ Cov(X_p,X_1) & Cov(X_p,X_2) & \cdots & D(X_p) \end{bmatrix} = \boldsymbol{\Sigma}.$$

若 $Cov(\boldsymbol{X},\boldsymbol{Y}) = \boldsymbol{0}$, 其中 $\boldsymbol{0}$ 表示零矩阵, 则称随机变量 $\boldsymbol{X}$ 与 $\boldsymbol{Y}$ 不相关.

定义 8.1.4 设 p 维随机变量 $\boldsymbol{X} = (X_1, X_2, \cdots, X_p)^\mathrm{T}$, 则称 $\boldsymbol{R} = (r_{ij})_{p \times p}$ 为随机变量 $\boldsymbol{X}$ 的**相关阵**, 其中 $r_{ij} = \dfrac{Cov(X_i, X_j)}{\sqrt{D(X_i)D(X_j)}}$, $i, j = 1, 2, \cdots, p$.

设 X 与 Y 是多维随机变量, $\boldsymbol{A}$ 与 $\boldsymbol{B}$ 是常数矩阵, 易知均值向量、方差阵和协方差阵具有如下性质:

(1) $E(\boldsymbol{AX}) = \boldsymbol{A}E(\boldsymbol{X})$;　　(2) $E(\boldsymbol{AXB}) = \boldsymbol{A}E(\boldsymbol{X})\boldsymbol{B}$;
(3) $D(\boldsymbol{AX}) = \boldsymbol{A}D(\boldsymbol{X})\boldsymbol{A}^\mathrm{T}$;　　(4) $Cov(\boldsymbol{AX}, \boldsymbol{BY}) = \boldsymbol{A}Cov(\boldsymbol{X}, \boldsymbol{Y})\boldsymbol{B}^\mathrm{T}$.

二、多元正态分布

在多元统计分析中, 多元正态分布占据着重要的地位. 为此, 下面将介绍多维随机变量常见的一种分布: 多元正态分布.

定义 8.1.5 若 p 维随机变量 $\boldsymbol{X} = (X_1, X_2, \cdots, X_p)^\mathrm{T}$ 的概率密度函数为

$$f(x_1, x_2, \cdots, x_p) = \frac{1}{(2\pi)^{\frac{p}{2}}|\boldsymbol{\Sigma}|^{\frac{1}{2}}} \exp\left\{-\frac{1}{2}(\boldsymbol{x} - \boldsymbol{\mu})^\mathrm{T} \boldsymbol{\Sigma}^{-1} (\boldsymbol{x} - \boldsymbol{\mu})\right\},$$

其中 $\boldsymbol{\mu} = (\mu_1, \mu_2, \cdots, \mu_p)^\mathrm{T}$ 是常向量, $\boldsymbol{\Sigma}$ 是常正定阵, 则称 p 维随机变量 $\boldsymbol{X} = (X_1, X_2, \cdots, X_p)^\mathrm{T}$ 服从多元正态分布, 也称 $\boldsymbol{X}$ 为 p 维正态随机变量, 记为 $\boldsymbol{X} \sim N_p(\boldsymbol{\mu}, \boldsymbol{\Sigma})$.

下面不加证明地给出多元正态分布的几条重要性质:

(1) 若 $\boldsymbol{X} \sim N_p(\boldsymbol{\mu}, \boldsymbol{\Sigma})$, 则 $E(\boldsymbol{X}) = \boldsymbol{\mu}$, $D(\boldsymbol{X}) = \boldsymbol{\Sigma}$;

(2) **线性变换不变性** 设 $\boldsymbol{A}$ 是 $r \times p$ 常矩阵, $\boldsymbol{b}$ 是 r 维常向量, 则

$$\boldsymbol{AX} + \boldsymbol{b} \sim N_r(\boldsymbol{A\mu} + \boldsymbol{b}, \boldsymbol{A\Sigma A}^\mathrm{T});$$

(3) **边缘分布不变性** 设 $\boldsymbol{X} = \begin{pmatrix} \boldsymbol{X}_1 \\ \boldsymbol{X}_2 \end{pmatrix} \sim N_p\left(\begin{pmatrix} \boldsymbol{\mu}_1 \\ \boldsymbol{\mu}_2 \end{pmatrix}, \begin{pmatrix} \boldsymbol{\Sigma}_{11} & \boldsymbol{\Sigma}_{12} \\ \boldsymbol{\Sigma}_{21} & \boldsymbol{\Sigma}_{22} \end{pmatrix}\right)$, 其中 $\boldsymbol{X}_1$ 是 r 维随机变量, $\boldsymbol{X}_2$ 是 $p - r$ 维随机变量, $\boldsymbol{\mu}_1$ 是 r 维常向量, $\boldsymbol{\mu}_2$ 是 $p - r$ 维常向量, $\boldsymbol{\Sigma}_{11}$ 是 r 阶方阵, $\boldsymbol{\Sigma}_{12}$ 是 $r \times (p-r)$ 矩阵, $\boldsymbol{\Sigma}_{21}$ 是 $(p-r) \times r$ 矩阵, $\boldsymbol{\Sigma}_{22}$ 是 $p - r$ 阶方阵, 则

$$\boldsymbol{X}_1 \sim N_r(\boldsymbol{\mu}_1, \boldsymbol{\Sigma}_{11}), \quad \boldsymbol{X}_2 \sim N_{p-r}(\boldsymbol{\mu}_2, \boldsymbol{\Sigma}_{22});$$

(4) **独立与不相关是等价的** 设 $\boldsymbol{X} = \begin{pmatrix} \boldsymbol{X}_1 \\ \boldsymbol{X}_2 \end{pmatrix}$ 为多维正态随机变量 ($\boldsymbol{X}_1, \boldsymbol{X}_2$ 也可以是多维), 则 $\boldsymbol{X}_1, \boldsymbol{X}_2$ 互不相关的充分必要条件是 $\boldsymbol{X}_1, \boldsymbol{X}_2$ 相互独立.

三、抽样与统计量

在第二章中, 我们已介绍了总体与样本的概念, 当总体只考虑一个数量指标时, 就是一维随机变量, 当总体同时考虑多个数量指标时, 就是多维随机变量, 一般用 $\boldsymbol{X}, \boldsymbol{Y}, \boldsymbol{Z}, \cdots$ 或 $\boldsymbol{G}, \boldsymbol{G}_1, \boldsymbol{G}_2, \cdots$ 表示. 例如, 为研究某单位职工的健康状况 $\boldsymbol{X}$, 考虑 3 个数量指标: 血压 X_1、血糖 X_2、血脂 X_3, 总体 $\boldsymbol{X} = (X_1, X_2, X_3)^{\mathrm{T}}$ 就是一个三维随机变量. 与总体是一维随机变量一样, 为研究总体的情况, 需要从总体中抽取适量的个体组成样本, 并根据需要构造相应的统计量.

下面分单总体与多总体两种情况, 分别介绍相应的记号及常见统计量.

1. 单总体情况

设总体 $\boldsymbol{X} = (X_1, X_2, \cdots, X_p)^{\mathrm{T}}$ 是一个 p 维随机变量, 从总体 $\boldsymbol{X}$ 中抽取容量为 n 的样本, 记为 $\boldsymbol{x}_{(1)}, \boldsymbol{x}_{(2)}, \cdots, \boldsymbol{x}_{(n)}$, 称 $\boldsymbol{x}_{(i)}$ 为第 i 个样品, $\boldsymbol{x}_{(i)}$ 为 p 维向量 (由样本的双重性, 样品 $\boldsymbol{x}_{(i)}$ 可以看作 p 维随机变量, 也可以看作 p 维常向量), 记为

$$\boldsymbol{x}_{(i)} = (x_{i1}, x_{i2}, \cdots, x_{ip})^{\mathrm{T}}, \quad i = 1, 2, \cdots, n.$$

把 n 个样品合并起来用矩阵表示为

$$\boldsymbol{X} = \begin{pmatrix} \boldsymbol{x}_{(1)}^{\mathrm{T}} \\ \boldsymbol{x}_{(2)}^{\mathrm{T}} \\ \vdots \\ \boldsymbol{x}_{(n)}^{\mathrm{T}} \end{pmatrix} = \begin{pmatrix} x_{11} & x_{12} & \cdots & x_{1p} \\ x_{21} & x_{22} & \cdots & x_{2p} \\ \vdots & \vdots & \cdots & \vdots \\ x_{n1} & x_{n2} & \cdots & x_{np} \end{pmatrix} = (x_{ij})_{n \times p}, \tag{8.1.1}$$

称 $\boldsymbol{X}$ 为总体的样本矩阵. 我们也可以把样本矩阵写成列向量的形式, 即

$$\boldsymbol{X} = (\boldsymbol{x}_1, \boldsymbol{x}_2, \cdots, \boldsymbol{x}_p)^{\mathrm{T}}, \tag{8.1.2}$$

其中

$$\boldsymbol{x}_j = (x_{1j}, x_{2j}, \cdots, x_{nj})^{\mathrm{T}}$$

称为第 j 个指标的 n 次观测值, $j = 1, 2, \cdots, p$, 它是 n 维向量; x_{ij} 称为第 j 个指标的第 i 次观测值, $i = 1, 2, \cdots, n; j = 1, 2, \cdots, p$.

下面从样本矩阵 $\boldsymbol{X}$ 出发, 介绍几个常见的统计量及相应的计算公式.

(1) 样本均值 $\bar{\boldsymbol{x}} = (\bar{x}_1, \bar{x}_2, \cdots, \bar{x}_p)^{\mathrm{T}}$.

$$\bar{\boldsymbol{x}} = \frac{1}{n} \sum_{i=1}^{n} \boldsymbol{x}_{(i)} \tag{8.1.3}$$

$$= \frac{1}{n} \boldsymbol{X}^{\mathrm{T}} \boldsymbol{1}, \tag{8.1.4}$$

或
$$\bar{x}_j = \frac{1}{n}\sum_{i=1}^{n}x_{ij}, \quad j=1,2,\cdots,p, \tag{8.1.5}$$

其中, 式 (8.1.3) 和 (8.1.4) 分别为向量表示法和矩阵表示法 (式中 **1** 表示分量都是 1 的 n 维列向量), 式 (8.1.5) 为分量表示法, $\bar{x}_j$ 称为第 j 个指标均值, $j=1,2,\cdots,p$.

(2) 样本离差阵 $\boldsymbol{L} = (l_{ij})_{p\times p}$.

$$\boldsymbol{L} = \sum_{i=1}^{n}(\boldsymbol{x}_{(i)} - \bar{\boldsymbol{x}})(\boldsymbol{x}_{(i)} - \bar{\boldsymbol{x}})^{\mathrm{T}} = \boldsymbol{X}^{\mathrm{T}}\left(\boldsymbol{I} - \frac{1}{n}\boldsymbol{J}\right)\boldsymbol{X}, \tag{8.1.6}$$

或
$$l_{ij} = \sum_{k=1}^{n}(x_{ki} - \bar{x}_i)(x_{kj} - \bar{x}_j), \quad i,j=1,2,\cdots,p, \tag{8.1.7}$$

其中 $\boldsymbol{I}$ 表示 n 阶单位矩阵, $\boldsymbol{J}$ 表示分量都是 1 的 n 阶方阵. 显然, $\boldsymbol{L}$ 为对称阵. 通常称 $\dfrac{\boldsymbol{L}}{n-1}$ 为**样本的协方差阵**, 记为 $\tilde{\boldsymbol{\Sigma}} = \dfrac{\boldsymbol{L}}{n-1}$.

(3) 样本相关阵 $\tilde{\boldsymbol{R}} = (\tilde{r}_{ij})_{p\times p}$.

$$\tilde{r}_{ij} = \frac{l_{ij}}{\sqrt{l_{ii}l_{jj}}}, \quad i,j=1,2,\cdots,p. \tag{8.1.8}$$

显然, $\tilde{\boldsymbol{R}}$ 为对角线元素均为 1 的对称阵.

2. 多总体情况

设 n 个样品 $\boldsymbol{x}_{(1)}, \boldsymbol{x}_{(2)}, \cdots, \boldsymbol{x}_{(n)}$ 来自 k 个总体 $\boldsymbol{G}_1, \boldsymbol{G}_2, \cdots, \boldsymbol{G}_k$(每个总体都是 p 维随机变量), 即

$$\begin{aligned}
\boldsymbol{G}_1 &: \boldsymbol{x}_{(1)}^{(1)}, \boldsymbol{x}_{(2)}^{(1)}, \cdots, \boldsymbol{x}_{(n_1)}^{(1)}, \\
\boldsymbol{G}_2 &: \boldsymbol{x}_{(1)}^{(2)}, \boldsymbol{x}_{(2)}^{(2)}, \cdots, \boldsymbol{x}_{(n_2)}^{(2)}, \\
&\cdots\cdots\cdots \\
\boldsymbol{G}_k &: \boldsymbol{x}_{(1)}^{(k)}, \boldsymbol{x}_{(2)}^{(k)}, \cdots, \boldsymbol{x}_{(n_k)}^{(k)}.
\end{aligned}$$

也可描述为: 设有 k 个总体 $\boldsymbol{G}_1, \boldsymbol{G}_2, \cdots, \boldsymbol{G}_k$(每个总体都是 p 维随机变量), $\boldsymbol{x}_{(1)}^{(\alpha)}, \boldsymbol{x}_{(2)}^{(\alpha)}, \cdots, \boldsymbol{x}_{(n_\alpha)}^{(\alpha)}$ 是来自总体 $\boldsymbol{G}_\alpha$ 的容量为 n_α 的样本 ($\alpha = 1,2,\cdots,k$), 所有 k 个总体的样品记为 $\boldsymbol{x}_{(1)}, \boldsymbol{x}_{(2)}, \cdots, \boldsymbol{x}_{(n)}$, 其中 $n = \sum\limits_{\alpha=1}^{k} n_\alpha$. 记

$$\boldsymbol{X}^{(\alpha)} = \begin{pmatrix} \left(\boldsymbol{x}_{(1)}^{(\alpha)}\right)^{\mathrm{T}} \\ \left(\boldsymbol{x}_{(2)}^{(\alpha)}\right)^{\mathrm{T}} \\ \vdots \\ \left(\boldsymbol{x}_{(n_\alpha)}^{(\alpha)}\right)^{\mathrm{T}} \end{pmatrix} = \begin{pmatrix} x_{11}^{(\alpha)} & x_{12}^{(\alpha)} & \cdots & x_{1p}^{(\alpha)} \\ x_{21}^{(\alpha)} & x_{22}^{(\alpha)} & \cdots & x_{2p}^{(\alpha)} \\ \vdots & \vdots & & \vdots \\ x_{n_\alpha 1}^{(\alpha)} & x_{n_\alpha 2}^{(\alpha)} & \cdots & x_{n_\alpha p}^{(\alpha)} \end{pmatrix} = \left(x_{ij}^{(\alpha)}\right)_{n_\alpha \times p}$$
$$= \left(\boldsymbol{x}_1^{(\alpha)}, \boldsymbol{x}_2^{(\alpha)}, \cdots, \boldsymbol{x}_p^{(\alpha)}\right), \tag{8.1.9}$$

称 $\boldsymbol{X}^{(\alpha)}$ 为第 α 个总体 $\boldsymbol{G}_\alpha$ 的样本矩阵, 称 $\boldsymbol{x}_{(i)}^{(\alpha)} = (x_{i1}^{(\alpha)}, x_{i2}^{(\alpha)}, \cdots, x_{ip}^{(\alpha)})^{\mathrm{T}}$ 为第 α 个总体 $\boldsymbol{G}_\alpha$ 的第 i 个样品, 称 $\boldsymbol{x}_j^{(\alpha)} = (x_{1j}^{(\alpha)}, x_{2j}^{(\alpha)}, \cdots, x_{n_\alpha j}^{(\alpha)})^{\mathrm{T}}$ 为第 α 个总体 $\boldsymbol{G}_\alpha$ 的第 j 个指标的 n_α 次观测值, $x_{ij}^{(\alpha)}$ 称为第 α 个总体 $\boldsymbol{G}_\alpha$ 的第 j 个指标的第 i 次观测值, 其中 $\alpha = 1, 2, \cdots, k$; $i = 1, 2, \cdots, n$; $j = 1, 2, \cdots, p$.

把 k 个总体的样本矩阵合并起来 (或把总的 n 个样品 $\boldsymbol{x}_{(1)}, \boldsymbol{x}_{(2)}, \cdots, \boldsymbol{x}_{(n)}$ 合并起来) 构成一个总的样本矩阵, 记法同 (8.1.1) 式, 或

$$\boldsymbol{X} = \begin{pmatrix} \boldsymbol{X}^{(1)} \\ \boldsymbol{X}^{(2)} \\ \vdots \\ \boldsymbol{X}^{(k)} \end{pmatrix} = \left(x_{ij}^{(\alpha)} \right)_{n \times p}, \quad \alpha = 1, 2, \cdots, k; \ i = 1, 2, \cdots, n_\alpha; \ j = 1, 2, \cdots, p. \tag{8.1.10}$$

下面从样本矩阵 $\boldsymbol{X}$ 出发, 介绍几个常见的统计量及相应的计算公式.

(1) 各总体 $\boldsymbol{G}_\alpha$ 的样本均值 $\bar{\boldsymbol{x}}^{(\alpha)} = (\bar{x}_1^{(\alpha)}, \bar{x}_2^{(\alpha)}, \cdots, \bar{x}_p^{(\alpha)})^{\mathrm{T}}, \alpha = 1, 2, \cdots, k$.

$$\bar{\boldsymbol{x}}^{(\alpha)} = \frac{1}{n_\alpha} \sum_{i=1}^{n_\alpha} \boldsymbol{x}_{(i)}^{(\alpha)} = \frac{1}{n_\alpha} \boldsymbol{X}^{(\alpha)\mathrm{T}} \mathbf{1}, \tag{8.1.11}$$

或

$$\bar{x}_j^{(\alpha)} = \frac{1}{n_\alpha} \sum_{i=1}^{n_\alpha} x_{ij}^{(\alpha)}, \tag{8.1.12}$$

其中 $\bar{x}_j^{(\alpha)}$ 称为第 α 个总体 $\boldsymbol{G}_\alpha$ 的第 j 个指标均值, $j = 1, 2, \cdots, p$.

(2) 总的样本均值 $\bar{\boldsymbol{x}} = (\bar{x}_1, \bar{x}_2, \cdots, \bar{x}_p)^{\mathrm{T}}$.

$$\bar{\boldsymbol{x}} = \frac{1}{n} \sum_{i=1}^{n} \boldsymbol{x}_{(i)} = \frac{1}{n} \sum_{\alpha=1}^{k} \sum_{i=1}^{n_\alpha} \boldsymbol{x}_{(i)}^{(\alpha)} = \frac{1}{n} \sum_{\alpha=1}^{k} n_\alpha \bar{\boldsymbol{x}}^{(\alpha)} = \frac{1}{n} \boldsymbol{X}^{\mathrm{T}} \mathbf{1}, \tag{8.1.13}$$

或

$$\bar{x}_j = \frac{1}{n} \sum_{i=1}^{n} x_{ij} = \frac{1}{n} \sum_{\alpha=1}^{k} \sum_{i=1}^{n_\alpha} x_{ij}^{(\alpha)} = \frac{1}{n} \sum_{\alpha=1}^{k} n_\alpha \bar{x}_j^{(\alpha)}, \tag{8.1.14}$$

其中 $\bar{x}_j$ 称为第 j 个指标均值, $j = 1, 2, \cdots, p$.

(3) 各总体 $\boldsymbol{G}_\alpha$ 的样本离差阵 $\boldsymbol{L}_\alpha = \left(l_{ij}^{(\alpha)} \right)_{p \times p}, \alpha = 1, 2, \cdots, k$.

$$\boldsymbol{L}_\alpha = \sum_{i=1}^{n_\alpha} (\boldsymbol{x}_{(i)}^{(\alpha)} - \bar{\boldsymbol{x}}^{(\alpha)})(\boldsymbol{x}_{(i)}^{(\alpha)} - \bar{\boldsymbol{x}}^{(\alpha)})^{\mathrm{T}} \tag{8.1.15}$$

$$= \boldsymbol{X}^{(\alpha)\mathrm{T}} \left(\boldsymbol{I} - \frac{1}{n} \boldsymbol{J} \right) \boldsymbol{X}^{(\alpha)}, \tag{8.1.16}$$

或

$$l_{ij}^{(\alpha)} = \sum_{t=1}^{n_\alpha} \left(x_{ti}^{(\alpha)} - \bar{x}_i^{(\alpha)} \right) \left(x_{tj}^{(\alpha)} - \bar{x}_j^{(\alpha)} \right), \quad i, j = 1, 2, \cdots, p. \tag{8.1.17}$$

(4) 总的样本离差阵 $\boldsymbol{W} = (w_{ij})_{p \times p}$.

$$\boldsymbol{W} = \sum_{i=1}^{n} \left(\boldsymbol{x}_{(i)} - \bar{\boldsymbol{x}}\right)\left(\boldsymbol{x}_{(i)} - \bar{\boldsymbol{x}}\right)^{\mathrm{T}} = \sum_{\alpha=1}^{k}\sum_{i=1}^{n_\alpha} \left(\boldsymbol{x}_{(i)}^{(\alpha)} - \bar{\boldsymbol{x}}\right)\left(\boldsymbol{x}_{(i)}^{(\alpha)} - \bar{\boldsymbol{x}}\right)^{\mathrm{T}} = \boldsymbol{X}^{\mathrm{T}}\left(\boldsymbol{I} - \frac{1}{n}\boldsymbol{J}\right)\boldsymbol{X},$$

或

$$w_{ij} = \sum_{t=1}^{n}(x_{ti} - \bar{x}_i)(x_{tj} - \bar{x}_j) \tag{8.1.18}$$

$$= \sum_{\alpha=1}^{k}\sum_{t=1}^{n_\alpha}\left(x_{ti}^{(\alpha)} - \bar{x}_i\right)\left(x_{tj}^{(\alpha)} - \bar{x}_j\right), \quad i,j = 1,2,\cdots,p. \tag{8.1.19}$$

(5) 组内离差阵:

$$\boldsymbol{E} = (e_{ij})_{p \times p} = \sum_{\alpha=1}^{k}\boldsymbol{L}_\alpha. \tag{8.1.20}$$

(6) 组间离差阵:

$$\boldsymbol{B} = (b_{ij})_{p \times p} = \sum_{\alpha=1}^{k} n_\alpha \left(\bar{\boldsymbol{x}}^{(\alpha)} - \bar{\boldsymbol{x}}\right)\left(\bar{\boldsymbol{x}}^{(\alpha)} - \bar{\boldsymbol{x}}\right)^{\mathrm{T}}. \tag{8.1.21}$$

显然有, $\boldsymbol{W} = \boldsymbol{E} + \boldsymbol{B}$.

例 8.1.1 对 9 个家庭, 调查他们的月收入 (百元) 和月支出 (百元), 数据见下表:

样品序号	来源	x_1 (月收入)	x_2 (月支出)
1	城镇	30	28
2	城镇	35	30
3	城镇	38	35
4	城镇	25	18
5	城镇	40	38
6	农村	32	28
7	农村	26	25
8	农村	29	24
9	农村	36	31

(1) 如果把 9 个家庭看作来自同一个总体, 计算该总体的样本均值、样本离差阵和样本相关阵.

(2) 如果把 9 个家庭分别看作来自城镇和农村二个不同的总体, 计算这二个总体的各自样本均值和样本离差阵以及组内离差阵和组间离差阵.

解 (1) 如果把 9 个家庭看作来自同一个总体, 经计算

$$\bar{\boldsymbol{x}} = \begin{pmatrix} \bar{x}_1 \\ \bar{x}_2 \end{pmatrix} = \begin{pmatrix} 32.333 \\ 28.556 \end{pmatrix},$$

$$L = \sum_{i=1}^{9} (\boldsymbol{x}_{(i)} - \bar{\boldsymbol{x}})(x_{(i)} - \bar{\boldsymbol{x}})^{\mathrm{T}} = \begin{pmatrix} 222 & 238.333 \\ 238.333 & 284.222 \end{pmatrix},$$

$$\tilde{\boldsymbol{R}} = \begin{pmatrix} 1 & 0.949 \\ 0.949 & 1 \end{pmatrix}.$$

(2) 如果把 9 个家庭分别看作来自城镇和农村二个不同的总体, 经计算

$$\bar{\boldsymbol{x}}^{(1)} = \begin{pmatrix} 33.6 \\ 29.8 \end{pmatrix}, \quad \bar{\boldsymbol{x}}^{(2)} = \begin{pmatrix} 30.75 \\ 27 \end{pmatrix},$$

$$\boldsymbol{L}_1 = \sum_{i=1}^{5} (\boldsymbol{x}_{(i)}^{(1)} - \bar{\boldsymbol{x}}^{(1)})(\boldsymbol{x}_{(i)}^{(1)} - \bar{\boldsymbol{x}}^{(1)})^{\mathrm{T}} = \begin{pmatrix} 149.2 & 183.6 \\ 183.6 & 236.8 \end{pmatrix},$$

$$\boldsymbol{L}_2 = \sum_{i=1}^{4} \left(\boldsymbol{x}_{(i)}^{(2)} - \bar{\boldsymbol{x}}^{(2)} \right) \left(\boldsymbol{x}_{(i)}^{(2)} - \bar{\boldsymbol{x}}^{(2)} \right)^{\mathrm{T}} = \begin{pmatrix} 54.75 & 37 \\ 37 & 30 \end{pmatrix},$$

$$\boldsymbol{E} = \boldsymbol{L}_1 + \boldsymbol{L}_2 = \begin{pmatrix} 203.95 & 220.6 \\ 220.6 & 266.8 \end{pmatrix}, \quad \boldsymbol{B} = \begin{pmatrix} 18.05 & 17.733 \\ 17.733 & 17.422 \end{pmatrix}.$$

多元统计分析由于数据量大, 其数学计算比较复杂, 如果不借助于计算机, 许多问题难以解决. 本章中所提到的算法一般不适合用手工计算, 宜通过计算机编程或利用统计软件来实现.

下面利用 R 软件的矩阵运算, 计算例 8.1.1. 具体程序如下:

```
dat=data.frame(x1=c(30,35,38,25,40,32,26,29,36),x2=c(28,30,35,18,38,28,25,24,31),
               from=c(rep('城镇',5), rep('农村',4)))
n=nrow(dat)
m1=subset(dat[,1:2],dat[,3]=='城镇');     m2=subset(dat[,1:2],dat[,3]=='农村')
colMeans(dat[,1:2])                       (L=cov(dat[,1:2])*(n-1))          cor(dat[,1:2])
       x1          x2                             x1         x2                       x1         x2
32.33333    28.55556                       x1  222.0000   238.3333            x1  1.000000   0.948810
                                           x2  238.3333   284.2222            x2  0.948810   1.000000
aggregate(dat[,1:2],by=list(dat[,3]),mean) (L1=cov(m1)*(nrow(m1)-1))         (E=L1+L2)
                                           (L2=cov(m2)*(nrow(m2)-1))         (B=L-E)
    from     x1     x2                             x1      x2     # L1              x1      x2    # E 阵
1   城镇   33.60   29.8                     x1    149.2   183.6              x1    203.95   220.6
2   农村   30.75   27.0                     x2    183.6   236.8              x2    220.60   266.8
                                                   x1      x2     # L2              x1      x2    # B 阵
                                           x1    54.75    37                x1    18.05000   17.73333
                                           x2    37.00    30                x2    17.73333   17.42222
```

四、参数估计

数理统计研究的基本任务是根据样本所提供的信息, 对总体的分布或分布的数字特征作出推断. 最常见的统计推断问题是总体分布的类型已知, 而它的某些参数未知, 这类问题称为参数估计问题. 参数估计问题就是利用样本 $x_{(1)}, x_{(2)}, \cdots, x_{(n)}$ 提供的信息, 对总体中的未知参数或参数的函数作出估计. 总体最常见的参数就是均值和方差, 下面分别对单总体和多总体的这两个参数提出估计方法.

1. 单总体

设总体 X 为 p 维随机变量，$E(X) = \mu$，$D(X) = \Sigma$，相关矩阵为 R，但 μ，Σ 和 R 都未知，又设 $x_{(1)}, x_{(2)}, \cdots, x_{(n)}$ 是来自总体 X 的一个样本，那么，总体均值 μ，总体方差阵 Σ 及相关矩阵 R 常通过下面的式子来估计：

$$\begin{cases} \hat{\mu} = \bar{x}, \\ \hat{\Sigma} = \dfrac{1}{n-1}L, \\ \hat{R} = \tilde{R}, \end{cases} \quad \text{或} \quad \begin{cases} \hat{\mu} = \bar{x}, \\ \hat{\Sigma} = \dfrac{1}{n}L, \\ \hat{R} = \tilde{R}, \end{cases} \tag{8.1.22}$$

其中 $\bar{x}$，L 和 $\tilde{R}$ 分别是样本均值、样本离差阵和样本相关阵.

2. 多总体

设有 k 个 p 维总体 $G_1, G_2, \cdots, G_k$，它们的均值分别为 $\mu^{(1)}, \mu^{(2)}, \cdots, \mu^{(k)}$，方差分别为 $\Sigma_1, \Sigma_2, \cdots, \Sigma_k$（$\Sigma_\alpha > 0$，$\alpha = 1, 2, \cdots, k$），$x_{(1)}^{(\alpha)}, x_{(2)}^{(\alpha)}, \cdots, x_{(n_\alpha)}^{(\alpha)}$ 是来自总体 G_α 的容量为 n_α 的样本，$\alpha = 1, 2, \cdots, k$. 那么，总体 G_α 的均值 $\mu^{(\alpha)}$ 和方差 Σ_α 常通过下面的式子来估计：

$$\begin{cases} \hat{\mu}^{(\alpha)} = \bar{x}^{(\alpha)}, \\ \hat{\Sigma}_\alpha = \dfrac{1}{n_\alpha - 1}L_\alpha, \end{cases} \quad \text{或} \quad \begin{cases} \hat{\mu}^{(\alpha)} = \bar{x}^{(\alpha)}, \\ \hat{\Sigma}_\alpha = \dfrac{1}{n_\alpha}L_\alpha, \end{cases} \tag{8.1.23}$$

其中 $\bar{x}^{(\alpha)}$ 和 L_α 分别是总体 G_α 的样本均值和样本离差阵，$\alpha = 1, 2, \cdots, k$.

当 $\Sigma_1 = \Sigma_2 = \cdots = \Sigma_k = \Sigma$ 时，Σ 常通过下面的式子来估计：

$$\hat{\Sigma} = \frac{E}{n-k}, \tag{8.1.24}$$

其中 E 是样本组内离差阵.

五、数据直观描述

例 8.1.2 以鸢尾花数据 (R 软件中封装成 iris 数据集) 为例，探讨多维数据的直观展示技巧.

1. 调和函数图

R 软件中，具体程序和图如下：

```
unison=function(x,by,main='',xlab='t',ylab='f(t)' )
{    # x一定是矩阵数据,by是分类因子
  t = seq(-pi, pi, pi/30);   m = nrow(x);
  n = ncol(x);    f = matrix(0, m, length(t))
  for (i in 1:m) {
    f[i, ] = x[i, 1]/sqrt(2)
    for (j in 2:n) {
        if (j%%2 == 0)   f[i,]=f[i,] + x[i,j] * sin(j/2 * t)
        else  f[i,]=f[i,] + x[i,j] * cos(j%/%2 * t)
    }
  }
```

```
    plot(c(-pi, pi),c(min(f),max(f)),type="n",main=main,
         xlab=xlab, ylab=ylab)
    for (i in 1:m) lines(t, f[i, ], col = unclass(by[i]))
    legend(x=-3, y=15,levels(by),lty=1, col=1:length(levels(by)))
}
unison(as.matrix(iris[,1:4]),iris[,5], xlab='',ylab='')
```

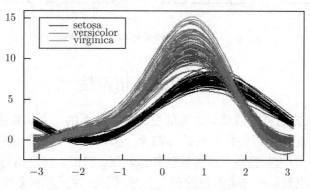

图 8.1.1　调和函数展示分类束

调和函数能够在一定程度上将同一类数据的曲线拧成一束,将不同类数据的曲线拧成不同的束. 因此, 常利用调和函数图作聚类的先期直观分析, 比如确定分类的个数等.

2. 分组比较

利用 lattice 包中的各种函数来生成分组统计的图形展示, 比如, densityplot(核密度), bwplot(箱线图), dotplot(点图), histogram(直方图), cloud(三维散点图) 等. 将归属于不同类别的数据的特征形态集中于一个坐标系中, 便于直观比较. 在一定程度上可将该系列方法用于分类效果的后期直观评价, 比如各组的差异性比较、分离程度比较等. 由于上述函数处理的对象是一维数据, 即只能展现一个指标的特征, 无法将同一类的所有指标综合起来比较, 所以在实际应用中受到一定的限制. 下面给出核密度图函数生成统计图的具体程序和图 (图 8.1.2):

```
alldensity=function(x)
{   cols=ncol(x)-1
    for(i in 1:cols)
        plot(densityplot(~x[,i],group=x[,cols+1]),split=c(i,1,cols,1),newpage=FALSE)
}
alldensity(iris)
```

其中, split 参数是一个四元向量, 分别描述了作图所在的列和行下标, 总共分割成几列几行; newpage 表示是否重新画图, 若为 FALSE, 则可以叠加多幅图. par( ) 在 lattice( ) 作图体系中无效, 所以只能采用上述 split 对作图区域进行划分和布局.

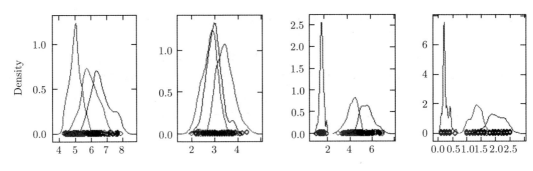

图 8.1.2 iris 四个指标数据依次分类核密度图

8.2 距离与相似性

空间距离是用来描述样品或总体之间的空间位置关系的一个重要指标, 距离越远, 个体差异就越大, 因此把距离相近的样品或总体归为一类是一种非常直观的分类思想. 另外, 依据样品之间或总体之间的某些特征或性质的相似程度, 把相似程度高的归为一类, 不怎么相似的归为不同的类, 也是一种非常有效的分类思想. 因此, 距离和相似性度量在机器学习、模式识别、数据挖掘 (判别、聚类、关联分析等) 等领域应用广泛, 例如网页的去重, 复杂网络社区挖掘、人工智能中的图像识别、手势识别等. 距离和相似性的关系非常密切, 通常距离可用来度量相似性, 而相似性是一种广义的距离形式.

一、距离

描述样品间或总体间相似程度的统计量有很多, 目前广泛使用的是距离. 为此, 我们先给出距离函数定义的三条公理及几种常见表达样品间、总体间及样品与总体间的距离函数. 设 $D(\boldsymbol{x}, \boldsymbol{y})$ 为空间向量 $\boldsymbol{x}, \boldsymbol{y}$ 的距离, 则 $D(\boldsymbol{x}, \boldsymbol{y})$ 应满足:

公理 1 非负性, 即 $D(\boldsymbol{x}, \boldsymbol{y}) \geqslant 0$,

公理 2 对称性, 即 $D(\boldsymbol{x}, \boldsymbol{y}) = D(\boldsymbol{y}, \boldsymbol{x})$,

公理 3 三角不等式, 即 $D(\boldsymbol{x}, \boldsymbol{z}) + D(\boldsymbol{z}, \boldsymbol{y}) \geqslant D(\boldsymbol{x}, \boldsymbol{y})$.

1. 样品与样品间的距离

定义 8.2.1 设 $\boldsymbol{x}, \boldsymbol{y}$ 是来自均值为 $\boldsymbol{\mu}$, 方差为 $\boldsymbol{\Sigma}$ 的 p 维总体 G 的 2 个样品, 则称

$$D_q(\boldsymbol{x}, \boldsymbol{y}) = \left[\sum_{i=1}^{p} |x_i - y_i|^q\right]^{1/q} \tag{8.2.1}$$

为样品 $\boldsymbol{x}$ 与 $\boldsymbol{y}$ 之间的**闵科夫斯基距离 (Minkowski)**, 其中

当 $q = 1$ 时, 称

$$D_1(\boldsymbol{x}, \boldsymbol{y}) = \sum_{i=1}^{p} |x_i - y_i| \tag{8.2.2}$$

为**绝对值距离**; 当 $q = 2$ 时, 称

$$D(\boldsymbol{x}, \boldsymbol{y}) = \sqrt{(\boldsymbol{x} - \boldsymbol{y})^{\mathrm{T}}(\boldsymbol{x} - \boldsymbol{y})} = \sqrt{\sum_{i=1}^{p} |x_i - y_i|^2} \tag{8.2.3}$$

为**欧氏距离** (Euclidean), 有时为了方便, 常使用欧氏距离的平方; 当 $q \to \infty$ 时, 称

$$D_\infty(\boldsymbol{x}, \boldsymbol{y}) = \max_{1 \leqslant i \leqslant p}\{|x_i - y_i|\} \tag{8.2.4}$$

为**切比雪夫距离**.

而称

$$D(\boldsymbol{x}, \boldsymbol{y}) = \frac{1}{p}\sum_{i=1}^{p}\frac{|x_i - y_i|}{|x_i + y_i|}, \quad \text{或者} \quad \sum_{i=1}^{p}\frac{|x_i - y_i|}{|x_i + y_i|} \tag{8.2.5}$$

为样品 $\boldsymbol{x}$ 与 $\boldsymbol{y}$ 之间的**兰氏距离** (Lance-Williams).

闵科夫斯基距离和兰氏距离都是在正交空间中讨论距离, 而变量之间可能还存在相关关系. 为克服变量之间的相关性, 定义

$$D(\boldsymbol{x}, \boldsymbol{y}) = \sqrt{(\boldsymbol{x} - \boldsymbol{y})^{\mathrm{T}}\boldsymbol{\Sigma}^{-1}(\boldsymbol{x} - \boldsymbol{y})} \tag{8.2.6}$$

为样品 $\boldsymbol{x}$ 与 $\boldsymbol{y}$ 之间的**马氏距离** (Mahalanobis), 有时为了方便, 常使用马氏距离的平方. 当 $\boldsymbol{\Sigma}$ 未知时, 可以通过 (8.1.22) 式来估计. 马氏距离不受量纲影响, 并充分考虑到方差因素的影响, 因此在实际应用中被广泛使用.

基于正交空间的距离, 当变量间有相关性时, 容易使谱系结构产生变形, 因此定义

$$D(\boldsymbol{x}, \boldsymbol{y}) = \left[\frac{1}{p^2}\sum_{i=1}^{p}\sum_{j=1}^{p}(x_i - y_i)(x_j - y_j)r_{ij}\right]^{1/2} \tag{8.2.7}$$

为样品 $\boldsymbol{x}$ 与 $\boldsymbol{y}$ 之间的**斜交空间距离**, 其中 r_{ij} 为相关系数.

2. 样品与总体间的距离

设 $\boldsymbol{x}_{(1)}, \boldsymbol{x}_{(2)}, \cdots, \boldsymbol{x}_{(n)}$ 是来自均值为 $\boldsymbol{\mu}$, 方差为 $\boldsymbol{\Sigma}$ 的 p 维总体 G 的一个样本, $\boldsymbol{y}$ 是任一 p 维样品, 那么样品 $\boldsymbol{y}$ 与总体 G 间的距离最常用的有:

(1) 平均距离:

$$D(\boldsymbol{y}, G) = \frac{1}{n}\sum_{i=1}^{n}D(\boldsymbol{y}, \boldsymbol{x}_{(i)}); \tag{8.2.8}$$

(2) 重心距离:

$$D(\boldsymbol{y}, G) = D(\boldsymbol{y}, \boldsymbol{\mu}), \tag{8.2.9}$$

其中 $\boldsymbol{\mu}$ 是总体 G 的均值, 可看作总体 G 中的一个样品, $D(\boldsymbol{y}, \boldsymbol{x}_{(i)})$, $i = 1, 2, \cdots, n$ 和 $D(\boldsymbol{y}, \boldsymbol{\mu})$ 按样品与样品之间的距离计算.

3. 总体与总体间的距离

设总体 G_s 与总体 G_t 的均值分别为 $\boldsymbol{\mu}^{(s)}, \boldsymbol{\mu}^{(t)}$, 方差分别为 $\boldsymbol{\Sigma}_s, \boldsymbol{\Sigma}_t$, 它们的样本分别为 $\boldsymbol{x}_{(1)}^{(s)}, \boldsymbol{x}_{(2)}^{(s)}, \cdots, \boldsymbol{x}_{(n_s)}^{(s)}$ 和 $\boldsymbol{x}_{(1)}^{(t)}, \boldsymbol{x}_{(2)}^{(t)}, \cdots, \boldsymbol{x}_{(n_t)}^{(t)}$, 则总体 G_s 与总体 G_t 间最常用的距离有:

(1) 最短距离:

$$D(\boldsymbol{G}_s, \boldsymbol{G}_t) = \min\left\{D(\boldsymbol{x}_i^{(s)}, \boldsymbol{x}_j^{(t)}) | i = 1, 2, \cdots, n_s; j = 1, 2, \cdots, n_t\right\}; \tag{8.2.10}$$

(2) 最长距离:
$$D(\boldsymbol{G}_s, \boldsymbol{G}_t) = \max\left\{D(\boldsymbol{x}_i^{(s)}, \boldsymbol{x}_j^{(t)}) | i=1,2,\cdots,n_s; j=1,2,\cdots,n_t\right\}; \tag{8.2.11}$$

(3) 平均距离:
$$D(\boldsymbol{G}_s, \boldsymbol{G}_t) = \frac{1}{n_s \cdot n_t} \sum_{i=1}^{n_s}\sum_{j=1}^{n_t} D\left(\boldsymbol{x}_i^{(s)}, \boldsymbol{x}_j^{(t)}\right); \tag{8.2.12}$$

(4) 重心距离:
$$D(\boldsymbol{G}_s, \boldsymbol{G}_t) = D(\boldsymbol{\mu}^{(s)}, \boldsymbol{\mu}^{(t)}). \tag{8.2.13}$$

不难验证, 上述几种距离都满足距离定义的三条公理.

例 8.2.1 对于例 8.1.1, 设样品与样品之间的距离选择欧氏距离, 求:
(1) 第 1 个样品与第 6 个样品之间的距离;
(2) 第 1 个样品与第 2 个总体 (农村) 之间的距离;
(3) 第 1 个总体 (城镇) 与第 2 个总体 (农村) 之间的距离.

解 (1) 经计算, 第 1 个样品与第 6 个样品之间的欧氏距离如下:
$$D(\boldsymbol{x}_{(1)}, \boldsymbol{x}_{(6)}) = 2.$$

(2) 第 1 个样品与第 2 个总体 (农村) 之间若采用平均距离, 则
$$D(\boldsymbol{x}_{(1)}, \boldsymbol{G}_2) = \frac{1}{4}(2 + 5 + 4.12 + 6.71) = 4.457827;$$

第 1 个样品与第 2 个总体 (农村) 之间若采用重心距离, 则
$$D(\boldsymbol{x}_{(1)}, \boldsymbol{G}_2) = D(\boldsymbol{x}_{(1)}, \bar{\boldsymbol{x}}^{(2)}) = 1.25.$$

(3) 第 1 个总体 (城镇) 与第 2 个总体 (农村) 之间的距离若采用最短距离, 则
$$D(\boldsymbol{G}_1, \boldsymbol{G}_2) = 1.414214;$$

第 1 个总体 (城镇) 与第 2 个总体 (农村) 之间的距离若采用最长距离, 则
$$D(\boldsymbol{G}_1, \boldsymbol{G}_2) = 19.10497;$$

第 1 个总体 (城镇) 与第 2 个总体 (农村) 之间的距离若采用平均距离, 则
$$D(\boldsymbol{G}_1, \boldsymbol{G}_2) = 9.322646;$$

第 1 个总体 (城镇) 与第 2 个总体 (农村) 之间的距离若采用重心距离, 则
$$D(\boldsymbol{G}_1, \boldsymbol{G}_2) = 3.99531.$$

4. 距离计算在 R 软件中的实现

在 R 软件中, 使用 dist( ) 函数实现距离的计算, 其定义为

dist(x, method = "euclidean", diag = FALSE, upper = FALSE, p = 2)

其中, x 是矩阵, 如果是计算两个变量的距离, 则 x 为两行的矩阵, 否则就计算多个变量两两间的距离矩阵; method 是计算距离的方法; p 是闵科夫斯基距离中的 q; diag 和 upper 分别表示距离矩阵是否显示对角、上三角.

在 R 软件中, 使用 mahalanobis( ) 函数实现马氏距离的计算, 其定义为

mahalanobis(x, center, cov, inverted = FALSE, ...)

其中, x, center 是长度相同的向量; cov 是协方差阵, 如果 inverted=TRUE, 则表示 cov 是逆矩阵.

例 8.2.2 对于例 8.1.1 使用 R 软件, 计算: 第一行和第六行的各种距离; 马氏距离中的协方差使用样本的总协方差; 第一行数据到农村总体的距离; 城镇总体与农村总体的距离.

解 具体程序如下:

```
dat=data.frame(x1=c(30,35,38,25,40,32,26,29,36),x2=c
    (28,30,35,18,38,28,25,24,31),
    from=c(rep('城镇',5),rep('农村',4)))
x=as.matrix(dat[c(1,6),1:2])
            # 取第一行和第六行数据构成矩阵,否则马氏距离无法计算
dist(x,method='euclidean')          # 欧氏距离=2,dist(rbind(x,y))等价于
dist(x, method='manhattan')         # 绝对距离=2
dist(x, method='maximum')           # 切比雪夫距离=2
dist(x, method='canberr')           # 兰氏距离=0.032258,没有除以p
dist(x, method='minkowski',p=3)     # 闵科夫斯基距离=2,当q=3时
dist(x, method='binary')
    # 二进制=0,各元素(非零为1)And 运算后0的占比

mahalanobis(x[1,],x[2,] ,cov=cov(dat[,1:2]))    # 马氏距离=1.444917

sqrt(sum(outer(x[1,]-x[2,], x[1,]-x[2,])/(ncol(x)^2)))
    # 斜交空间距离=1.414214
nd=as.matrix(dat[c(1,6:9),1:2])
dis=as.matrix(dist(nd));                        # 样品距离采用欧氏距离
sum(dis[,1])/(nrow(dis)-1)       # 第一个样品到农村总体的平均距离
mu2=colMeans(dat[6:9,1:2])
dist(rbind(nd[1,], mu2))         # 第一个样品到农村总体的重心距离

dis=as.matrix(dist(dat[,1:2]))[6:9,1:5]
    # 计算所有样品间距离,提取6-9行,1到5列的子矩阵
min(dis)                                         # 最短距离
max(dis)                                         # 最长距离
sum(dis)/(nrow(dis)*ncol(dis))                   # 平均距离
mu1=colMeans(dat[1:5,1:2]);        dist(rbind(mu1,mu2))    # 重心距离
```

二、相似性

相似性是用来描述不同对象之间相近程度的一种度量, 由于应用领域的不同, 度量相似性的方法也不同, 适用的数据形式也不尽相同. 选择合适的相似性度量方法是一件相当复杂的事情, 对数值数据而言, 两个对象的相似度通常取决于它们的空间距离; 对分类数据来说,

两个对象的相似度通常取决于相同属性的状态.

设 $C(\boldsymbol{x},\boldsymbol{y})$ 表示变量 $\boldsymbol{x},\boldsymbol{y}$ 之间的相似度或相似系数, $|C(\boldsymbol{x},\boldsymbol{y})|$ 越接近 1, 表明 $\boldsymbol{x},\boldsymbol{y}$ 关系越密切; $|C(\boldsymbol{x},\boldsymbol{y})|$ 越接近 0, 表示 $\boldsymbol{x},\boldsymbol{y}$ 关系越疏远, 通常满足:

性质 1　$|C(\boldsymbol{x},\boldsymbol{y})| \leqslant 1$;

性质 2　$C(\boldsymbol{x},\boldsymbol{y}) = C(\boldsymbol{y},\boldsymbol{x})$;

性质 3　$|C(\boldsymbol{x},\boldsymbol{y})| = 1 \Leftrightarrow \boldsymbol{x} = a\boldsymbol{y}(a \neq 0, a$ 为常数$)$.

对于定量变量, 常用相关系数或夹角余弦来表示相似系数, 而对于定性变量, 可以通过配对计数或列联表数据来构造相似系数.

(1) 夹角余弦:

$$C(\boldsymbol{x},\boldsymbol{y}) = \cos\alpha = \frac{\sum\limits_{i=1}^{p} x_i y_i}{\sqrt{\sum\limits_{i=1}^{p} x_i^2}\sqrt{\sum\limits_{i=1}^{p} y_i^2}}. \tag{8.2.14}$$

当变量 $\boldsymbol{x},\boldsymbol{y}$ 之间平行时, 其夹角 $\alpha = 0$, 故 $C(\boldsymbol{x},\boldsymbol{y}) = 1$, 说明这两个变量完全相似; 当变量 $\boldsymbol{x},\boldsymbol{y}$ 之间正交时, 其夹角 $\alpha = \dfrac{\pi}{2}$, 故 $C(\boldsymbol{x},\boldsymbol{y}) = 0$, 说明这两个变量不相关.

(2) Pearson 相关系数:

$$C(\boldsymbol{x},\boldsymbol{y}) = \frac{\sum\limits_{i=1}^{p} (x_i - \bar{\boldsymbol{x}})(y_i - \bar{\boldsymbol{y}})}{\sqrt{\sum\limits_{i=1}^{p} (x_i - \bar{\boldsymbol{x}})^2}\sqrt{\sum\limits_{i=1}^{p} (y_i - \bar{\boldsymbol{y}})^2}}. \tag{8.2.15}$$

相关系数实际上是数据标准化后的夹角余弦, 显然 $|C(\boldsymbol{x},\boldsymbol{y})| = 1$ 表示两个变量线性相关.

关于定性变量, 比如变量 $\boldsymbol{x},\boldsymbol{y}$ 分别取 p,q 个水平或状态, 实际观测的频数结果记录在下面的列联表中:

		变量 x				行和
		x_1	x_2	$\cdots$	x_p	
变量 y	y_1	n_{11}	n_{12}	$\cdots$	n_{1p}	$n_{1\cdot}$
	y_2	n_{21}	n_{22}	$\cdots$	n_{2p}	$n_{2\cdot}$
	$\vdots$	$\vdots$	$\vdots$	$\cdots$	$\vdots$	
	y_q	n_{q1}	n_{q2}	$\cdots$	n_{qp}	$n_{q\cdot}$
列和		$n_{\cdot 1}$	$n_{\cdot 2}$		$n_{\cdot p}$	总和 n

在列联表独立性检验中, 使用的检验统计量为

$$Z = n\left(\sum_{i=1}^{q}\sum_{j=1}^{p} \frac{n_{ij}^2}{n_{i\cdot} n_{\cdot j}} - 1\right).$$

(3) 列联系数:
$$C(\boldsymbol{x}, \boldsymbol{y}) = \sqrt{Z/(Z+n)}. \tag{8.2.16}$$

(4) 定性相关系数:
$$C(\boldsymbol{x}, \boldsymbol{y}) = \sqrt{Z/(n \cdot \min\{p-1, q-1\})}, \tag{8.2.17}$$

$$C(\boldsymbol{x}, \boldsymbol{y}) = \sqrt{Z/(n \cdot \max\{p-1, q-1\})}, \tag{8.2.18}$$

$$C(\boldsymbol{x}, \boldsymbol{y}) = \sqrt{Z/(n \cdot \sqrt{(p-1)(q-1)})} \tag{8.2.19}$$

8.3 判别分析

在社会实践活动中,经常会遇到这样的问题: 根据事物的某些特性来判别其属于哪一个类别. 例如, 根据某人已经测量的症状数据, 来诊断他是否得了某种病; 根据某地已有的气象资料, 来预报明天是晴天还是阴天, 有雨还是没雨; 等等. 这一类问题是根据已采集的数据, 在一定条件下建立一个判别法则, 然后依此法则对任一样品数据判别其类别, 这就是判别分析问题.

一、问题描述

判别分析用统计语言描述为: 已知 n 个样品 $\boldsymbol{x}_{(1)}, \boldsymbol{x}_{(2)}, \cdots, \boldsymbol{x}_{(n)}$ 来自 k 个总体 $\boldsymbol{G}_1, \boldsymbol{G}_2, \cdots, \boldsymbol{G}_k$, 这 k 个总体的均值分别为 $\boldsymbol{\mu}^{(1)}, \boldsymbol{\mu}^{(2)}, \cdots, \boldsymbol{\mu}^{(k)}$, 方差分别为 $\boldsymbol{\Sigma}_1, \boldsymbol{\Sigma}_2, \cdots, \boldsymbol{\Sigma}_k (\boldsymbol{\Sigma}_\alpha > 0, \alpha = 1, 2, \cdots, k)$, 即

$$\boldsymbol{G}_1 : \boldsymbol{x}_{(1)}^{(1)}, \boldsymbol{x}_{(2)}^{(1)}, \cdots, \boldsymbol{x}_{(n_1)}^{(1)},$$
$$\boldsymbol{G}_2 : \boldsymbol{x}_{(1)}^{(2)}, \boldsymbol{x}_{(2)}^{(2)}, \cdots, \boldsymbol{x}_{(n_2)}^{(2)},$$
$$\cdots \cdots \cdots$$
$$\boldsymbol{G}_k : \boldsymbol{x}_{(1)}^{(k)}, \boldsymbol{x}_{(2)}^{(k)}, \cdots, \boldsymbol{x}_{(n_k)}^{(k)},$$

其中 $n = \sum_{\alpha=1}^{k} n_\alpha$. 利用这些信息, 建立一数学模型, 以便对任一样品 $\boldsymbol{x}$, 利用所建立的数学模型判断它来自 $\boldsymbol{G}_1, \boldsymbol{G}_2, \cdots, \boldsymbol{G}_k$ 中的哪个总体, 或 $\boldsymbol{x}$ 属于哪个总体.

建立不同的数学模型方法, 就形成不同的判别方法, 所以判别方法的内容非常丰富. 本节只介绍三种最常见的判别方法: 距离判别、Bayes 判别和 Fisher 判别.

二、距离判别及其实现

1. 基本思路

由于距离是度量样品相似性的一种常用工具, 因此距离判别就成为判别分析中最常用的一种方法. 距离判别的思想是: 样品与哪个总体的距离最近, 就判断该样品来自哪个总体.

可见, 对任一样品 $\boldsymbol{x}$, 依次计算 $D(\boldsymbol{x}, \boldsymbol{G}_\alpha), \alpha = 1, 2, \cdots, k$, 则距离判别准则就是:

$$\text{若} D(\boldsymbol{x}, \boldsymbol{G}_t) = \min_{1 \leqslant \alpha \leqslant k} \{D(\boldsymbol{x}, \boldsymbol{G}_\alpha)\}, \text{则判定} \boldsymbol{x} \in \boldsymbol{G}_t. \tag{8.3.1}$$

在计算样品与总体之间的距离之前, 需要先确定:

(1) 采用欧氏距离或马氏距离计算样品与样品之间的距离;

(2) 采用哪种距离计算样品与总体之间的距离;

(3) 总体的均值 $\boldsymbol{\mu}^{(1)}, \boldsymbol{\mu}^{(2)}, \cdots, \boldsymbol{\mu}^{(k)}$ 和方差 $\boldsymbol{\Sigma}_1, \boldsymbol{\Sigma}_2, \cdots, \boldsymbol{\Sigma}_k$ 未知时, 采用式 (8.1.23) 进行估计, 当各总体的方差相等时, 即 $\boldsymbol{\Sigma}_1 = \boldsymbol{\Sigma}_2 = \cdots = \boldsymbol{\Sigma}_k = \boldsymbol{\Sigma}$ 时, 采用式 (8.1.24) 进行估计.

例 8.3.1 表 8.3.1 是某地区有无春旱的 14 个观测数据, 其中 x_1 与 x_2 是与气象有关的综合预报因子; 第一类表示春旱, 第二类表示无春旱. 试用距离判别法进行判别分析.

表 8.3.1 某地区有无春旱的数据

序号	x_1	x_2	类别
1	24.6	−2.0	1
2	24.7	−2.4	1
3	26.6	−3.0	1
4	23.5	−1.9	1
5	25.5	−2.1	1
6	27.4	−3.1	1
7	22.1	−0.7	2
8	21.6	−1.4	2
9	22.0	−0.8	2
10	22.8	−1.6	2
11	22.7	−1.5	2
12	21.5	−1.0	2
13	22.1	−1.2	2
14	21.4	−1.3	2

解 依题意, 14 个样品来自 2 个总体 $\boldsymbol{G}_1, \boldsymbol{G}_2$. 假定样品与样品之间采用马氏距离的平方, 样品与总体之间采用重心距离, 两个总体有相同的协方差阵. 经计算:

$$\bar{\boldsymbol{x}}^{(1)} = \begin{pmatrix} 25.383 \\ -2.417 \end{pmatrix}, \quad \bar{\boldsymbol{x}}^{(2)} = \begin{pmatrix} 22.025 \\ -1.188 \end{pmatrix},$$

$$\boldsymbol{L}_1 = \begin{pmatrix} 10.188 & -3.362 \\ -3.362 & 1.348 \end{pmatrix}, \quad \boldsymbol{L}_2 = \begin{pmatrix} 1.915 & -0.443 \\ -0.443 & 0.749 \end{pmatrix},$$

则

$$\hat{\boldsymbol{\mu}}^{(1)} = \bar{\boldsymbol{x}}^{(1)} = \begin{pmatrix} 25.383 \\ -2.417 \end{pmatrix}, \quad \hat{\boldsymbol{\mu}}^{(2)} = \bar{\boldsymbol{x}}^{(2)} = \begin{pmatrix} 22.025 \\ -1.188 \end{pmatrix},$$

$$\hat{\boldsymbol{\Sigma}} = \frac{1}{n_1 + n_2 - 2}(\boldsymbol{L}_1 + \boldsymbol{L}_2) = \begin{pmatrix} 1.009 & -0.317 \\ -0.317 & 0.175 \end{pmatrix}, \quad \hat{\boldsymbol{\Sigma}}^{-1} = \begin{pmatrix} 2.307 & 4.184 \\ 4.184 & 13.313 \end{pmatrix}.$$

对原有的样品 $\boldsymbol{x}_{(i)}, i = 1, 2, \cdots, 14$, 使用重心距离法, 分别计算它到两个总体的距离:

$$D(\boldsymbol{x}_{(i)}, \boldsymbol{G}_\alpha) = \left(\boldsymbol{x}_{(i)} - \hat{\boldsymbol{\mu}}^{(\alpha)}\right)^{\mathrm{T}} \hat{\boldsymbol{\Sigma}}^{-1} \left(\boldsymbol{x}_{(i)} - \hat{\boldsymbol{\mu}}^{(\alpha)}\right), \quad i = 1, 2, \cdots, 14; \alpha = 1, 2.$$

把计算出的结果及判定结果列成表 8.3.2:

表 8.3.2 各样品的判别结果

样品序号	到第一类的距离	到第二类的距离	判别结果
1	0.995	6.574	1
2	0.985	8.934	1
3	2.005	22.619	1
4	3.592	2.982	**2**
5	1.676	12.403	1
6	4.065	29.307	1
7	16.929	3.483	2
8	14.587	1.774	2
9	15.424	1.919	2
10	6.617	0.975	2
11	7.210	0.586	2
12	15.464	0.280	2
13	11.142	0.007	2
14	15.975	1.658	2

可见, 除了第四个样品本来属于第一类却误判成第二类之外, 其他样品全部判对, 回代正确率为 13/14.

依据给定的判别方法, 回代所有样品, 判断这些样品的属类, 把判断正确的样品数与总的样品数之比称为**回代正确率**, 它是衡量判别方法好坏的重要标准. 通常一种判别方法能用于预测, 其回代正确率应不低于 80%.

2. 一般距离判别的 R 软件实现

在设计距离判别函数时, 需注意样品间的距离有多样性, 样品到总体的距离有多样性, 还要考虑到预测的需要. 为此设计以下 4 个函数:

sample.dist 计算样品间的距离; mean.dist 计算样品到总体间的平均距离;

belong.dist 计算样品到各类的距离及归属类别; discriminate.dist 实现建模和预测.

下面给出具体的程序:

```
# 下面计算样品到样品的距离(center=FALSE),样品到总体各样品的平均距离 (center=TRUE)
samples.dist=function(g.x,x,method='euclidean',p=2)
           as.numeric(dist(rbind(g.x,x),method=method,p=p))
mean.dist=function(g.x,x,method='euclidean',p=2)
         mean(sapply(g.x,samples.dist,x,method=method,p=p))
belong.dist=function(x,list.x,dist='euclidean',p=2)
{ #样品,各总体的均值或数据,样品间距离方法,返回到各类距离及归属类别
  if(is.matrix(list.x[[1]])) dis=sapply(list.x,sample.dist,x=x,
  method=dist,p=p)
  else  dis=sapply(list.x,mean.dist,x=x,method=dist,p=p)
  c(dis,which.min(dis))
}
discriminate.dist=function(x,class,newx, sample.dist='euclidean',class.
   dist='center',p=2)
```

```r
{ # 样本数据, 类别因子, 待预测数据, 样品间的距离, 样品到总体的距离, 闵可夫斯基的阶数
  lev=levels(as.factor(class));   k=length(lev)
  mus=list();        data=list()         # 存储均值, 分类数据
  for( i in 1:k)                         # 以下分离各类数据, 计算均值
  { subx=x[class==lev[i],]
    data[[paste('G',i,sep='')]]=subx;
    mus[[paste('mu',i,sep='')]]=colMeans(subx)
  }
  if(class.dist=='center')
     which=apply(newx,1,belong.dist,mus,dist=sample.dist,p=p)
                       # 采用重心距离
  else which=apply(newx,1,belong.dist,data,dist=sample.dist,p=p)
  which=as.data.frame(t(which));
    colnames(which)=c(paste('dis-class',1:k,sep=''),'belong')
  which$belong=as.factor(lev[which$belong])
  list(class=lev,result=which,data=data,mus=mus,
     sample.dist=sample.dist,class.dist=class.dist,p=p)
}
discriminate.dist(dat[,1:2],dat[,3],dat[,1:2],sample.dist='canberra')
# 假定表 8.3.1 数据已经读入 dat 中
$result                                    # 仅给出部分结果, result 存放判别的结果
      dis-class1  dis-class2   belong
1     1.249477    1.305661     1
2     1.221427    1.370413     1
3     1.299508    1.467878     1
4     1.274642    1.279216     1
5     1.231088    1.329581     1
6     1.316885    1.486515     1
7     1.461111    1.219598     2
8     1.357802    1.171988     2
9     1.442944    1.192517     2
10    1.314302    1.215916     2
11    1.326875    1.193968     2
12    1.416381    1.154912     2
13    1.375175    1.117875     2
14    1.374080    1.151286     2
```

3. 马氏距离判别的 R 软件实现

马氏距离判别比一般距离判别复杂些, 虽然距离采用马氏距离, 但需要考虑同协方差和异协方差的使用; 样品到总体距离是采用重心法还是平均法, 总共四种组合. 下面给出具体的程序:

```r
# 下面分别计算样品到样品的距离，样品到总体的平均距离
samples.maha=function(g.x,x,cov,center=FALSE)
  ifelse(center,mean(sapply(g.x,mahanalobis,x,cov=cov)),as.numeric(
    mahalanobis(g.x,x,cov)))
belong.maha=function(x,list.x,list.cov,cov.equal)
{ # 样品，各总体的均值或数据，各协方差或同协方差，方差是否相等，返回距离和归属类
  if(cov.equal) dis=sapply(list.x,samples.maha,x=x,cov=list.cov,center=
    is.matrix(list.x[[1]]))
  else { k=length(list.cov);   dis=numeric(k)
       for( i in 1:k) dis[i]=samples.maha(list.x[[i]],x,list.cov[[i]],
          center=is.matrix(list.x[[1]]))
     }
  c(dis,which.min(dis))
}
discriminate.maha=function(x,class,newx, class.dist='center',cov.equal=
  TRUE)
{ # 样本数据，类别因子，待预测数据，样品间的距离，样品到总体的距离，闵可夫斯基的阶数
  lev=levels(as.factor(class));  k=length(lev);   # 得到类别信息和个数
  mus=list();     data=list()              # 存放各类的均值，分类数据
  covs=list();    cov.total=matrix(0,nrow=ncol(x),ncol=ncol(x))
        # 各协方差和总协方差
  for( i in 1:k)  # 以下分离各类数据，计算均值，计算各类协方差
  { subx=x[class==lev[i],]
    data[[paste('G',i,sep='')]]=subx;
    mus[[paste('mu',i,sep='')]]=colMeans(subx)
    covs[[paste('cov',i,sep='')]]=cov(subx)
    if(cov.equal==TRUE) cov.total=cov.total+covs[[i]]*(nrow(subx)-1)
  }
if(cov.equal==TRUE) cov.total=cov.total/(nrow(x)-k)
                          # 同协方差时，总协方差的估计

  if(cov.equal=='FALSE')    # 如果采用异协方差：重心距离，平均距离
  { if(class.dist=='center') which=apply(newx,1,belong.maha,list.x=mus,
       list.cov=covs,cov.equal)
      else which=apply(newx,1,belong.maha,list.x=data,list.cov=covs,
```

```
        cov.equal)
}
which=as.data.frame(t(which));
colnames(which)=c(paste('dis-class',1:k,sep=''),'belong')
which$belong=as.factor(lev[which$belong])
list(class=lev,result=which,data=data,mus=mus,covs=covs,
cov.total=cov.total,class.dist=class.dist,cov.equal=cov.equal)
}
discriminate.maha(dat[,1:2],dat[,3],dat[,1:2])
```

```
$result                         # 仅给出部分结果,result存放判别的结果
    dis-class1     dis-class2     belong
1    0.9951862    6.574148236       1
2    0.9854428    8.934080920       1
3    2.0050840   22.619452178       1
4    3.5921030    2.981756154       2
5    1.6755153   12.402504331       1
6    4.0648154   29.306569728       1
7   16.9291796    3.482754568       2
8   14.5873678    1.773549703       2
9   15.4241403    1.919333193       2
10   6.6169294    0.975319789       2
11   7.2102833    0.585774022       2
12  15.4634987    0.280004495       2
13  11.1423404    0.007209259       2
14  15.9752670    1.657908244       2
```

三、贝叶斯判别 (Bayes)

距离判别是利用样品到各个总体的距离远近来判定其归属, 对总体的分布不作要求, 且计算方法简单. 但是, 距离判别未考虑各总体出现的可能性大小, 也未考虑误判造成的损失. 例如, 在医学诊断中, "患有癌症"与"没患癌症"这两个总体各自出现的概率相差悬殊, "患有癌症"判断为"没患癌症"与"没患癌症"判断为"患有癌症"所造成的损失也很不同. 在第二章曾提及贝叶斯统计学比经典统计学多利用了先验信息. 判别分析中, 如果已知各总体出现的可能性大小和误判造成的损失, 那么, 贝叶斯统计学中的贝叶斯判别就是基于这些先验信息而提出的一种判别方法. 贝叶斯判别的思想是: 样品判给哪个总体带来的损失小, 就判该样品来自哪个总体.

1. 基本过程

设有 k 个总体 $G_1, G_2, \cdots, G_k$, 分别具有 p 维概率密度函数 $f_1(\boldsymbol{x}), f_2(\boldsymbol{x}), \cdots, f_k(\boldsymbol{x})$, 已知 k 个总体出现的先验概率分别为 $q_1, q_2, \cdots, q_k$, 样品来自总体 G_i 而误判为总体 G_j 的损失为 $L(j|i)$, $i,j = 1, 2, \cdots, k$, 并规定 $L(i|i) = 0$. 对任一样品 $\boldsymbol{x}$, 依次计算

$$D_\alpha(\boldsymbol{x}) = \sum_{j=1}^{k} q_j f_j(\boldsymbol{x}) L(\alpha|j), \quad \alpha = 1, 2, \cdots, k,$$

则贝叶斯判别准则就是

$$\text{若} D_t(\boldsymbol{x}) = \min_{1 \leqslant \alpha \leqslant k} \{D_\alpha(\boldsymbol{x})\}, \text{则判断} \boldsymbol{x} \in \boldsymbol{G}_t. \tag{8.3.2}$$

特别地，若损失函数 $L(j|i) = \begin{cases} 1, & i \neq j, \\ 0, & i = j, \end{cases}$ 或损失函数 $L(j|i)$ 在 $i \neq j$ 时都相同，则贝叶斯判别准则为

$$\text{若} q_t f_t(\boldsymbol{x}) = \max_{1 \leqslant \alpha \leqslant k} \{q_\alpha f_\alpha(\boldsymbol{x})\}, \text{则判断} \boldsymbol{x} \in G_t. \tag{8.3.3}$$

若总体 $\boldsymbol{G}_\alpha \sim N_p(\boldsymbol{\mu}^{(\alpha)}, \boldsymbol{\Sigma}_\alpha)$，$\alpha = 1, 2, \cdots, k$，且各总体的方差相等，即 $\boldsymbol{\Sigma}_1 = \boldsymbol{\Sigma}_2 = \cdots = \boldsymbol{\Sigma}_k = \boldsymbol{\Sigma}$，此时，贝叶斯判别准则为

$$\text{若} v_t(\boldsymbol{x}) = \max_{1 \leqslant \alpha \leqslant k} \{v_\alpha(\boldsymbol{x})\}, \text{则判断} \boldsymbol{x} \in \boldsymbol{G}_t. \tag{8.3.4}$$

其中

$$v_\alpha(\boldsymbol{x}) = \ln q_\alpha - \frac{1}{2} \boldsymbol{\mu}^{(\alpha)\mathrm{T}} \boldsymbol{\Sigma}^{-1} \boldsymbol{\mu}^{(\alpha)} + \boldsymbol{\mu}^{(\alpha)\mathrm{T}} \boldsymbol{\Sigma}^{-1} \boldsymbol{x} \triangleq c_{0\alpha} + \boldsymbol{c}_\alpha^\mathrm{T} \boldsymbol{x} \triangleq c_{0\alpha} + c_{1\alpha} x_1 + \cdots + c_{p\alpha} x_p,$$

称 $v_\alpha(x)$ 为**线性判别函数**，这里，$c_{0\alpha} = \ln q_\alpha - \frac{1}{2} \boldsymbol{\mu}^{(\alpha)\mathrm{T}} \boldsymbol{\Sigma}^{-1} \boldsymbol{\mu}^{(\alpha)}$ 称为常数项，$\boldsymbol{c}_\alpha = (c_{1\alpha}, c_{2\alpha}, \cdots, c_{p\alpha})^\mathrm{T} = \boldsymbol{\Sigma}^{-1} \boldsymbol{\mu}^{(\alpha)}$ 称为判别系数，$\alpha = 1, 2, \cdots, p$.

通常情况下，贝叶斯线性判别法就是指 (8.3.4) 式的判别准则，此时必须满足以下三个条件：

(1) 每个总体 $\boldsymbol{G}_\alpha \sim N_p(\boldsymbol{\mu}^{(\alpha)}, \boldsymbol{\Sigma}_\alpha)$，$\alpha = 1, 2, \cdots, k$；

(2) 各总体的方差相等，即 $\boldsymbol{\Sigma}_1 = \boldsymbol{\Sigma}_2 = \cdots = \boldsymbol{\Sigma}_k = \boldsymbol{\Sigma}$；

(3) 损失函数为 $L(j|i) = \begin{cases} 1, & i \neq j, \\ 0, & i = j, \end{cases}$ 或损失函数 $L(j|i)$ 在 $i \neq j$ 时都相同.

有时候，上述条件 (3) 并不一定满足，例如，"患有癌症"判断为"没患癌症"与"没患癌症"判断为"患有癌症"所造成的损失很不同，此时就采用 (8.3.2) 式的判别准则.

与距离判别一样，当总体的均值和方差未知时，应采用式 (8.1.23), (8.1.24) 进行估计.

先验概率一般有下列几种取法：

(1) 认为各个总体的先验概率相等，即 $q_1 = q_2 = \cdots = q_k = \dfrac{1}{k}$；

(2) 认为各个总体的先验概率与所有样品中来自各个总体的样品数成正比，或用来自各总体的样品频率作为先验概率的估计，即 $q_\alpha = \dfrac{n_\alpha}{n}$，$\alpha = 1, 2, \cdots, k$；

(3) 人为地给定先验概率的值，一般要求 $\sum\limits_{\alpha=1}^{k} q_\alpha = 1$.

例 8.3.2 对于例 8.3.1，假设两个总体均服从正态分布，并有相同的方差，以样品的频率作为先验概率估计，即 $q_1 = \dfrac{3}{7}$，$q_2 = \dfrac{4}{7}$. 试分别在下列两种损失函数下，用贝叶斯判别法进

行判别分析:

(1) 损失函数为 $L(2|1) = L(1|2) = 1$, $L(1|1) = L(2|2) = 0$;

(2) 损失函数为 $L(2|1) = 2L(1|2)$, $L(1|1) = L(2|2) = 0$.

解 (1) 依题意, 采用 (8.3.4) 判别准则, 同例 8.3.1, 我们有

$$\hat{\boldsymbol{\mu}}^{(1)} = \begin{pmatrix} 25.383 \\ -2.417 \end{pmatrix}, \quad \hat{\boldsymbol{\mu}}^{(2)} = \begin{pmatrix} 22.025 \\ -1.188 \end{pmatrix}, \quad \hat{\boldsymbol{\Sigma}}^{-1} = \begin{pmatrix} 2.307 & 4.184 \\ 4.184 & 13.313 \end{pmatrix}.$$

所以

$$c_{01} = \ln q_1 - \frac{1}{2}\hat{\boldsymbol{\mu}}^{(1)\mathrm{T}} \boldsymbol{\Sigma}^{-1} \hat{\boldsymbol{\mu}}^{(1)} = -0.8473 - 525.287 = -526.134,$$

$$c_{02} = \ln q_2 - \frac{1}{2}\hat{\boldsymbol{\mu}}^{(2)\mathrm{T}} \boldsymbol{\Sigma}^{-1} \hat{\boldsymbol{\mu}}^{(2)} = -0.5596 - 459.415 = -459.974,$$

$$\boldsymbol{c}_1 = \boldsymbol{\Sigma}^{-1} \hat{\boldsymbol{\mu}}^{(1)} = (48.437, 74.038)^{\mathrm{T}}, \quad \boldsymbol{c}_2 = \boldsymbol{\Sigma}^{-1} \hat{\boldsymbol{\mu}}^{(2)} = (45.834, 76.349)^{\mathrm{T}}.$$

因此, 线性判别函数为

$$\begin{cases} v_1(\boldsymbol{x}) = -526.134 + (48.437, 74.038)^{\mathrm{T}} \boldsymbol{x} = -526.134 + 48.437 x_1 + 74.038 x_2, \\ v_2(\boldsymbol{x}) = -459.974 + (45.834, 76.349)^{\mathrm{T}} \boldsymbol{x} = -459.974 + 45.834 x_1 + 76.349 x_2. \end{cases}$$

把原有的样品 $\boldsymbol{x}_{(i)}$, $i = 1, 2, \cdots, 14$, 代入上式, 计算结果列成表 8.3.3.

表 8.3.3 各样品的判别结果

样品序号	$v_1(\boldsymbol{x})$	$v_2(\boldsymbol{x})$	判别结果
1	517.346	514.8442	1
2	492.5747	488.888	1
3	540.1828	530.1633	1
4	471.4689	472.0617	2
5	553.5358	548.46	1
6	571.5288	559.1956	1
7	492.502	499.5129	2
8	416.457	423.1516	2
9	480.2545	487.2946	2
10	459.7741	462.8826	2
11	462.3342	465.9341	2
12	441.2284	449.1078	2
13	455.4832	461.3384	2
14	414.1733	421.6197	2

可见, 除了第 4 个样品本来属于第一类却误判成第二类之外, 其他样品全部判对, 回代正确率为 13/14.

(2) 依题意, 采用 (8.3.2) 判别准则, 对原有的样品 $\boldsymbol{x}_{(i)}$, $i=1,2,\cdots,14$, 分别计算

$$D_\alpha(\boldsymbol{x}_{(i)}) = \sum_{j=1}^{2} q_j f_j(\boldsymbol{x}_{(i)}) L(\alpha|j), \quad i=1,2,\cdots,14; \alpha=1,2.$$

其中

$$f_j(\boldsymbol{x}_{(i)}) = \frac{1}{(2\pi)^{\frac{p}{2}}|\hat{\boldsymbol{\Sigma}}|^{\frac{1}{2}}} \exp\left\{-\frac{1}{2}(\boldsymbol{x}_{(i)}-\hat{\boldsymbol{\mu}}^{(j)})^{\mathrm{T}}\hat{\boldsymbol{\Sigma}}^{-1}(\boldsymbol{x}_{(i)}-\hat{\boldsymbol{\mu}}^{(j)})\right\}, \quad j=1,2.$$

把计算结果及判别结果列成表 8.3.4.

表 8.3.4 各样品的判别结果

样品序号	$D_1(\boldsymbol{x}_{(i)})$	$D_2(\boldsymbol{x}_{(i)})$	判别结果
1	0.01235130	0.30148118	1
2	0.00379542	0.30295348	1
3	0.00000405	0.18195487	1
4	0.07443733	0.08228997	1
5	0.00067004	0.21455006	1
6	0.00000014	0.06496788	1
7	0.05794292	0.00010453	2
8	0.13619133	0.00033710	2
9	0.12661728	0.00022185	2
10	0.20299385	0.01813486	2
11	0.24664464	0.01347935	2
12	0.28738804	0.00021752	2
13	0.32938621	0.00188727	2
14	0.14429812	0.00016841	2

可见, 样品全部判对, 回代正确率为 100%.

2. 贝叶斯判别的 R 软件实现

```
# x 是含类别的原始数据-数据框或矩阵类型, 类别放在最后一列; newx 是不含类别的待判别数据-
  数据框或矩阵类型, 若为 NULL, 则对原始数据进行回判
# q 是先验概率, 有三种选择
# (1)NULL 值都相等; (2)empirical 是按照样本数量占比; (3) 自行指定
# lost 是损失矩阵, 有两种选择 (1) 自行指定 (2)NULL 时表示均相等
# density.f 是各总体密度函数, 有 2 种选择 (1) 自行指定; (2)NULL 时密度值都相等
# 此处说明: 1-3 维是否可通过 sm 包的 sm.density 来估计密度.density.f 是密度函数列表对象

discrimination.bayes=function(x, newx=NULL, q=NULL, lost=NULL,
  density.f=NULL)
```

```r
  { Gcol=ncol(x);    G=Gcol-1;
# 类别所在列，类别个数（类别从1开始编号）
  if(is.null(newx)){ newx=x[,1:G]; nonew=TRUE }    # 得到待判数据
  else nonew=FALSE

  if(is.null(q)) q=rep(1,G)
  else if(is.character(q) && q=='empirical') q=table(x[,Gcol])/nrow(x)

  if(is.null(lost)){ lost=matrix(1,nrow=G,ncol=G); diag(lost)=0 }
  fun=function(arg) return(1)
  if(is.null(density.f)) { for(i in 1:G) density.f[[i]]=fun }

  belong=function(nx,G,q,lost,density.f)    # 进行bayes判别
  { d=rep(0,G)       # 记录每个总体的损失
    for(i in 1:G)
      for(j in 1:G)   d[i]=d[i]+q[j]*density.f[[j]](nx)*lost[i,j]
    index=which.min(d)   # 得到损失最小的下标
    return(c(d,index))     # 返回各样本点的损失和最小下标
  }
  res=t(apply(newx,1,belong,G=G,q=q,lost=lost,density.f=density.f))
     # 得到判别过程数据和结果
  colnames(res)=c(paste('avg_lost',1:G,sep=''),'belong')
  if(nonew){
    result=table(x[,Gcol],res[,Gcol]);       # 得到与原始数据的比较表
    dimnames(result)=list(paste('Old',1:G,sep=''),paste('New',1:G,sep=
      ''))
  } else result=table(res[,Gcol])
  list(detail=cbind(newx,res),result=result)   # 返回列表结果
} # 以例8.3.1的数据来说明本函数的使用过程
q=table(x$belong)/nrow(x);   G=length(levels(as.factor(x$belong)));
cols=ncol(x)-1 lost=matrix(1,nrow=2,ncol=2,byrow=TRUE);
diag(lost)=0

denf1=function(x) {
  xigma=matrix(c(2.0376667,-0.6723333,-0.6723333,0.2696667),
  nrow=2,byrow=TRUE)
  mu=c(25.383333,-2.416667);  HL=sqrt(det(xigma));  Vm=solve(xigma)
    # 行列式，逆矩阵
  res=exp(-t(x-mu)%*%Vm%*%(x-mu)/2)/(2*pi*HL);   return(res[1,1])
} denf2=function(x) {
  xigma=matrix(c(0.27357143,-0.06321429,-0.06321429,0.10696429),
  nrow=2,byrow=TRUE)
```

```
    mu=c(22.025,-1.1875);         HL=sqrt(det(xigma));    Vm=solve(xigma)
    res=exp(-t(x-mu)%*%Vm%*%(x-mu)/2)/(2*pi*HL);    return(res[1,1])
}  # 如果denf1和denf2的xigma都采用例8.3.2中的总体协方差,则可以得到表8.3.4结果
density.fs=list(denf1,denf2)
discrimination.bayes(x, newx=x[,1:2], q=q, lost=lost,
    density.f=density.fs)
# 函数执行后输出结果如下
$detail
     x1    x2    avg_lost1       avg_lost2      belong
1    24.6  -2.0  2.416776e-06    0.1446804449   1
2    24.7  -2.4  1.766367e-07    0.1235191016   1
3    26.6  -3.0  6.343952e-19    0.1075173659   1
4    23.5  -1.9  5.079502e-03    0.0815899458   1
5    25.5  -2.1  1.394058e-10    0.0582497318   1
6    27.4  -3.1  5.869285e-25    0.0802736203   1
7    22.1  -0.7  1.425094e-01    0.0002341996   2
8    21.6  -1.4  2.438733e-01    0.0037191430   2
9    22.0  -0.8  2.596693e-01    0.0009617341   2
10   22.8  -1.6  1.421222e-01    0.0419236635   2
11   22.7  -1.5  2.178981e-01    0.0369553637   2
12   21.5  -1.0  3.376243e-01    0.0044586575   2
13   22.1  -1.2  5.662280e-01    0.0128799706   2
14   21.4  -1.3  1.960010e-01    0.0029593467   2
$result
      New1   New2
Old1   6      0
Old2   0      8
```

当然, 在正态假设前提下, 若各总体的方差相等, 损失也一样, 则贝叶斯判别就变成线性判别.

MASS 包中的 lda, qda 等函数实现线性判别 (linear discriminative analysis), predict 函数用来得到判别结果或者预测结果, 函数定义如下:

    lda(formula, data, prior, ...), predict(object, newdata, ...)

其中 formula 是公式, 类似回归中的 lm 函数使用; data 是数据框; prior 是先验概率; object 是 lda 函数的返回对象. 具体程序如下:

```
# 以例 8.3.1 数据为例加以说明, 假定各列名称为 x1,x2,class
lda.out=lda(class~x1+x2, data=dat,prior=c(0.5,0.5))
tmp=predict(lda.out,dat)$class  table(dat[,3],tmp)
      1   2
  1   5   1
  2   0   8
```

在现实情况中, 贝叶斯判别的假定通常难以满足, 因此它的应用受到较大限制. 在 WMDB 包中提供了 dbayes 函数用于简单的贝叶斯判别, 其定义为

dbayes(TrnX, TrnG, p = rep(1, length(levels(TrnG))), TstX = NULL, var.equal = FALSE)

其中 TrnX,TrnG 分别表示训练集和训练类别; p 是先验概率; TstX 是测试集; var.equal 表示是否同方差. 具体程序如下:

```
# 以例8.3.1数据为例加以说明,假定各列名称为x1,x2,class
dbayes(dat[,1:2], as.factor(dat[,3]))    # help(dbayes)可看到源代码
1 2 3 4 5 6 7 8 9 10 11   12 13 14 blong 1 1 1 1 1 2 2 2 1  2  2  2  2
[1] "num of wrong judgement"
[1] 10
[1] "samples divided to"
[1] 1
[1] "samples actually belongs to"
[1] 2
Levels: 1 2
[1] "percent of right judgement"
[1] 0.9285714
```

四、Fisher 判别

Fisher 判别的基本思想是投影, 通过将 k 个总体的 p 维数据, 利用方差分析的思想, 投影到某一个方向, 成为一维数据, 然后进行判别.

设 $\boldsymbol{x} = (x_1, x_2, \cdots, x_p)^T$ 是任一样品, 它是 p 维空间上的一个点, 把它投影到一维空间上, 即作线性变换:

$$z = \boldsymbol{u}^T \boldsymbol{x} = u_1 x_1 + u_2 x_2 + \cdots + u_p x_p, \tag{8.3.5}$$

称为 Fisher **线性判别函数**, 其中 $\boldsymbol{u} = (u_1, u_2, \cdots, u_p)^T$ 为待定系数或判别系数. 利用式 (8.3.5) 对来自 k 个总体 $G_1, G_2, \cdots, G_k$ 的 n 个样品逐个进行投影, 即

$$z_i^{(\alpha)} = \boldsymbol{u}^T \boldsymbol{x}_{(i)}^{(\alpha)}, \quad i = 1, 2, \cdots, n_\alpha; \alpha = 1, 2, \cdots, k.$$

记一维数据 $z_i^{(\alpha)}$ $(i = 1, 2, \cdots, n_\alpha; \alpha = 1, 2, \cdots, k)$ 的组内离差为 e_0, 组间离差为 b_0, 显然有

$$e_0 = \boldsymbol{u}^T \boldsymbol{E} \boldsymbol{u}, \quad b_0 = \boldsymbol{u}^T \boldsymbol{B} \boldsymbol{u},$$

其中 $\boldsymbol{E}, \boldsymbol{B}$ 分别为 p 维数据 $\boldsymbol{x}_{(i)}^{(\alpha)}, i = 1, 2, \cdots, n_\alpha; \alpha = 1, 2, \cdots, k$ 的组内离差阵和组间离差阵.

利用方差分析的思想, 选择 $\boldsymbol{u} = (u_1, u_2, \cdots, u_p)^T$, 使得 $\lambda = \dfrac{b_0}{e_0} = \dfrac{\boldsymbol{u}^T \boldsymbol{B} \boldsymbol{u}}{\boldsymbol{u}^T \boldsymbol{E} \boldsymbol{u}}$ 达到最大. 为了使解具有唯一性, 通常附加一个条件: $\boldsymbol{u}^T \boldsymbol{E} \boldsymbol{u} = 1$. 于是问题转化为, 在条件 $\boldsymbol{u}^T \boldsymbol{E} \boldsymbol{u} = 1$ 下, 求使 $\boldsymbol{u}^T \boldsymbol{B} \boldsymbol{u}$ 达到最大的 $\boldsymbol{u}$. 为此用拉格朗日乘数法, 令

$$F = \boldsymbol{u}^T \boldsymbol{B} \boldsymbol{u} - \lambda (\boldsymbol{u}^T \boldsymbol{E} \boldsymbol{u} - 1).$$

对 $\boldsymbol{u}$ 求导数, 并令它为零, 即

$$\frac{\partial F}{\partial \boldsymbol{u}} = 2\boldsymbol{B}\boldsymbol{u} - 2\lambda \boldsymbol{E}\boldsymbol{u} = \boldsymbol{0}.$$

解方程组

$$\begin{cases} Bu = \lambda Eu, \\ u^{\mathrm{T}} Eu = 1, \end{cases}$$

得
$$(E^{-1}B - \lambda I)u = 0.$$

这表明 λ 是矩阵 $E^{-1}B$ 的最大特征值, u 就是对应的特征向量, 这样就可求出判别函数.

下面直接给出 Fisher 判别的具体步骤:

(1) 计算各总体的样本均值 $\bar{x}^{(\alpha)}, \alpha = 1, 2, \cdots, k$ 和总的样本均值 $\bar{x}$;
(2) 计算组内离差阵 E 和组间离差阵 B;
(3) 计算 $E^{-1}B$, 并求 $E^{-1}B$ 的最大特征值及对应的特征向量 u;
(4) 求 $\bar{z}^{(\alpha)} = u^{\mathrm{T}}\bar{x}^{(\alpha)}$, $\alpha = 1, 2, \cdots, k$;
(5) 对于任一样品 x, 计算 $z(x) = u^{\mathrm{T}}x$, 那么, Fisher 判别准则就是

$$\text{如果 } \left|z(x) - \bar{z}^{(t)}\right| = \min_{1 \leqslant \alpha \leqslant k} \left\{\left|z(x) - \bar{z}^{(\alpha)}\right|\right\}, \text{则判断 } x \in G_t. \tag{8.3.6}$$

例 8.3.3 对于例 8.3.1, 试用 Fisher 判别法进行判别分析.

解 (1) $\bar{x}^{(1)} = \begin{pmatrix} 25.383 \\ -2.417 \end{pmatrix}$, $\bar{x}^{(2)} = \begin{pmatrix} 22.025 \\ -1.188 \end{pmatrix}$, $\bar{x} = \begin{pmatrix} 23.464 \\ -1.714 \end{pmatrix}$.

(2) $E = L_1 + L_2 = \begin{pmatrix} 12.103 & -3.804 \\ -3.804 & 2.097 \end{pmatrix}$, $B = \begin{pmatrix} 38.669 & -14.153 \\ -14.153 & 5.18 \end{pmatrix}$.

(3) $E^{-1}B = \begin{pmatrix} 2.498 & -0.914 \\ -2.218 & 0.812 \end{pmatrix}$, 其最大特征值对应的特征向量 $u = (0.748, -0.664)^{\mathrm{T}}$, 所以 Fisher 线性判别函数为

$$z = u^{\mathrm{T}}x = -0.823x_1 + 0.568x_2.$$

(4) $\bar{z}^{(1)} = u^{\mathrm{T}}\bar{x}^{(1)} = -22.268$, $\bar{z}^{(2)} = u^{\mathrm{T}}\bar{x}^{(2)} = -18.805$.

(5) 对原有的样品 $x_{(i)}$, $i = 1, 2, \cdots, 14$, 分别计算 $z(x_{(i)}) = u^{\mathrm{T}}x_{(i)}$ 与 $\left|z(x_{(i)}) - \bar{z}^{(\alpha)}\right|$, $\alpha = 1, 2$, 得到判别结果, 见表 8.3.5.

表 8.3.5 各样品的判别结果

样品序号	$z(x_{(i)})$	$\left|z(x_{(i)}) - \bar{z}^{(1)}\right|$	$\left|z(x_{(i)}) - \bar{z}^{(2)}\right|$	判别结果
1	−21.3864	0.881404	2.581047	1
2	−21.6958	0.571986	2.890464	1
3	−23.6005	1.332751	4.795202	1
4	−20.4241	1.843705	1.618746	2
5	−22.184	0.083745	3.378706	1
6	−24.3158	2.04809	5.510541	1
7	−18.5903	3.677485	0.215034	2
8	−18.5761	3.691668	0.229217	2
9	−18.5647	3.703031	0.240581	2
10	−19.6775	2.590272	0.872179	2
11	−19.5384	2.729367	0.733084	2
12	−18.2667	4.001086	0.538635	2
13	−18.8741	3.393614	0.068837	2
14	−18.3547	3.913084	0.450633	2

可见, 除了第 4 个样品本来属于第一类却误判成第二类之外, 其他样品全部判对, 回代正确率为 13/14.

Fisher 判别对总体分布不作要求, 而且使用的线性判别函数比较简单, 因此实际中被广泛应用.

五、 线性判别的 R 软件实现

# 以例 8.3.1 数据为例加以说明 	
lda.out=lda(class~x1+x2, data=dat)
tmp=predict(lda.out,dat)$class
table(dat[,3],tmp)
	qda.out=qda(class~x1+x2,data=dat)
	tmp=predict(qda.out,dat)$class
	table(dat[,3],tmp)

1 2 1 5 1 2 0 8	1 2 1 6 0 2 0 8

predict(lda.out,dat) 将输出三个主要信息, 其中$class 是归类信息, $posterior 是每个样品归属各类的概率, $x 是线性判别函数的具体函数值. 上述 table 的统计结果表明了判别的绝对效果, 实际上还可以使用 χ^2 检验原始类别与测试类别之间的一致性, 如 lda.out 部分, 执行 chisq.test(dat[,3], tmp), 返回的 p-value = 0.00789, 说明两者比较一致.

关于线性判别, 还有 mda 包中的 mda( ), fda( ) 等函数.

8.4 聚类分析

实际上, 我们还经常遇到与判别相似的问题. 比如在经济学中, 根据人均 GDP、人均住宅面积等指标对地区的经济发展状况进行分类; 在客户关系学中, 根据客户的产值、客户给企业带来的收益等指标对客户进行分类. 这些都属于聚类分析问题.

聚类分析是研究物以类聚的一种统计方法, 它也是研究分类的问题. 即已知样本矩阵 (8.1.1), 研究指标 $x_1, x_2, \cdots, x_p$ 之间的分类, 或样品 $x_{(1)}, x_{(2)}, \cdots, x_{(n)}$ 之间的分类, 一般前者称为 R 型 (指标) 聚类, 后者称为 Q 型 (样品) 聚类. 这里仅叙述 Q 型聚类. 需要指出的是, 聚类分析与判别分析同是研究分类问题, 但聚类分析只已知样本矩阵, 而对样品的其他情况一无所知.

聚类分析的内容十分丰富, 有很多聚类方法, 本书仅介绍一种比较常用的聚类方法, 即系统聚类法, 又称谱系聚类法.

一、 系统聚类法的基本思想

已知 n 个样品 $x_{(1)}, x_{(2)}, \cdots, x_{(n)}$ 构成一个样本矩阵 X, 系统聚类法的基本思想是: 首先把 n 个样品各自看成一类, 然后计算各类之间的相似性程度 (一般用距离), 将最相似的两类合并, 合并后重新计算新类与其他类的相似性程度. 这一过程一直持续下去, 直到所有的样品都合并成一类为止. 这个合并过程可以用图形直观表示出来, 该图称为**聚类图**或**谱系图**.

二、系统聚类法的步骤

用 k 表示剩下的总类数, 用 i 表示聚类的次数. 系统聚类法的基本步骤如下:

(1) 每个样品自成一类, 计算样品两两之间的距离, 得到样品之间的距离矩阵 $\boldsymbol{D}^{(0)}$, 这时 $i=1, k=n$;

(2) 合并距离最小的两类成为新的一类, 并取消合并的那两个类, 这时 $k=n-i$;

(3) 计算距离矩阵 $\boldsymbol{D}^{(i)}$: 对矩阵 $\boldsymbol{D}^{(i-1)}$, 删除合并的那两个类所在的行和列, 再增加一行一列, 即新类与剩余的其他类之间的距离, 就得到 $\boldsymbol{D}^{(i)}$;

(4) $i=i+1$;

(5) 重复步骤 (2) $\sim$ (4), 直到 $k=1$;

(6) 绘制聚类图.

根据聚类图, 就可以确定分成多少类及如何分类. 到底分为几类合适, 则没有绝对的原则, 一般需结合问题背景和专业知识而综合确定. 一种可行的办法是选定一个数作为分类的临界值, 当类之间的距离大于给定的临界值时, 以后的类合并不予考虑.

系统聚类法建立初始距离矩阵时, 涉及样品与样品之间的距离, 一般采用 (8.2.1) 式定义的欧氏距离的平方, 而类与类之间的距离, 也就是总体与总体间的距离, 则可以采用 (8.2.8) $\sim$ (8.2.13) 式定义的距离. 不管哪一步得出的距离矩阵都是对称阵, 且主对角线上的元素全为 0, 所以一般只写出上三角部分. 另外, 若在距离矩阵中发现最小距离不止一个, 则将对应最小距离的所有类同时合并.

例 8.4.1 从某大学男生中随机抽取 10 名, 测得其身高 x_1(单位: cm) 和体重 x_2(单位:kg) 的数值如表 8.4.1 所示:

表 8.4.1 某大学 10 名男生的身高和体重

x_1	170	173	180	185	168	165	177	165	178	182
x_2	66	66	68	72	63	62	68	59	69	71

样品间采用欧氏距离的平方, 试用最短距离法进行系统聚类并画出系统聚类图.

解 (1) 每个样品自成一类, 现在共有 10 类, 计算样品间的欧氏距离的平方, 得距离矩阵 $\boldsymbol{D}^{(0)}$, 即

$$\boldsymbol{D}^{(0)}=\begin{pmatrix} 0 & 9 & 104 & 261 & 13 & 41 & 53 & 74 & 73 & 169 \\ & 0 & 53 & 180 & 34 & 80 & 20 & 113 & 34 & 106 \\ & & 0 & 41 & 169 & 261 & 9 & 306 & 5 & 13 \\ & & & 0 & 370 & 500 & 80 & 569 & 58 & 10 \\ & & & & 0 & 10 & 106 & 25 & 136 & 260 \\ & & & & & 0 & 180 & 9 & 218 & 370 \\ & & & & & & 0 & 225 & 2 & 34 \\ & & & & & & & 0 & 269 & 433 \\ & & & & & & & & 0 & 20 \\ & & & & & & & & & 0 \end{pmatrix} \begin{matrix} G_1 \\ G_2 \\ G_3 \\ G_4 \\ G_5 \\ G_6 \\ G_7 \\ G_8 \\ G_9 \\ G_{10} \end{matrix}$$

$\quad\quad\quad\quad\quad\quad\;\; G_1 \;\; G_2 \;\; G_3 \;\; G_4 \;\; G_5 \;\; G_6 \;\; G_7 \;\; G_8 \;\; G_9 \;\; G_{10}$

(2) $\boldsymbol{D}^{(0)}$ 中最小的数 (零除外) 是 2, 它是 G_7 与 G_9 之间的距离, 因此合并成新的一类

$G_{11} = G_7 + G_9 = \{x_{(7)}, x_{(9)}\}$,并删去 G_7 与 G_9,现在共有 9 类.

(3) 新类 G_{11} 与其他 8 类之间的距离按最短距离 (8.2.10) 式计算, 如

$$D(G_3, G_{11}) = \min\left\{d_{37}^{(0)}, d_{39}^{(0)}\right\} = \min\{9, 5\} = 5,$$

$$D(G_8, G_{11}) = \min\left\{d_{87}^{(0)}, d_{89}^{(0)}\right\} = \min\{225, 269\} = 225.$$

因此得到距离矩阵 $\boldsymbol{D}^{(1)}$, 即

$$\boldsymbol{D}^{(1)} = \begin{pmatrix} 0 & 9 & 104 & 261 & 13 & 41 & 74 & 169 & 53 \\ & 0 & 53 & 180 & 34 & 80 & 113 & 106 & 20 \\ & & 0 & 41 & 169 & 261 & 306 & 13 & 5 \\ & & & 0 & 370 & 500 & 569 & 10 & 58 \\ & & & & 0 & 10 & 25 & 260 & 106 \\ & & & & & 0 & 9 & 370 & 180 \\ & & & & & & 0 & 433 & 225 \\ & & & & & & & 0 & 20 \\ & & & & & & & & 0 \end{pmatrix} \begin{matrix} G_1 \\ G_2 \\ G_3 \\ G_4 \\ G_5 \\ G_6 \\ G_8 \\ G_{10} \\ G_{11} \end{matrix}$$

$$\phantom{\boldsymbol{D}^{(1)} = (}G_1 \quad G_2 \quad G_3 \quad G_4 \quad G_5 \quad G_6 \quad G_8 \quad G_{10} \quad G_{11}$$

(4) $\boldsymbol{D}^{(1)}$ 中最小的数 (零除外) 是 5, 它是 G_3 与 G_{11} 之间的距离, 因此合并成新的一类 $G_{12} = G_3 + G_{11} = \{x_{(3)}, x_{(7)}, x_{(9)}\}$, 并删去 G_3 与 G_{11}, 现在共有 8 类.

(5) 新类 G_{12} 与其他 7 类之间的距离仍按最短距离 (8.2.10) 式计算, 如

$$D(G_2, G_{12}) = \min\left\{d_{23}^{(1)}, d_{29}^{(1)}\right\} = \min\{53, 20\} = 20,$$

$$D(G_4, G_{12}) = \min\left\{d_{43}^{(1)}, d_{49}^{(1)}\right\} = \min\{41, 58\} = 41.$$

因此得到距离矩阵 $\boldsymbol{D}^{(2)}$, 即

$$\boldsymbol{D}^{(2)} = \begin{pmatrix} 0 & 9 & 261 & 13 & 41 & 74 & 169 & 53 \\ & 0 & 180 & 34 & 80 & 113 & 106 & 20 \\ & & 0 & 370 & 500 & 569 & 10 & 41 \\ & & & 0 & 10 & 25 & 260 & 106 \\ & & & & 0 & 9 & 370 & 180 \\ & & & & & 0 & 433 & 225 \\ & & & & & & 0 & 13 \\ & & & & & & & 0 \end{pmatrix} \begin{matrix} G_1 \\ G_2 \\ G_4 \\ G_5 \\ G_6 \\ G_8 \\ G_{10} \\ G_{12} \end{matrix}$$

$$\phantom{\boldsymbol{D}^{(2)} = (}G_1 \quad G_2 \quad G_4 \quad G_5 \quad G_6 \quad G_8 \quad G_{10} \quad G_{12}$$

(6) $\boldsymbol{D}^{(2)}$ 中最小的数 (零除外) 是 9, 它是 G_1 与 G_2, G_6 与 G_8 之间的距离, 因此将它们同时合并成新的类 $G_{13} = G_1 + G_2 = \{x_{(1)}, x_{(2)}\}$, $G_{14} = G_6 + G_8 = \{x_{(6)}, x_{(8)}\}$, 并删去 G_1 与 G_2, G_6 与 G_8, 现在共有 6 类.

(7) 新类 G_{13}, G_{14} 与其他 4 类之间的距离、G_{13} 与 G_{14} 之间的距离仍按最短距离计算,得到距离矩阵 $\boldsymbol{D}^{(3)}$, 即

$$\boldsymbol{D}^{(3)} = \begin{pmatrix} 0 & 370 & 10 & 41 & 180 & 500 \\ & 0 & 260 & 106 & 13 & 10 \\ & & 0 & 13 & 106 & 370 \\ & & & 0 & 20 & 180 \\ & & & & 0 & 41 \\ & & & & & 0 \end{pmatrix} \begin{matrix} G_4 \\ G_5 \\ G_{10} \\ G_{12} \\ G_{13} \\ G_{14} \end{matrix}.$$

$$\phantom{\boldsymbol{D}^{(3)} = }\quad G_4 \quad G_5 \quad G_{10} \quad G_{12} \quad G_{13} \quad G_{14}$$

(8) $\boldsymbol{D}^{(3)}$ 中最小的数 (零除外) 是 10, 它是 G_4 与 G_{10}, G_5 与 G_{14} 之间的距离, 因此将它们同时合并成新的类 $G_{15} = G_4 + G_{10} = \{\boldsymbol{x}_{(4)}, \boldsymbol{x}_{(10)}\}$, $G_{16} = G_5 + G_{14} = \{\boldsymbol{x}_{(5)}, \boldsymbol{x}_{(6)}, \boldsymbol{x}_{(8)}\}$, 并删去 G_4 与 G_{10}, G_5 与 G_{14}, 现在共有 4 类.

(9) 新类 G_{15}, G_{16} 与其他 2 类之间的距离、G_{15} 与 G_{16} 之间的距离仍按最短距离计算, 得到距离矩阵 $\boldsymbol{D}^{(4)}$, 即

$$\boldsymbol{D}^{(4)} = \begin{pmatrix} 0 & 20 & 13 & 106 \\ & 0 & 106 & 13 \\ & & 0 & 260 \\ & & & 0 \end{pmatrix} \begin{matrix} G_{12} \\ G_{13} \\ G_{15} \\ G_{16} \end{matrix}$$

$$\phantom{\boldsymbol{D}^{(4)} = }\quad G_{12} \quad G_{13} \quad G_{15} \quad G_{16}$$

(10) $\boldsymbol{D}^{(4)}$ 中最小的数 (零除外) 是 13, 它是 G_{12} 与 G_{15}, G_{13} 与 G_{16} 之间的距离, 因此将它们同时合并成新的类 $G_{17} = G_{12} + G_{15} = \{\boldsymbol{x}_{(4)}, \boldsymbol{x}_{(10)}, \boldsymbol{x}_{(12)}\}$, $G_{18} = G_{13} + G_{16} = \{\boldsymbol{x}_{(5)}, \boldsymbol{x}_{(6)}, \boldsymbol{x}_{(8)}, \boldsymbol{x}_{(13)}\}$, 并删去 G_{12} 与 G_{15}, G_{13} 与 G_{16}, 现在共有 2 类.

(11) 新类 G_{17} 与 G_{18} 之间的距离仍按最短距离计算, 得到距离矩阵 $\boldsymbol{D}^{(5)}$, 即

$$\boldsymbol{D}^{(5)} = \begin{pmatrix} 0 & 20 \\ & 0 \end{pmatrix} \begin{matrix} G_{17} \\ G_{18} \end{matrix}.$$

$$\phantom{\boldsymbol{D}^{(5)} = }\quad G_{17} \quad G_{18}$$

(12) 将 G_{17} 与 G_{18} 合并成新的类 $G_{19} = G_{17} + G_{18} = \{\boldsymbol{x}_{(4)}, \boldsymbol{x}_{(5)}, \boldsymbol{x}_{(6)}, \boldsymbol{x}_{(8)}, \boldsymbol{x}_{(10)}, \boldsymbol{x}_{(12)}, \boldsymbol{x}_{(13)}\}$, 并删去 G_{17} 与 G_{18}, 现在只有 1 类.

(13) 绘制聚类图, 如图 8.4.1 所示.

由图 8.4.1 可见, 如果类之间距离的临界值为 15, 那么在聚类图上可画出 $x = 15$ 的虚线, 虚线与聚类图的交点有 2 个, 如图 8.4.2(a) 所示, 则 10 个样品聚为 2 类:

$$\{\boldsymbol{x}_{(1)}, \boldsymbol{x}_{(2)}, \boldsymbol{x}_{(5)}, \boldsymbol{x}_{(6)}, \boldsymbol{x}_{(8)}\}, \quad \{\boldsymbol{x}_{(3)}, \boldsymbol{x}_{(4)}, \boldsymbol{x}_{(7)}, \boldsymbol{x}_{(9)}, \boldsymbol{x}_{(10)}\}.$$

如果类之间距离的临界值为 11, 那么在聚类图上可画出 $x = 11$ 的虚线, 虚线与聚类图的交点有 4 个, 如图 8.4.2(b) 所示, 则 10 个样品聚为 4 类:

$$\{\boldsymbol{x}_{(1)}, \boldsymbol{x}_{(2)}\}, \quad \{\boldsymbol{x}_{(5)}, \boldsymbol{x}_{(6)}, \boldsymbol{x}_{(8)}\}, \quad \{\boldsymbol{x}_{(3)}, \boldsymbol{x}_{(7)}, \boldsymbol{x}_{(9)}\}, \quad \{\boldsymbol{x}_{(4)}, \boldsymbol{x}_{(10)}\}.$$

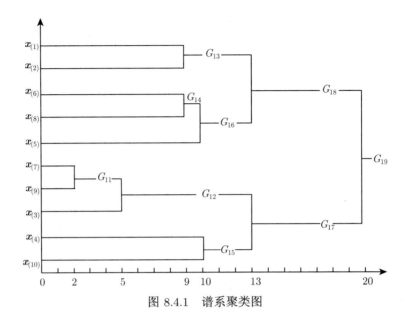

图 8.4.1 谱系聚类图

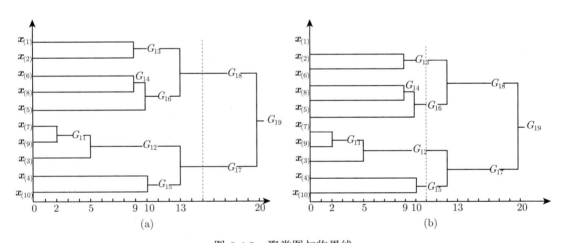

图 8.4.2 聚类图与临界线

应当说明的是，类与类之间采用不同的距离，聚类结果不完全相同. 有文献指出，最短距离法适用于条形或 S 形的类，其他方法则适合于椭球形的类. 还有文献指出，平均距离法是系统聚类法中较好的方法. 关于这方面，本文不作详细叙述.

三、系统聚类的 R 软件实现

处理系统聚类分析，需要各样品的距离矩阵，这个可以通过 dist( ) 函数实现，前面已经介绍了，其次需要用到 hclust( ) 函数，其定义为

hclust(d, method = "complete", members = NULL)

其中 d 是 dist( ) 函数计算得到的距离；method 用来指定系统聚类的方法，默认是 complete 最长距离法，具体见表 8.4.2.

表 8.4.2 系统聚类方法

ward.D, ward.D2 离差平方和	single 最短距离法	complete 最长距离法	average 类平均法
mcquitty McQuitty 相似分析法	median 中间距离法	centroid 重心法	

聚类分析后，通常都需要绘制谱系图以便直观地把握分类的结果，谱系图的绘制还是使用 plot 函数，只是需要调整其中的某些参数，其定义为

```
plot(x, labels = NULL, hang = 0.1, check = TRUE, axes = TRUE,
    frame.plot = FALSE, ann = TRUE, main = "Cluster Dendrogram",
    sub = NULL, xlab = NULL, ylab = "Height", ...)
```

其中 x 是 hclust 返回的对象；labels 是数据的标签；hang 表示谱系图中各类别所在的位置，若其值为负，则从底部开始绘制谱系图中的类. plclust() 函数实现类似的绘制谱系图的功能.

例 8.4.2 将例 8.4.1 的数据采用欧氏距离计算，然后采用表 8.4.2 中的所有方法完成聚类并绘制谱系图.

解 具体程序和图如下：

```
dat=data.frame(x1=c(170,173,180,185,168,165,177,165,178,182),
    x2=c(66,66,68,72,63,62,68,59,69,71))
methods=c('single','ward.D','ward.D2','complete','average','mcquitty',
    'median','centroid')
d=dist(dat,method='euclidean')
par(mfrow=c(2,4))
for(i in 1:8){hc=hclust(d,method=methods[i]); plot(hc,hang=-1,main='')}
```

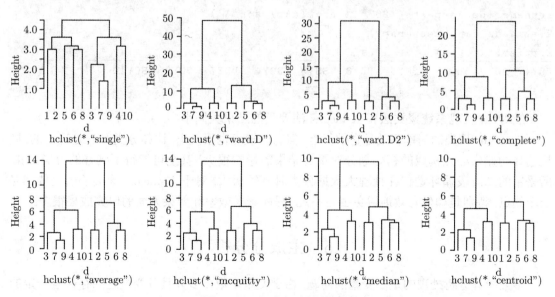

图 8.4.3 各种方法的谱系图

四、K-means 聚类的 R 软件实现

K-means 聚类是一种简单快速的聚类算法, 通常在精细化分类研究的前期使用. 通过选取适当的聚类个数 k, 将数据合理分类后再研究分类数据的特点, 即实现对数据的预处理功能. 该方法广泛应用在生物学、Web 文档分类、模式识别、图像处理、商务、数据挖掘等众多领域和学科中.

K-means 聚类的思想很直观, 其步骤如下:

(1) 在样本中随机选取 k 个样本点作为初始中心点 (集合);
(2) 遍历所有样本点, 将每个样本点划分到最近的中心点 (集合), 即聚类;
(3) 计算每个中心点 (集合) 的平均值, 并作为新的中心点 (集合);
(4) 重复 (2), (3) 步, 直到这 k 个中心点 (集合) 不再变化 (表现为迭代收敛), 为避免可能存在的不收敛情况, 可以设置一个迭代上限.

在 R 软件中, 通过函数 kmeans 实现 K-means 聚类过程, 该函数的定义如下:

```
kmeans(x, centers, iter.max = 10, nstart = 1,
       algorithm = c("Hartigan-Wong", "Lloyd", "Forgy", "MacQueen"),
       trace=FALSE)
```

其中 x 是数据矩阵或数据; 若 centers 是指定分类的个数, 此时 nstart 表示选取的随机集个数, centers 也可以指定聚类中心的初值; iter.max 是最大迭代次数; algorithm 是聚类过程采用的算法.

例 8.4.3 对例 8.4.1 的数据执行 K-means 聚类, 设分类数为 2.

解 程序及结果如下:

```
dat=data.frame(x1=c(170,173,180,185,168,165,177,165,178,182),
    x2=c(66,66,68,72,63,62,68,59,69,71))
rownames(dat)= paste('BOY',1:nrow(dat),sep='')
km=kmeans(dat, centers=2)
sort(km$cluster)
```

BOY1	BOY2	BOY5	BOY6	BOY8	BOY3	BOY4	BOY7	BOY9	BOY10
1	1	1	1	1	2	2	2	2	2

经对比, 发现系统聚类法和 K-means 法聚类的结果大同小异.

K-means 聚类的简单高效是它的优点, 但它的缺点也很突出, 比如分类数 k 是确定的, 随机选择初始中心点构成的初始划分对聚类结果的影响很大, 甚至可能得不到好的分类结果, 所采用的二阶段循环迭代在处理大数据分类时开销极大. 对于 K-means 聚类的研究依然是一个热点, 特别是如何有效地避免上述不足, 提高聚类效率和效果方面的研究成果很多.

8.5 主成分分析

多元统计分析处理的是多变量的问题, 由于变量个数太多并且各变量之间存在着一定的相关性, 使得所观测到的数据在一定程度上反映出来的信息有所重叠, 从而增加了样本内部错综复杂的关系. 因此自然就想到, 能不能构造出少量的几个综合变量来代替原来的众多变

量, 而且这些综合变量能够尽可能多地反映原来变量的信息, 并且彼此之间互不相关. 这种把高维变量转化为维数较低的变量进行分析的统计方法称为**降维方法**.

一、基本原理

设 p 维随机变量 $\boldsymbol{x} = (x_1, x_2, \cdots, x_p)^{\mathrm{T}}$, 我们现在要寻找 $r(r \leqslant p)$ 个综合变量 $y_1, y_2, \cdots, y_r$ 满足:

(1) $y_i = \boldsymbol{u}_i^{\mathrm{T}} \boldsymbol{x} = u_{i1} x_1 + u_{i2} x_2 + \cdots + u_{ip} x_p, \quad i = 1, 2, \cdots r$;

(2) $y_1, y_2, \cdots, y_r$ 彼此不相关;

(3) 随机变量 $\boldsymbol{y} = (y_1, y_2, \cdots, y_r)^{\mathrm{T}}$ 尽可能多地反映随机变量 $\boldsymbol{x} = (x_1, x_2, \cdots, x_p)^{\mathrm{T}}$ 的信息.

设 $D(\boldsymbol{x}) = \boldsymbol{\Sigma}$, 则

$$D(y_i) = D(\boldsymbol{u}_i^{\mathrm{T}} \boldsymbol{x}) = \boldsymbol{u}_i^{\mathrm{T}} D(\boldsymbol{x}) \boldsymbol{u}_i = \boldsymbol{u}_i^{\mathrm{T}} \boldsymbol{\Sigma} \boldsymbol{u}_i, \quad i = 1, 2, \cdots r.$$

为了使 $\boldsymbol{y} = (y_1, y_2, \cdots, y_r)^{\mathrm{T}}$ 尽可能多地反映 $\boldsymbol{x} = (x_1, x_2, \cdots, x_p)^{\mathrm{T}}$ 的信息, 实际上就是希望 $D(y_i)$ 尽可能地大. 由于 $D(y_i)$ 随着 $\boldsymbol{u}_i$ 各分量增大而增大, 所以必须对 $\boldsymbol{u}_i$ 作某种限制, 一般要求 $\boldsymbol{u}_i^{\mathrm{T}} \boldsymbol{u}_i = 1, i = 1, 2, \cdots, r$. 由此给出主成分的统计定义.

定义 8.5.1 设 $\boldsymbol{x} = (x_1, x_2, \cdots, x_p)^{\mathrm{T}}$ 为 p 维随机变量, 称 $y_i = \boldsymbol{u}_i^{\mathrm{T}} \boldsymbol{x}$ 为 $\boldsymbol{x}$ 的第 i 个主成分, $i = 1, 2, \cdots, r$, 它们满足:

(1) 第 1 主成分 y_1 是一切形如 $\boldsymbol{u}^{\mathrm{T}} \boldsymbol{x}$, 且 $\boldsymbol{u}^{\mathrm{T}} \boldsymbol{u} = 1$ 的变量中方差达到最大者;

(2) 第 2 主成分 y_2 是一切形如 $\boldsymbol{u}^{\mathrm{T}} \boldsymbol{x}$, $\boldsymbol{u}^{\mathrm{T}} \boldsymbol{u} = 1$, 且与 y_1 不相关的变量中方差达到最大者;

(3) 第 i 主成分 $y_i, i \leqslant p$ 是一切形如 $\boldsymbol{u}^{\mathrm{T}} \boldsymbol{x}$, $\boldsymbol{u}^{\mathrm{T}} \boldsymbol{u} = 1$, 且与 $y_1, y_2, \cdots, y_{i-1}$ 不相关的变量中方差达到最大者.

定理 8.5.1 设 p 维随机变量 $\boldsymbol{x} = (x_1, x_2, \cdots, x_p)^{\mathrm{T}}$ 的方差阵为 $\boldsymbol{\Sigma}$, 即 $D(\boldsymbol{x}) = \boldsymbol{\Sigma}$, 其 p 个特征值分别为 $\lambda_1 \geqslant \lambda_2 \geqslant \cdots \geqslant \lambda_p \geqslant 0$, 相应的标准正交化特征向量分别是 $\boldsymbol{u}_1, \boldsymbol{u}_2, \cdots, \boldsymbol{u}_p$, 即 $\boldsymbol{u}_1, \boldsymbol{u}_2, \cdots, \boldsymbol{u}_p$ 的长度均为 1, 且两两正交. 则 $\boldsymbol{x}$ 的第 i 个主成分为

$$y_i = \boldsymbol{u}_i^{\mathrm{T}} \boldsymbol{x}, \quad \text{且} \quad D(y_i) = \lambda_i, \ i = 1, 2, \cdots, r.$$

定义 8.5.2 称 $f_i \triangleq \dfrac{\lambda_i}{\sum\limits_{k=1}^{p} \lambda_k}$ 为第 i 主成分 y_i 的**方差贡献率**, $i = 1, 2, \cdots, r$, 称 $\sum\limits_{i=1}^{m} f_i$ 为前 m 个主成分 $y_1, y_2, \cdots, y_m$ 的**累计方差贡献率**, $m = 1, 2, \cdots, r$.

方差贡献率表示主成分综合变量 $\boldsymbol{x}$ 的能力, 方差贡献率越大, 其主成分综合变量 $\boldsymbol{x}$ 的信息能力就越强, 通常以累计方差贡献率的大小来决定主成分的个数 r. 一般地, 选择 r 使得 $\sum\limits_{i=1}^{r} f_i \geqslant 85\%$.

二、计算步骤

在实际问题中, 若 $\boldsymbol{x}$ 的各变量量纲不同, 将可能造成不合理的结果. 一般来说, 当变量取值范围相差很大或量纲不同时, 可考虑用 $\boldsymbol{x}$ 的相关矩阵 $\boldsymbol{R}$ 替换方差阵 $\boldsymbol{\Sigma}$ 进行主成分分析.

上面讨论的主成分都是在总体 x 的均值 μ、方差阵 Σ(或 R) 已知的情况下进行的, 但实际问题中 Σ(或 R) 往往是未知的, 这时 Σ(或 R) 可通过 (8.1.22) 式估计.

现在归纳一下求样本主成分的计算步骤:

设总体 $x = (x_1, x_2, \cdots, x_p)^\mathrm{T}$ 的样本矩阵为 $X = (x_{ij})_{n \times p}$.

(1) 求样本均值 $\bar{x}$、样本离差阵 L 及相关矩阵 $\tilde{R}$;

(2) 求 $\hat{\Sigma} = \dfrac{L}{n-1}$ 或 $\hat{R} = \tilde{R}$ 的特征值及对应的标准正交化特征向量, 分别记为

$$\lambda_1 \geqslant \lambda_2 \geqslant \cdots \geqslant \lambda_p \geqslant 0; \quad u_1, u_2, \cdots, u_p;$$

(3) 求各主成分的方差贡献率 $f_i = \dfrac{\lambda_i}{\sum\limits_{k=1}^{p} \lambda_k}$, $i = 1, 2, \cdots, p$;

(4) 选择主成分个数 r, 使 $\sum\limits_{i=1}^{r} f_i \geqslant 85\%$ 即可.

例 8.5.1 表 8.5.1 是 30 名某中学生的身高 x_1(单位: m)、体重 x_2(单位: kg)、胸围 x_3(单位: m) 和坐高 x_4(单位: m) 的数据, 试进行主成分分析.

解 经计算得样本均值 $\bar{x}$、样本离差阵 L 及相关矩阵 $\tilde{R}$ 分别为

$$\bar{x} = \begin{pmatrix} 1.49, & 38.70, & 0.7223, & 0.7937 \end{pmatrix}^\mathrm{T},$$

$$L = \begin{pmatrix} 0.1552 & 11.83 & 0.08 & 0.0834 \\ & 1210.30 & 8.6510 & 7.063 \\ & & 0.0769 & 0.0499 \\ & & & 0.0529 \end{pmatrix}, \quad \tilde{R} = \begin{pmatrix} 1 & 0.86 & 0.73 & 0.92 \\ & 1 & 0.90 & 0.88 \\ & & 1 & 0.78 \\ & & & 1 \end{pmatrix}.$$

所以

$$\hat{\Sigma} = \frac{L}{n-1} = \begin{pmatrix} 0.0054 & 0.4079 & 0.0028 & 0.0029 \\ & 41.73 & 0.2983 & 0.2436 \\ & & 0.0027 & 0.0017 \\ & & & 0.0018 \end{pmatrix}, \quad \hat{R} = \tilde{R} = \begin{pmatrix} 1 & 0.86 & 0.73 & 0.92 \\ & 1 & 0.90 & 0.88 \\ & & 1 & 0.78 \\ & & & 1 \end{pmatrix}.$$

(1) 由此求得 $\hat{\Sigma}$ 的特征值及相应标准正交化特征向量分别为

$$\lambda_1 = 41.74, \quad \lambda_2 = 0.0016, \quad \lambda_3 = 0.0005, \quad \lambda_4 = 0.0002;$$

$$u_1 = (0.0098, 0.9999, 0.0071, 0.0058)^\mathrm{T}, \quad u_2 = (0.9136, -0.0102, -0.1403, 0.3815)^\mathrm{T},$$

$$u_3 = (0.0747, -0.0088, 0.9805, 0.1815)^\mathrm{T}, \quad u_4 = (-0.3996, -0.0004, -0.1373, 0.9064)^\mathrm{T}.$$

故得第一个主成分为

$$y_1 = u_1^\mathrm{T} x = 0.0098 x_1 + 0.9999 x_2 + 0.0071 x_3 + 0.0058 x_4.$$

它的方差贡献率为

$$f_1 = \frac{\lambda_1}{\sum\limits_{j=1}^{4} \lambda_j} = 99.995\%.$$

如果选择主成分个数 r, 使得累计方差贡献率 $\sum\limits_{i=1}^{r} f_i \geqslant 85\%$ 或 $\sum\limits_{i=1}^{r} f_i \geqslant 90\%$, 则本题只需取一个主成分.

表 8.5.1　某中学生身体四项指标数据

样品号	x_1	x_2	x_3	x_4
1	1.480000	41.000000	0.720000	0.780000
2	1.600000	49.000000	0.770000	0.860000
3	1.590000	45.000000	0.800000	0.860000
4	1.530000	43.000000	0.760000	0.830000
5	1.510000	42.000000	0.770000	0.800000
6	1.400000	29.000000	0.640000	0.740000
7	1.580000	49.000000	0.780000	0.830000
8	1.390000	34.000000	0.710000	0.760000
9	1.490000	36.000000	0.670000	0.790000
10	1.420000	31.000000	0.660000	0.760000
11	1.500000	43.000000	0.770000	0.790000
12	1.390000	31.000000	0.680000	0.740000
13	1.610000	47.000000	0.780000	0.840000
14	1.400000	33.000000	0.670000	0.770000
15	1.370000	31.000000	0.660000	0.730000
16	1.490000	47.000000	0.820000	0.790000
17	1.600000	47.000000	0.740000	0.870000
18	1.510000	42.000000	0.730000	0.820000
19	1.570000	39.000000	0.680000	0.800000
20	1.570000	48.000000	0.800000	0.880000
21	1.440000	36.000000	0.680000	0.760000
22	1.390000	32.000000	0.680000	0.730000
23	1.520000	35.000000	0.730000	0.790000
24	1.450000	35.000000	0.700000	0.770000
25	1.560000	44.000000	0.780000	0.850000
26	1.470000	38.000000	0.730000	0.780000
27	1.470000	30.000000	0.650000	0.750000
28	1.510000	36.000000	0.740000	0.800000
29	1.410000	30.000000	0.670000	0.760000
30	1.480000	38.000000	0.700000	0.780000

(2) 如果用相关矩阵计算, 求得 $\hat{\boldsymbol{R}}$ 的特征值及相应标准正交化特征向量分别为

$$\lambda_1 = 3.54, \quad \lambda_2 = 0.31, \quad \lambda_3 = 0.08, \quad \lambda_4 = 0.07;$$

$$\boldsymbol{u}_1 = (0.497,\ 0.515,\ 0.481,\ 0.507)^{\mathrm{T}}, \quad \boldsymbol{u}_2 = (-0.543,\ 0.210,\ 0.725,\ -0.368)^{\mathrm{T}},$$

$$u_3 = (0.450, 0.462, -0.175, -0.744)^{\mathrm{T}}, \quad u_4 = (-0.506, 0.691, -0.461, 0.232)^{\mathrm{T}}.$$

故得第一个主成分为

$$y_1 = u_1^{\mathrm{T}} x = 0.497 x_1^* + 0.515 x_2^* + 0.481 x_3^* + 0.507 x_4^*,$$

其中 x_i^* 为标准后的随机变量,即 $x_i^* = \dfrac{x_i - \bar{x}_i}{\sqrt{l_{ii}}}$, $i = 1, 2, 3, 4$. 它的方差贡献率为

$$f_1 = \frac{\lambda_1}{\sum\limits_{k=1}^{4} \lambda_k} = 88.527\%.$$

如果选择主成分个数 r,使得累计方差贡献率 $\sum\limits_{i=1}^{r} f_i \geqslant 85\%$,则本题只取一个主成分. 如果选择主成分个数 r,使得累计方差贡献率 $\sum\limits_{i=1}^{r} f_i \geqslant 90\%$,则需再取第二主成分:

$$y_2 = u_2^{\mathrm{T}} x = -0.543 x_1^* + 0.210 x_2^* + 0.725 x_3^* - 0.368 x_4^*.$$

它的方差贡献率为 $f_2 = \dfrac{\lambda_2}{\sum\limits_{k=1}^{4} \lambda_k} = 7.835\%$,累计方差贡献率为 $f_1 + f_2 = 96.362\%$,故取二个主成分.

由于该例中 x 的各变量量纲不同,因此用协方差阵计算的主成分和用相关矩阵计算的主成分差别很大. 本例中,用相关矩阵计算的主成分,第一主成分的系数分别为: 0.497, 0.515, 0.481, 0.507. 这些系数的大小都差不多,所以第一主成分综合了所有变量 x_1, x_2, x_3, x_4 的信息;第二主成分的系数分别为: $-0.543, 0.210, 0.725, -0.368$. 当某学生的 y_2 数值较大时,说明他的体重 x_2、胸围 x_3 大,而身高 x_1、坐高 x_4 小,即他是又矮又胖,所以第二主成分是反映学生体型的综合指标. 而用协方差阵计算的主成分,第一主成分的系数分别为: 0.0098, 0.9999, 0.0071, 0.0058. 可见,体重 x_2 占的比重相当大. 显然,用相关矩阵计算的主成分更显合理.

对 p 维随机变量 $x = (x_1, x_2, \cdots, x_p)^{\mathrm{T}}$ 的样本作主成分分析往往并不是最终目的,而是对样本数据进行一种预处理,即降维或简化数据. 样本数据预处理后还可以进一步作回归分析、聚类分析等.

三、主成分分析的 R 软件实现

在 R 软件中主要通过 princomp( ) 和 prcomp( ) 两个函数,以及 labdsv 包中的 pca( ) 函数进行主成分分析. 这些函数的定义如下:

```
princomp(formula, data = NULL, subset, na.action, ...)
prcomp(formula, data = NULL, subset, na.action, ...)
```

其中 formula 是模型表达式,形如 lm( ) 函数,但没有因变量;data 指定数据框;subset 是选择数据框的行子集;na.action 指定处理确实值的方式.

```
pca(mat, cor = FALSE, dim = min(nrow(mat),ncol(mat)))
```
其中 mat 是数据矩阵, 一行一个样本; cor 表示是否使用相关系数矩阵计算, =TRUE 表示使用, =FALSE 表示使用协方差阵计算; dim 表示矩阵的行列个数.

一般还会使用该包中的 varplot.pca( ) 函数绘制碎石图以及累积方差图; loadings.pca ( ) 函数用来提取载荷系数.

例 8.5.2 对例 8.5.1 中的数据采用上述函数进行处理.

解 具体程序如下:

```
dat=read.table('clipboard',header=FALSE)    #假定数据复制到剪贴板后读入
colnames(dat)=c('身高X1','体重X2','胸围X3','坐高X4')
dat.pca=princomp(dat, cor=TRUE)
summary(dat.pca,loadings=TRUE)
Importance of components:
                        Comp.1      Comp.2       Comp.3       Comp.4
Standard deviation    1.8817805   0.55980636   0.28179594   0.25711844
Proportion of Variance 0.8852745  0.07834579   0.01985224   0.01652747
Cumulative Proportion  0.8852745  0.96362029   0.98347253   1.00000000
Loadings:
         Comp.1    Comp.2    Comp.3    Comp.4
身高 X1  -0.497     0.543     0.450     0.506
体重 X2  -0.515    -0.210     0.462    -0.691
胸围 X3  -0.481    -0.725    -0.175     0.461
坐高 X4  -0.507     0.368    -0.744    -0.232
```

在输出的结果中, Standard deviation 表达了主成分的标准差, 即对应的特征值的平方根; Proportion of Variance 则表示方差的贡献率; Cumulative Proportion 表示方差的累积贡献率. 第一主成分的贡献率为 88.53%, 第二主成分的贡献率是 7.83%等, 前两个主成分的累积贡献率达到 96.36%, 因此选择 2 个主成分即可, 具体如下:

$$\begin{cases} y_1 = -0.497x_1 - 0.515x_2 - 0.481x_3 - 0.507x_4, \\ y_2 = 0.543x_1 - 0.210x_2 - 0.725x_3 + 0.368x_4. \end{cases}$$

关于主成分代表的实际意义, 前面已经分析, 此处不再赘述. 下面给出主成分的碎石图 (见图 8.5.1), 以便直观分析主成分的选取, 具体程序和图 (图 8.5.1) 如下:

```
screeplot(dat.pca,type='line',main=' ')
biplot(dat.pca, choices=1:2)
```

从图 8.5.1 看出, 从主成分 3 开始, 碎石图已经由陡峭急剧转向平缓了, 说明主成分 3 和 4 的方差贡献率已经很低了, 因此选择两个主成分是合适的. 程序中, biplot( ) 函数给出原样本点在主成分下的对应坐标散点图, 其中 x 是 princomp( ) 返回的对象; choices 默认指前两个主成分.

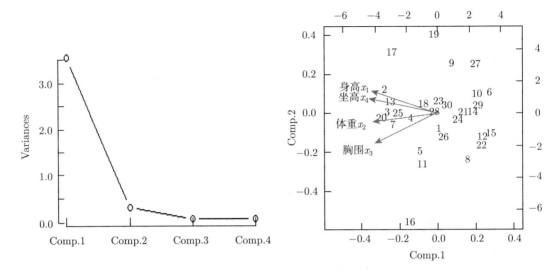

图 8.5.1 dat.pca 的碎石图和主成分散点图

下面给出使用 pca( ),loadings.pca( ), varplot.pca( ) 三个函数的执行过程, 输出与例 8.5.2 类似. 具体程序如下:

```
dat=read.table('clipboard',header=FALSE)    # 假定数据复制到剪贴板后读入
colnames(dat)=c('身高X1','体重X2','胸围X3','坐高X4')
dat.pca1=pca(dat, cor=TRUE, dim=c(nrow(dat),ncol(dat)))
summary(dat.pca,loadings=TRUE)
loadings.pca(dat.pca1)
par(mfrow=c(1,2));    varplot.pca(dat.pca1)
# 输出类似, 此处省略
```

8.6 典型相关分析

典型相关分析是研究两组变量之间相关关系的一种统计方法, 这也是实际问题处理中经常需要考虑的.

一般地, 假设一组变量为 $X_1, X_2, \cdots, X_p$, 另一组变量为 $Y_1, Y_2, \cdots, Y_q$, 研究这两组变量的相关关系, 必须先给出相关关系的度量指标. 当 $p = q = 1$ 时, 两组的相关关系完全可以采用它们的相关系数来度量. 而当其中之一大于 1 时, 即 $p > 1, q = 1$ (或 $p = 1, q > 1$), 设 $\boldsymbol{X} = (X_1, X_2, \cdots, X_p)^{\mathrm{T}}$, 且满足

$$(\boldsymbol{X}, Y)^{\mathrm{T}} \sim N_{p+1}(\boldsymbol{\mu}, \boldsymbol{\Sigma}), \quad \boldsymbol{\Sigma} = \begin{pmatrix} \boldsymbol{\Sigma_{XX}} & \boldsymbol{\Sigma_{XY}} \\ \boldsymbol{\Sigma_{YX}} & \sigma_{YY} \end{pmatrix},$$

则称

$$R = \sqrt{\frac{\boldsymbol{\Sigma_{YX}} \boldsymbol{\Sigma_{XX}^{-1}} \boldsymbol{\Sigma_{XY}}}{\sigma_{YY}}} \tag{8.6.1}$$

为 Y 与 $X_1, X_2, \cdots, X_p$ 的**全相关系数**, 它是用来度量一个随机变量与一组随机变量的相关关系. 而当 $p > 1, q > 1$ 时, 可利用主成分分析的思想, 把两组变量的相关关系分别转化成两个综合变量的最大可能的相关关系, 这就是**典型相关分析**(canonical correlational analysis, CCA) 的基本思想, 关键在于寻找两组向量 $\boldsymbol{\alpha} = (\alpha_1, \alpha_2, \cdots, \alpha_p)^{\mathrm{T}}, \boldsymbol{\beta} = (\beta_1, \beta_2, \cdots, \beta_q)^{\mathrm{T}}$, 使得两个综合变量 U, V, 即

$$\begin{cases} U = \alpha_1 X_1 + \alpha_2 X_2 + \cdots + \alpha_p X_p = \boldsymbol{\alpha}^{\mathrm{T}} \boldsymbol{X}, \\ V = \beta_1 Y_1 + \beta_2 Y_2 + \cdots + \beta_q Y_q = \boldsymbol{\beta}^{\mathrm{T}} \boldsymbol{Y} \end{cases} \tag{8.6.2}$$

之间达到最大可能的相关, 即相关系数 $\rho(\boldsymbol{\alpha}^{\mathrm{T}} \boldsymbol{X}, \boldsymbol{\beta}^{\mathrm{T}} \boldsymbol{Y})$ 达到最大.

一、总体典型相关

设 $\boldsymbol{X} = (X_1, X_2, \cdots, X_p)^{\mathrm{T}}, \boldsymbol{Y} = (Y_1, Y_2, \cdots, Y_q)^{\mathrm{T}}, (\boldsymbol{X}^{\mathrm{T}}, \boldsymbol{Y}^{\mathrm{T}})^{\mathrm{T}}$ 为 $p+q$ 维随机向量, 均值为 $\boldsymbol{0}$, 协方差阵 $\boldsymbol{\Sigma} > 0$. 若存在 $\boldsymbol{a}_1 = (a_{11}, a_{12}, \cdots, a_{1p})^{\mathrm{T}}, \boldsymbol{b}_1 = (b_{11}, b_{12}, \cdots, b_{1q})^{\mathrm{T}}$, 使得

$$\rho(\boldsymbol{a}_1^{\mathrm{T}} \boldsymbol{X}, \boldsymbol{b}_1^{\mathrm{T}} \boldsymbol{Y}) = \max_{D(\boldsymbol{\alpha}^{\mathrm{T}} \boldsymbol{X})=1, D(\boldsymbol{\beta}^{\mathrm{T}} \boldsymbol{Y})=1} \left\{ \rho(\boldsymbol{\alpha}^{\mathrm{T}} \boldsymbol{X}, \boldsymbol{\beta}^{\mathrm{T}} \boldsymbol{Y}) \right\}, \tag{8.6.3}$$

则称 $\boldsymbol{a}_1^{\mathrm{T}} \boldsymbol{X}, \boldsymbol{b}_1^{\mathrm{T}} \boldsymbol{Y}$ 为 $\boldsymbol{X}, \boldsymbol{Y}$ 的**第 1 对典型相关变量**, 它们之间的相关系数称为**第 1 个典型相关系数**. 依此类推, 若存在 $\boldsymbol{a}_k = (a_{k1}, a_{k2}, \cdots, a_{kp})^{\mathrm{T}}, \boldsymbol{b}_k = (b_{k1}, b_{k2}, \cdots, b_{kq})^{\mathrm{T}}$, 使得

$$\begin{cases} \boldsymbol{a}_k^{\mathrm{T}} \boldsymbol{X}, \boldsymbol{b}_k^{\mathrm{T}} \boldsymbol{Y} \text{ 和前面 } k-1 \text{ 对典型相关变量都不相关}, \\ D(\boldsymbol{a}_k^{\mathrm{T}} \boldsymbol{X}) = 1, \quad D(\boldsymbol{b}_k^{\mathrm{T}} \boldsymbol{Y}) = 1, \\ \boldsymbol{a}_k^{\mathrm{T}} \boldsymbol{X} \text{ 与 } \boldsymbol{b}_k^{\mathrm{T}} \boldsymbol{Y} \text{ 的相关系数最大}, \end{cases} \tag{8.6.4}$$

则称 $\boldsymbol{a}_k^{\mathrm{T}} \boldsymbol{X}, \boldsymbol{b}_k^{\mathrm{T}} \boldsymbol{Y}$ 为 $\boldsymbol{X}, \boldsymbol{Y}$ 的**第 k 对典型相关变量**, 它们之间的相关系数称为**第 k 个典型相关系数**.

二、样本典型相关

设总体 $\boldsymbol{Z} = (X_1, X_2, \cdots, X_p, Y_1, Y_2, \cdots, Y_q)^{\mathrm{T}}$, 实际问题中, 通常 $\boldsymbol{\mu} = E(\boldsymbol{Z}), \boldsymbol{\Sigma} = D(\boldsymbol{Z})$ 均未知, 因而无法求得总体的典型相关变量和典型相关系数. 为此, 需要根据样本数据先对总体协方差阵进行估计. 设样本容量为 n, $\boldsymbol{Z} \sim N_{p+q}(\boldsymbol{\mu}, \boldsymbol{\Sigma})$, 则协方差阵 $\boldsymbol{\Sigma}$ 的极大似然估计为

$$\hat{\boldsymbol{\Sigma}} = \frac{1}{n} \sum_{i=1}^{n} (\boldsymbol{Z}_{(i)} - \overline{\boldsymbol{Z}})(\boldsymbol{Z}_{(i)} - \overline{\boldsymbol{Z}})^{\mathrm{T}}, \tag{8.6.5}$$

其中 $\overline{\boldsymbol{Z}} = \frac{1}{n} \sum_{i=1}^{n} \boldsymbol{Z}_{(i)}$. 令 $\boldsymbol{S} = \frac{n}{n-1} \hat{\boldsymbol{\Sigma}}$, 则矩阵 $\boldsymbol{S}$ 也称为样本协方差阵. 对应协方差阵的区块划分, 即

$$\boldsymbol{\Sigma} = \begin{bmatrix} \boldsymbol{\Sigma}_{11} & \boldsymbol{\Sigma}_{12} \\ \boldsymbol{\Sigma}_{21} & \boldsymbol{\Sigma}_{22} \end{bmatrix}, \quad \boldsymbol{S} = \begin{bmatrix} \boldsymbol{S}_{11} & \boldsymbol{S}_{12} \\ \boldsymbol{S}_{21} & \boldsymbol{S}_{22} \end{bmatrix}, \tag{8.6.6}$$

显然, $\boldsymbol{S}_{ij}$ 是 $\boldsymbol{\Sigma}_{ij}$ 的无偏估计. 有了协方差阵的估计, 就可以讨论两组变量之间的相关关系了.

三、典型相关变量和典型相关系数求解

已知
$$\rho(U, V) = \boldsymbol{\alpha}^{\mathrm{T}} \boldsymbol{\Sigma}_{12} \boldsymbol{\beta},$$
$$\boldsymbol{\alpha}^{\mathrm{T}} \boldsymbol{\Sigma}_{11} \boldsymbol{\alpha} = 1, \quad \boldsymbol{\beta}^{\mathrm{T}} \boldsymbol{\Sigma}_{22} \boldsymbol{\beta} = 1.$$

令
$$L(\boldsymbol{\alpha}, \boldsymbol{\beta}, \boldsymbol{\eta}) = \boldsymbol{\alpha}^{\mathrm{T}} \boldsymbol{\Sigma}_{12} \boldsymbol{\beta} - \frac{\eta_1}{2}(\boldsymbol{\alpha}^{\mathrm{T}} \boldsymbol{\Sigma}_{11} \boldsymbol{\alpha} - 1) - \frac{\eta_2}{2}(\boldsymbol{\beta}^{\mathrm{T}} \boldsymbol{\Sigma}_{22} \boldsymbol{\beta} - 1),$$

其中 $\boldsymbol{\eta} = (\eta_1, \eta_2)^{\mathrm{T}}$ 为 Lagrange 乘子. 通过 Lagrange 极值法, 可得如下关系:

$$\eta_1 = \eta_2 \triangleq \eta, \quad \eta \boldsymbol{\alpha} = \boldsymbol{\Sigma}_{11}^{-1} \boldsymbol{\Sigma}_{12} \boldsymbol{\beta}, \quad \eta \boldsymbol{\beta} = \boldsymbol{\Sigma}_{22}^{-1} \boldsymbol{\Sigma}_{21} \boldsymbol{\alpha} \Rightarrow$$

$$\eta^2 \boldsymbol{\alpha} = \boldsymbol{\Sigma}_{11}^{-1} \boldsymbol{\Sigma}_{12} \boldsymbol{\Sigma}_{22}^{-1} \boldsymbol{\Sigma}_{21} \boldsymbol{\alpha}, \quad \eta^2 \boldsymbol{\beta} = \boldsymbol{\Sigma}_{22}^{-1} \boldsymbol{\Sigma}_{21} \boldsymbol{\Sigma}_{11}^{-1} \boldsymbol{\Sigma}_{12} \boldsymbol{\beta}.$$

此时设 $\boldsymbol{\Sigma} = (\boldsymbol{\Sigma}_{ij}) > 0$, 令 $\boldsymbol{A} = \boldsymbol{\Sigma}_{11}^{-1} \boldsymbol{\Sigma}_{12} \boldsymbol{\Sigma}_{22}^{-1} \boldsymbol{\Sigma}_{21}$, 可求得特征值 $\lambda_1^2 \geqslant \lambda_2^2 \geqslant \cdots \geqslant \lambda_p^2 > 0$, 及对应的特征向量 $\boldsymbol{u}_k, k = 1, 2, \cdots, p$. 对于特征值 λ_k^2 及特征向量 $\boldsymbol{u}_k$, 令

$$\boldsymbol{v}_k = \boldsymbol{\Sigma}_{22}^{-1} \boldsymbol{\Sigma}_{21} \boldsymbol{u}_k, \quad \boldsymbol{a}_k = \frac{\boldsymbol{u}_k}{\sqrt{\boldsymbol{u}_k^{\mathrm{T}} \boldsymbol{\Sigma}_{11} \boldsymbol{u}_k}}, \quad \boldsymbol{b}_k = \frac{\boldsymbol{v}_k}{\sqrt{\boldsymbol{v}_k^{\mathrm{T}} \boldsymbol{\Sigma}_{22} \boldsymbol{v}_k}}, \tag{8.6.7}$$

则 $U_k = \boldsymbol{a}_k^{\mathrm{T}} \boldsymbol{X}, V_k = \boldsymbol{b}_k^{\mathrm{T}} \boldsymbol{Y}$ 为 $\boldsymbol{X}, \boldsymbol{Y}$ 的**第 k 对总体典型相关变量**; 而 $\lambda_k = \sqrt{\lambda_k^2}$ 为 $\boldsymbol{X}, \boldsymbol{Y}$ 的**第 k 个总体典型相关系数**, $k = 1, 2, \cdots, p$.

当总体协方差矩阵未知时, 设 $\boldsymbol{S} = (s_{ij}) > 0$, 用 $\boldsymbol{S}_{ij}$ 代替 $\boldsymbol{\Sigma}_{ij}$, 令 $\boldsymbol{A} = \boldsymbol{S}_{11}^{-1} \boldsymbol{S}_{12} \boldsymbol{S}_{22}^{-1} \boldsymbol{S}_{21}$, 计算特征值依次为 $\lambda_1^2 \geqslant \lambda_2^2 \geqslant \cdots \geqslant \lambda_p^2 > 0$, 及对应的特征向量 $\boldsymbol{u}_k, k = 1, 2, \cdots, p$. 对于特征值 λ_k^2 及特征向量 $\boldsymbol{u}_k$, 同样令

$$\boldsymbol{v}_k = \boldsymbol{S}_{22}^{-1} \boldsymbol{S}_{21} \boldsymbol{u}_k, \quad \boldsymbol{a}_k = \frac{\boldsymbol{u}_k}{\sqrt{\boldsymbol{u}_k^{\mathrm{T}} \boldsymbol{S}_{11} \boldsymbol{u}_k}}, \quad \boldsymbol{b}_k = \frac{\boldsymbol{v}_k}{\sqrt{\boldsymbol{v}_k^{\mathrm{T}} \boldsymbol{S}_{22} \boldsymbol{v}_k}},$$

则 $U_k = \boldsymbol{a}_k^{\mathrm{T}} \boldsymbol{X}, V_k = \boldsymbol{b}_k^{\mathrm{T}} \boldsymbol{Y}$ 为 $\boldsymbol{X}, \boldsymbol{Y}$ 的**第 k 对样本典型相关变量**; 而 λ_k 为 $\boldsymbol{X}, \boldsymbol{Y}$ 的**第 k 个样本典型相关系数**, $k = 1, 2, \cdots, p$.

注意, $U_k = \boldsymbol{a}_k^{\mathrm{T}} \boldsymbol{X}, V_k = \boldsymbol{b}_k^{\mathrm{T}} \boldsymbol{Y}$ 是不唯一的, 对于任意非零实数 d_a, d_b, 相关系数保持不变, 即

$$\rho(d_a \boldsymbol{a}_k^{\mathrm{T}} \boldsymbol{X}, d_b \boldsymbol{b}_k^{\mathrm{T}} \boldsymbol{Y}) = \rho(\boldsymbol{a}_k^{\mathrm{T}} \boldsymbol{X}, \boldsymbol{b}_k^{\mathrm{T}} \boldsymbol{Y}).$$

四、典型相关系数的显著性检验

若总体 $\boldsymbol{Z}$ 的两组变量不相关, 即 $\boldsymbol{\Sigma}_{12} = \boldsymbol{0}$, 则上述讨论毫无意义. 因此在讨论两组变量之间的相关关系前, 需要对 $\boldsymbol{\Sigma}_{12} = \boldsymbol{0}$ 进行检验. 为此提出假设检验问题:

$$H_0: \boldsymbol{\Sigma}_{12} = \boldsymbol{0}.$$

应用似然比方法可得检验 H_0 的似然比统计量为

$$\Lambda = \frac{|\boldsymbol{S}|}{|\boldsymbol{S}_{11}||\boldsymbol{S}_{22}|} = |\boldsymbol{I}_p - \boldsymbol{S}_{11}^{-1} \boldsymbol{S}_{12} \boldsymbol{S}_{22}^{-1} \boldsymbol{S}_{21}| = \prod_{i=1}^{p}(1 - \lambda_i^2). \tag{8.6.8}$$

Box(1949) 给出一种近似检验方法: 当样本容量 $n \to \infty$ 时, 若 H_0 成立, 则有

$$P(-m\ln \Lambda \leqslant C) = P(V \leqslant C), \quad (8.6.9)$$

其中 $m = n-1-(p+q+1)/2, V \sim \chi^2(pq)$. 当样本容量足够大时, 由样本值计算的样本典型相关系数 λ_k 及 $Q = -m\ln\prod_{i=1}^{p}(1-\lambda_i^2) = -m\sum_{i=1}^{p}\ln(1-\lambda_i^2)$, 可计算检验 p 值, 即

$$p = P(V > Q). \quad (8.6.10)$$

若拒绝 H_0, 则说明至少第 1 个典型相关系数 $\lambda_1 \neq 0$, 相应的第 1 对典型相关变量 U_1, V_1 应该也提取了两组变量相关系数的绝大部分信息, 而余下的部分是否都有 $\lambda_k \approx 0, k = 2, 3, \cdots, p$? 为慎重起见, 还是有必要再检验 $H_0^k : \lambda_k = 0, k = 2, 3, \cdots, p$, 即第 k 个及以后的所有典型相关系数均为 0.

Bartlett 提出的大样本 χ^2 检验可以解决上述检验问题, 取检验统计量

$$Q_k = -\left[n - k - (p+q+1)/2\right]\sum_{i=k}^{p}\ln(1-\lambda_i^2). \quad (8.6.11)$$

可计算检验 p_k 值, 即

$$p_k = P(V > Q_k), \quad V \sim \chi^2((p-k+1)(q-k+1)). \quad (8.6.12)$$

五、样本典型变量的得分

经检验, 有 $r(r \leqslant p)$ 个典型相关系数显著不等于 0, 则可得 r 对典型相关变量 $(U_i, V_i), i = 1, 2, \cdots, r$, 把样品观测值 $\boldsymbol{Z}_{(t)} = (\boldsymbol{X}_{(t)}, \boldsymbol{Y}_{(t)})^{\mathrm{T}}$ 代入第 i 对典型相关变量中, 令

$$\begin{cases} u_{ti} = \boldsymbol{a}_i^{\mathrm{T}}(\boldsymbol{X}_{(i)} - \overline{\boldsymbol{X}}), \\ v_{ti} = \boldsymbol{b}_i^{\mathrm{T}}(\boldsymbol{Y}_{(i)} - \overline{\boldsymbol{Y}}), \end{cases} i = 1, 2, \cdots, r; t = 1, 2, \cdots, n, \quad (8.6.13)$$

称 (u_{ti}, v_{ti}) 为第 t 个样品的第 i 对样本典型变量的得分值. 对每个 i, 可用 $(u_{ti}, v_{ti}), t = 1, 2, \cdots, n$ 来绘制散点图, 此时散点应近似位于一条直线上; 若其中出现异常值, 需进一步分析其原因.

六、例子分析和程序实现

例 8.6.1 为研究儿童形态与肺通气功能的关系, 测得某小学 20 名 8~12 岁健康儿童形态 (身高 x_1 (单位: cm)、体重 x_2 (单位: kg) 和胸围 x_3 (单位: cm)) 与肺通气功能 (肺活量 y_1 (单位: L)、静息通气 y_2 (单位: L) 和每分钟最大通气量 y_3 (单位: L)) 数据, 见表 8.6.1. 分析儿童形态与肺通气功能的相关关系, 并确定典型变量的个数.

解 先对数据作标准化以消除量纲影响, 然后调用 R 软件中的函数 cancor( ) 来得到典型相关分析数据. 函数 cancor 定义为

cancor (x, y, xcenter = TRUE, ycenter = TRUE),

其中 x,y 都是数值矩阵, xcenter 和 ycenter 都是用来作中心化调整的. 具体程序如下:

表 8.6.1　儿童形态与肺通气功能数据

序号	x_1	x_2	x_3	y_1	y_2	y_3
1	140.6	43.7	77.9	2.67	7.00	108.0
2	135.7	39.5	63.9	2.08	6.98	91.7
3	140.2	48.0	75.0	2.62	6.17	101.8
4	152.1	52.3	88.1	2.89	10.42	112.5
5	132.2	36.7	62.4	2.14	7.47	97.5
6	147.1	45.2	78.9	2.86	9.25	92.4
7	147.5	47.4	76.2	3.14	8.78	95.4
8	130.6	38.4	61.8	2.03	5.31	77.2
9	154.9	48.2	87.2	2.91	10.69	80.8
10	142.4	42.6	74.1	2.33	11.15	76.7
11	136.5	38.4	69.6	1.98	7.77	49.9
12	162.0	58.7	95.6	3.29	3.35	58.0
13	148.9	42.4	80.6	2.74	10.11	82.4
14	136.3	33.1	68.3	2.44	7.82	76.5
15	159.5	49.1	87.7	2.98	11.77	88.1
16	165.9	55.7	93.5	3.17	13.14	110.3
17	134.5	41.6	61.9	2.25	8.75	75.1
18	152.5	53.4	83.2	2.96	6.60	71.5
19	138.2	35.5	66.1	2.13	6.62	105.4
20	144.2	42.0	76.2	2.52	5.59	82.0

```
dat=read.table('clipboard',header=FALSE);
colnames(dat)= c('X1','X2','X3','Y1','Y2','Y3')
ndat=scale(dat);(res.ca=cancor(ndat[,1:3],ndat[,4:6],FALSE,FALSE))
    # 已经标准化,故用FALSE
$cor
[1] 0.926943588 0.505610932 0.006416051       # 典型相关系数
$xcoef                                          # 矩阵X的系数,第k列对应 $a_k$
            [,1]         [,2]        [,3]
X1   -0.14087282  -0.6816863   0.5289631
X2   -0.03700644   0.3635383   0.3299451
X3   -0.05677339   0.3511851  -0.8420968
$ycoef                                          # 矩阵Y的系数,第k列对应 $b_k$
            [,1]         [,2]         [,3]
Y1   -0.22014260   0.09227191  -0.019036862
Y2   -0.03898161  -0.24637633  -0.004323335
Y3    0.02947047   0.06340181   0.233126799
$xcenter
[1] 0 0 0
$ycenter
[1] 0  0   0
```

根据上述计算输出, 可得本例的三个典型相关变量 (针对标准化数据, 保留 4 位小数):

$$\begin{cases} U_1 = -0.1409x_1^* - 0.0370x_2^* - 0.0568x_3^*, \\ U_2 = -0.6817x_1^* + 0.3635x_2^* + 0.3512x_3^*, \\ U_3 = 0.5290x_1^* + 0.3299x_2^* - 0.8421x_3^*; \end{cases} \qquad \begin{cases} V_1 = -0.2201y_1^* - 0.0390y_2^* + 0.0295y_3^*, \\ V_2 = 0.0923y_1^* - 0.2464y_2^* + 0.0634y_3^*, \\ V_3 = -0.0190y_1^* - 0.0043y_2^* + 0.2331y_3^*. \end{cases}$$

使得对应的典型相关系数分别为

$$\rho(U_1, V_1) = 0.926944, \quad \rho(U_2, V_2) = 0.505611, \quad \rho(U_3, V_3) = 0.006416.$$

计算三个典型相关变量的得分 (U_t, V_t), 其中 $U_t = \boldsymbol{a}^\mathrm{T}\boldsymbol{X}, V_t = \boldsymbol{b}^\mathrm{T}\boldsymbol{Y}, \boldsymbol{a} = (a_1, a_2, a_3)^\mathrm{T}, \boldsymbol{b} = (b_1, b_2, b_3)^\mathrm{T}, t = 1, 2, 3$, 并绘制三对得分的散点图. 具体程序和图如下:

```
Ut=ndat[,1:3] %*% res.ca$xcoef;      Vt=ndat[,4:6] %*% res.ca$ycoef
Op=par(mfrow=c(1,3))
for(i in 1:3)   plot(Ut[,i],Vt[,i])
par(Op)
```

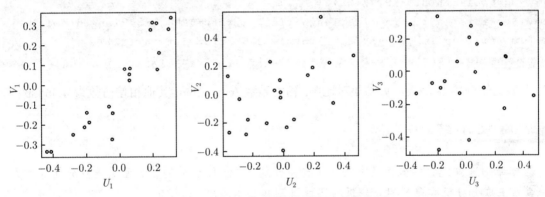

图 8.6.1 三个典型相关变量得分的散点图

从图 8.6.1 可知, 第 1 对典型相关变量的得分基本在一直线附近波动, 而第 2 对和第 3 对典型相关变量的得分就比较分散了, 这三对变量的相关系数也说明了这个问题.

为了确定有效的典型变量个数, 我们可根据 (8.6.10) 和 (8.6.12) 式对上述结果进行检验. 具体程序如下:

```
cancor.test=function(n,p,q,r)
{  len=length(r);   pk.value=numeric(len)
   for(k in 1:len)
   {  pr=prod(1-r[k:len]^2)
      Q=-(n-k-(p+q+1)/2)*log(pr)           # 公式(8.6.11)
      df=(p-k+1)*(q-k+1)
      pk.value[k]=1-pchisq(Q,df)           # 公式(8.6.12)
   }
   names(pk.value)=paste('p.value_',1:len)
```

```
    return(pk.value)
}
cancor.test(nrow(ndat),3,3,res.ca$cor)
  p.value_ 1         p.value_ 2         p.value_ 3              # 输出的检验值p
  0.0000604147      0.3692491628       0.9811921562
```

从输出的检验 p 值可知, p.value_1 非常小, 故本例只需要第 1 对典型相关变量. 此处只用第 1 对典型相关变量就表达了本例两组变量间绝大部分的相关信息, 因而很好地实现了降维的效果. 具体程序如下:

```
ndat=scale(dat);    cov.dat=cov(ndat);    cor.dat=cor(ndat)
S11=cov.dat[1:3,1:3];  S12=cov.dat[1:3,4:6];  s21=cov.dat[4:6,1:3];
S22=cov.dat[4:6,4:6]  nS11=solve(S11);  nS22=solve(S22)
A=nS11%*%S12%*%nS22%*%S21;    ei=eigen(A);    # 得到特征信息
hand.cor=sqrt(ei$values)                       # 相关系数
B=nS22%*%S21%*%ei$vectors                      # 公式(8.6.7)
fm1=sqrt(diag(t(ei$vectors)%*%S11%*%ei$vectors));
fm2=sqrt(diag(t(B)%*%S22%*%B))
a=ei$vectors/matrix(rep(fm1,length(fm1)),byrow=TRUE,nrow=length(fm1))
b=B/matrix(rep(fm2,length(fm2)),byrow=TRUE,nrow=length(fm2))
hand.ca=list(cor=hand.cor,xcoef=a,ycoef=b);      hand.ca
```

手工计算和 R 函数计算结果对比中, 相关系数 (cor) 相同, 其他相差倍数为 4.358899.

内容小结

本章对多元统计的概念及方法作了初步介绍, 结合 R 软件的相关函数重点分析了判别、聚类、主成分分析和典型相关分析的实现机制和基本应用.

本章知识点网络结构图:

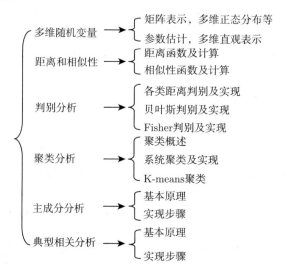

本章基本要求:
1. 掌握多维随机变量及抽样的矩阵表示;
2. 了解各种距离和相似性函数;
3. 掌握基本的距离判别和 Fisher 判别, 贝叶斯判别;
4. 掌握聚类分析的基本过程及 R 软件实现;
5. 熟练主成分分析的基本原理及 R 软件实现;
5. 探索判别、聚类、主成分等多元分析的更多方法.

习 题 八

1. 测量男、女婴儿的身高 x_1(单位: cm) 和体重 x_2(单位: kg), 数据如下表所示:

样品序号	性别	x_1	x_2
1	男	55	3.20
2		51	3.50
3		56	2.86
4		48	2.70
5		55	3.55
6	女	45	2.37
7		52	3.45
8		48	2.76
9		54	3.16

(1) 如果把男、女婴儿看作来自同一个总体, 计算该总体的样本均值、样本离差阵和样本相关阵;

(2) 如果把男、女婴儿看作分别来自二个不同的总体, 计算这二个总体的各自样本均值和样本离差阵以及组内差阵和组间差阵;

(3) 设样品与样品之间的距离选择欧氏距离, 求第 1 个样品与第 2 个样品之间的距离、第 1 个样品与第 2 个总体 (女婴) 之间的距离、第 1 个总体 (男婴) 与第 2 个总体 (女婴) 之间的距离.

2. 设在某地区抽取 10 块岩石标本, 其中 6 块含矿, 4 块不含矿, 对每块岩石测定了 Cu 和 Ag 二种化学成分的含量, 数据如下表:

样品序号	类型	Cu	Ag
1	含矿	2.58	0.90
2		2.90	1.23
3		3.55	1.15
4		2.35	1.15
5		3.54	1.85
6		2.70	2.23
7	不含矿	1.96	1.48
8		1.94	1.40
9		3.00	1.30
10		2.78	1.70

试分别用距离判别、贝叶斯判别和 Fisher 判别法进行判别分析, 并计算相应的回代正确率.

3. 试用最短距离法和最长距离法分别对第 1 题中的男婴进行聚类, 并画出谱系聚类图. (样品之间的距离用欧氏距离的平方)

4. 下表给出的是 10 名中学生的数学、物理、语文和英语的成绩:

样品序号	数学	物理	语文	英语
1	65	61	84	79
2	77	77	64	55
3	67	63	65	57
4	83	100	41	50
5	68	85	84	86
6	85	91	63	66
7	91	85	70	76
8	74	74	61	69
9	100	88	49	66
10	87	84	74	76

试进行主成分分析.

5. 某康复中心对 20 名中年人测量了 3 个生理指标 (体重 x_1 (单位: 500g), 腰围 x_2 (单位: cm), 脉搏 x_3 (单位: 个/min)) 和 3 个训练指标 (引体向上 y_1 (单位: 个/5min), 蹲起次数 y_2 (单位: 个/5min), 跳跃次数 y_3 (单位: 个/5min)), 数据如下:

序号	x_1	x_2	x_3	y_1	y_2	y_3	序号	x_1	x_2	x_3	y_1	y_2	y_3
1	191	36	50	5	162	60	11	189	37	52	2	110	60
2	193	38	58	12	101	101	12	162	35	62	12	105	37
3	189	35	46	13	155	58	13	182	36	56	4	101	42
4	211	38	56	8	101	38	14	167	34	60	6	125	40
5	176	31	74	15	200	40	15	154	33	56	17	251	250
6	169	34	50	17	120	38	16	166	33	52	13	210	115
7	154	34	64	14	215	105	17	247	46	50	1	50	50
8	193	36	46	6	70	31	18	202	37	62	12	210	120
9	176	37	54	4	60	25	19	157	32	52	11	230	80
10	156	33	54	15	225	73	20	138	33	68	2	110	43

试对其进行典型相关分析, 并确定典型相关变量的个数.

软件篇 R 软件

第九章 R 统计软件

在第一章中,我们已经接触了 R 软件的初级使用,但还不系统. 本章将比较细致地介绍 R 软件的使用,包括脚本、帮助、语法、数据类型、编程规范、流程控制、函数设计、软件包使用、输入输出、内置数据集、网络资源等,以便读者对 R 软件有个较为全面的认识.

9.1 基本操作与控制

一、脚本文件

所谓 R 软件的脚本文件是指存储符合 R 语法的程序代码或模块的文件. 通常该文件的文件名以.R 结尾. 通过脚本文件方式使用 R 软件,应该说是进行模块化设计并实现代码重复使用的一个良好基础.

使用 < 窗口 > 菜单的 < 水平铺 > 菜单项来实现输出窗口和脚本代码窗口的叠放,可增强多窗口直观演示的效果. 如图 9.1.1 所示.

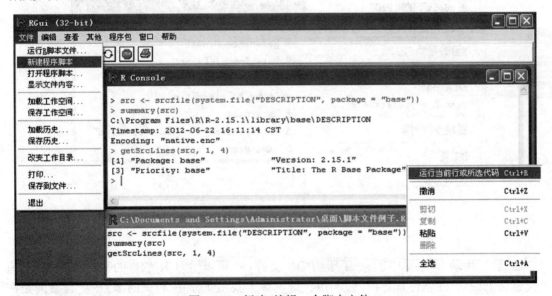

图 9.1.1 新建/编辑一个脚本文件

- 编写好脚本文件后,可以通过 < 文件 > 菜单保存脚本文件.
- 重新编辑脚本文件,可通过 < 文件 > 菜单中的 < 打开程序脚本 > 菜单项,然后选择该文件即可编辑.

- 执行脚本文件有多种方式:

(1) 可通过 < 文件 > 菜单中的 < 运行 R 脚本文件 > 执行;

(2) 打开脚本文件, 然后通过右键弹出菜单, 选择 < 运行当前行或所选代码 > 执行;

(3) 打开脚本文件, 选中脚本中的代码行, 按下快捷键 Ctrl+R 执行;

(4) 还可以在交互界面中通过使用 source 函数, 指定脚本文件来执行, 如:

```
# 假定脚本为D:\My Documents\density.R,则载入并执行的代码如下:
source("d:\\My Documents\\density.R")
    # 或者source('d:/My Documents/density.R')

# 或者先设定工作目录,再执行脚本
setwd('d:/My Documents')
source("density.R")           # 或者source('density.R')
```

二、R 软件的帮助系统

R 软件的 < 帮助 > 菜单中提供丰富的使用手册和帮助信息, 从这些资料中可以加深对 R 软件的熟练程度, 如图 9.1.2 所示.

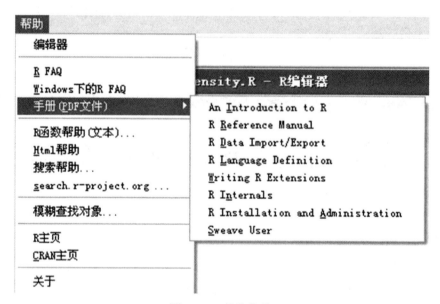

图 9.1.2 帮助菜单

通过 < 帮助 > 菜单中的 < 手册 (PDF 文件)>, 可以学习 R 软件的基本使用; 可以通过搜索帮助或者 R 软件官方网站, 利用关键词等查找 R 软件中相关的函数; 更直接的是在命令窗口中, 通过以下几种方式获得帮助:

(1) **help(函数名)**. 例如, help(mean), 直接定位到 mean 函数的 html 形式的帮助页面, 见表 9.1.1.

表 9.1.1 帮助信息的说明

mean {base}	名称{所在包}
Arithmetic Mean	标题
Description	基本描述
Usage	使用说明
Arguments	参数说明
Value	参数值说明
References	参考引用或出处
See Also	其他有关资料
Examples	使用例子
[Package base version 2.15.1 Index]	包及 R 版本, 索引列表链接

(2) **?? 关键词**. 例如, ??mean, 系统会给出含有 mean 一词的搜索列表, 等同于命令 help.search('mean'). 这个搜索过程将深入到每个函数的具体帮助信息中, 只要表 9.1.1 中的任意一项含有关键词即可, 见图 9.1.3.

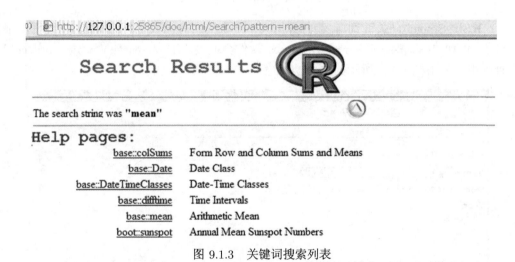

图 9.1.3 关键词搜索列表

(3) **apropos('关键词')**, 给出相关的函数与变量, 结果直接显示在命令窗口中. 如 apropos('mean'), 显示如下:

```
[1]  ".colMeans"         ".rowMeans"         "colMeans"          "kmeans"
[5]  "mean"              "mean.data.frame"   "mean.Date"         "mean.default"
[9]  "mean.difftime"     "mean.POSIXct"      "mean.POSIXlt"      "rowMeans"
[13] "weighted.mean"
```

(4) **library(help='包的名称')**, 会给出该包对应的信息及所包含的函数列表. 例如, library(help='stats'), 见图 9.1.4, 这对于学习并掌握某个软件包的各种函数及使用有很大的帮助.

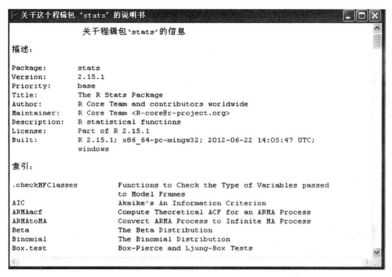

图 9.1.4 软件包信息及函数列表

(5) **RSiteSearch('关键词')**, 会打开 Internet 上的所有与关键词相关的文档索引, 很有参考价值. 例如, RSiteSearch ('integrate'), R 软件会通过 http://search.r-project.org/cgi-bin 执行查询得到如下图 9.1.5 所示的页面:

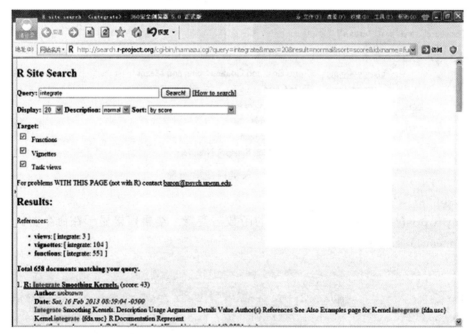

图 9.1.5 Internet 上的帮助信息

三、工作空间的保存与加载

R 软件中的工作空间就是命令窗口中执行的所有命令, 保存工作空间的最大好处在于下次加载工作空间时所有执行过的命令 (包括定义的变量、函数等) 都一如既往地存在且有效.

当然这项功能也可能造成不必要的内存占用. 实现上述要求的方式主要有两种:

方式一 ＜文件＞菜单中的＜保存工作空间＞和＜加载工作空间＞菜单项实现;

方式二 通过终端命令实现, 如:

```
save.image('mywork.RData')      # 保存工作空间映像
unlink('mywork.RData')          # 取消关联
load('mywork.RData')            # 载入工作空间映像
```

四、管理变量列表

为了明确工作空间中的变量列表, R 软件给出搜索变量列表的功能, 通过 ls, ls.str 函数实现, 如:

```
ls(all=TRUE) ;   ls()           # 列出工作空间中的所有变量, 前一个会显示以.开始的变量
ls(pattern='a',all.names=TRUE)  # 列出含a的所以变量,可简写成
                                  ls(pat='a',all=TRUE)
ls(pat='^a')                    # 列出以a开头的所有变量
ls.str()                        # 列出所有变量的详细的内部信息
ls.str(pat='a')                 # 列出含有a的所有变量的详细的内部信息
```

为了避免重复定义, 可以将变量列表保存到文件中, 通过 save 函数实现, 如:

```
save(x,y,z, file='mywork.Rdata')              # 仅保存三个变量x,y,z到文件
save(list=ls(all=TRUE), file='mywork.RData')  # 功能同save.image
save(list=ls(pat='a'), file='mywork.RData')   # 保存名称中含a的变量到文件
```

有时候为了节省内存或者剔除干扰的变量, 就需要通过 rm 函数删除工作空间中的变量, 如:

```
rm(list=ls(all=TRUE))           # 删除工作空间中的所有变量, 或rm(list=ls())
rm(x,y)                         # 删除指定名字的变量
rm(list=ls(pat='a'))            # 删除含有字母a的所有变量
```

五、执行外部程序

R 软件提供 system, shell.exec 等函数来调用外部可执行程序, 以完成特殊的功能, 也算是一种交互接口. 一般来讲, system 执行的是终端命令, 在 Windows 系统中, 类似在 cmd.exe 窗口中执行各种命令, 例如:

```
system('ipconfig')              # 执行结果直接输出在终端中R如下所示
Windows IP Configuration
Ethernet adapter VMware Network Adapter VMnet8:
        Connection-specific DNS Suffix  . :
        IP Address. . . . . . . . . . . . : 192.168.89.1
        Subnet Mask . . . . . . . . . . . : 255.255.255.0
        Default Gateway . . . . . . . . . :
Ethernet adapter VMware Network Adapter VMnet1:
```

```
                Connection-specific DNS Suffix  . :
                IP Address. . . . . . . . . . . : 192.168.206.1
                Subnet Mask . . . . . . . . . . : 255.255.255.0
                Default Gateway . . . . . . . . :
Ethernet adapter 本地连接 :
                Connection-specific DNS Suffix  . :
                IP Address. . . . . . . . . . . : 192.168.1.100
                Subnet Mask . . . . . . . . . . : 255.255.255.0
                Default Gateway . . . . . . . . : 192.168.1.1
```

shell.exec 可以实现的功能会比 system 来得丰富些, 可以执行各种外部程序. 例如, 在 R 软件中打开 Excel 电子表格程序进行数据输入, 如:

```
shell.exec("C:\\Program Files\\Microsoft Office\\OFFICE11\\excel.exe")
```

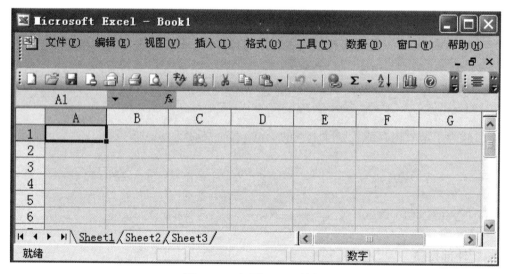

图 9.1.6 打开 Excel 输入

关于这两个函数更多的使用信息, 请参考帮助文档.

六、计算程序/代码执行的时间

R 软件提供了丰富的时间函数, 其中 proc.time, system.time, Sys.time 等函数用来计算程序或代码执行的 (CPU) 时间.

例 9.1.1 三个函数的时间计算.

解 (1) Sys.time( ) 为无参函数, 给出当前的系统时间, 通过设置 options(digits.secs=6) 可精确到毫秒、微秒等;

(2) proc.time( ) 也是无参函数, 给出 [用户, 系统, 流逝] 的三个时间, 以秒为单位;

(3) system.time(R 表达式), 针对 R 表达式计算其执行 [用户, 系统, 流逝] 的三个时间, 以秒为单位.

具体程序如下:

T1=Sys.time()
n=100
N=(1:n)*100
means=numeric(n)
for(i in 1:n)
   means[i]=mean(rnorm(N[i]))
plot(1:n,means,type='l')
abline(h=0)
Sys.time()-T1
	T2=proc.time()
	n=100
	N=(1:n)*100
	means=numeric(n)
	for(i in 1:n)
	   means[i]=mean(rnorm(N[i]))
	plot(1:n,means,type='l')
	abline(h=0)
	proc.time()-T2
		system.time({
		n=100;
		N=(1:n)*100;
		means=numeric(n);
		for(i in 1:n)
		   means[i]=mean(rnorm(N[i]))
		plot(1:n,means,type='l');
		abline(h=0)
		})

Time difference of 0.21875 secs	用户 系统 流逝 0.22 0.00 0.22	用户 系统 流逝 0.09 0.01 0.11

从上例可知, 前两个函数输出的结果大致相同, 即这段代码执行的总时间大约为 0.22 秒; 而采用 system.time 执行的代码, 其耗时远小于前两个, 可能是 R 核心内部对代码封装执行的结果.

9.2 语法与数据类型

R 软件是一种解释型编程语言, 所以无需对变量进行事先定义或声明, 而是直接通过赋值实现定义和类型识别, 这一点不像其他编程语言.

一、赋值语句

R 软件提供多种的赋值符号来定义变量, 包括 =, <-, <<-, ->, assign 函数, 变量名的命名规则与其他编程语言的规范大致相同, 但更加开放和灵活, 还支持中文变量名.

例 9.2.1 四种赋值语句.

解 见下面程序:

```
Age1=10;    年龄_12=10
Age21<-10; Age22<<-10; 年龄_22<-20    # 注意要与比较运算符和负数 <-10 区别

30->Age31;    30->年龄_32
assign('Age41',40);    assign('年龄_42',40)
```

采用 assign 函数生成变量的好处之一是可以在程序中动态生成变量, 满足特殊的需求, 详见例 9.5.2.

二、基本数据类型

R 软件提供对字符型、数值型、复数、逻辑型等类型的支持, 并且提供在各种类型之间自动或强制转换的机制. 通过 class 和 mode 两个函数可看出变量的类型和模式, 见表 9.2.2.

表 9.2.1 基本类型及转换

X='10' # 字符型 X; class(X); mode(X)	X=10 # 数值型 X; class(X); mode(X)	X=TRUE # 逻辑型 X; class(X); mode(X)	X=complex(1,1) # 复数 X; class(X); mode(X)
[1] "10"	[1] 10	[1] TRUE	[1] 1+0i
[1] "character"	[1] "numeric"	[1] "logical"	[1] "complex"
[1] "character"	[1] "numeric"	[1] "logical"	[1] "complex"
as.numeric(X)	as.logical(X)	as.numeric(X)	as.numeric(X)
[1] 10	[1] TRUE	[1] 1	[1] 1
as.logical(X)	as.character(X)	as.character(X)	as.character(X)
[1] NA	[1] "10"	[1] "TRUE"	[1] "1+1i"

判断变量是否为某种类型的函数很多, 格式通常为 is.xxxx, 返回值是逻辑型, 见表 9.2.2, 这些函数可通过表 9.1.1 中 Index 索引列表按照字母顺序快速查到. 表 9.2.3 给出 R 软件中预留的特殊符号、常量和运算符.

表 9.2.2 测试变量类型函数

函数	说明
is.array	Multi-way Arrays
is.call	Function Calls
is.character	Character Vectors
is.complex	Complex Vectors
is.data.frame	Coerce to a Data Frame
is.double	Double-Precision Vectors
is.element	Set Operations
is.expression	Unevaluated Expressions
is.factor	Factors
is.finite	Finite, Infinite and NaN Numbers
is.function	Is an Object of Type (Primitive) Function?
is.infinite	Finite, Infinite and NaN Numbers
is.integer	Integer Vectors
is.list	Lists - Generic and Dotted Pairs
is.loaded	Foreign Function Interface
is.logical	Logical Vectors
is.matrix	Matrices
is.na	'Not Available' / Missing Values
is.name	Names and Symbols
is.nan	Finite, Infinite and NaN Numbers
is.null	The Null Object
is.numeric	Numeric Vectors
is.object	Is an Object 'internally classed'?
is.ordered	Factors
is.vector	Vectors

表 9.2.3　R 软件中预留的特殊符号、常量和运算符

NA	表示缺失值	Inf	正无穷大	1.5e10, 1.5e-10	指数表示
NULL	表示空值	-Inf	负无穷大	.Last.value	上条命令的结果
NaN	表示不确定数据	TRUE	逻辑真	.Machine	机器的数值特征
pi	圆周率 π	FALSE	逻辑假	.Options	R 的配置信息
^,**	乘方	!	逻辑非运算符	%*%	矩阵乘法
%/%	整除	&, &&	逻辑与运算符	%in%	测试元素是否在集合中
%%	求余	|, ||	逻辑或运算符	#	行注释符号
+,-,*,/	四则运算符号	<,<=,>,>=,==,!=	比较运算符	:, ::,:::	(多重) 冒号运算符

三、复杂数据类型

R 软件可以很容易地表达向量、矩阵、数组、列表、因子、数据框等复杂数据类型, 而且提供了大量的函数用来生成、转换、计算、分析这些数据类型. 这些函数通常都是以向量、矩阵、列表、数据框为对象进行操作, 快捷又灵活. R 软件提供了很多输入输出接口函数, 可以实现与其他软件及数据库之间进行数据共享. 分别见表 9.2.4, 9.2.5, 9.2.6, 9.2.7, 9.2.8, 9.2.9.

表 9.2.4　向量的生成

向量	描述: 是一种具有相同类型的数据的一个容器, 下标总是从 1 开始.	
直接赋值 拼接生成	V1=c(1,2,3); c(V1,10,V1) [1] 1 2 3 10 1 2 3	适用于数据量较少的场合 可通过拼接生成更长的向量 数据类型: 所有
等差序列	V1=1:5;　　V2=5:1;　　V1; V2 [1] 1 2 3 4 5　　[1] 5 4 3 2 1	冒号适用于等差为 1 或 −1 的场合 数据类型: 数值型
等间隔序列	seq(from=1,to=4,by=0.5) [1] 1 1.5 2.0 2.5 3.0 3.5 4.0	适用于任意等差的场合 数据类型: 数值型
重复函数	rep(c (1,2),each=2,times=3) [1] 1 1 2 2 1 1 2 2 1 1 2 2	适用于有规律重复的数据 数据类型: 所有
串尾函数	sequence(3:4) [1] 1 2 3 1 2 3 4	以 1 开始, 以序列元素结尾的连续整数向量 数据类型: 数值型
字符连接	paste('X',1:5,sep='') [1] "X1" "X2" "X3" "X4" "X5" paste(c ('X','Y'),1:6,sep=') [1] "X1" "Y2" "X3" "Y4" "X5" "Y6" paste(1:5,collapse='.') [1]1.2.3.4.5	拼接变量, sep 指定变量间的分隔符 字符型 前后向量依次结合进行拼接 向量内部连接成字符串, 连接符由 collapse 指定
向量长度	length(vec)	返回向量 vec 的长度, 整数
引用	vec[1]; vec[1:4]	返回向量 vec 第 1 个, 第 1 到 4 个元素

表 9.2.5　多维数组的生成

数组 array	描述：带有多个下标的类型相同的元素的集合或容器，通过设置维数向量 dim 可以改变数组的结构，各维的下标总是从 1 开始.	
由向量改变维数生成	M=c(1,2,3,4); dim(M)=c (2,2); M 　　　[,1]　[,2] [1,]　1　　3 [2,]　2　　4	变成 2 行 2 列的二维数组，即矩阵 默认是按照列转化向量成数组，这点从 观察元素在矩阵中的排列可知
由 array 函数生成	array(0,dim=c(2,3)) 　　　[,1]　[,2]　[,3] [1,]　 0　　 0　　 0 [2,]　 0　　 0　　 0	生成全是 0 的数组 通过改变参数 dim，可生成更高维数组
三维数组	Arr=array(1:36,dim=c(2,3,6))	通过 dim 变成三维数组
数组维数 数组总长度	dim(Arr) length(Arr)	返回 2, 3, 6 返回 36
引用	Arr[1,1,1] Arr[1,,];　Arr[,1,];　Arr[,,1]	返回一个元素 返回子数组

表 9.2.6　矩阵的生成

矩阵 matrix 二维数组	描述：以二维表行列形式构造的数据类型，各维的下标总是从 1 开始，是进行矩阵代数运算的基础.	
直接生成	matrix(0,nrow=2,ncol=3) matrix(c(1,2,3,4,5,6),nrow=3,ncol=2, byrow=TURE)	生成全 0 的 2 行 3 列矩阵 将 1, 2, 3, 4, 5, 6 按照行方式排列成 3 行 2 列的矩阵
向量生成	matrix(vec, nrow, ncol, byrow)	将 vec 向量变成矩阵，向量长度必须满足 nrow*ncol=length(vec)
矩阵合并	rbind(mat1,mat2) cbind(mat1,mat2) rbind(1,1:2);　cbind(1,1:2)	以行方式合并，列需相等 以列方式合并，行需相等 否则少的一方会循环补足
矩阵维数 矩阵行列数	dim(mat) nrow(mat);　ncol(mat)	nrow 和 ncol 是对 dim 的分解
引用	mat[1,];　mat[1:3,] Mat[,1]; mat[, 1:3]	返回第一行向量，1 到 3 行子矩阵 返回第一列向量，1 到 3 列子矩阵

表 9.2.7　因子的生成

因子 factor	描述：离散变量有各种不同的表示方式，在 R 中通过因子 (factor) 统一表示，解决关于名义变量，有序变量的内部表示，常用于计数，分类等.	
转化成因子	S=c('A', 'B', 'A', 'C', 'B', 'D', 'A') SF=factor(S)	默认按照数据的不同取值得到因子的水平，此处是 'A', 'B', 'C', 'D'
gl( ) 函数生成	gl(n,k,length=n*k,labels=1:n, ordered=FALSE) gl(3,2) [1] 1 1 2 2 3 3　Levels: 1 2 3 gl(3,1,9) [1] 1 2 3 1 2 3 1 2 3　Levels: 1 2 3	n 为水平数，k 为重复次数，length 为结果长度，lables 是 n 维向量表示因子水平，ordered 逻辑变量，表示是否有序
基于水平 进行计数	table(SF)	A B C D 3 2 1 1
获取水平	levels(SF)	[1] "A" "B" "C" "D"

例 9.2.2 通过因子实现分类统计, 随机生成 10 个身高和性别数据, 然后依据性别分类求身高均值和标准差.

解 具体程序如下:

```
Tall=rnorm(10, 170,10);    Sex=sample(c('男', '女'),10,prob=c(0.5,0.5),replace=TRUE)
tapply(Tall, Sex, mean);    tapply(Tall, Sex, sd)    # 将 Sex 当作因子使用
    男       女     # 平均身高         男       女       # 身高标准差
 173.0715  170.7221                12.92828  10.83879
```

例 9.2.3 区间分组, 随机生成 100 个标准正态分布随机数, 将数据分成 10 个等间隔区间并统计每个区间中的数据量.

解 具体程序和图如下:

```
Data=rnorm(100)                      # 注意这是随机数据, 输出结果不唯一
br=seq(min(Data)-0.1, max(Data) +0.1, length=11)
tab=table(cut(Data,breaks=br))       # 分成 10 个等距区间可以更简单 tab=cut(Data,10)
names(tab)= paste('区间',1:10,sep='') tab;
plot(tab)
(-2.75,-2.16] (-2.16,-1.58] (-1.58,-0.996] (-0.996,-0.413] (-0.413,0.17]
     2             2            10              16              21
(0.17,0.754] (0.754,1.34]  (1.34,1.92]    (1.92,2.5]      (2.5,3.09]
    22           18             5               3               1
```

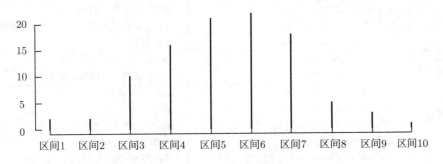

图 9.2.1 区间频数图

list 数据类型作为一种灵活的容器, 特别适合用来组织不同类型、不等长度的对象, 且每个对象都可以赋予一个名字, 既可通过名字访问, 也可通过下标访问, 还可通过 attach( ) 到内存空间进行访问. 具体程序如下:

```
La=list(x1=1:10, x2=seq(0,1,length=20), y=paste('A', 1:30,sep=''))
attach(La)   # 在内存中载入 La 的一个副本, 所有对副本中的 x1,x2,y 的修改不影响 La
La$x1=2:11   # 修改的原来的 La 中的 x1 对象, 也不影响副本中 x1 对象
x1; La$x1    # 从 x1,La$x1 的输出结果可知, 两者互相不影响
detach(La)   # 取消 La 的内存副本
```

```
[1]  1 2 3 4 5 6 7 8 9 10  [1]  2 3 4 5 6 7 8 9 10 11
```

表 9.2.8 列表的生成

列表 list	描述: 是一种对象集合, 各对象由下标或者名字加以区分和引用, 各对象可以是任意类型, 不必相同, 各对象长度不必相等.	
list 定义列表 注意引用方式	A=list(x=c(1,2,3), y=c('A', 'B')); A $x [1] 1 2 3 $y [1] "A" "B"	A[1] 返回子列表, 只含 x 的列表 A['x'] 返回同上; A[[1]] 返回 x 指向的数据, 此处为向量 A$x 返回 x 指向的数据, 同 A[[1]] A[['x']] 返回同上
列表修改	A$x=c(1,2,3,4) A$x=NULL A$z=c(11,22)	修改 x 元素 删除 x 元素 增加 z 元素
应用领域	构造不同类型的数据	如在函数中返回多个值, 见例 9.4.5

表 9.2.9 数据框的生成

数据框 data.frame	描述: 是一种特殊的列表对象, 每列为一个变量, 由向量构成. 通过下标或名字引用, 各列类型可不相同但长度相等, 类似数据库表格, 下标从 1 开始.	
函数生成	df=data.frame(name=c("Jack", "Rose", "Mary"), math=c(70,80,85), eng=c(90,85,90)); 　　name math eng 1　　Jack　　70　　90 2　　Rose　　80　　85 3　　Mary　　85　　90	df[1] 等同于 df["name"] 返回子数据框 df[[1]], df$name, df[["name"]], df[,1] 四种方式等价, 均返回第 1 列变量 df[1,] 返回第 1 行向量 df[1:2,1:2] 返回前 2 行前 2 列构成的 子数据框
列表转化 数组转化	as.data.frame(list) as.data.frame(array)	list 各元素长度必须相等 array 必须是二维数组或矩阵
修改数据框	df$music=c(90,88,78) df$name=NULL df=df[-c(1,2),]; df=df[-c(1,2)] df$music=c(88,90,91) colnames(df)=c("X1", "X2", "X3") rownames(df)=10:12	增加 1 列变量 删除 1 列变量 删除第 1,2 行, 删除第 1,2 列 修改 1 列变量 修改每列的标题, 等同于 names 修改每行的标题
可视化编辑	fix(df) df=edit(df) #通过赋值修改 df	fix 直接将编辑的结果保存到 df 中 edit 只返回一个副本, 没有更新到 df 中
提取子数据	subset(df, select=-c(name,math)) subset(df, math>=80 & eng>85)	只提取 eng 列或 subset(df,select=eng) name math eng Mary　85　90
内联合并	merge(df1,df2,by=names) df1=data.frame(x1=1:5,x2=2:6) df2= data.frame(x2=3:6,x3=10:13) merge(df1,df2,by='x2')	x2　x1　x3　两个数据框通过 x2 列 1　3　2　10　相同值进行横向行合并 2　4　3　11 3　5　4　12　该函数也支持矩阵合并 4　6　5　13

例 9.2.4 表格编辑窗口, 由 fix 调用弹出, 此处可以在表格中修改、添加变量列、增加数据行, 修改后的新数据直接保存到图中的 df 变量上.

解 如图 9.2.2 所示.

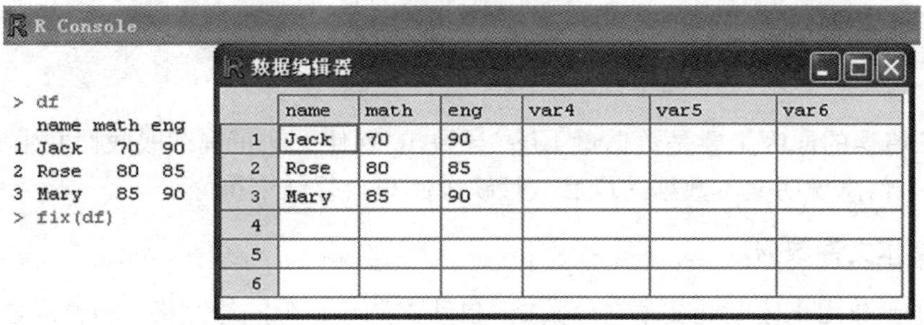

图 9.2.2 fix 函数弹出的编辑窗口

四、以 SQL 方式操作数据框

关于数据框变量, 还可以通过 sqldf 包中的 sqldf( ) 函数, 实现以结构化查询语言的操作方式. 这对于熟悉结构化查询语言的用户是个不错的选择, 其访问主要采用 SELECT 语句来提取数据子集.

在下载软件包 sqldf 时, 会附带下载多个关联的软件包. 具体程序如下:

```
install.packages('sqldf')
library(sqldf)
subdata=sqldf('select * from df where math>80')
subdata
   name math eng
1  Mary   85  90
```

要注意的是, 如果 df 数据框变量中各列的名称包含不符合 SQL 语法规范的符号, 则必须将字段名用引号括起来, 比如有一列的名称为 Field.Name, 其中包含了一个点号, 在使用 sqldf 函数时要用 "Field.Name", 否则函数无法执行.

9.3 输入与输出

一、读取剪贴板数据

从名称为 "clipboard" 剪贴板对象中获取文本型数据, 这是一种最方便的共享数据的模式, 例 1.1.2 已经给出使用说明, 此处再作些补充, 其定义如下:

read.table("clipboard", header=FALSE)

将剪贴板中的文本数据按照数据框格式转化, 如果剪贴板上没有文本数据或数据不完整或者数据类型不兼容, 则转化失败, R 软件会给出错误提示, 如:

```
x=read.table("clipboard",header=TRUE); # 如果有列标题行, 则 header=TRUE
错误于 scan(file, what, nmax, sep, dec, quote, skip, nlines, na.strings, :
  3 行没有 3 元素
此外: 警告信息:
In read.table("clipboard") :
readTableHeader 在读取 'clipboard' 时遇到了不完全的最后一行
```

出现该错误的原因主要是数据量不够,导致 R 软件无法正确截取数据并生成数据框变量;另外警告信息说明文本数据的最后一行缺少回车换行结束符.

二、读取文本文件数据

scan( ) 函数用来读取纯文本文件数据,自动支持数据分隔符空格、制表符等,读取的数据以向量形式存储; 而 read.table( ) 函数读取的文本数据以数据框形式存储; read.fwf( ) 函数读取指定宽度的文件数据,也是以数据框形式存储.

例 9.3.1 工作目录下的文本文件 mydata.txt, 数据分隔符是空格, 内容如下:
1 2 3 4 5.5 5 6.34 6 7 9.0 10.23 5.56 2 3 4 5 6.5 7 8.34 9 7 9.0 10.23 5.56
将数据读取到 mydata 向量中 (此处不是数据框变量), 用正确的读取命令是:

  mydata=scan("mydata.txt")

如果数据分隔符是逗号, 如

  1,2,3,4,5.5,5,6.34,6,7,9.0,10.23,5.56,2,3,4,5,6.5,7,8.34,9,7,9.0,10.23,5.56

则用正确的读取命令是

  mydata=scan("mydata.txt",sep=",")

例 9.3.2 列表形式读取文本数据成对读取.

```
scan(text='1 2 3 4 3 4 5 6 4 5 6 7',what=list(id=0, value=0))  # list中可以控制生成几个向量
Read 6 records
$id
[1] 1 3 3 5 4 6

$value
[1] 2 4 4 6 5 7
```

例 9.3.3 从键盘上读取数据不加任何参数调用 scan 函数即可, 1 个回车表示续行, 连续两次回车则结束输入.

```
frtab=scan(what=list(name="",age=0))
1:   Jack 11 Rose 23 Richard 24 Bill 25
5:   Chen 33 Phili 44
7:
Read 6 records
```

更常用的读取文本文件数据的函数是 read.table( ), 其定义如下:

```
read.table(file, header = FALSE, sep = "", quote = "\"'", dec = ".", row.
        names, col.names, as.is = !stringsAsFactors, na.strings = "NA",
        colClasses = NA, nrows = -1, skip = 0,…)
```

其中 file 读入数据的文件; header=TRUE 读数据时将第一行当作数据框变量名; sep 表示各列数据之间的分隔字符, 若为空格, Tab 制表符则可自动识别, 其他的必须手工设置; skip 读数据跳过的行数, 其他请读者参考帮助文档.

例 9.3.4 工作目录下有一个文本文件 test.data, 读取其中的数据到数据框变量 A 中.

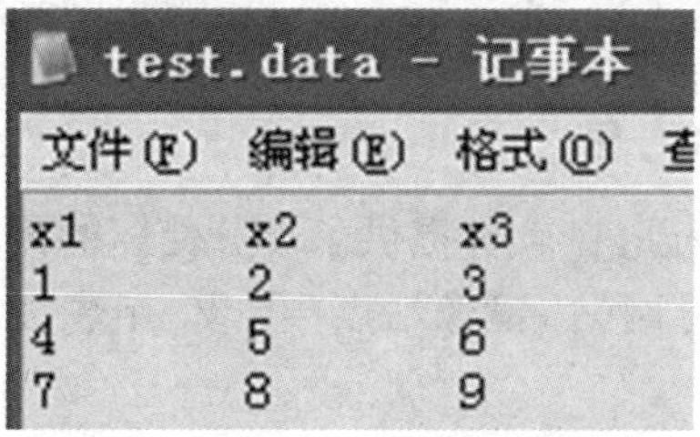

图 9.3.1　分隔符是制表符 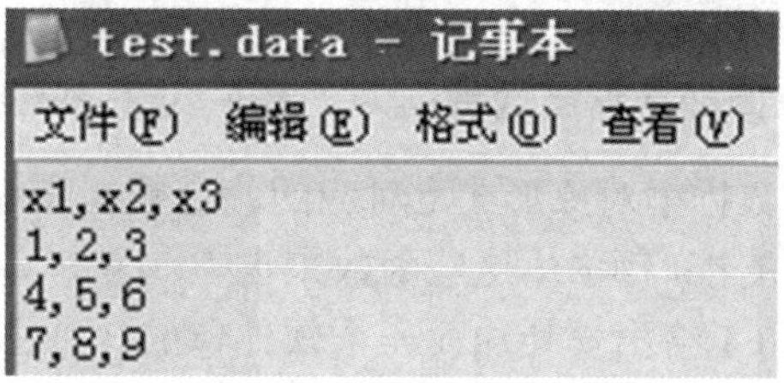　　　　　　图 9.3.2　分隔符是逗号

```
A=read.table('test.data',header=TRUE)        # 读图 9.3.1 中文件数据
警告信息:
In read.table("test.data", header = TRUE) :
  readTableHeader 在读取'test.data'时遇到了不完全的最后一行
```

这个问题在于最后一行数据输入完成后, 需要回车换行符, 表示文件结束, 这样 R 在读取的时候就不会出现这个警告了, 如:

```
A=read.table('test.data',header=TRUE); A         # 读图 9.3.2中文件数据
  x1.x2.x3
1  1,2,3
2  4,5,6
3  7,8,9
```

这个结果可能不是我们想要的, 查找原因发现, 问题出在分隔符没有设置成 sep=",", 如:

```
A=read.table('test.data',header=TRUE,sep=',');   A    # 读图9.3.2中的文件数据
  x1 x2 x3
1  1  2  3
2  4  5  6
3  7  8  9
```

例 9.3.5 利用 read.fwf 读取指定宽度的文件数据, 并以数据框返回.

解 **read.fwf** 函数及其参数, 摘自 help(read.fwf), 其定义如下:
```
read.fwf(file, widths, header = FALSE, sep = "\t",skip = 0, row.names,
        col.names, n = -1, ...)
```

其中 file 指定读取的文件；widths 参数是一个向量，指定数据框中每个变量所占的数据宽度，至于每列变量的数据类型会根据数据本身自动识别；header 表示在读取时是否将第一行当作标题行；sep 表示各行默认的分割符是换行符. 如：

文本文件内容如下	Data=read.fwf("data.txt",widths=c(1,4,3))	Data 输出
A1.501.2	Data	A 1.50 1,2
A1.551.3		A 1.55 1.3
B1.601.4		B 1.60 1.4

三、读取数据库数据 —— 基于 Windows 的 RODBC 包

数据框对象形式上对应的就是数据库中的二维表，为此 R 软件提供了十分便捷的读写数据库的接口函数，这些函数来自 RODBC 包，需要从官方网站（镜像站点）下载. 下表 9.3.1~表 9.3.4 给出安装加载一个软件包的详细图解过程.

表 9.3.1 加载 RODBC 软件包

第一步：程序包菜单选择安装程序包	第二步：镜像站点选择 China( )(哪个都可以)	第三步：找到 RODBC 包单击确定
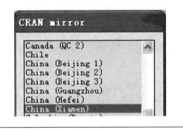	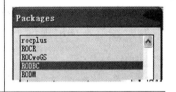	

第四步：命令窗口中输入 library(RODBC) 加载软件包　　　#分离/卸载包 detach("package:RODBC")

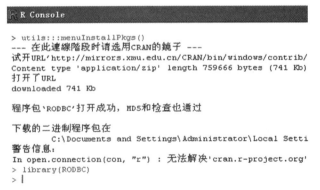

续表

第五步：获取软件包中的函数，输入命令 library(help='RODBC')

```
索引：

RODBC               ODBC Database Connectivity
odbcClose           ODBC Close Connections
odbcConnect         ODBC Open Connections
odbcDataSources     List ODBC Data Sources
odbcGetInfo         Request Information on an ODBC Connection
odbcQuery           Low-level ODBC functions
odbcSetAutoCommit   ODBC Set Auto-Commit Mode
setSqlTypeInfo      Specify or Query a Mapping of R Types to DBMS
                    Types
sqlColumns          Query Column Structure in ODBC Tables
sqlCopy             ODBC Copy
sqlDrop             Deletion Operations on Tables in ODBC databases
sqlFetch            Reading Tables from ODBC Databases
sqlQuery            Query an ODBC Database
sqlSave             Write a Data Frame to a Table in an ODBC
                    Database
sqlTables           List Tables on an ODBC Connection
sqlTypeInfo         Request Information about Data Types in an ODBC
                    Database
```

可以在目录 'C:/Program Files/R/R-2.15.1/library/RODBC/doc' 中的小文品内找到更多的信息

表 9.3.2 读写 Access 数据库中的表

1. 连接 Access 数据库，假设数据库文件 test.mdb 在工作目录中
conn=odbcConnectAccess("test.mdb") #odbcConnectAccess2007
2. 查询数据库 conn 中的表
odbcTables(conn)
3. 利用 SQL 语句读取数据表中的数据到数据框变量
Data=sqlQuery(conn, "select * from tablename")
4. 或者利用 sqlFetch 函数读取数据表中的数据到数据框变量
Data=sqlFetch(conn, "Tablename")
5. 利用 sqlSave 保存数据框数据到数据库
sqlSave(conn,Data,TableName)
6. 关闭数据库的连接
odbcClose(conn)

表 9.3.3 读写 Excel 文件

1. 连接 Excel 文件，假设 test.xls 文件在工作目录中
conn=odbcConnectExcel("test.xls") #odbcConnectExcel2007
2. 查询 Excel 中的表格
odbcTables(conn)
3. 利用 SQL 语句读取数据表到数据框变量，注意通过 [表格名字] 来引用 Excel 表格
Data=sqlQuery(conn, "select * from [sheet1$]")
4. 或者利用 sqlFetch 函数读取 Excel 表中的数据到数据框变量，注意表格引用方式
Data=sqlFetch(conn, "sheet1$")
5. 利用 sqlSave 保存数据框数据到数据库
sqlSave(conn,data, "sheet4",rownames="test",colnames=FALSE)
6. 关闭数据库的连接
odbcClose(conn)

表 9.3.4　读取其他数据库

1. 先设置 ODBC 数据源, 然后通过 ODBC 连接数据库, 假定数据源名为 mydata, 其下有 score.dbf 　conn1=odbcConnect ("mydata")　　# 或者用连接字符串 　conn2=odbcDriverConnect(paste("DRIVER=Microsoft Dbase Driver (*.dbf)", 　"DBQ=D:\\score.dbf ","ReadOnly=False", sep = ";"))
2. 利用 SQL 语句读取数据表到数据框变量 　Data=sqlQuery(conn1, "select * from score.dbf") # Data=sqlFetch(conn2, "score")
3. 关闭数据库的连接 　odbcClose(conn1)　　# odbcClose(conn2)

四、保存数据

通过 write.table 等函数实现对数据的输出, 其定义如下:

```
write.table(x, file = "'", append = FALSE, quote = TRUE, sep = "'",
            eol = "\n", na = "NA", dec = ".", row.names = TRUE,  col.names
            = TRUE, qmethod = c("escape", "double"), fileEncoding = "")
```

其中 x 是 R 中对象; file 是文件名; append=TRUE 在原文件上追加, 否则写一个新文件; sep 为数据间隔字符, 这个在 read.table 中提到了, 其他见帮助.

比如将表 9.3.2 中的 Data 保存到工作目录下的 mydata.txt 文件中, 其定义如下:

```
write.table(Data, file="mydata.txt")
```

五、sink 文本定向输出

函数 sink(filename) 可以将输出重定向到文件. 如果没有任何参数, 则结果只输出到屏幕; 如果指定 filename 并且该文件存在, 则文件内容被覆盖. 此时若想将输出追加到文件末尾, 则加入 append=TRUE 参数; 如果加入参数 split=TRUE, 则同时输出到屏幕和文件. 如:

```
sink('d:\\test.txt')
X=1:10;    Y=seq(1,5.5,0.5);    X+Y
sink()
```
注意: 输出都在 d:\test.txt 文件中, 最后调用的 sink() 表示重定向结束, 重回屏幕输出.

六、利用 foreign 包读取外部数据

foreign 包提供了读取 SPSS,SAS,Mintab,S-plus,Stata 等软件的数据文件, 比如 read.spss 读取 SPSS 经由 save 或 export 命令创建的数据文件. 可通过查询帮助及例子程序来了解这些函数.

9.4　流程控制

R 软件是一个解释型编程语言, 同时也是一个表达式语言, 每条语句都是一个表达式, 表达式之间通过分号或者换行符分隔. 如果表达式太长, 通常可以自动续行. 多条语句组成一组复合表达式, 用一对 "{ }" 界定, 当作一个表达式使用或者调用.

作为一个编程语言，R 软件同样提供分支、循环、函数定义等控制结构和模块化设计结构．

一、一行多条语句

通过分号作为命令分隔符，在一行中可以输入多条命令，如：

```
X=1:10;   Y=seq(1,5.5,0.5);    X+Y
[1]  2.0  3.5  5.0  6.5  8.0  9.5 11.0 12.5 14.0 15.5
```

二、if / else 分支语句

语法 1　单分支: if(condition) expression1
语法 2　双分支: if(condition) expression1 else expression2
语法 3　双分支: ifelse(condition, expression1, expression2)
语法 4　多分支: if(condition1) expression1
　　　　　　　　else if(condition2) expression2
　　　　　　　　...
　　　　　　　　else expression_last

例 9.4.1　任给一个百分制成绩变量 x，给出成绩的五档等级字符．

解　见表 9.4.1.

表 9.4.1　多分支例子

```
x=sample(0:100,1)
if(x<60)y='E'
else if(x>=60 & x<70) y='D'
else if(x>=70 & x<80) y='C'
else if(x>=80 & x<90) y='B'
else y='A'
y
```

上述代码放在脚本书写，选中执行会出错，出现如下的信息：

```
x=sample(0:100,1)
if(x<60) y='E'
else if(x>=60 & x<70) y='D'
错误: 意外的'else' in "else"
> else if(x>=70 & x<80) y='C'
错误: 意外的'else' in "else"
> else if(x>=80 & x<90) y='B'
错误: 意外的'else' in "else"
> else y='A'
错误: 意外的'else' in "else"
> y
[1] "E"
```

注意：这段代码本身没有错误，只是复制到命令窗口执行时，是按句解释的，因为第二句是正确的且对命令行而言已经结束了，所以第三句对 R 而言就是一条新的语句，所以就出现了上述错误．

如果把这段代码包装在一个函数中，那就没有任何问题了，因为对 R 而言，一个函数定义是一条完整的语句．

例 9.4.2 任给一个百分制成绩, 给出及格与否的字符 (以 60 分为分界线).

解 见如下程序:

```
X=sample(0:100, 1);
ifelse(X>=60, '及格', '不及格')
[1] "及格"
```

三、switch 多分支语句

语法: switch(expression, list)

其中 expression 是一个下标或列表名字表达式, 函数返回 list 中 expression 指向的元素, 否则返回 NULL; 此处 list 不是列表对象, 而是罗列出来的多个数据, 各个数据的类型不限. 例如下表 9.4.2 所示的例子:

表 9.4.2 switch 多分支例子

错误的写法	正确的写法
x=sample(1:5, 1); listx=list(10,TRUE, '及格', FALSE, '不及格') switch(x,listx)	x=sample(1:5, 1); switch(x, 10,TRUE, '及格', FALSE, '不及格') # 如果 x=2, 则返回 TRUE

四、循环结构

R 软件支持 for 循环、while 循环和 repeat 循环; 支持 break 终止语句; next 跳过后面的语句; 支持多重循环嵌套, 与 C 语言非常相似. 下面以实现 1 加到 100 为例来说明三种循环的特点, 见表 9.4.3.

表 9.4.3 循环语法及例子

语法	例子
for(name in expr1) expr2 name 遍历 expr1 中的每个值	sum=0 for(i in 1:100) sum=sum+i sum
while(condition) expr 需要在 expr 中设置 condition 的终止条件	sum=0; i=1 while(i<=100) { sum=sum+i; i=i+1; } sum

repeat expr
需要在 expr 中设置终止条件, 同时通过 break 跳出循环
	sum=0; i=1
	repeat{
	sum=sum+i; i=i+1;
	if(i>100) break; }
	sum

例 9.4.3 对 1 到 100, 求不能被 5 整除的数之和.

解 具体程序如下:

sum=0
for(int in 1:100){
if (int %%5==0) next
sum=sum+int
}
sum
	sum(1:100)-sum(seq(5,100,by=5))
	
	或者
	
	A=1:100
	sum(A[A%%5!=0])

[1] 4000	[1] 4000

五、括号的作用

命令格式: (var=value), 表明在对 var 赋值为 value 的同时, 输出 var 的结果; 该命令等价于下面两条命令: var=value; var. 这个赋值加显示的方式, 也常用在函数参数中, 比如:

```
plot( (x=1:100), sqrt(x)) ; # 等价于 x=1:100; plot(x, sqrt(x))
```

9.5 函数与数据集

R 软件提供了很多实用的函数, 包括数学函数、字符函数、模式匹配、批处理、统计函数等.

一、基本函数介绍

1. 数学函数

函数	功能描述	函数	功能描述
abs(x)	绝对值, abs(-5) 返回 5	sqrt(x)	平方根, sqrt(25) 返回 5
log(x,base) log10(x)	以 e 或指定 base 为底的对数 以 10 为底的对数	exp(x) x^y	指数, exp(2) 返回 7.389056 x 的 y 次幂运算, 2^3 返回 8
sign(x)	符号函数,sign(c(-2,0,3)) 返回 -1, 0, 1	cumprod(x)	向量 x 中的元素逐个连乘 cumprod(c(2,3,4)) 返回 2,6,24
ceiling(x)	返回不小于 x 的最小整数 ceiling(c(-3.9,3.9)) 返回 -3, 4	floor(x)	返回不大于 x 的最大整数 floor(c(-3.9,3,9)) 返回 -4, 3
trunc(x)	返回 x 的整数部分 trunc(3.999) 返回 3	round(x,digits=n)	将 x 舍入为 n 位小数, 注意 round(c(3.5,4.5)) 返回 4, 4
diff(x,lag=n)	滞后 n 阶差分函数 diff(c(1,3,6)) 返回 2, 3	signif(x)	返回 x 的小数部分 signif(c(-4.56,4.56),2) 返回 -4.6, 4.6
sin(x),cos(x),tan(x)	正弦, 余弦, 正切函数	asin,acos,atan	反正弦, 反余弦, 反正切函数
sinh,cosh,tanh	双曲正、余弦和双曲正切函数	asinh,acosh,atanh	反双曲函数
cumsum(x)	向量 x 中的元素逐个连加 cumsum(c(2,3,4)) 返回 2,5,9	cummax(x)	逐个取最大 cummax(c(3:1, 2:0, 4:2)) 返回 3 3 3 3 3 3 4 4 4
cummin(x)	逐个取最小 cummin(c(3:1, 2:0, 4:2)) 返回 3 2 1 1 1 0 0 0 0	sum(x) min(x) ,max(x)	对向量求和, 求最小值和最大值

2. 字符函数

函数	功能描述	函数	功能描述
nchar(x)	返回 x 中字符数量 nchar("abcd") 返回 4	substr(x,start,stop)	提取/替换 x 中 start 到 stop 的子串 substr("abcdef",2,4) 返回 bcd
tolower(x)	将 x 变成小写 tolower("ABcd") 返回 abcd	toupper(x)	将 x 变成大写 toupper("ABcd") 返回 ABCD
chartr(old,new,x)	将 x 中的 old 的逐个字符替换成 new 中对应字符	casefold(x,upper = FALSE)	根据 upper 将 x 进行大小写转化
cat(...,sep,...)	输出数据到文件或屏幕	sprint(fmt,...)	根据格式串，输出数据成字符串
charmatch(x,table)	在 table 向量中匹配 x 字符串相同的，返回下标	paste(x,y,sep, collapse)	将 x,y 进行拼接，分割符用 sep，连接符用 collapse

函数 strsplit (x,split,fixed=FALSE) 在 split 处分割字符向量 x 中的元素，返回的是一个列表. 如果 fixed=TRUE，则 split 为文本字符串，否则为正则表达式. 可以使用 unlist 分解列表成向量，如：

```
strsplit('ab cd efgh',NULL)或者[[1]] strsplit('ab cd efgh', '')[[1]]
  #都是将字符串分解成单个字符
strsplit("a.b.c", "\\.") 或者 strsplit("a.b.c", ".", fixed=TRUE)
  #从 . 处分割字符串，注意转义字符
strsplit(c(x1 = "asfefg", x2 = "qwerty") , "e")       # 以 e 作为分割符
[1] "a" "b" " " "c" "d" " " "e" "f" "g" "h" " "
[1] "a" "b" "c"
$x1
[1] "asf" "fg"
$x2
[1] "qw"  "rty"
```

3. 模式匹配

函数 grep(pattern, x, fixed=FALSE,ignore.case=FALSE)，在向量 x 中搜索模式 pattern, 返回匹配到的元素下标. 如果 fixed 为 FALSE, 则 pattern 为正则表达式, 否则为字符串; 如果 ignore.case=FALSE 表示不区分大小写，如：

```
grep('[a-b]x[a-e]',c('axc','bxd','zy','oem'))
[1] 1 2
```

函数 sub(pattern, replacement, x, ignore.case = FALSE, fixed = FALSE) 搜索并替换 x 中的 pattern 模式为 replacement 字符串，其他参数同上，如：

```
sub('[a-b]x[a-e]','zz',c('axc','bxd','zy','oem'))
[1] "zz"  "zz"  "zy"  "oem"
```

4. 批量运算函数

R 软件中的大部分函数都具有批量运算功能，如将数值向量、矩阵变量传递函数 mean, sum 等，都可以方便计算出需要的结果. 除此之外，R 软件还提供应用于矩阵、列表和数据框的批量函数，如 apply, lapply, sapply 等. 这些函数的功能非常强大，执行效率很高.

apply 函数的定义: apply(X, MARGIN, FUN, ...)
其中 X 是数据对象, MARGIN 是维度下标, FUN 是用户指定 (或编写) 的任意函数, 而 ... 为传递给函数的参数. 矩阵或数据框中, MARGIN=1 表示行, MARGIN=2 表示列. 具体程序如下:

```
Data=data.frame(hei=rnorm(30, 170,9), wei=rnorm(30, 55, 16))
    # 随机生成 2 列数据
apply(Data, 2, mean)                                    # 计算各列均值
apply(Data,2,mean,trim=0.1)                             # 计算各列截尾均值
mymedian=function(x) return(median(x))
apply(Data,2,mymedian)                                  # 传递自行编写的函数
```

而 lapply 和 sapply 则可将函数应用到列表 (list) 变量身上, 其定义如下:

lapply(X, FUN, ...)

其中 X 是一个向量或列表, 能够应用 as.list( ) 转化; FUN 是应用到 X 身上的函数, 返回值是列表.

sapply(X, FUN, ..., simplify = TRUE, USE.NAMES = TRUE)

大部分参数同上, 返回结果是一个向量. 具体程序如下:

stu=c('LV Shulong','LIU Wenli','LIANG Feibao','XIONG xianzhu')		
names=strsplit(stu, ' ') # 此时 names 为列表变量, 以空格分割 stu 中每个元素		
First=sapply(names, '[', 1) Last= sapply(names, '[', 2) names; First; Last sapply(Last, nchar)	First=lapply(names, '[', 1) Last= lapply(names, '[', 2) First; Last	
[[1]] # names [1] "LV" "Shulong" [[2]] [1] "LIU" "Wenli" [[3]] [1] "LIANG" "Feibao" [[4]] [1] "XIONG" "xianzhu" # First [1] "LV" "LIU" "LIANG" "XIONG" # Last [1] "Shulong" "Wenli" "Feibao" "xianzhu" Shulong Wenli Feibao xianzhu 7 5 6 7	# First 的输出 [[1]] [1] "LV" [[2]] [1] "LIU" [[3]] [1]"LIANG" [[4]] [1] "XIONG"	# Last 的输出 [[1]] [1] "Shulong" [[2]] [1] "Wenli" [[3]] [1] "Feibao" [[4]] [1] "xianzhu"

注意, '[' 是个函数, 类似四则运算符: +, −, *, /, 其实所有的运算符都可以当作函数使用. 只是在使用时, 要加上引号, 例如,

`'['(stu,1)`	`'*'(2,3)`	`'='(a,3); a`
`[1] "LV Shulong"`	`[1] 6`	`[1] 2`

5. 统计函数 —— 参数均为向量

函数	功能描述	函数	功能描述
mean(x)	平均值	rang(x)	值域, 极差
sum(x)	求和	min(x),max(x)	最小值, 最大值
sd(x)	标准差	diff(x,lag=n)	滞后 n 阶差分
var(x)	方差	quantile(x,probs)	依据 probs 求分位数
median(x)	中位数	scale(x,center,scale)	center=TRUE 中心化, 同时 scale=TRUE 则标准化

6. 其他常用函数

any( ) 和 all( ) 函数常用来比较两个对象是否相等; identical( ) 比较两个对象是否相等; unique( ) 可以去掉对象中重复的元素; duplicated( ) 返回对象中各元素是否重复的逻辑值, 具体程序见下:

```
X=1:10;   Y=c(1:5,10:14) ; Z=c(X,Y)
any(X!=Y); any(X==Y)       # 部分相等, 则都返回 TRUE
all(X!=Y);  all(X==Y)      # 不完全相等, 则都返回 FALSE
identical(X,Y)             # 不完全相等, 则返回 FALSE
unique(Z)                  # 剔除了重复值, 返回
                             1 2 3 4 5 6 7 8 9 10 11 12 13 14
Z[duplicated(Z)]           # 返回重复值 1 2 3 4 5 10
which(X != Y)              # 返回不相等元素所在的下标 6 7 8 9 10
"^"(8,1/3)                 # 返回 $\sqrt[3]{8}$, 运算符以" 运算符" 方式变成函数, 再如"+"(3,4)
```

7. 表达式运算

表达式 expression 是一种特殊的数据结构, 定义过程很像函数, 但对表达式求值时, 需要用到环境变量, 这与函数有本质区别.

例 9.5.1 字符串转化成表达式求值, 用到 parse( ) 和 eval( ) 两个函数.

解 具体程序如下:

```
A=1:15 eval(parse(text='sum(A)'))
 # 字符串'sum(A)'通过 parse 变成 expression, 再由 eval 求值
[1]   120
```

8. 内置函数

例 9.5.2 函数 is.primitive( ) 测试一个函数是否为内置函数.

解 具体程序如下:

`is.primitive(mean);`	`is.primitive(sqrt)`
`[1] FALSE`	`[1] TRUE`

9. methods 函数

通过函数 methods( ) 获取函数列表, 再直接输入函数名称则可能看到函数的内部实现代码, 如:

```
methods(mean)
[1] mean.data.frame  mean.Date      mean.default    mean.difftime
[5] mean.POSIXct    mean.POSIXlt
mean.default
function (x, trim = 0, na.rm = FALSE, ...)
{
    if (!is.numeric(x) && !is.complex(x) && !is.logical(x)) {
        warning("argument is not numeric or logical: returning NA")
        return(NA_real_)
    }
    ...
    .Internal(mean(x))
}
<bytecode:  0x026de208>
<environment:  namespace:base>
```

10. 排序函数 sort 与 order

sort 函数只能对单个向量进行简单的升降进行排序, 而 order 却可以对多变量数据进行排序, 类似 SQL 语言中的 order by 指令. 其定义如下:

sort(x, decreasing = FALSE, ...)

其中 x 是向量; decreasing=TRUE 表示降序, 默认是升序.

order(..., na.last = TRUE, decreasing = FALSE,),

其中 ... 表示多个变量.

以 R 软件自带的 mtcars 数据集为例,

- 依据 mpg 升序对数据集排序, 使用 mtcars[sort(mtcars$mpg),];
- 依据 mpg 升序,cyl 降序对数据集排序, 则使用 mtcars[order(mtcars$mpg,-mtcars$cyl),],

这个函数使用中相当方便, 变量名前加上符号, 就表示降序.

11. 分组统计函数

使用 aggregate 函数实现分组数据的单返回值的统计, 其定义如下:

aggregate(x, by, FUN, ..., simplify = TRUE, drop = TRUE)

其中, x 是 R 对象, 如数据框、矩阵等; by 是一个列表对象, 表示分组的因子或因子组; FUN 是返回单个值的统计函数. 对 iris 数据, 依据 Species 列分组计算前四列的平均值, 程序如下:

```
aggregate(iris[,1:4], by=list(Species=iris$Species), mean)
     Species      Sepal.Length   Sepal.Width   Petal.Length   Petal.Width
1    setosa       5.006          3.428         1.462          0.246
2    versicolor   5.936          2.770         4.260          1.326
3    virginica    6.588          2.974         5.552          2.026
```

注意, 若使用 by=list(iris$Species), 则输出的结果中, 第一列名称就默认为 Group.1, 而不是 Species.

如果想对分组数据整体进行统计计算且返回计算值, 可以采用 by( ) 函数, 其定义如下:

by(data, INDICES, FUN, ..., simplify = TRUE)

其中, data 是数据框或矩阵; INDICES 指的是分组的因子或因子组成的列表; FUN 是统计函数, 需要注意 FUN 是针对 data 中依据 INDICES 分组后的整个子集进行统计的函数, 不是逐列统计, 所以需要将 FUN 定义成数据框函数, 如:

```
Fun=function(x) colMeans(x)
by(iris[,1:4], iris$Species, Fun)
iris$Species: setosa
Sepal.Length  Sepal.Width  Petal.Length  Petal.Width
     5.006        3.428        1.462         0.246
----------------------------------------------------
iris$Species: versicolor
Sepal.Length  Sepal.Width  Petal.Length  Petal.Width
     5.936        2.770        4.260         1.326
----------------------------------------------------
iris$Species: virginica
Sepal.Length  Sepal.Width  Petal.Length  Petal.Width
     6.588        2.974        5.552         2.026
```

12. 数据的引用

对于像 data.frame, list 这些含有多个子对象的数据容器, 引用内部对象时, 通常通过形如 data[,i] 或 data$name 等方式引用. 这种引用方式需要书写变量名, 而对于较长的变量名, 就显得不够简洁了. R 软件提供了多种方式来简化变量中对象的引用, 包括 attach( ) 和 detach( ) 配合、with( )、within( ) 等函数.

attach(data) 将 data 变量载入 R 软件的搜索路径中, 因此对 data 中的子对象的访问, 只需要输入子对象的名称即可; 而 detach(data) 将 data 从 R 软件的搜索路径中移除, 此时对其子对象的访问又回到原始模式. 在这种引用模式中可能会出现名称冲突现象, 先载入搜索路径的具有优先权, 后面加入的将被屏蔽. 具体程序如下:

```
Species=1:10
attach(iris);    Species;    detach(iris)
# 第一行定义了变量 Species, 但 iris 中也有 Species 子对象, 虽然使用了 attach(iris)
# 但第二行中使用 Species 时, 针对的却是第一行的 Species 而不是 iris 中的 Species
[1]  1  2  3  4  5  6  7  8  9  10
```

使用 with(data, expr, ...), 表明 expr 表达式可以使用 data 中的变量, 而不需要加上引用前缀 data$. 一般情况下, expr 都是放在一对{}中, 表明操作针对 data 变量, 这种模式不会出现名称冲突现象. 如果{}中的代码只有一句, 则可以省略{}. 具体程序和图如下:

```
with(iris, levels(Species))
with(iris, {plot(Sepal.Length); levels(Species)})
```

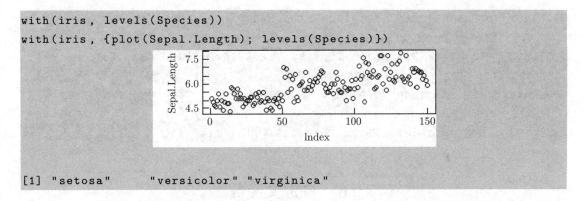

```
[1] "setosa"      "versicolor" "virginica"
```

二、数据集

通过在命令行中输入 data( ) 函数可以得到 R 系统提供的内置数据集, 见图 9.5.1, 这对于学习 R 软件及熟练统计方法都有很大的好处. 也可以在命令窗口中输入: data(package = "datasets"), 得到指定包中的数据集.

图 9.5.1　R 系统中的内置数据集

例 9.5.3　引用数据 Nile.

解　具体程序如下:

```
Nile
Time Series:
Start = 1871
End = 1970
Frequency = 1
 [1] 1120 1160  963 1210 1160 1160  813 1230 1370 1140  995  935 1110
      994 1020  960 1180  799
[19]  958 1140 1100 1210 1150 1250 1260 1220 1030 1100  774  840  874
      694  940  833  701  916
```

```
[37]  692 1020 1050  969  831  726  456  824  702 1120 1100  832  764
      821  768  845  864  862
[55]  698  845  744  796 1040  759  781  865  845  944  984  897
      822 1010  771  676  649  846
[73]  812  742  801 1040  860  874  848  890  744  749  838 1050  918
      986  797  923  975  815
[91] 1020  906  901 1170  912  746  919  718  714  740
```

9.6 自定义函数

在 R 软件中,用户可以自定义函数,以便实现特定的功能.编写函数可以提升代码的复用率,达到二次开发的目的,也能快速提高编程水平,加速熟悉 R 软件的使用.在实际问题的处理中,编写脚本函数是不可避免,也是极其重要的.

函数定义的基本语法:

funname=function(arg1,arg2,arg3,⋯){ statements; return(object) }

其中自定义的函数名称是 funname,函数的参数由 arg1,arg2,⋯ 确定,函数主体由 statements 确定,statements 中最后一条执行语句承担函数返回值功能,当然也可以通过 return( ) 函数将值返回.

通常通过脚本方式来编写函数,然后保存到文件中,需要的时候通过 source( ) 载入 R 工作空间运行;一般不推荐在命令行上直接编写函数.调用自定义函数的方式与调用系统函数一样.为提升函数执行的效率,尽量多采用 R 软件中的向量化或批量化的函数,应避免在函数中使用大量的分支、循环等语句.

R 函数的特色很多,包括支持默认值参数、命名参数、列表参数等,对编写函数和调用函数都非常方便,避免了在调用函数时,还要先确定参数类型和位置.

在编写函数时,经常需要输出诊断信息、错误信息或者停止函数执行等,这些工作分别通过 warning( ), message( ),stop( ) 等函数实现.其中 warning(msg,call.=TRUE,...) 输出一条错误信息 msg,而 call.=TRUE 表示当前的调用作为输出信息的一部分,其后的函数代码继续执行;message(msg) 输出一条诊断信息 msg,便于程序进行调试;而 stop(msg, call. = TRUE,...) 则输出一条信息 msg 后停止函数的继续执行,直接返回.还有诸如 try, tryCatch 等函数.关于 R 程序的调试,可以查阅帮助文档.

一、定义二元运算

定义二元运算符是自定义函数的一个作用,二元运算符类似%in%,%/%等,自定义时,采用的格式是

"%any%"=function(x,y) { statements; return(object) }

例 9.6.1 统计一个因子向量中每个元素在另一个因子向量中分别出现的次数,定义成二元运算%@%.

解 见表 9.6.1.

第九章 R 统计软件

表 9.6.1 自定义二元运算

"%@%"=function(x,y) {
z=factor(y,levels=x)
z=table(z)
list(x=x, sum=z)
}
	# 函数调用
	X=c(1,2,3)
	Y=c(1,2,2,1,3,2,1,2,5,4,3,2)
	X%@%Y
		$x
		[1] 1 2 3
		$sum
		z
		1 2 3
		3 5 2

二、一般形式

定义函数的一般形式：

funname=function(arg1,arg2,arg3,...){ statements; return(object) }

在编写函数时，应尽量采用高效率的批处理函数，并做好函数的优化，确保函数的稳定性。

例 9.6.2 定义一个函数，对输入的矩阵数据，返回指定列的平均值和中位数。

解 程序见表 9.6.2。

表 9.6.2 定义函数

stat_mat_cola=function(mat,col) { m1=mean(mat[,col]) m2=median(mat[,col]) return(c(mean=m1,median=m2)) }	stat_mat_colb=function(mat,col) c(mean=mean(mat[,col]),median=median(mat[,col]))

三、缺省值和命名参数

例 9.6.3 求二元函数 $f(x,y) = \sin(x)*y + \cos(y)*x$ 对变量 x,y 的偏导函数，并求导函数在点 $(1,2)$ 处的值。

在 R 软件中，D 函数可以实现表达式求导，但必须给出具体的变量名称，所以如果要利用 D( ) 函数实现本例，则需要把函数写在表达式中，并提供变量名数组，如果同时还要求导数值，还必须将值作成向量传入。为此，需要三个参数：fun 表达式；vars 变量名数组，默认为 ('x','y')；mat 取值点矩阵，默认为 NULL。

解 程序见表 9.6.3。

该例子展示了 R 语言表达式运算的能力和基本使用技巧，vars=c('x', 'y') 对于参数 vars 给了默认值，如果调用函数没有给出 vars 值，则参数 vars 默认为 c('x','y')。在调用 manyD 时，如果给出参数的名字，可以不用考虑实参的位置关系，即 manyD(vars=c('x ','y '), fun= expression ( )) 的效果同 manyD(expression,c( ))，这个就是 R 调用函数的特色之一，根据名字来对应一个形参和实参，而非唯一地依据参数在设计时的位置。

表 9.6.3　求偏导函数及导数值

```
manyD=function(fun, vars=c('x', 'y'),mat=NULL)
{ n=length(vars)
    dfun=rep(expression(1),each=1,times=n)
    for(i in 1:n) dfun[[i]]=D(fun,vars[i])        # 生成偏导函数，注意引用方式是：[[]]
    if(is.null(mat)==TRUE) return(list(dfun=dfun))
    else {
    value=matrix(0,nrow=nrow(mat), ncol=n)
    for(i in 1:nrow(mat))
    {   for(j in 1:n) assign(vars[j],mat[i,j])    # 动态注册局部变量
        for(j in 1:n) value[i,j]=eval(dfun[[j]])  # 对偏导函数求值
    }
    list(dfun=dfun,value=value)        # 输出偏导函数和函数值
    }
}
manyD(expression(sin(x)*y+x*y),c('x','y'),matrix(rnorm(4),nrow=2))   # 调用该函数
$dfun=
expression(cos(x) * y + y, sin(x) + x)
$value
        [,1]        [,2]
[1,]  1.2303193  -1.842539
[2,] -0.2440942  -1.226324
```

四、省略号参数 (...)

在函数的帮助中，很多函数的参数中有省略号，表示无限的参数. 如何在自定义的函数中实现呢？其实很简单，定义时直接用省略号，函数体中，再通过 list 及下标或名称获得每个参数，如：

```
atest=function(x,...)
{  print(x)
   list(...)    # list(...)['y']
}
atest(10,y=1,z=2)
[1] 10
$y
[1] 1
$z
[1] 2
```

五、嵌套函数

在定义的函数 Fun 中，又定义了子函数 Fi，称子函数 Fi 为**嵌套函数**或者**内部函数**，嵌套函数的作用域仅限于 Fun 函数内部. 嵌套函数中没有定义的参数默认来自 Fun，如果 Fun 中也没有，则从当前环境中找.

例 9.6.4 从 $1, 2, \cdots, 10$ 中随机有放回抽取 30 个构成 10 行 3 列矩阵, 然后计算任意两行对应位置出现相同数字个数.

解 下面通过嵌套函数完成计算:

```
myfun=function(x,dat)
{   subfun=function(x,y) return(sum(x==y))     #定义子函数
    apply(dat,1,subfun,x)
}
mat=matrix(sample(1:10,30,replace=TRUE),nrow=10,byrow=TRUE)
apply(mat,1,myfun,mat)
```

	[,1]	[,2]	[,3]	[,4]	[,5]	[,6]	[,7]	[,8]	[,9]	[,10]
[1,]	3	0	0	1	0	0	0	0	1	0
[2,]	0	3	0	0	0	0	0	0	0	1
[3,]	0	0	3	0	0	1	0	0	0	0
[4,]	1	0	0	3	0	0	0	0	1	0
[5,]	0	0	0	0	3	0	2	0	0	0
[6,]	0	0	1	0	0	3	0	0	0	0
[7,]	0	0	0	0	2	0	3	0	0	1
[8,]	0	0	0	0	0	0	0	3	1	0
[9,]	1	0	0	1	0	0	0	1	3	0
[10,]	0	1	0	0	0	0	1	0	0	3

六、递归函数

在定义的函数 Fun 中, 又调用了 Fun, 这种形式称为**递归调用**, 这样的函数称为**递归函数**.

例 9.6.5 用递归函数实现 $\sqrt{a}, a > 0$, 利用公式 $X_{n+1} = (X_n + a/X_n)/2, X_1 = a/2$.

解 具体程序如下:

```
fun=function(n,a)   {ifelse(n==1,a/2,(fun(n-1,a)+a/fun(n-1,a))/2)   }
sapply(1:5,fun,a=3)    # 求 sqrt(3) 的值, 分别求 n=1,2,3,4,5 时的迭代值
[1] 1.500000  1.750000  1.732143  1.732051  1.732051
```

9.7 软 件 包

软件包是 R 软件扩展其功能的主要途径, 目前 R 软件能够得到的软件包近 5000 个, 涵盖了几乎所有领域的方法, 汇集了全世界大部分统计、计算机、工程、数学等各领域人才的智慧. 了解系统中安装的软件包、下载软件包、安装软件包、卸载软件包都是基本的操作.

- 查询与软件包有关的函数:

输入 apropos('package') 可以得到与软件包相关的各种函数.

- 查询已经安装和下载的软件包:

输入 installed.packages( ) 可以列出系统中已经下载的所有软件包的详细信息;

输入 search( ) 可列出已经安装的软件包, .packages(all.available=TRUE) 列出所有已下载的软件包.

- 列出可以得到的所有软件包: available.packages( ).
- 下载指定的软件包, 以 rgl 软件包为例: install.packages('rgl', lib=.libPaths( )).
- 加载软件包到系统, 主要用 library(rgl) 或者 require(rgl).
- 卸载软件包: remove.packages('rgl',lib=.libPaths( )).

9.8 R 软件的可视化工具与接口

一、R Commander

这是一个 R 统计软件的命令行图形化用户接口, 封装在软件包 QCAGUI 中, 安装该包前自动下载并载入多个依赖包, 如 XML 等. 该工具提供至上而下的四个大块构成: 菜单、命令输入窗口、结果输出窗口和信息提示区域. 在 R 软件的命令行界面输入 Commander( ), 弹出如图 9.8.1 所示的 GUI 界面.

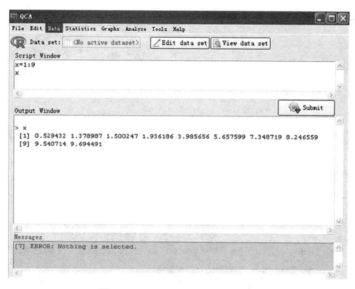

图 9.8.1　R Commander GUI

该工具相比原来 R 软件的命令行界面, 只是将命令输入部分和结果输出部分分离. 另外, 结果输出部分只能输出文本, 图形等非文本信息还是通过弹出窗口来显示. 实际上这个工具是在 R 软件的命令行界面中通过调用 Commander( ) 产生的, 使用还是受限于原来 R 软件的命令行界面.

二、RStudio IDE

RStudio IDE 是一个成熟的图形化工具, 它集成了 R 内核, 并提供了相当人性化的图形界面. 特别是编写和执行 R 代码时, 能够提供语法高亮、命令补全等功能; 还提供各种变量浏览、图形收集、下载包浏览、帮助页、历史列表浏览和工作目录控制等多种功能. 每种功能被划分在不同区域中, 并实行面板归类. 整体界面布局紧凑美观, 总体上讲软件设计得相当实用, 更重要的是它秉承了开源免费的特征.

该软件提供多种平台的支持, 如 Linux, Windows 和 Macs 等平台, 可通过访问网站 http://www.rstudio.org 并下载, 该网站同时提供软件的源代码.

在 Windows 平台中, 它以一个独立的安装程序出现, 当前版本是 RStudio 0.9.7.336.exe, 发布于 2013 年 03 月 22 日, 支持 Windows XP/Vista/7. 对于习惯了 Windows 平台软件使用经验的用户而言, 这款实现 GUI 的接口软件真是恰到好处. 如此丰富的 GUI 接口工具, 相信会在迅速推广统计工具和统计应用方面起到积极的作用. Windows 下该软件的安装完全是向导式的, 图 9.8.2 给出软件运行的界面.

图 9.8.2 RStudio IDE

其实关于 R 还有很多 GUI 软件, 可以通过访问 http://www.sciviews.org/_rgui/ 得到更多 GUI 项目的信息.

三、Windows 平台下的可视化接口函数

(1) 文件、目录选择对话框见图 9.8.3 和图 9.8.4:

```
filelist=choose.files(filters = Filters[c("zip", "All"),])
```

```
dir=choose.dir()
```

```
file=file.choose()
```

图 9.8.3 文件选择框

图 9.8.4 目录选择框

(2) 确认对话框，见图 9.8.5，返回大写的类型字符串，如 "CANCEL"：

```
winDialog(type = c("ok", "okcancel", "yesno", "yesnocancel"),message)
ok=winDialog(type="okcancel","你确定吗?")
if(ok=="OK") print("you select ok") else print("you select cancel")
```

图 9.8.5 标准对话框

(3) 字符串输入对话框，见图 9.8.6：

```
winDialogString(message, default)    # 确定返回输入的字符串，否则返回 NULL
str=winDialogString(" 请输入字符串","here");      str
```

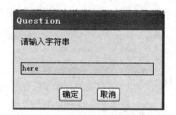

图 9.8.6 输入对话框

四、R 与 Matlab 的文件接口

利用 R.matlab 包可以读取 Matlab 的数据文件, 实现文件接口; 也可以与 Matlab 软件进行交互, 实现界面接口, readMat( ), writeMat( ) 两个函数实现 Matlab 软件支持的数据的读取和写入. 具体代码如下:

```
temp=matrix(1:100, nrow=10)
X=list(A=tmep, B=temp)
filename='ddd.mat'
zz=file(filename,'w')
writeMat(filename, X=X, matVersion="5" )
unlink(filename)
close(zz)
dat=readMat(filename);      # 读取指定的 Matlab 数据文件
```

此时 dat 是一个列表, 里面包含的元素 X 也是一个列表, 但是对它的访问, 需要注意采用正确的下标 dat$X[1,1] 表示 X 列表中的 A 矩阵, dat$X[2,1] 表示 X 列表中的 B 矩阵. 如果列表中有几个变量, 则维数就是几维.

9.9 R 软件的相关网站

http://www.r-project.org 是 R 软件的官方网站, 提供 R 软件、软件包以及各种最新资源.

http://www.r-bloggers.com 该网站是一个博客网站, 每天都有新的文章出现, 对于深入学习 R 软件相当有帮助.

http://planetr.stderr.org 这个网站汇集了各种实用信息, 特别是各种软件包的应用.

http://cos.name 国内统计之都网站, 包含大量统计知识、讨论、最新研究以及 R 会议, 非常经典.

http://addictedtor.free.fr/graphiques 汇集各种图形及其源代码.

■ 内容小结

本章主要介绍了 R 软件的基本操作、语法、流程控制、函数及脚本编写、软件包、数组、矩阵、列表、因子和数据框等数据类型以及 apply 等批量操作等, 通过本章学习将为 R 软件的使用和应用打下良好的基础.

本章的网络结构图:

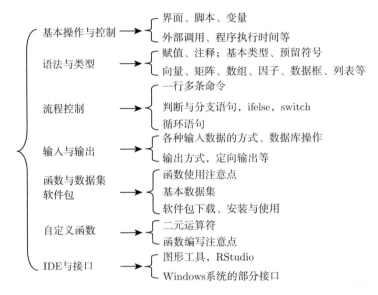

本章基本要求:

1. 掌握 R 软件的基本语法: 赋值、比较、关系、分支、循环、函数编写等;
2. 熟练掌握脚本编写与执行、软件包下载与安装、帮助获取;
3. 熟练掌握数组、矩阵、列表、因子和数据框等数据类型及批量操作函数的使用;
4. 熟练掌握函数的编写;
5. 熟练掌握软件包的查找、下载和加载;
6. 了解 R 软件的 IDE 工具、接口及相关的网络资源.

习 题 九

1. 编写一个函数, 实现矩阵的整数幂次运算 $\boldsymbol{A}^k, k \in \mathbb{Z}^+$.

2. 如果字母 a 到 z 分别对应 1 到 26 的数字, 构造一个函数计算一个单词的所有字母对应的数字之和. 如果一个单词的所有字母对应的数字之和等于 100, 则称该单词是数学上的 "完美" 单词. 请你找出几个 "完美" 单词或者人名 (中文姓名用拼音), 再编写一个函数实现对随机抽取的一段英文文章, 分解出所有的单词, 并计算每个单词的 "完美" 度.

3. 生成一个 100000×10 的矩阵, 计算每列的平均值, 分别测试以下三种情况的时间消耗:

(1) 使用二重循环遍历求解;

(2) 使用一重循环和 mean 函数计算;

(3) 使用 apply 函数完成.

4. 提取 iris 数据集中的 Sepal.Length 和 Sepal.Width 两列数据, 要求 Species 为 "virginica", Sepal.Length 介于 5 和 6 之间且 Sepal.Width 介于 3 和 4 之间. (1) 通过 sqldf 实现;

(2) 通过 subset 实现.

5. 10 种葡萄酒交给 5 位品酒师就颜色、香味、酸度、甜度、纯度和果味共六项指标进行评分,每项最低分 1 分,最高分 10 分,下表给出每项指标的 5 位品酒师评分的平均分:

酒的序号	颜色	香味	酸度	甜度	纯度	果味
1	4.65	4.22	5.01	4.50	4.15	4.12
2	6.32	6.11	6.21	6.85	6.52	6.33
3	4.87	4.60	4.95	4.15	4.02	4.11
4	4.88	4.68	4.43	4.12	4.03	4.14
5	6.73	6.65	6.72	6.13	6.51	6.36
6	7.45	7.56	7.60	7.80	7.20	7.18
7	8.10	8.23	8.01	7.95	8.31	8.26
8	8.42	8.54	8.12	7.88	8.26	7.98
9	6.45	6.81	6.52	6.31	6.27	6.06
10	7.50	7.32	7.42	7.52	7.10	6.95

试构建一种简易的综合评价方式,对 10 种酒排序.

第十章 R 软件的图形环境

R 软件的图形环境是 R 环境中一个非常重要且应用极广的组成部分, 通过图形环境中的各种图形工具可以直观地展示丰富多彩的统计图或进一步创建更多新颖的图形.

R 软件的作图命令分成: 高级命令、底层命令和交互式命令. 其中高级绘图命令在图形设备上产生一个新的图区, 它可能包括坐标轴、标签、标题等; 底层命令是在高级命令产生的图形上添加更多的图形元素, 如额外的点、线和文字标签等, 以弥补高级命令的不足; 而交互式命令允许操作者交互式地用鼠标等定点设备在一个已经存在的图上添加图形信息或者提取图形信息. R 软件同时提供了一系列图形参数, 通过修改这些图形参数可以定制 R 软件的图形环境.

10.1 自定义绘图

一、初级绘图

利用 plot 函数和底层绘图命令, 给出一个比较完整的平面图形, 包含坐标轴、刻度、边框、主副标题、坐标轴标签、边距、图例、x 轴和 y 轴方向范围以及指定位置输出文本等, 代码和图形如下所示:

```
oldpar=par(pin=c(5,2),mai=c(0.6,0.6,0.6,0.1))  # 图形尺寸和边界, 单位英寸
plot(1:10,1:10,type='n',main='主标题',sub='副标题',xlab='',ylab='',
     xlim=c(0,15),ylim=c(0,10),frame.plot=TRUE,axes=FALSE,
     mgp=c(2.3,1,0), cex.main=1,cex.sub=0.8)
lines(c(1,11),c(8,8),lty=2);   lines(c(1,11),c(6,6),lty=3);
     lines(c(1,11),c(4,4),lty=1)    # 画三种线
legend(12.5,10,c("线1", "线2", "线3"),lty = c(2, 3, 1), cex=0.75)
                                                  # 指定位置输出图例
axis(1, 0:15, labels=0:15,cex=0.75,padj=-0.5)     # x 坐标轴
axis(2, 0:10, labels=0:10,cex=0.75,padj=0.5)      # y 坐标轴
title(xlab='x轴标签',adj=1,mgp=c(2.0,1,0),cex=0.75)  # x轴标签右对齐
title(ylab='y轴标签',adj=1,mgp=c(2.0,1,0),cex=0.75)  # y轴标签右对齐
text(7,3, '四周边线以内: 作图区域')       # 在图形指定位置输出文本
text(7,2, '四周边线以外: 四个边距')
par(oldpar)
```

par 函数主要用来设定绘图的参数和环境，包括作图区域的大小、作图区域的分割等，在整个会话期有效.

plot 是 R 软件中最主要的通用作图函数，关于它的参数必须了解清楚. 其中，axes=FALSE 表示 plot( ) 中不自动生成 x,y 坐标轴，而由 axis( ) 函数完成定制坐标轴；mgp 设定副标题、x 轴标签和 y 轴标签与刻度的距离，默认是 c(3,1,0); frame.plot=TRUE 表示需要画作图区域的矩形框线，将整个作图区封闭起来；xlim 和 ylim 分别设定 x,y 轴方向坐标的最大作图空间；cex 表示输出的字体比例，但必须区分 cex.main, cex.sub,cex.lab 三种标题. 其他参数的意义都比较容易从上述命令及图形对照得出.

表 10.1.1 列出了底层绘图命令.

表 10.1.1 底层绘图命令

函数及主要参数	功能说明
points(x, y)	x, y 是数值或数值向量，画出点，相当于 plot(x, y, type="p")
lines(x, y)	用来画各种形式的线段，数值向量参数 x, y 指定连接线的各个坐标；lty 表示线的类型，如 (0=blank, 1=solid (default), 2=dashed, 3=dotted, 4=dotdash, 5=longdash, 6=twodash); lwd 表示线的宽度；col 表示线的颜色
text(x, y, labels, ...)	在 x, y 指定的位置输出文本 labels, 这三个参数要么都是数值要么都是向量，可附加 cex, col, srt 等参数
abline( )	a, b 增加一条 y=a+b*x 型的直线；h=y 增加一条水平线；v=x 增加一条垂直线
polygon(x, y, ...)	绘制由 (x, y) 作为顶点定义的多边形. 并且可以用剖面线 (hatch lines) 填充或在图形设备允许的情况下填充其他东西
legend(x, y, legend, ...)	在当前图的特定位置 (x, y 指定起点坐标) 增加图例 legend
title(main, sub, xlab, ylab)	可指定输出四种标签文本，adj 表示对齐方式，adj=0 表示左对齐，adj=0.5 表示居中，adj=1 表示右对齐
axis(side, at, lables ...)	函数用来指定坐标轴的刻度，side=1, 2, 3, 4 分别表示底部，左侧，顶部，右侧；at 和 label 都是向量，等长度，at 表示刻度点，label 表示刻度描述；padj 表示 label 偏离刻度线的大致距离
rect(x1, y1, x2, y2)	以 (x1, y1) 为左下角，(x2, y2) 为右上角绘制长方形
box( )	往图形上添加外边框
arrows(x0, y0, x1, y1)	从点 (x0, y0) 到点 (x1, y1) 添加箭头
segment(x0, y0, x1, y1)	从点 (x0, y0) 到点 (x1, y1) 添加线段

上述代码分解了 plot( ) 函数自动生成图形的过程，用更细致的底层命令加以绘制，以便加深对 R 软件中绘图的理解. 见示意图 10.1.1.

R 软件的各种绘图函数和 par 等，大量使用表 10.1.2 给出的参数，这些参数可以增加图形的美观度和可控性. 如果绘制的图形有统一的要求，那表中的很多参数都不必在各个函数中进行单独控制；相反，通过 par( ) 函数进行统一设定，在所有图都绘制完成后，再恢复原来的设定即可. 基本过程如下：

```
oldpar=par(mai=c(1.5,1.5,1,0), lwd=2, cex=0.8)
# 作图命令 plot(....)
par(oldpar)
```

上述这段代码过程经常用到, 所以特别列出. par( ) 函数支持的参数设定很多, 可以实现精细的控制, 关于这方面的内容可以查阅帮助信息, 如 help(par).

表 10.1.2　par 中部分常用绘图参数

参数	功能说明
add=TRUE	强制函数以低级绘图函数的形式运行, 在当前的图上加载新的图形元素 (也适合于部分函数)
axes=FALSE	禁止产生坐标轴 (当你想用函数 axis( ) 绘制个性化的坐标轴时非常有用). 默认值是 axes=TRUE, 表示产生坐标轴
log="x"|"y"|"xy"	让 x 轴, y 轴或者两者都成为对数坐标轴. 这对很多图都有效, 但不是全部
type=	"p" 只显示点 (默认); "l" 显示线条; "b" 同时显示点和线; "o" 将点覆盖在线上; "h" 绘制从点到横坐标轴的垂直线; "s" 步阶图, 垂直线顶部匹配数据点; "S" 步阶图, 底部匹配; "n" 图形不显示
main= 字符串	图的主标题, 位于图的正上方, 默认居中显示
sub= 字符串	图的副标题, 位于图的正下方, 默认居中显示
xlab,ylab= 字符串	图的横坐标和纵坐标标签, 默认居中显示
xlim,ylim=c(a,b)	图四周边框以内的横坐标和纵坐标的画图区域范围
frame.plot=	作图区域的四周边框是否画出, 逻辑值 TRUE/FALSE
lty= 整数值 lwd= 整数值	指定线的类型, 0 空, 1 实线 (默认), 2=虚线, 3=点, 4=点虚线, 5=长虚线, 6=双虚线指定线的宽度, 还会影响到坐标轴的宽度
pch= 整数值 = 单个字符	点的类型取值如下, 范围 0~25; 或者字符如 ".", "+" 等 0　1　2　3　4　5　6　7　8　9　10　11　12　13　14　15　16　17　18　19　20　21　22　23　24　25 □　○　△　+　×　◇　▽　✽　✱　⊕　⊞　✳　⊠　⊟　◨　■　●　▲　◆　●　●　○　□　◇　△　▽
srt= 角度值	在当前图已指定角度旋转输出文本, 如 text(1,10, "45 度",srt=45), 适用于 text
cex.main,cex.axis cex.sub,cex.lab	指定输出的字体的缩放比例, 以 1 为标准, 如 cex.main=0.9, 将控制主标题字体为原来的 90%; cex.sub,cex.lab,cex.axis 分别指副标题, 坐标标签, 刻度标签的字体尺寸
col= 字符串或数值 或十六进制等	表示输出的点、线、文本等的颜色, 如 col="red", 通过 colors( ) 获得所有颜色字符串, 通过 rgb(r,g,b) 获得合成色, rainbow(n) 获得 n 个彩虹型颜色, gray() 获得灰度色,col.axis,col.lab,col.main,col.sub 可以指定坐标轴和三个标题颜色
adj= 数值	指定文本对于给定坐标轴的对齐方式,0 左对齐,0.5 居中,1 右对齐, 0.1 表示文本位于右侧, 空出约文本长度的 10%
las= 整数	指定坐标刻度标签的方向,0 平行于坐标轴,1 水平, 2 垂直
tck= 数值	指定相对于绘图区域大小的坐标刻度线的长度,0 禁用,1 网格线, 正负值表示内外侧
lab=c(x,y,wid)	指定 x,y 轴的刻度线数量,wid 指定刻度数值的宽度, 以字符为单位
mai=c(b,l,t,r) mar=c(b,l,t,r)	指定绘图区域四周的边距 (下, 左, 上, 右), mai 的单位是英寸, 而 mar 的单位是文本行高度. 通常 R 绘图右边空太大, 可以修改设定成 par(mai=c(1.5,1.5,1,0.2))
mgp=c(dl,dt,dx)	dl 指坐标到 lab 标签的距离,dt 坐标到刻度标签的距离, dx 通常为 0, 单位文本高度
oma=c(b,l,t,r)oma.omi	多图绘制中指定外边空的大小, oma 以文本高度为单位, oma.omi 以英寸为单位
pin=c(wid, hei)	通过向量指定绘制图形的大小, 英寸为单位

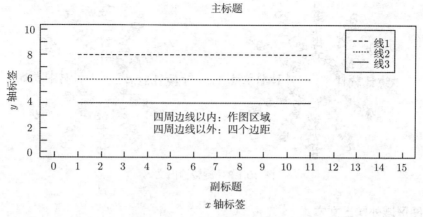

图 10.1.1 绘图区域示意图

二、旋转文本输出

在作图中有时也需要将文本以不同角度输出到图形上,以增强美观或者可读性,这个可以通过 text( ) 函数和 srt 参数来实现,注意 srt 只适用于 text 函数中. 具体代码和图如下:

```
plot(1:n,1:n,ylim=c(min(df),max(df)+3), xlab='',ylab='',type='n');
for(i in 1:3) lines(1:n, df[[i]],type='o',pch=16+2*i)
text(2.7,5.5,'45 度角输出 ',srt=45)
```

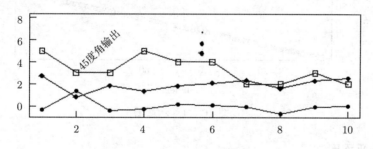

图 10.1.2 旋转输出文本

```
par(mai=c(0,0,0,0))
plot(-10:10,-10:10,type='n',main='',sub='',xlab='',ylab='',axes=FALSE)
for(i in 1:12)
text(0,0,srt=i*30,'统计软件R', adj=1.25,cex=0.85)              # 产生左侧图
plot(-10:10,-10:10,type='n',main='',sub='',xlab='',ylab='',axes=FALSE)
for(i in 1:12)
text(0,0,srt=i*30,'统计软件R', adj=1.25,cex=0.85)              # 产生右侧图
```

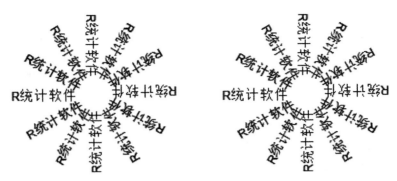

图 10.1.3　旋转输出文本

三、在作图区域外输出文本

mtext 函数类似 text 函数, 可以在输出的图形上添加文本信息, 它是在四个边界之外添加文本. 其主要参数有: text 表示输出的文本; side 指定文本输出的相对方位, 取值 1,2,3,4 分别表明下边、左边、上边和右边界; adj 取值 0, 0.5, 1, 分别表示左对齐、居中、右对齐; line 取值表明偏离边界的字符间距. 具体代码和图如下:

```
plot(1:100)
mtext("right margin",side=4,adj=0.5,line=0.5)    # 上边界
mtext("top margin",side=3,adj=0,line=1)          # 右边界
```

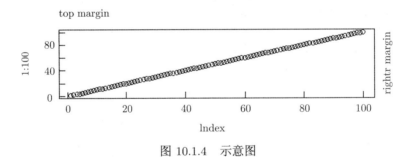

图 10.1.4　示意图

四、常规几何平面图

设二维连续型随机变量 (X, Y) 在区域 $G = \{(x,y) : 0 < y < 2x+2, -1 < x < 0\}$ 上服从均匀分布, 试绘制图 10.1.5 的示意图. 具体代码和图如下:

```
par(mai=c(0.1,0.1,0.1,0.1))
plot(-1:1,type='n',main='',sub='',xlim=c(-1,1.2),ylim=c(-0.2,2.5),
    frame.plot=FALSE,axes=FALSE,cex.sub=1,xlab='',ylab='',
    mgp=c(0.1,0.05,0))
axis(1,at=seq(-1,1),labels=seq(-1,1),pos=0,hadj=1.5,mgp=c(0.6,0.05,0))
axis(2,seq(1,2),labels=seq(1,2),pos=0,mgp=c(0.6,0.4,0),hadj=1,las=1)
abline(h=0);       abline(v=0);       lines(c(-1,0),c(0,2));
text(-0.7,1.5,'y=2x+2');      text(-0.2,2.4,'y');  text(1.2,-0.2,'x')
```

```
arrows(0,2.2,0,2.5,length=0.08); arrows(0.8,0,1.2,0,length=0.08)
```

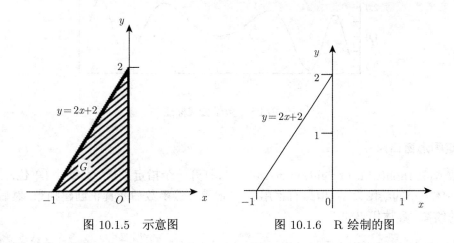

图 10.1.5　示意图　　　　图 10.1.6　R 绘制的图

五、为图形添加网格线

具体代码和图如下:

```
x=seq(-pi,pi,by=0.1)
plot(x, sin(x),type='l')
grid(nx=4,ny=6,lwd=1,col='black')      # 垂直方向4条，水平方向6条
```

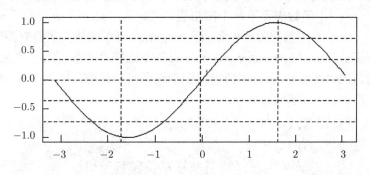

图 10.1.7　为图形添加网格线

六、数学标注

某些情况下,特别是绘制数学方程图形以及统计图形时,在图上标注数学符号和公式是非常有必要的. R 软件提供这样一种机制: 先将类似 Latex 语法的字符串通过 expression( ) 函数转化成表达式,然后再通过诸如 text( ) 等函数输出. 输入 help(plotmath) 可以得到数学标注更多的信息. 具体代码和图如下:

```
x=seq(-pi, pi, by=0.1)
plot(x, sin(x^2)+exp(0.1*x),type='l',main='',ylab='')
title(main=expression(y==sin(x^2)+e^(0.1*x)))
```

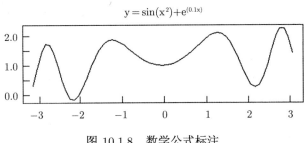

图 10.1.8　数学公式标注

七、指定图形窗口尺寸

函数 win.graph(width,height,pointsize) 用来打开一个指定了长、宽尺寸 (单位: 英寸) 以及输出字体大小的绘图设备, 但只有使用了 plot 等高级函数后才真正创建画布, 然后才能进行其他的绘图. 具体代码如下:

```
win.graph(width=5,height=3,pointsize=8)    # 获得5英寸宽，4英寸高的图形窗口
plot(1:10, 11:20)
```

八、打开新的图形窗口

为避免当前绘制的图形替换窗口中已有的图形, 可以将当前绘制的图形输出在新的图形设备中, 这可以通过 dev.new( ) 函数实现. dev.new( ) 函数产生一个图形设备; dev.list( ) 函数列出所有图形设备编号; dev.cur( ) 函数获取当前图形设备编号; dev.prev( ) 函数表示上一个图形设备; dev.next( ) 函数表示下一个图形设备; dev.set(which) 函数设置 which 为当前图形设备; dev.off( ) 函数关闭当前图形设备; 而 graphics.off( ) 函数关闭所有图形设备.

注意, dev.next( ),dev.prev( ),dev.set( ),dev.off( ) 这四个函数都有一个名为 which 的整数参数 (表示窗口的编号), 以 which 指定的图形设备进行操作, 如 dev.off(which) 表示关闭 which 指向的图形设备. 具体代码如下:

```
for(i in 1:5)   dev.new()
dev.list();      dev.cur();
dev.set(2);     plot(1:10);     dev.cur();    dev.off()
graphics.off()
```

九、输出图形文件

可以通过 pdf( ),png( ),jpeg( ),tiff( ),bmp( ),postscript( ) 等函数打开文件图形设备, 然后执行各种绘图命令, 最后执行 dev.off( ) 函数结束绘图保存文件. 注意, 所有的输出不会在 R 中显示, 因为操作的设备是文件, 不是当前可视的图形设备. 下面给出输出成 png 文件的例子, 具体代码如下:

```
png(file = "F:\\test.png", bg = "transparent")
plot(1:10)
rect(1, 5, 3, 7, col = "white")
dev.off()
```

10.2 高级绘图

高级绘图命令主要绘制具有特定内容的图形, 在 R 软件中, 常用的有 plot( ),boxplat( ),barplot( ), coplot( ), paris( ), qqnorm( ), hist( ), stars( ),dotchart( ), image( ),contour( ),persp( ) 等. 其中 plot( ) 是一个泛型函数, 产生的图形依赖于第一个参数的类型或者类.

一、常用绘图函数

表 10.2.1 给出 plot( ) 函数的几类用法.

表 10.2.1 plot( ) 函数的几类用法

函数及参数	功能说明
plot(x, y) plot(x_y)	如果 x 和 y 是向量, 则 plot(x, y) 将产生 y 对 x 的散点图 如果 x_y 是含两个等长度向量的列表或两列的矩阵或两列数据框变量, 结果同上
plot(x)	如果 x 是一个时间序列, 这将产生一个时间序列图 如果 x 是一个数值向量, 它将产生一个向量值对该向量索引的图 如果 x 是一个复向量, 它将会产生一个向量元素的虚部对实部的图
plot(f) plot(f, y)	如果 f 是一个因子, 则产生 f 的直方图 如果 f 是一个因子, y 是一个数值向量, 则产生 y 在 f 的各种水平下的箱线图
plot(df) plot(~expr) plot(y~expr)	df 是一个数据框, y 是任何对象, expr 是一个对象名被'+' 分割的列名字 (如, a+b+c) 产生数据框中变量之间的散点图, 俗称散布图; 等同于命令 pairs(df) 产生指定对象之间的散布图, 通常需要加上参数 data=df 产生数据 df 中 y 对象相对 expr 中各个对象的散点图, 需要按下回车键才能显示下一幅

以第三类和第四类用法举例说明 plot( ) 函数的具体使用, 代码和图 (图 10.2.1, 图 10.2.2) 如下:

```
f=as.factor(rbinom(40,9,0.5))
df=data.frame(x=rnorm(10),y=rt(10,5),z=rnorm(10,2,4))
plot(f)       # plot(f,space=0)矩形框之间没有间隔
plot(df)      # 或者plot(~x+y+z,data=df)或者pairs(df)
```

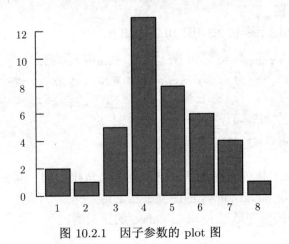

图 10.2.1 因子参数的 plot 图

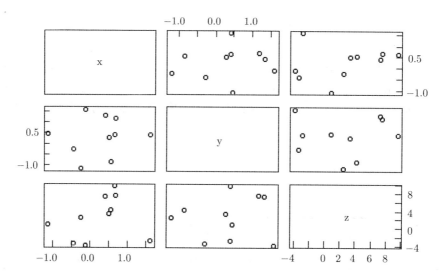

图 10.2.2　数据框参数的 plot 图

函数 pairs(df) 将对参数 df 绘制各列之间的散点图, 形成一个方阵形式排列的矩阵图形, 即散布图. 其中参数 df 可以是矩阵或者数据框, 它的功能其实就是 plot(df).

函数 coplot(expr, data=df) 主要用来显示多元数据之间的条件散点图, 其中参数 df 是数据框变量或者矩阵; 参数 expr 形如 a~b|c, 如果 c 是因子, 则表示在给定 c 值条件下 a 对 b 的散点图, 如果 c 是数值向量, 则它会被分割成一系列条件区间, 对于任一区间内 c 对应的 a, b 值, 函数将绘制 a 对 b 的散点图.

函数 dotchart(x,...) 将绘制数值矩阵 x 的特殊点图, y 轴显示矩阵的行标题, x 轴显示矩阵每列的数值, 按列的顺序从左到右, 将各列散点图自上而下地绘制到分列点图中. 这个图形特别适合相同分类指标的多组数据的直观比较.

例 10.2.1　现有一批数据模拟某个小学 50 个学生的四项指标: 身高、体重、年级、班级, 其中身高和体重是数值向量, 通过正态分布模拟产生; 年级和班级是因子向量, 通过 sample 重复抽样产生. 绘制不同年级条件下, 体重相对于身高的散点图; 不同年级和班级条件下, 体重相对于身高的散点图.

解　具体代码和图 (图 10.2.3, 图 10.2.4) 如下:

```
df=data.frame(hei=rnorm(50,130,10),wei=rnorm(50,30,9),
              grade=as.factor(sample(3:6,50,replace=TRUE)),
              class=as.factor(sample(1:3,50,replace=TRUE)))
coplot(wei~hei|grade, data=df)
coplot(wei~hei|grade+class,data=df)
```

图 10.2.3 中子图的排列顺序是从左下角到右上角排列的, 即 grade=3 的图在左下角, grade=6 的图在右上角, 而 grade=5 的图位于左上角.

图 10.2.4 中子图的顺序通过 grade 和 class 的交叉确定.

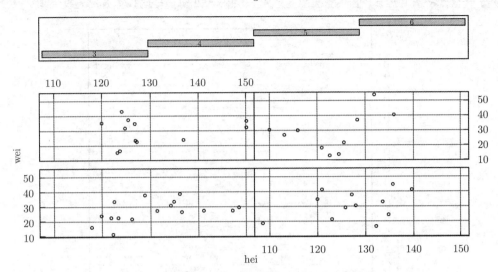

图 10.2.3　coplot(wei~hei|grade, data=df)

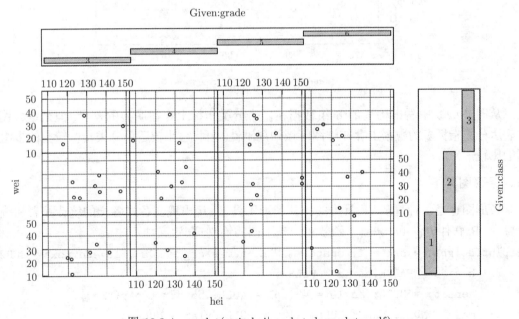

图 10.2.4　coplot(wei~hei|grade+class, data=df)

例 10.2.2　构造一个具有 4 个指标的 6 组数据, 指标名为 A,B,C,D, 数据名为 group1~group6. 绘制 dotchart 点图, 以便全面观察各组的分布.

解　具体代码和图如下:

```
n=4
mat=cbind(group1=rnorm(n,80,9),group2=rnorm(n,90,9),
          group3=rnorm(n,70,4),group4=rnorm(n,85,2),
          group5=rnorm(n,95,3),group6=rnorm(n,75,4))
```

```
rownames(mat)=c('A','B','C','D');         dotchart(mat)
```

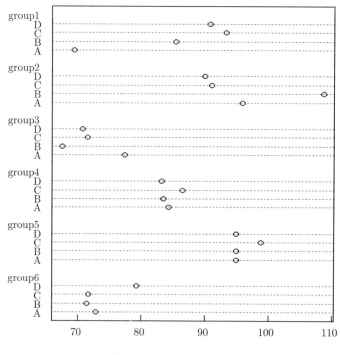

图 10.2.5 dotchar 图形

从图 10.2.5 中看出构造的 6 组数据在四个分类指标上存在明显的差异, 但是这种图形在表达分类指标多的数据上存在作图区域的局限性, 因此它比较适合分类指标较少的多组数据的比较.

二、条形图

条形图也是一种直观, 且常用的统计图形工具, 大量出现在各式各样的统计报表和统计年鉴中. R 软件提供 barplot( ) 函数实现条形图的绘制, 其定义如下:

```
barplot(height, width = 1, space = NULL, names.arg = NULL, legend.text = NULL,
        beside = FALSE,horiz = FALSE,
        density = NULL, angle = 45,col = NULL, border = par("fg"),
        main = NULL, sub = NULL, xlab = NULL, ylab = NULL,
        xlim = NULL, ylim = NULL, xpd = TRUE, log = "",axes = TRUE,
        axisnames= TRUE,
        cex.axis = par("cex.axis"), cex.names = par("cex.axis"),
        inside = TRUE, plot = TRUE, axis.lty = 0, offset = 0,
        add = FALSE, args.legend = NULL, ...)
```

其中 height 是数值向量或者矩阵; space=NULL 表示各个矩形或者各组矩形集之间没有间隔; legend 表示图例; beside=FALSE 表示每组数据自身连成竹节状的条形图, 否则罗列成各个柱形; horiz 表示是否水平输出图形; 其他参考帮助文档.

1. 低维数据的条形图绘制

```
d=rbinom(20,10,0.4)
barplot(table(d),main='barplot(table(d))')
```

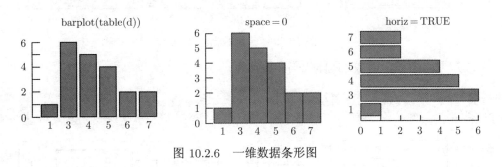

图 10.2.6　一维数据条形图

2. 多维数据的条形图绘制

```
barplot(VADeaths,beside=TRUE,main='beside=TRUE')
barplot(VADeaths,main='beside=FALSE')
```

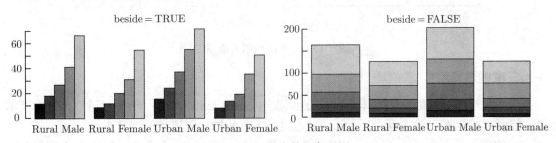

图 10.2.7　多维数据条形图

三、箱线图

箱线图在直观统计描述中发挥了重要作用，它是对数据的"五数"概括，以图形方式展示数据的分布特征．在 R 软件中，通过 boxplot( ) 函数绘制，它可以同时绘制多组箱线图，以便比较多组数据的分布特征．具体代码如下：

```
boxplot(x, ..., range = 1.5, width = NULL, varwidth = FALSE, notch = FALSE,
    outline = TRUE, names,plot = TRUE, border = par("fg"), col = NULL, log = "",
    pars = list(boxwex = 0.8, staplewex = 0.5, outwex = 0.5), horizontal = FALSE,
    add = FALSE, at = NULL)
```

其中 x 是向量、矩阵或数据框，range 是触须的范围；outline 表示是否标识异常点；horizontal 表示是否水平绘制；notch 表示是否绘制切口形状．一维数据的箱线图比较，代码和图如下：

```
X=rnorm(100)
boxplot(X);          boxplot(X,horizontal=TRUE);   boxplot(X,notch=TRUE)
```

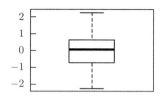 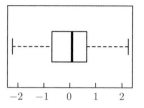 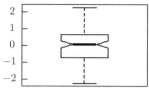

图 10.2.8 一维数据箱线图

多维数据的箱线图比较, 具体代码和图如下:

```
x=matrix(rnorm(100),ncol=4)
boxplot(x);                                boxplot(x,horizontal=TRUE)
```

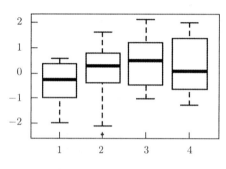 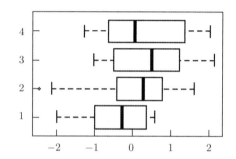

图 10.2.9 多维数据箱线图

四、三维图形显示

三维图形的显示可以从立体角度挖掘数据之间的分布和关联性, 一种是通过二维化技术将三维图形显示在二维平面上, 另一种是通过 3D 曲面技术加以渲染成像输出.

R 软件中, image(x,y,z) 和 contour(x,y,z) 属于第一种, image 函数专门用来绘制矩阵的网格颜色图, 它产生一个长方形的网格, 用不同的颜色表示 z 的值; contour 以等高线 (contourline) 来表示 z 的值. persp(x,y,z) 属于第二种, 产生 3D 表面. 这些函数可能都要使用到 outer( ) 外积函数以生成网格数据, 其代码如下:

outer(x, y, FUN="*", ...)

通过定义 FUN 将 x, y 向量外积进行运算得到矩阵, 其他函数见例子. 具体代码如下:

```
outer(1:3,1:8,FUN="*")                     # 外积运算示例
outer(1:3,1:8,FUN=function(x,y) 0.5*x*y)   # 自定义函数
```

	[,1]	[,2]	[,3]	[,4]	[,5]	[,6]	[,7]	[,8]	[,9]	[,10]
[1,]	1	2	3	4	5	6	7	8	9	10
[2,]	2	4	6	8	10	12	14	16	18	20
[3,]	3	6	9	12	15	18	21	24	27	30

	[,1]	[,2]	[,3]	[,4]	[,5]	[,6]	[,7]	[,8]
[1,]	0.5	1	1.5	2	2.5	3	3.5	4
[2,]	1.0	2	3.0	4	5.0	6	7.0	8
[3,]	1.5	3	4.5	6	7.5	9	10.5	12

(1) 利用数据集中的 volcano 数据绘制 image 图形, 具体代码和图如下:

```
image(t(volcano)[ncol(volcano):1,])                              # 彩色
image(t(volcano)[ncol(volcano):1,],col=gray((0:32)/32))          # 灰度
```

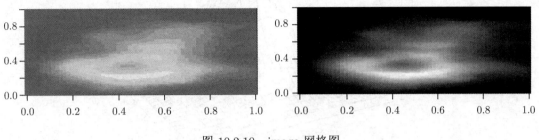

图 10.2.10 image 网格图

(2) 画等高线图, 具体代码和图如下:

```
x = -6:16
contour(outer(x, x), method = "edge", vfont = c("sans serif", "plain"))
```

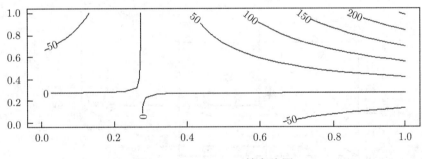

图 10.2.11 contour 等高线图

(3) 3D 曲面图, 具体代码和图 (图 10.2.12) 如下:

```
x=seq(-3,3,by=0.2);
z=outer(x, x, FUN=function(x,y) exp(-(x^2+y^2)/2)/(2*pi))    #二维正态密度图
persp(x,x,z,theta=30,phi=5,expand=0.7)
```

其中 theta 和 phi 指定观察视角, expand 表示 z 轴的缩放程度.

(4) 3D 散点图.

软件包 scatterplot3d 中的 scatterplot3d( ) 函数可绘制三维散点图, 用来揭示三个变量间的某种关系. 函数主要参数 x,y,z 说明: 水平轴画 x, 竖直轴画 y, 透视轴画 z. 以 R 软件中的 mtcars 数据包为例, 研究其中的车重 wt, 排量 mpg 和汽车英里数 disp 三者的关系, 具体代码和图 (图 10.2.13) 如下:

```
attach(mtcars)
scatterplot3d(wt,disp,mpg,main='简单3D散点图')
```

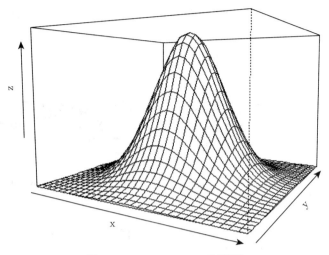

图 10.2.12　persp 3D 曲面图

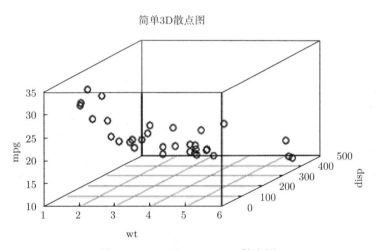

图 10.2.13　scatterplot3d 散点图

对 scatterplot3d 增加 highling.3d, type, pch 等参数, 还可以增加回归超平面, 使得图形更加直观, 具体代码和图 (图 10.2.14) 如下:

```
par(mfrow=c(1,3))             # 已经执行过attach(mtcars)
scatterplot3d(wt,disp,mpg,highlight.3d=TRUE,type='h',
            main='简单3D散点图')
scatterplot3d(wt,disp,mpg,highlight.3d=TRUE,type='h',pch=16,
            main='简单3D散点图')
my3d=scatterplot3d(wt,disp,mpg,highlight.3d=TRUE,type='h',pch=16,
             main='简单3D散点图');fit=lm(mpg~wt+disp)
my3d$plane3d(fit)    # 增加回归超平面
```

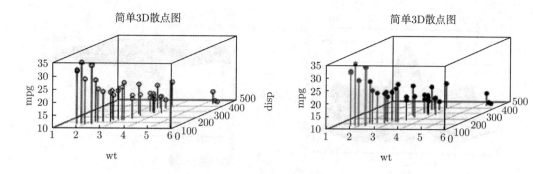
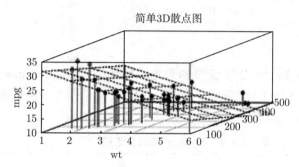

图 10.2.14　scatterplot3d 散点图

(5) 可任意旋转的 3D 图.

软件包 rgl 可以将三维数据以 3D 形式展示, 使用鼠标可以任意旋转 3D 图像, 实现空间数据的全方位透视. 主要用到其中的 open3d( ), plot3d( ) 两个函数, plot3d 有很强的着色功能, 根据 x,y 取值区间, 调用指定函数生成空间三维坐标, 并利用调色板进行着色, 图像输出可以达到精美级别. 使用参数 add=TRUE, 还可以叠加新的 3D 图像到现有 3D 图像上. 该函数的定义如下:

```
plot3d(x,y,z,xlab,ylab,zlab,type ="p",col#  三维坐标, 标题, 输出类型, 颜色
    size, lwd, radius,           #  点大小, 线宽, 半径之类的
    add = FALSE, aspect = !add,   #  调整比例
    xlim = NULL, ylim = NULL, zlim = NULL,  #  作画区间范围
    forceClipregion = FALSE, ...)  #  是否截断作画空间
```

其中三维坐标可以用 xlim,ylim 和定义的返回 z 坐标二元坐标函数代替. 具体代码和图如下:

```
f = function(x,y){ r<-sqrt(x^2+y^2); ifelse(r==0,10,10*sin(r)/r) }
open3d()
plot3d(f,col=colorRampPalette(c("blue","white","red")),xlab="X",
ylab="Y",zlab="Sinc(r)",xlim=c(-10,10),ylim=c(-10,10),aspect=c(1,1,0.5))
```

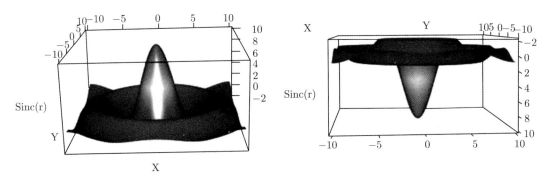

图 10.2.15 plot3d

五、lattice 软件包

lattice 软件包提供的函数适用于多变量的数据集绘图, 可针对 formula 公式进行分类 (条件) 绘图, 例如 z~y|x 表示绘制 z 关于 y 的图, 并以 x 变量作为分类依据, 绘制多组图. 该软件包的部分函数列于表 10.2.2.

表 10.2.2 lattice 的部分函数

函数	功能	函数	功能
histogram(~x|y)	绘制 y 分类的 x 直方图	pplom(~x|y)	绘制分组矩阵散点图
densityplot(~x|y)	绘制分组密度图	contourplot(z~x*y)	z 关于 x,y 的等高线图
qqmath(~x|y)	绘制分组 qq 图	levelplot(z~x*y)	同上, 彩色图形
bwplot(~x|y)	绘制分组箱线图	wireframe(z~x*y)	3D 透视图
xyplot(y~x)	绘制二元图	cloud(z~x*y)	3D 散点图

每个函数都可以加上 layout=c(n,m) 参数来布局多个图形, c(n,m) 表示 n 列 m 行; auto.key 表示在图中添加图例, auto.key=list(corner=c(1,1)) 表示图例放在右上角; type 指定图的类型, 如 p 表示散点, smooth 表示平滑曲线; groups 指定分组变量.

下面以 iris 数据集为例演示各函数的使用, 具体代码和图如下:

```
histogram(~iris[,1]|iris[,5], layout=c(3,1))
```

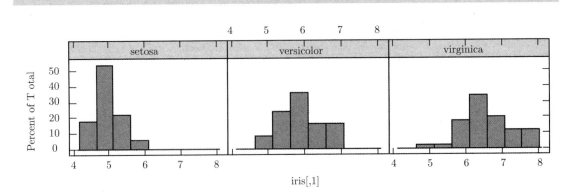

图 10.2.16 基于 iris[,5] 条件的分组直方图

增补一个随机分组因子 X, 以便展示分类、条件的作用. 具体代码和图 (图 10.2.17, 图 10.2.18) 如下:

```
X=sample(c('A','B','C'), size=150, replace=TRUE)
bwplot(iris[,5]~iris[,1]|X, layout=c(3,1))
xyplot(iris[,2]~iris[,1],auto.key=list(corner=c(1,1)),
       type=c('p','smooth'),groups=iris[,5])
```

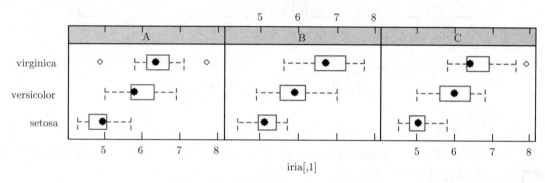

图 10.2.17 基于条件 X 的分组箱线图

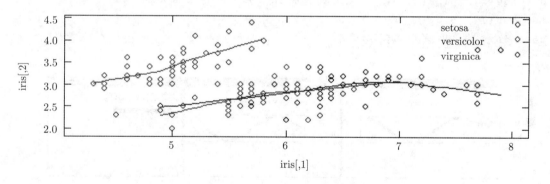

图 10.2.18 xyplot 图形

分类 3D 图形绘制, 具体代码和图如下:

```
g<- expand.grid(x = 1:10, y = 5:15, gr = 1:3)     # 330*3 矩阵, gr 是分类变量
g$z<- log((g$x^g$gr + g$y^2) * g$gr)
wireframe(z ~ x * y, data = g, groups = gr, scales = list(arrows = FALSE),
          drape = TRUE, colorkey = TRUE, screen = list(z = 30, x = -60))
g=expand.grid(x=seq(-2,2,by=0.05),y=seq(-2,2,by=0.05),gr=1:3)   # 绘制一个怪异的图
g$z=sin(g$x^2+g$y^2)*g$gr*5
wireframe(z ~ x * y, data = g, groups = gr,scales = list(arrows = FALSE),
          drape = TRUE, colorkey = TRUE,screen = list(z = -50, x = -50))
```

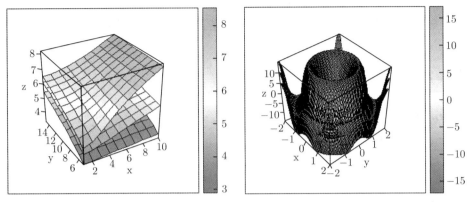

图 10.2.19　分类 3D 图形

10.3　多图及特殊图形

一、打开多个图形设备

利用前面介绍的 dev 系列函数，在 R 软件中打开多个图形设备窗口绘制多张图形而不重叠覆盖．具体代码和图如下：

```
x=seq(0,2*pi,by=0.05)
dev.new();    plot(x,sin(x),main='y=sin(x)')
dev.new();    plot(x,cos(x),main='y=cos(x)')
dev.off()     # 关闭当前图形设备
```

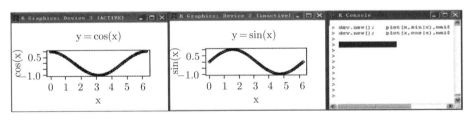

图 10.3.1　打开多个图形窗口

二、绘图区域分割

(1) 使用 par( ) 函数中的参数，mfrow=c(n,m) 或者 mfcol=c(n,m) 来设置画布为 n 行 m 列，即可以绘制 n×m 个图形．若是 mfrow 则按行方向布局，而 mfcol 是按列方向布局．下面给出 1 行 4 列的布局，具体代码和图如下：

```
op=par(mfrow=c(1,4))
x=seq(0,2*pi,by=0.05)
plot(x,sin(x),main='y=sin(x)');    plot(x,cos(x),main='y=cos(x)')
plot(x,sin(2*x),main='sin(2x)');   plot(x,cos(2*x),main='cos(2x)')
par(op)
```

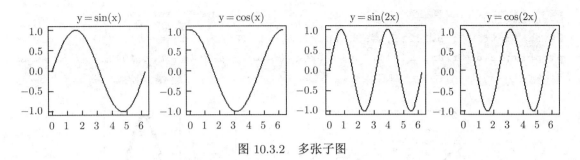

图 10.3.2 多张子图

(2) 函数 split.screen( ) 同样可通过向量来控制画布的分割, 如 split.screen(c(1,4)) 将画布分割成一行四列, 即并排画 4 个子图. 通过 split.screen( ) 分割屏幕窗口实现图 10.3.2 的效果, 具体代码如下:

```
split.screen(c(1,4))
screen(1); plot(x,sin(x),main='y=sin(x)',type='l',ylab='',xlab='')
screen(2); plot(x,cos(x),main='y=cos(x)',type='l',ylab='',xlab='')
screen(3); plot(x,sin(2*x),main='y=sin(2x)',type='l',ylab='',xlab='')
screen(4); plot(x,cos(2*x),main='y=cos(2x)',type='l',ylab='',xlab='')
close.screen(all=TRUE)
```

(3) 通过 layout( ) 函数实现画布的分割, 主要是设置它的 mat 矩阵参数来进行控制.

参数 mat 是 matrix 类型, 它决定了图形网格的布局. 矩阵元素为 0, 表示该位置不画图, 而所有的非零元素必须从 1 开始, 单元格取值为 3 则表示此格画第 3 幅图. 另外两个参数: widths 用来设置窗口不同列的相对宽度, heights 设置不同行的相对高度, 它们是按比例调整的. 具体见表 10.3.1.

表 10.3.1 layout 的三个参数

函数				功能说明
matrix	[,1] [,2] [,3] [1,] 1 0 0 [2,] 2 2 0 [3,] 3 3 3			表示总共 3 幅图 第 1 幅图画在第一行第一列 第 2 幅图画在第二行的第一和第二列 第 3 幅图占据整个第三行
	[,1] [,2] [,3] [1,] 1 3 5 [2,] 2 4 6			总共六个子图 按列顺序依次画第 1 到第 6 幅图.
width 和 height	c(3,1, 1)			表示两列宽度 (或三行高度) 之比为 3:1:1

利用 layout 分割画布实现图 10.3.2 的效果, 具体代码如下:

```
layout(matrix(c(1,2,3,4),1,4,byrow=TRUE))
plot(x,sin(x),main='y=sin(x)',type='l',ylab='',xlab='')
plot(x,cos(x),main='y=cos(x)',type='l',ylab='',xlab='')
plot(x,sin(2*x),main='y=sin(2x)',type='l',ylab='',xlab='')
plot(x,cos(2*x),main='y=cos(2x)',type='l',ylab='',xlab='')
```

下面给出上半部分两幅图、下半部分三幅图的排版, 具体代码和图如下:

```
x=rnorm(100)
layout(matrix(c(1,1,2,3,4,5),nrow=2,byrow=TRUE),width=c(1,1,1))
plot(x); plot(x,dnorm(x));   plot(x,dt(x,5)); plot(x,dt(x,10))
hist(x)
```

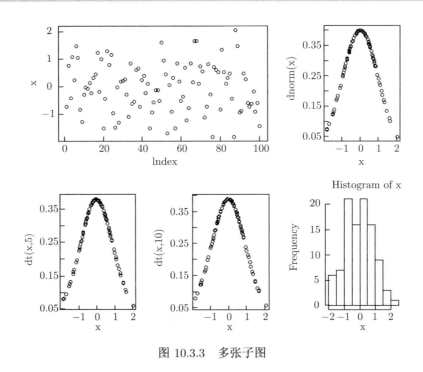

图 10.3.3　多张子图

三、交互式图形环境

R 软件提供了允许用户直接用鼠标在一个图上提取和绘制附加信息的函数, 常用有 locator( ) 和 identify( ).

locator(n,type) 函数, 它等待用户用鼠标左键单击当前图上的特定位置. 这个过程持续到参数 n 指定的点被选择 (默认为 512), 或者另一个鼠标键被点击了提前结束. 参数 type 允许在被选择的点上依据类型作图, 当以无参形式调用 locator( ) 时, 不能作图, 只能获取点的坐标信息, 返回值以列表形式给出, 含两个变量 x 和 y. 注意, 部分设备 (如 postscript) 可能不支持交互式使用. 具体代码和图 (图 10.3.4) 如下:

```
locator(5,type='p')          # 在某个图形窗口的基础上执行
$x   -2.2107452 -1.2802367  0.2756955  1.4807802  2.3502718
$y    1.3984420  0.8528394  1.5730349  1.0274322  1.5730349
```

identify(x, y, labels) 函数, 它将用户指定的 labels 标签 (在 labels 为空时, 默认为点的索引值) 放置在由 x 和 y (利用鼠标左键) 决定的点旁边. 当鼠标右键被点击时, 返回被选择点的索引. 这个寻找点的过程可能比较艰难, 需要多次尝试才能基本定位到点 (x,y).

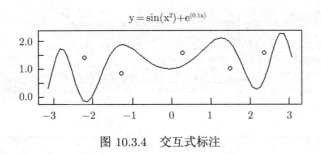

图 10.3.4 交互式标注

四、绘制特殊图形

(1) 椭圆或双曲线.

对于直角坐标下的椭圆方程, 可以转化成参数方程便于绘制图形, 如:
$$\frac{x^2}{a^2}+\frac{y^2}{b^2}=1 \quad \Rightarrow \quad x=a\sin\theta, y=b\cos\theta, \quad 0\leqslant\theta\leqslant 2\pi.$$

(2) 极坐标图形.

R 软件绘制极坐标图形的命令是位于软件包 plotrix 中的 polar.plot(r,theta), 如:
$$r=2\cos\left(2\left(\theta-\frac{\pi}{8}\right)\right), \quad 0\leqslant\theta\leqslant 2\pi.$$

具体代码和图 (图 10.3.5, 图 10.3.6) 如下:

```
theta=seq(0,2*pi, length=200)         library(plotrix)
x=4*sin(theta); y=2*cos(theta);       theta=seq(0,2*pi,by=0.01*pi)
plot(x,y, type='l')                   r=2*cos(2*(theta-pi/8))
abline(v=0,h=0)                       polar.plot(r,theta*180,rp.type='p') # 很诡异的图
```

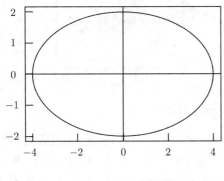

图 10.3.5 椭圆图

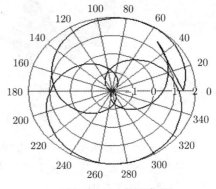

图 10.3.6 极坐标图

(3) 平滑曲线.

利用 curve(expr,from,to,add=TRUE) 可以针对 expr 指向的函数、表达式等, 从 from 到 to 绘制平滑的曲线, 不需要自己构造 x 序列. 利用立方曲线差值函数 spline(x,y,n), 可以就 x,y 向量构成的点平面画出 n 个中间点, 然后通过 lines 绘制成平滑曲线. 具体代码和图 (图 10.3.7, 图 10.3.8) 如下:

```
curve(sin, -pi, pi)        x=c(-pi,-pi/2,0,pi/2,pi) ;
                           y=c(0,-1,0,1,0)
                           plot(x,y,type='p')
                           sp=spline(x,y,n=50); lines(sp)
```

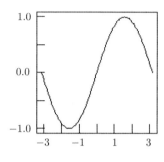
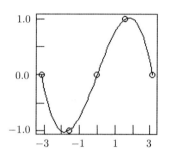

图 10.3.7　curve 平滑　　　　图 10.3.8　spline 平滑

(4) 多边形.

通过 plot(x,y,type='n') 后, 使用 polygon(x,y,col,border) 可以绘制封闭的多边形, 并以 col 颜色填充, 如果没有指定 col 则不填充; border 参数指定边线的颜色. 具体代码和图如下:

```
x=c(0:20,20:0);          y=c(rnorm(21,6,2),rnorm(21,3,2))
plot(x,y,type='n');      polygon(x,y,col='gray',border='black')
```

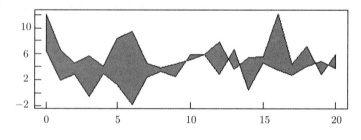

图 10.3.9　polygon 多边形

同一坐标系中绘制多组数据, 这种需求在统计制图中也经常出现, 如果各组数据间的差异非常大, 则数值小的数据其图形几乎看不出什么变化, 这一点必须引起重视. 为了便于实现多组数据在同一坐标系中绘制, xlim 和 ylim 是不可缺少的两个参数, 并用数据中的最小和最大值来设置即可. 具体代码和图如下:

```
n=10;   df=data.frame(x1=rnorm(n, 2, 1),x2=rt(n, 5),
x3=rbinom(n, 6, 0.7))    # 数据差异不是很大
plot(1:n,1:n,ylim=c(min(df),max(df)+3),type='n')
# max(df)+3 主要是为了给图例留出空间
for(i in 1:3) lines(1:n, df[[i]],type='o',pch=16+2*i)
```

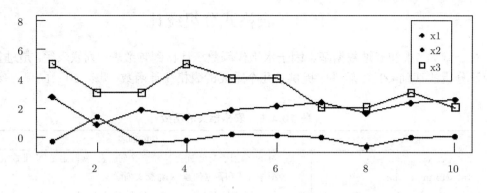

图 10.3.10　同一坐标多组图

五、快速矩阵绘图

数理统计中经常处理的数据类型是矩阵或者数据框数据, 所以 R 软件有针对性地给出基于矩阵的各种快速绘图命令, 避免循环等低效方式. 这些矩阵系列的作图命令封装了 plot, lines, points 的作图命令, 并将它们应用到矩阵的每一列变量身上, 即基于列变量进行图形的绘制, 其定义如下:

```
matplot(x, y, type = "p", lty = 1:5, lwd = 1, lend = par("lend"),
        pch = NULL, col = 1:6, cex = NULL, bg = NA, xlab = NULL, ylab = NULL,
        xlim = NULL, ylim = NULL,..., add = FALSE,
        verbose = getOption("verbose"))
matpoints(x, y, type = "p", lty = 1:5, lwd = 1, pch = NULL,col = 1:6, ...)
matlines (x, y, type = "l", lty = 1:5, lwd = 1, pch = NULL,col = 1:6, ...)
```

特别说明的是, x, y 是向量或者矩阵, 如果 x, y 都给出, 则必须保证行数一致; 如果其中一个缺少, 则使用 1:n 代替它; 其他同 plot 函数. 具体代码和图如下:

```
require(grDevices)
sines <- outer(1:20, 1:4, function(x, y) sin(x / 20 * pi * y))
matplot(sines, pch = 1:4, type = "o", col ="black")
```

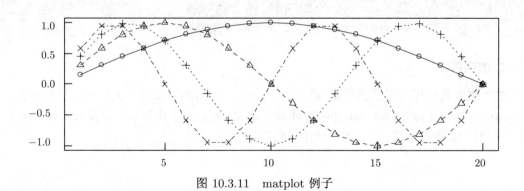

图 10.3.11　matplot 例子

10.4 表格式分组统计

对一维、二维和多维数据基于因子水平作频数统计得到频数表、列联表等, 是进行更细致统计分析的基础. 在 R 软件中提供了几个重要的表格统计函数, 见表 10.4.1.

表 10.4.1　表格相关的函数

函数	功能描述
table(x1,x2,...,xn,...)	对 N 个因子变量创建 N 维交叉列联表, 实际上是 N 维数组
xtabs(formula, data)	根据公式和数据创建 N 维交叉列联表
margin.table(table,margin)	将 table 数据依据 margin 定义计算边界和
prop.table(table,margin)	将 table 数据依据 margin 定义计算百分比
addmargins(table,margin)	将 table 数据处理结果依据 margin 加入边界
ftable(table)	创建一个紧凑型的平铺列联表

一、一维数据

当参数 x 是一维因子向量时, tab=table(x) 生成简单的频数统计表, margin.table(tab) 将求出所有频数之和, 而 prop.table(tab) 将计算每个因子的频率, 即 prop.table(tab)=table(x)/sum(table(x)), addmargins(tab) 将增加一个求和列. 具体代码如下:

```
set.seed(101);   X=rbinom(100, 20, 0.5)
tab=table(X);  tab;  margin.table(tab);  prop.table(tab); addmargins(tab)
X          # tab 的输出
 5  6  7  8  9 10 11 12 13 14 15
 4  3  6 13 13 12 20 14 10  3  2
[1] 100    # margin.table(tab) 的输出
X          # prop.table(tab) 的输出
   5     6     7     8     9    10    11    12    13    14    15
0.04  0.03  0.06  0.13  0.13  0.12  0.20  0.14  0.10  0.03  0.02
X          # addmargins(tab) 的输出
  5   6   7   8   9  10  11  12  13  14  15 Sum
  4   3   6  13  13  12  20  14  10   3   2 100
```

二、二维列联表

对于两个具有相同因子的变量, 利用 table,xtabs 函数将生成交叉列联表 (二维表格), 而 prop.table, margin.table, addmargins 将针对二维表, 分别生成比例表、行和或列和、增加一列 (各行和) 或增加一行 (各列和). 具体代码如下:

```
set.seed(101);    X=rbinom(100,2, 0.5);    set.seed(200);    Y=rbinom(100,2,0.6)
tab=table(X,Y); tab;      # 或者 xtabs( X+Y)
margin.table(tab,1);       margin.table(tab,2);
prop.table(tab);       addmargins(tab)
```

table(X,Y) 输出				margin.table(tab,1); margin.table(tab,2)				prop.table(tab)				addmargins(tab)				
	Y			X					Y				Y			
X	0	1	2	0	1	2		X	0	1	2	X	0	1	2	Sum
0	1	14	11	26	45	29		0	0.01	0.14	0.11	0	1	14	11	26
1	6	24	15	Y				1	0.06	0.24	0.15	1	6	24	15	45
2	1	18	10	0	1	2		2	0.01	0.18	0.10	2	1	18	10	29
				8	56	36						Sum	8	56	36	100

还可以使用软件包 gmodels 中的 CrossTable( ) 函数创建二维列联表.

三、三维以上列联表

n 个因子变量形成的交叉表将以 n 维数组的形式展示, 以 A,B,C 三个因子变量为例, 若它们的水平数分别为 2, 2, 3, 则使用 table(A,B,C) 后, 将得到 $2 \times 2 \times 3$ 的三维数组. 对于 A 的每一个水平, 都对应一个 2×3 的二维数组; 同理, 对 C 的每一个水平, 也对应一个 2×2 的二维数组. 建议使用 ftable 后, 将三维以上列联表扁平化, 这样才比较容易阅读. 具体代码如下:

```
set.seed(1); X=rbinom(100,1, 0.5); set.seed(2); Y=rbinom(100,1,0.6)
set.seed(3); Z=rbinom(100,1,0.4); tab=xtabs(~X+Y+Z)
ftable(tab)
```

		Z	0	1	其中 table(X); table(Y); table(Z) 分别输出						tab[1,,]			
X	Y				X		Y		Z				Z	
					0	1	0	1	0	1		Y	0	1
0	0		8	9	52	48	38	62	63	37		0	8	9
	1		23	12								1	23	12
1	0		15	6										
	1		17	10										

四、分组统计

aggregate 函数提供分组统计的功能, 主要含有因子 (分类) 的数据, 根据因子水平进行分组, 并按照指定函数处理各组数据. 具体定义见前一章, 此处再给出一个例子进行介绍.

例 10.4.1 对于表 10.4.2 中的分组数据, 分别计算样本方差, 并求样本容量.

表 10.4.2 四组数据

A_1	A_2	A_3	A_4
1500	1430	1520	1410
1520	1540	1440	1460
1540	1340	1500	1520
1570	1650	1520	1530
1600		1650	1400
1620			

解 具体代码如下:

```
dat2=data.frame(x=c(1500,1520,1540,1570,1600,1620,1430,1540,1340,1650,1520,1440,1500,
        1520,1650,1410,1460,1520,1530,1400),A=factor(rep(1:4,times=c(6,4,5,5))))
S=aggregate(dat2$x,by=list(dat2$A),var)
n=aggregate(dat2$x,by=list(dat2$A),length)
S; n
        Group.1             x    Group.1 x
1          1         2176.667    1       16
2          2        18066.667    2       24
3          3         5880.000    3       35
4          4         3630.000    4       45
```

10.5 动 画 展 示

在统计中,通过随机模拟可以对很多统计问题进行直观展示,加深理解. 随机模拟过程的动画播放具有更强烈的视觉冲击,将大大提升教学、演示等展示的效果. 软件包 animation 可以很好地实现这个功能,它不但集成了很多模拟的动画效果函数,如 buffon.needle, sim.qqnorm 等,还提供了自定义动画的机制. 实现自定义动画,只需要配合使用几个函数: ani.record, ani.options, ani.replay. 下面构造一个例子加以说明.

例 10.5.1 展示经验分布函数随着样本量增加逼近理论分布函数的动画过程.

解 具体代码如下:

```
install.packages('animation');   require(animation)
xdiv=seq(-3.5, 3.5, by=0.01);    # 假设理论分布为标准正态
n=seq(20,1000,by=20);            times=length(n)
ani.record(reset=TRUE)
for(i in 1:times)
{ plot(xdiv, pnorm(xdiv), lty=3, main='经验分布与理论分布 ',type='l')
  rx=rnorm(n[i])
  lines(ecdf(rx),verticals=TRUE,do.p=FALSE)
  ani.record()
}
```

```
op=ani.options(interval=0.5)
ani.replay()
ani.options(op)
```

按下 ESC 键, 可以退出动画展示.

对于动画输出成 GIF, SWF, HTML 等格式的文件, 请查阅函数 saveGIF, saveSWF, save-HTML 的使用. 这里只给出基本的动画展示过程.

内容小结

本章主要介绍了 R 软件中的底层绘图、高级绘图、3D 图形、图形布局、动画控制和基于表格的分组统计等内容.

本章知识点网络结构图:

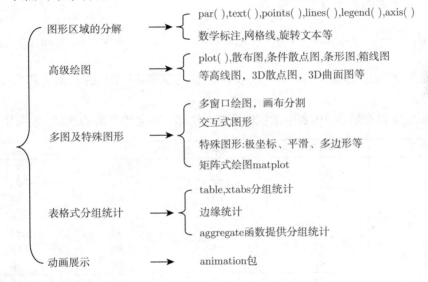

本章基本要求:
1. 掌握 R 软件的基本绘图和绘图区域控制;
2. 掌握 plot( ) 和 par( ) 函数;
3. 了解特殊图形绘制和 3D 作图;
4. 掌握多图绘制, 了解画布区域的布局;
5. 掌握表格式的分组统计;
6. 了解动画展示.

习 题 十

1. 画出示意图: 设二维随机变量 (X,Y) 在区域 $G=\{(x,y)|0<x<2, 0<y<2x\}$ 上服从均匀分布, 求 $P(Y \geqslant X^2)$. 要求如下: X 落在 $[-2,3]$, Y 落在 $[0,5]$; 坐标刻度间隔为 1; 主

标题为空, 子标题为: 二维分布示意图; x 轴和 y 轴标签均落在右侧, 文字水平; 必须标出原点 $O, y = 2x, y = x^2$ 等.

2. 绘制函数 $z = x^4 - 2x^2y + x^2 - 2xy + 2y^2 + 4.5x - 4y + 4$ 在区域 $-2 \leqslant x \leqslant 3, -1 \leqslant y \leqslant 7$ 上的三维网格曲面和二维等值线, 间隔为 0.05, 等值线的值为: 0,1,2,3,4,5,10,15,20,30,40,50,60,80,100, 共 15 条.

3. 参考 hist( ) 函数的功能, 编写一个脚本函数, 实现频率直方图的绘制.

4. 编写一个脚本函数, 实现如下功能: 生成来自总体 $X \sim N(0,1)$ 的容量为 200 的样本, 找出区间 $[-2.5, 2.5]$ 之外的所有样本点, 在用 plot( ) 绘制的散点图中用不同的颜色和样式进行标记.

5. 研究 R 软件, 将横坐标轴的刻度标签采用垂直输出, 纵坐标轴的刻度标签采用水平输出.

6. 书中极坐标图似乎有点异常, 请探索其中的原因.

7. 请根据下面的调和曲线方程:

$$f_r(t) = \frac{x_{r1}}{\sqrt{2}} + x_{r2}\sin t + x_{r3}\cos t + x_{r4}\sin 2t + x_{r5}\cos 2t + \cdots, \quad -\pi \leqslant t \leqslant \pi$$

绘制多维数据 $\boldsymbol{X}_r^\mathrm{T} = (x_{r1}, x_{r2}, \cdots, x_{rp}), 1 \leqslant r \leqslant n$ 的调和曲线图, 并探索调和曲线图如何用于聚类分析.

8. 请多维度直观展示 10 名中学生的数学、物理、语文和英语的成绩, 数据如下:

样品序号	数学	物理	语文	英语
1	65	61	84	79
2	77	77	64	55
3	67	63	65	57
4	83	100	41	50
5	68	85	84	86
6	85	91	63	66
7	91	85	70	76
8	74	74	61	69
9	100	88	49	66
10	87	84	74	76

9. 多维度直观展示习题九第 5 题的葡萄酒数据.

第十一章 R 软件中的数学运算

在多元统计分析和统计计算中涉及大量的数值计算方法, 特别是与向量及矩阵有关的计算. 本章基于矩阵运算和数值方法展开讨论, 并着重介绍矩阵创建、矩阵三角分解、逆矩阵、求特征根和特征向量、方程求根、线性方程组求解、非线性方程及方程组求解、积分、导数、线性规划和非线性规划等.

11.1 矩 阵 运 算

一、矩阵定义及基本性质

定义 11.1.1 称 $x = (x_1, x_2, \cdots, x_p)^\mathrm{T}$ 为 p **维列向量**, 而 x^T 为 p **维行向量**, 算子 T 表示**转置运算**.

定义 11.1.2 称 n 行 p 列的数阵 A 为**矩阵**, 即

$$A = \begin{bmatrix} a_{11} & a_{12} & \cdots & a_{1p} \\ a_{21} & a_{22} & \cdots & a_{2p} \\ \vdots & \vdots & & \vdots \\ a_{n1} & a_{n2} & \cdots & a_{np} \end{bmatrix}.$$

有时也用 (a_{ij}) 或者用 $A_{n \times p}$ 表示矩阵 A. 显然, 向量是只有一列 (行) 的矩阵.

若满足: $n = p$, 则称矩阵 A 为**方阵**, 通常记为 $A_{p \times p}$;

若满足: $x_{ij} = 0, i \neq j, n = p$, 则称矩阵 A 为**对角矩阵**, 通常记为 $\mathrm{diag}(x_{ii})_{p \times p}$;

若满足: $x_{ij} = 0, i \neq j; x_{ii} = 1; n = p$, 则称矩阵 A 为**单位阵**, 通常记为

$$I_p = \mathrm{diag}(1, 1, \cdots, 1)_{p \times p}.$$

若满足: $x_{ij} = x_{ji}, n = p$, 则称矩阵 A 为**对称矩阵**;

若满足: $x_{ij} = 0, i > j$, 则称矩阵 A 为**上三角矩阵**; $x_{ij} = 0, i < j$, 则称矩阵 A 为**下三角矩阵**.

矩阵的基础运算包括:

矩阵转置: $A^\mathrm{T} = (a_{ji})$;   矩阵加法/减法: $A_{n \times p} \pm B_{n \times p} = (a_{ij} \pm b_{ij})$;

矩阵数乘: $c \cdot A = (c \cdot a_{ij})$;   矩阵乘法: $A_{n \times p} \times B_{p \times m} = C_{n \times m} = (c_{ik}) = \left(\sum_{j=1}^{p} a_{ij} b_{jk} \right)$.

矩阵运算性质包括:

交换律: $A + B = B + A$;   分配律: $A(B + C) = AB + AC$;

结合律: $A(BC) = (AB)C$;   转置: $(A^\mathrm{T})^\mathrm{T} = A$, $(AB)^\mathrm{T} = B^\mathrm{T} A^\mathrm{T}$.

定义 11.1.3 矩阵 $A_{n \times p}$ 中线性独立的行 (或列) 的最大数目称为矩阵的**秩**, 记为 $\mathrm{rank}(A)$.

定义 11.1.4 矩阵 $A_{n\times p}$ 的对角线元素之和称为矩阵的**迹**, 记为 $\text{tr}(A) = \sum_{i=1}^{p} a_{ii}$.

定义 11.1.5 对于方阵 $A_{p\times p}$ 的行列式, 记为 $\det(A) = |A|$.

定义 11.1.6 如果方阵 $A_{p\times p}$ 的行列式 $|A| \neq 0$, 则 A 的**逆矩阵** A^{-1} 存在, 满足

$$AA^{-1} = A^{-1}A = I_p.$$

定义 11.1.7 对于方阵 $A_{p\times p}$, 若存在标量 λ 和向量 γ, 使得 $A\gamma = \lambda\gamma$, 则称 λ 为矩阵 A 的**特征值**, 而 γ 为矩阵特征值 λ 对应的**特征向量**. 显然特征值 λ 是 p 阶多项式 $|A - \lambda I_p| = 0$ 的根. 因此矩阵 $A_{p\times p}$ 有 p 个特征值, 每个特征值对应一个特征向量.

另外, 假定 $A_{p\times p}$ 的 p 个特征值为 $\lambda_1, \lambda_2, \cdots, \lambda_p$, 设 $\Lambda = \text{diag}(\lambda_1, \lambda_2, \cdots, \lambda_p)$, 则有

$$\det(A) = |A| = |\Lambda| = \prod_{i=1}^{p} \lambda_i, \quad \text{tr}(A) = \text{tr}(\Lambda) = \sum_{i=1}^{p} \lambda_i.$$

二、矩阵运算的实现

在 R 软件中, 实现上述各个矩阵定义的方式如下:

例 11.1.1 创建一个向量 $x = (1, 2, 3, 4, 5, 6, 7, 8)^{\text{T}}$.

解 代码如下:

```
x=1:8                       # x=seq(from=1,to=8,by=1)   或   x=c(1,2,3,4,5,6,7,8)
若要表示真正数学意义上的向量，则必须采用矩阵形式来实现
y=matrix(data=x,nrow=1)     # 这个表示列向量
y=matrix(data=x,ncol=1)     # 这个表示行向量
```

例 11.1.2 创建一个矩阵 $A_{3\times 3} = \begin{pmatrix} 2 & 1 & 0 \\ 1 & 2 & 1 \\ 1 & 1 & 2 \end{pmatrix}$.

解 代码如下:

```
A=matrix(data=c(2,1,0,1,2,1,1,1,2),nrow=3,ncol=3,byrow=TRUE);    A
     [,1]  [,2]  [,3]
[1,]   2     1     0
[2,]   1     2     1
[3,]   1     1     2
```

例 11.1.3 以矩阵 A 为例, 获取矩阵的基本信息.

解 见下表:

矩阵行数	矩阵列数	矩阵范数	矩阵条件数	矩阵秩	矩阵的迹
nrow(A)	ncol(A)	norm(A)	rcond(A)	rankMatrix(A)	sum(diag(A))
3	3	4	0.1785714	3	6

例 11.1.4 求矩阵 A 的转置 A^{T}; 行列式 $\det(A)$; 逆矩阵 A^{-1}; 特征值和特征向量.

解 代码如下:

转置			行列式	逆矩阵			特征向量和特征根		
t(A)			det(A)	solve(A)			eigen(A)		
	[,1]	[,2] [,3]			[,1]	[,2] [,3]	$values	# 特征根	
[1,]	2	1 1	5	[1,]	0.6	−0.4 0.2	[1] 3.618034	1.381966	1.000000
[2,]	1	2 1		[2,]	−0.2	0.8 −0.4	$vectors	# 特征向量（对应的列）	
[3,]	0	1 2		[3,]	−0.2	−0.2 0.6	[,1]	[,2]	[,3]
							[1,] 0.4004466	−0.7529378	7.071068e-01
							[2,] 0.6479362	0.4653411	−7.071068e-01
							[3,] 0.6479362	0.4653411	−3.984138e-16

例 11.1.5 创建各种特殊矩阵, 部分函数需要下载并安装 "Matrix" 软件包（library(Matrix)）.

解 代码如下:

3 阶单位阵			3 阶全 1 矩阵			3 阶 Hilbert 矩阵			下三角/上三角矩阵		
diag(3)			matrix(1,3,3)			Hilbert(3)			tril(A); triu(A)		
[,1]	[,2]	[,3]	[,1]	[,2]	[,3]	3 x 3 Matrix of class "dpoMatrix"			[,1]	[,2]	[,3]
[1,] 1	0	0	[1,] 1	1	1	[,1]	[,2]	[,3]	[1,] 2	0	0
[2,] 0	1	0	[2,] 1	1	1	[1,] 1.0000000	0.5000000	0.3333333	[2,] 1	2	0
[3,] 0	0	1	[3,] 1	1	1	[2,] 0.5000000	0.3333333	0.2500000	[3,] 1	1	2
						[3,] 0.3333333	0.2500000	0.2000000			

例 11.1.6 矩阵的三角分解.

解 代码如下:

Cholesky 三角分解满足 $R^TR=A$			一般的三角分解 LU, 满足 A = P L U
chol(A)			elu=expand(lu(A)); elu; with(elu, P%*%L%*%U) # 验证=A?
[,1]	[,2]	[,3]	$L 3 x 3 Matrix of class "dtrMatrix" (unitriangular)
[1,] 1.414214	0.7071068	0.7071068	[,1] [,2] [,3]
[2,] 0.000000	1.2247449	0.4082483	[1,] 1.0000000
[3,] 0.000000	0.0000000	1.1547005	[2,] 0.5000000 1.0000000
			[3,] 0.0000000 0.6666667 1.0000000
			$U 3 x 3 Matrix of class "dtrMatrix"
			[,1] [,2] [,3]
			[1,] 2.000000 1.000000 1.000000
			[2,] 1.500000 0.500000
			[3,] 1.666667
			$P 3 x 3 sparse Matrix of class "pMatrix" # TRUE/FALSE 矩阵
			[1,] |..
			[2,] .|.
			[3,] ..|

QR 分解 A=QR	奇异值分解 $A = UDV^T$
qr(A) # qr.Q(A); qr.R(A)	svd(A); # u%*%diag(d)%*%t(v)
$qr	$d
[,1] [,2] [,3]	[1] 3.7144787 1.5712014 0.8567227
[1,] -2.2360680 -1.7888544 -1.341641	$u
[2,] 0.4472136 -1.6733201 -1.553797	[,1] [,2] [,3]
[3,] 0.0000000 0.5976143 1.336306	[1,] -0.5961550 0.59942270 0.5341270
$rank	[2,] -0.6345873 0.05574221 -0.7708384
[1] 3	[3,] -0.4918314 -0.79848935 0.3471550
$qraux	$v
[1] 1.894427 1.801784 1.336306	[,1] [,2] [,3]
$pivot	[1,] -0.4918314 0.79848935 0.3471550
[1] 1 2 3	[2,] -0.6345873 -0.05574221 -0.7708384
	[3,] -0.5961550 -0.59942270 0.5341270

还有更多的矩阵分解函数, 可通过查阅 R 软件的帮助文档得到, 如 library(help=Matrix).

例 11.1.7 矩阵的**点运算**, 针对矩阵每个元素的运算, 支持所有的运算符.

解 代码如下:

矩阵加减、数乘运算				矩阵对应元素乘 *、除 /		
A+1.5*A				A*A		
	[,1]	[,2]	[,3]		[,1]	[,2]	[,3]
[1,]	5.0	2.5	2.5	[1,]	4	1	1
[2,]	2.5	5.0	2.5	[2,]	1	4	1
[3,]	0.0	2.5	5.0	[3,]	0	1	4

例 11.1.8 矩阵乘法 %*%, 即通常意义下的**矩阵乘法**.

解 代码如下:

A%*%A			
	[,1]	[,2]	[,3]
[1,]	5	5	5
[2,]	4	6	5
[3,]	1	4	5

例 11.1.9 向量的**内积** %*%, crossprod; **外积**(叉积) tcrossprod, %o%, outer.

解 代码如下:

X=1:3; Y=4:6		X=1:3; Y=4:6		
X%*%Y　　　# crossprod(X,Y)		tcrossprod(X,Y)　　# X%o%Y ; outer(X,Y)		
crossprod(X)		tcrossprod(X)		
	[,1]		[,1]	[,2]	[,3]
[1,]	32	[1,]	4	1	1
	[,1]	[2,]	1	4	1
[1,]	14	[3,]	0	1	4
			[,1]	[,2]	[,3]
		[1,]	1	2	3
		[2,]	2	4	6
		[3,]	3	6	9

例 11.1.10 使用 apply 实现对矩阵的行、列运算，其语法是 apply(data, dim, fun)，其中 dim 取 1 表示对行运用函数 fun，取 2 表示对列运用函数 fun.

解 代码如下：

apply(A,1,sum) # 各行和	apply(A,2,mean) # 各列平均
[1] 3 4 4	[1] 1.333333 1.333333 1.000000

例 11.1.11 矩阵的外积 Kronecker，$n \times m$ 矩阵 **A** 与 $h \times k$ 矩阵 **B** 的 Kronecker 积为一个 $nh \times mk$ 维矩阵，该功能通过 kronecker 函数实现.

解 代码如下：

```
A=matrix(1:4,nrow=2,byrow=TRUE);      B=matrix(1,nrow=2,ncol=2)
kronecker(A,B)
```

	[,1]	[,2]	[,3]	[,4]
[1,]	1	1	2	2
[2,]	1	1	2	2
[3,]	3	3	4	4
[4,]	3	3	4	4

11.2　数 值 方 法

一、数值积分在 R 软件中的实现

1. 一重数值积分

计算形如 $\int_a^b f(x)\mathrm{d}x$，$\int_{-\infty}^x f(t)\mathrm{d}t$，$\int_{-\infty}^{+\infty} f(x)\mathrm{d}x$，这些积分可以通过牛顿-柯特斯算法、勒贝格积分、高斯-勒让德求积公式，高斯-拉盖尔求积公式等求解. 在 R 软件中有 integrate，quad 等.

例 11.2.1 计算 $\int_{-1}^{1} \frac{1}{\sqrt{2\pi}} \mathrm{e}^{-\frac{x^2}{2}} \mathrm{d}x$.

解 $e^{-\frac{x^2}{2}}$ 是一个不可积的函数,因此只能采用数值方法计算积分. 具体代码如下:

```
integrate(function(x) exp(-x^2/2)/sqrt(2*pi),-1,1)
0.6826895 with absolute error < 7.6e-15
```

例 11.2.2 计算 $\int_{-\infty}^{1} \frac{1}{\sqrt{2\pi}} e^{-\frac{x^2}{2}} dx$.

解 实际上,这是标准正态密度函数的积分,其值等于 $\Phi(1)$. 具体代码如下:

```
integrate(function(x) exp(-x^2/2)/sqrt(2*pi),-Inf,1)    # 注意此处 -Inf 表示 −∞
0.8413448 with absolute error < 1.5e-05
```

例 11.2.3 计算 $\int_{-\infty}^{+\infty} \frac{1}{\sqrt{2\pi}} e^{-\frac{x^2}{2}} dx$.

解 实际上,这是标准正态密度函数的积分,其值等于 1. 具体代码如下:

```
integrate(function(x) exp(-x^2/2)/sqrt(2*pi),-Inf,Inf)    # 注意此处 Inf 表示 +∞
1 with absolute error < 9.4e-05
```

2. 二重数值积分

函数 quad2d, dblquad, simpson2d 等均来自 pracma 软件包,使用函数前需先安装.

例 11.2.4 计算 $\int_{0}^{1} \int_{2}^{3} (x+y) dx dy$.

解 具体代码如下:

```
f=function(x,y)x+y
quad2d(f,0,1,2,3)           # dblquad(f, 0,1,2,3)
3
```

3. 多重数值积分

下载并安装 R2Cuba 包,使用其中的 cuhre 函数,实现不超过 40 维的积分,其定义如下:

```
cuhre(ndim, ncomp, integrand, ...,         # ndim积分维数
      lower=rep(0,ndim), upper=rep(1,ndim), # 积分下限和上限向量
      rel.tol= 0.001,  abs.tol = 0,···)     # 相对精度和绝对精度
```

例 11.2.5 计算 $\int_{0}^{1} \int_{0}^{2} \int_{0}^{3} xyz\, dx dy dz$.

解 具体代码如下:

```
fun=function(arg) return(prod(arg))
(ss=cuhre(fun,ndim=3,ncomp=1,lower=rep(0,3),upper=c(1,2,3), rel.tol=1e
   -3,abs.tol=1e-12))
Iteration 1:   127 integrand evaluations so far
[1] 4.5 +- 6.47687e-015         chisq 0 (0 df)
Iteration 2:   381 integrand evaluations so far
[1] 4.5 +- 6.39521e-015         chisq 0.09375 (1 df)
```

4. Monte Carlo 积分

对于 n 维函数 $g(x)$ 及其积分区域 G, 考虑积分 $I = \int_G g(x) \mathrm{d}x$, 可以通过 Monte Carlo 方法得到大致的估计值. 取在区域 G 上的多维随机变量 X 及其概率密度函数 $f(x)$, 令 $Y = G(X)$, 则有

$$E(Y) = \int_G g(x) f(x) \mathrm{d}x.$$

若 X 服从多维均匀分布, 记 M_G 是区域 G 的几何度量, 则在区域 G 中, $f(x) = \dfrac{1}{M_G}$, 上式变为

$$E(Y) = \int_G g(x) \frac{1}{M_G} \mathrm{d}x = \frac{1}{M_G} \int_G g(x) \mathrm{d}x,$$

即

$$I = \int_G g(x) \mathrm{d}x = M_G E(Y).$$

而对于 $E(Y)$, 可以借助大数定律思想来估计, 即 $E(Y) \approx \dfrac{1}{n} \sum_{i=1}^n g(x_i)$, 其中 $x_i, i=1,2,\cdots,n$ 是来自 X 的样本.

例 11.2.6 $\int_1^3 \int_1^2 \int_1^4 \mathrm{e}^{x+y+z} \mathrm{d}y \mathrm{d}x \mathrm{d}z = 4208.419$, 用 Monte Carlo 模拟.

解 具体代码如下:

```
integrate_mc=function(fun,lower,upper, n=10000)
{    MG=prod(upper-lower)
     Mx=matrix(0,nrow=n,ncol=length(lower))
     for(i in 1:length(lower))  Mx[,i]=runif(n,lower[i],upper[i])
     mcmean=mean(apply(Mx,1,fun))     # 每行值带入 fun, 全部算完求平均
     return(mcmean*MG)
}
Fun=function(x) exp(sum(x))
integrate_mc(Fun,c(1,1,1),c(3,2,4),10000)
4198.77          # 某次运行输出的结果
```

使用 Monte Carlo 方法计算积分, 主要是为了给出问题的一种估计或大概, 一般难以得到精确的结果, 因为它只能保证统计意义下的概率精度.

二、函数求导

R 软件中提供对简单表达式定义的函数的求导和求偏导的计算, 如 D,deriv,deriv3 等, 对于高阶求导需要用到递归设计. 通常, D(expr,name) 实现对一元函数的求导, 返回表达式; deriv(expr,namevec,func=TRUE) 实现多元函数的求导. 如果想对表达式求值, 则需要使用 eval 函数, 具体见例子.

1. 一元函数求导

例 11.2.7 设 $y = \sin(x) * \cos(x) + x^2$, 求 $y', y^{(2)}$, 并求 $y'|_{x=1}, y^{(2)}|_{x=1}$.

解 具体代码如下:

```
y=expression(sin(x)*cos(x)+x^2)
(dy=D(y,'x'))
eval(dy,1)
cos(x) * cos(x) - sin(x) * sin(x) + 2 * x
[1] 3.346356
```

至于求高阶导数, 需要编写递归函数, 调用函数 D 实现高阶导. 具体代码如下:

```
DD=function(expr, name, order = 1) {  # 增加了一个表示阶数的参数
   if(order < 1) stop("'order' must be >= 1")
   if(order == 1) D(expr, name)
   else DD(D(expr, name), name, order - 1)
}
dy_2=DD(y, 'x',2)
eval(dy_2,1)
2-(cos(x)*sin(x)+sin(x)*cos(x)+(cos(x)*sin(x)+sin(x)*cos(x)))
[1] 3.513605
```

2. 多元函数求导

deriv(expr,namevec,func=TRUE) 实现多元函数的求导, 加上 func=TRUE, 将返回一个导函数, 该函数输出列表值, 一个是原函数值, 另一个是梯度值. 如果想得到具体的偏导表达式, 需要查看其中的 gradient 属性, 但不像 D 函数一样显式给出.

例 11.2.8 设 $f = y\sin(x) + x\cos(y)$, 求 f_x, f_y.

解 具体代码如下:

```
f=expression(sin(x)*y+cos(y)*x)
(dfs=deriv(f,c('x','y'),func=TRUE))
dfs(1,1)
function (x, y)          # deriv 的输出
{
    .expr1 <- sin(x)
    .expr3 <- cos(y)
    .value <- .expr1 * y + .expr3 * x                          # 原函数
    .grad <- array(0, c(length(.value), 2L), list(NULL, c("x", "y")))
    .grad[, "x"] <- cos(x) * y + .expr3                        # x 的偏导
    .grad[, "y"] <- .expr1 - sin(y) * x                        # y 的偏导
    attr(.value, "gradient") <- .grad                          # 作为属性添加
    .value                                                      # 函数返回
}
[1] 1.381773        # dfs(1,1)的输出
```

```
attr(,"gradient")
            x y
[1,] 1.080605 0
```

三、求极限

R 软件包 ComplexAnalysis 中提供了 limit 函数,用来对函数求极限,返回复数. 其定义为

limit(f, z0, z = NULL, track = FALSE)

其中 f 为待求极限的函数, z0 表示在该点处求极限, z 表示如何靠近 z0, 可用字符串 "right" "upright" "up" "upleft" "left" "downleft" "down" "downright" 来表示.

例 11.2.9 求经典极限 $\lim\limits_{x\to 0}\dfrac{\sin x}{x}$ 和 $\lim\limits_{x\to\infty}\left(1+\dfrac{1}{x}\right)^x$.

解 具体代码如下:

```
limit(function(x) sin(x)/x,0,z='right')
limit(function(x) (1+1/x)^x,Inf,z='left')
[1] 1+0i
[1] 2.718282+0i
```

四、方程求根

若 x 满足方程 $f(x) = 0$, 则称 x 为方程 $f(x)$ 的根, 概率统计中的分位点求解可转化成方程求根. R 软件中提供 uniroot 函数, 其定义如下:

```
uniroot(f, interval, ...,lower = min(interval), upper = max(interval),
    f.lower = f(lower, ...), f.upper = f(upper, ...),
    tol = .Machine$double.eps^0.25, maxiter = 1000)
```

其中 f 为方程,用函数表示; interval 为区间,用向量表示; tol 精度要求; maxitef 迭代次数上限,其他参数容易从函数定义描述中确定意义.

例 11.2.10 求解方程 $x^3 - x - 3 = 0$ 在区间 $[1,2]$ 内的根.

解 容易验证 $f(1) \cdot f(2) < 0$. 具体代码如下:

```
f=function(x)x^3-x-3
uniroot(f,c(1,2))           # uniroot(f,c(1,2),tol=1e-10) tol 参数指定精度
$root                       # 表示方程的根
[1] 1.671726
$f.root                     # x=1.671726 代入 f(x) 的值
[1] 0.0001898656
$iter                       # 迭代计算的次数
[1] 5
$estim.prec                 # 估计的精度
[1] 6.103516e-05
```

五、线性方程组求解

对于线性方程组 $\boldsymbol{A}_{n\times p}\boldsymbol{x}_{p\times 1}=\boldsymbol{y}_{p\times 1}$，其中 $n\geqslant p$，且列满秩，则此时可以求解满足方程的解向量 $\boldsymbol{x}$. 通过矩阵推导可知 $\boldsymbol{x}=(\boldsymbol{A}^\mathrm{T}\boldsymbol{A})^{-1}(\boldsymbol{A}^\mathrm{T}\boldsymbol{y})$，在数值方法上可以通过高斯消元法求解.

例 11.2.11　求解线性方程组：

$$\begin{cases} 0.5x_1 + 0.6x_2 + x_3 = -1.0, \\ 0.6x_1 + x_2 + 0.5x_3 = 2.0, \\ 0.5x_1 + 0.4x_2 + x_3 = 1.5. \end{cases}$$

解　转化成矩阵形式为

$$\begin{bmatrix} 0.5 & 0.6 & 1.0 \\ 0.6 & 1.0 & 0.5 \\ 0.5 & 0.4 & 1.0 \end{bmatrix} \begin{bmatrix} x_1 \\ x_2 \\ x_3 \end{bmatrix} = \begin{bmatrix} -1.0 \\ 2.0 \\ 1.5 \end{bmatrix}.$$

具体代码如下:

```
A=matrix(data=c(0.5,0.6,1,0.6,1,0.5,0.5,0.4,1),nrow=3,ncol=3,byrow=T)
B=matrix(data=c(-1,2,1.5),nrow=3,ncol=1,byrow=T)
solve(t(A)%*%A)%*%(t(A)%*%B)      # 纯粹用矩阵乘法实现，太复杂了
solve(A,B)                        # 直接使用 solve 函数求解形如 AX=B 的 X

          [,1]
[1,]   32.142857
[2,]  -12.500000
[3,]   -9.571429
```

六、非线性方程及方程组求解

1. 求一元多项式的根

设一元多项式为

$$f(x) = a_0 + a_1 x + a_2 x^2 + \cdots + a_n x^n = \sum_{i=0}^{n} a_i x^i.$$

在 R 软件中求解一元多项式 $f(x)$ 的根，可通过 polyroot( ) 函数实现，该函数需要一个按照幂次递增顺序安排的系数向量作为参数，如上式中 $\arg = c(a_0, a_1, \cdots, a_n)$，缺少项的系数以 0 代替，调用方式为 polyroot(arg).

例 11.2.12　求函数 $f(x) = 2x^3 + x - 5$ 的根.

解　具体代码和图如下:

```
arg=c(-5,1,0,2);      polyroot(arg)
[1] 1.234773-0.00000i  -0.617386+1.28199i  -0.617386-1.28199i
# 第一个为实根，后面两个为复数根，下面给出实根示意图
```

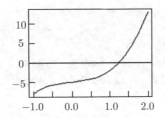

图 11.2.1 实根示意图

2. 求一元非线性方程的解

求解非线性方程的解, 通常可以先画出该方程在某区间的图形, 根据图形来确定方程的根大致所在的区间, 然后通过类似二分法、割线法、牛顿法等求解实数根.

例 11.2.13 求方程 $f(x) = \sin 10x + \cos 3x = 0$ 在区间 $[0, 5]$ 中的所有实根.

解 具体代码和图如下:

```
x=seq(0,5,by=0.1)
f=function(x)sin(10*x)+cos(3*x)
plot(x,f(x),type='l');
abline(h=0)
```

图 11.2.2

在 R 软件中, 通过函数 uniroot 可得到某个非线性方程在某个区间的解 (零点). 具体代码如下:

```
uniroot(f,c(0,5))
$root
[1] 4.712377
$f.root
[1] 0.0001579749
$iter
[1] 9
$estim.prec
[1] 6.103516e-05
```

此处 uniroot 仅给出一个解 4.712377, 但是从图可知总共有 15 个解, 难道要一个个去确定区间? R 软件早已考虑到这个问题了, 求所有解的函数位于 rootSolve 包中, 名为 uniroot.all( ), 其参数定义同 uniroot. 具体代码如下:

```
library(rootSolve)
```

```
uniroot.all(f,c(0,5))
 [1] 0.3625135    0.6732012    0.8457847    1.3291624    1.5707951
 [6] 1.8124731    2.2957727    2.4683701    2.7791239    3.2624155
[11] 3.3659835    3.7457441    4.2290729    4.2636004    4.7123887
```

3. 求非线性方程组的解

在数值方法中, 对于非线性方程组通常通过牛顿法、拟牛顿法等进行求解. 在 R 软件中则可以通过 rootSolve 包中的 multiroot 函数实现, 其定义如下:

```
multiroot(f, start, maxiter = 100, rtol = 1e-6, atol = 1e-8, ctol = 1e-8,
    useFortran = TRUE, positive = FALSE, jacfunc = NULL, jactype = "fullint",
    verbose = FALSE, bandup = 1, banddown = 1, ...)
```

其中 f 定义方程组, 用向量表示; start 为初值向量; rtol 为相对精度; atol 为绝对精度, 其他见帮助.

例 11.2.14 求非线性方程组

$$\begin{cases} x^2 + y^2 = 1, \\ y^2 = 2x + 0.5 \end{cases}$$

的解, 迭代初始值为 (1,1).

解 具体代码如下:

```
library(rootSolve)
model=function(x) c(F1 = x[1]^2+ x[2]^2 -1,F2 = 2*x[1]- x[2]^2 +0.5)
multiroot(f = model, start = c(1, 1))
$root                                              # 给出解
[1] 0.5000000    0.8660254
$f.root                                            # 给出回代函数值
        F1              F2
2.323138e-08    2.323308e-08
$iter                                              # 给出迭代次数
[1] 5
$estim.precis                                      # 给出精度
[1] 2.323223e-08
```

七、求极值

在 R 软件中, 求无约束极值的常见函数有 stats 包中求单变量函数极值的 optimize() 函数, 求多变量函数极大值的 optim() 函数, 计算多变量函数极小值的 nlm() 和 nlminb() 函数; maxLik 包中的专门用来计算极大似然估计值 maxLik() 函数. 其定义如下:

```
optimize(f, interval, ..., lower = min(interval), upper = max(interval),
    maximum = FALSE,···)
```

其中 f 是函数, interval 是变量区间, lower/upper 分别是边界, maximum=TRUE 表示求极大值.

```
optim(par, fn, gr = NULL, ..., method = c("Nelder-Mead", "BFGS", "CG",
    "L-BFGS-B", "SANN","Brent"),
    lower = -Inf, upper = Inf,control = list(), hessian = FALSE)
```

其中 par 是变量的初值, fn 是函数, mehod 指定求解的方法.

```
nlm(f, p, ..., hessian = FALSE,···)
```

其中 f 是函数, p 是初值.

```
nlminb(start, objective, gradient = NULL, hessian = NULL, ...,
    lower = -Inf, upper = Inf)
```

其中 start 是初值, objective 是目标函数, gradient 是梯度矩阵, hessian 是 Hessian 矩阵.

例 11.2.15 计算 $\min_{\mu}\left\{f(\mu)=\sum_{i=1}^{n}\ln\left(1+(x_i-\mu)^2\right)\right\}$ 的 200 个随机数, 其中 $x_i \sim C(\mu,1)$(柯西分布).

解 具体程序如下:

```
x=rcauchy(200,1)        # 从上述柯西分布中提取 200 个随机数, 其中参数值为 1
likely=function(mu,x) sum(log(1+(x-mu)^2))    # 定义对数似然函数的相反数, 求极小值
optimize(likely,c(0,4),x=x, maximum=FALSE)
optim(c(1),likely,x=x)
nlm(likely,c(0.5),x=x)
nlminb(c(0.5),likely,x=x)
```

```
$minimum             # 以下来自 optimize      $par                          # 以下来自 nlminb
[1] 0.9420463        # 极小值                 [1] 0.9420326
$objective           # 目标函数值              $objective
[1] 283.2808                                  $convergence
$par                 # 以下来自 optim         [1] 0
[1] 0.9421875                                 $iterations
$value                                        [1] 4
[1] 283.2808                                  $evaluations
                                              function gradient
$minimum             # 以下来自 nlm                 6        7
[1] 283.2808                                  $message
$estimate                                     [1] "relative convergence (4)"
[1] 0.9420321
$gradient
[1] 1.136868e-07
$code
[1] 1
$iterations
[1] 4
```

例 11.2.16　求 $f(x_1, x_2) = 100(x_2 - x_1^2)^2 + (1-x_1)^2$ 的极小值.

解　具体代码如下:

```
rosen=function(x) 100*(x[2]-x[1]^2)^2+(1-x[1])^2
optim(c(0.5,0.5), rosen);    nlm(rosen, c(0.5,0.5));    nlminb(c(0.5,0.5),rosen)
$par              # optim() 输出    $par            nlminb() 输出
[1] 1.000086 1.000162              [1] 1 1
$value                              $objective
[1] 1.81834e-08                     [1] 4.864863e-20

$minimum          # nlm() 输出
[1] 3.998512e-12
$estimate
[1] 0.999998 0.999996
```

11.3 最 优 化

最优化 (数学规划) 在数学、经济、工程、地质、管理等众多领域中都有重要应用. 本节主要介绍最优化方面的一些方法, 主要是结合 R 的相关软件包及函数和实例进行具体问题具体分析和求解, 重在问题和方法的对应, 避免理论性的阐述和推导. 关于线性规划、整数规划、混合整数规划、目标规划、非线性规划、图和网络规划等问题, R 软件提供了许多快速的解决方案.

一、混合整数线性规划

$$\min f = \boldsymbol{Cx} \quad (\max f = \boldsymbol{Cx}),$$
$$\text{s.t.} \begin{cases} \boldsymbol{Ax} \leqslant (\geqslant, =, <, >)\boldsymbol{b}, & \text{(多种方向)} \\ \boldsymbol{x} \geqslant 0, 1 \leqslant \boldsymbol{x} \leqslant \boldsymbol{u}, \boldsymbol{x} \in \mathbb{Z}/0-1/\mathbb{R}. & \text{(多种约束形式)} \end{cases} \tag{11.3.1}$$

在 R 软件中, Rglpk 包实现了 GLPK(GNU Linear Programming Kit) 的高级接口, 解决大型的线性规划、整数规划、混合整数规划等问题. 其中的 Rglpk_solve_LP( ) 函数提供通用的一个解决方案, 其定义如下:

Rglpk_solve_LP(obj, mat, dir, rhs, bounds = NULL, types = NULL, max = FALSE, control = list( ), ...)

其中 obj 是表达目标函数中决策变量 x 的系数向量, 即 (11.3.1) 式中的 $\boldsymbol{C}$; mat 是约束方程中的系数向量或矩阵, 即 (11.3.1) 式中的 $\boldsymbol{A}$; dir 是约束矩阵 $\boldsymbol{A}$ 右边的符号, 即 (11.3.1) 式中 $<, \leqslant, =, \geqslant, >$ 符号, 在 R 软件中对应为 $<, <=, ==, >=, >$; rhs 为约束向量, 即 (11.3.1) 式中 $\boldsymbol{b}$; types 为变量类型, "B" 表示 0-1 规划, "I" 表示整数, "C" 表示实数, 注意默认 NULL 名,

表示所有连续的实数. max=TRUE 表示目标函数 f 取最大值, max=FALSE 表示目标函数取最小值; bounds 表示 x 的边界约束条件, 即 (11.3.1) 式中 $l < x < u$ 处的向量 l 和 u, 如果为 NULL, 则表示边界都是 $(0, +\infty)$; control 是传递给函数的参数列表.

在约束形式中, 当所有决策变量都是 "C" 类型时, 就是**简单线性规划**问题; 而当部分决策变量是 "I" 类型时, 就属于**混合整数规划**问题; 若所有决策变量都是 "I" 型时, 就属于**整数规划**问题.

例 11.3.1 求简单线性规划问题:

$$\max f = 3x_1 - x_2 - x_3,$$

$$\text{s.t.} \begin{cases} x_1 - 2x_2 + x_3 \leqslant 11, \\ -4x_1 + x_2 + 2x_3 \geqslant 3, \\ -2x_1 + x_3 = 1, \\ x_1, x_2, x_3 \geqslant 0. \end{cases}$$

解 具体体代码如下:

```
obj=c(3,-1,-1); mat=matrix(c(1,-2,1,-4,1,2,-2,0,1),nrow = 3,byrow=TRUE)   # 按行输入数据
dir=c("<=",">=","=="); rhs=c(11,3,1);     max=TRUE
Rglpk_solve_LP(obj=obj,mat=mat,dir=dir,rhs=rhs,max=max)
```

$optimum	目标函数的最优值
[1] 2	
$solution	决策变量的最优解
[1] 4 1 9	
$status	Status=0 表示求解成功, 否则失败
[1] 0	

例 11.3.2 求混合整数规划问题:

$$\max f = 3x_1 + x_2 + 3x_3,$$

$$\text{s.t.} \begin{cases} -x_1 + 2x_2 + x_3 \leqslant 4, \\ 4x_2 - 3x_3 \leqslant 2, \\ x_1 - 3x_2 + 2x_3 \leqslant 3, \\ x_1, x_3 \in \mathbb{Z}, x_2 > 0. \end{cases}$$

解 混合整数规划, 即决策变量的类型不同, 此时需要通过改变 types 来分别约束. 具体代码如下:

```
obj=c(3,1,3);  mat=matrix(c(-1,2,1,0,4,-3,1,-3,2),nrow = 3,byrow=TRUE)
dir=c("<=","<=","<=");   rhs=c(4,2,3);   max=TRUE;   types=c("I","C","I")
Rglpk_solve_LP(obj=obj,mat=mat,dir=dir,rhs=rhs,max=max,types=types)
```

$optimum [1] 26.75	目标函数的最优值
$solution [1] 5.00 2.75 3.00	决策变量的最优解
$status [1] 0	Status=0 表示求解成功, 否则失败

例 11.3.3 (1) 对例 11.3.2 的边界条件进行约束, 比如 $-\infty < x_1 \leqslant 4,\ 2 \leqslant x_3,\ x_2 \leqslant 100$, 再求解.

解 具体代码如下:

```
obj=c(3,1,3);  mat=matrix(c(-1,2,1,0,4,-3,1,-3,2),nrow = 3,byrow=TRUE)
dir=c("<=","<=","<=");   rhs=c(4,2,3);   max=TRUE;   types=c("I","C","I")
bounds=list(lower=list(ind=c(1,3),val=(-Inf,2)), upper=list(ind=c(1,2),val=c(4,100)))
Rglpk_solve_LP(obj=obj,mat=mat,dir=dir,rhs=rhs,max=max,types=types,bounds=bounds)
```

$optimum [1] 23.5	目标函数的最优值
$solution [1] 4.0 2.5 3.0	决策变量的最优解
$status [1] 0	Status=0 表示求解成功, 否则失败

(2) 如果加上 control 参数的信息, 比如 control = list("verbose" =TRUE, "canonicalize_status" = FALSE), 此时输出 GLPK 的详细过程信息以及是否将 GLPK 的 status 规范到 Rglpk_solve_LP( ) 的两个状态成功 (0) 和失败非 (0).

解 具体代码如下:

```
Rglpk_solve_LP(obj=obj,mat=mat,dir=dir,rhs=rhs,max=max,types=types,
    bounds=bounds,control = list("verbose" =TRUE, "canonicalize_status"
    = FALSE))
GLPK Simplex Optimizer, v4.47
3 rows, 3 columns, 8 non-zeros
      0: obj =   1.800000000e+001  infeas = 5.000e+000 (0)
*     1: obj =   1.966666667e+001  infeas = 0.000e+000 (0)
*     2: obj =   2.385714286e+001  infeas = 0.000e+000 (0)
OPTIMAL SOLUTION FOUND
GLPK Integer Optimizer, v4.47
3 rows, 3 columns, 8 non-zeros
2 integer variables, none of which are binary
```

```
Integer optimization begins...
+    2: mip =      not found yet <=                +inf        (1; 0)
+    3: >>>>>   2.350000000e+001 <=   2.350000000e+001   0.0%  (1; 0)
+    3: mip =   2.350000000e+001 <=      tree is empty   0.0%  (0; 1)
INTEGER OPTIMAL SOLUTION FOUND
$optimum
[1] 23.5
$solution
[1] 4.0 2.5 3.0
$status
[1] 5
```

上述三个例子给出了一般线性规划、混合整数规划及带边界约束规划的处理方式, 它们的实现方式基本相同, 只是对决策变量的约束方式不一样而已.

二、运输问题

运输问题 (transportation problem) 也是线性规划的一种, 可以用常规的线性规划的方式求解, 但并非最有效. 在 R 软件中, lpSolve 包提供的 lp.transport( ) 函数专门用来解决这类问题, 其定义为

```
lp.transport (cost.mat, direction="min", row.signs, row.rhs,
        col.signs, col.rhs, presolve=0,
        compute.sens=0, integers = 1:(nc*nr) )
```

其中 cost.mat 指费用矩阵; direction 表明目标函数是求最大值还是最小值 ("max" 和 "min"); row.signs 指产量约束符号向量; row.rhs 指产量约束值向量; col.signs 指销量 (需求量) 约束符号向量; col.rhs 指销量 (需求量) 约束值向量; compute.sens 表明是否需要作灵敏性分析; integers 默认所有变量都是整数, 若某个位置为 NULL 则表示该变量不是整数.

例 11.3.4 已知 3 个工厂生产的产品供应给 4 个客户, 各厂生产量和用户需求量及从工厂到用户的单位产品运费如表 11.3.1 所示, 试确定总运费最少的调运方案.

表 11.3.1 运输费用和供需表

	客户 1	客户 2	客户 3	客户 4	生产量
工厂 1	5	2	6	7	300
工厂 2	3	5	4	6	200
工厂 3	4	5	2	3	400
需求量	200	100	400	200	900

解 R 软件的计算过程如下:

```
cost=matrix(c(5,2,6,7,3,5,4,6,4,5,2,3),nrow=3,byrow=TRUE)    # 按行输入数据
row.signs=rep('=',3);     row.rhs=c(300,200,400)
col.signs=rep('=',4);     col.rhs=c(200,100,400,200)
(lp.out=lp.transport(cost.mat=cost,direction='min',row.signs=row.signs,
        row.rhs=row.rhs,col.signs=col.signs,col.rhs=col.rhs))
```

```
Success: the objective function is 3000        # 最小运输费用
> names(lp.out)
 [1] "direction"        "rcount"          "ccount"          "costs"
 [5] "rsigns"           "rrhs"            "csigns"          "crhs"
 [9] "objval"           "int.count"       "integers"        "solution"
[13] "presolve"         "compute.sens"    "sens.coef.from"  "sens.coef.to"
[17] "duals"            "duals.from"      "duals.to"        "status"
>lp.out$solution      # 输出运输方案
     [,1] [,2] [,3] [,4]
[1,]  200  100    0    0
[2,]    0    0  200    0
[3,]    0    0  200  200
```

从上面的输出看出, 最小的运输费用是 3000, 运输方案如表 11.3.2 所示.

表 11.3.2　运输方案

	客户 1	客户 2	客户 3	客户 4	生产量
工厂 1	200	100			300
工厂 2			200		200
工厂 3			200	200	400
需求量	200	100	400	200	900

实际问题处理中, 可能生产量与需求量并不平衡, 导致产需不平衡问题, 此时使用 lpSolve 求解时, 就需要修改 col.signs 参数的等号, 根据实际情况进行改动. 比如表 11.3.3 中第三列的需求总量变为 450, 其他数据都不变, 则总需求量大于总生成量, 此时 col.signs= rep('>=',4).

表 11.3.3　运输费用和供需表

	客户 1	客户 2	客户 3	客户 4	生产量
工厂 1	5	2	6	7	300
工厂 2	3	5	4	6	200
工厂 3	4	5	2	3	400
需求量	200	100	**450**	200	不平衡

R 软件的计算过程如下:

```
cost=matrix(c(5,2,6,7,3,5,4,6,4,5,2,3),nrow=3,byrow=TRUE)    # 按行输入数据
row.signs=rep('=',3);row.rhs=c(300,200,400)                  # 生产量满足等号
col.signs=rep('<=',4);col.rhs=c(200,100,450,200)  # 需求量不一定能满足故取 <=
(lp.out=lp.transport(cost.mat=cost,direction='min',row.signs=row.signs,
           row.rhs=row.rhs,col.signs=col.signs,col.rhs=col.rhs))
Success: the objective function is 2950
     [,1] [,2] [,3] [,4]         # 输出运输方案
[1,]  200  100    0    0
[2,]    0    0  200    0
```

| [3,] | 0 | 0 | 250 | 150 |

三、指派问题

指派问题 (assignment problem) 属于 0-1 整数规划问题, 以人、事和费用来阐述, 相当于: n 个人做 n 件事, 已知第 i 个人做第 j 件事的费用为 $c_{ij}(i,j=1,2,\cdots,n)$, 完成人和事的一一指派方案, 使得完成 n 件事的总费用最少.

lpSolve 包中 lp.assign( ) 函数专门用来解决上述的指派问题, 该函数的定义如下:

lp.assign (cost.mat, direction = "min", presolve = 0, compute.sens = 0)

其中, cost.mat 为指派问题的系数矩阵, 可以是费用、时间、成本等; direction 等其他参数的含义同 lp.transport( ) 函数.

例 11.3.5 某大型超市公司计划在某地新建 5 个社区店面, 为了尽快营业, 决定由 5 家建筑商承建. 已知建筑公司 $M_i(i=1,2,\cdots,5)$ 对新店 $S_i(i=1,2,\cdots,5)$ 的建造费用 (万元) 报价为 $c_{ij}(i,j=1,2,\cdots,5)$, 如表 11.3.4 所示. 问该公司该如何分配任务才能使总费用最少?

表 11.3.4 报价表

	S_1	S_2	S_3	S_4	S_5
M_1	5	9	11	14	13
M_2	8	10	15	13	11
M_3	7	9	12	9	8
M_4	7	9	**13**	7	10
M_5	6	8	**12**	10	8

解 R 软件的计算过程如下:

```
cost=matrix(c(5,9,11,14,13,8,10,15,13,11,7,9,12,9,8,7,9,
        13,7,10,6,8,12,10,8),nrow=5,byrow=TRUE)   # 按行输入数据
(lp.out=lp.assign(cost.mat=cost,direction='min')) lp.out$solution
Success: the objective function is 42
     [,1]  [,2]  [,3]  [,4]  [,5]      # 指派方案
[1,]   0    0    1    0    0
[2,]   0    1    0    0    0
[3,]   0    0    0    0    1
[4,]   0    0    0    1    0
[5,]   1    0    0    0    0
```

四、线性目标规划问题

线性目标规划 (goal programming) 是运筹学中的一个重要分支, 它是解决多目标决策问题的一种数学方法. 目标规划可按照若干目标值及其实现的优先次序, 在给定约束条件下寻找偏离目标值最小的解. 在处理实际决策问题时, 承认各项决策要求的存在合理性; 在做最

终决策时, 不强调其绝对意义上的最优性. 目标规划是一种比线性规划更接近实际决策工程的工具.

下面给出目标规划的一般模型及其向量矩阵化表示:

$$\min\ P_l\left(\sum_{k=1}^{K} W_{lk}^{-} d_k^{-} + W_{lk}^{+} d_k^{+}\right),\quad l=1,2,\cdots,L,$$

$$\text{s.t.}\begin{cases} \sum_{j=1}^{n} c_{kj}x_j + d_k^{-} - d_k^{+} = g_k,\quad k=1,2,\cdots,K,\\ \sum_{j=1}^{n} a_{kj}x_j \leqslant (=,\geqslant) b_i,\quad i=1,2,\cdots,M,\\ x_j \geqslant 0,\quad j=1,2,\cdots,n,\\ d_k^{-},d_k^{+} \geqslant 0,\quad k=1,2,\cdots,K. \end{cases} \Rightarrow \quad \begin{aligned} &\min\ P(\boldsymbol{W}\boldsymbol{d}^{-} + \boldsymbol{W}\boldsymbol{d}^{+}),\\ &\text{s.t.}\begin{cases} \boldsymbol{A}\boldsymbol{x} + \boldsymbol{d}^{-} - \boldsymbol{d}^{+} = \boldsymbol{g},\\ \boldsymbol{x} \geqslant \boldsymbol{0},\\ \boldsymbol{d}^{-},\boldsymbol{d}^{+} \geqslant \boldsymbol{0}. \end{cases} \end{aligned}$$

(11.3.2)

模型 (11.3.2) 中的所有约束都是目标约束, 每个目标约束对应一对偏差变量. R 软件中的 goalprog 包提供了解决目标规划的核心函数 llgp( ), 其定义为

llgp(coefficients, targets, achievements, maxiter=1000, verbose=FALSE)

其中, coefficients 指约束变量的系数矩阵 (不含偏差变量), 即 (11.3.2) 中的矩阵 $\boldsymbol{A}$; targets 指系数矩阵对应的约束变量, 即 (11.3.2) 中的向量 $\boldsymbol{g}$; achivements 代表目标函数的数据框变量 (默认求最小), 该变量包含 4 个向量: objective, priority, p 和 n, 该数据框一行对应一个约束条件, objective 和 priority 均为正整数, 分别表示第几对偏差变量和该偏差变量的优先级别 (注意第 i 对偏差变量必须出现在第 i 对约束条件中), p 和 n 分别表示正负偏差变量 $\boldsymbol{d}^{+},\boldsymbol{d}^{-}$ 的权系数; maxiter 为最大迭代次数, 默认为 1000; verbose 表示是否输出过程信息, 默认不输出.

例 11.3.6 某工厂生产两种产品, 受到原材料和设备工时的限制, 在单位利润等有关数据已知的条件下, 要求指定一个获利最大的生产计划, 具体数据如表 11.3.5 所示.

表 11.3.5 生成约束、利润表

产品	A	B	限量
原材料 (kg/件)	5	10	60
设备工时 (h/件)	4	4	40
利润 (元/件)	6	8	

在做决策时, 按照重要程度的先后顺序, 考虑如下的意见:

(1) 原材料严重不足, 生产中应避免浪费, 不得突破限额;

(2) 产品 B 销售疲软, 希望产品 B 的产量不超过 A 的一半;

(3) 最好能节约 4h 的设备工时;

(4) 计划利润不少于 48 元.

以上 4 条意见，显然第一条为绝对约束，其他为目标约束，可建立如下的目标规划模型：

$$\min\{P_1 d_1^-, P_2 d_2^+, P_3 d_3^-\}$$

$$\text{s.t.} \begin{cases} 5x_1 + 10x_2 \leqslant 60, \\ x_1 - 2x_2 + d_1^- - d_1^+ = 0, \\ 4x_1 + 4x_2 + d_2^- - d_2^+ = 36, \\ 6x_1 + 8x_2 + d_3^- - d_3^+ = 48, \\ x_1, x_2, d_{1\sim3}^-, d_{1\sim3}^+ \geqslant 0. \end{cases}$$

$$\xrightarrow{\text{绝对约束成一级约束}}$$

$$\min\{P_1 d_1^+, P_2 d_2^-, P_3 d_3^+, P_4 d_4^-\}$$

$$\text{s.t.} \begin{cases} 5x_1 + 10x_2 + d_1^- - d_1^+ \leqslant 60, \\ x_1 - 2x_2 + d_2^- - d_2^+ = 0, \\ 4x_1 + 4x_2 + d_3^- - d_3^+ = 36, \\ 6x_1 + 8x_2 + d_4^- - d_4^+ = 48, \\ x_1, x_2, d_{1\sim4}^-, d_{1\sim4}^+ \geqslant 0. \end{cases}$$

上述转化后的模型，正好可以使用 llgp( ) 函数来求解，计算过程如下：

```
coef=matrix(c(5,10,1,-2,4,4,6,8),nrow=4,byrow=TRUE)
target=c(60,0,36,48)
achive=data.frame(objective=1:4, priority=c(1,2,3,4),p=c(1,0,1,0),
                  n=c(0,1,0,1))
(soln=llgp(coef,target,achive))
Iteration Number:  2       # 只截取部分信息
Priority Level:  4
Decision variables         # 决策变量的值
              X
X1    4.800000e+00
X2    2.400000e+00
$converged                 # 得到最优解
[1] TRUE
```

例 11.3.7 试求如下目标规划的解：

$$\min\{P_1(2d_1^+ + 3d_2^+), P_2 d_3^-, P_3 d_4^+\},$$

$$\text{s.t.} \begin{cases} x_1 + x_2 + d_1^- - d_1^+ = 10, \\ x_1 + d_2^- - d_2^+ = 4, \\ 5x_1 + 3x_2 + d_3^- - d_3^+ = 56, \\ x_1 + x_2 + d_4^- - d_4^+ = 12, \\ x_1, x_2, d_{1\sim4}^-, d_{1\sim4}^+ \geqslant 0. \end{cases}$$

解 具体代码如下：

```
coef=matrix(c(1,1,1,0,5,3,1,1),nrow=4,byrow=TRUE)
target=c(10,4,56,12)
achive=data.frame(objective=1:4, priority=c(1,1,2,3),p=c(2,3,0,1),
```

```
                    n=c(0,0,1,0))
(soln=llgp(coef,target,achive))
Iteration Number:    2       # 只截取部分信息
Priority Level:  3
Decision variables           # 决策变量的值
                X
X1    4.000000e+00
X2    6.000000e+00
$converged                   # 得到最优解
[1] TRUE
```

五、非线性规划

非线性规划 (non-linear programming) 是一种更贴近实际情况的一种优化方法,它不要求目标函数和约束条件为线性形式,因此其适用性更广,当然难度也更高. 一般模型用向量和矩阵表示成

$$\min f = f(\boldsymbol{x}),$$

$$\text{s.t.} \begin{cases} \boldsymbol{x}_L \leqslant \boldsymbol{x} \leqslant \boldsymbol{x}_U, \\ \boldsymbol{b}_L \leqslant \boldsymbol{A}\boldsymbol{x} \leqslant \boldsymbol{b}_U, \\ \boldsymbol{c}_L \leqslant c(\boldsymbol{x}) \leqslant \boldsymbol{c}_U, \\ e(\boldsymbol{x}) = e. \end{cases} \tag{11.3.3}$$

其中, $f = f(\boldsymbol{x})$ 是目标函数; 第一个约束条件 $\boldsymbol{x}_L \leqslant \boldsymbol{x} \leqslant \boldsymbol{x}_U$ 表明决策变量的定义域; 第二个 $\boldsymbol{b}_L \leqslant \boldsymbol{A}\boldsymbol{x} \leqslant \boldsymbol{b}_U$ 为线性约束, $\boldsymbol{A}$ 为系数矩阵; 第三个为非线性约束, 可以是一组约束方程; 第四个是等值约束条件. 当目标函数和约束函数光滑时, 称为光滑的非线性规划, 否则为非光滑的非线性规划.

前面提到的 optim( ), optimize( ), nlm( ) 以及 constrOptim( ), nlminb( ) 等函数用来解决无约束或约束简单的非线性优化问题. 而软件包 Rsolnp 是专门用来解决复杂的非线性规划问题的, 其核心函数是 solnp( ) 和 gosolnp( ), 可求解连续非线性函数的最值问题 (光滑或非光滑情况); nloptr 包专门解决 NLOPT 问题, 其核心函数是 nloptr( ). 网页 "http://finzi.psych.upenn.edu/views/Optimization.html" 介绍了大部分优化函数, 用于非线性规划的还有 alabama 包, rLindo 包, Rdonlp2 包等. 其定义如下:

```
solnp(pars, fun, eqfun = NULL, eqB = NULL, ineqfun = NULL,
      ineqLB = NULL, ineqUB = NULL,
      LB = NULL, UB = NULL, control = list(), ...)
```

其中 pars 指决策变量的初值 (向量); fun 指目标函数 (最小化); eqfun 是约束中相等条件构成的函数, eqB 是相等条件的取值; ineqfun 是约束中不等条件构成的函数, ineqLB, ineqUB 分别是不等的下界和上界 (向量, 支持 Inf,-Inf); LB 和 UB 分别是决策变量的下界和上界 (向量).

例 11.3.8 求解有约束的非线性规划问题.

$$\min f = x^2 \sin y + y^2 \cos x,$$

$$s.t. \begin{cases} xy = 2, \\ x + y \geqslant 2, \\ 1 \leqslant 3x - y \leqslant 3, \\ \sin x \cos y \leqslant 0.6, \\ -100 \leqslant x, y \leqslant 100. \end{cases}$$

解 具体代码和图如下：

```
library(Rsolnp)
minf=function(x)    x[1]^2*sin(x[2])+x[2]^2*cos(x[1])
efun=function(x)    return(x[1]*x[2])
nefun=function(x) { z1=x[1]+x[2]; z2=3*x[1]-x[2];
                    z3=sin(x[1])*cos(x[2]); return(c(z1,z2,z3)) }
x0= c(2,0)
sol=solnp(x0, fun =minf,eqfun = efun, eqB = c(2), ineqfun=nefun,
ineqLB=c(2,1,-Inf),ineqUB=c(Inf,3,0.6),LB=c(-100,-100),UB=c(100,100))
sol
Iter: 1 fn: 1.1599    Pars: 0.66667 1.00000 #solnp的中间过程输出
Iter: 2 fn: 3.3082    Pars: 1.11111 2.33333 #补上control=list(trace=0)则不输出
Iter: 3 fn: 3.0941    Pars: 1.00654 2.01961
Iter: 4 fn: 3.0706    Pars: 1.00003 2.00008
Iter: 5 fn: 3.0705    Pars: 1.00000 2.00000
Iter: 6 fn: 2.1019    Pars: 1.37156 1.25687
Iter: 7 fn: 2.2906    Pars: 1.41010 1.42288
Iter: 8 fn: 2.2870    Pars: 1.40304 1.42546
Iter: 9 fn: 2.2871    Pars: 1.40308 1.42544
Iter: 10 fn: 2.2871   Pars: 1.40308 1.42544
solnp--> Completed in 10 iterations
$pars                                 # 决策变量的最优解
[1] 1.403075 1.425440
$convergence                          # 0表示找到解，1或2表示无可行解
[1] 0
$values                               # 每迭代步的目标函数值
 [1] 0.000000 1.159874 3.308214 3.094093 3.070600 3.070507
     2.101908 2.290612
 [9] 2.287044 2.287053 2.287053
```

```
$lagrange                          # 拉格朗日值
          [,1]
[1,]   5.424216e-01
[2,]  -1.081918e-10
[3,]   7.748235e-11
[4,]   2.801360e-10
$hessian                                              # hessian 矩阵
          [,1]          [,2]          [,3]         [,4]         [,5]
[1,]   0.6106269  -0.125199361   0.255644575  -0.1740271  -0.4198028
[2,]  -0.1251994   0.125310058   0.001822646  -0.3036787   0.1998592
[3,]   0.2556446   0.001822646   0.782126057  -0.4913880   0.2998672
[4,]  -0.1740271  -0.303678692  -0.491388014   4.9509588  -1.3419755
[5,]  -0.4198028   0.199859163   0.299867175  -1.3419755   1.0536390
$ineqx0                         # 约束不等条件值
[1] 2.8285155 2.7837855 0.1428122
$nfuneval                       # 计算的函数数量
[1] 256
$outer.iter                # 迭代次数
[1] 10
$elapsed                        # 耗时
Time difference of 0.04691505 secs
$vscale
[1] 2.28705348 0.00000001 1.00000000 1.00000000 1.00000000 1.00000000
    1.00000000
```

在上述输出中, 我们通过 convergence=0 判断得到最优解为 pars=(1.403075,1.425440), 并通过 values 得到目标函数最小值为 2.287053. 为了简化输出, 我们可以将上述代码改成:

```
sol=solnp(pars, fun =minf,eqfun = efun, eqB = c(2), ineqfun=nefun,
        ineqLB=c(2,1,-Inf),ineqUB=c(Inf,3,0.6),LB=c(-100,-100),
        UB=c(100,100),control=list(trace=0))
list(converge=sol$convergence, solution=sol$pars,
    min=sol$values[sol$outer.iter],time=sol$elapsed)
```

例 11.3.9 关于 Rastrigin 函数的高维优化测试:

$$\min f = \sum_{i=1}^{n}(x_i^2 - 10\cos(2\pi x_i) + 10), \quad x_i \in \mathbb{R}.$$

解 该函数局部极值点非常多, 但最小值点就一个 (当所有决策变量都等于 0 时), 故该函数常用来测试各类优化算法. 先展示一下二维 Rastrigin 函数, 各维区间均为 $[-10,10]$, 需要安装 rgl 包. 具体代码和图如下:

```
a=10;   x=seq(-a,a,by=0.01);    y=x
```

```
fxy=function(x,y)  x^2-10*cos(2*pi*x)-10*cos(2*pi*y)+20
z=outer(x,y,FUN=fxy)
zorder=rank(z)
persp3d(x,y,z,col=rainbow(as.integer(max(zorder)))[zorder])    # 来自rgl包
```

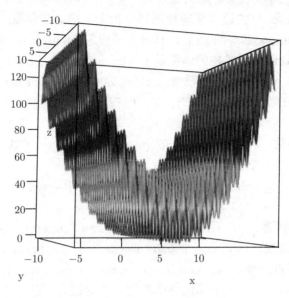

图 11.3.1　二维 Rastrigin 函数的三维图

从图 11.3.1 中可知，z 方向底部所有尖刺点都是局部极小值点，因此寻优过程将异常艰难．

```
library(Rsolnp)
minf=function(x)  sum(x^2-10*cos(2*pi*x)+10)
n=1000;    x0=rep(1,n)                              # 改变n将适合任意维数
sol=solnp(x0, fun = minf, control=list(trace=0))
list(converge=sol$convergence, solution=sol$pars,
     min=sol$values[sol$outer.iter],time=sol$elapsed)
$convergence
[1] 0
$pars
[1] -5e-06   -5e-06    -5e-06 …
$min
[1] 4.959801e-06
$time
Time difference of 3.140961 secs
```

在 1000 维时，主机配置为 Intel(R) Core(TM) i7-6500U CPU @2.5GHz 2.60GHz, 内存为 8.00G 的执行结果，发现该算法的执行效率还是挺高的．

六、 图与网络规划

图与网络规划 (graphics and network programming) 是运筹学领域发展迅速而又灵活的一个分支, 适用领域广, 因而应用极其广泛. 对于经典的问题, 如路径规划、网络流、最小生成树、旅行商等问题, 解决起来更是快速方便.

igraph 包功能强大, 可快速方便地绘制和分析无向图、有向图, 对于解决经典问题更是轻而易举. 其中, graph.maxflow( ) 函数计算最大流问题; shortest.paths( ) 函数计算任意两顶点间的最短路径; 得到最小生成树的函数是 minimum.spanning.tree( ).

TSP 包专门用来解决旅行商问题 (travelling salesman problem, TSP), 包括对称和非对称两种情况. 将其中的 TSP( ),ATSP( ),solve_TSP( ), tour_length( ) 等函数联合使用就能完美地处理 TSP 问题.

创建一个空图函数: make_empty_graph(n = 0, directed = TRUE), 其中 n 表示顶点个数, directed 表示是否是一个有向图.

创建图函数: make_graph(edges, ..., n = max(edges), directed = TRUE), 其中 edges 表示边, directed 同上.

向图中添加边的函数: add_edges(graph, edges, ..., weight,attr = list( )), 其中 graph 是图对象, edges 是向量, 依次两两表示一个条边; weight 表示边的权; attr 表示边的属性.

解决最大流问题的函数: max_flow(graph, source, target, capacity = NULL), 其中 graph 是图对象, source 和 target 分别表示网络中需要计算的最大流的起点和终点.

解决最小生成树的函数: mst(graph, weights = NULL, algorithm = NULL, ...), 其中 weights 表示边的权重, algorithm 是求解算法.

计算任意两顶点间最短路径的函数:

```
shortest_paths(graph, from, to = V(graph),
               mode = c("out", "all","in"), weights = NULL,
               output = c("vpath", "epath", "both"), predecessors = FALSE,
               inbound.edges = FALSE)
```

其中, from 是顶点起点; to 是要计算的顶点, 默认是所有点; mode 取 out 表示从 from 到 to, 取 in 表示从 to 到 from, 取 all 表示无向图 (默认); 其他略.

例 11.3.10 有向图的创建.

解 具体代码和图 (图 11.3.2 和图 11.3.3) 如下:

```
Es=c(1, 2, 2, 3, 3, 4, 5, 6)             es = matrix(nc=3, byrow=TRUE,
g=make_graph(Es,directed=TRUE)             c(1,2,0, 1,3,2, 1,4,1, 2,3,0, 2,5,5, 2,6,2, 3,2,1, 3,4,1, 3,7,1, 4,3,0,
plot(g)                                    4,7,2, 5,6,2, 5,8,8, 6,3,2, 6,7,1, 6,9,1, 6,10,3, 8,6,1, 8,9,1, 9,10,4) )
                                         g= add_edges(make_empty_graph(10), t(es[,1:2]), weight=es[,3])
                                         plot(g)
```

例 11.3.11 以图 11.3.3 的有向图计算: (1) 顶点 1 到顶点 10 的最大流; (2) 该连通图的最小生成树; (3) 图中任意两顶点间的最短路径.

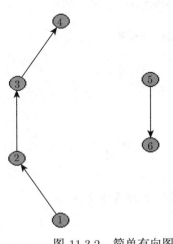

图 11.3.2 简单有向图 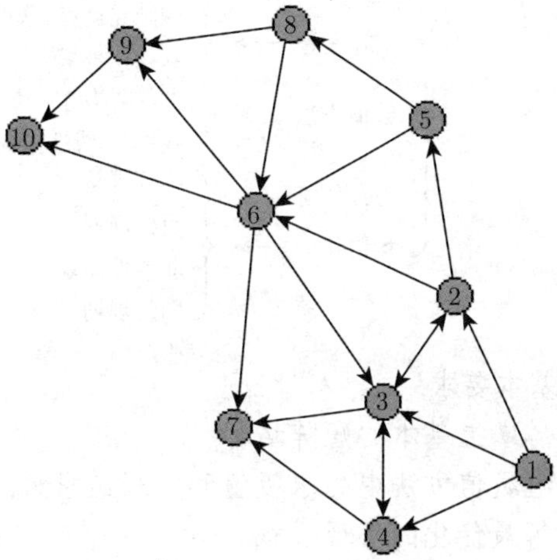　　　　图 11.3.3 带权有向图

解　具体代码和图 (图 11.3.4) 如下:

```
max_flow(g,1,10,capacity=es[,3])         plot(mst(g)) # 画出最小生成树
shortest.paths(g, mode = "out")
$value
[1] 1
     [,1] [,2] [,3] [,4] [,5] [,6] [,7] [,8] [,9] [,10]
[1,]   0    0    0    1    5    2    1   13    3     5
[2,] Inf    0    0    1    5    2    1   13    3     5
[3,] Inf    1    0    1    6    3    1   14    4     6
[4,] Inf    1    0    0    6    3    1   14    4     6
[5,] Inf    5    4    5    0    2    3    8    3     5
[6,] Inf    3    2    3    8    0    1   16    1     3
[7,] Inf  Inf  Inf  Inf  Inf  Inf    0  Inf  Inf   Inf
[8,] Inf    4    3    4    9    1    2    0    1     4
[9,] Inf  Inf  Inf  Inf  Inf  Inf  Inf  Inf    0     4
[10,] Inf Inf  Inf  Inf  Inf  Inf  Inf  Inf  Inf     0
```

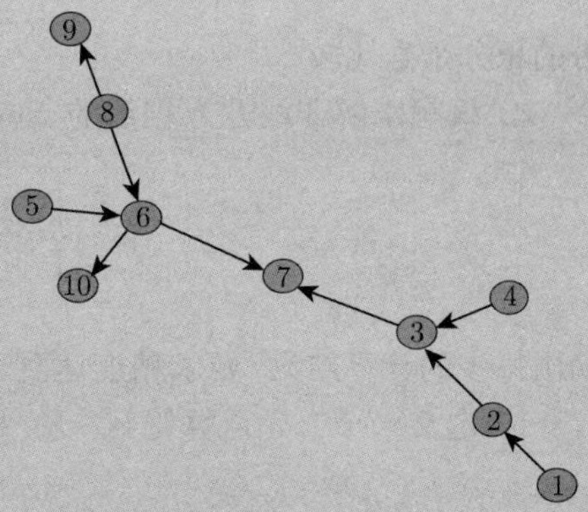

图 11.3.4

内容小结

　　本章介绍了数学运算中常见的矩阵运算、数值方法中的积分、求导、求极值、(多项式) 求根、线性方程组求解、非线性方程组求解、线性规划和非线性规划等内容.

　　本章知识点网络结构图:

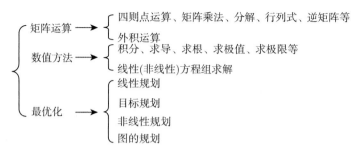

本章基本要求:
1. 熟练掌握基本的矩阵运算;
2. 掌握数值方法中的求极值和方程组求解, 了解其他各种数值方法;
3. 了解最优化的实现过程.

习 题 十 一

1. 不使用 R 软件中的现成函数, 根据定义自行编程求数据框变量的离差阵、协方差阵、相关阵的函数.

2. 通过流程控制及自定义函数计算 $\int_{-2}^{2} \frac{1}{\sqrt{2\pi}} e^{-\frac{x^2}{2}} dx$, 并与 R 软件自带的积分函数比较.

3. 编写计算二维定积分的较通用的函数, 计算 $\int_{-2}^{2}\int_{-2}^{2} \frac{1}{2\pi} e^{-\frac{x^2+y^2}{2}} dxdy$ 并与 R 软件自带的积分函数比较.

4. 编写求解非线性方程组的 Newton 算法, 并求解非线性方程组:
$$\begin{cases} x^2 - 10x + y^2 + 8 = 0, \\ xy^2 + x - 10y + 8 = 0. \end{cases}$$
输出每步的计算结果, 要求精度达到 10^{-5}, 初值 $(x,y)=(0,0)$, 并给出算法执行的时间.

5. 定义一个二元运算符%<%, 用来判断一个向量集合是否包含于另一个向量集合.

习题答案

习 题 一

1. 需要分析多种情况,无解无实根 (2 种);仅一个实根;两实根 (相等, 不相等).

```
get.root=function(arg)   # arg 是向量, arg[1]x^2+arg[2]x+arg[3]=0
{ if((arg[1]==arg[2] && arg[1]==0)||(arg[2]^2-4*arg[1]*arg[3]<0))
    return('Error: no real root')
  if(arg[1]==0) return(list(root=-arg[3]/arg[2],description='only one
    root'))
  else { delta=sqrt(arg[2]^2-4*arg[1]*arg[3]);
     if(delta==0) return(list(root=-arg[2]/(2*arg[1]),description='
        two equal roots'))
     else { root1=(-arg[2]-delta)/(2*arg[1]); root2=(-arg[2]+delta)/
        (2*arg[1]);
          return(list(root=c(root1,root2),decription='two different
            roots'))
     }
   }
}
get.root(c(1,0,1));  # get.root(1,2,1); get.root(1, 4,1); get.root(0,0,1)
```

2. $p = 1 - \dfrac{A_{365}^n}{356^n}$. 当 $n = 50$ 时, $p = 0.9703736$.

```
simulate.birthday=function(n=50,k=2,N=10000)
{ get.k=function() { a=sample(1:365,n,replace=TRUE);  sum(table(a)>=k)}
  sum(replicate(N,get.k())>=1)/N
}
simulate.birthday(n=50,k=2)      # simulate.birthday(n=50, k=3)
```

3.

```
A=0:59;     B=seq(1,99,by=2);  C=41:100
union(A,B);  intersect(A,B);   setdiff(C,B);  intersect(intersect(A,B),C)
```

4. 总的可能组合数 $C_{35}^5 C_{12}^2 = 21425712$.

```
alls=choose(35,5)*choose(12,2)
```

一等奖的可能数 1；二等奖的可能数 20；三等奖的可能数 $195 = C_2^1 C_{10}^1 = 20 C_5 4 C_{30}^1 + C_{10}^2$；

四等奖的可能数 7350；五等奖的可能数 134350；六等奖的可能数 1287281，即

$$C_5^4 C_{30}^1 C_2^1 C_{10}^1 + C_5^3 C_{30}^2 C_5^4 C_{30}^1 C_{10}^2 + C_5^3 C_{30}^2 C_2^1 C_{10}^1 + C_5^2 C_{30}^3 C_5^3 C_{30}^2 C_{10}^2 + C_5^2 C_{30}^3 C_2^1 C_{10}^1 + C_5^1 C_{30}^4 + C_{30}^5.$$

5. (1) $\dfrac{C_6^1 C_4^2}{C_{10}^3} = \dfrac{3}{10}$； (2) $\dfrac{C_6^2 C_4^1}{C_{10}^3} = \dfrac{1}{2}$； (3) $\dfrac{2 A_6^1 A_4^1 A_5^1}{A_{10}^3} = \dfrac{1}{3}$. 下面以 0 表示红球，1 表示绿球.

```
get.prob12=function(balls=c(rep(0,6),rep(1,4)),outs=3,sum.red=1,N=10000)
{  sum(replicate(N,sum(sample(balls,outs,replace=FALSE))==0)==sum.red))/
   N }
get.prob12();   get.prob12(sum.red=2)     # 某次执行分别返回 0.2978,0.5052

get.prob3=function(balls=c(rep(0,6),rep(1,4)),outs=3,N=10000)
{  is.zero=function() { a=sample(balls,outs,replace=FALSE);
   return(1-sum(a[1:2])+a[3]) }
   sum(replicate(N,is.zero())==0)/N
} get.prob3()            # 某次执行返回 0.3365
```

6. $\displaystyle\int_{-1}^{1} 2^x \mathrm{d}x = \left.\dfrac{2^x}{\ln 2}\right|_{-1}^{1} = \dfrac{3/2}{\ln 2} = 2.164043.$

```
integrate(function(x) 2^x,-1,1)
# 返回 2.164043 with absolute error < 2.4e-14

# 随机变量落在曲线下方的概率=面积之比，概率用投点频率近似，推出积分值
simulate.integrate=function(f=function(x) 2^x,int.x=c(-1,1),int.y=c(0,2),
    N=10000)
{ x=runif(N,int.x[1],int.x[2]);  y=runif(N,int.y[1],int.y[2]);
   (int.x[2]-int.x[1])*(int.y[2]-int.y[1])*sum(y<=f(x))/N
}
simulate.integrate()    # 某次运行结果为 2.1448
```

7.

```
x=0:20
plot(x,dpois(x,4),type='o',ylab='密度poisson   ',xlab='');
text(6,0.19,'lamda=4')
lines(x,dpois(x,6),type='o');  text(8,0.17,'lamda=6')
lines(x,dpois(x,8),type='o');  text(10,0.15,'lamda=8')
```

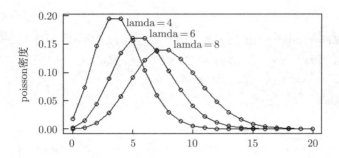

8. 9. 参见附录.

10.

```
n=20; p=c(seq(0.05,0.01,by=-0.01),seq(0.009,0.001,by=-0.001));
   lamda=n*p;       k=1
op=par(mfrow=c(1,2))
y1=cbind(dbinom(k,n,p),dpois(k,lamda));
matplot(p,y1,type='l',pch=1:2,ylab='密度值',
main=sprintf('B(n,p)-P(lamda): n=%d, k=%d',n,k))
y2=cbind(pbinom(k,n,p),ppois(k,lamda))
matplot(p,y2,type='l',pch=1:2,ylab='概率值',
main=sprintf('B(n,p)-P(lamda): n=%d, k=%d',n,k))
par(op)
```

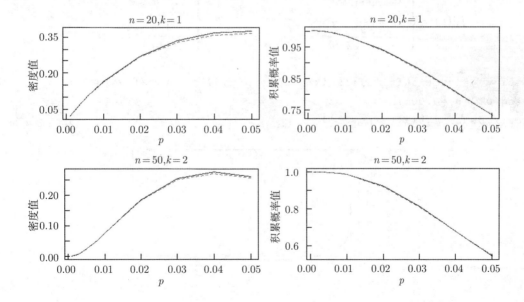

此处对密度值和概率值在 $n=20$ 时, 对多个 p 取值作了比较, 并通过图像直观展示, 发现 n 固定时, p 越小误差越小 (两条直线越吻合); n 越大时, 对所有的 p 误差都变小.

11.

```
mu=0;   xigma=seq(0.001,0.01,by=0.001);   x=seq(-0.02,0.02,by=0.0001)
plot(x,dnorm(x,mu,xigma[1]),type='n',ylab='密度')
for(xi in xigma)   lines(x,dnorm(x,mu,xi))
abline(v=mu)
```

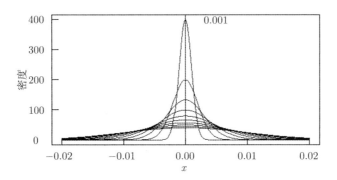

从图中可知, 随着 $\sigma \to 0, x$ 的取值 $\to \mu$, 由此可直观感受切比雪夫不等式的推论, 直观理解方差表达了随机变量偏离均值的波动程度.

12. $F_Y(y) = P(Y \leqslant y) = P(X^2 \leqslant y) = \begin{cases} 0, y \leqslant 0, \\ P(-\sqrt{y} \leqslant X \leqslant \sqrt{y}) = F_X(\sqrt{y}) - F_X(-\sqrt{y}), y > 0. \end{cases}$

$$f_Y(y) = \begin{cases} 0, & y \leqslant 0, \\ \dfrac{f_X(\sqrt{y}) + f_X(-\sqrt{y})}{2\sqrt{y}}, & y > 0 \end{cases} = \begin{cases} 0, & y \leqslant 0, \\ \dfrac{1}{\sqrt{2\pi y}} e^{-\frac{y}{2}}, & y > 0. \end{cases}$$

```
density.y=function(x)  ifelse(x<=0,0,exp(-x/2)/sqrt(2*pi*x))
x=seq(0,2,by=0.001)
plot(x,density.y(x),type='l')
```

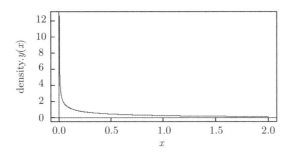

13. X_i 表示第 i 颗骰子的点数 (相互独立), $i = 1, 2, \cdots$, 则点数之和可表示为 $\sum\limits_{i=1}^{n} X_i$.

$$E\left(\sum_{i=1}^{n} X_i\right) = \sum_{i=1}^{n} E(X_i) = \frac{7}{2}n, \quad D\left(\sum_{i=1}^{n} X_i\right) = \sum_{i=1}^{n} D(X_i) = \frac{35}{12}n.$$

```
simulate.fun=function(N,n=1000)
{ get.info=function(){ x=sample(1:6,n,replace=TRUE); c(mean(x),var(x))}
  apply(replicate(N,get.info()),1,mean)*n
}
simulate.fun(N=1000)
```

某次模拟输出的结果 3499.444, 2916.451, 而理论值为 3500 和 2916.667; 可见重复次数越多估计得越准确.

14. 设成绩 $X \sim N(\mu, \sigma^2), P(X > 65) = 0.5, P(X > 90) = 0.05$. 则有

$$\mu = 65, \quad 1 - \Phi\left(\frac{90 - 65}{\sigma}\right) = 0.05 \Rightarrow \Phi\left(\frac{25}{\sigma}\right) = 0.95 \Rightarrow \sigma = 15.19892,$$

则

$$P(60 \leqslant X \leqslant 80) = \Phi\left(\frac{80 - 65}{15.19892}\right) - \Phi\left(\frac{60 - 65}{15.19892}\right) = 0.4670682.$$

上述值大部分通过 qnorm, pnorm 函数计算得到.

15.

```
n=seq(10,1000,by=10);    mx=matrix(0,nrow=length(n),ncol=2)# 存储期望和平均值
for(i in 1:length(n))
{ EX=runif(n[i],10,20);    xigma=runif(n[i],1,10)
                            # 让均值在10,20波动,标准差在1,10波动
  mx[i,1]=mean(EX);
  mx[i,2]=0                                  # 计算随机变量平均值
  for(j in 1:n[i]) mx[i,2]=mx[i,2]+rnorm(1,EX[j],xigma[j])
  mx[i,2]=mx[i,2]/n[i]
}
matplot(n,mx,type='l',col=c('black','red'))           # 画成曲线比较
```

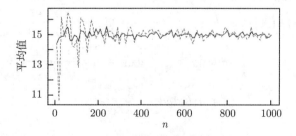

从模拟可知, 随着 n 的增大, 大数定律结论表现得越发明显.

16.

```
# 以 (0, 2) 区间上均匀分布随机变量为例，针对不同的 n 构造的函数分别作 500 抽样
# 由抽样值拟合经验分布函数并于标准正态分布函数曲线比较
n=c(10,50,100,200,500,1000); eachN=500; x=seq(-4,4,by=0.01)
op=par(mfrow=c(2,3))
get.y=function(n,N) replicate(N,(mean(runif(n,0,2))-1)*sqrt(3*n))
for( i in 1:6)
{ mx=get.y(n=n[i],N=eachN)
  plot(ecdf(mx),col='red',do.points=FALSE,verticals=TRUE,,main=n[i],xlab='',ylab='概率')
  lines(x,pnorm(x),type='l', col='black')
}
par(op)
```

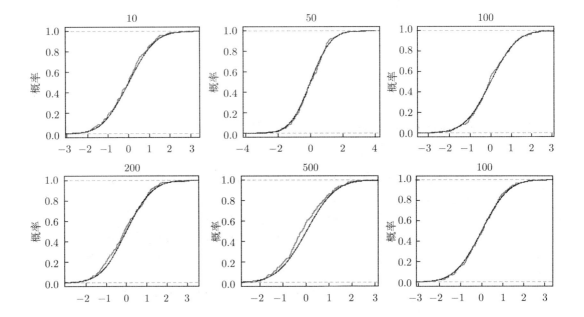

模拟结果看, 直观地验证了中心极限定理.

17. $E(X) = \int_0^2 x \int_0^2 (x+y)/8 \mathrm{d}y \mathrm{d}x = \dfrac{7}{6}, E(Y) = E(X) = \dfrac{7}{6}$;

$D(X) = E(X)^2 - (E(X))^2 = \int_0^2 x^2 \int_0^2 (x+y)/8 \mathrm{d}y \mathrm{d}x - \dfrac{49}{36} = \dfrac{5}{3} - \dfrac{49}{36} = \dfrac{11}{36}, \quad D(Y) = \dfrac{11}{36}$;

$E(XY) = \int_0^2 \int_0^2 xy(x+y)/8 \mathrm{d}x \mathrm{d}y = \dfrac{4}{3}, \quad \rho_{XY} = \dfrac{E(XY) - E(X) \cdot E(Y)}{\sqrt{D(X) \cdot D(Y)}} = -\dfrac{1}{11}$;

$P(X<1, Y<1) = \int_0^1 \int_0^1 (x+y)/8 \mathrm{d}y \mathrm{d}x = \dfrac{1}{8}$.

```
library(pracma)
den.f=function(x,y) ifelse((x>0 & x<2) & (y>0 & y<2),(x+y)/8,0)
quad2d(den.f,0,1,0,1)      # 返回 0.125, 理论值也是 0.125
```

18. 通常的连续性修正都采用偏差值 0.5, 这个也称为 Yates 修正. 当 $np > 5, n(1-p) > 5$ 且 p 既不靠近 0 也不靠近 1 时, 可以用正态分布近似计算二项分布, 此时宜采用连续性修正.

19. 设 X 表示发生故障的路灯数, 则 $X \sim B(10000, 0.001)$.

$$P(X \geqslant 12) = 1 - P(X \leqslant 11) = 1 - \sum_{i=0}^{11} C_{10000}^{i} 0.001^{i} 0.999^{10000-i} = 0.3031669;$$

$$P(X \geqslant 12) = 1 - P(X \leqslant 11) \approx 1 - \sum_{i=0}^{11} e^{-10} \frac{10^{i}}{i!} = 0.3032239;$$

$$P(X \geqslant 12) = 1 - P(X \leqslant 11) \approx 1 - \Phi\left(\frac{11 + 0.5 - 10}{\sqrt{9.99}}\right) = 0.3175435.$$

如果用正态分布近似时不用连续性修正, 误差会比较大.

习 题 二

1.

```
library(jpeg)
jpg= readJPEG('f:\\hehua.jpg');   dims=dim(jpg);   op=par(mfrow=c(1,3))
plot(c(0,dims[1]),c(0,dims[2]),type='n');
     rasterImage(jpg,0,0,dims[1],dims[2])    # 画原图
gray=jpg[,,1]*0.299+jpg[,,2]*0.587+jpg[,,3]*0.114    # 计算灰度值
jpg[,,1]=gray;   jpg[,,2]=gray;   jpg[,,3]=gray     # 修改灰度以便绘制
plot(c(0,dims[1]),c(0,dims[2]),type='n');
rasterImage(jpg,0,0,dims[1],dims[2])    # 画灰度图
hist_array=table(trunc(gray*256));   plot(hist_array)  # 计算并画灰度直方图
par(op)
```

2.

```
epank=function(x) ifelse(abs(x)<=1,0.75*(1-x^2),0)   # 以Epanechnikov核为例
denfun=function(x,fun,xsample,h,n) sum(fun((x-xsample)/h))/(n*h)
                                                      # 核函数统一调用
n=200;   df=5;   x=rchisq(n,df);   xdiv=seq(min(x),max(x),length=512);
hn=bw.nrd(x)
ydiv=sapply(xdiv,denfun,fun=epank,x,hn,n)             # 计算核密度
plot(xdiv,ydiv,type='l',xlab='epan-kernel',ylab='density')  # 画出核密度曲线
lines(xdiv,dchisq(xdiv,df),col='red')                 # 画出理论密度曲线
```

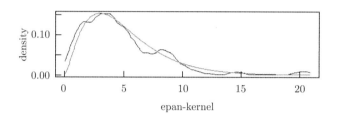

提示: 通过分点 xdiv 的密度值 ydiv 与理论密度的偏差平方和最小来评价几种核密度估计的效果.

3. 边界估计偏差大的问题通过模拟容易实现, 如第 2 题的模拟结果。建议阅读 http://cos.name/category/classical/nonparametric/, 并实现其中的方法.

4. 以 100 个标准正态分布随机数为样本, 说明求众数的密度法.

```
x=rnorm(100);    den=density(x)
                 # 此处可对density函数的参数n进行调整, 使之精细化
modex=den$x[which.max(den$y)]
plot(den,ylab='kernel density',xlab='',main='');   abline(v=modex)
```

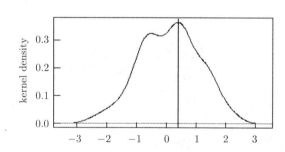

5. (1) 以 $\chi^2(n)$ 分布为例, 选取自由度 $n=2,3$ 变成 5, 通过密度和分布曲线的吻合来直观判断.

```
n=100;     x1=rchisq(n,2);    x2=rchisq(n,3);      x3=x1+x2
x=seq(0,30,by=0.01)
op=par(mfrow=c(1,2))
plot(x,dchisq(x,5),type='l',ylab='密度');   lines(density(x3),col='red')
```

```
plot(x,pchisq(x,5),type='l',ylab='分布');
lines(ecdf(x3),do.points=FALSE,verticals=TRUE,col='red')
par(op)
```

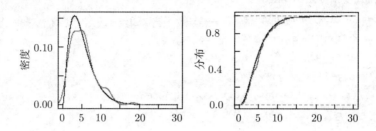

(2) 通过 K-S 分布性检验进行验证.

```
ks.test(x3,'pchisq',5)    # 某次模拟的检验 p 值为 0.4132, 即不拒绝 χ²(5) 的分布
```

其他分布的可加性, 以此类推加以直观验证和检验补充验证.

6. (1) $X \sim N(0,1), X^2 \sim \chi^2(1)$.
$P(X^2 > \chi_\alpha^2(1)) = \alpha \Leftrightarrow P(|X| > \sqrt{\chi_\alpha^2(1)}) \Leftrightarrow P(X > \sqrt{\chi_\alpha^2(1)}) = \frac{\alpha}{2} \Rightarrow \chi_\alpha^2(1) = \mu_{\alpha/2}^2$.

(2) $F \sim F(m,n) \Rightarrow \frac{1}{F} \sim F(n,m)$, $P(F > F_\alpha(m,n)) = \alpha$, $P\left(\frac{1}{F} > F_\alpha(n,m)\right) = \alpha$.

$$P(F > F_\alpha(m,n)) = P\left(\frac{1}{F} < \frac{1}{F_\alpha(m,n)}\right) = \alpha \Rightarrow$$
$$P\left(\frac{1}{F} > \frac{1}{F_\alpha(m,n)}\right) = 1 - \alpha \Rightarrow F_{1-\alpha}(n,m) = \frac{1}{F_\alpha(m,n)}.$$

(3) $X \sim t(n), X^2 \sim F(1,n)$.
$P(X > t_\alpha(n)) = \alpha \Leftrightarrow P(X^2 > t_\alpha^2(n)) = 2\alpha \Leftrightarrow P(X^2 > F_{2\alpha}(1,n)) = 2\alpha \Rightarrow F_{2\alpha}(1,n) = t_\alpha^2(n)$.

(4) $X \sim Ga(m,1), P(X > Ga_\alpha(m,1)) = \int_{Ga_\alpha(m,1)}^{+\infty} \frac{x^{m-1}}{\Gamma(m)} e^{-x} dx$.

$$y = 2x, \quad \int_{Ga_\alpha(m,1)}^{+\infty} \frac{x^{m-1}}{\Gamma(m)} e^{-x} dx = \int_{2Ga_\alpha(m,1)}^{+\infty} \frac{y^{m-1}}{2^m \Gamma(m)} e^{-y/2} dy,$$

$$Y \sim \chi^2(2m), \quad f(y) = \frac{y^{m-1}}{2^m \Gamma(m)} e^{-y/2}, y > 0.$$

$$\int_{2Ga_\alpha(m,1)}^{+\infty} \frac{y^{m-1}}{2^m \Gamma(m)} e^{-y/2} dy = P(Y > \chi_\alpha^2(2m)) = \alpha \Rightarrow 2Ga_\alpha(m,1) = \chi_\alpha^2(2m).$$

实际上, 由上述推导可知, $X \sim Ga(m,1) \Rightarrow X \sim \chi^2(2m)$.

(5) 由定义得, $t(1) \sim f(x) = \frac{1}{\pi(1+x^2)}$.

$Pt(1) > t_\alpha(1) = \int_{t_\alpha(1)}^{+\infty} \frac{1}{\pi} \frac{1}{1+x^2} dx = \frac{1}{2} - \frac{1}{\pi} \arctan(t_\alpha(1)) = \alpha \Rightarrow t_\alpha(1) = \tan\left(\frac{\pi}{2}(1-2\alpha)\right)$.

7. (1) 近似效果由概率值来表达, 即 $T \sim t(n), P(T < x) \approx \Phi(x)$, 其中 $x = -3.5$ 到 3.5, 间隔 0.01 取点.

```
n=1:50;    x=seq(-3.5,3.5,by=0.01)
#delta.fun=function(n,x) sum(head(sort(abs(pt(x,n)-pnorm(x)),decreasing=TRUE),10))
delta.fun=function(n,x) sum((pt(x,n)-pnorm(x))^2)
delta=sapply(n,delta.fun,x);       plot(n,delta,type='l')
dat=data.frame(x=n,y=delta)
(lm.out=nls(y~1/(a+b*x),data=dat,start=list(a=1,b=1)))
lines(dat[,1],predict(lm.out,data=dat[,1]),col='red')
```

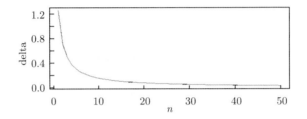

从模拟图形看, 随着 n 的增大, 误差平方和急剧下降, 逐渐平稳. 直观看 $n \geqslant 20$ 两者的接近程度就已经不错了. 此处还特别模拟了误差平方和与 n 的非线性回归模型, 发现一个有趣的结果适用模型 $y = \dfrac{1}{a+bx}$, y 为误差, x 为自由度 n, 且两个回归系数均在 0.17 和 0.62 附近波动.

(2)

```
delta.fun=function(n){x=seq(0.01,2*n,by=0.01);
sum((pchisq(x,n)-pnorm((x-n)/sqrt(2*n)))^2)}
n=1:300;     delta=sapply(n,delta.fun);      plot(n,delta,type='l')
dat=data.frame(x=n,y=delta)
(lm.out=nls(y~1/(a+b*x),data=dat,start=list(a=1,b=1)))
lines(dat[,1],predict(lm.out,data=dat[,1]),col='red')
```

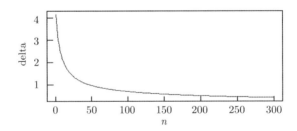

对于 χ^2 分布而言, n 越大近似效果越好, 从图判断, n 大于 100 后误差比较平稳.

8. (1) Fisher 证明了 $X \sim \chi^2(n) \Rightarrow \lim\limits_{n \to \infty} \sqrt{2X} \xrightarrow{W} N(\sqrt{2n-1}, 1)$. 显然有

$$P\left(\frac{\sqrt{2X} - \sqrt{2n-1}}{1} > \mu_\alpha\right) = \alpha \Leftrightarrow P\left(\sqrt{2X} > \mu_\alpha + \sqrt{2n-1}\right) = \alpha,$$

即
$$P\left(X > \frac{1}{2}(\mu_\alpha + \sqrt{2n-1})^2\right) = \alpha \Rightarrow \chi_\alpha^2(n) = \frac{1}{2}(\mu_\alpha + \sqrt{2n-1})^2.$$

(2) 按照第 7 题的思路, 作出不同的自由度 n 下从 0.001 到 0.999 对应的分位点的偏差平方和.

```
alpha=seq(0.001,0.999,by=0.001);      n=1:300      # 对每个 n, 计算 999 个偏差平方和
delta.fun=function(n,alpha) sum((2*qchisq(alpha,n)-(qnorm(alpha)+sqrt(2*n-1))^2)^2)
deltas=sapply(n,delta.fun,alpha);     plot(n,deltas,type='l')
```

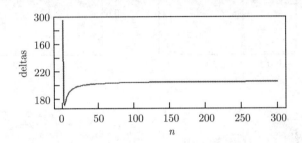

从模拟粗略给出 $n \geqslant 50$ 时近似效果可以接受. 但图中出现一个极值点, 对应的 $n = 3$. (为什么？)

9. (1) 证明: $U = X/Y$, 则

$$f_U = \int_{-\infty}^{+\infty} f_{X,Y}(uy,y)|y|\mathrm{d}y = \int_{-\infty}^{+\infty} \frac{1}{2\pi} \mathrm{e}^{-\frac{u^2 y^2 + y^2}{2}} |y|\mathrm{d}y = 2\int_{0}^{+\infty} \frac{1}{2\pi} \mathrm{e}^{-\frac{u^2+1}{2}y^2} y\mathrm{d}y.$$

$$f_U(u) = 2\int_{0}^{+\infty} \frac{1}{2\pi} \mathrm{e}^{-\frac{u^2+1}{2}y^2} y\mathrm{d}y = \frac{1}{\pi} \frac{1}{u^2+1}, \quad u \in \mathbb{R} \Rightarrow U \sim C(0,1).$$

(2) 模拟: 以两个标准正态分布随机变量为例, 进行模拟, 共进行 100 次, 每次均采样 1000 个随机数, 通过统计 100 次模拟中 K-S 检验的 p 值超过给定的 0.05 显著性水平频率来说明问题.

```
simulate.norm.cauchy=function(N=100,n=1000,p.value=0.05)
{ pvalue=replicate(N,ks.test(rnorm(n)/rnorm(n),'pcauchy',0,1)$p.value)
  sum(pvalue>p.value)/N
}
mean(replicate(100, simulate.norm.cauchy()))
```

平均的频率可达 95% 左右, 也可以说有 95% 的概率保证这个结论是成立的.

10. 以标准柯西分布为例进行模拟, 结果显示结论是正确的.

```
simulate.cauchy=function(n=10,N=1000)
{ cc=replicate(N,mean(rcauchy(n)))
  op=par(mfrow=c(1,2))
  x=seq(min(cc),max(cc),by=1)
  plot(x,dcauchy(x),type='l');    lines(density(cc),col='red')
```

```
    plot(x,pcauchy(x),type='l');
        lines(ecdf(cc),col='red',do.points=FALSE,verticals=TRUE)
    par(op)
ks=ks.test(cc,'pcauchy',0,1);
    c(ks.stat=ks$statistic,ks.pvalue=ks$p.value)
}
simulate.cauchy()
```

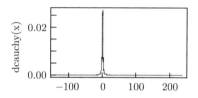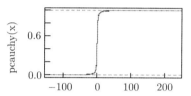

```
ks.stat.D   ks.pvalue
0.03099432  0.29193965
```

11.

```
n=10  # 下面从分布函数和密度函数的估计来验证这个结论；同时使用K-S分布性检验
find.mid=function(N=1000,n=10) replicate(N,median(runif(2*n+1)))
mid=find.mid(N=1000,n=n)
op=par(mfrow=c(1,2))
x=seq(0,1,by=0.01);
plot(x,pbeta(x,n+1,n+1),type='l',ylab='',xlab='',
     main='分布比较',cex.main=0.8)
lines(ecdf(mid),do.points=FALSE,verticals=TRUE)
plot(x,dbeta(x,n+1,n+1),type='l',ylab='',xlab='',
     main='密度比较',cex.main=0.8)
lines(density(mid))
par(op)
```

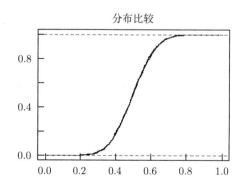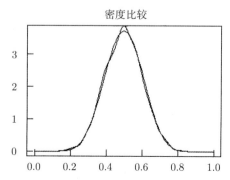

上述模拟可知, 理论和模拟分布的曲线近乎重合, 直观验证结论. 下面通过检验进一步验证:

```
>ks.test(mid, 'pbeta',n+1,n+1)
One-sample Kolmogorov-Smirnov test
data:  mid
D = 0.026737, p-value = 0.4722    # 从输出的检验p值看, 通常都能通过检验
alternative hypothesis: two-sided
```

12. 假设数据 (需要提取复权交易数据) 已经载入变量 x 中, 先画出它的日收益率的密度估计图:

```
N=length(x);    r=(x[2:N]-x[1:(N-1)])/x[1:(N-1)]
plot(density(r),main='')
```

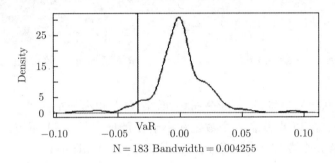

求 $P(r < \text{VaR}) = 0.05$, 即找到密度图中位于 VaR 值左侧围成的面积为 0.05, 使用近似面积估计得:

```
a=density(r,n=1024)
sump=cumsum((a$x[2]-a$x[1])*a$y)
index=which.min(abs(sump-0.05))
(VaR=a$x[index])          # 返回-0.03371005
```

13. (1)

```
library(pracma)
int.f=function(x,y)   2*exp(-2*x-y)
a2.f=function(x)   0
b2.f=function(x)   x
montecarlo.fun=function(int.f,a1,b1,a2.f,b2.f,N=10000)
{   rx=runif(N);     x=a1+(b1-a1)*rx
    ry=runif(N);     subdy=b2.f(x)-a2.f(x)
    y=a2.f(x)+subdy*ry
    mean(int.f(x,y)*(b1-a1)*subdy)
}
montecarlo.fun(int.f,0,10,a2.f,b2.f,N=10000)
```

```
                        # 某次模拟输出:0.323045 精确值:1/3
```

(2)
```
N=10000;  x1=runif(N,0,1); x2=runif(N,1,3);
fun2=function(x,y)  x*exp(-x-y)          # 定义积分函数
2*mean(fun2(x1,x2))                      # 某次模拟输出:0.08391627
quad2d(fun2,0,1,1,3)                     # 精确值:0.08405308
```

提高 Monte Carlo 积分的精度需要从随机数、方法等角度减小估计的方差.

14.
```
find.n=function(each=20)
{  a=cumsum(runif(each))
   for(i in 1:each)  if(a[i]>=1) return(i)
}
n=replicate(1000,find.n());    mean(n)      # 某次输出2.72113，推测理论值为e
```

实际上，根据几何概率推导 N 的分布规律，两数之和小于 1 的概率为 1/2; 三个数之和小于 1 的概率为 1/3!，以此类推 n 个数之和小于 1 的概率是 $1/n!$，而大于等于 1 的概率就是 $1-1/n!$，加到第 n 个数和才大于等于 1 的概率为 $(1-1/n!)-(1-1/(n-1)!) = (n-1)/n!$，则期望为

$$\sum_{n=2} n\frac{n-1}{n!} = \sum_{n=1} \frac{n}{n!} = \sum_{n=0} \frac{1}{n!} = \mathrm{e}.$$

习 题 三

1. 以泊松分布 $P(5)$ 为例，每次抽取 $n=20$ 个随机数，共模拟 $N=100$ 次，绘制成图直观比较，其中两个无偏估计量分别为: $\overline{X}, (n-1)S^2/n$.

```
lamda=5; n=20; N=100
est=replicate(N,{ rp=rpois(n,lamda);  c(mean(rp),(n-1)*var(rp)/n)});
est=t(est)   # 转置
matplot(1:N,est,type='l',col=c('black','black'),lty=c(1,2),lwd=c(2,1))
                                                        # 两个估计值曲线
abline(h=lamda)                                         # 真实值曲线
legend(85,6.7,c('一阶','二阶'),lty=c(1,2),cex=0.75)      # 画出图例
```

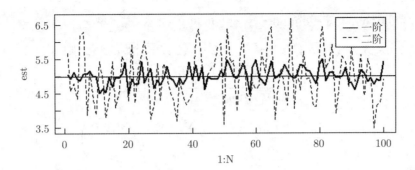

从图中看出，低阶矩估计的效果明显优于高阶矩估计。

2. 以 $\chi^2(n)$ 为例，双侧区间估计常用分位点 $\chi^2_{1-\alpha/2}(n), \chi^2_{\alpha/2}(n)$，研究方差的区间估计长度

$$L = \frac{(n-1)S^2}{\chi^2_{1-\alpha/2}(n-1) \cdot \chi^2_{\alpha/2}(n-1)}(\chi^2_{\alpha/2}(n-1) - \chi^2_{1-\alpha/2}(n-1)) \to OL = \frac{\chi^2_{\alpha/2}(n) - \chi^2_{1-\alpha/2}(n)}{\chi^2_{1-\alpha/2}(n) \times \chi^2_{\alpha/2}(n)}.$$

固定一个 $n=10$，构造多个 alpha 值，分别求上述区间长度 OL 和最短区间长度 NL.

```
n=10;    alpha=seq(0.005,0.1,by=0.005)
get.interval=function(alpha,qfun,pfun,n)
{  L1=qfun(alpha/2,n);    L2=qfun(1-alpha/2,n)
   Nx1=seq(0,qfun(alpha*0.99,n),length=100);
      Nalpha=sapply(Nx1,pfun,n)
   Nx2=qfun(1-alpha+Nalpha,n);              NL=(Nx2-Nx1)/(Nx1*Nx2)
   where=which.min(NL)
   c(Ox1=L1,Ox2=L2,OL=(L2-L1)/(L1*L2),Nx1=Nx1[where],Nx2=Nx2[where],
     NL=NL[where])
}
head( t(sapply(alpha,get.interval,qchisq,pchisq,n)), 4)    #仅显示前4 个
        Ox1      Ox2      OL        Nx1      Nx2      NL
[1,] 1.827397 27.11217 0.5103427 2.150614 37.31067 0.4381815
[2,] 2.155856 25.18818 0.4241516 2.551746 35.56401 0.3637702
[3,] 2.380898 24.03806 0.3784089 2.801236 30.45191 0.3241466
[4,] 2.558212 23.20925 0.3478117 3.020111 29.73389 0.2974820
```

3. 容易求得样本中位数为 8.0，则总体中位数 θ 的估计值为 $\hat{\theta}=8.0$.

```
sx=c(5.9, 4.6, 10.0, 12.0, 9.2, 8.0, 15.5, 11.2, 6,6, 7.2)
(sme=median(sx))        # 得到样本中位数，以下构造 10000 个 bootstrap 样本
N=10000;   alpha=0.05   # sd(me) 实现中位数的标准误差估计
me=sort(replicate(N,median(sample(sx,10,replace=TRUE))))
c(value=sme, low=me[N*alpha/2],up=me[N*(1-alpha/2)], sd=sd(me))

value           low          up           sd
```

```
8.000000   6.000000   11.200000   1.431996
```

4. 已知 $2m\lambda_1\overline{X} \sim \chi^2(2m), 2n\lambda_1\overline{Y} \sim \chi^2(2n)$, 且 $\overline{X}\,\overline{Y}$ 相互独立, 则有

$$F = \frac{2m\lambda_1\overline{X}/2m}{2n\lambda_1\overline{Y}/2n} = \frac{\lambda_1\overline{X}}{\lambda_1\overline{Y}} \sim F(2m,2n),$$

$$P\left(\frac{\overline{Y} \times F_{1-\alpha/2}(2m,2n)}{\overline{X}} < \frac{\lambda_1}{\lambda_1} < \frac{\overline{Y} \times F_{\alpha/2}(2m,2n)}{\overline{X}}\right) = 1-\alpha.$$

模拟实验: $m=15, n=20$, lamda1 $=1$, lamda2 $=2$, alpha $=0.05$; 产生的随机数为初始样本.

```
m=15; n=20; lamda1=1; lamda2=2; alpha=0.05
x=rexp(m,lamda1);  y=rexp(n,lamda2);    mxy=mean(y)/mean(x)
int.old=c(value=mxy, low=mxy*qf(alpha/2,2*m,2*n),up=mxy*qf(1-alpha/2,2*m,2*n))
N=10000;
mx=replicate(N,mean(sample(x,m,replace=TRUE)))   # bootstrap 思想得到 N 个平均值
my=replicate(N,mean(sample(y,n,replace=TRUE)))
ratio=sort(my/mx)                                # 因为 lamda1/lamda2=EY/EX
int.new=c(value=median(ratio), low=ratio[N*alpha/2],up=ratio[N*(1-alpha/2)])
rbind(int.old,int.new)

            value       low         up         # 某次模拟输出的结果
int.old0.4464103  0.2222193   0.8673377
int.new0.4454326  0.2441656   0.7689015
```

5. (1) $L(\eta) = \dfrac{\beta^n}{\eta^{n\beta}} \prod_{i=1}^{n} x_i^{\beta-1} \mathrm{e}^{-(x_i/\eta)^\beta} \Rightarrow \dfrac{\mathrm{d}\ln L(\eta)}{\mathrm{d}\eta} = \sum_{i=1}^{n} \dfrac{x_i^\beta}{\eta^{\beta+1}}\beta - \dfrac{n\beta}{\eta} = 0$, 得

$$\hat{\eta} = \left(\frac{1}{n}\sum_{i=1}^{n} x_i^\beta\right)^{1/\beta}.$$

```
x=c(96.73, 152.86, 148.27, 86.81, 166.78, 79.66, 95.01, 22.24, 52.66,
    150.02);   beta=2.5;
get.eta=function(x, beta)  mean(x^beta)^(1/beta)
(sample.eta=get.eta(x, beta))              # 返回结果118.2569372
```

(2) 通过获得 η 的置信下限来估计 $R(40)$ 的置信下限 $R(40) = 1 - F(40,\beta,\hat{\eta}) = \mathrm{e}^{-(40/\hat{\eta})^\beta}$.

```
N=10000;
   etas=sort( replicate(N, get.eta(sample(x, 10, replace=TRUE),beta))
loweta=etas[N*0.05];      # 得到参数η的置信下限
c(loweta=loweta, R40=exp(-(40/loweta)^beta),Oeta=sample.eta,
   OR40=exp(-(40/sample.eta)^beta))
```

loweta	R40	Oeta	OR40
95.4332573	0.8924929	118.2569372	0.9356254

6*. 令 $y_{kj} = \ln x_{kj}$, $\lambda = \ln \alpha$, $\bar{y} = \dfrac{1}{n}\sum_{k=1}^{4}\sum_{j=1}^{n_k} y_{kj}$, $n = \sum_{k=1}^{4} n_k$, 整理对数似然函数为

$$\ln L(\alpha,\beta_0,\beta) = \sum_{k=1}^{4}\sum_{j=1}^{n_k}\left[\ln\alpha + (\alpha-1)\ln x_{kj} - \alpha(\beta_0+\beta\ln S_k) - \left(\frac{x_{kj}}{\mathrm{e}^{\beta_0+\beta\ln S_k}}\right)^{\alpha}\right]$$

$$= n\lambda - \mathrm{e}^{\lambda}\sum_{k=1}^{4} n_k(\beta_0+\beta\ln S_k) + n(\mathrm{e}^{\lambda}-1)\bar{y} - \sum_{k=1}^{4}\sum_{j=1}^{n_k}\mathrm{e}^{\mathrm{e}^{\lambda}(y_{kj}-\beta_0-\beta\ln S_k)}.$$

```
dat=list(s=c(12,16.2,21.87,29.52),n=c(2,2,4,6),
x=list(x1=c(5.53163,1.90136),x2=c(1.01512,0.63750),
x3=c(0.14763,0.18258,0.07079,0.16518),
x4=c(0.07396,0.10563,0.05993,0.01337,0.03130,0.04317)))

logfun=function(pa,dat)
{ n=sum(dat$n);    y=lapply(dat$x,log);    my=mean(unlist(y))
  res=n*pa[1]-exp(pa[1])*sum(dat$n*(pa[2]+pa[3]*log(dat$s)))+n*(exp(pa
      [1])-1)*my
  ss=0
  for(i in 1:4)   for(j in 1:dat$n[i])
      ss=ss+exp((y[[i]][j]-pa[2]-pa[3]*log(dat$s[i]))*exp(pa[1]))
  res-ss
}
solu=maxLik(logfun,start=c(1.0,1.0,-1.0),dat=dat)
summary(solu)

--------------------------------------------
Maximum Likelihood estimation
Newton-Raphson maximisation, 10 iterations
Return code 1: gradient close to zero
```

最终参数的估计值为 $(\alpha,\beta_0,\beta) = (\mathrm{e}^{0.7368} = 2.0892, 12.6663, -4.5923)$.

7.
```
x1=c(52,150,28,54,330,210,180,32,480,120);
x2=c(240,170,30,74,167,152,260,310,440,62)
x3=c(422,97,84,220,140,156,88,69,108,172);
x4=c(320,112,101,24,62,438,78,123,80,91)
x5=c(59,75,190,270,106,456,82,43,133,50)
x6=c(192,243,222,510,108,150,180,218,180,92,180,260,240,402,136,173,386,
    178,98,156,82,130,68,160,142)
```

```
x7=c(169,292,186,88,196,378,450,108,132,145,260,192,172,70,166,398,440,
     100,125,55,177,215,265,150,200)
dat=c(x1,x2,x3,x4,x5,x6,x7);   mean(dat);
t.test(dat,conf.level=0.95)$conf.int
```

(1) 由上面代码得到估计值 180.5, 95%的置信区间为 (156.8768, 203.2322).

```
d1=c(x1,x2,x3,x4,x5);     d2=c(x6,x7);
mean(d1);    mean(d2);    t.test(d1,d2,conf.level=0.95)$conf.int
```

(2) 由上面代码得到总体一的均值：159.8; 总体二的均值：200.3.
均值差的 95%区间估计 (−86.40631, 5.40631).

```
n=length(dat);   a=replicate(10000,mean(sample(dat,n,replace=TRUE)))
mean(a);         a=sort(a);       a[c(250,9750)]
```

(3) 由上面代码得到, 某次模拟中, 总体的 bootstrap 均值估计为 179.9895.
95%的区间估计为 (157.67, 203.17).

```
n1=length(d1);   n2=length(d2)
b1=replicate(10000,mean(sample(d1,n1,replace=TRUE)))
b2=replicate(10000,mean(sample(d2,n2,replace=TRUE)))
bm=sort(b1-b2);   bm[250];   bm[9750]
```

由上面代码得到总体一和总体二的 Bootstrap 均值估计分别为：159.9009, 200.258, 而均值差 Bootstrap 估计为 (−85.4, 5.1).

8. 以样本的均值作为参数真值, 通过 Bootstap 得到足够多的自助样本均值, 从而计算均方误差.

```
dat=c(x1,x2,x3,x4,x5,x6,x7);     n=length(dat);
a=replicate(10000,mean(sample(dat,n,replace=TRUE)))
var(a);     mean((a-mean(dat))^2)
```

自助样本的方差：130.875, 自助样本得到的均方误差：130.8642.

9. 对于均匀分布 $U(0,\theta)$ 的参数, 其最大似然估计为 $X_{(n)}$, 构造枢轴统计量 $Z = X_{(n)}/\theta$. $F_Z(z) = z^n, 0 < z < 1$, 显然该分布与参数无关, 因此可求得置信度为 $1-\alpha$ 的置信区间为

$$P(x_1 \leqslant Z \leqslant x_2) = 1-\alpha \Rightarrow P\left(x_1 \leqslant \frac{X_{(n)}}{\theta} \leqslant x_2\right) = 1-\alpha \Rightarrow P\left(\frac{X_{(n)}}{x_2} \leqslant \theta \leqslant \frac{X_{(n)}}{x_1}\right) = 1-\alpha.$$

取

$$P(Z \leqslant x_1) = \alpha/2, \quad P(Z \geqslant x_2) = \alpha/2 \Rightarrow x_1 = \sqrt[n]{\alpha/2}, \quad x_2 = \sqrt[n]{1-\alpha/2},$$

双侧置信区间为 $\left(\dfrac{X_{(n)}}{\sqrt[n]{\alpha/2}}, \dfrac{X_{(n)}}{\sqrt[n]{1-\alpha/2}}\right)$, 单侧置信区间分别为 $\left(\dfrac{X_{(n)}}{\sqrt[n]{1-\alpha}}, +\infty\right)$, $\left(X_{(n)}, \dfrac{X_{(n)}}{\sqrt[n]{\alpha}}\right)$. R 模拟验证, 令参数值为 2, 取 100 个 $U(0,2)$ 随机数, alpha=0.05, 设计程序计算得

```
alpha=0.05;  n=100;   x=runif(n,0,2)
inter=c(max(x)/((1-alpha/2)^(1/n)),max(x)/((alpha/2)^(1/n)))
```

```
Linter=c(max(x)/((1-alpha)^(1/n)),Inf);
Rinter=c(max(x), max(x)/(alpha^(1/n)))
inter; Linter; Rinter 输出
 1.996244 2.070734    1.996762    Inf   1.995738 2.056430
```

习 题 四

1. 2. 3. 4. 略 (可对照表 4.2.9 来编写)

5. (1)

```
(1) x=c(3.25,3.27,3.24,3.26,3.24);  mu=mean(x);  S=sd(x);  n=length(x);
T=(mu-3.25)*sqrt(n)/S;   Ta=qt(0.99,n-1)
ifelse(T>Ta,'Reject Ho: mean is not equal to 3.25',
   'Accept Ho:mean is equal to 3.25')
"Accept Ho:mean is equal to 3.25"
```

(2)

```
p.value= t.test(x,mu=3.25,conf.level=0.99)
$p.value ifelse(p.value<0.01, 'Reject Ho: mean is not equal to 3.25',
'Accept Ho:mean is equal to 3.25')
"Accept Ho:mean is equal to 3.25"
```

6. (1) $H_0 : E(X) \leqslant 220 \Leftrightarrow H_0 : \lambda \geqslant \lambda_0 = \dfrac{1}{220}$.

$\chi^2 = 2n\lambda_0 \overline{X} \sim \chi^2(2n) \Rightarrow \chi^2 > \chi_\alpha^2(2n)$ 时拒绝 H_0.

```
x=c(159,280,101,212,224,379,179,264,222,362,168,250,149,260,485,170)
(x2=2*length(x)*mean(x)/220); (xa=qchisq(0.95,2*length(x)))
ifelse(x2>xa,'Reject Ho','Accept Ho')

[1] 35.12727
[1] 46.19426
"Accept Ho"
```

(2)

```
(p.value=1-pchisq(x2, 2*length(x)))
ifelse(p.value<0.01, 'Reject Ho','Accept Ho')

0.3221642
"Accept Ho"
```

7. (1) $\alpha = P(\overline{X} \geqslant 2.6 | \mu = 2) = P\left(\dfrac{\overline{X}-2}{1/\sqrt{n}} \geqslant \dfrac{2.6-2}{1/\sqrt{n}}\right) = 1 - \Phi(0.6\sqrt{n}) = 1 - \Phi(3)$
$= 0.001349898$,

$\beta = P(\overline{X} \leqslant 2.6 | \mu = 3) = P\left(\dfrac{\overline{X}-3}{1/\sqrt{n}} \leqslant \dfrac{2.6-3}{1/\sqrt{n}}\right) = 1 - \Phi(0.4\sqrt{n}) = 1 - \Phi(2) = 0.02275013$.

(2) $\alpha = \lim\limits_{n\to\infty}(1-\Phi(0.6\sqrt{n})) = 1-\Phi(+\infty) = 0$, $\quad \beta = \lim\limits_{n\to\infty}(1-\Phi(0.4\sqrt{n})) = 1-\Phi(+\infty) = 0$.

8.

```
Ho: x<=y    H1:x>y
x=c(21,20,24,29,30,29,25,28,27,20,15,30,14,24,34,21,18,28,20,24)
y=c(22,24,23,32,36,35,30,30,33,24,16,37,20,25,41,25,22,34,26,29)
t.test(x,y,var.equal=T,alternative='less')

Two Sample t-test
data:  x and y
t = -2.1984, df = 38, p-value = 0.01704
```

从输出的检验 p 值可知, x 均值明显小于 y, 即促销是有效果的.

9.

```
t.test(d1,d2)

        Welch Two Sample t-test
data:  d1 and d2
t = -1.7512, df = 95.892, p-value = 0.0831
```

(1) 假定两个总体都服从正态分布, 方差不等, 由上述双总体 t 检验的输出的 p 值看, 对于显著性水平 0.05, 两个总体的平均消费没有显著的差异. 但是如果执行如下代码则结论相异:

```
t.test(d1,d2,alternative='less',var.equal=T)

        Two Sample t-test
data:  d1 and d2
t = -1.7512, df = 98, p-value = 0.04152
```

(2) 从输出结果看, 这个检验 p 值处在一个比较尴尬的位置, 如果取显著性水平 0.05, 则可以认为总体一的平均消费水平小于总体二的, 即存在一定的周末效应.

另外我们对 d1 和 d2 采用同分布检验 ks.test(d1,d2) 发现, 检验 p 值为 0.006177, 可以断定这两个总体具有明显的差异。同时执行正态性检验, 发现这两个总体都不服从正态分布. 因此 (1) 中采用 t 检验实际上是不合适的.

10. $H_0: b=c$ 成立, 则认为变化的可能性相等, 若 $n = b+c < 20$ 时, $T_2 = b$, 则 $T_2 \sim B(n, 1/2)$.

$$\frac{T_2 - \mathrm{E}(T_2)}{\sqrt{\mathrm{D}(T_2)}} = \frac{T_2 - (b+c)/2}{\sqrt{(b+c)/4}} = \frac{2T_2 - (b+c)}{\sqrt{(b+c)}} \xrightarrow{W} N(0,1),$$

$T_2 = b$ 代入得

$$\frac{2b - (b+c)}{\sqrt{(b+c)}} = \frac{b-c}{\sqrt{(b+c)}} \xrightarrow{W} N(0,1) \Rightarrow T_1 = \frac{(b-c)^2}{b+c} \xrightarrow{W} \chi^2(1).$$

11.

```
wilk.test=function(x)
{  r=nrow(x);   c=ncol(x);   n=sum(x);
   rsum=apply(x,1,sum);    csum=apply(x,2,sum)
   nx=outer(rsum,csum)/n
   g2=2*sum(x*log(x/nx))
   pvalue=1-pchisq(g2,(r-1)*(c-1))
   list(alternative='true mean strong relationship',
c(statistic=g2, df=(r-1)*(c-1), p.value=pvalue))
}
m=matrix(c(60,32,3,11),nrow=2,byrow=TRUE)
wilk.test(m)
```

12. 这是一个齐性检验问题。H_0：每个词汇在各著作中出现的概率相等. 检验过程同独立性 χ^2 检验, 下面给出程序和输出:

```
x=c(147,186,101,83,25,26,11,29,32,39,15,15,94,105,37,22,59,74,28,43,18,
    10,10,4)
m=matrix(x,nrow=6,byrow=TRUE)
chisq.test(m)


    Pearson's Chi-squared test
data:  m
X-squared = 45.578, df = 15, p-value = 6.205e-05
```

输出的检验 p 值极小, 则认为单词在各著作中出现的概率不等, 即可断定后两部未必为奥斯汀的真迹.

13. 这是一个随机性游程检验问题.

```
X=c(1,1,0,1,0,0,0,1,0,1,1,1,0,0,1,0,1,1,0,0,0,1,0,0,1,0,0,0,0,1,1,1,1,
    0,0,1,0,1,1,0)
runs.test(as.factor(X))


    Runs Test
data:  as.factor(x)
Standard Normal = 0.33725, p-value = 0.7359
alternative hypothesis: two.sided
```

由输出的检验 p 值 $=0.7359$, 我们认为出生婴儿性别是随机的.

14. 这是一个离散分布拟合优度检验问题. 先估计泊松分布的参数 $\lambda = \overline{X}$, 再构造检验统计量.

```
x=0:6;   ni=c(8,16,17,10,6,2,1);      n=sum(ni)
lamda=sum(x*n/sum(n))                 # 估计值为2
pi=dpois(x,lamda);   pi[7]=1-sum(pi[1:6])
chisq.test(ni,p=pi)                   # 给出检验
```

```
plot(x,ni/n)                              # 画出图形, 直观比较
points(x,dpois(x,lamda),col='red')

Chi-squared test for given probabilities
# 输出检验p值=0.9999很大, 则接受泊松分布假设
data:  ni
X-squared = 0.18025, df = 6, p-value = 0.9999
```

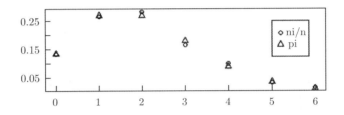

15. 这是一个独立性列联表检验问题, 直接使用 chisq.test 即可.

```
x=matrix(c(55,37,31,30,43,44,23,18,14),nrow=3,byrow=TRUE)
chisq.test(x)

        Pearson's Chi-squared test      # 输出的检验
data:  x
X-squared = 10.824, df = 4, p-value = 0.02861
```

其中检验 p 值 $=0.02861$ 较小, 则拒绝独立性假设, 认为疗效与不同年龄层存在较强的相关性.

16. 这是中位数检验问题, 可用多种方法实现, 假设数据已经存入 x 向量中.

```
(1.1) binom.test(sum(x>=64),length(x))
        Exact binomial test
data:  32 and length(x)
number of successes = 32, number of trials = 60, p-value = 0.6989
alternative hypothesis: true probability of success is not equal to 0.5
probability of success
              0.5333333
```

输出的检验 p 值 $=0.6989$ 较大, 可认为这批数据的中位数为 64.

```
(1.2) wilcox.test(x,mu=64)           # 采用 wilcoxon 单总体对称中心检验
        Wilcoxon signed rank test with continuity correction
data:  x
V = 900.5, p-value = 0.9179
alternative hypothesis: true location is not equal to 64
```

输出的检验 p 值 $=0.9179$ 很大, 可认为这批数据的中位数为 64.

```
(2) binom.test(sum(x>=64),length(x),alternative='greater')
number of successes = 32, number of trials = 60, p-value = 0.3494

wilcox.test(x,mu=64,alternative='greater')
V = 900.5, p-value = 0.544
```

从上述输出的结果可知,检验 p 值都较大,这种大城市消费指数的中位数明显高于 64.

17. 首先估计期望和方差,由于只有分组数据,所以取每组的中间值来进行计算.

$$\hat{\mu} = \frac{195 \times 10 + 205 \times 26 + 215 \times 56 + 225 \times 64 + 235 \times 30 + 245 \times 14}{200} = 221,$$

$$\hat{\sigma}^2 = \frac{(195-221)^2 \times 10 + (205-221)^2 \times 26 + \cdots + (245-221)^2 \times 14}{200} = 152.$$

$$H_0 : X \sim N(221, 152).$$

计算落在每个区间的概率 p_i 以及 np_i,进而计算检验统计量的值.

$$\boldsymbol{p}_i = (0.03829243, 0.14188446, 0.28153886, 0.29962685, 0.171050400.05231470).$$

$$\chi^2 = \sum_{i=1}^{6} \frac{(n_i - np_i)^2}{np_i} \sim \chi^2(5-2).$$

(因为估计了两个参数,故自由度减去 2) 计算得 $\chi^2 = 2.907567$,检验 p 值 $=0.4060972$ 较大,故接受正态分布的假设.

```
A=seq(190,240,by=10);     B=seq(200,250,by=10);    n=c(10,26,56,64,30,14);
    N=sum(n)
mu=sum((A+B)/2*n)/N;      xigma=sqrt(sum(((A+B)/2-mu)^2*n)/N)
pi=pnorm(B, mu, xigma)-pnorm(A, mu, xigma)
chi=sum((n-N*pi)^2/(N*pi));            p.value=1-pchisq(chi, length(n)-3)
```

18. $H_0 : p_1 = \dfrac{9}{16}, p_2 = p_3 = \dfrac{3}{16}, p_4 = \dfrac{1}{16}$.

由 pearsonχ^2 检验方法,计算出四个 $\boldsymbol{np}_i = (312.75, 104.25, 104.25, 34.75)$,并与四个 n_i 构造检验统计量

$$\chi^2 = \sum_{i=1}^{4} \frac{(n_i - np_i)^2}{np_i} \sim \chi^2(3).$$

计算得 $\chi^2 = 0.47$,检验 p 值 $=0.9254311$ 很大,故接受原假设,认为这些植株符合孟德尔提出的理论比例.

习 题 五

略.(提示:可参考教材作法,也可自行扩展)

习 题 六

1.

```
dat=data.frame(x=c(87,85,80,90,88,87,94,56,62,65,55,48,92,99,95,91,
                   75,72,81),
  A=c(rep(1,3),rep(2,4),rep(3,3),rep(4,2),rep(5,4),rep(6,3)))
res=aov(x~A,data=dat)
summary(res)
Df SumSq Mean Sq F value Pr(>F)
A            1    20   19.75   0.081   0.78
Residuals   17  4161  244.78
```

由输出的检验 p 值较大, 说明不同农药的杀虫效果无显著差异.

2.

```
dat=data.frame(x=c(80,85,75,84,90,81,85,81,78,82,88,80,78,83,77,80,
                   79,86),
  A=gl(2,6,18),B=gl(3,3,18))
res=aov(x~A+B+A:B,data=dat)
summary(res)
      Df Sum Sq Mean Sq F value Pr(>F)
A      1   2.78   2.778   0.145  0.709
B      2   5.42   2.708   0.141  0.869
A:B    1  10.08  10.083   0.527  0.481
Residuals 13 248.83  19.141
```

由输出的检验 p 值都较大, 说明职称、性别及其交互作用对通过率都没有显著影响。

3.

```
dat=data.frame(x=c(110,112,99,95,100,105,108,110,95,112,85,95,88,78,
                   98,70,90,75,82,80),
  A=gl(4,5,20))
res=aov(x~A,data=dat)
summary(res)
          Df Sum Sq Mean Sq F value  Pr(>F)
A          3 2341.7   780.6   14.21 8.93e-05 ***
Residuals 16  878.8    54.9
```

由输出的检验 p 值很小, 说明 4 个工厂所生产产品的强度存在显著差异.

4.

```
dat=data.frame(x=c(73.43,74.58,77.75,81.52,86.00,88.04,82.91,83.38,
                   84.26,85.00,86.12,80.53,84.08,85.75,86.33,88.45,
                   88.57,88.80,89.55,89.65,90.05,90.42,90.67),
A=c(rep(1,6),rep(2,5),rep(3,5),rep(4,7)))
```

```
res=aov(x~A,data=dat)
summary(res)
            Df  Sum Sq  Mean Sq  F value  Pr(>F)
A            1  277.8   277.77   24.31    7.06e-05 ***
Residuals   21  239.9    11.43
```

由输出的检验 p 值很小, 说明 4 个学院本科生的高等数学平均成绩存在显著差异.

5.

```
dat=data.frame(x=c(15,17,17,20,19,15,17,16,18,22,18,17),
  A=gl(3,4,12),B=gl(4,1,12))
res=aov(x~A+B,data=dat)
summary(res)
            Df  Sum Sq  Mean Sq  F value  Pr(>F)
A            2   8.67   4.333    0.736    0.518
B            3   0.92   0.306    0.052    0.983
Residuals    6  35.33   5.889
```

由输出的检验 p 值都较大, 说明工人之间、机器之间均不存在显著差异.

6.

```
dat=data.frame(x=c(15,15,17,17,17,17,15,17,16,18,20,22,19,19,16,15,
                   15,15,18,17,17,15,16,16,16,18,21,19,22,22,18,18,
                   18,17,17,17), A=gl(3,12,36),B=gl(4,3,36))
res=aov(x~A+B+A:B,data=dat)
summary(res)
            Df  Sum Sq  Mean Sq  F value  Pr(>F)
A            2  27.17   13.583   8.431    0.00169  **
B            3   1.64    0.546   0.339    0.79723
A:B          6  77.28   12.880   7.994    8.26e-05 ***
Residuals   24  38.67    1.611
```

由输出的检验 p 值, 说明工人之间, 工人与机器交互均存在显著差异, 但机器本身不存在显著差异.

7. 可采用 $L_8(2^7)$ 正交表, 下面采用 DoE.base 软件包来处理正交实验.

试验水平		因素								结果 Y
		时间 A		温度 B		浓度 C		槽规格 D	空列	空列	空列	
试验号	1	1	20	1	30	1	5	1	单槽	1	1	1	150
	2	1	20	1	30	2	0	2	双槽	2	1	2	135
	3	1	20	2	50	1	5	2	双槽	1	2	2	156
	4	1	20	2	50	2	10	1	单槽	2	2	1	147
	5	2	30	1	30	1	5	2	双槽	2	2	1	130

续表

试验水平		因素							结果 Y
		时间 A	温度 B	浓度 C	槽规格 D	空列	空列	空列	
试验号	6	2 30	1 30	2 10	1 单槽	1	2	2	131
	7	2 30	2 50	1 5	1 单槽	2	1	2	144
	8	2 30	2 50	2 10	2 双槽	1	1	1	131
	K_1	588	546	580	572	568	560	558	
	K_2	536	578	544	552	556	564	566	
	极差	52	32	36	20	12	4	8	1124

(1) 直观分析, 得出第 3 号试验最佳, 则试验条件为 $(A1, B2, C1, D2)=(20, 50, 5, 双槽)$.

(2) 极差分析, 得重要性顺序 $A \to C \to B \to D$, 最佳试验条件为 $(A1, B2, C1, D1)=(20, 50, 5, 单槽)$.

(3) 方差分析结果如下:

```
              Df    Sum Sq    Mean Sq    F value    Pr(>F)
时间           1    338       338.0      36.214     0.0092 **
温度           1    128       128.0      13.714     0.0342 *
浓度           1    162       162.0      17.357     0.0252 *
槽规格         1    50        50.0       5.357      0.1036
Residuals     3    28        9.3
```

其中时间具有极显著的影响, 温度和浓度也有显著影响, 但槽规格没有显著影响. 所以在寻找最佳试验条件时, 关于槽规格可以只考虑代价最小的一种.

```
LT=oa.design(nfactors=7,nlevels=2,
factor.names=c('时间','温度','浓度','槽规格','空 1','空 2','空 3'),randomize=FALSE)
responses=c(150,135,156,147,130,131,144,131)
L8=add.response(LT,responses)    # 加上一个响应变量, 完整的正交 + 试验表
aov.L8=aov(responses~ 时间 + 温度 + 浓度 + 槽规格, data=L8);     summary(aov.L8)

kmatrix=function(data,FUN)
{ da=as.data.frame(data);    cols=ncol(da)
  vars=names(data);    response=vars[cols];
  vars=vars[1:(cols-1)];    # 试验指标放在最后一列
  levs=length(levels(data[[vars[1]]]));    # 获取水平数, 等水平
  rnames=c(paste('K', 1:levs,sep=''),'极差');
  ksum=matrix(0,nrow=levs+1,ncol=cols,dimnames=list(rnames,names(data)))
  for(i in vars)
  { ksum[1:levs,i]=tapply(da[[response]],da[[i]],FUN=FUN)
  # 计算每个因素对应的 K 和极差
  ksum[levs+1,i]=max(ksum[1:levs,i])-min(ksum[1:levs,i])
```

```
}
  ksum[levs+1,response]=sum(da[[response]]))   # 试验指标总和
  return(list(data=data,kmat=ksum))
}
kmatrix(L8,sum)
```

8. 还是选择正交表 $L_8(2^7)$, 根据因子水平表和交互作用表, 表头设计如下:

列号	1	2	3	4	5	6	7
因素	A	B	$A\times B$	C	空	$B\times C$	D

得出正交试验表格为

试验水平		因素							结果 Y
		温度 A	含氧量 B	$A\times B$	含水量 C	空列	$B\times C$	pH 值 D	
试验号	1	1 5	1 0.5	1	1 10	1	1	1 6	
	2	1 5	1 0.5	2	2 30	2	1	2 8	
	3	1 5	2 5.0	1	2 30	1	2	2 8	
	4	1 5	2 5.0	2	1 10	2	2	1 6	
	5	2 10	1 0.5	1	2 30	2	2	1 6	
	6	2 10	1 0.5	2	1 10	1	2	2 8	
	7	2 10	2 5.0	1	1 10	2	1	2 8	
	8	2 10	2 5.0	2	2 30	1	1	1 6	

9. 选用 $L_9(3^4)$ 正交表, 分析同上与计算过程同第 7 题.

10. 使用 $L_8(2^7)$ 正交表, 各因素排放依据表头设计, 计算过程同第 7 题.

列号	1	2	3	4	5	6	7
因子	A	B	$A\times B$	C	$A\times C$	$B\times C$	

习 题 七

1. $y = \begin{pmatrix} y_1 \\ y_2 \\ y_3 \end{pmatrix}, X = \begin{pmatrix} 1 & 0 \\ 1 & -1 \\ 1 & 2 \end{pmatrix}, \beta = \begin{pmatrix} \theta \\ \phi \end{pmatrix}, \varepsilon = \begin{pmatrix} \varepsilon_1 \\ \varepsilon_2 \\ \varepsilon_3 \end{pmatrix}$

$$\Rightarrow \hat{\beta} = (X^{\mathrm{T}}X)^{-1}X^{\mathrm{T}}y = \frac{1}{14}\begin{pmatrix} 5 & 6 & 3 \\ -1 & -4 & 5 \end{pmatrix}\begin{pmatrix} y_1 \\ y_2 \\ y_3 \end{pmatrix}.$$

$$D\begin{pmatrix} \hat{\theta} \\ \hat{\phi} \end{pmatrix} = \sigma^2(X^{\mathrm{T}}X)^{-1} = \frac{\sigma^2}{14}\begin{pmatrix} 5 & -1 \\ -1 & 3 \end{pmatrix}.$$

2.

$$\hat{\boldsymbol{\beta}} = (\boldsymbol{X}^{\mathrm{T}}\boldsymbol{X})^{-1}\boldsymbol{X}^{\mathrm{T}}\boldsymbol{y} = \frac{1}{4}\begin{pmatrix} 1 & 0 & 0 & 0 \\ 0 & 1 & 0 & 0 \\ 0 & 0 & 1 & 0 \\ 0 & 0 & 0 & 1 \end{pmatrix}\begin{pmatrix} 1 & 1 & 1 & 1 \\ 1 & -1 & 1 & -1 \\ 1 & 1 & -1 & -1 \\ 1 & -1 & -1 & 1 \end{pmatrix}\begin{pmatrix} 20.2 \\ 8.0 \\ 9.7 \\ 1.9 \end{pmatrix} = \begin{pmatrix} 9.95 \\ 5.00 \\ 4.15 \\ 1.10 \end{pmatrix}.$$

$$D(\hat{\boldsymbol{\beta}}) = \sigma^2(\boldsymbol{X}^{\mathrm{T}}\boldsymbol{X})^{-1} = \frac{\sigma^2}{4}\boldsymbol{I} \Rightarrow D(\hat{\boldsymbol{\beta}}_i) = \frac{\sigma^2}{4}.$$

3. 正规方程 $\boldsymbol{X}^{\mathrm{T}}\boldsymbol{X}\boldsymbol{\beta} = \boldsymbol{X}^{\mathrm{T}}\boldsymbol{y}$,所以 $\boldsymbol{X}^{\mathrm{T}}\hat{\boldsymbol{y}} = \boldsymbol{X}^{\mathrm{T}}\boldsymbol{y}$,其中 $\boldsymbol{X}$ 的第一列是常数列,全为 1,所以有

$$\sum_{i=1}^{n} y_i = \sum_{i=1}^{n} \hat{y}_i \Rightarrow \boldsymbol{X}^{\mathrm{T}}(\boldsymbol{y} - \hat{\boldsymbol{y}}) = \boldsymbol{0},$$

所以

$$\hat{\boldsymbol{\beta}}^{\mathrm{T}}\boldsymbol{X}^{\mathrm{T}}(\boldsymbol{y} - \hat{\boldsymbol{y}}) = \boldsymbol{0} \Rightarrow \hat{\boldsymbol{y}}^{\mathrm{T}}(\boldsymbol{y} - \hat{\boldsymbol{y}}) = \boldsymbol{0} \Rightarrow \sum_{i=1}^{n} \hat{y}_i \cdot (y_i - \hat{y}_i) = 0.$$

4. 通过复制上述数据到剪贴板,然后使用 read.table 函数读入数据,并赋以各列变量名.

```
dat=read.table('clipboard',header=FALSE);
colnames(dat)=c(paste('x',1:5,sep=''),'y')
(1) cor(dat)       # 得到相关系数矩阵
          x1          x2          x3          x4          x5           y
x1 1.0000000  0.9989578  0.2578246  0.9830173  0.9302120  0.9894676
x2 0.9989578  1.0000000  0.2889899  0.9770089  0.9423333  0.9854902
x3 0.2578246  0.2889899  1.0000000  0.2076215  0.5042333  0.2268630
x4 0.9830173  0.9770089  0.2076215  1.0000000  0.8796170  0.9866967
x5 0.9302120  0.9423333  0.5042333  0.8796170  1.0000000  0.9242743
y  0.9894676  0.9854902  0.2268630  0.9866967  0.9242743  1.0000000
(2) lm.out=lm(y~., data=dat);    summary(lm.out) # 得到线性回归模型和检验信息
Coefficients:
              Estimate   Std. Error   t value   Pr(>|t|)
(Intercept) 425.869000  181.794181    2.343    0.041158 *
x1            0.358374    0.087266    4.107    0.002122 **
x2           -0.565890    0.128558   -4.402    0.001331 **
x3           -0.006969    0.002103   -3.314    0.007826 **
x4           21.097585    4.084134    5.166    0.000422 ***
x5            0.434653    0.052919    8.214    9.34e-06 ***
Residual standard error: 50.79 on 10 degrees of freedom
Multiple R-squared:  0.9981,     Adjusted R-squared:  0.9972
F-statistic: 1071 on 5 and 10 DF,  p-value: 2.63e-13
(3) step(lm.out)     # 按照 AIC 准则,逐步回归的结果同全模型
```

(4) 使用 leaps 包 subregsets 函数,依据均方误差最小得到的也是全模型.

```
n=nrow(dat)
lm.all=regsubsets(y~.,data=dat,nbest=10)        # 能够显示全部的组合
lm.sum=summary(lm.all)
p=apply(lm.sum$which,1,sum)-1                   # 获得因子个数
res=lm.sum$rss/(n-p-1)
lm.sum$wich[which.min(res),]
(Intercept)      x1        x2        x3        x4        x5
    TRUE       TRUE      TRUE      TRUE      TRUE      TRUE
```

5. (1) 假设数据已经读入 dat 数据框中, 变量名为 x,y, 则

```
lm.out1=lm(y~x,data=dat)
summary(lm.out1)

             Estimate  Std. Error   t value    Pr(>|t|)
(Intercept)  527.221     52.220      10.096    7.71e-09 ***
x            -32.807      4.359      -7.526    5.79e-07 ***

Residual standard error: 112.4 on 18 degrees of freedom
Multiple R-squared:  0.7588,    Adjusted R-squared:  0.7454
F-statistic: 56.64 on 1 and 18 DF,  p-value: 5.786e-07 回归方程为:
y=527.221-32.807 x
```

从输出中可以得到决定系数为 0.7588, 此处检验的效果不错, 但实际效果需要再分析.

(2) 画出散点图, 直观判断回归模型: plot(dat, type='o').

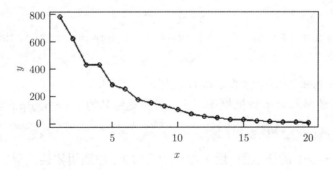

从图判断, 使用指数模型 y=a*exp(b*x) 可能比较合适.

```
lm.out2=nls(y~a*exp(b*x),data=dat,start=list(a=100,b=-0.5))
                        # 此处 a 的初值要较大, 否则会失败
summary(lm.out2)

Parameters:
    Estimate   Std. Error    t value    Pr(>|t|)
a   983.3776   22.9615       42.83      <2e-16 ***
b    -0.2358    0.0069      -34.17      <2e-16 ***
```

```
Residual standard error: 18.3 on 18 degrees of freedom

Number of iterations to convergence: 7
Achieved convergence tolerance: 1.173e-09
```

从输出的结果可知, 各系数的检验 p 值都非常小, 说明方程系数极其显著; 另外执行 7 步后收敛且收敛误差小到 1.173e-9, 因此回归方程 y=983.3776*exp(-0.2358*x) 适用该数据. 不妨将估计值叠加到散点图中, 直观地加以比较.

```
plot(dat,type='o',pch=1,col='black')
lm.value1= predict(lm.out1,newdata=dat[1]);
lm.value2= predict(lm.out2,newdata=dat[1])
points(lm.value1,type='o',col='red',pch=2)
points(lm.value1,type='o',col='green',pch=3)
legend(15,700,legend=c('原数据','线性模型','指数模型'),
col=c('black','red','green'),pch=1:3)
```

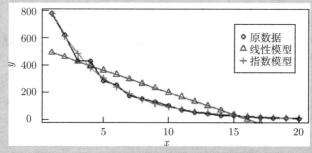

```
SE=sum((lm.value2-dat$y)^2);    ST=sum((dat$y-mean(dat$y))^2);
SR=ST-SE    R2=SR/ST
```

输出的结果是: 0.9936066, 远高于线性模型的 0.7588.

6. 假设数据已经读入 dat 数据框中, 三个列的变量名为 year,p_gdp,p_pay, 则

```
plot(dat[,2:3],type='o')
```

得到 p_gdp 和 p_pay 的散点图, 近乎在一条直线上, 故适用线性模型.

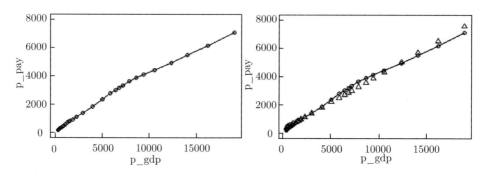

```
(1) lm.out1=lm(p_pay~p_gdp,data=dat);   summary(lm.out1)
Coefficients:
              Estimate  Std. Error   t value  Pr(>|t|)
(Intercept)   2.243e+02  5.564e+01    4.031  0.000386 ***
p_gdp         3.864e-01  7.743e-03   49.908   < 2e-16 ***

lm.value1=predict(lm.out1, dat[2])
plot(dat[,2:3],ylim=c(0,8000),type='o');
points(dat$p_gdp,lm.value1,pch=2,col='red')
```

总体看拟合效果不错，但出现了翘尾现象，推测估计的偏差会随人均 gdp 的增加而逐步放大．

7.

```
at=read.table('clipboard',header=TRUE)
lm.all=lm(y~.,data=dat)      # 全模型
lm.aic=step(lm.all)          # 逐步回归模型
```

使用课本中的 best.regression 函数构建总共 127 个组合模型，各种指标下的最优模型如下：

```
$best.row
  R2_max  adjr2_max  SSE_min  MSE_min  PJP_min  Cp_min  AIC_min  BIC_min
    127         99      127       99       99      29       99       29
```

其中 127 行对应的是全模型，99 行对应的是 (1,X2,X3,X4,X5,X7)，29 行对应的是 (1,X2,X3,X7)．于是得到另外两个最优线性回归．

4 个回归模型的点预测及等权重组合预测结果如下：

待预测点	lm.all	lm.aic	lm.cp	lm.mse	等权组合
5.0,-2.0,20.0,100,1.1,300,0.10	10.10247	10.82081	8.141954	10.82081	9.971511

8. 略．(提示: 分析过程同第 4 题或第 7 题)

9. (1) 假设数据已经读入 dat 中，列变量名为 open_price,close_price, 先作散点图．

```
kernel.lm=function(p.x,x,y,kfun,h)
   # p.x 是估计的点,x,y 是原始数据, kfun 是核函数, h 是窗宽
  {wei.all=sum(kfun((p.x-x)/h));   wei=kfun((p.x-x)/h)/wei.all;   sum(wei*y)}

kernel.near.lm=function(p.x,x,y,kfun,k)
   # p.x 是估计的点,x,y 是原始数据, kfun 是核函数,k 是近邻
  {h=sort(abs(p.x-x))[k]; wei.all=sum(kfun((p.x-x)/h));
```

```
wei=kfun((p.x-x)/h)/wei.all;sum(wei*y) }

epank=function(x) ifelse(abs(x)<=1,0.75*(1-x^2),0)    # 定义 epank-抛物核函数

plot(dat)
nprice=sapply(dat$open_price,kernel.lm,x=dat$open_price,y=dat$close_price,dnorm,h=0.05)
points(dat$open_price,nprice,pch=16)
kernel.lm(4.53, x=dat$open_price,y=dat$close_price,dnorm,h=0.05)   # 输出 4.538104
kernel.lm(4.53, x=dat$open_price,y=dat$close_price,epank,h=0.05)   # 输出 4.544367
kernel.near.lm(4.53, x=dat$open_price,y=dat$close_price,dnorm,k=5) # 输出 4.553678
kernel.near.lm(4.53, x=dat$open_price,y=dat$close_price,epank,k=5) # 输出 4.56
```

10. 假定数据已经读入 dat 数据框变量中, 且列的名称分别为't' 和'y', 则有

```
lm.out=nls(y~4200*a*(exp(-b*t)-exp(-a*t))/(49*(a-b)),
           data=dat,start=list(a=1,b=2))
summary(lm.out)

Formula: y ~ 4200 * a * (exp(-b * t) - exp(-a * t))/(49 * (a - b))
Parameters:
    Estimate   Std. Error   t value   Pr(>|t|)
a   2.790055   0.359988     7.75      1.36e-07 ***
b   0.142919   0.007699     18.56     1.65e-14 ***
Residual standard error: 6.038 on 21 degrees of freedom
Number of iterations to convergence: 13
Achieved convergence tolerance: 5.33e-06
```

$$y = \frac{4200 \times 2.790055 \times (e^{-0.142919 \times t} - e^{-2.790055 \times t})}{49 \times 2.647136} = 90.34198 \times (e^{-0.142919 \times t} - e^{-2.790055 \times t}).$$

```
predict(lm.out,newdata=data.frame(t=24))    # 得到t=24时的估计值
[1] 2.925762
```

习 题 八

1. (1)

```
dat=data.frame(x1=c(55,51,56,48,55,45,52,48,54),
               x2=c(3.20,3.50,2.86,2.70,3.55,2.37,3.45,2.76,3.16),
               sex=c(rep(0,5),rep(1,4)))
mx=colMeans(dat[,1:2]);    mx
LFun=function(x,y)  t(as.matrix(x-y))%*%as.matrix(x-y)
L=matrix(0,nrow=2,ncol=2)
```

```
for(i in 1:9) L=L+Lfun(dat[i,1:2],mx)
```

实际上离差阵 L 等于协方差阵 *(n-1) 即 cov(dat[,1:2])*8 (R.all=cor(dat[,1:2])).

(2) 根据 dat$sex 的取值实现数据行的提取,然后再分别执行上述过程即可.

```
mx1=colMeans(dat[dat$sex==0,1:2])
mx2=colMeans(dat[dat$sex==1,1:2])
L1=cov(dat[dat$sex==0,1:2])*4
L2=cov(dat[dat$sex==0,1:2])*3
E=L1+L2;         B=L-E

         x1           x2
    51.555556    3.061111
               x1           x2
    x1  118.222222    8.324444
    x2    8.324444    1.351089
               x1           x2
    x1   1.0000000    0.6586637
    x2   0.6586637    1.0000000

mx1= x1       x2    mx2= x1       x2
   53.000    3.162    49.750    2.935
E=       x1        x2
X1    94.750    6.68500
x2     6.685    1.23658
```

(3) 定义距离函数:dis.euclid=function(x,y) sqrt(sum((x-y) 2))

第 1 个样品与第 2 个样品间的欧氏距离为: dis.euclid(dat[1,1:2],dat[2,1:2]) #返回 4.011234

若样品(总体)与总体间的距离采用重心距离,则有

第 1 个样品与第 2 个总体(女婴)之间的距离 dis.euclid(dat[1,1:2],mx2) #返回 5.256684

第 1 个总体与第 2 个总体之间的距离 dis.euclid(mx1,mx2) #返回 3.257918

2. (1) **距离判别** 10 个样品来自 2 个总体 G_1, G_2. 假定样品与样品之间采用马氏距离的平方,样品与总体之间采用重心距离,两个总体有相同的协方差阵. 经计算

$$\hat{\boldsymbol{\mu}}_1 = \bar{\boldsymbol{x}}^{(1)} = \begin{pmatrix} 2.937 \\ 1.418 \end{pmatrix}, \quad \hat{\boldsymbol{\mu}}_2 = \bar{\boldsymbol{x}}^{(2)} = \begin{pmatrix} 2.42 \\ 1.47 \end{pmatrix},$$

$$\boldsymbol{L}_1 = \begin{pmatrix} 1.269 & 0.253 \\ 0.253 & 1.293 \end{pmatrix}, \quad \boldsymbol{L}_2 = \begin{pmatrix} 0.908 & 0.013 \\ 0.013 & 0.087 \end{pmatrix},$$

$$\hat{\boldsymbol{\Sigma}} = \frac{1}{n_1 + n_2 - 2}(\boldsymbol{L}_1 + \boldsymbol{L}_2) = \begin{pmatrix} 0.272 & 0.033 \\ 0.033 & 0.173 \end{pmatrix}, \quad \hat{\boldsymbol{\Sigma}}^{-1} = \begin{pmatrix} 3.764 & -0.726 \\ -0.726 & 5.937 \end{pmatrix}.$$

对原有的样品 $\boldsymbol{x}_{(i)}, i=1,2,\cdots,14$, 使用重心距离法, 分别计算它到两个总体的距离:

$$D(\boldsymbol{x}_{(i)}, G_\alpha) = \left(\boldsymbol{x}_{(i)} - \hat{\boldsymbol{\mu}}^{(\alpha)}\right)^{\mathrm{T}} \hat{\boldsymbol{\Sigma}}^{-1} \left(\boldsymbol{x}_{(i)} - \hat{\boldsymbol{\mu}}^{(\alpha)}\right), \quad i=1,2,\cdots,14; \alpha=1,2.$$

把计算出的结果及判定结果列成下表:

样品序号	到第一类的距离	到第二类的距离	判别结果
1	1.805414	2.157596	1
2	0.205608	1.37634	1
3	2.082184	5.938666	1
4	1.49429	0.593846	**2**
5	2.09815	4.960523	1
6	4.400819	3.415204	2
7	3.700067	0.803659	2
8	3.714064	0.847455	2
9	0.109107	1.580803	1
10	0.627436	0.681618	1

回代正确率为 $3/5$.

(2) **Bayes 判别** 假设两个总体均服从正态分布, 并有相同的方差, 以样品的频率作为先验概率估计, 即 $q_1 = \dfrac{3}{5}, q_2 = \dfrac{2}{5}$, 损失函数为 $L(2|1) = L(1|2) = 1, L(1|1) = L(2|2) = 0$, 计算得

$$c_{01} = \ln q_1 - \frac{1}{2}\hat{\boldsymbol{\mu}}^{(1)\mathrm{T}} \boldsymbol{\Sigma}^{-1} \hat{\boldsymbol{\mu}}^{(1)} = -0.511 - 19.17 = -19.688,$$

$$c_{02} = \ln q_2 - \frac{1}{2}\hat{\boldsymbol{\mu}}^{(2)\mathrm{T}} \boldsymbol{\Sigma}^{-1} \hat{\boldsymbol{\mu}}^{(2)} = -0.916 - 14.85 = -15.679,$$

$$c_1 = \boldsymbol{\Sigma}^{-1}\hat{\boldsymbol{\mu}}^{(1)} = (10.023, 6.289)^\mathrm{T}, \quad c_2 = \boldsymbol{\Sigma}^{-1}\hat{\boldsymbol{\mu}}^{(2)} = (8.041, 6.970)^\mathrm{T}.$$

因此线性判别函数为

$$\begin{cases} v_1(\boldsymbol{x}) = -19.688 + (10.023, 6.289)^\mathrm{T} \boldsymbol{x} = -19.688 + 10.023 x_1 + 6.289 x_2, \\ v_2(\boldsymbol{x}) = -459.974 + (8.041, 6.970)^\mathrm{T} \boldsymbol{x} = -15.679 + 8.041 x_1 + 6.970 x_2. \end{cases}$$

对原有的样品 $\boldsymbol{x}_{(i)}, i=1,2,\cdots,10$, 代入上式, 各样品的判别结果如下:

样品序号	$v_1(x)$	$v_2(x)$	判别结果
1	11.83155	11.24999	1
2	17.11418	16.12334	1
3	23.12606	20.79236	1
4	11.09841	11.14317	2
5	27.42789	25.59124	1
6	21.39822	21.48556	2
7	9.264676	10.30741	2
8	8.561123	9.588962	2
9	18.55669	17.41537	1
10	18.860708	18.43452	1

回代正确率为 3/5.

(3) **Fisher 判别**

$$\bar{x} = \begin{pmatrix} 2.73 \\ 1.439 \end{pmatrix}, \quad E = L_1 + L_2 = \begin{pmatrix} 2.177 & 0.266 \\ 0.266 & 1.380 \end{pmatrix},$$

$$B = \begin{pmatrix} 0.641 & -0.064 \\ -0.064 & 0.006 \end{pmatrix}, \quad E^{-1}B = \begin{pmatrix} 0.307 & -0.031 \\ -0.106 & 0.011 \end{pmatrix},$$

其最大特征值对应的特征向量 $u = (-0.952, 0.305)^{\mathrm{T}}$.

Fisher 线性判别函数为 $z = u^{\mathrm{T}}x = -0.952x_1 + 0.305x_2$, 计算

$$\bar{z}^{(1)} = u^{\mathrm{T}}\bar{x}^{(1)} = -2.365, \quad \bar{z}^{(2)} = u^{\mathrm{T}}\bar{x}^{(2)} = -1.857.$$

对各样品 $x_{(i)}, i = 1, 2, \cdots, 14$, 计算 $z(x_{(i)}) = u^{\mathrm{T}}x_{(i)}$ 与 $|z(x_{(i)}) - \bar{z}^{(\alpha)}|, \alpha = 1, 2$, 得到判别结果:

样品序号	$z(x_{(i)})$	$|z(x_{(i)}) - \bar{z}^{(1)}|$	$|z(x_{(i)}) - \bar{z}^{(2)}|$	判别结果
1	−2.1833	0.181838	0.326017	1
2	−2.3875	0.022441	0.530294	1
3	−3.03103	0.665922	1.173775	1
4	−1.88805	0.477056	0.030797	2
5	−2.80826	0.44318	0.951033	1
6	−1.89245	0.472651	0.035202	2
7	−1.41606	0.949041	0.441188	2
8	−1.42138	0.9437723	0.435870	2
9	−2.46147	0.096368	0.604221	1
10	−2.13009	0.235017	0.272836	1

回代正确率为 3/5.

3. (1) **最短距离法** 每个样品自成一类, 共 5 类, 计算样品间的欧氏距离的平方, 得矩阵 $D^{(0)}$:

$$D^{(0)} = \begin{pmatrix} 0 & 16.09 & 1.12 & 49.25 & 0.12 \\ & 0 & 25.41 & 9.64 & 16.00 \\ & & 0 & 64.03 & 1.48 \\ & & & 0 & 49.72 \\ & & & & 0 \end{pmatrix} \xrightarrow{\text{新类算得}} D^{(1)} = \begin{pmatrix} 0 & 25.41 & 9.64 & 16.00 \\ & 0 & 64.03 & 1.12 \\ & & 0 & 49.25 \\ & & & 0 \end{pmatrix} \begin{matrix} G_2 \\ G_3 \\ G_4 \\ G_6 \end{matrix}.$$

$$\quad\quad\quad\quad\quad\quad\quad\quad\quad\quad\quad\quad\quad\quad\quad\quad\quad\quad\quad\quad\quad\quad\quad\quad\quad\quad\quad\quad\quad\quad\quad\quad\quad\quad\quad G_2 \quad G_3 \quad G_4 \quad G_6$$

$D^{(0)}$ 中非零最小值 0.12 对应的 G_1 和 G_5, $D^{(1)}$ 中非零最小值 1.12 对应的是 G_3 和 G_6, 因此合成新类 $G_6 = G_1 + G_5 = \{x_1, x_5\}$, 删除 G_1, G_5 因此合并成新类 $G_7 = G_3 + G_6 = \{x_1, x_3, x_5\}$, 删除 G_3, G_6.

$$D^{(2)} = \begin{pmatrix} 0 & 9.64 & 16.00 \\ & 0 & 49.25 \\ & & 0 \end{pmatrix} \begin{matrix} G_2 \\ G_4 \\ G_7 \end{matrix} \xrightarrow{\text{新类算得}} D^{(3)} = \begin{pmatrix} 0 & 16.00 \\ & 0 \end{pmatrix} \begin{matrix} G_7 \\ G_8 \end{matrix}.$$

$D^{(2)}$ 中非零最小值 9.64 对应的 G_2 和 G_4, G_7 和 G_8 合并成新类 $G_9 = \{x_1, x_2, x_3, x_4, x_5\}$ 因此合成新类 $G_8 = G_2 + G_4 = \{x_2, x_4\}$, 删除 G_2, G_4 删除 G_7, G_8 后只剩下 1 类, 聚类结束.

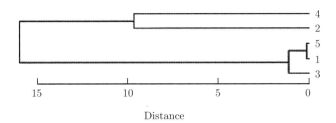

(2) **最长距离法** 首先得到距离矩阵的平方, 同上得到 $D^{(0)}$:

$$D^{(0)} = \begin{pmatrix} 0 & 16.09 & 1.12 & 49.25 & 0.12 \\ & 0 & 25.41 & 9.64 & 16.00 \\ & & 0 & 64.03 & 1.48 \\ & & & 0 & 49.72 \\ & & & & 0 \end{pmatrix} \xrightarrow{\text{新类算得}} D^{(1)} = \begin{pmatrix} 0 & 25.41 & 9.64 & 16.09 \\ & 0 & 64.03 & 1.48 \\ & & 0 & 49.72 \\ & & & 0 \end{pmatrix} \begin{matrix} G_2 \\ G_3 \\ G_4 \\ G_6 \end{matrix}.$$

$D^{(0)}$ 中非零最小值 0.12 对应的 G_1 和 G_5, $D^{(1)}$ 中非零最小值 1.48 对应的是 G_3 和 G_6, 因此合成新类 $G_6 = G_1 + G_5 = \{x_1, x_5\}$, 删除 G_1, G_5, 因此合并成新类 $G_7 = G_3 + G_6 = \{x_1, x_3, x_5\}$, 删除 $G3, G6$.

$$D^{(2)} = \begin{pmatrix} 0 & 9.64 & 25.41 \\ & 0 & 64.03 \\ & & 0 \end{pmatrix} \begin{matrix} G_2 \\ G_4 \\ G_7 \end{matrix} \xrightarrow{\text{新类算得}} D^{(3)} = \begin{pmatrix} 0 & 64.03 \\ & 0 \end{pmatrix} \begin{matrix} G_7 \\ G_8 \end{matrix}.$$

$D^{(2)}$ 中非零最小值 9.64 对应的 G_2 和 G_4, 因此合成新类 $G_8 = G_2 + G_4 = \{x_2, x_4\}$, 删除 G_2, G_4. G_7 和 G_8 合并成新类 $G_9 = \{x_1, x_2, x_3, x_4, x_5\}$, 删除 G_7, B_8 后只剩下 1 类, 聚类结束.

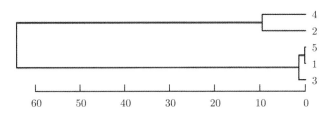

基本的分析程序如下 (假设数据读入 dat 数据框变量中):

```
d=dist(dat,method='euclidean');      d=d^2
hca=hclust(d,method='single');       tmp=as.dendrogram(hca,hang=-1)
plot(tmp,horiz=TRUE)

hcb=hclust(d,method='complet');      tmp=as.dendrogram(hcb,hang=-1)
plot(tmp,horiz=TRUE)
```

4. 经计算的样本均值和样本协方差阵分别为 (假设数据已经读入 dat 数据框变量中)

```
apply(dat,2,mean)
covd=cov(dat)
cv=eigen(covd)
```

第一主成分:

$$y_1 = -0.4266933x_1 - 0.4666119x_2 + 0.6581198x_3 + 0.4087598x_4,$$

方差贡献率:

$$f_1 = \frac{\lambda_1}{\sum \lambda_i} = 0.6408;$$

第二主成分:

$$y_2 = -0.4925271x_1 - 0.51593577x_2 - 0.2941786x_3 - 0.6333590x_4,$$

方差贡献率:

$$f_2 = \frac{\lambda_2}{\sum \lambda_i} = 0.2616.$$

累计方差贡献率:

$$f_1 + f_2 = \frac{\lambda_1 + \lambda_2}{\sum \lambda_i} = 0.9024.$$

```
     数学    物理    语文    英语
     79.7    80.8    65.5    68.0
             数学        物理         语文         英语
     数学    131.78889   94.60000    -85.38889    -18.33333
     物理    94.60000    148.84444   -90.22222    -25.00000
     语文   -85.38889   -90.22222    186.50000    126.66667
     英语   -18.33333   -25.00000    126.66667    132.88889
$特征值values
[1]  384.50327   156.96531    45.73284    12.82079
$vectors 特征向量 (按列构成向量)
           [,1]         [,2]         [,3]         [,4]
```

```
[1,]  -0.4266933  -0.4925271   0.70439237  -0.2813918
[2,]  -0.4666119  -0.5193577  -0.70197472  -0.1406145
[3,]   0.6581198  -0.2941786  -0.08195675  -0.6882008
[4,]   0.4087598  -0.6333590   0.06592406   0.6537781
```

如果在选择主成分时，考虑累计方差贡献率超过 85% 或 90%，则选择上述两个主成分就可以了.

5. 通过剪贴板读入数据到 dat 中.

```
ndat=scale(dat)           # 注意对数据作标准化了
(res.ca=cancor(ndat[,1:3],ndat[,4:6],FALSE,FALSE))
cancor.test(nrow(ndat),3,3,res.ca$cor)
```

输出检验 p 值：

```
p.value_ 1   p.value_ 2   p.value_ 3
0.06174456   0.95475464   0.78947507
```

从检验结果看，即使是 p 值最小的第一对典型相关变量，其显著性也不算很高，但还是可以选择第一对作为最终的典型相关变量，系数为

```
a1=(-0.177888,0.362327,-0.013563),
b1=(-0.080180,-0.241807,0.164360),
$cor
[1] 0.79560815 0.20055604 0.07257029
$xcoef
          [,1]         [,2]         [,3]
X1  -0.17788841  -0.43230348  -0.04381432
X2   0.36232695   0.27085764   0.11608883
X3  -0.01356309  -0.05301954   0.24106633
$ycoef
          [,1]         [,2]         [,3]
Y1  -0.08018009  -0.08615561  -0.29745900
Y2  -0.24180670   0.02833066   0.28373986
Y3   0.16435956   0.24367781  -0.09608099
p.value_ 1 p.value_ 2 p.value_ 3
0.06174456 0.95475464 0.78947507
```

习 题 九

1.

```
mat_k=function(mat,k)
{ if(k<=0 || is.integer(k)==FALSE) return('Error:sorry')
  else if (k==1) return(mat)
```

```
    A=mat
    for(i in 2:k) A=A%*%mat
    return(A)
}
mat=matrix(c(1,1,1,1),nrow=2)
mat_k(mat,0L);   mat_k(mat,1L);   mat_k(mat,2L);   mat_k(mat,5L)
```

2. (1) 计算任意一个字符串的完美度.

```
perfect.str=function(string)
{ a=unlist(strsplit(tolower(string),split=''))
  a=a[a %in% letters]
  x=1:26;   names(x)=letters
  sum(x[a])
}
perfect.str('maozedong')
```

(2) 计算一段文字中各个单词的完美度.

```
A=strsplit(string,split='')[[1]]
A=sapply(A,perfect.str)
```

3.

`n=100000; m=10; A=matrix(rep(rnorm(n),m),nrow=n,byrow=FALSE)`		
`T1=proc.time()`	`T2=proc.time()`	`T3=proc.time()`
`mx1=numeric(m)`	`mx2=numeric(m)`	`mx3=apply(A,2,mean)`
`for(i in 1:m)`	`for(i in 1:m)mx2[i]=mean(A[,i])`	`mx3`
`{ for(j in 1:n) mx1[i]=mx1[i]+A[j,i]`	`mx2`	`proc.time()-T3`
`  mx1[i]=mx1[i]/n`	`proc.time()-T2`	
`}`		
`mx1`		
`proc.time()-T1`		
用户系统流逝	用户系统流逝	用户系统流逝
1.81 0.05 1.86	0.04 0.02 0.07	0.05 0.00 0.05

按照底层编程思路使用多重循环是最低效的, 使用批量函数或内置函数的效率相当, 由于 R 对命令是解释执行, 所以在实际编程解决问题中要尽量减少对命令的解释数量.

4. (1) 用 sql 语法实现.

```
install.packages('sqldf');            library(sqldf)
dat=sqldf('select "Sepal.Width","Sepal.Length" from iris where "Sepal.
   Width" between 3 and 4 and "Sepal.Length" between 5 and 6
   and Species="virginica"')
  Sepal.Width Sepal.Length
1      3           6.0
2      3           5.9
```

(2)
```
subset(iris,(Sepal.Width>=3 & Sepal.Width<=4) & (Sepal.Length>=5 &
Sepal.Length<=6)
         & (Species=="virginica"),select=c(Sepal.Width,Sepal.Length))
    Sepal.Width Sepal.Length
139           3          6.0
150           3          5.9
```

5. 由于各个指标的量纲都一样, 所以以 6 个指标的平均值构建综合评价指标来进行排序. 假设数据已经读入 dat 中, 则利用 apply 函数计算各行的均值, 然后通过 order 或者 sort 排序.

```
means=apply(dat,1,mean);      orders=order(means,decreasing=TRUE)
cbind(dat, means,orders)
    颜色  香味  酸度  甜度  纯度  果味   means      order
1   4.65  4.22  5.01  4.50  4.15  4.12   4.441667   8
2   6.32  6.11  6.21  6.85  6.52  6.33   6.390000   7
3   4.87  4.60  4.95  4.15  4.02  4.11   4.450000   6
4   4.88  4.68  4.43  4.12  4.03  4.14   4.380000   10
5   6.73  6.65  6.72  6.13  6.51  6.36   6.516667   5
6   7.45  7.56  7.60  7.80  7.20  7.18   7.465000   9
7   8.10  8.23  8.01  7.95  8.31  8.26   8.143333   2
8   8.42  8.54  8.12  7.88  8.26  7.98   8.200000   3
9   6.45  6.81  6.52  6.31  6.27  6.06   6.403333   1
10  7.50  7.32  7.42  7.52  7.10  6.95   7.301667   4
```

习 题 十

1.

```
par(mai=c(0.4,0.1,0.1,0.1))
plot(-2:3,type='n',main='',sub='二维分布示意图',xlim=c(-2,3),ylim=c(0,5),
    frame.plot=FALSE,axes=FALSE,cex.sub=1,xlab='',ylab='',
    mgp=c(0.1,0.05,0))
axis(1,at=seq(-2,3),labels=seq(-2,3),pos=0,hadj=1.5,mgp=c(0.6,0.05,0))
axis(2,seq(1,5),labels=seq(1,5),pos=0,mgp=c(0.6,0.4,0),hadj=1,las=1)
abline(h=0);      abline(v=0);       abline(a=0,b=2);lines(c(2,2),c(0,4))
x=seq(-2,3,by=0.01);   lines(x,x^2);     text(1,3,'y=2x');
  text(1.5,1,'y=x^2');
```

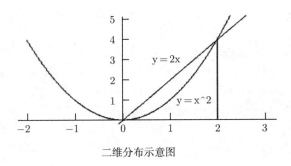

二维分布示意图

2.

```
x=seq(-2,3,by=0.05);   y=seq(-1,7,by=0.05)
zfun=function(x,y) x^4-2*x*x*y+x*x-2*x*y+2*y*y+4.5*x-4*y+4
z=outer(x,y,zfun);persp(x,y,z,theta=30,phi=30,expand=0.5)
levels=c(0,1,2,3,4,5,10,15,20,30,40,50,60,80,100);
contour(x,y,z,levels=levels)
```

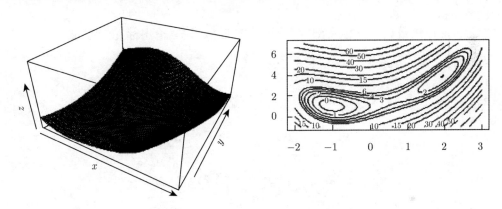

3.

```
X=rnorm(100);      A=hist(X);    freq=A$counts/sum(A$counts)
barplot(freq,space=0,names.arg=A$mids,cex.names=0.8,cex.axis=0.8,
    ylab='Frequency')
```

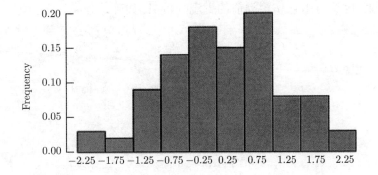

4.

```
plot.diff=function(x,range=2.5,pch=2,col='red')
{ plot(x,type='n')
  points(x[abs(x)<=range]);
  points(x[abs(x)>range],pch=pch,col=col)
}
plot.diff(rnorm(100))
```

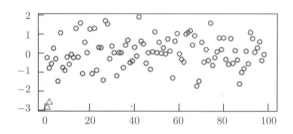

5. 通过 axis 函数设置坐标及刻度, 使用其中的 las 控制输出标签的方向.

```
plot(rnorm(100),axes=FALSE,ylim=c(-4,4))
axis(1,seq(0,100,by=10),las=3)
axis(2,seq(-4,4,by=1),las=2)
```

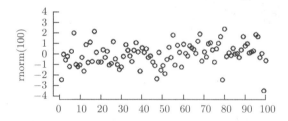

6. 略.

7. 调和曲线生成函数, 在一定程度上将同一类数据的曲线拧成一束, 将不同类数据的曲线拧成不同的束, 因此可用它作聚类前的直观分析, 比如确定分类的个数等.

```
unison.new=function(x,by,main='',xlab='t',ylab='f(t)' )
                    # x是矩阵或数据框, by是分类因子
{ t.sum=function(t,x)
{ n=length(x);   odd=seq(2,n,by=2);   even=seq(3,n,by=2)
res=x[1]/sqrt(2)+sum(x[odd]*sin(odd/2*t))+sum(x[even]*cos(even%/%2*t))
return(res)
}
  xi.sum=function(xi,t)  sapply(t,t.sum,x=xi)
  t = seq(-pi, pi, pi/30);   m=nrow(x);        f=t(apply(x,1,xi.sum,t=t))
```

```
    plot(c(-pi, pi),c(min(f),max(f)),type="n",main=main,xlab=xlab, ylab=
       ylab)
    for (i in 1:m) lines(t, f[i, ], col = unclass(by[i]))
    legend(x=-3, y=15,levels(by),lty=1, col=1:length(levels(by)))
}
unison.new(as.matrix(iris[,1:4]),iris[,5], xlab='',ylab='')
                         # 以R中鸢尾花数据iris为例
```

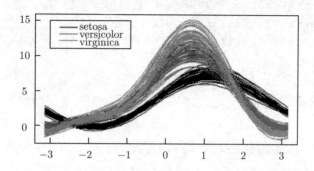

8. 假设数据已经读入 dat 数据框变量中.

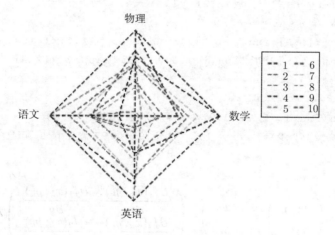

9. 基本过程同第 8 题, 略.

习 题 十一

1.

```
L.fun=function(dat)    # 离差阵, 中间生成了 M 矩阵 nxn, 所以对空间要求较大
{ p=ncol(dat);  n=nrow(dat);  M=diag(n)-matrix(1,nrow=n,ncol=n)/n
  return(t(as.matrix(dat))%*%M%*%as.matrix(dat))
}
```

```
cov.fun=function(dat) L.fun(dat)/(nrow(dat)-1)    # 协方差阵
# 相关系数矩阵，中间生成了 A 矩阵 pxp，实现对角元根号的外积
cor.fun=function(dat) { L=L.fun(dat);    sqrtL=sqrt(diag(L));
A=outer(sqrtL,sqrtL);    return(L/A)}
```

2.

```
Fun=function(x) exp(-x*x/2)/sqrt(2*pi)
integrate.fun=function(fun, a,b,N=1000)
{   x=seq(a,b,length=N);    dx=x[2]-x[1];
    return(sum(fun(x[1:(N-1)])+fun(x[2:N]))*dx/2)    # 两点平均
}
integrate.fun(Fun,-2,2,1000)      # 0.9544994
integrate(Fun,-2,2)               # 0.9544997 with absolute error < 1.8e-11
```

3.

```
Fun2d=function(x,y) exp(-(x*x+y*y)/2)/(2*pi)
integrate.2dfun=function(fun, a1,b1,a2,b2,N=1000) {
x=seq(a1,b1,length=N);    dx=x[2]-x[1];
  y=seq(a2,b2,length=N);    dy=y[2]-y[1];
  M=N-1;         # 采用4点网格平均公式
  s1=sum(sapply(x[1:M],fun,y[1:M]))+sum(sapply(x[1:M],fun,y[2:N]))+
        sum(sapply(x[2:N],fun,y[1:M]))+sum(sapply(x[2:N],fun,y[2:N]))
  return(s1*dx*dy/4)
}
integrate.2dfun(Fun2d,-2,2,-2,2)     # 0.9110692
quad2d(Fun2d,-2,2,-2,2)              # 0.9110697 需要pracma包的支持
```

4.

$$\begin{cases} f_1(x,y)=0 \\ f_2(x,y)=0 \end{cases} \Rightarrow \begin{pmatrix} x_{k+1} \\ y_{k+1} \end{pmatrix} = \begin{pmatrix} x_k \\ y_k \end{pmatrix} - \begin{pmatrix} \dfrac{\partial f_1(x_k,y_k)}{\partial x} & \dfrac{\partial f_1(x_k,y_k)}{\partial y} \\ \dfrac{\partial f_2(x_k,y_k)}{\partial x} & \dfrac{\partial f_2(x_k,y_k)}{\partial y} \end{pmatrix}^{-1} \begin{pmatrix} f_1(x_k,y_k) \\ f_2(x_k,y_k) \end{pmatrix}.$$

```
newton_function=function(fs,mat_fs,start,eps=0.00001,max.step=1000,show.
    step=FALSE)
{ rs=nrow(mat_fs);    cs=ncol(mat_fs);    steps=0;
  A=matrix(0,nrow=rs,ncol=cs);    yvalue=numeric(rs)
  while(TRUE)
  {  steps=steps+1
     for(i in 1:rs)   for(j in 1:cs)   A[i,j]=mat_fs[i,j][[1]](start)
     A=solve(A)
     for(i in 1:rs)   yvalue[i]=fs[i][[1]](start)
     newstart=start-as.vector(A%*%as.matrix(yvalue,nrow=2))
```

```
        delta=sum(sqrt(newstart-start))
        start=newstart
        if(show.step) {print(start)}
        if(delta<=eps || steps>=max.step) break
    }
    return(list(solution=newstart,step=steps))
}
f1=function(x) x[1]^2-10*x[1]+x[2]^2+8
f2=function(x) x[1]*x[2]*x[2]+x[1]-10*x[2]+8
f1x=function(x) 2*x[1]-10
f1y=function(x) 2*x[2]
f2x=function(x) x[2]*x[2]+1
f2y=function(x) 2*x[1]*x[2]-10

fs=c(list(f1=f1),list(f2=f2)) # 用列表来存储函数，访问时需采用双中括号 [[]]
mat_fs=matrix(c(list(f=f1x),list(f=f1y),list(f=f2x),list(f=f2y)),nrow=2,
    byrow=TRUE)
T2=proc.time()
newton_function(fs,mat_fs,start=c(0,0),eps=0.001,show.step=TRUE)
proc.time()-T2

[1] 0.80 0.88
[1] 0.9917872 0.9917117
[1] 0.9999752 0.9999685
[1] 1 1
[1] 1 1
$solution
[1] 1 1

$step
[1] 5
用户系统流逝
0.03 .00 .03
```

5.

```
'%<%'=function(x,y) all(x %in% y)
```

附　录

附录 A　常见正交表生成程序及表头设计

```
library(DoE.base)
show.oas( )              # 1830 个正交表，每个都有 ID 号，例如 L9.3.4
show.oas(L9.3.4)         # 显示 L9(3^4) 的正交表
show.oas(nruns=8)        # 显示试验次数为 8 的所有正交表的 ID
```

1. $L_8(2^7)$ 的表头设计

因子数 \ 列号	1	2	3	4	5	6	7
3	A	B	$A \times B$	C	$A \times C$	$B \times C$	
4	A	B	$A \times B$ $C \times D$	C	$A \times C$ $B \times D$	$B \times C$ $A \times D$	D
4	A	B $C \times D$	$A \times B$	C $B \times D$	$A \times C$	D $B \times C$	$A \times D$
5	A $D \times E$	B $C \times D$	$A \times B$ $C \times E$	C $B \times D$	$A \times C$ $B \times E$	D $A \times E$ $B \times C$	E $A \times D$

2. $L_8(4 \times 2^4)$ 的表头设计

因子数 \ 列号	1	2	3	4	5
2	A	B	$(A \times B)_1$	$(A \times B)_2$	$(A \times B)_3$
3	A	B	C		
4	A	B	C	D	
5	A	B	C	D	E

3. $L_{16}(4 \times 2^{12})$ 的表头设计

因子数 \ 列号	1	2	3	4	5	6	7
3	A	B	$(A \times B)_1$	$(A \times B)_2$	$(A \times B)_3$	C	$(A \times C)_1$
4	A	B	$(A \times B)_1$ $C \times D$	$(A \times B)_2$	$(A \times B)_3$	C	$(A \times C)_1$ $B \times D$
5	A	B	$(A \times B)_1$ $C \times D$	$(A \times B)_2$ $C \times E$	$(A \times B)_3$	C	$(A \times C)_1$ $B \times D$

续表

因子数\列号	8	9	10	11	12	13
3	$(A\times C)_2$	$(A\times C)_3$	$B\times C$			
4	$(A\times C)_2$	$(A\times C)_3$	$B\times C$ $(A\times D)_1$	D	$(A\times D)_2$	$(A\times D)_3$
5	$(A\times C)_2$ $B\times E$	$(A\times C)_3$	$B\times C$ $(A\times D)_1$ $(A\times E)_2$	D $(A\times E)_3$	E $(A\times D)_3$	$(A\times E)_1$ $(A\times D)_2$

4. $L_{16}(2^{15})$ 的表头设计

因子数\列号	1	2	3	4	5	6	7	8
4	A	B	$A\times B$	C	$A\times C$	$B\times C$		D
5	A	B	$A\times B$	C	$A\times C$	$B\times C$	$D\times E$	D
6	A	B	$A\times B$ $D\times E$	C	$A\times C$ $D\times F$	$B\times C$ $E\times F$		D
7	A	B	$A\times B$ $D\times E$ $F\times G$	C	$A\times C$ $D\times F$ $E\times G$	$B\times C$ $E\times F$ $D\times G$		D
8	A	B	$A\times B$ $D\times E$ $F\times G$ $C\times H$	C	$A\times C$ $D\times F$ $E\times G$ $B\times H$	$B\times C$ $E\times F$ $D\times G$ $A\times H$	H	D

因子数\列号	9	10	11	12	13	14	15
4	$A\times D$	$B\times D$		$C\times D$			
5	$A\times D$	$B\times D$	$C\times E$	$C\times D$	$B\times E$	$A\times E$	E
6	$A\times D$ $B\times E$ $C\times F$	$B\times D$ $A\times E$	E	$C\times D$ $E\times F$		F	$C\times E$ $B\times F$
7	$A\times D$ $B\times E$ $C\times F$	$B\times D$ $A\times E$ $C\times G$	E	$C\times D$ $A\times F$ $B\times G$	F	G	$C\times E$ $B\times F$ $A\times G$
8	$A\times D$ $B\times E$ $C\times F$ $G\times H$	$B\times D$ $A\times E$ $C\times G$ $F\times H$	E	$C\times D$ $A\times F$ $B\times G$ $E\times H$	F	G	$C\times E$ $B\times F$ $A\times G$ $D\times H$

5. $L_{27}(3^{13})$ 的表头设计

因子数\列号	1	2	3	4	5	6	7
3	A	B	$(A\times B)_1$	$(A\times C)_2$	C	$(A\times C)_1$	$(A\times C)_2$
4	A	B	$(A\times B)_1(C\times D)_2$	$(A\times B)_2$	C	$(A\times C)_1$	$(A\times C)_2$ $(B\times D)_2$

续表

因子数 \ 列号	8	9	10	11	12	13
3	$(B\times C)_1$			$(B\times C)_2$		
4	$(B\times C)_1$ $(A\times D)_2$	D	$(A\times D)_1$	$(B\times C)_2$	$(B\times D)_1$	$(C\times D)_1$

附录 B 实现常见分布的分布函数和分位点表的 R 程序

1. 正态分布函数表 $\Phi(x) = \int_{-\infty}^{x} \dfrac{1}{\sqrt{2\pi}} e^{-x^2/2} dx$

```
Table_norm=function(rowx,colx)
{ appfun=function(x,cx) pnorm(x+cx)
tab=t(sapply(rowx,appfun,colx));
colnames(tab)=sprintf('%.3f',colx); rownames(tab)=sprintf('%.1f',rowx)
  return(tab)
}
rx=seq(0,4.2,by=0.1); cx=seq(0,0.095,by=0.005);
tab_norm=Table_norm(rx,cx)
```

2. $t(n)$ 分布的上侧分位点表 $P(t(n) > t_\alpha(n)) = \alpha$

```
Table_t=function(n,alpha)
{ appfun=function(n,alpha)  qt(1-alpha,n)
  tab=t(sapply(n,appfun,alpha))
  colnames(tab)=sprintf('%.4f',alpha);  rownames(tab)=sprintf('%d',n)
  return(tab)
}
n=c(1:40,seq(50,100,by=10),120,140,200,400,800,1000)
alpha=c(0.1,0.05,0.025,0.01,0.005,0.0025,0.001,0.0005,0.0001)
tab_t=Table_t(n,alpha)
```

3. $\chi^2(n)$ 分布的上侧分位点表 $P(\chi^2(n) > \chi^2_\alpha(n)) = \alpha$

```
Table_chisq=function(n,alpha)
{ appfun=function(n,alpha)  qchisq(1-alpha,n)
  tab=t(sapply(n,appfun,alpha))
  colnames(tab)=sprintf('%.3f',alpha);  rownames(tab)=sprintf('%d',n)
  return(tab)
}
n=c(1:40,seq(50,100,by=10),seq(120,200,by=20),400,800,1000)
alpha=c(0.999,0.995,0.99,0.975,0.95,0.9,0.1,0.05,0.025,0.01,0.005,0.001)
tab_chisq=Table_chisq(n,alpha)
```

4. $F(m,n)$ 分布的上侧分位点表 $P(F(m,n) > F_\alpha(m,n)) = \alpha$

```
Table_f=function(alpha,m,n)
{ appfun=function(m,n,alpha) qf(1-alpha,m,n)
  tab=t(sapply(m,appfun,n,alpha))
  colnames(tab)=sprintf('%d',n);  rownames(tab)=sprintf('%d',m)
  return(tab)
```

```
m=c(1:100, seq(120,200,by=20),400,800,1000);  n=m;    alpha=as.list(c
    (0.1,0.05,0.025,0.01,0.005,0.001))
tab_f=lapply(alpha,Table_f,m,n)
# 此时 tab_f 是个列表，每个元素就是对应一个 alpha 的矩阵
```

5. 泊松分布表 $P(X \leqslant k) = \sum_{i=0}^{k} e^{-\lambda} \dfrac{\lambda^i}{i!}$

```
Table_pois=function(k,lamda)
{ appfun=function(k,lamda) ppois(k,lamda)
  tab=t(sapply(k,appfun,lamda))
  colnames(tab)=sprintf('%.1f',lamda); rownames(tab)=k
  return(tab)
}
k=0:36;    lamda=seq(0.1,4.0,by=0.1);    tab_pois=Table_pois(k,lamda);
```

6. 相关系数检验表 $P(|r| \geqslant r_{\alpha/2}(n-2)) = a$

```
Table_r=function(n,alpha)
{ appfun=function(n,alpha)  { ta=qt(1-alpha,n-2);
  ra=sqrt(ta^2/(n-2+ta^2));   return(ra)  }
  tab=t(sapply(n,appfun,alpha))
  colnames(tab)=sprintf('%.3f',alpha); rownames(tab)=sprintf('%d',n)
  return(tab)
}
n=3:103;   alpha=c(0.1,0.05,0.025,0.02,0.01,0.005,0.0025,0.001)
tab_r=Table_r(n,alpha)
```

附录 C 部分问题集与索引

问题描述	所在章	问题描述	所在章
获取 R 软件及软件包	1	多维标度法	5
加载软件包并查询相关函数	1	描述性统计案例分析	5
各种分布函数、密度、分位点及随机数	1	地图绘制	5,10
求协方差矩阵和相关矩阵	1	用 pairwise.t.test 作多重均值比较	6
模拟并直观展示大数定律	1	用 barlett.test 作方差齐性检验	6
模拟并直观演示中心极限定理	1	用 aov 作方差分析	6
集合运算	1	作双因素方差分析/协方差分析	6
RStudio IDE 可视化软件	1	DoE.base 正交试验分析软件包	6
生成随机变量分布函数表	1, 附录	通过箱线图分析数据的特征	6,10
求数值积分	1,11	相关系数检验	7
使用 R 软件的脚本文件	1,9	lm( ),summary( ) 等回归分析	7
获得 R 函数的帮助信息	1,9	leaps,regsubsets 最优回归	7
定义向量/矩阵/数组/因子/列表/数据框等	1,9	step 逐步回归	7
通过剪贴板 clipboard 获取数据	1,9	预测与控制	7
演示样本容量对估计精度的影响	2	非参数回归	7
用 skewness,kurtosis 求偏度和峰度	2	用核权法实现非参数回归	7
对样本数据进行探索性的直观分析	2	实现可线性化的一元非线性回归	7
格列汶科定理	2	实现多项式回归	7
经验分布与分布函数的关系模拟	2	实现一般的非线性回归	7
各种统计量定义及计算	2	定性变量及 logistic 的回归	7
三大抽样分布定义及性质	2	分位数回归/最小一乘回归	7
抽样定理及 R 模拟	2	定义距离,计算距离	8
t 分布中的 Satterthwaite 近似证明	2	基于距离实现判别归类问题	8
对有限离散数据作 sample 抽样	2	基于 Bayes 思想实现判别归类	8
用直方图/核函数法估计概率密度	2	基于 Fisher 投影实现判别归类	8
通过直方图求众数	2	定义相似系数	8
矩估计和极大似然估计模拟对比	3	实现样品/指标的系统聚类	8
optimize,nlm 等极值函数	3,11	实现 K-means 聚类	8
正态总体参数的区间估计/假设检验	3,4	实现典型相关分析	8
非正态总体参数的区间估计/假设检验	3,4	实现主成分分析	8
Monte Carlo 方法计算圆周率、积分等	2	设置工作目录	9
拟 Monte Carlo 方法及模拟	2	保存/加载工作空间/变量管理	9
生成 Bootstrap 自助样本	2	软件包 package 的增删查	9
用 Bootstrap 法的精度分析	3	R 软件中的类型、运算符、数学符号	9
用 Bootstrap 法处理非参数问题	3	字符、统计、数学等函数集	9
Bootstrap 区间估计	3	增删改 data.frame 型变量	9
检验 p 值/小概率事件原理	4	通过 scan,read.table 读取文件数据	9
分布检验/正态性检验/拟合优度检验	4	通过 write.table 保存数据到文件	9
列联表独立性检验/一致性检验	4	通过 RODBC 读写数据库/Excel 数据	9
Kappa 检验	4	SQL 方式操作数据框	9
数据对称性假设检验	4	使用 if/else,switch 多分支语句	9
使用 for,while,repeat 循环语句	9	绘制极坐标/三维图形	10

续表

问题描述	所在章	问题描述	所在章
自定义函数和二元运算符	9	实现动画	10
通过 data 获取内置数据集	9	旋转文本输出	10
执行外部程序,计算程序执行时间	9	多个图形窗口/图形分割	10
括号运算	9	矩阵的各种运算	11
表达式运算	9	用 uniroot 求一元方程的根	11
在 R 软件中实现 windows 可视化交互	9	用 solve 求线性方程组的解	11
分组统计、排序等	9	用 polyroot 求多项式的根	11
fix,edit 等表格方式编辑数据	9	用 uniroot.all 求非线性方程的所有解	11
R 软件相关网站及资源	9,附录	用 multiroot 求非线性方程组的解	11
图上添加数学标注	10	定义表达式实现函数求导,求偏导	11
用图形直观探索多维数据特征	10	线性规划/整数规划/目标规划	11
绘制自定义的图形	10	图与网络规划	11
实现指定图形格式(如 jpg,pdf)输出	10	非线性规划	11

附录 D 部分软件包简介

包名称	功能介绍
caret	数据挖掘
RODBC	实现 ODBC 数据库接口，读写数据表、Excel 文件等
ggplot2	一套独立的高级绘图平台，实现复杂图像组合绘制
stringr	方便地用正则表达式做批量字符串操作，可做检测、匹配、替换、计数等
sde	随机微分方程模拟和统计推断
animation	动画记录、展示、输出
knitr	动态生成报告
LARS	变量选择
rpart	分类树模型
e1071	支持向量机
randomforest	机器学习
KernSmooth	非参数平滑与估计
reshape2	数据聚合、重塑等
xlsx	Excel 文件读写
maps,mapdata,maptools,ggmap	绘制地图
EBImage,jpeg,png,bmp 等	图像处理包，读写 jpeg/png/bmp 图像/文件
BioConductor	生物芯片数据和基因组数据分析软件包
ts,forecast,tseries,zoo 等	R 软件中的时间序列处理包 https://cran.r-project.org/web/views/TimeSeries.html

参 考 文 献

[1] 梁飞豹, 吕书龙, 薛美玉, 刘文丽. 应用统计方法. 北京: 北京大学出版社, 2010.
[2] 李诗羽, 张飞, 王正林. 数据分析:R 语言实战. 北京: 电子工业出版社,2014.
[3] 王学民. 应用多元分析. 上海: 上海财经大学出版社,2014.
[4] 关冶, 陆金甫. 数值分析基础. 北京: 高等教育出版社,1998.
[5] Steven C. Chapra, Raymond P. Canale. 工程数值方法 (第 5 版). 唐艳玲, 田尊华, 刘齐军, 译. 北京: 清华大学出版社,2007.
[6] 菲尔·斯佩克特 (Phil Spector).R 语言数据操作. 朱钰, 柴文义, 张颖, 译. 陕西: 西安交通大学出版社, 2011.
[7] 肖枝洪, 朱强. 统计模拟及其 R 实现. 湖北: 武汉大学出版社, 2010.
[8] 薛毅, 陈立萍. 统计建模与 R 软件. 北京: 清华大学出版社, 2009.
[9] 沃尔夫冈·哈德勒, 利奥波德·西马. 应用多元统计分析. 陈诗一, 译. 北京: 北京大学出版社, 2011.
[10] 吴喜之. 非参数统计. 北京: 中国统计出版社, 2006.
[11] 王星. 非参数统计. 北京: 清华大学出版社, 2009.
[12] 高惠璇. 应用多元统计. 北京: 北京大学出版社, 2005.
[13] 司马奎, 孙玺菁. 数学建模算法与应用. 湖南: 国防科技大学出版社, 2014.
[14] 吴喜之. 复杂数据统计方法: 基于 R 的应用. 北京: 中国人民大学出版社, 2012.
[15] 魏太云. R 软件在最优化中的应用//第一届中国 R 语言会议论文集: 2008.
[16] 梁飞豹, 刘文丽, 吕书龙, 薛美玉. 概率论与数理统计. 北京: 高等教育出版社, 2014.
[17] 詹鹏. 用 R 语言进行分位数回归: 基础篇. (2012-12-18). http://www.xiaowanxue.com/up_files/20121219040.html#_ftn1.
[18] 孙荣恒. 应用数理统计. 北京: 科学出版社, 2007.
[19] 李满枝, 王洪涛, 苗俊红. 二重积分的 Monte — Carlo 数值仿真. 计算机仿真, 2011, 28(5).
[20] 王斌会. 多元统计分析及 R 语言建模. 广州: 暨南大学出版社, 2011.